전국말기의 도가사상

이 저서는 2014년 대한민국 교육부와 한국연구재단의 지원을 받아 수행된 연구임
(NRF-2014S1A6A4026208)

전국말기의 도가사상
영향관계를 중심으로

초판 1쇄 2020년 6월 30일 | 출판등록 ·제300 2008 40호
지은이 · 김경수 | 펴낸이 · 김기창 | 펴낸곳 · 도서출판 문사철 | 인쇄 · 천광인쇄
주소 · 서울 종로구 창경궁로 265 상가동 303호
전화 · 02 741 7719 | 팩스 · 0303 0300 7719
홈페이지 ·www.lihiphi.com | 이메일 · lihiphi@lihiphi.com
ISBN · 979 11 86853 60 3 (93150)

* 값은 뒤표지에 있습니다.

전국말기의 도가사상

영향관계를 중심으로

김경수 지음

도서출판문사철

차례

서론 9

제1장 노장사상의 원류 - 병가와 은일의 사상
   1. 중국 고대 사상에서의 변화관 22
   2. 병가 32
      (1) 병가의 역사 32
      (2) 병가와 『노자』와의 관계 37
      (3) 병가가 중국사상에 미친 영향 48
   3. 은일의 사상 56
      (1) 은일 사상의 특징 56
      (2) 은일 사상과 양주 64
      (3) 은일 사상과 무욕 67

제2장 유가와 도가의 차이점
   1. 『노자』와 『장자』의 사상적 배경 72
   2. 천과 도 86
   3. 정명과 무명 97
   4. 덕치와 무위지치 106
   5. 확충과 허 118

제3장　직하학과 『관자』에서의 도가의 영향

　　1. 지역적 배경　130
　　2. 직하학궁　138
　　3. 직하학자　144
　　　　(1) 맹자　144
　　　　(2) 순우곤　148
　　　　(3) 송견　151
　　　　(4) 팽몽　156
　　　　(5) 전병　159
　　　　(6) 접자　160
　　　　(7) 순자　161
　　　　(8) 추기·추연·추석　162
　　　　(9) 예열　163
　　4. 『관자』에서의 도가의 영향　167
　　　　(1) 『관자』란 책　167
　　　　(2) 『관자』의 사상적 특징　169
　　　　(3) 『관자』에서의 도가사상　183
　　5. 직하학의 사상적 의의　196

제4장　곽점 출토문헌에서의 도가사상

　　1. 곽점 출토문헌에 대한 개괄　202
　　2. 곽점 출토문헌에서의 도가사상　209
　　　　(1) 『오행』　209
　　　　(2) 『궁달이시』　215
　　　　(3) 『존덕의』　219
　　　　(4) 『태일생수』　222
　　3. 곽점 출토문헌의 특징과 의의　230
　　　　(1) 곽점 출토문헌의 특징　230
　　　　(2) 유가와 도가의 결합　240

제5장　전국시대 말기 유가에서의 도가의 영향

　　1. 『중용』　250
　　　　(1) 『중용』의 성립시기　250
　　　　(2) 『중용』에서의 도가의 영향　275

　　2. 『주역』　278

　　3. 『순자』　286

　　4. 유가와 도가의 만남　303

제6장　법가에서의 도가의 영향

　　1. 한비 이전의 법가　308
　　　　(1) 상앙　308
　　　　(2) 신불해　315
　　　　(3) 신도　318

　　2. 한비　328
　　　　(1) 법사상　328
　　　　(2) 「해로」와 「유로」　335

　　3. 『황제사경』　339

　　4. 법가와 도가의 차이점　356
　　　　(1) 법가의 무위와 노자의 무위　356
　　　　(2) 법가의 우민정치와 노자의 우민정치　360
　　　　(3) 법가의 성악설과 도가의 성선설　368

제7장　전국중기-말기 제자백가에서의 도가의 영향

　　1. 윤문자　376
　　2. 시자　385
　　3. 혜시　391
　　4. 추연　401
　　5. 할관자　408

        6. 귀곡자   416
        7. 『범물류형』   421

제8장 『여씨춘추』
        1. 저술 배경과 학문적 특징   432
        2. 『여씨춘추』에 나타난 제자백가 사상   437
        3. 『여씨춘추』에서의 도가사상   450

제9장 한초의 황로학
        1. 황로학과 사마천   460
        2. 한초의 황로사상   480
        3. 사마천의 황로학에 대한 이해   494

제10장 한초의 도가사상
        1. 『문자』   510
            (1) 『문자』라는 책   510
            (2) 『문자』의 사상적 특징   515
        2. 『회남자』   527
        3. 『열자』   542
        4. 가의와 동중서   556

결론   567

- 참고문헌   573
- 찾아보기   582

서론

고대 희랍시대가 서양사상의 뿌리였다고 한다면 춘추전국시대는 동양사상의1 뿌리였다. 또한 고대 희랍시대에 다양한 논의들이 있었듯이 춘추전국시대에도 학파들 간의 다양한 논의들이 있었다. 특히 전국시대에는 많은 학자들과 논객들이 활발히 논쟁을 벌였으므로 이 시대를 '백가쟁명(百家爭鳴)의 시대'라고도 한다.

그런데 다양한 학파들 간의 사상적 교류가 본격적으로 이루어진 시기는 전국시대 말기에 와서이다. 전국시대 중기까지는 제자백가들이 싹트는 시기였으므로 사상적 교류가 그다지 활발하지 않았다. 전국말기에 오면서 제자백가들은 자신들의 사상에 대한 정당성을 확보하기 위해 서로 간에 치열하게 논쟁하였다. 또한 여기에는 시대적인 배경이 깔려 있다.

춘추시대는 제후들의 세력이 막강해지면서 상대적으로 천자의 세력이 미약해졌다. 특히 제(齊)나라 환공(桓公)과 진(晉)나라 문공(文公)과 같은 패자(霸者)들은 천자보다 더욱 막강한 권력을 가지고 있었다. 이처럼 제후국들이 득세함으로써 천하는 각 제후국들 간의 치열한 각축장이 되고 말았다. 사마천은 자서(自序)에서 춘추시대의 이러한 투쟁의 양상에 대해, "춘추 기간에 임금을 시해한 것이 36건이고, 나라가 망

---

1   여기서 말하는 동양은 동아시아에 국한한 것이다.

한 것이 52건이고, 제후가 도망쳐서 사직을 보존하지 못하는 경우는 이루 헤아릴 수 없이 많았다."2고 하였다.

춘추시대는 비록 혼란스러운 시대이기는 했지만 천자가 여전히 존속하였고 윤리적 명분도 어느 정도 힘을 발휘하였다. 가령 타국을 토벌하기 위해서는 천자의 승인을 받아야 한다는 명분이 형식적으로나마 남아있었다. 또한 단순히 힘의 논리만으로 전쟁을 벌일 수가 없었으며, 타국과 전쟁하기 위해서는 반드시 명분이란 것이 필요했다. 그러므로 『좌전』에서 "예(禮)·악(樂)·자(慈)·애(愛)는 싸우는 힘을 비축하는 것이다."3라고 하였으며, 또한 "덕(德)·형(刑)·상(詳:상세히 살핌)·의(義)·예(禮)·신(信)은 전쟁에서 사용하는 도구이다."3라고 하였다.

그런데 전국시대는 천자가 없는 무주공산(無主空山)의 상태였고 윤리적 명분도 완전히 사라진 채 오직 힘의 논리만이 지배하는 그야말로 약육강식의 시대였다. '전국(戰國)'이라는 말이 암시하듯 당시 사회는 전쟁의 소용돌이 속에 있었ㄱ는데, 특히 말기에 오면서 투쟁의 양상은 더욱 격렬해졌다.

전국시대의 군주들은 치열한 각축장에서 살아남기 위해, 혹은 천하통일의 야욕을 성취하기 위해 부국강병에 힘썼다. 그런데 각 군주들은 부국강병을 도모하기 위해 무엇보다 인재등용에 주력하였다. 왜냐하면 인재등용은 한 국가의 흥망성쇠를 결정하는 중요한 열쇠였기 때문이다. 왕충도 다음과 같이 말하였다.

"여섯 나라가 할거할 때, 유능한 신하가 초나라로 들어가면 초나라가
강해졌고, 제나라를 떠나면 제나라가 약해졌고, 조나라를 위해 일하면

2　司馬遷, 『史記』「太史公自序」, "春秋之中, 弑君三十六, 亡國五十二, 諸侯奔走不得保其社稷者不可勝數."
3　『左傳』,「成公16年」, "德刑詳義禮信, 戰之器也."

조나라가 보존되었고, 위나라를 배반하면 위나라가 치명상을 입었다."4

국가의 흥망성쇠에서 인재등용이 얼마나 중요한지를 단적으로 보여주는 대목이다. 당시 인재등용에서 무엇보다 주목할 점은 '존현(尊賢: 현명한 사람을 존대함)'을 중요시한 동시에 신분과 상관없이 오직 능력만을 살피는 경우가 많았다는 사실이다. 왕들은 출신성분의 고하를 막론하고 능력 위주의 인재등용에 힘씀으로써 신분의 제약 때문에 능력을 발휘할 수 없었던 많은 유능한 인재들이 대거 기용되었다. 낮은 신분의 사람이 능력을 인정받아 경상(卿相)의 지위에까지 오르는 경우도 많았다.5

당시 왕들이 이처럼 인재등용에 힘썼으므로 자신의 사상을 설파하려는 유세가(遊說家)들이 많이 생겨났다. 유세가들 중에는 감언이설로 왕을 현혹시켜 출세를 꾀하려는 자들이 많았지만, 개중에는 자신의 이상에 부합하지 않으면 가차 없이 떠나버리는 경우도 있었다. 『사기』에서도 "빈천한 실행하는 것이 왕의 뜻과 부합하지 않고 진언하는 것이 왕에게 쓰이지 않는다면 초(楚)나라와 월(越)나라로 떠나가기를 마치 신발 벗듯이 할 것입니다."6라고 하였다. 맹자가 바로 그러했다. 맹자는 제나라 선왕의 뜻이 자신의 뜻과 부합하지 않는다는 사실을 깨닫고 제나라를 떠나고자 했다. 선왕은 떠나려는 맹자를 붙잡기 위해 "나는 수도에다가 맹자에게 집을 지어주고 만종(萬鍾)의 녹(祿)으로써 제자들을 길러서 대부와 국민들로 하여금 공경하고 본받도록 하겠다."7라고

4　王充, 『論衡』, 「效力」, "六國之時, 賢才之臣, 入楚楚重, 出齊齊輕, 爲趙趙完, 畔魏魏傷."
5　한비도 당시의 이러한 시대적 정황에 대해 "당시 현명한 임금의 마음에 들면 포의(布衣)를 입은 평범한 선비도 곧바로 경상(卿相)의 지위에 올랐다."라고 하였다. ＊『韓非子』, 「姦劫弑臣」(第十四), "適當世主之意, 則有直任布衣之士, 立爲卿相之處."
6　『史記』, 「魏世家」, "貧賤者, 行不合, 言不用, 則去之楚越, 若脫躍然."

말했다. 그러나 맹자는 이러한 만류에도 불구하고 끝내 떠나가고 말았다.

논쟁이 많은 사회는 배타적인 사회가 아니라 활발히 교류하는 사회이다. 실제로 당시에는 지적활동이 보다 자유로웠다. 이 자유로운 분위기 속에서 당시 지식인들은 다른 사상과의 차별화를 도모하기 위해 자신의 독창성을 강조하기도 했으며, 자신의 사상이 우월하다는 것을 입증하기 위해 다른 학파를 신랄하게 공격하기도 했으며, 다른 학파의 장점을 적극 수용하기도 했으며, 다른 학파의 사상을 흡수했으면서도 이 사실을 감추기 위해 노골적으로 비판하기도 했다. 이러한 다양한 논의들을 통해 자연스럽게 많은 창의적인 사상들이 생겨나게 되었다.

일찍이 장순휘는 춘추전국시대의 백가쟁명(百家爭鳴)이 비록 사상적으로는 서로 다르지만 하나의 공통된 목표가 있다고 주장하였다. 그 목표는 통치자의 권력을 공고히 하고 통치와 복종의 사회질서를 옹호하는 데 있다는 것이다.8 장순휘의 주장처럼 당시의 많은 지식인들이 자신을 채용해줄 왕을 찾아다녔으며, 그들이 주장하는 주요골자가 왕의 통치술에 관한 논의였던 것은 분명한 사실이다. 그러나 그의 주장은 지나치게 과장되어 있다. 장순휘의 주장처럼 당시의 지식인들이 하나같이 권력에 빌붙어 개인의 영달을 꾀하려는 자들이라고 한다면, 우리는 과연 이러한 자들의 사상에서 감동받을 수 있을까?

당시 지식인들의 주된 관심사는 권력에 대한 옹호에 있었던 것이 아니라 사회의 질서를 확립하는 데 있었다. 왜냐하면 전국시대는 극도로 혼란스러운 사회였으므로 어떻게 하면 혼란한 사회를 바로잡을 것인가가 당시 사회의 최대 당면과제였기 때문이다. 그러므로 유가에서

---

7 『孟子』, 「公孫丑」(下), "我欲中國而授孟子室, 養弟子以萬鐘, 使諸大夫國人, 皆有所矜式."
8 張舜徽, 『周秦道論發微』, 中華書局, 1982, 4쪽.

는 '인의(仁義)'라는 윤리규범을 통해 질서를 이루고자 하였으며, 묵가에서는 '겸애(兼愛)'라는 인류애를 통해 질서를 이루고자 하였으며, 법가에서는 '법'의 객관성과 공정성을 통해 질서를 이루고자 하였으며, 도가에서는 백성들의 자발성을 통해 질서를 이루고자 하였다.

이처럼 제자백가는 사회질서를 위해 나름대로 다양한 해법을 제시하며 서로 간에 치열히 논쟁하였는데, 전국말기의 사상적 의의는 단순히 활발하게 논의하였다는 데 있는 것이 아니라 활발한 논의를 통해 많은 창의적인 사상들이 생산되었다는 데 있다. 우리가 이 시대를 주목해야 하는 이유도 바로 여기에 있다. 그럼에도 불구하고 정작 기존의 연구에서는 이 시기의 학문에 대해서 그다지 관심을 두지 않았다. 여기에는 다음과 같은 이유들이 있다.

첫째, 사상사 연구에 있어서 지나치게 원류의 연구에 편중되어왔기 때문이다. 즉 기존의 연구에서는 공자·맹자·노자·장자·묵자와 같은 원류에 대해서 주목하였으며, 원류를 벗어난 사상에 대해서는 상대적으로 연구가 부족하였다.

둘째, 전국말기에는 다양한 사상들이 뒤섞여 있었는데, 이러한 다양한 사상들을 단순히 잡가적인 성격의 학문으로 치부하였기 때문이다. 학문의 순수성을 높게 평가하는 학계의 풍토에서는 이러한 잡가적인 성향의 학문이 관심 밖으로 밀려날 수밖에 없었다.

셋째, 전국말기의 많은 문헌들이 소실되었기 때문이다. 호적(胡適)은 "중국 고대 철학의 사료(史料) 중에서 지금 보존된 것은 10분의 1, 2 정도에 불과하다."[9]고 말하였다. 이러한 자료들의 소실로 말미암아 전국말기의 사상이 어떻게 전개되었는지를 조망하는 데 있어서 많은 어려움이 뒤따랐다.

넷째, 전국말기의 많은 문헌들을 위서로 취급하였기 때문이다. 당

---

9 胡適, 『中國哲學史大綱』, 上海古籍出版社, 1997, 9쪽.

대의 문인 유종원(柳宗元)은 선진시대의 많은 문헌들을 위서(僞書)로 보았으며, 이후의 많은 학자들도 그 진위에 대해 의심해왔다. 근현대에 와서는 '의고풍(疑古風)'이 성행하면서 이러한 의구심이 더욱 확산되었다.

그렇다면 과연 전국말기의 사상은 단순히 여러 사상들을 뒤섞어 놓은 잡가적인 성격의 사상에 불과한 것인가? 필자로서는 이에 동의하기 어렵다. 왜냐하면 전국말기에는 다양한 사상들의 활발한 교류를 통해 많은 창의적인 논의들이 생산되었기 때문이다. 그런데 다행히도 근래에 와서 전국말기의 사상에 대한 연구가 활발히 이루어지고 있다. 그 결정적인 계기는 출토문헌의 발굴에 의해서였다.

1972년 산동성 임기(臨沂) 은작산(銀雀山)에 있는 한대 초기의 묘에서 『손자병법(孫子兵法)』・『손빈병법(孫臏兵法)』・『위료자(尉繚子)』・『육도(六韜)』와 같은 많은 죽서(竹書)들이 출토되었다. 이 묘에서 발굴된 문헌은 병가서(兵家書)가 주류를 이루고 있으므로 병가 관련 연구에 있어서 중요한 자료가 되었으며, 이로써 고대 병가에 대한 관심을 불러일으켰다.

1973년에 발굴된 마왕퇴(馬王堆) 3호 한묘에서는 무려 12만 자에 이르는 방대한 문헌들이 출토되었다. 마왕퇴에서 출토된 문헌들은 철학・역사・천문・역법・의서(醫書)・역서(易書) 등 방대한 영역에 걸친 문헌이라는 점에서 사상사적 의의가 실로 크다. 특히 고일서(古佚書 : 오래전에 이미 사라져 버린 책)인 「경법(經法)」・「십대경(十大經)」・「칭(稱)」・「도원(道原)」 네 권의 문헌은 뜨거운 감자로 떠올랐다. 백서(帛書) 『노자』 역시 많은 관심을 끌었다. 기존의 『노자』 연구에서는 왕필본을 통행본으로 삼았을 뿐만 아니라, 왕필주에 의거한 『노자』 해석이 가장 일반적이었다. 그런데 왕필본보다 더욱 고본에 속하는 마왕퇴 백서본(帛書本)이 발굴됨으로써 왕필본의 확고부동한 권위가 흔들리게 되었다.

1993년 겨울에 호북성 형문시(荊門市) 곽점(郭店)의 초나라 묘지에서 8백여 매, 1만3천 자의 죽간이 출토되었다. 수량 면에서는 마왕퇴 한묘 백서에 크게 못 미치지만, 출토문헌들이 모두 전국시대의 것이라는 점에서 학문적 가치가 크다고 할 수 있다. 여기서 발굴된 문헌은 『노자』·『태일생수(太一生水)』·『치의(緇衣)』·『노목공문자사(魯穆公問子思)』·『궁달이시(窮達以時)』·『오행(五行)』·『당우지도(唐虞之道)』·『충신지도(忠信之道)』·『성지문지(成之聞之)』·『존덕의(尊德義)』·『성자명출(性自命出)』·『육덕(六德)』·『어총(語叢)』 4권 모두 13종 16권이었다. 대다수 서적이 고일서(古佚書)로서 유가 계통의 문헌이다. 곽점 초묘의 하장(下葬) 연대가 전국시대이므로 이 출토문헌들은 당연히 전국시대에 속한다. 곽점 초묘의 발굴 덕분에 전국시대의 문헌을 오늘날 생생하게 읽어볼 수 있게 되었다.

　출토문헌은 중국 고대 사상을 이해하는 데 있어서 중요한 자료임에는 이론의 여지가 없을 것이다. 무엇보다 출토문헌 중에는 고일서들이 적지 않은데, 이들 문헌은 고대 사상의 변천과정을 이해하는 데 있어서 중요한 연결고리이다. 중국학자들도 출토문헌들에 대한 다양한 연구를 통해 잃어버린 고리들을 연결시킴으로써 많은 학문적 성과를 거두었다. 그 중에서 특히 주목할 만한 성과로는 잡가(雜家) 혹은 위서(僞書)로 취급당해 그다지 활발히 연구되지 않았던 문헌들이 최근에 활발히 연구되고 있다는 점을 꼽을 수 있다.

　이처럼 고대의 출토문헌들이 다량으로 발굴되자 고대 사상이 새롭게 주목받게 되었으며, 더 나아가 중국 고대 사상을 재조명하자는 구호로 이어졌다. 방용(方勇)을 중심으로 한 '신자학(新子學)'이 그 대표적인 예이다.10 신자학은 유가 중심의 연구에서 탈피하여 제자백가의 사상

10　방용은 신자학에 대해 "자학(子學)에서의 '자(子)'는 전통적인 목록인 경사자집(經史子集)에서의 '자'가 아니며, 의당 제자백가에서의 '자'이다."라고 하였다. * 方勇, 「'新子學'構想」, 4쪽. (葉蓓卿 編, 『〈新子學〉論集』, 學苑出版社, 2014.

을 더욱 폭넓고 심도 있게 연구하자는 취지에서 나온 것이다. 가령 방용은 신자학을 제창한 이유에 대해 "현대의 학술(學術)에서 세계성과 중국성이 충돌하는 것에 직면하여, 신자학의 주요 구상은 자신으로 돌아감을 방향으로 삼아 고대의 자원을 빌려 고인의 지혜를 추구함으로써 학술 연구에서의 내재적 충돌을 화해시키려는 데 있다."11라고 하였다. 이처럼 서양의 고대 사상에 대비되는 중국의 고대 사상의 연구를 통해 자신들의 정체성을 정립하자는 취지에서 '신자학'이 출발하였다. 이러한 점에서 본다면 '신자학' 사상운동은 환영할만한 일이다.

그러나 거창한 구호에 앞서 무엇이 세계성이고 무엇이 중국성인가, 또한 세계성과 중국성이 구체적으로 어떻게 충돌하고 있는 것인가, 또한 내재적 충돌을 화해시킬 수 있는 구체적인 방안은 무엇인가 하는 문제들을 풀어야 한다. 그럼에도 정작 이와 같은 본질적인 문제들에 대한 논의가 빠져있다는 점에서 아쉬움으로 남는다. 물론 중국 고대 사상에 대한 재조명이 필요하다는 중국학자들의 주장에 대해 필자 역시 전적으로 찬성한다. 문제는 중국학자들은 여전히 마르크스주의적 관점에서 벗어나지 못하였으며, 정치적 당략으로부터도 자유롭지 못하다는 데 있다. 중국 고대 사상에 대한 새로운 이해를 통해 서양학문에 맞서는 당당한 학문으로 나아가자는 구호에 앞서, 과연 고대 사상을 제대로 이해하고 있는지에 대해 반문하고 싶다.

필자는 중국 고대 사상에 대한 중국학자들의 이해에 심각한 문제점이 있다고 본다. 가령 중국학자들은 출토문헌의 발굴을 계기로 중국 고대 사상은 유가 중심이 아니라 황로학(黃老學) 중심이었다고 주장하였다. 또한 황로학의 성격을 도가와 법가가 뒤섞인 '도법가(道法家)'로 규정하였다. 그들의 주장은 기존의 유가 중심의 논의에서 탈피했다는 점에서 중요한 의미를 갖지만, 문제는 황로학의 성격을 잘못 이해하였다

---

11 같은 책.

는 데 있다.

　황로학은 한초에 일시적으로 유행했던 사상이었다. 그런데 중국학자들은 한초뿐만 아니라 전국시대 후기에도 주류의 사상이었다고 주장하고 있다. '황로학'이 정말로 중국학자들의 주장처럼 전국시대 후기에도 주류의 사상이었다고 한다면 전국시대의 문헌에 황로학이란 언급이 있어야 할 것이다. 그러나 전국시대의 그 어떠한 문헌에서도 '황로학'은 커녕 '황로'라는 말조차 찾아볼 수 없다. 그렇다면 황로학은 한초에 일시적으로 유행한 사상일 따름이라고 보아야 한다. 그럼에도 중국학자들은 무슨 근거로 전국시대에도 황로학이 있었다고 주장하고 있는 것인가?

　사마천은 『사기』에서 황로학이 선진시대에서부터 있어왔다고 말하였으며, 오늘날 중국학자들은 전적으로 『사기』의 이러한 기록에 의거해 주장한 것이다. 그러나 우리는 사마천의 주장에 대해 의문을 제기할 필요가 있다. 실증주의 역사관에서 "과거에 있었던 있는 그대로의 사실을 묘사해야 한다"는 모토를 내세우지만, 사가(史家)는 역사의 객관적 사실을 온전히 그려낼 수 없다. 왜냐하면 역사에는 필연적으로 사가의 관점이 투영될 수밖에 없기 때문이다. 특히 사마천과 같이 개성이 강한 사가의 경우에는 더욱 그러하다. 그러므로 우리는 사마천의 진술에 대해 의문을 제기할 필요가 있다.

　무엇보다 중국학자들은 황로학을 도가와 법가가 하나로 뒤섞인 '도법가(道法家)'로 규정하였지만, 도가와 법가는 하나로 뒤섞일 수 없다. 왜냐하면 도가와 법가는 제자백가들 중에서 가장 대립되는 사상이라는 점에서 물과 기름의 관계에 있기 때문이다. 그럼에도 불구하고 이러한 대립적인 사상을 하나로 뒤섞어 놓게 되면 그 결과는 한쪽을 왜곡시킬 수밖에 없다. 실제로 중국학자들은 '황로학'이라는 이름으로, 노자의 사상을 법가적인 사상으로 왜곡시켰다. 이러한 왜곡은 더 나아가 중국 고대 사상에 대한 왜곡으로 이어졌다. 더 큰 문제는 이러한 중국학자들의 이해는 학문의 엄밀성에 기인한 것이 아니라 정치적 당략에 기인한 부분이 많았다는 데 있다.

그 외에도 마왕퇴의 출토문헌과 곽점의 출토문헌에 대한 연대문제와 성격문제를 규명하는 과정에서도 사실과 전혀 부합하지 않는 억측 주장들이 많았다. 이것은 중국 고대 사상에 대한 중국학자들의 이해에 있어 뭔가 심각한 문제점이 있음을 뜻한다. 중국사상, 더 나아가 동아시아 사상의 뿌리 역할을 해온 중국 고대 사상의 이해에 있어서 이처럼 많은 문제점이 있다는 것은 참으로 우려스러운 일이 아닐 수 없다. 이러한 현실상황에서 필자는 중국 고대 사상에 대해 다시 논의할 필요성을 느꼈다.

그런데 본 저서에서는 전국말기에서 한초까지의 도가사상과 그 영향관계에 대해서 중점적으로 논의하고 있다. 이러한 주제를 잡은 이유는 당시에 도가가 중요한 역할을 하였을 뿐만 아니라, 당시 사상의 변천과정에 있어서 도가가 주된 역할을 하였기 때문이다. 도가를 중심으로 한 변화과정을 추적한다면, 우리는 중국 고대 사상이 어떻게 발전하였는지에 대해 보다 명확하게 이해할 수 있을 것이라고 본다.

마왕퇴의 출토문헌과 곽점의 출토문헌의 대다수는 전국말기에서 한초에 해당하는 문헌들이다. 그런데 마왕퇴의 출토문헌에는 법가적인 사상과 도가적인 사상이 뒤섞인 문헌이 많았던 반면에, 곽점의 출토문헌에는 유가적인 사상과 도가적인 사상이 뒤섞인 문헌이 많았다. 이러한 차이는 묘주의 개인적 취향과 시대의 유행을 반영한 것이라고 볼 수 있는데, 어쨌든 두 출토문헌은 법가와 유가라는 서로 다른 성향을 반영하고 있다. 그런데 흥미로운 점은 마왕퇴 출토문헌과 곽점 출토문헌 모두에 도가사상이 많이 들어가 있다는 사실이다. 그렇다면 어째서 서로 다른 성향의 문헌임에도 불구하고 도가사상이 많이 들어가 있는 것인가? 그 이유는 전국말기에 도가가 그만큼 주된 역할을 하였기 때문이다.

일반적으로 도가는 위진시대에 잠시 주류의 사상으로 떠올랐을 따름이며 대부분의 시대에서는 유가에 가려져 비주류로 밀려났다고 보고 있다. 그런데 도가사상은 위진시대에만 잠시 주류였던 것은 아니며, 전국말기에서 한초까지도 주도적인 위치에 있었다. 그 일례로 전국말기에서 한초까지의 대표적인 문헌인 『관자』·『신자(愼子)』·『윤문자(尹文子)』·『시자(尸子)』·『한비자』·『할관자(鶡冠子)』·『황제사경』·『여씨춘추』·『문자(文子)』·『열자』·『회남자』 등은 도가의 영향을 받은 저작들이다. 또한 『주역』·『중용』은 전국말기의 유가 문헌들로서 여기에도 도가의 영향이 있다. 순자는 비록 도가를 단호히 배척했지만 실제로는 도가로부터 지대한 영향을 받았다. 마왕퇴 출토문헌과 곽점 출토문헌 모두에 도가사상이 많이 들어가 있는 이유도 전국말기에 도가가 중요한 위치를 점유하고 있었기 때문이다. 실제로 한초에는 도가사상인 황로학(黃老學)이 국가이념이 되기도 하였다.

전국말기에서 한초에는 학파들 간의 다양한 논의들이 있었다. 가장 대표적인 논의로는 인성론의 문제, 생사관의 문제, 천도(天道)와 인도(人道)의 문제, 자율과 타율의 문제, 성(性)과 정(情)의 문제, 덕(德)과 형(刑)의 문제, 명(名)과 실(實)의 문제, 대(大)와 소(小)의 문제, 일(一)과 다(多)의 문제, 무위(無爲)와 유위(有爲)의 문제 등이 있다. 이러한 다양한 논의들의 중심에는 도가사상이 있었다. 이것은 당시에 도가사상이 중요한 위치에 있었음을 의미한다.

이처럼 우리는 전국말기에서 한초까지의 도가사상의 변천과정에 대해 주목할 필요가 있다. 역사의 변천과정은 궁극적으로 사상의 변천과정이기도 하다. 그런데 변화한다는 것은 단순히 기존의 것이 사라지고 그 빈자리에 새로운 것으로 대체(代替)된다는 것을 의미하는 것이 아니다. 경험을 통해 획득한 정보들은 사라지는 것이 아니라 눈덩이처럼 축적된다. 사상이라는 것도 시간의 경과와 함께 축적되어 왔다.

춘추시대에서 전국시대 중기까지가 중국사상의 씨앗이었다고 한다면, 전국시대말기에서 한초까지는 중국사상이 본격적으로 싹트는 시기였다. 그러므로 이 시대에 대한 이해가 필요하며, 이 책을 쓰게 된 목적 또한 여기에 있다. 그런데 본 저서의 궁극적인 목적은 도가사상과 다른 학파와의 영향관계를 살펴봄으로써, 중국학자들의 잘못된 이해를 시정하는 동시에 중국 고대 사상의 흐름에 대해 새롭게 조망하려는 데 있다.

제1장

노장(老莊)사상의 원류

― 병가(兵家)와 은일(隱逸)의 사상

1. 중국 고대 사상에서의 변화관

글로벌 시대인 오늘날 동서양은 하나의 문화권을 형성함으로써 같은 정보들을 공유하며 살아가고 있다. 이런 가운데 동양의 전통은 크게 무너지고 말았다. 그렇다면 오늘날에는 동양의 전통이 사라지고만 것인가? 문화의 원형은 그리 쉽게 사라질 수 있는 것이 아니다. 차이점은 여전히 존재한다.

니스벳은 『생각의 지도』라는 책에서 세상을 바라보는 동양인(동아시아)과 서양인(유럽중심)의 사고에 많은 차이가 있음을 보여주었다. 그 차이점을 요약하면, 동양은 더불어 살아가는 삶을 추구하는 반면에 서양에서는 홀로 살아가는 삶을 추구하며, 동양은 전체를 중요시하는 반면에 서양은 부분을 중요시하며, 동양은 상황을 중요시하는 반면에 서양은 본질을 중요시하며, 동양은 동사를 통해 세계를 바라보는 반면에 서양은 명사를 통해 세상을 바라보며, 동양은 경험을 중요시하는 반면에 서양은 논리를 중요시한다.[1]

이처럼 동양과 서양은 오늘날 하나의 문화권을 형성하고 있음에도 불구하고 여전히 차이점은 존재한다. 그렇다면 이러한 차이점은 무엇 때문에 생겨난 것인가? 그 이유는 세계관의 차이로부터 생겨난 것이다. 필자는 『노장(老壯)의 생성론적 관계론』이라는 저서에서 서양이 존재

1　리처드 니스벳, 최인철 옮김, 『생각의 지도』, 김영사, 2004.

중심주의적 학문이라고 한다면 동양은 생성중심주의적 학문임을 주장한 바 있다. 존재론에서는 고립적인 것과 영원불변함을 추구하였으며, 생성론에서는 상호관계와 역동적인 변화를 추구하였다. 그러므로 서양에서는 불변·원칙·고립을 중요시한 반면에, 동양에서는 변화·상황·관계를 중요시하였다.

플라톤은 『국가론』에서 변화하는 이 생성의 세계는 동굴안의 그림자와 같은 가짜의 세계일 따름이라고 말했다. 서양에서는 플라톤의 전통을 따라 이 세계를 가상적인 것, 혹은 근본에서 파생되어 나온 현상(現象:phenomenon)으로 보려고 하였다.[2] 이와는 달리 생성중심주의의 동양에서는 변화하는 이 세계를 실질적인 현실의 세계로 보았으며, 학문에 있어서도 변화와 관계를 중요시하였다.

무엇보다 동양에서는 일체 만물은 모두 변화 가운데 있다고 보았다. 공자는 시냇가를 바라보며 "가는 것(逝者)이 이와 같구나! 밤낮을 그치지 않으니 말이다."[3]라고 하였다. 인생이란 것은 물처럼 중단 없이 흘러갈 따름이라고 본 것이다. 『장자』에서도 "사람이 천지 사이에서 살아가는 것은 마치 준마(駿馬)가 틈 사이를 획 지나가듯 순간적인 것이다."[4]라고 하였다. 『주역』은 서양에서 '변화의 책(the book of changes)'이라고 일컬어지고 있듯이 만물의 변화를 강조하였다.

서양에서도 만물의 변화를 언급했지만, 만물의 뿌리인 실체는 불변하다고 보았다. 반면에 도가에서는 만물뿐만 아니라 궁극의 범주인 도(道)조차도 변화 가운데 있다고 보았다. 가령 노자는 도에 대하여, "대도(大道)는 둥둥 떠다니어 왼쪽으로도 갈 수도 있고 오른쪽으로도 갈 수 있다."[5]라고 하였다. 『노자』 14장에서는 도의 이러한 변화상에 대하

---

2 현상 역시 근본이 드러나는 모습이란 점에서 플라톤의 그림자와 유사한 의미를 갖는다.
3 『論語』「子罕」, "逝者如斯夫. 不舍晝夜."
4 『莊子』「知北楚」, "人生天地之間, 若白駒之過郤, 忽然而已."
5 『老子』, 34장, "大道汎兮, 其可左右."

여 '무상지상(無象之象)'이라고 하였다. 이것은 도가 변화를 따라 다양한 모습을 이룬다는 의미이다. 『장자』에서도 "하나이지만 변하지 않을 수 없는 것이 '도'이다."[6]라고 하였다.

    동양에서 만물뿐만 아니라 도 역시 변화 가운데 있다고 본 이유는 모든 것이 시공간 안에 있다고 보았기 때문이다. 장자는 우주(宇宙)에 대해, "실재가 있으면서도 일정한 곳에 상주(常住)함이 없는 것을 '우(宇)'라고 하며, 장구하면서도 처음과 끝이 없는 것을 '주(宙)'라고 한다."[7]고 하였다. 『회남자』에서도 우주에 대해, "예로부터 지금에 이르기까지를 '주(宙)'라고 하며, 사방과 상하를 '우(宇)'라고 한다."[8]라고 하였다.[9] 이에 의거할 때, 우(宇)는 '상하사방(上下四方)'의 공간을 뜻하며, 주(宙)는 '고왕금래(古往今來)'의 시간을 뜻한다. 두 단어의 합성어로서의 우주는 무한히 펼쳐져 있는 시공간을 지칭한다. 동양에서는 일체의 만물이 시공간 안에 있다고 보았으므로 시공간을 초월한 그 어떠한 것도 상정하지 않았다. 그러므로 서양에서는 시공간을 초월한 추상적 개념을 중요시하였던 반면에 중국에서는 구체적이며 현실적인 개념을 중요시하였다.

    시공간은 언제나 변화 가운데 있으므로 동양에서는 시(時)를 중요시하였다. 시(時)와 시간(時間)은 다르다. 시(時)가 연속적인 변화의 흐름이라고 한다면, 시간(時間)은 변화의 흐름[時]에 '간격[間]'을 나눈 것이라는 점에서 불연속적이다. 우리가 시계를 통해 바라보는 것은 시(時)가 아니라 시간(時間)이다. 그런데 자연계에는 시(時)만 있을 따름이며, '간(間)'은 인간의 의식이 개입된 추상적 개념이다. 동양에서의 시(時)는 구체적인 변화의 흐름을 지칭한다.

---

6 『莊子』,「在宥」, "一而不可易者, 道也."
7 『莊子』,「庚桑楚」 "有實而无乎處者宇也, 有長而无本剽者宙也."
8 『淮南子』,「齊俗訓」, "往古來今, 謂之宙, 四方上下, 謂之宇."
9 『尸子』,「下卷」에서는 "四方上下, 謂之宇, 往古來今, 謂之宙."라고 하였다.

시(時)는 '상황'을 뜻하기도 한다. 『중용』에서는 중용을 강조하였는데, 중용은 단순한 중간을 뜻하는 것이 아니라 '시중(時中)', 즉 '때의 적절함'이다. 그러므로 『중용』에서 "군자(君子)의 중용이라는 것은 군자이면서 때에 맞게 함[時中]이다."[10]라고 하였다. 그런데 시(時)는 변화의 흐름일 뿐만 아니라 변화 속에서의 적합함을 뜻한다는 점에서, 시에는 '시중(時中)'의 의미가 내포되어 있다. 가령 『논어』에서 "배우고 적절하게[時] 익힌다면 또한 기쁘지 않겠는가?"[11]라고 하였는데, 여기서의 시(時)는 상황에 맞는 '적절함'을 의미한다. 노자 역시 "(물은) 움직임에 있어서 적절하게[時] 잘 처한다."[12]라고 하였다.

서양에서는 전통적으로 불변과 보편성을 중요시했으므로 상대적으로 변화와 개별에 대해 무관심했다. 그러나 세상은 변화하는 상황 속에 놓여있는 개별자들로 이루어져 있다. 상황에는 나아가야 할 상황이 있고 물러나야 할 상황이 있다. 개별자들에게 중요한 것은 이 변화하는 상황 속에서 어떻게 처신하느냐이다. 처세술이라는 것도 궁극적으로 변화하는 상황에 맞게 시의적절(時宜適切)히 거처하는 방법에 대한 논의이다. 그러므로 중국에서는 변화하는 상황으로서의 시(時)와 시에 따른 처세를 중요시하였다.

변화하는 상황으로서의 시(時)에서 파생되어 나온 개념이 바로 '세(勢)'이다. 삼라만상은 변화하지만, 여기에는 하나의 패턴이 있다. 가령 하나의 시작점이 있으며, 전성기가 있으며, 쇠퇴기가 있으며, 급기야는 죽는 시기가 있다. 이러한 변화하는 상황 속에서 항상 고려해야 할 문제가 바로 세(勢)이다. 동양에서는 천문(天文)·지리(地理)·국가·개인·신체 모두 세(勢)를 가지고 있다고 보았다.

---

10 『中庸』, 2장, "君子之中庸也, 君子而時中."
11 『論語』, 「學而」, "學而時習之, 不亦說乎."
12 『老子』, 8장, "動善時."

우리가 아무리 노력하더라도 실패하는 경우가 많다. 왜냐하면 어떤 일을 성취하기 위해서는 세(勢)가 따라줘야 하기 때문이다. 그러므로 『노자』에서 "세(勢)가 이루게 한다."¹³라고 하였다. 맹자 역시 세(勢)에 대해, "제나라 사람의 말에 이르기를 '비록 지혜가 있더라도 세(勢)를 타는 것만 못하며, 비록 농기구가 있더라도 때를 기다리는 것만 못하다'고 했는데 지금의 때가 그러하기 쉽다."¹⁴라고 하였다.

군주의 통치에서도 세(勢:權勢)는 중요하다. 요(堯)임금은 천하의 현군이고, 걸(桀)임금은 천하의 폭군이다. 그런데 요임금이 천하의 성군이 될 수 있었던 이유는 그가 세(勢)를 얻었기 때문이며, 무능력한 걸임금이 세상을 어지럽힐 수 있었던 이유 또한 그가 세를 가지고 있었기 때문이다. 그러므로 『한비자』에서 "못난 사람이 현명한 사람을 복종케 할 수 있었던 까닭은 권력이 크고 직위가 높기 때문이다. 요(堯)임금이 필부였다면 세 사람도 다스릴 수 없으며, 걸(桀)임금이 천자가 되었기 때문에 천하를 어지럽힐 수가 있었다."¹⁵라고 하였다.

이처럼 세(勢)는 어떠한 일의 승패를 결정하는 데 있어서 중요한 열쇠이므로, 동양에서는 현재 상황을 판단할 때 언제나 세를 고려하였다. 흥미로운 점은 동양에서는 사람들이 거주하는 땅에도 세를 가지고 있다고 보았다는 사실이다. 그러므로 풍수지리학에서 반드시 고려해야할 것이 산세(山勢)였다. 가령 『장서』에서 "산의 혈 자리를 가리는 법은 세(勢)로써 가리는 것이 가장 어렵고, 형태로써 가리는 것이 그 다음이고, 방위로써 가리는 것이 그 다음이다."¹⁶라고 하였다. 형태와 방위는 일정하므로 파악하기 쉬운 반면에, 세는 변화무쌍하므로 파악하기가 어

13　『老子』, 51장, "勢成之."
14　『孟子』, 「公孫丑」(上), "齊人, 有言曰, 雖有智慧, 不如乘勢, 雖有鎡基, 不如待時, 今時, 則易然也."
15　『韓非子』, 「難勢」, "不肖而能服於賢者, 則權重位尊也. 堯爲匹夫, 不能治三人, 而桀爲天子, 能亂天下."
16　『葬書』, 「雜篇」, "占山之法, 以勢爲難, 而形次之, 方又次之."

렵다는 뜻이다.

이상과 같이 동양에서는 변화를 강조하였는데, 여기서의 관건은 윤리규범이다. 윤리규범은 사회의 구성원들이라면 모두가 따라야 한다는 점에서 보편성을 가지고 있어야 한다. 또한 윤리규범이 상황에 따라 어제 다르고 오늘 다르다고 한다면 그것은 있으나마나한 것이 되므로 불변성이 있어야 한다. 그러므로 서양에서는 전통적으로 이러한 윤리규범을 영원불변한 법칙과 같은 것으로 보았다. 가령 칸트는 "너의 의지의 준칙이 항상 동시에 보편적 법칙 수립의 원리로서 타당할 수 있도록, 그렇게 행위하라."17라고 하였다.

유가의 윤리규범 역시 불변성과 보편성을 가지고 있다. 그러므로 유가에서는 윤리규범을 경(經)으로써 이해하고자 하였다. 경에는 불변성과 보편성의 일면을 가지고 있다. 그런데 중국에서는 전통적으로 변화에 기초하고 있으므로 '경(經)'과 함께 '권(權)' 역시 중요시하였다. 권은 '저울 추'를 뜻하는 것으로서, 변화하는 상황에 따른 일종의 임기응변이다. 권과 관련하여 『맹자』에서 "자막(子莫)은 중간을 잡았다. 중간을 잡은 것은 도와 가깝기는 하지만, 중(中)을 잡음에 권(權)이 없다면 한쪽을 잡는 것과 같다."18고 하였다. 당시 양주(楊朱)의 위아주의(爲我主義)와 묵자(墨子)의 겸애(兼愛)는 도의 양 끝만을 잡고 있었기에 한쪽으로만 편중되었던 반면에 자막은 중간을 취하고 있었기에 도에 가까운 듯이 보인다. 그러나 맹자는 자막 역시 '권(權)'이라고 하는 '임기응변'을 알지 못하였으므로 참된 도를 터득한 것이 아니라고 말하였다. 한대의 유자 동중서(董仲舒) 역시 "『춘추』는 고정된 문장이 없으니, 일의 변화에 따라 문장도 바뀐다."19라고 하였으며, 또한 "『춘추』에는 경

---

17 칸트, 백종현, 『실천이성비판』, 아카넷, 2003, 86쪽.
18 『孟子』, 「盡心章」(上), "子莫, 執中. 爲近之, 執中無權, 猶執一也."
19 『春秋繁露』, 「竹林」, "春秋無通辭, 從變而移."

상(經常)의 예(禮)가 있고 변통(變通)의 예가 있다."[20]라고 하였다. 이처럼 동중서는 역사에 대한 기록은 원칙적으로 대의를 좇지만, 한편으로는 변화하는 상황에 따라야 한다고 주장하였다. 그는 유가 통치 이데올로기를 만드는 데 있어서 커다란 기여를 한 인물이었지만, 그 역시 변화를 중요시하는 전통을 무시할 수 없었던 것이다.

질서를 이루기 위해서는 보편적인 척도로서의 법이 있어야 한다. 동양에서도 보편성과 객관성을 갖는 법(法)을 중요시하였다. 가령 한비는 "형벌을 추구함에서는 대신(大臣)이라도 피하지 않고, 선한 일에 상 줌에서는 필부라도 빠트리지 않는다."[21]고 한 것처럼, 법은 객관성을 가지고 있으므로 귀천을 막론하고 모든 사람에게 똑같이 적용되어야 한다고 보았다.

그런데 법가에서는 비록 법의 객관성을 강조하였지만, 이 법은 불변의 존재에 귀속되어 있는 것이 아니라 생성에 귀속되어 있다. 그러므로 법가에서는 "시대가 바뀌면 법도 바뀐다."는 변화의 논리를 강조하였다. 이를테면 상앙은 "각각의 변화하는 상황에 맞게 법을 세우며, 각각의 일에 따라서 예를 제정한다."[22]고 말하였다. 한비 역시 "법이 시류와 더불어 변해야만 다스려질 수 있다."[23]고 말하였다. 이와 같이 상앙이나 한비는 법을 동태적인 것으로 파악하고자 했다.

서양에서는 전통적으로 개념 역시 불변성과 보편성을 갖고 있다고 보았다. 무엇보다 서양에서의 개념은 추상성에 기인한다. 추상적이라는 것은 시간과 공간을 초월한다는 의미이다. 그러므로 아리스토텔레스는 개념을 형상(形相)으로 파악한 동시에 변화와 무관하게 불변의 상태로 있다고 보았다. 그런데 순자는 오늘날의 '명칭(名稱)'을 뜻하는 명(名)의 보편성을 강조하였지만, 개념에는 초월성과 불변성이 있다고 보

---

20 『春秋繁露』,「玉英」, "春秋有經禮, 有變禮."
21 『韓非子』,「有度」, "刑過不避大臣, 賞善不遺匹夫."
22 商鞅, 『商君書』,「更法」, "各當時而立法, 因事而制禮."
23 『韓非子』,「心度」, "法與時轉則治."

지 않았다. 그 단적인 예로 명(名)이 실(實)을 반영한다고 보았다.

> "명칭[名]은 본래적으로 의미가 있는 것이 아니며, 단지 약속에 의해 명명(命名)한 것이다. 약속이 정해져서 관습이 되어야 (비로소) 그것을 '의미가 있다'고 한다. (반면에) 약속한 것과 다르게 사용하면 그것을 '의미가 없다'고 한다. 명칭에는 본래적으로 실질이 있는 것이 아니며, 약속에 의해서 실질을 명명(命名)한 것이다. 약속이 정해져서 관습이 되어야 비로소 그것을 '실질적인 명칭'이라고 한다."[24]

순자는 언어가 사회적 약속체계에 의해 생겨난 것이라고 보았다. 그런데 사회적 약속체제는 시대마다 변화하기 마련이므로 순자는 언어가 변화 가운데 있다고 보았던 것이다.

서양에서는 전통적으로 각각의 존재들이 닫혀있다고 보았으나, 동양에서는 만물이 고립적으로 존재하는 것이 아니라 관계 속에 존재한다고 보았으므로 변화와 함께 관계를 중요시하였다. 즉 나와 대상은 서로 분리되어 있는 것이 아니라 하나의 유기적인 관계로써 있다고 보았으며, 이러한 사유로부터 나온 것이 바로 유기체적 세계관이다.

동양은 유기체적 세계관에 입각하고 있으므로 내가 대상이 되고 대상이 내가 되어 서로 간에 일체(一體)를 이룬다는 '물아일체(物我一體)'의 사상, 나와 하늘은 하나로 통하며 합일을 이룬다는 '천인합일(天人合一)'의 사상, 사람과 하늘이 서로 감응한다는 '천인감응(天人感應)'의 사상을 갖고 있었다.

동양에서는 이와 같이 모든 만물이 서로 유기적인 관계를 맺고 있으며 서로 간에 소통하여 일체(一體)를 이룬다고 보았는데, 장자의 '만

---

24 『荀子』,「正名」, "名無固宜, 約之以命. 約定俗成, 謂之宜. 異於約, 則謂之不宜. 名無固實, 約之以命實. 約定俗成, 謂之實名."

물제동(萬物齊同)' 사상이 그 대표적인 예이다. 가령 『장자』에서 "천지는 나와 함께 생겨나고, 만물은 나와 더불어 하나가 된다."25라고 하였다. 『여씨춘추』에서도 "천지만물은 한 사람의 몸이니, 이것을 일컬어 '대동(大同)'이라고 한다."26라고 하였다. 『회남자』에서는 다음과 같이 말했다.

"하늘이 덮어주고, 땅이 실어주고, 육합(六合)이 감싸주고, 음양이 숨을 내쉬고, 비와 이슬이 적셔주고, 도와 덕이 도와주는 것, 이 모두가 하나의 부모로부터 생겨나 하나의 기운으로 모여든 것이다. 그러므로 홰나무·느릅나무·귤나무·유자나무는 합쳐져 형제가 되고, 유묘(有苗:남쪽의 오랑캐)와 삼위(三危:서쪽의 오랑캐)가 통하여 한 집안이 된다."27

위진남북조 시대의 스님인 승조(僧肇) 역시 천지만물과 나는 하나의 뿌리에서 나왔음을 주장하였다. 즉 "천지는 나와 뿌리가 같고, 만물은 나와 일체이다."28라고 하였으며, 또한 "그렇다면 만물과 나는 같은 뿌리이며, 옳고 그름은 하나의 기(氣)에 포섭된다."29라고 하였다. 송대의 유자인 장횡거 역시 "하늘은 '아버지'라고 칭하고, 땅은 '어머니'라고 칭한다. 나는 여기서 까마득히 작은 존재이지만 (천지가) 뒤섞여 있는 가운데 처해있다. 그러므로 천지로 가득 찬 것이 나의 몸이고, 천지가 통솔하는 것이 나의 본성이다. 백성들은 같은 뱃속에서 나온 형제자매이며, 사물은 나와 한 무리이다."30라고 하였다.

---

25 『莊子』,「齊物論」, "天地與我並生, 而萬物與我爲一."
26 『呂氏春秋』,「有始」, "天地萬物, 一人之身也, 此之謂大同."
27 『淮南子』,「俶眞訓」, "夫天之所覆, 地之所載, 六合所包, 陰陽所呴, 雨露所濡, 道德所扶, 此皆生一父母而閱一和也. 是故槐楡與橘柚, 合而爲兄弟, 有苗與三危, 通爲一家."
28 僧肇, 『肇論』, 「涅槃無名論·妙存」, "所以天地與我同根. 萬物與我一體."
29 『肇論』, 「不眞空論第二」, "然則物我同根, 是非一氣."

이상과 같이 동양에서는 변화에 기반을 두고 있는데, 불교가 유입되기 이전까지의 사유는 대부분 이러한 변화관에 입각하고 있다. 선진시대에서는 변화를 초월한 불변을 상정하지 않았으며, 모든 것들은 궁극적으로 변화 가운데 있다고 보았다. 이러한 점에서 본다면 선진시대 제자백가의 사상은 변화를 중요시한 생성의 사상이라고 할 수 있다. 그런데 동양에서는 단순히 변화만을 추구한 것이 아니라, 변화하는 현실 속에서 어떻게 적응하며 살아갈 것이냐 하는 처세의 문제에 대해서도 고심하였다.

그렇다면 어째서 서양에서 불변에 기초한 존재론을 지향했던 것과는 달리 선진시대에는 변화에 기초한 생성론을 지향했던 것인가? 그 이유는 일찍부터 변화하는 현실을 있는 그대로 받아들였기 때문이다.

그런데 그 어떠한 사상이라도 어느 날 갑자기 생겨나는 것은 아니다. 존재론을 확립한 플라톤이 파르메니데스와 피타고라스로부터 영향을 받았듯이, 동양의 생성론은 병가와 은일(隱逸)의 사상으로부터 영향을 받았다.

---

30 張橫渠, 「西銘」, "乾稱父, 坤稱母. 予茲藐焉, 乃混然中處. 故天地之塞, 吾其體, 天地之帥, 吾其性. 民, 吾同胞, 物, 吾與也."

2. 병가(兵家)

(1) 병가의 역사

중국사상사를 논의할 때 일반적으로 공자를 가장 먼저 언급한다. 그 이유는 공자 이전에는 특별히 주목할 만한 사상이 없었다고 보았기 때문이다. 풍우란도 "공자 이전에는 개인 저술이란 것이 없었다."[31]고 말하였다. 물론 공자 이전의 인물이 썼다고 하는 저서들이 오늘날에 전해지고 있지만, 학자들은 이 저서들을 후대 사람이 가탁해 쓴 위서로 보았다. 그렇다면 공자 이전에는 정말로 특별히 주목할 만한 사상이 없었는가? 그렇지 않다. 공자 이전에 이미 병가와 은일의 사상이 있었다.

앞서 살펴보았듯이 중국사상은 생성에 기반을 두고 있다. 중국에서 변화를 중요시한 이유는 현실을 중요시하였기 때문이다. 춘추전국시대는 그야말로 혼란스러운 시대였다. 당시에는 끊임없이 지속되는 전쟁과 위정자의 폭정으로 인해 많은 무고한 사람들이 죽어나갔다. 전쟁과 폭정은 당장에 생사와 직결되는 절박한 현실적 문제였으므로 이러한 현실에서 어떻게 생존해야할 것이냐 하는 문제가 중요한 관건이었다. 여기서 나온 대표적인 사상이 바로 병가(兵家)와 은일(隱逸)의 사상이다.

---

31 馮友蘭, 『中國哲學史』(上冊), 三聯書店有限公司, 1992, 162쪽.

병가와 은일의 사상은 서로 무관할 뿐만 아니라, 병가는 적극적인 사상이고 은일의 사상은 소극적인 사상이라는 점에서 오히려 서로 상반된 성격을 띠고 있다. 이처럼 두 사상은 전혀 다른 성격을 띠고 있지만, 공통적으로 '시류에 따른다'는 사유에 기반을 두고 있다. 병가와 은일의 사상은 공자 이전부터 이미 있어왔다. 중국의 생성론적 사유는 병가와 은일의 사상으로부터 기원하였으며, 도가사상의 형성과정에 있어서도 병가와 은일의 사상이 지대한 영향을 미쳤다.

『노자』와 『장자』는 도가사상을 대표하고 있지만, 두 사상 사이에는 다소 차이점이 있다. 무엇보다 노자가 현실주의적·처세적인 성격이 강하다고 한다면, 장자는 소극적·수양론적인 성격이 강하다. 이러한 차이가 생겨난 이유는 노자와 장자가 지향하고자 하는 커다란 방향에 있어서는 같았지만 노자는 병가로부터 더욱 많은 영향을 받았고 장자는 은자로부터 더욱 많은 영향을 받았기 때문이다.

병가의 역사는 실로 오래되었음에도 불구하고 학자들이 병가에 크게 주목하지 않았다. 선진시대의 병서들을 위서(僞書)로 보았기 때문이다. 특히 근대화 물결로 인한 의고(疑古)의 열풍과 함께 학계에서는 선진시대의 병서 대다수를 후대 사람에 의해 쓰인 위서로 보았다. 병서의 가장 대표적인 저작인 『손자병법』조차 위서로 취급 받고 있는 마당에 나머지 문헌에 대해서는 더 이상 언급할 필요조차 없을 것이다.

그런데 오늘날에 와서 병서가 새롭게 주목받게 되었다. 그 결정적인 계기는 출토문헌의 발굴에 의해서이다. 1972년 산동성 임기(臨沂) 은작산(銀雀山)에 있는 한대 초기의 묘에서 『손자병법(孫子兵法)』·『손빈병법(孫臏兵法)』·『위료자(尉繚子)』·『육도(六韜)』와 같은 많은 죽서(竹書)들이 발굴되었다.32 이 묘에서 발굴된 문헌들은 병가서(兵家書)가 주류를 이루고 있으므로, 병가 관련 연구에 있어서 중요한 자료가 되었다.

32　吳九龍, 『銀雀山漢簡釋文』, 文物出版社, 1985.

또한 1973년 하북성 정현(定縣) 팔각낭(八角廊) 40호 한묘에서 『육도』의 편린과 일문(逸文)이 발굴되었다.33 이처럼 병서가 한대 초기의 묘에서 발굴되었다는 점에서 볼 때 많은 병서들이 이미 선진시대부터 있어 왔다.

사실상 병가의 기원은 그 어느 학파보다 오래되었다. 『좌전』「선공(宣公)」(12년:기원전 597년)에 초왕(楚王)이 『군지(軍志)』라는 병서를 인용한 것으로 보아 공자(대략 기원전 551년경에 출생)가 태어나기 이전부터 초나라에 병서가 이미 존재했다. 또한 최초로 병서를 쓴 사람은 무왕과 문왕을 도와 주나라를 건립하는 데 일등공신이었던 강태공(姜太公)이라고 전해지고 있다. 『한서』「예문지」에 의거할 때, 강태공은 270편의 방대한 저술을 남겼는데,「모(謀)」가 81편,「언(言)」이 71편,「병(兵)」이 85편이다.34 이처럼 강태공은 이미「병」을 85편이나 저술하였다고 한다. 물론「예문지」의 기록을 액면 그대로 받아들이기는 어렵다. 대다수 학자들의 주장처럼 대다수의 편들은 후인들이 강태공의 이름에 가탁하여 쓴 것이라고 본다. 다만 단순히 강태공의 이름만을 가탁한 것은 아니며 강태공의 사상을 일부 계승한 것으로 보인다.

『육도』는 모두가 강태공의 말로 되어 있으며, 강태공의 저서로 알려져 있다. 『수서』「경적지」에도 "주나라 문왕의 군사(軍師)인 강태공이 지었다."35라고 하였다. 그러나 많은 학자들은 이 문헌을 위서로 보았으며, 필자 역시 후대 사람이 강태공의 이름에 가탁하여 쓴 것이라고 본다. 그러나 이 문헌은 선진시대에 쓰인 고서인 것만은 분명한 사실이다. 그 단적인 증거는 1972년 산동성 임기(臨沂) 은작산(銀雀山)에 있는 한초의 묘(墓)에서 『육도』의 편린들이 발견되었을 뿐만 아니라, 1973

---

33 河北省文物研究所定州漢墓竹簡整理小組,「定州西漢中山懷王墓竹簡〈六韜〉的整理及其意義」,『文物』第5期, 文物出版社, 2001.
34 『漢書』,「藝文志」, "太公二百七十篇. 謀八十一篇, 言七十一篇, 兵八十五篇."
35 『隋書』,「經籍志」, "周文王師姜望撰."

년 하북성 정현(定縣) 팔각낭(八角廊) 40호 한묘(漢墓)에서도 『육도』의 편린과 일문(逸文)이 발견되었기 때문이다. 이처럼 한초에 이미 『육도』가 있었다는 것은 그 이전에도 이미 있어왔음을 의미한다.

공자보다 삼사십 년 선배인 사마양저(司馬穰苴)의 『병법』이 있다. 오늘날에는 『사마병법(司馬兵法)』이란 책으로 남아 있다. 『사마병법』은 비록 후인들에 의해 첨가된 부분이 있지만, 사마양저의 기본 정신을 그대로 반영한 책이라고 볼 수 있다. 더욱이 사마천은 사마양저의 『병법』은 그 이전부터 있었던 『사마병법』에다가 자신의 생각을 덧붙인 것이라고 말하고 있다.[36]

공자와 동시대의 인물인 손무가 썼다고 하는 『손자병법』이 오늘날에도 전해지고 있다. 그런데 『손자병법』이 손무의 저작이라는 견해에 대해, 일찍이 송대의 매요신(梅堯臣)과 구양수(歐陽脩)가 의문을 가졌다. 심지어 송대의 섭적(葉適)은 손무란 인물의 실재성마저 부정하였다. 그 이유로 손무가 오나라 대장군이었다면 『춘추좌씨전』에 틀림없이 기재되어야 하는데 전혀 언급되어 있지 않다는 점을 내세우고 있다.[37] 그 이후 손무가 『손자병법』을 지었다는 점에 대해 의문을 품은 학자들이 많았는데, 크게 세 가지 견해가 제기되었다. 1)『손자병법』은 손무라는 인물에 가탁한 것으로 저자가 누구인지 모른다는 설과 2) 손무와 손빈은 동일인이며, 『손자병법』과 『손빈병법』은 동일한 책으로 『손자병법』은 손빈의 작품이라는 설과 3) 손빈과 손무는 각기 다른 사람으로서, 『손자병법』 13편은 모두 손빈의 작품이라는 설이 있다.[38] 1)의 설은 섭적에 의해서 제기되었으며, 2)의 설에 대하여 사이토 세쓰도

---

36 『史記』「司馬穰苴列傳」에서 "齊나라 威王은 대부를 시켜서 옛날 司馬의 병법을 추론하게 하고, 양저(穰苴)의 병법을 그 책에 덧붙여서 『司馬穰苴兵法』이라고 불렀다.(齊威王使大夫追論古者司馬兵法, 而附穰苴於其中, 因號司馬穰苴兵法.)"고 하였다.
37 儲道立·王寧洲, 『孫子的用兵藝術』, 濟南出版社, 1996, 3쪽.
38 같은 책.

(齋藤拙堂)가 주장하기를, 무(武)는 손자의 이름이고 빈(臏)은 손자의 호(號)라고 하였다. 그런데 다케우치 요시오(武內義雄)・사토 켄지(佐藤堅司)・전목(錢穆) 등 많은 사람들이 주로 3)의 설을 주장하고 있다.[39]

1)의 설은 그 근거가 빈약하다. 섭적을 비롯한 여러 학자들이 손무가 정말로 오나라 대장군이었다면 필시 『춘추좌씨전』에 언급되었어야 했음에도 전혀 언급되어 있지 않다는 점을 근거로 들어 손무가 가공의 인물일 수도 있다는 의견을 제기하였다. 그러나 『사기』에 분명히 "손무는 제나라 사람이다. 병법을 가지고 오나라 왕인 합려(闔閭)를 알현하니, 합려는 '그대가 지은 13편을 내가 모두 읽어 보았소'라고 말하였다."[40]라고 기록되어 있다. 더욱이 전통적으로 손무는 오기(吳起)와 함께 '손오(孫吳)'라고 불렸다. 가령 『사기』에서 "세상 사람들이 군대의 일을 언급할 때마다 모두가 손자의 13편과 오기의 병법을 말하고 있다."[41]라고 하였다. 선진시대의 문헌에서도 손무와 오기를 병칭해 부르고 있다. 가령 『순자』에서 "용병을 잘하는 사람은 신출귀몰하여 어디에서 튀어나올지 아무도 모른다. 손무와 오기가 이것을 써서 천하에 대적할 자가 없었다."[42]라고 하였듯이, 손무와 오기를 병렬하여 열거하고 있다. 한비도 "나라 안의 사람들은 모두 군대의 일을 언급하였고, 손무와 오기의 병서를 집집마다 간직하고 있었다."[43]라고 하였다. 『위료자』에서도 오기에 대해 언급함과 함께 곧바로 "3만의 무리를 거느리고 있으면서 천하에 당해낼 자가 없는 자가 누구인가? 손무이다."[44]라고 손무를 언급하였다. 이처럼 선진시대에 이미 손무와 오기를 병칭하였다

39　徐文助, 「孫子」, 『中國歷代思想家』, 商務印書館(臺灣), 1999, 230쪽.
40　『史記』, 「孫子吳起列傳」, "孫子武者, 齊人也. 以兵法見於吳王闔廬, 闔廬曰, 子之十三篇, 吾盡觀之矣."
41　같은 책, "世俗所稱師旅, 皆道孫子十三篇, 吳起兵法."
42　『荀子』, 「議兵」, "善用兵者, 感忽悠闇, 莫知其所從出, 孫吳用之無敵於天下."
43　『韓非子』, 「五蠹」(第四十九). "境內皆言兵, 藏孫吳之書者家有之."
44　『尉繚子』, 「武議」, 「制談」, "有提三萬之衆, 而天下莫敢當者, 誰. 曰. 武子也."

는 점에서 1)의 설은 타당성이 없다.

2)의 설 역시 타당성이 없다고 보는데, 그 이유는 무엇보다 손무의 전기와 함께 백 년 뒤 손무의 후손인 손빈의 전기가 기록되어 있기 때문이다. 따라서 둘을 동일 인물로 볼 수는 없다.

가장 유력한 설은 바로 3)의 설인데, 그 근거로써 책명이 『손자병법』으로만 되어 있음을 들었다. 손자라는 명칭은 단지 성만을 말하는 것으로, 손무와 손빈 양쪽 모두 해석이 가능하다. 그런데 많은 학자들이 손무가 썼다는 『손자병법』은 남아 있으나 손빈이 썼다는 『손빈병법』은 오래전에 없어졌다는 점을 들어서, 『손자병법』은 『손빈병법』을 일컫는 것으로 보았다. 그러나 근래에 학자들은 손무가 썼다는 점을 인정하지 않을 수 없게 되었는데, 그 이유는 임기 은작산에 있는 한대 초기의 묘에서 『손자병법』과 『손빈병법』 두 죽서가 나란히 발굴되었기 때문이다. 이로써 사마천의 주장처럼 『손자병법』과 『손빈병법』은 엄연히 다른 책으로, 『손자병법』은 손무의 저작임이 밝혀졌다.

이와 같이 공자 시대에 이미 병가의 대표적인 인물인 손무가 있었다. 손무는 오나라 왕 합려를 천하의 패자로 만드는 데 중요한 역할을 하였다. 합려가 손무를 장군으로 삼아서 초나라를 정벌하기 시작한 해는 기원전 512년으로 당시 공자 나이 대략 39세 때였다. 그런데 당시 오나라 왕 합려는 손무가 지은 『병서』 13편을 이미 읽어보았다고 『사기』에서 말하고 있다. 그렇다면 『손자병법』은 공자 나이 대략 39세 이전에 쓰인 저작이다.

(2) 병가와 『노자』와의 관계

『노자』의 두드러진 특징 중의 하나는 병서와 유사한 문장들이 많다는 점이다. 이것은 노자의 사상이 병가와 밀접한 연관이 있음을 뜻한다.

모택동도 『노자』를 일종의 병서로 보았다. 그런데 『노자』를 병서로 본 것은 이미 오래되었다. 『수서(隋書)』「경적지(經籍志)」에 '『노자병서(老子兵書)』 1권'이라고 하였듯이 『노자』를 병가류로 분류하였다. 당나라 왕진(王眞)은 『노자』를 일종의 병서로 보았다. 가령 『노자』에 대하여 "한 장이라도 병(兵)의 뜻에 속하지 않는 것이 없다."[45]고 하였다.

이처럼 오래전부터 노자와 병가 사이에 많은 유사성이 있음을 지적하였으며 많은 학자들도 이 점에 대해서는 인정하였다. 그런데 대다수 학자들이 노자와 병가가 유사한 이유는 병가가 노자로부터 영향을 받았기 때문이라고 보았다. 가령 범려·『손자병법』·『육도』 등이 노자로부터 영향을 받았다고 주장하고 있다. 그러나 필자의 견해로는 선진시대의 병서들이 한결같이 『노자』로부터 영향을 받았다고 보기는 어려우며, 오히려 『노자』가 병서들로부터 지대한 영향을 받았다고 본다.

무엇보다 눈에 띠는 점은 손무(孫武)가 쓴 『손자병법』과 『노자』사이에는 유사한 문장이나 개념들이 많다는 사실이다. 그런데 대부분의 학자들은 『손자병법』이 『노자』로부터 영향을 받았다고 보았다. 그 이유는 손무와 공자는 비슷한 연배인 반면에, 노자는 공자보다 다소 연장자라는 점을 근거로 들고 있다.[46] 그러나 『노자』에 대한 연대는 확실하지 않다. 그러므로 손무가 정말로 노자로부터 영향을 받은 것인지 아니면 거꾸로 노자가 손무로부터 영향을 받은 것인지에 대한 문제는 그리 간단한 문제가 아니므로 이에 대해 다시 논의할 필요가 있다. 먼저 『노자』와 『손자병법』 사이의 유사점에 대해 열거해보자.

첫째, 『손자병법』에서 "전쟁에서는 속이는 수단을 써야 한다. 그러

---

45 王眞, 『道德經論兵要義述』, "未嘗有一章不屬意於兵也." * 道藏〈13권〉, 文物出版社.
46 가령 강국주(姜國柱)는 "노자와 손자란 사람과 그들의 책은 모두 춘추 말기에 나왔다. 다만 노자는 공자보다 조금 빠른 사람이고 손자는 공자와 동시대의 인물이므로, 노자는 손자보다 앞서 있다."라고 하였다. * 姜國柱, 「〈孫子兵法〉所受老子思想的影響」, 233쪽. (『道家文化研究』第5輯, 上海古籍出版社.)

므로 할 수 있으면서도 하지 못하는 것처럼 보이게 하며, 사용할 수 있으면서도 사용할 수 없는 것처럼 보이게 한다."47고 하였는데, 이 문장은 노자의 '무위의 사상'과 유사하다. 『손자병법』에서는 무위를 '하지 못하는 척'이란 의미로 사용하였는데, 공교롭게도 이러한 무위의 이해는 한비의 무위의 이해와 거의 유사하다.

둘째, 『손자병법』에는 '대립물의 상호유전(相互流轉)'적 사고를 갖고 있다. 이를테면 "원칙과 임기응변은 서로 생겨나서 마치 순환함이 끝이 없는 것과 같으니, 누가 그것을 다할 수 있겠는가?"48, "어지러운 것은 다스림에서 나오고, 겁내는 것은 용기에서 나오고, 약함은 강함에서 나온다."49, "그런 까닭에 오행은 항상 이기는 것이 없으며, 사계절은 한결같은 직위가 없으며, 해에는 짧음도 김도 있으며, 달에는 죽고 사는 것이 있다."50고 하였다. 노자 역시 '대립물의 상호 유전'적 사고를 가지고 있다. 이를테면 『노자』에서도 "화(禍)는 복(福)이 의지하는 곳이며, 복이란 재앙이 깃들여 있는 곳이니, 누가 그 귀착점을 알 수 있겠는가?"51라고 하였다.

셋째, 노자는 '물의 철학자'라고 할 만큼 도를 물에 즐겨 비유하였다. 노자가 물을 중요시한 이유는 다음과 같다. 1) 물은 높은 곳에서 낮은 곳으로 흘러가므로 비하(卑下)한 곳에 잘 거처한다. 그러므로 노자는 "(물은) 일반 사람들이 싫어하는 낮은 곳에 거처한다."52라고 하였다. 2) 물은 일정한 모습이 없으며, 때에 응하여 무수히 많은 형상을 이룬다. 가령 원이 되고 네모에 임해서는 네모가 되고 세모에 임해서는 세모가 된다. 그러므로 노자는 "(물은) 움직임에 있어 제때에 잘 처한

---

47 『孫子兵法』,「始計」, "兵者, 詭道也. 故能而示之不能, 用而示之不用."
48 『孫子兵法』,「兵勢」, "奇正相生, 如循環之無端, 孰能窮之哉."
49 같은 책, "亂生於治, 怯生於勇, 弱生於强."
50 같은 책, "故五行無常勝, 四時無常位, 日有短長, 月有死生."
51 『老子』, 58장, "禍兮福所倚, 福兮禍所伏, 孰知其極."
52 『老子』, 8장, '處衆人所惡'

다."53라고 하였다. 그런데 『손자병법』에서도 물은 높은 곳에서 낮은 곳으로 흐른다고 보았다.54 또한 "병(兵)은 한결같은 세(勢)가 없으며, 물은 한결같은 모양이 없다."55라고 하였다. 이처럼 양자가 비유하고자 하는 의미가 유사하다.

 넷째, 허(虛) 혹은 무는 노자의 독창적인 사상으로 알려져 있다. 노자가 말한 허는 단순히 텅 빈 '공허'를 뜻하는 것이 아니라, 만물을 수용할 수 있는 빈 공간을 뜻한다. 이를테면 컵은 비어 있으므로 해서 오히려 수용할 수가 있다. 이 점에서 본다면 비어 있음은 단순한 공허가 아니며, 나름의 쓰임을 가지고 있다. 그러므로 『노자』에서 "따라서 있음으로써 이로움으로 삼을 수 있었던 까닭은 비어있음으로써 쓰임으로 삼았기 때문이다."56고 하였다. 또한 무에는 '깊다[深]'의 뜻이 있다. 깊은 바닷물일수록 검푸르게 보일 뿐 그 안에 무엇이 들어 있는지 알지 못한다. 따라서 노자는 '깊어서 (그 깊이를) 알 수가 없다'57고 하였다. 그런데 『손자병법』에서도 "새가 모이는 까닭은 비어 있기 때문이다."58라고 하였다. 이것은 곧 노자의 '무의 쓰임'의 사상과 거의 일치한다. 아울러 "무형이 되면 깊은 곳에 숨어 있는 간첩이 (나를 엿보려 해도) 엿볼 수가 없으며, 지모(智謀)가 있는 자가 (나를 꾀하려고 해도) 꾀할 수가 없다."59고 하였다. 이 또한 '깊어서 알 수가 없다'고 한 노자의 사상과 일치한다.

 다섯째, 노자는 정(正)과 기(奇)를 강조했다. 정과 기는 '정도'와 '방

---

53 『老子』, 8장, '動善時'
54 가령 『孫子兵法』 「虛實」에서 "물의 형상은 높은 곳을 피하여 아래로 내려간다.[水之形, 避高而趨下]"하고 하였다.
55 『孫子兵法』, 「虛實」, "兵無常勢, 水無常形."
56 『老子』, 11장, "故有之以爲利, 無之以爲用."
57 『老子』, 15장, '深不可識'
58 『孫子兵法』, 「行軍」, "鳥集者, 虛也."
59 『孫子兵法』, 「虛實」, "無形, 則深間不能窺, 智者不能謀."

편'을 뜻한다. 우리는 정도를 지키며 살아가야 하지만, 정도만을 고집할 수 없는 불가피한 상황에 처할 수도 있다. 특히 전쟁과 같은 특별한 상황에서는 정도를 고집할 수 없으며 방편을 사용해야 할 때가 많다. 그러므로 『노자』에서 "정도로써 나라를 다스리고, 방편으로써 군대를 사용한다."[60]고 하였다. 정도와 방편은 상황에 따라 모두 필요할 뿐만 아니라, 시세(時勢)에 따라 정도는 방편이 되고 방편은 정도가 된다. 그러므로 노자는 "정도는 다시 방편이 된다."[61]라고 하였다. 그런데『손자병법』에서는 이와 유사한 정(正)과 기(奇)의 개념이 많이 나온다. 가령 "무릇 전쟁에서는 정도[正]로 합하고, 방편[奇]으로 이긴다."[62], "정도와 방편이 서로 생겨나서 마치 순환함이 끝이 없는 것과 같으니, 누가 그것을 다할 수 있겠는가?"[63]라고 하였다.

여섯째, 『노자』와 『손자병법』에는 동일한 (혹은 유사한) 단어들이 많이 나온다. 『노자』 51장에서 세(勢)를 언급하고 있는데, 『손자병법』에서도 상황이란 의미의 '세(勢)'를 중요시하였다. 『노자』 26장에 군사 물자를 실은 짐수레인 '치중(輜重)'이란 말이 나오는데, 『손자병법』「군쟁(軍爭)」에도 이 말이 나온다. 『노자』 15장에 혼(渾)과 돈(沌)이 나오는 데, 『손자병법』「병세(兵勢)」에도 '혼혼돈돈(渾渾沌沌)'이란 개념이 나온다. 『노자』 14장에 '도기(道紀)'란 말이 나오는데, 『손자병법』「용간(用間)」에 이와 유가한 개념인 '신기(神紀)'란 말이 나온다. 또한『노자』에서 "마음[心]이 기운[氣]을 부리는 것을 '강(强)'이라고 한다."[64]라고 하였듯이, 심과 기의 관계를 말하고 논의하고 있는데, 『손자병법』에서도 심(心)과 기(氣)에 대해서 논의하고 있다.[65]

---

60 『老子』, 57장, "以正治國, 以奇用兵."
61 『老子』, 58장, '正復爲奇'
62 『孫子兵法』, 「勢篇」, "凡戰者, 以正合, 以奇勝."
63 『孫子兵法』, 「兵勢」, "奇正相生, 如循環之無端, 孰能窮之哉."
64 『老子』, 55장, "心使氣曰强."
65 『孫子兵法』, 「軍爭」.

이상과 같이 『노자』와 『손자병법』 사이에는 놀라울 정도로 유사한 점이 많다. 이를테면 '허' '무위' '세' '대립물의 상호 유전' '물의 사상' 등은 노자의 중심 사상인데, 『손자병법』에서도 이것들에 대하여 모두 언급하였을 뿐만 아니라 그 개념이 갖는 의미 역시 아주 유사하다. 이러한 유사성은 단순한 우연의 일치라고만 볼 수 없으며, 양자 중 그 어느 하나가 하나로부터 영향을 받았음이 분명하다. 많은 학자들도 이 점에 대해서는 동의하고 있다. 다만 다수의 학자들은 손무가 공자와 동시대 사람인 반면에 노자는 공자보다 연장자이므로 손무가 노자의 영향을 받았다고 주장하고 있다. 그러나 필자는 노자가 전국시대 초기에서 중기 사이의 인물임을 밝힌 바 있다.66 그렇다면 노자가 춘추 말기의 손무로부터 영향을 받았다고 보아야 한다.

실질적으로 『노자』에는 많은 병가의 문장들을 인용하고 있다. "유약(柔弱)이 강강(剛强)을 이긴다."는 주장은 노자의 핵심적인 사상 중 하나이다. 그런데 『삼략』에서 "『군참』에서 '유(柔)는 강(剛)을 제어할 수 있고, 약(弱)은 강(强)을 제어할 수 있다.'고 말하였다."67고 하였다. 『삼략』에서는 『군참』의 말이라고 출처를 명확히 밝히고 있다.68 이에 의거할 때, 유약이 강강을 이긴다고 하는 사상은 노자의 독창적 사상이 아니라 병서로부터 영향을 받은 것으로 보인다.

또한 노자는 "용병(用兵)에 이런 말이 있다. '나는 감히 주동이 되지 말고 피동이 되며, 감히 한 치를 전진하지 않고 한 자를 후퇴한다.' 이것을 일컬어, 행렬 없는 행렬, 팔 없는 휘두름, 적이 없는 나아감, 무기 없는 잡음이라고 한다."69라고 하였다. 필자의 견해로는 "나는 감히 주동

---

66 김경수, 『출토문헌을 통해서 본 중국 고대 사상』, 심산, 2008, 242~267쪽.
67 『三略直解』, 「上略」, "軍讖曰, 柔能制剛, 柔能制强."
68 『軍讖』이 어떠한 책인지는 밝혀지지 않았지만 제목을 풀이해보면 전쟁의 승패를 예언한 책이라고 볼 수 있다.
69 『老子』, 69장, "用兵有言. 吾不敢爲主而爲客, 不敢進寸而退尺. 是謂行無行, 攘無臂, 仍無敵, 執無兵."

이 되지 말고 피동이 되며, 감히 한 치를 전진하지 말고 한 자를 후퇴하라."는 구절은 병서의 내용을 그대로 옮긴 것이고, "이것을 일컬어, 행렬 없는 행렬, 팔 없는 휘두름, 적이 없는 나아감, 무기 없는 잡음이다."라는 구절은 병서의 내용에 자신의 견해를 덧붙인 것이라고 본다.

또한 『노자』에는 원칙과 변칙이란 의미의 정(正)과 기(奇),[70] 상황이란 의미의 세(勢),[71] 군사 물자를 실은 짐수레인 치중(輜重),[72] 상장군(上將軍)·편장군(偏將軍)[73] 등과 같이 전쟁과 관련된 개념들이 많이 등장한다. 이에 의거할 때 『노자』는 병서로부터 많은 영향을 받았음이 분명하다.

『노자』에는 병가적 사고를 노골적으로 표현한 구절들도 적지 않다. "장차 상대방을 움츠리게 하고자 한다면 반드시 잠시 펴게 해주고, 장차 상대방을 약하게 하고자 한다면 반드시 잠시 강하게 해주고, 장차 상대방을 멸망시키고자 한다면 잠시 흥하게 해주고, 장차 상대방의 것을 빼앗고자 한다면 잠시 빌려주니, 이것을 '미명(微明)'이라고 한다."[74]라고 하였다.

이 문장은 권모술수가 담겨져 있는 어느 병서의 문장이다. 그 단적인 예로 『전국책(戰國策)』에 "『주서(周書)』에서 말하기를 '장차 상대방을 패배시키고자 한다면 상대방을 잠시 도와주고, 장차 상대방을 취하고자 한다면 잠시 상대방에게 준다.'라고 했다."[75]라고 하였다. 이것은 분명히 『노자』의 문장임에도 불구하고 『전국책』에서는 『주서』의 말이라고 되어있다. 물론 『전국책』에 나오는 『주서』가 노자의 문장을 차용

---

70 『老子』, 57장, "以正治國, 以奇用兵." 58장, '正復爲奇'
71 『老子』, 51장.
72 『老子』, 26장.
73 『老子』, 31장.
74 『老子』, 36장, "將欲歙之, 必固張之, 將欲弱之, 必固强之, 將欲廢之, 必固興之, 將欲奪之, 必固與之, 是謂微明."
75 『戰國策』, 「魏策」, "周書曰, '將欲敗之, 必姑輔之, 將欲取之, 必姑予之.'"

한 것이라고 볼 수도 있다. 그런데 『한비자』「설림(說林)」(上)에서도 이와 똑같은 문장이 나온다. 거기서도 '『周書』曰'이라고 분명히 밝히고 있다. 한비는 「해노(解老)」편과 「유노(喩老)」편을 쓸 만큼 『노자』에 대한 해박한 지식을 갖고 있었음에도 불구하고, '『노자』왈'이라고 하지 않고 '『주서』왈'이라고 한 이유는 그것의 출처를 『주서』로 보았기 때문이다.

그 외에도 『노자』에는 병서의 내용들이 많이 나온다. 가령 "옛날에 훌륭히 장수의 역할을 행한 자는 '미묘현통(微妙玄通)'하여 깊어서 (그 깊이를) 알 수가 없다."[76], "장수의 역할을 잘 수행하는 자는 무력을 앞세우지 않으며, 잘 싸우는 자는 화내지 않으며, 적과 잘 싸워 이기는 자는 맞서지 않으며, 사람을 잘 쓰는 자는 그의 아래에 처한다."[77]라는 문장은 어느 병서의 문장이다. "훌륭히 군사의 역할을 행하는 사람은 무력을 사용하지 않고, 잘 싸우는 사람은 성내지 않고, 적을 잘 이기는 사람은 어울려 싸우지 않는다."[78]란 문장 역시 병가의 문장이다. "도로써 왕을 돕는 사람은 병력으로써 천하의 강자가 되려고 하지 않으니, 일이란 돌아옴을 잘하기 때문이다."[79], "고기는 연못에서 벗어날 수가 없는 것이니, 나라의 이로운 그릇은 남에게 보여서는 안 된다."[80]란 문장 또한 병서의 문장이다.

물론 『노자』는 전쟁을 위한 책은 아니며, 오히려 전쟁을 비판한 책이다. 이러한 점에서 본다면 『노자』는 병서와 본질적으로 다르다. 그런데 병서 또한 단순히 전쟁을 좋아하고 미화시킨 책이 아니다.

노자의 전쟁관부터 먼저 살펴보자. 노자는 전쟁이란 궁극적으로 백

---

76 『老子』, 15장, "古之善爲士者, 微妙玄通, 深不可識."
77 『老子』, 68장, "善爲士者不武, 善戰者不怒, 善勝敵者不與, 善用人者爲之下."
78 『老子』, 68장, "善爲士者不武, 善戰者不怒, 善勝敵者不與."
79 『老子』, 30장, "以道佐人主者, 不以兵強於天下, 其事好還."
80 『老子』, 36장, "魚不可脫於淵, 邦之利器, 不可以示人."

성에게 막대한 피해를 주는 것이므로 전쟁을 해서는 안 된다고 보았다. 그런데 그가 비록 반전론의 입장에 서 있기는 하지만 당시의 현실은 치열한 전쟁 가운데 있었으므로 간디와 같은 무저항주의만을 외칠 수는 없었다. 단순한 반전론은 적군이 죽이는 대로 순순히 죽겠다는 것으로서, 이것은 현실을 모르는 순진한 생각일 수 있다. 노자는 전쟁할 수밖에 없는 불가피한 상황을 받아들일 수밖에 없었으므로, "병기는 상서롭지 않은 것이어서 군자가 사용할 수 있는 것이 아니므로, 부득이한 경우에만 사용한다."81라고 하였다.

그런데 흥미로운 사실은 병기(兵器)를 흉기로 본 것은 비단 노자만의 생각이 아니었으며, 당시 병가의 공통적인 생각이었다. 가령 범려 역시 "병기란 흉기(凶器)이다."82라고 하였으며, 『황제사경』에서도 "세 가지 나쁜 것이 있으니, 그 첫 번째가 흉기(凶器)이다."83라고 하였으며, 『여씨춘추』에서도 "병기는 천하의 흉기(凶器)이다."84라고 하였으며, 『염철론』에서도 "병기는 흉기이다. 갑옷이 견고하고 무기가 날카로운 것은 천하의 재앙이 된다."85라고 하였다. 이와 같은 많은 구절들이 모두 노자로부터 영향을 받은 것이라고 보기는 어렵다. 병기를 흉기로 보는 것은 전통적으로 내려온 생각이었는데, 이러한 생각은 병가로부터 나온 것이다.

또한 병서가 전쟁을 다룬 책이라고 해서 전쟁을 선호했던 것이 아니며, 노자와 마찬가지로 전쟁은 부득이한 경우에만 해야 한다고 보았다. 이를테면 『육도』에서 "따라서 성왕(聖王)은 병기를 흉기라고 불렀으며, 부득이한 경우에만 사용하였다."86라고 하였다. 『손자병법』에

---

81 『老子』, 31장, "兵者不祥之器, 非君子之器, 不得已用之."
82 『國語』, 「越語」(下), "兵者, 凶器也."
83 『黃帝四經』, 「經法」, 〈亡論〉, "三凶, 一曰凶器."
84 『呂氏春秋』, 「十二紀」(제8권), "凡兵天下之凶器也."
85 『鹽鐵論』, 「論菑」(제54), "兵者, 凶器也. 甲堅兵利, 爲天下殃."
86 『六韜』, 「文韜」, "故聖王, 號兵爲凶器, 不得已用之."

"백 번을 싸워서 백 번을 이기는 것이 가장 최선의 길은 아니다. 싸우지 않고서도 남의 군대를 굴복시키는 것이 가장 최선의 길이다."[87]라는 유명한 말이 있다. 이것은 아무리 잘 싸운다고 하더라도 그것은 차선책이 될 수 있을지언정 최선책은 될 수 없다는 의미이다. 『위료자』에서도 "병기는 흉기이다. 전쟁은 패역(悖逆)의 덕이다. 장수는 죽은 관직이다. 그러므로 부득이한 경우에만 사용한다."[88]라고 하였다. 『황제사경』에서도 "병기는 부득이한 경우에만 사용한다."[89]고 하였다.

전통적으로 전쟁의 목적은 전쟁을 종식시키는 데 있다고 보았다. 가령 『좌전(左傳)』에서 "글자에 창[戈]을 그치게[止] 한다는 뜻이 '무(武)'자인 것이다."[90]라고 하였듯이 '무' 자체에 이미 "전쟁으로써 전쟁을 그치게 한다."란 뜻이 있다. 사마양저도 "작은 전쟁을 통하여 더욱 큰 전쟁을 그치게 하는 경우라면 전쟁하더라도 괜찮다."[91]라고 하였다.

또한 전쟁의 목적은 위정자의 탐욕을 위해서가 아니라 난폭하고 해로운 것을 막는 데 있다고 보았다. 그러므로 『관자』에서 "그렇다면 군대는 밖으로 난폭한 것을 막고 안으로 해로운 것을 제거할 수 있다."[92]라고 하였다. 『순자』에서도 "원래 군대라는 것은 난폭한 것을 막고 해로운 것을 제거하는 데 있는 것이지 쟁탈하는 데 있는 것이 아니다."[93]라고 하였다. 『위료자』에서도 "전쟁의 목적은 혼란을 일으킨 자를 벌주고 의롭지 못한 자를 막는 데 있다."[94]라고 하였다. 『회남자』에서도 "전쟁의 목적은 폭동을 막고 난을 토벌하려는 데 있다."[95]라고 하였다.

---

87 『孫子兵法』, 「謀攻」, "百戰百勝, 非善之善者也, 不戰而屈人之兵, 善之善者也."
88 『尉繚子』, 「武議」, "故兵者, 凶器也. 爭者, 逆德也. 將者, 死官也. 故不得已而用之."
89 『黃帝四經』, 「稱」, "兵者不得已而行."
90 『左傳』, 「宣公·12年」, "夫文, 止戈爲武."
91 『司馬直解』, 「仁本」, "以戰止戰, 雖戰可也."
92 『管子』, 「參患」, "然則兵者, 外以誅暴, 內以禁邪."
93 『荀子』, 「議兵」, "彼兵者, 所以禁暴除害也, 非爭奪也."
94 『尉繚子』, 「武議」, "故兵者所以誅亂禁不義也."
95 『淮南子』, 「兵略訓」, "夫兵者所以禁暴討亂也."

이와 같이 『노자』의 사상은 병가의 사상과 일맥상통한다. 또한 춘추 말기의 월(越)나라 상장군이었던 범려(范蠡)의 사상과 『노자』 사이에도 많은 유사성을 가지고 있다. 가령 범려는 "천도는 채워져 있지만 넘치지 않고, 이루었지만 교만하지 않고, 수고하지만 자신의 공을 자랑하지 않는다."[96]라고 하여 겸허의 사상을 말하고 있는데, 이것은 노자의 "크게 채워진 것은 비어 있는 것 같다."[97], "성과를 이루지만 교만하지 않다."[98], "스스로 자랑하는 자는 공이 없다."[99]와 유사하다. 또한 범려의 "병기(兵器)란 흉기이다."[100]란 언급과 『노자』의 "병기(兵器)는 상서롭지 않은 무기이다."[101]란 구절이 일치한다. 범려가 "유(柔)하지만 굽히지 않으며, 굳세지만 강(剛)하지 않다."[102]라고 하였는데, 이것은 강(剛)보다 유(柔)를 더욱 선호한 노자의 사상과 일치한다. 또한 범려가 "해는 기울었다가 다시 뜨고 달은 찼다가 기운다."[103]라고 하여 대립물의 '상호 유전'적인 사상을 피력하였는데, 이러한 대립물 '상호 유전'의 사상 역시 노자의 사상과 일맥상통한다.

그 밖에도 선진시대의 병가서와 『노자』 사이에는 많은 유사성이 있다. 이를테면 강태공이 썼다고 전해지는 『육도』에서 "가득 차면 감추어지고 감추어지면 다시 생겨나니, 그 귀착점을 알 수가 없다."[104]라고 한 문장과 『노자』에서 "화(禍)는 복(福)이 의지하는 곳이며, 복은 화가 깃들여 있는 곳이니, 누가 그 귀착점을 알 수 있겠는가?"[105]라고 한 문장

---

96 같은 책, "天道盈而不溢, 盛而不驕, 勞而不矜其功."
97 『老子』, 45장, '大盈若沖'
98 『老子』, 30장, '果而勿驕'
99 『老子』, 24장, '自伐者無功'
100 『國語』, 「越語」(下), "兵者, 凶器也."
101 『老子』, 31장, "兵者, 不祥之器."
102 『國語』, 「越語」(下), "柔而不屈, 彊而不剛"
103 같은 책, "日困而還, 月盈而匡."
104 『六韜』, 「文韜」, "盈則藏, 藏則復起, 莫知所終."
105 『老子』, 58장, "禍兮福所倚, 福兮禍所伏, 孰知其極."

이 유사하다. 또한 『육도』에서 "극에 이르면 상도(常道)에로 돌아간다."106라고 한 것이나 『오자병법(吳子兵法)』에서 "도란 것은 근본으로 돌아가게 하는 것이다."107라고 한 것은 노자의 '복귀사상'과 그대로 일치한다.

이상의 것들을 통해서 볼 때, 『노자』와 병서들 사이에는 많은 부분에서 일치한다. 학자들은 그 이유가 병서들이 『노자』로부터 영향을 받았기 때문이라고 보았는데, 만일 그러하다고 한다면 『노자』야 말로 병가의 효시라고 할 수 있다. 그러나 『노자』는 병서가 아님에도 불구하고 모든 병서의 효시가 되었다는 것은 상식적으로도 납득하기 어렵다.

병서는 『노자』 이전부터 있어왔다. 중국은 춘추시대부터 끊임없이 전쟁하였는데, 이러한 전쟁의 소용돌이 속에서 자연히 병가가 발생했으며 또한 오랜 축적을 통해 발전해왔다. 『노자』는 축적된 병가사상을 받아들였으며, 또한 이를 통해 심도 있는 철학적 논의를 하였던 것이다.

(3) 병가가 중국사상에 미친 영향

이상에서와 같이 『노자』는 병가로부터 지대한 영향을 받았는데, 병가는 도가뿐만 아니라 중국사상을 형성하는데 있어서도 중요한 역할을 하였다. 병가가 후대에 어떠한 영향을 주었는지에 대해서 살펴보자.

첫째, 중국은 전통적으로 변화와 변화 속에서의 마땅함을 중요시하였는데, 이러한 변화관은 병가로부터 기인한 것이다. 춘추시대는 천자의 권위가 무너지고 제후들의 세력이 강화되는 시대였다. 제후들은 패자(覇者)가 되기 위해 숱한 전쟁을 하였으며, 이러한 현실에서 병가가

---

106 『六韜』, 「文韜」, "極, 反其常."
107 『吳子兵法』, 「圖國」(第一), "夫道者, 所以反本復始."

나온 것이다. 전쟁의 목적은 궁극적으로 이기는 데 있다. 전쟁에서 이기기 위해서는 변하지 않는 원칙보다 변화하는 상황을 먼저 고려해야 했으므로, 병가에서는 상황논리를 중요시하였다. 병가에서는 전쟁이라고 하는 특수한 상황에서는 신하가 왕의 명령에 따르지 않는 경우도 있다고 보았다. 가령 사마양저는 "장수가 군에 있을 때에는 임금의 명령을 받지 않는 경우가 있소."[108]라고 말하였다. 손무 역시 왕에게 "신이 이미 명령을 받고 장군이 되었습니다. 장군은 군에 있을 때에는 임금의 명령을 받지 않는 경우가 있습니다."[109]라고 말하였다. 이러한 상황논리에 의해 생성의 사상이 생겨날 수 있었다.

둘째, 동양에서는 대립물이 상호 전환된다고 보았는데, 이러한 사유는 병가로부터 나온 것이다. 가령 『손자병법』에는 '대립물의 상호유전(相互流轉)'적 사고를 갖고 있다. 이를테면 "원칙과 임기응변은 서로 생겨나서 마치 순환함이 끝이 없는 것과 같으니, 누가 그것을 다할 수 있겠는가?"[110], "어지러운 것은 다스림에서 나오고, 겁내는 것은 용기에서 나오고, 약함은 강함에서 나온다."[111]라고 하였다. 춘추 말기의 인물인 범려 역시 "해는 기울었다가 다시 뜨고 달은 찼다가 다시 기운다."[112]고 하였다.

셋째, 동양에서는 자연계에서의 상호 전환 속에서는 절대적 강함도 절대적 약함도 없으며, 항상 고려해야 할 것이 바로 '세(勢)'라고 보았다. 세는 변화 가운데 있으므로 일정한 모습으로 있는 것이 아니다. 즉 세는 때와 더불어 성장하고 때와 더불어 쇠퇴한다는 점에서 '시세(時勢)'를 의미한다. 이처럼 세는 흐르는 물처럼 일정한 모습이 없으므로,

---

108 『史記』,「司馬穰苴列」,"穰苴曰, 將在軍, 君令有所不受."
109 『史記』,「孫子吳起列傳」,"孫武曰, 臣旣已受命爲將, 將在軍, 君命有所不受."
110 『孫子兵法』,「兵勢」,"奇正相生, 如循環之無端, 孰能窮之哉."
111 같은 책, "亂生於治, 怯生於勇, 弱生於强."
112 『國語』,「越語(下)」,"日困而還, 月盈而匡."

『손자병법』에서도 "병(兵)은 한결같은 세(勢)가 없으며, 물은 한결같은 모양이 없다."113고 하였다. 일반적으로 신도(愼到)가 세(勢)를 중요시 하였다고 보고 있지만, 세를 중요시한 것은 병가에서부터였다. 『여씨춘추』에서도 "손빈은 세(勢)를 귀하게 여겼다."114라고 하였다.

넷째, 유가뿐만 아니라 선진시대의 여러 학파에서도 변화에 대한 융통성인 권(權)을 중요시하였는데, 이러한 임기응변으로서의 권(權)을 중요시했던 학파가 병가였다. 병가에서 권을 중요시했던 이유는 전쟁의 목적이 궁극적으로 이기는 데 있으므로 원칙만을 고수할 수 없으며 상황에 맞는 임기응변이 절대적으로 필요하다고 보았기 때문이다. 그러므로 사마양저(司馬穰苴)는 "옛날에는 인으로써 근본으로 삼았고 의로써 다스렸으니 그것을 정도[正]라고 한다. 정도로써 의도한 목적을 얻지 못할 때는 권(權)을 사용한다."115라고 하였다. 『손자병법』에서도 "무릇 전쟁에서는 정도[正]로 합하고, 방편[奇]으로 이긴다."116, "임기응변[奇]과 원칙[正]은 서로 생겨나서 마치 순환함이 끝이 없는 것과 같으니, 누가 그것을 다할 수 있겠는가?"117라고 하였다. 즉 정(正)이 '정도'를 뜻한다고 한다면, 기(奇)는 권과 같은 '임기응변'을 뜻한다.

다섯째, 동양의 중심사상 중의 하나가 '기(氣)'사상이라고 할 수 있는데, 기의 사상은 병가로부터 나왔다. 물론 기(氣)의 역사는 아주 오래 되었다. 그 단적인 예로 갑골문에 이미 '气'字가 있었다. 기(氣)는 옛날에 '气'字로도 쓰였다. 허신(許愼)의 『설문해자』에서 "기(气)는 운기(雲氣)이다"118라고 하였다. 땅에서 모락모락 수증기가 올라가 구름이 되어 하늘에 길게 뻗어 있는 모습을 본 뜬 글자가 '气'라는 것이다.

---

113 『孫子兵法』, 「虛實」, "兵無常勢, 水無常形."
114 『呂氏春秋』, 「不二」, "孫臏貴勢."
115 『司馬直解』, 「仁本」, "古者以仁爲本. 以義治之謂正, 正不獲意則權. 權出於戰."
116 『孫子兵法』, 「勢篇」, "凡戰者, 以正合, 以奇勝."
117 『孫子兵法』, 「兵勢」, "奇正相生, 如循環之無端, 孰能窮之哉."
118 『說文解字段注』, "氣, 雲氣也." (成都古籍書店, 1990. 第一篇上, 21쪽.)

기의 역사가 오래된 만큼 '기' 개념은 이미 춘추시대에서부터 널리 사용되어졌다. 공자 역시 기(氣)를 언급하였다. 기가 『논어』에 여섯 번 나온다. 즉 사기(辭氣)[119]("말하는 투" "말하는 소리"라는 의미로, 氣는 '소리'의 뜻), 병기(屛氣)[120]("숨을 죽이다"의 뜻으로, 氣는 '숨'의 뜻), 식기(食氣)[121](밥 기운의 뜻), 2차례의 혈기(血氣)[122]란 말이 나온다. 이와 같이 『논어』에는 '기'자가 여러 차례 나오기는 하지만, 기를 일반적인 용어로만 사용하였을 뿐, 철학 범주로까지는 확장해 사용하지 않았다. 이것은 곧 당시의 기는 아직 철학적 개념으로까지는 확장되지 못하였음을 의미한다.

　　노자 역시 기를 언급하였다. 『노자』에는 '기(氣)'가 세 번 나온다. "기운(氣)을 하나같이 하고 유(柔)를 극진히 하여, 어린아이와 같아질 수 있겠는가?[123]" "마음[心]이 기운[氣]을 부리는 것을 '강(强)'이라고 한다."[124], "만물은 음을 등지고 양을 안아서 충기(沖氣)로써 조화로 삼는다."[125]가 바로 그것이다.

　　노자가 말한 기는 '혈기(血氣)' '기운(氣運)'의 뜻으로 사용되었다. 노자의 기 개념은 당시의 기 개념을 그대로 차용한 것이지만, 공자의 기 개념보다 다소 발전적인 개념으로 확장되었다. 무엇보다 노자는 기를 단지 혈기로만 본 것이 아니라, 자연의 기로 보았다. 그러므로 그는 어린아이처럼 기에 충실해야 할 것을 강조하였다. 또한 노자는 마음이 기운을 부리는 것을 비판적으로 보았다. 이것은 맹자가 "지(志)란 기(氣)의

---

[119] 『論語』, 「泰伯」, "出辭氣, 斯遠鄙倍矣."
[120] 『論語』, 「鄕黨」, "攝齊升堂, 鞠躬如也. 屛氣, 似不息者."
[121] 같은 책, "肉雖多, 不使勝食氣."
[122] 『論語』, 「季氏」, "少之時, 血氣未定 戒之在色." 『論語』, 「季氏」, "及其壯也, 血氣方剛, 戒之在鬪. 及其老也, 血氣旣衰, 戒之在得."
[123] 『老子』, 10장, "專氣致柔, 能如嬰兒乎."
[124] 『老子』, 55장, "心使氣曰强."
[125] 『老子』, 42장, "萬物負陰而抱陽, 沖氣以爲和."

장수이다"126라고 말한 것과 대조를 이룬다. 혈기는 절제할 수 없는 본능적인 충동의 의미를 갖고 있으므로, 맹자는 지기(意志)에 의해 기(氣)를 통솔해야 한다고 본 것이다. 그런데 노자는 강한 의지가 기를 통솔하는 것을 '강(强)'으로 보았다. 노자에게 있어서 유(柔)가 변화에 대한 '유연성'을 의미한다면, 강은 변화에 대한 '경직성'을 의미한다. 그는 의지에 의해 기운을 통솔하면 경직성을 초래할 따름이라고 보았던 것이다.

그런데 기는 병가에서 중요시한 개념이었다. 전쟁에서 병사들의 사기(士氣)는 승패를 좌우하는 결정적인 요소이다. 따라서 『손자병법』에서는 "기운[氣]을 모아 힘을 축적해야 한다."127고 하였다. 사기는 전쟁의 승패를 결정하는 가장 중요한 요소이므로, 아군의 사기를 높이는 것도 중요하지만 상대방의 사기를 파악하는 것 역시 이에 못지않다. 따라서 『손자병법』에서 "따라서 적의 군사들에 대해서는 기운[氣]을 빼앗고, 적의 장군에 대해서는 (냉정한) 마음을 빼앗는다. 이러한 까닭에 아침의 기운은 날카로워지고, 낮의 기운[晝氣]은 나태해지고, 저녁의 기운[暮氣]은 쉬기 위해 막사로 돌아간다. 날카로운 기운일 때는 공격을 피하고, 나태해지고 돌아가려는 때에 공격한다. 이것이 기운의 다스림이다."128라고 하였다. 『손자병법』에서는 야기(晝氣)·모기(暮氣)와 같이 기(氣) 앞에 다양한 수익어가 붙는데,129 이처럼 기 앞에 다양한 수식어를 붙인 것은 병가로부터 비롯되었다고 볼 수 있다.

여섯째. 병가는 '변화의 책'이라고 일컬어지는 『주역』의 형성과정에서도 지대한 영향을 미쳤다. 『주역』 역시 전쟁이란 특수한 상황 속에서 나온 책이다. 『주역』은 크게 경(經)과 전(傳)으로 구성되어 있다. 전

---

126 『孟子』, 「公孫丑」(上), "夫志, 氣之帥也."
127 『孫子兵法』, 「九地」, "幷氣積力."
128 『孫子兵法』, 「軍爭」, "故三軍可奪氣, 將軍可奪心. 是故朝氣銳, 晝氣惰, 暮氣歸. 故善用兵者, 避其銳氣, 擊其惰歸. 此治氣者也."
129 모기(暮氣)는 『맹자』에서의 '야기(夜氣)'와 같은 의미이다.

(傳), 즉 십익(十翼)은 전국시대에 지어진 것인 반면에, 경(經)은 춘추시대부터 있어왔다. 그런데 전은 일반적으로 철학적 논의가 많은 반면에, 경에는 전쟁에 관한 논의가 많다. 예를 들어보자.

"무리하게 군사를 동원해서는 안 된다. 읍(邑)의 사람에게 고하여 화목을 도모한다."130(태괘)

"군대를 출동시켜 읍국(邑國)을 정벌하는 것이 이롭다."131(겸괘)

"제후를 세워 군대를 출동시키니 이롭다."132(예괘)

"군사를 일으키면 마침내 크게 패하여 재앙이 임금에게까지 미친다."133(복괘)

"고종(高宗)은 북방 오랑캐를 쳐서 삼년이 되어서야 이겼다. 소인은 군대를 사용해서는 안 된다."134(기제괘)

"분발하여 북방 오랑캐를 정벌하면 3년 후에 대국으로부터 상(賞)을 받는다."135(미제괘)

전쟁의 승패는 국가의 존망을 결정하는 대사(大事)였으므로 전쟁을 해야 할지 말아야 할지를 판단하고 결정하는 것은 중대한 문제였다. 역점(易占)은 이러한 중대한 문제를 판단하는 데 사용되었다. 이처럼 병서와 『주역』은 전쟁이라고 하는 특수한 상황 속에서 나왔으며, 두 사상은 서로 긴밀하게 연관되어 있었다.

이상에서와 같이 병가는 중국 사상의 모태였다고 본다. 그럼에도 불구하고 많은 병서들을 후대의 위작으로 보았으며, 그 가치를 폄하시켰다. 그 이유는 앞서 언급했듯이 많은 학자들이 공자 이전에는 특별한

---

130 『周易』, 「泰卦」, 上六, "勿用師, 自邑告命."
131 『周易』, 「謙卦」, 上六, "利用行師, 征邑國."
132 『周易』, 「豫卦」, "利建侯行師."
133 『周易』, 「復卦」, 上六, "用行師, 終有大敗, 以其國君."
134 『周易』, 「旣濟卦」, 九三, "高宗伐鬼方, 三年克之, 小人勿用."
135 『周易』, 「未濟卦」, 九四, "貞吉, 悔亡, 震用伐鬼方, 三年有賞于大國."

사상이 없었다고 보았기 때문이다. 이러한 배경에 의거해 대부분의 병서들이 노자로부터 영향을 받았다고 보기에 이르렀다. 그러나 많은 병서가 공자 이전의 춘추시대부터 이미 있어왔다는 점에서, 병가의 역사는 공자나 노자보다 더욱 오래되었다. 더 나아가 병가는 동양사상의 뿌리였다고 할 수 있다. 변화의 사상, 대립물의 상호 전환과 같은 동양의 생성의 사상은 병가로부터 나온 것이다.

그런데 병가는 전쟁이라는 비정상적인 상황에서 나온 것이라는 점에서 그 안에는 권모술수가 포함되어 있다. 병가의 권모술수에 대해서 『한서』「예문지」에서 "권모라는 것은 정(正)으로써 나라를 지키고 기(奇)로써 군대를 쓰며, 계모(計謀)를 먼저하고 싸움을 뒤로 하는 것이다."136라고 하였다. 이와 같이 권모에는 상대방에 대한 속임수가 들어가 있음을 부인할 수 없다. 『손자병법』에서도 "전쟁에서는 속이는 수단을 써야 한다. 그러므로 할 수 있으면서도 하지 못하는 것처럼 보이게 하며, 사용할 수 있으면서도 사용할 수 없는 것처럼 보이게 한다."137고 하였다.

병가에서의 이러한 허허실실(虛虛實實)은 노자의 '무위의 사상'과 유사해 보인다. 그렇다면 노자의 무위 역시 '아무 것도 하지 않는 척'이라고 해석할 수 있다. 실제로 한비는 무위를 왕이 '아무 것도 하지 않는 척'의의미로써 이해하였다. 노자의 무위 역시 이와 같이 이해할 경우, 노자의 사상도 권모술수라고 할 수 있다. 실제로 송대의 유자들은 노자의 사상을 권모술수로 파악하였다. 가령 이정(二程:정명도 · 정이천)도 "노자는 도덕을 말하기는 했지만 권모술수가 섞여 있다."138라고 말하였다.

그러나 『노자』는 권모술수적인 병서가 아니다. 무엇보다 그는 '반

---

136 『漢書 · 藝文志』,「兵書略」, "權謀者, 以正守國, 以奇用兵, 先計而後戰."
137 『孫子兵法』,「始計」, "兵者, 詭道也. 故能而示之不能, 用而示之不用."
138 『二程集』,「河南程氏粹言卷第一」, 〈論道篇〉, "老子言道德而雜權詐."

전론(反戰論)'을 내세우고 있다. 노자는 부득이한 상황에서의 전쟁이 불가피하다고 보았지만 전쟁 자체에 대해서는 반대하고 있다. 역대의 많은 『노자』 주석가들도 『노자』를 병서로 보는 것에 대해 동의하지 않았다. 가령 초횡(焦竑)은 "『노자』는 도를 밝힌 책이다. 당나라 왕진(王眞)이란 사람은 병(兵)을 논하고자 지은 책이라고 생각했지만, 어찌 병(兵)을 미화시키고 전쟁을 좋아한 글이겠는가?"[139]라고 하여, 『노자』는 전쟁을 위한 책과는 근본적으로 다른 것임을 역설(力說)하였다.

『노자』가 병가로부터 지대한 영향을 받았지만, 초횡의 주장처럼 『노자』는 병가서가 아니다. 즉 전쟁에서 이기기 위한 방법을 논의한 책이 아니라, 정치와 인생을 논의한 책이다. 병가에서는 비록 "전쟁은 부득이한 경우에 행해야 한다." "전쟁의 목적은 선과 질서를 지키고 악과 혼란을 제거하기 위함이다."라고 말하고 있지만, 이것은 전쟁의 명분을 얻기 위한 언사에 불과하다. 반면에 노자는 정말로 전쟁 그 자체를 비판하였으며, 전쟁의 폐단에 대해서도 지적하였다. 가령 "대군(大軍)이 휩쓴 후에는 반드시 흉년이 있게 된다."[140]고 하였다.

병가는 전쟁에 관한 책이지만, 인생이라는 것 역시 전쟁이라 할 수 있다. 그러므로 병가에서 처세의 지혜를 배울 수 있다. 노자 역시 병가로부터 처세의 지혜를 배운 것이다. 흔히 '처세술'을 부정적인 것 혹은 저차원적인 것으로 생각하기 쉽다. 그러나 우리는 관계 속에서 살아갈 수밖에 없다. 이러한 관계 속에서 지혜롭게 살아가는 방법에 대한 논의가 바로 처세술이다. 그렇다면 처세술에는 인생의 지혜가 들어가 있다. 노자는 병가로부터 인생의 지혜를 발전시켜 철학적 사유를 전개하였던 것이다.

---

[139] 焦竑, 『老子翼』, 「序」, "老子明道之書也. 而唐王眞也者, 至以爲譚兵而作. 豈其佳兵善戰之言."
[140] 『老子』, 30장, "大軍之後, 必有凶年."

3. 은일(隱逸)의 사상

(1) 은일 사상의 특징

전통적으로 도가사상을 현실 도피적·은둔적인 것으로 보아 현실에 대한 소극적인 사상으로 보는 견해들이 많은데, 이러한 견해를 갖게 된 이유 중의 하나가 도가와 은자(隱者)를 동일 계통으로 보았기 때문이다. 실제로 도가와 은자 모두가 시류에 응(應)해야 할 것을 주장했다는 점에서 양자 사이에는 모종의 공통점이 있다. 또한 시류에 응해야 한다는 사유는 은일(隱逸)의 사상으로부터 비롯된 것이다.

병가의 역사가 오래되었듯이 은일(隱逸)의 역사도 오래되었다.『논어』에 은자에 대한 기록들이 많다는 점으로 볼 때 은자들은 이미 공자의 시대부터 있어 왔다.

공자는 "천하에 도가 있었다면 나는 참여해 변혁시키려고 하지 않을 것이다."[141]라고 하였다. 이처럼 공자는 자신이 사회문제에 참여하려는 이유가 정치적인 야심 때문이 아니라 세상이 혼란스럽기 때문이라고 말하고 있다. 반면에 은자들은 한 개인의 힘으로써 과연 혼탁한 세상을 바꿀 수 있을지에 대해 강한 의혹을 제기했다. 이를테면 걸익(桀溺)이 공자에게 "유유히 흘러가서 천하가 모두 이처럼 어지러운 것

---

[141] 『論語』,「微子」, "天下有道, 丘不與易也."

이니, 누구와 함께 세상을 변화시킬 수 있겠소?"142라고 하였다. 신문(晨門)이 공자를 평가하여 말하기를, "불가능한 것을 알면서 하려는 자가 아닌가?"143라고 하였으며, 초나라 광인(狂人)인 접여(接輿)가 공자 앞을 지나가면서 말하기를 "이미 지나간 것은 간언할 수 없고 오는 것은 오히려 따라갈 수 있으니, 그만두어라, 그만두어라! 오늘날 정치하는 자들은 위태롭다."144라고 하였다. 『장자』에서는 이와 관련하여 다음과 같이 말하였다.

"공자가 초나라에 갔을 때, 초나라 광인 접여(接輿)가 그 집 앞을 거닐며 노래하였다. '봉새여! 봉새여! 어째서 그대의 덕이 쇠하였는가? 앞날을 기약할 수 없고 지나간 날은 쫓을 수가 없다. 천하에 도가 있으면 성인은 도를 이루지만, 천하에 도가 없으면 성인은 (몸을 숨긴 채) 살아갈 따름이다.'"145

그 어떠한 사람도 나 홀로 고립적으로 존재할 수 없으며, 사회적 관계 속에서 존재한다. 그런데 사회적 관계에서 무엇보다 중요한 것은 윤리이다. 윤리에서 해결해야 할 것은 어째서 우리는 타인에게 선행을 베풀어야 하는가의 문제이다. 오늘날에는 공리주의적인 관점에서 이 문제를 해결하려는 경향이 많은데, 서양에서는 전통적으로 "선한 행동을 하면 신으로부터 이에 상응하는 복을 받는다."란 사고를 갖고 있었다.

중국에서는 고대에부터 선한 사람은 하늘로부터 복을 받는다고 믿어왔다. 그 대표적인 인물이 바로 묵자였다. 묵자는 하늘이 선한 사람

---

142 같은 책, "滔滔者天下皆是, 而誰以易之."
143 『論語』,「憲問」, "是知其不可而爲之者與."
144 『論語』,「微子」, "往者, 不可諫, 來者, 猶可追, 已而已而. 今之從政者殆而."
145 『莊子』,「人間世」, "孔子適楚, 楚狂接輿遊其門曰. 鳳兮, 鳳兮. 何如德之衰也. 來世不可待, 往世不可追也. 天下有道, 聖人成焉, 天下無道, 聖人生焉."

에게 상을 주고 악한 사람에게 벌을 준다고 믿었다. 그러므로 "천자에게 선이 있으면 하늘이 그에게 상을 주고, 천자에게 과실이 있으면 하늘이 그에게 벌을 준다."146고 하였다. 또한 묵자는 자신의 주장에 대한 구체적인 실례로써 "옛날 삼대의 성왕인 우(禹)·탕(湯)·문(文)·무(武)가 하늘의 뜻을 쫓았으므로 상을 받았고, 옛날 삼대의 폭군인 걸(桀)·주(紂)·유(幽)·여(厲)는 하늘의 뜻을 거역하였으므로 벌을 받았다."147고 하였다.

비단 묵자만이 이러한 생각을 가진 것은 아니었으며 당시의 많은 사람들도 이와 같이 생각하였다. 가령 노자는 "하늘의 도는 친애함이 없으니, 항상 선량한 사람과 함께 한다."148고 말했다. 환퇴(桓魋)가 공자를 해치려고 했었는데, 이때 공자는 "하늘이 나에게 덕을 주셨으니, 환퇴 따위가 나에게 무엇을 할 수 있단 말인가?"149라고 하였다. 이 역시 천에 대한 강한 신뢰감에서 나온 말이다. 맹자 역시 "하늘의 뜻을 따르는 자는 생존하고, 하늘의 뜻을 거스르는 자는 망한다."150고 말했다. 유가에서의 천명(天命)은 하늘이 언제나 덕이 있는 사람의 편에 선다는 강한 믿음으로부터 생겨난 것이다.

그렇다면 현실에서는 정말로 선한 사람이 복을 받고 악한 사람이 벌을 받는 것일까? 애석하게도 그렇지 않다. 오히려 선한 사람이 불행한 죽음을 맞이하고 악한 사람이 복을 받는 경우가 허다하다. 이러한 현실적 경험은 "선한 사람은 하늘로부터 복을 받는다."는 믿음과 상충된다. 이러한 상충됨은 선한 행동을 하면 복을 받는다는 전통적인 믿음에 대한 의혹으로까지 이어졌다. 사마천(司馬遷) 역시 이러한 부조리한

---

146 『墨子』, 「天志」(下), "天子有善, 天能賞之, 天子有過, 天能罰之."
147 『墨子』, 「天志」(上), "昔三代聖王, 禹湯文武, 此順天意而得賞也. 昔三代之暴王, 桀紂幽厲, 此反天意而得罰者也."
148 『老子』, 79장, "天道無親, 常與善人."
149 『論語』, 「術而」, "子曰, 天生德於予, 桓魋其如予何."
150 『孟子』, 「離婁」(上), "順天者存, 逆天者亡."

현실에 대해 다음과 같은 의혹을 제기했다.

"누군가가 '하늘의 도는 친애함이 없으니, 항상 선량한 사람과 함께 한다.'고 하였다. 백이(伯夷)나 숙제(叔齊)와 같은 사람은 선한 사람이라고 말할 수 있다. 그렇지 않은가? 어짊을 쌓고 행동을 청결하게 함이 이와 같았음에도 불구하고 굶어 죽었다.(…) 도척(盜蹠)은 날마다 죄 없는 사람을 죽이고, 사람의 간을 회쳐서 먹었고, 포악하고 거만하였으며, 수천의 도당을 모아 천하를 제멋대로 휘젓고 다녔음에도 불구하고 마침내 천수를 누렸다. 이것은 도대체 무슨 도를 따라서 그러한 것인가?"151

전통적으로 "천도는 언제나 선한 사람의 편에 선다고 말해왔는데, 이에 대해 사마천은 "백이와 숙제는 의로움을 지키고도 비참한 최후를 마쳤고 도척은 온갖 악행을 저지르고도 천수를 다한 이유는 도대체 무엇 때문인가?"라고 의문을 제기하였다. 기독교나 불교에서는 현세에서 설령 고통이 따를지라도 사후 세계에서 선행에 대한 보답을 받는다고 말함으로써 이 문제를 해결할 수 있었으나, 중국 고대 사회에서는 사후 세계를 상정하지 않았으므로 사마천과 같은 의혹을 제기하는 것은 당연한 일이다.

이러한 문제는 임금과 신하의 관계에서도 그대로 적용된다. 중국 고대 사회에서는 비록 최선을 다하더라도 때를 잘못 만나면 목숨조차 부지 못하는 경우가 허다했다. 가령 포악한 군주에게 충언했다가 비참하게 죽는 경우가 많았다. 『장자』에서도 "옛날 용봉(龍逄)은 참살되었고, 비간(比干)은 배가 갈렸고, 장홍(萇弘)은 창자가 도려내어졌고, 자서

---

151 『史記』, 「伯夷列傳」, "或曰, '天道無親, 常與善人.' 若伯夷叔齊, 可謂善人者. 非邪. 積仁絜行如此而餓死. …… 盜蹠日殺不辜, 肝人之肉, 暴戾恣睢, 聚黨數千人橫行天下, 竟以壽終. 是遵何德哉."

(子胥)는 (양자강에 버려져) 썩게 되었다. 이처럼 네 명의 현자는 몸이 살육 당함을 면하지 못했다."152고 하였다.

여기서의 문제는 포악한 군주에게 충언하다가 죽임을 당하는 것이 과연 타당한 것인가이다. 은나라가 주나라 무왕에 의해 멸망되자, 은나라 신하인 백이(伯夷)와 숙제(叔齊)는 주나라의 녹(祿)을 먹는 것을 부끄러워하여 수양산에 숨어 살다가 굶어 죽었다. 이 고사를 두고 자공이 공자에게 "후회하였습니까?"라고 묻자 공자는 "인을 구하여 얻었는데, 어찌 후회하겠는가?"153라고 하였다. 신하가 신하로써의 도리를 다하는 것이 충(忠)이며, 신하가 신하로써의 충을 다하는 것이 바로 인(仁)이다. 신하가 충을 다하고 인을 다했다면 자신의 행동에 후회할 것이 없다는 것이 유가의 입장이다. 그런데『장자』에서는 다음과 같은 의문을 던졌다.

> "백이(伯夷)는 명예를 위하여 수양산 아래서 죽었고, 도척(盜跖)은 이욕(利慾) 때문에 동릉산 위에서 죽었다. 이 두 사람은 죽은 곳이 같지 않지만 자신의 생명을 해치고 본성을 상하게 했다는 점에서는 매한가지이다. 어찌 반드시 백이가 옳고 도척이 그르다고 단정할 수 있겠는가?"154

흔히 백이는 의로움을 쫓다가 죽었으므로 천하의 의로운 자로 손꼽히고, 도척은 이로움을 쫓다가 죽었으므로 천하의 악한 자로 손꼽힌다. 그러나 포악한 군주에게 의로움을 아무리 간언한다고 그가 경청할 리만무하다. 왜냐하면 충심을 받아들일 수 있는 군주라면 이미 덕을 갖춘

---

152 『莊子』,「胠篋」, "昔者龍逢斬, 比干剖, 萇弘胣, 子胥靡. 故四子之賢, 而身不免乎戮."
153 『論語』,「述而」, "求仁而得仁, 又何怨."
154 『莊子』,「騈拇」, "伯夷死名於首陽之下. 盜跖死利於東陵之上. 二人者, 所死不同, 其於殘生傷性均也. 奚必伯夷之是而盜跖之非乎."

군주일 것이기 때문이다. 충심을 받아들이지 않으므로 폭군인 것이다. 그렇다면 과연 폭군에게 충언하다 처참하게 죽는 것이 정말로 의미 있는 죽음이라고 할 수 있는가? 아니면 헛된 개죽음에 불과한 것인가?

장자는 도척이나 백이 역시 자신의 목숨을 가볍게 여겼다는 점에 있어서는 마찬가지라고 보았다. 이에 대해 혹자는 "도의를 좇다가 죽는 것이 이익을 좇다가 죽는 것보다는 더욱 의미 있는 죽음이 아닌가?"라고 반문할 수 있을 것이다. 이와 관련하여 『장자』에서 다음과 같이 말했다.

> "옛날 걸왕(桀王)은 관용봉(關龍逢)을 죽였고 주왕(紂王)은 왕자 비간(比干)을 죽였는데, 이들(관용봉·비간)은 모두 자신의 덕을 닦았고 신하의 신분으로 백성들을 어루만져주려고 하였기 때문에 신하로써 위 사람의 뜻을 거역한 자이다. 임금은 그들의 훌륭한 덕 때문에 그들을 모함해 죽였다. 이들은 명예를 좋아하는 자들이다."[155]

장자는 충신들이 죽은 이유가 신의 때문이 아니라 단지 명예심 때문이라고 보았다. 장자의 이러한 주장에는 공감할 수 있는 부분이 있다. 왜냐하면 신의라는 것은 상대적인 것이지 일방적인 것이 아니기 때문이다. 신의가 없는 폭군에게 굳이 신의를 지키기 위해 자신의 목숨을 바치는 행위는 맹목적인 행동이거나 명예욕에 의한 행동일 수 있다.

중국에서는 전통적으로 처세를 중요시하였다. 그런데 처세를 위해서는 언제나 '때'를 고려해야 한다. 군신의 관계 역시 '때'를 고려하지 않을 수 없다. 관용봉(關龍逢)은 충언하다가 걸왕(桀王)에 의해서 죽임을 당했고, 왕자 비간(比干) 역시 충언하다가 주왕(紂王)에 의해서 가슴이

---

[155] 『莊子』, 「人間世」, "且昔者桀殺關龍逢, 紂殺王子比干, 是皆修其身以下傴拊人之民, 以下拂其上者也. 故其君因其修以擠之, 是好名者也."

찢겨 나간 채 죽임을 당한 까닭은 때를 잘못 만났기 때문이다. 반면에 순임금은 역산(歷山)에서 밭 갈고 황하 가에서 질그릇을 빚는 그야말로 천한 직위에 있었음에도 천자의 자리까지 오를 수 있었던 까닭은 때를 잘 만났기 때문이다.

중국 고대인들은 시류(時流)에 따라야 함을 원칙으로 삼았으므로, 치세에는 나아가 뜻을 펼치고, 난세에는 물러나 일신을 보존해야 한다는 사고를 갖고 있었다. 공자 역시 천하에 도가 있고 천하에 도가 없음에 따라 진퇴를 달리하여야 한다고 말했다. 가령 "써주면 도를 행하고, 버려지면 은둔하는 것을 오직 나와 너만이 지니고 있을 뿐이다."[156]라고 하였으며, 또한 "위태로운 나라에는 들어가지 않고, 어지러운 나라에는 살지 않으며, 천하에 도가 있으면 나타나 벼슬을 하고, 천하에 도가 없으면 숨어야 한다."[157]라고 하였다. 맹자 역시 백이(伯夷)에 대해 "섬길만한 군주가 아니면 섬기지 않았고, 부릴만한 백성이 아니면 부리지 않았고, 다스려지면 나아가고 혼란하면 물러났다."[158]라고 하였다. 노자 역시 "공(功)을 이루고도 자신은 물러나는 것이 바로 자연의 이치인 것이다."[159]라고 하였다. 어부가 절개를 지키고자 목숨을 끊으려고 한 굴원(屈原)에게 "성인은 사물에 집착하지 않고 세상과 더불어 변화해 간다. 세상 사람들이 다 흐리거든 어찌하여 그 진흙을 휘저어 물결을 일으키지 않고, 뭇사람들이 다 취하였다면 어찌하여 그 술 찌꺼기나 탁주를 마시지 않는가?"[160]라고 질타했다.

이와 같이 중국에서는 "치세에는 벼슬을 구하고, 난세에는 물러나 자연과 벗한다."는 사유방식을 갖고 있었으며, 그 대표적인 사상이 바

---

156 『論語』, 「述而」, "子謂顔淵曰, 用之則行, 舍之則藏, 惟我與爾有是夫."
157 『論語』, 「泰伯」, "危邦不入, 亂邦不居, 天下有道則見, 無道則隱."
158 『孟子』, 「萬章」, "非其君不事, 非其民不使, 治則進, 亂則退."
159 『老子』, 9장, "功遂身退, 天之道也."
160 「漁父辭」, "聖人不凝滯於物, 而能與世推移, 世人皆濁, 何不淈其泥而揚其波, 衆人皆醉, 何不餔其糟而歠其醨."

로 은일(隱逸)의 사상이었다. 이러한 점에서 은자들의 은둔은 그들의 성향이 단순히 소극적인 것을 선호했기 때문이 아니라 처세술로부터 나온 것이다. 이 점에 대하여 『장자』에서도 다음과 같이 말하고 있다.

> "옛날의 은자들은 몸을 숨긴 채 세상에 나타나지 않은 것이 아니며, 입을 다문 채 아무 말도 하지 않은 것이 아니며, 지혜를 간직한 채 드러내려 하지 않는 것도 아니다. 단지 시운(時運)이 크게 어지러웠기 때문이다."161

시운(時運)이 어지러운 시대에서는 진실이 통하지 않는다. 진실이 통하지 않는 사회에서 아무리 진실을 외쳐댄들 소용없는 일이며 오히려 목숨이 위태로워질 따름이다. 그러므로 이처럼 시운이 어지러운 시대에서는 일신을 보호하는 것이야말로 최선이라는 사상이 생겨나게 된 것이다. 은자들이 치의 시대에는 치에 따라야 하고 난의 시대에는 난에 따라야 한다고 본 까닭도 시운(時運)이 그러하므로 인간의 힘으로는 어찌할 수 없다고 보았기 때문이다.

장자는 은일의 사상에서처럼 자신의 생명은 명예나 이로움에 견줄 수 없는 귀한 것임을 강조였다. 이것은 노자와 다른 지점이다. 노자는 병가로부터 영향을 받았으므로 변화에 대한 능동적인 적응을 강조한 반면에, 장자는 은일의 사상으로부터 영향을 받았으므로 퇴(退)하여 자연과 벗하며 살아갈 것을 강조했다. 이러한 점에서 본다면 노자의 사상이 적극적인 사상이라고 한다면, 장자의 사상에는 주어진 현실에 대한 순응주의가 내포되어 있다.

---

161 『莊子』, 「繕性」, "古之所謂隱士者, 非伏其身而不見也. 非閉其言而不出也. 非藏其知而不發也, 時命大謬也."

(2) 은일 사상과 양주(楊朱)

은일(隱逸)의 사상은 자신의 생명을 귀하게 여겨야 한다는 양주(楊朱)의 '귀생(貴生)'으로 이어졌다. 맹자는 양주와 묵적에 대해서, "양주와 묵적의 말이 천하를 뒤엎었다. 천하의 말은 양주로 돌아가지 않으면 묵적에게로 돌아갔다. 양주는 자신만을 위하니 이는 군주가 없는 것이며, 묵적은 똑같이 사랑하니 이는 아버지가 없는 것이다. 아버지가 없고 군주가 없으면 이것은 금수와 다를 것이 없다."162라고 하였다. 맹자의 주장에 따르면 당시에는 양주의 위아(爲我)와 묵자의 겸애(兼愛)가 주도적인 사상이었다. 아마도 묵자의 겸애가 당시의 주도적인 논의였는데, 양주가 이와 반대되는 주장을 펼침으로써 논쟁이 일어났고, 이에 따라 양주의 사상이 부각되어진 것으로 보인다.

양주의 사상에 대하여 맹자는 "양주는 위아(爲我)의 입장을 취하였으니, 한 오라기 털을 뽑아서 천하를 이롭게 한다고 할지라도 행하지 않았다."163고 하였다. 한비는 양주에 대해서 "지금 여기에 어떤 사람이 있는데, 위험에 처한 성곽에 들어가지 않고 군대를 기피하며, 천하의 커다란 이익이 된다고 하더라도 자신의 정강이 터럭 하나와도 바꾸지 않는다. 그런데도 세상의 군주들은 반드시 그를 좇아 예우하고 그 지혜를 귀하게 여기고 그 행동을 고결하다고 여기며, '세상 것을 하찮게 여기고 생명을 중시하는 선비'라고 보았다."164라고 평가하였다. 이에 따른다면 양주의 사상은 극단적인 이기주의 사상이라고 할 수 있다.

그러나 이러한 이해에는 양주의 본의를 다소 왜곡한 측면이 없지

---

162 『孟子』, 「滕文公」(下), "楊朱墨翟之言, 盈天下. 天下之言, 不歸楊則歸墨. 楊氏, 爲我, 是無君也. 墨氏, 兼愛, 是無父也. 無父無君, 是禽獸也."
163 『孟子』, 「盡心章」(上), "楊子取爲我, 拔一毛而利天下, 不爲也."
164 『韓非子』, 「顯學」, "今有人於此, 義不入危城, 不處軍旅, 不以天下大利易其脛一毛. 世主必從而禮之, 貴其智而高其行, 以爲輕物重生之士也."

않다. 『열자』에서는 "사람마다 자기의 털 한 오라기를 훼손하지 않고 사람마다 천하를 이롭게 하겠다고 나서지 않는다면, 천하는 저절로 다스려질 것이다."165라고 하였다. 양주의 '위아주의'에 대한 참뜻을 해명하고자 한 것이다. 양주는 당시의 사회가 어지럽게 된 까닭은 사람들이 공명심에 사로잡혀 있어 뭔가를 이루려고 애쓰기 때문이라고 보았다. 그러므로 각각의 사람들이 자신의 생명을 중요시하여 본래적 모습대로 살아간다면 오히려 다스려질 것이라고 보았던 것이다.

양주가 말한 '위아(爲我)'가 이기주의는 아닐지라도 대아(大我)보다는 소아(小我)를 더욱 중시했던 것만은 분명한 사실이다. 그의 이러한 사상은 '귀생론(貴生論)'에 의한 것으로서, 천하의 대의보다는 일신을 보존하는 것이 상책이라고 여겼던 은일의 사상으로부터 영향을 받은 것이다.

그런데 맹자 당시에 유행하던 양주의 사상은 어째서 그 이후에 급속도로 몰락하였는가? 풍우란은 노자의 학은 양주의 학을 발전시킨 것이고, 장자의 학은 노자의 학을 발전시킨 것이라고 주장하였다.166 반면에 노사광은 서로 간에 사승관계에 있는 것이 아니며 단지 양주의 학설이 후대에 도가에 의해 대체되어진 것일 따름이라고 주장하였다. 가령 그는 다음과 같이 주장하였다. ― 첫째, 양주 사상은 맹자 당시에는 극성하였으나, 『장자』「천하편」시대에는 쇠퇴하였고, 그 뒤에는 사라져버렸다. 둘째, 양주의 학설이 쇠퇴하여 사라질 무렵 도가의 학설이 크게 유행하였다. 셋째 양주의 사상은 커다란 방향에서는 노장과 같다. 모두 생명(生命)과 정의아(情意我)를 긍정하였는데, 다만 노장의 학설이 양주보다 비교적 정밀하다.167

---

165 『列子』, 「楊朱」, "人人不損一毛, 人人不利天下, 天下治矣."
166 馮友蘭, 『中國哲學史』(上冊), 三聯書店有限公司, 1992, 138쪽.
167 勞思光, 『中國哲學史』(一), 三民書局印行, 1990, 212쪽.

필자로서는 노사광의 견해가 보다 타당하다고 본다. 다만 장자는 양주의 사상으로부터 일부 영향을 받았다고 본다. 『회남자』에서 "본성을 보존하고 참됨을 보존하여 외물 때문에 형체를 구속당하지 않는다는 주장은 양주의 주장인데, 맹자가 그것을 비난했다."168라고 하였다. 『회남자』에서 언급한 양주의 사상과 장자의 사상은 여러모로 일치한다. 필자가 보건데, '외물에 얽매이지 않음' '삶을 중요시함'은 양주의 사상으로서 장자에게 영향을 주었다고 본다. 가령 『장자』에서 "산의 나무는 (사람에게 쓸모가 있어서) 스스로 자신을 베게 만들고, 등불은 스스로 제 몸을 태운다. 계피나무는 먹을 수 있어서 베어지고, 옻나무는 쓸모가 있어서 쪼개진다. 사람들은 모두 쓸모 있는 것의 쓸모는 알아도 쓸모없는 것의 쓸모는 모른다."169라고 하였다. 쓸모 있음이 오히려 자신의 명을 재촉할 수 있음을 경계한 것이다. 이러한 사상은 양주로부터 영향을 받은 것이다. 또한 양주의 위아(爲我)와 귀생(貴生)은 『장자』의 양생(養生)에 영향을 미쳤다.

이처럼 은일의 사상은 양주와 장자에게 영향을 주었지만, 양주와 장자의 사상 사이에는 차이점이 있다. 무엇보다 양주가 추구했던 것은 소아(小我)이지만, 장자가 추구했던 것은 대아(大我)이다. 여기서의 대아는 소아에 대립하는 대아가 아니라 대소(大小)를 포월(抱越)170하는 절대적 경지의 대아(大我)이다. 장자는 은일의 사상으로부터 영향을 받아 '시류에 따른다'는 사상을 이어받았지만, 이와 동시에 생사조차 초월하는 절대적 경지를 지향하고자 했다. 이 점이 바로 은일의 사상과 장자의 사상 사이의 다른 지점인 것이다.

---

168 『淮南子』, 「氾論訓」, "全性保眞, 不以物累形, 楊子之所立也, 而孟子非之."
169 『莊子』, 「人間世」, "山木自寇也, 膏火自煎也. 桂可食, 故伐之, 漆可用, 故割之. 人皆知有用之用, 而莫知無用之用也."
170 여기서의 '抱越'이란 세상을 포용하면서 세상의 제약을 넘어선다는 의미한다.

(3) 은일 사상과 무욕(無欲)

은일(隱逸) 사상은 치세에는 벼슬을 구하고 난세에는 물러나 자연과 벗한다는 사유로부터 나온 것인데, 이러한 사상은 더 나아가 부귀영화를 탐하지 않고 자연과 벗하며 자유롭게 살아간다는 도가의 무욕의 사상으로 나아갔다. 『장자』에서 다음과 같이 말했다.

"진(秦)나라 왕이 병이 나서 의사를 불러, 종기를 터트려 고름을 뺀 자에게는 수레 한 대를 주었고, 치질을 핥아서 고친 자에게는 수레 다섯 대를 주었다. 치료하는 곳이 더러운 곳으로 내려가면 갈수록 수레를 더욱 많이 얻었다."171

유가에서는 신하의 도리를 강조하였는데, 『장자』에서는 신하들이 임금의 총애를 얻기 위해서라면 얼마나 비열하고 더러운 짓거리도 서슴없이 할 수 있는가에 대해 단적으로 보여주고 있다. 또한 『장자』에 다음과 같은 이야기가 있다.

"장자가 복수(濮水)에서 낚시를 하고 있는데, 초나라 왕이 보낸 대부 두 명이 먼저 가서 왕의 뜻을 전달하기를 '원컨대 나라의 일을 맡기고 싶습니다.'라고 하였다. 장자는 낚싯대를 쥐고 돌아보지도 않은 채 말했다. '내가 듣기에 초나라에 신령한 거북이가 있는데, 죽은 지 3천 년이나 되었다더군요. 왕께서 그것을 헝겊에 싸고 상자에 넣고 묘당위에 소중히 간직하고 있지만, 이 거북이는 차라리 죽어 뼈를 남긴 채 소중하게 받아들이기를 바랐을까요, 아니면 살아서 진흙 속을 꼬리를 끌며

---

171 『莊子』,「列禦寇」, "秦王有病召醫, 破癰潰痤者, 得車一乘. 舐痔者, 得車五乘. 所治愈下, 得車愈多."

다니기를 바랐을까요?' 두 대부가 대답했다. '그야 오히려 살아서 진흙 속을 꼬리를 끌며 다니기를 바랐을 테죠.' 장자가 말했다. '돌아가시오. 나는 진흙 속에서 꼬리를 끌며 다닐 테니까요.'"172

당시 전국시대에는 군주들이 현자들을 등용하고자 하였으며, 지식인들 또한 자신을 기용해줄 군주를 찾아 천하를 떠돌아다녔다. 그런데 왕이 사신을 보내 재상이라는 높은 자리를 권유했음에도 불구하고 장자는 이를 단호히 거절하였다. 그 이유는 신하의 역할이란 것은 궁극적으로 군주의 꼭두각시 인형에 불과하다고 여겼기 때문이다. 꼭두각시 인형이 되어 살아가는 대가로 잠시 부귀영화를 누릴 수 있지만, 이것은 죽음의 영화에 불과할 따름이다. 그러므로 장자는 빈천하게 살더라도 자신의 의지대로 살아가는 삶이야말로 행복한 삶이라고 본 것이다.

『장자』에서 요임금이 허유(許由)에게 천하를 선양(禪讓)하려고 하자 허유가 이를 단호히 거절했다는 내용이 나온다.

"그대가 천하를 잘 다스려 천하가 이미 편안해졌거늘, 내가 그대를 대신한다면 그 이유는 명예 때문일 것입니다. 명예란 실질의 손님인데, 내가 그런 손님이 되란 말인가요? 뱁새가 둥지를 짓는다 해도 나뭇가지 하나면 충분하고, 두더지가 황하의 물을 마신다고 해도 작은 배를 채우는 데 불과합니다. 자, 그대는 돌아가 쉬세요. 내게 천하는 소용없습니다. 요리사가 음식을 잘못 만든다고 시동(尸童)이나 신주(神主)가 술단지와 고기그릇을 들고 대신 할 수 없는 일입니다."173

---

172 『莊子』,「秋水」, "莊子釣於濮水, 楚王使大夫二人往先焉, 曰, 願以境內累矣. 莊子持竿不顧, 曰.吾聞楚有神龜, 死已三千歲矣, 王巾笥而藏之廟堂之上. 此龜者, 寧其死爲留骨而貴乎. 寧其生而曳尾於塗中乎. 二大夫曰, 寧生而曳尾塗中. 莊子曰, 往矣. 吾將曳尾於塗中."
173 『莊子』,「逍遙遊」, "子治天下, 天下既已治也. 而我猶代子, 吾將爲名乎. 名者, 實之賓也. 吾將爲實乎. 鷦鷯巢於深林, 不過一枝, 偃鼠飮河, 不過滿腹. 歸休乎君, 予無所用天下爲. 庖人雖不治庖, 尸祝不越樽俎而代之矣."

그 외에도 『장자』의 여러 곳에서 선양(禪讓)을 거절하는 이야기가 나온다. 『장자』에서는 이를 통해 천자의 자리조차 집착하지 않고, 무욕의 마음으로 자연과 벗하며 살아가는 무위의 삶을 강조하고자 했다.

앞서 언급한 것처럼 은일의 삶은 삶을 비관하고 현실을 도피하는 현실도피적인 삶 혹은 종교와 같은 이상을 꿈꾸며 현실을 벗어나려는 탈현실의주의적인 삶이 아니라 시류에 따르는 삶이다. 시류에 따르는 삶이란 것은 얽매이지 않는 삶이다. 이러한 은일의 사상은 부귀영화는 헛된 것이므로 현재의 소박한 삶에 만족해하며 살아가야 한다는 유(遊)의 사상으로 발전하였다. 유(遊)란 자연본성을 억압하는 일체의 속박에서 벗어나 자연본성에 따라 살아가는 것이며, 더 나아가 구속 없이 자유로운 경지에서 노닐며 살아가는 것이다.

장자는 일체의 속박으로부터 벗어나 무궁한 자유의 경지를 향유하고자 하였다. 즉 한 번의 날개 짓으로 9만 리의 창공을 날아오르는 대붕(大鵬)이 되기를 원했다. 이러한 삶은 풍류를 인생의 낙으로 삼았던 위진남북조 시대의 죽림칠현(竹林七賢)의 삶으로 이어졌다.

유가가 비록 윤리도덕을 중요시하였지만 고루한 도덕주의만을 강조했던 것은 아니다. 특히 공자에게는 유(遊)의 미학이 있었다. 공자는 다른 사람과 함께 노래 부르기를 좋아했다.[174]라고 하였다. 여기서의 노래 가사는 『시경』의 내용이다. 주희는 『시경』의 내용들을 도덕적 교화의 측면으로 해석하였지만 실제로는 그 내용의 태반이 남녀의 사랑, 특히 불륜을 노래한 것이다.

자로(子路)・증석(曾晳)・염유(冉有)・공서화(公西華)가 옆에서 공자를 모시고 앉았는데, 공자가 제자들에게 자신의 포부를 말해보라고

---

174 가령 『論語』 「述而」에서 "공자께서는 사람들과 더불어 노래를 잘 하셨는데, 어떤 사람이 노래를 잘 부르면 반드시 그 사람에게 다시 부르게 하고, 다 듣고 나서는 따라 부르셨다.[子與人歌而善, 必使反之, 以後和之]"라고 하였다.

하였다. 이에 자로(子路)·증석(曾晳)·염유(冉有)는 공손한 태도를 보이며 자신의 포부를 이야기했다. 그런데 증석은 다른 제자들이 말하는 것을 듣는 체 마는 체 비파만을 계속 타고 있었다. 공자가 질문하자 비로소 비파를 내려놓고 "늦봄에 봄옷이 이미 만들어졌다면 관을 쓴 어른 5~6명과 소년들 6~7명과 함께 목욕을 하고, (기우제를 지내는 장소인) 무우(舞雩)에서 바람을 쐬고 노래하면서 돌아오겠습니다."175라고 대답하였다. 그런데 공자는 이러한 불경스러운 대답에도 불구하고 오히려 "나는 증점(曾點=증석)을 허락한다."176고 하였다.

증석의 행동은 도가적인 색채를 띠고 있다. 왜냐하면 권위나 예의에 얽매이지 않고 마음이 가는대로 행동하는 것은 바로 도가가 지향하고자 하는 이상이었기 때문이다. 공자는 이러한 증석을 비판하지 않고 오히려 칭찬하였다. 여기서도 우리는 유가에도 유(遊)의 미학이 있음을 엿볼 수 있다.

이처럼 은일의 삶은 도가에서 적극 계승하였지만, 이것은 단순히 도가에만 계승된 것이 아니라 동양사상의 특징을 이루었다. 그러므로 유가 역시 이러한 삶을 계승함으로써 풍류(風流)를 즐겼던 것이다.

---

175 『論語』, 「先進」, "莫春者, 春服, 旣成 冠者五六人, 童子六七人, 浴乎沂, 風乎舞雩, 詠而歸."
176 같은 책, "吾與點也."

제2장
유가와 도가의 차이점

1. 『노자』와 『장자』의 사상적 배경

　　전통적으로 학자들은 노자를 공자의 연장자로 보아왔다. 그 이유는 『사기』의 「노자·한비열전」에서 공자가 노자에게 예를 물은 이야기를 비교적 상세히 언급하였을 뿐만 아니라, 그 외에도 「공자세가(孔子世家)」, 『장자』의 「천지(天地)」·「천도(天道)」·「천운(天運)」·「전자방(田子方)」·「지북유(知北遊)」, 『예기』의 「증자문(曾子問)」, 『공자가어(孔子家語)』의 「관주(觀周)」, 『여씨춘추』의 「당잡(當染)」 등 많은 곳에서 공자가 노자에게 예를 물은 내용이 실려 있기 때문이다. 이러한 기록들만 놓고 본다면, 공자가 연장자인 노자에게 예를 물은 것은 기정사실처럼 보이다.

　　그런데 송대의 섭적(葉適)은 「학습기언(學習記言)」에서 "공자를 가르친 자는 결코 '노자서'를 저술한 그 노자가 아니며, 지금의 '노자서'를 쓴 자는 결코 예가(禮家)에서 말한 노담이 아니다."[1]라고 언급하였다. 근현대에 '의고풍(疑古風)'이 성행하면서 『노자』 연대 문제에 대하여 본격적으로 의문을 제기하기 시작했다. 문제의 발단은 호적이 노자를 공자의 연장자로 보던 전통적인 견해에 동조하였는데,[2] 양계초(梁啓超)가 이를 논박한 데에서 비롯되었다.

1　葉適,「學習記言」, "敎孔子者必非著書之老子, 而爲此書者必非禮家所謂老聃." *『宋元學案』卷14, 河洛圖書出版社, 1964, 33쪽.
2　胡適, 『中國古代哲學史』, 商務印書官(臺灣), 1986, 43~45쪽.

양계초가 제기한 반론을 간략히 요약해 보면 다음과 같다. 1) 노자의 세손(世孫)과 공자의 세손을 비교해 보건대, 노자의 8대손과 공자의 13대손은 동시대 사람이 될 수가 없다. 2)『사기』에서 공자가 노자를 용에 비유했다면『논어』에서는 어째서 한마디의 언급도 없었으며, 묵자와 맹자는 반대파에 대하여 자주 말하였는데 노자에 대해서는 어째서 전혀 언급하지 않았는가? 3) 공자가 노자에게 예를 물었다는 여러 저서들은 유가의 반대파에 속하는 것이기 때문에 믿을 수 없지만,『예기』는 유가의 저서이므로 신빙성이 있다. 그런데『예기』에서 노담의 말은 예를 부단히 고수하려는 사람으로서『노자』의 정신과는 부합하지 않는다. 4) 공자가 노자에게 예를 물었다는『사기』의 기록은『장자』에 여러 번 나오지만『장자』는 우언(寓言)으로 되어 있다는 점에서 사료(史料)로서는 신빙성이 없다. 5) 춘추시대에 볼 수 없는 격렬한 표현들이 많다. 6) '왕후(王侯)', '후왕(侯王)', '왕공(王公)', '만승지국(萬乘之國)'과 같은 말은 춘추시대에는 볼 수 없으며, '인의(仁義)' 등은 맹자의 전용어(專用語)이다. 양계초는 이상의 근거에 의거해 노자를 전국말기의 인물이라고 주장하였다.[3]

양계초의 반론은 설득력이 있었으므로 이를 계기로 일대 논쟁이 벌어졌으나, 근래에 와서는 노자가 공자의 연장자라는 견해가 정설로 받아들여지고 있다. 그러나 필자가『출토문헌을 통해서 본 중국 고대 사상』에서 노자는 공자의 후대 인물로서 대략 전국시대 초기에서 중기 사이의 인물임에 대해 상세히 고증한 바 있다.[4]

사실상「노자·한비열전」에서의 공자와 노자의 대화 내용 대부분이『장자』에서 따온 것이다. 그런데『장자』의 내용들 태반이 역사적

---

[3] 梁啓超,「論老子書作於戰國之末」,『古史辨』(四冊), 上海古籍出版社, 1982, 305~307쪽.
[4] 김경수,『출토문헌을 통해서 본 중국 고대 사상』,「〈老子〉 연대 문제의 신고증」, 심산, 2008.

사실과 무관한 우언(寓言)이라는 점에서 신빙성이 없다. 『장자』에서는 노자를 높이기 위해 우언의 형식을 빌려 공자가 노자에게 예를 물었다고 언급했던 것이며, 전국말기에 노자의 위상이 높아지면서 이것을 마치 사실인 것처럼 받아들였던 것이다.

『사기』에서 "노자는 초나라 고현·여향·곡인리의 사람이다."5라고 노자의 출신지를 비교적 소상히 밝히고 있다. 이에 입각할 때 노자는 초나라 사람이다. 또 다른 유력한 설로는 진(陳)나라 사람이라는 견해가 있다. 일찍이 당나라 육덕명(陸德明)은 "성은 이(李)이고, 이름은 이(耳)이다. 하상공은 말하기를 '이름은 중이(重耳)이고, 자는 백양(伯陽)으로서 진(陳)나라 고현·여향인(厲鄕人)이다'고 하였다."6라고 하였다.

이처럼 노자의 출신지가 초나라라는 주장과 진나라라는 주장이 있다. 노자의 출생지가 일치하지 않는 이유에 대하여 사마정(司馬貞)의 「색은(索隱)」에서는 "고현은 본래 진나라에 속해 있었는데, 춘추 시대에 초가 진을 멸망시킴으로써 고현 또한 초에 귀속되었다. 따라서 초나라 고현이라고 한 것이다."7라고 하였다. 노자를 진나라 사람으로 보는 견해를 요약해 보면, 고현은 본래 진나라에 속해 있었는데 공자가 죽은 해인 기원전 479년에 진나라가 초나라에 의해서 멸망되었기 때문에 초나라에 귀속되었다는 것이다. 이에 따를 경우 노자는 전국시대 사람이므로 의당 초나라 사람이다. 실제로 『노자』는 초나라의 문화적 배경 하에서 나왔다.

선진시대의 각 학파들이 탄생한 데에는 학자들의 개인적 성향과 함께 지역적 배경이 중요하게 작용하였다. 그러므로 노자의 사상을 이해

---

5 『史記』,「老子韓非列傳」, "老子者, 楚苦懸厲鄕曲仁里人也."
6 陸德明, 『經典釋文』,「老子道經音義」, "姓. 李. 名. 耳. 河上公云, 名重耳, 字伯陽. 陳國苦縣厲鄕人."
7 『史記』,「老子韓非列傳」,〈索隱〉, "苦縣本屬陳, 春秋時楚滅陳, 而苦又屬楚. 故云楚苦縣."

를 위해서는 지역적 배경을 이해할 필요가 있다.

　북방민족과 남방민족은 기질적으로 많은 차이가 있다. 이러한 상이한 차이점에 대하여 『중용』에서는 "너그럽고 유(柔)함으로써 가르치고 무도함에 보복하지 않음은 남방의 강함이니 군자가 거기에 거처한다. 병기와 갑옷을 깔고서 자며 죽는 것을 두려워하지 않음은 북방의 강함이니 강자(强者)가 거기에 거처한다."[8]고 하였다. 여기서 볼 수 있듯이 북방지방의 기질은 호전적이었던 반면에 남방지방의 기질은 온순하였다. 노자는 남방지방인 초나라 사람이므로 그의 사상 역시 남방지방의 특징을 반영하고 있다.

　『관자』에서 초(楚)나라 지역적 특성에 대해 "초나라의 물은 유약(柔弱)하고 맑기 때문에 그 백성들은 경쾌하고 결단력이 있어 과감하다."[9]라고 하였다. 『관자』의 진술에 따르면 초나라의 백성들은 진솔하였다. 오기(吳起)는 노자의 출신지인 초나라에 대하여, "초나라 사람들의 성질은 약(弱)하며, 그 땅은 넓으며, 그 정치는 소란스럽고, 그 백성은 피폐해 있었다."[10]라고 평가하였다. 『사기』에서도 다음과 같이 말하고 있다.

"결론적으로 말하면, 초와 월은 땅이 넓고 인구가 적었으며, 쌀로 밥해 먹었고 생선으로 국 끓여 먹었다. 어떤 곳에서는 화전(火田)으로 경작하여 먹고, 논에 물을 대고 김매는 농사법을 취하기도 했다. 열매와 과일과 조개 등은 사고팔지 않더라도 충분했으며, 농사짓기에 좋은 토양이라 먹을 것이 풍요로워 기근의 걱정이 없었다. 그런 까닭에 게으름을 피우며 그럭저럭 살아갔으며, 모아 둔 것이 없어서 가난한 자들이

8　『中庸』, 10장, "寬柔以敎, 不服無道, 南方之强也, 君子居之. 衽金革, 死而不厭, 北方之强也, 而强者居之."
9　『管子』,「水地」, "楚之水, 淖弱而清, 故其民輕果而敢."
10　『吳子兵法』,「料敵」, "楚性弱, 其地廣, 其政騷, 其民疲."

많았다. 따라서 양자강이나 회수 남쪽에는 얼어 죽거나 굶어 죽는 사람은 없었지만, 천금을 소유한 재산가도 없었다."[11]

오기의 언급을 중심으로 당시의 초나라 실정에 대하여 살펴보자. 초나라 사람들은 약(弱)하다고 하였는데, 약은 『사기』에 의거할 경우에는 '나약하고 게으름'이란 뜻으로 해석할 수 있고, 『중용』에 의거할 경우에는 '온순함'이란 뜻으로 해석할 수 있고, 『노자』에 의거할 경우에는 '부드러움'이란 뜻으로 해석할 수 있다. 이처럼 관점에 따라 약에 대한 해석이 약간씩 다르지만 대략적인 의미에서는 대동소이하다. 또한 전국 초기의 초나라는 당시 제후국 중에서 가장 땅이 넓었을 뿐 아니라, 토양도 비옥하였고 인구도 그다지 많지 않았다. 이러한 여러 가지 정황들을 놓고 본다면 고려한다면 초나라는 당시 열국들 중에서 가장 평화롭고 살기 좋은 나라였을 것이라고 예상해볼 수 있다.

그럼에도 불구하고 오기는 백성의 삶이 피폐해 있었다고 말하고 있다. 그 이유는 무엇 때문일까? 초나라가 약소국이어서 외부에서 잦은 침략을 받아서였을까? 당시의 초나라는 막강한 군사력을 자랑하는 대국이었다는 점에서 그렇다고 보기 어렵다. 백성들이 피폐한 삶을 살아가야 했던 가장 큰 이유는 당시 초나라가 많은 전쟁을 벌였기 때문이다.

춘추시대의 인물인 웅통(熊通)은 당시 초나라 왕이자 형이었던 웅현(熊眴)의 아들을 죽이고 스스로 권좌에 올랐다. 그는 제후국들 중에서 처음으로 '왕'이라고 자칭하였으며, 후일에 무제(武帝)라는 칭호를 얻었다. 그 이후 춘추 말기에는 형제들끼리 살육으로 얼룩진 권력투쟁을 벌였으며, 강대국의 면모를 과시하기 위해 숱한 전쟁을 일으켰다.

---

11 『史記』,「貨殖列傳」, "總之, 楚越之地, 地廣人希, 飯稻羹魚. 或火耕而水耨. 果隋蠃蛤, 不待賈而足, 地埶饒食, 無飢饉之患, 以故呰窳偷生, 無積聚而多貧. 是故江淮以南, 無凍餓之人, 亦無千金之家."

특히 천하 패권을 장악했던 진문공이 죽고 나서 진나라의 힘이 쇠약해지자 초나라는 천하 패권을 장악하기 위해 진나라와 오랜 기간을 싸웠으며, 남방 지방의 오와 월이 강성해지자 이들과 대규모 전쟁을 벌이기도 하였다. 이러한 오랜 전쟁으로 인해 많은 백성들이 전쟁터에서 죽어갔으며, 백성의 삶은 황폐해졌다.

노자는 당시 이러한 현실상황과 관련하여, "천하에 도가 있으면 오히려 주마(走馬)가 밭에 거름 주는 일에 쓰이지만, 천하에 도가 없으면 암말마저 전쟁터에서 새끼를 낳는다."12라고 하였다. 천하에 도가 있으면 털끝만한 싸움도 없게 되며, 싸움이 없게 되면 아무리 뛰어난 군마라 할지라도 전쟁터에서 사용할 필요가 없다. 따라서 군대에 적합한 잘 달리는 주마(走馬)조차 농사에서 거름 주는 일에나 사용될 것이다. 반대로 천하에 도가 없으면 숱한 전쟁으로 인해 전쟁에 적합하지 않은 암말마저 쓰이게 되어 전쟁터에서 새끼를 낳게 된다. 본 문장에서는 치열한 전쟁으로 말미암아 얼마나 많은 백성들이 징병되어 무고하게 죽었는지를 단적으로 보여주고 있다. 대규모의 전쟁은 비단 인명만을 앗아간 것이 아니라 백성의 삶을 황폐화시켰다. 따라서 노자는 "대군(大軍)이 휩쓴 후에는 반드시 흉년이 있게 된다."13고 하였다.

이처럼 초나라는 끊임없이 전쟁을 벌였을 뿐만 아니라 내부 권력 다툼으로 인해 혼란스러웠다. 그러므로 오기 역시 '초나라 정치는 혼란스러웠다'고 말했던 것이다. 더욱이 왕과 귀족들의 착취는 그 어느 나라보다 심각했으며, 이로 인해 백성은 많은 고초를 겪어야 했다.

노자는 당시 위정자의 착취에 대해, "조정은 지나치게 정돈되어 있고, 논밭은 심각하게 황폐해졌고, 창고는 텅 비어 있다. 게다가 위정자들은 사치스럽게 장식한 옷을 입었으며, 예리한 칼을 찼으며, 물리도록

---

12 『老子』, 46장, "天下有道, 却走馬以糞, 天下無道, 戎馬生於郊."
13 『老子』, 30장, "大軍之後, 必有凶年."

먹고 마셨으며, 재화(財貨)는 (물 쓰듯 써도) 남아돌았다. 이것을 '도둑놈의 영화'라고 부른다."14, "백성이 굶주린 까닭은 통치 계급이 많은 세금을 거둬들였기 때문이다."15라고 하였다. 이처럼 당시 백성은 착취로 말미암아 극한의 상황으로 내몰렸다. 노자는 이러한 극한의 상황에 대해 "백성이 죽음을 두려워하지 않는데, 어떻게 죽음을 가지고 이들을 두렵게 할 수 있겠는가?"16라고 단적으로 말하였다. 삶의 본능은 그 어떤 것보다도 강렬하다. 그럼에도 불구하고 백성은 극심한 착취로 말미암아 자포자기 상태에 빠져들었으므로 위정자가 죽이겠다고 엄포하더라도 더 이상 두려움을 느끼지 않는다고 하였다.

여기서 우리가 주목해야할 점이 있다. 그것은 노자가 꿈꾸는 사회는 백성 중심의 사회였다는 사실이다. 유가 역시 백성을 중요시하였지만, 그들이 꿈꾸는 사회는 지배자 중심의 사회였다. 맹자는 비록 민본(民本)을 강조했지만, 그가 말하는 민본사회는 백성 중심의 사회가 아니라 단지 지배자가 잘 이끄는 사회였다. 당시 선진시대 대부분의 사상가들이 위정자 중심의 사회를 지향했던 것과는 달리 노자는 백성 중심의 사회를 지향했다.

그런데 가장 먼저 백성 중심의 사회를 지향한 자는 묵자였다. 묵자는 노(魯)나라 양문군(陽文君)에게 다음과 같이 말하였다.

"이웃 나라를 공격하여 그 나라 인민을 죽이고, 말과 소, 조와 쌀, 재물을 약탈하고서 이 사실을 대쪽이나 비단에 적어두고 쇠와 돌에 새기고 종과 솥에 새겨서 후세의 자손에게 전하기를 '나보다 더 많이 약탈한 자는 없었다.'라고 말한다. 지금 천한 사람이 이웃 가문을 침범하여 그

---

14 『老子』, 53장, "朝甚除, 田甚蕪, 倉甚虛. 服文綵, 帶利劍, 厭飮食, 財貨有餘. 是謂盜夸."
15 『老子』, 75장, "民之饑, 以其上食稅之多."
16 『老子』, 74장, "人不畏死, 奈何以死懼之."

곳 사람들을 죽이고, 개와 돼지, 식량과 의복을 약탈하고서 이 사실을 대쪽이나 비단에 적어두고 쇠와 돌에 세기고 돗자리와 그릇에 새겨 후세의 자손에게 전하기를 '나보다 더 많이 약탈하는 자는 없었다.'라고 말한다면 과연 옳은 것이겠습니까?"17

묵자는 이처럼 정당하지 않은 군주의 약탈을 도둑놈의 약탈에 비유했다. 노자도 위정자가 백성을 약탈하여 부귀영화를 누리는 것에 대해서 '도둑놈의 영화'라고 비판하였다. 『장자』에서도 "작은 도둑은 띠쇠를 훔칠 뿐이지만, 큰 도둑은 제후가 된다."18라고 하였다.

이와 같이 묵자와 도가는 위정자의 권력보다 백성의 삶을 먼저 고려하였다. 그렇다면 묵자는 정말로 백성 중심의 사회를 지향했던 것인가? 묵자는 "위정자가 정치를 함에 있어서 아랫사람의 실정을 파악하면 다스려지고 아랫사람의 실정을 파악하지 못하면 어지러워진다."19라고 하였다. 이처럼 묵자는 위민을 강조한 자답게 위정자는 백성의 실정을 먼저 살펴야 한다고 주장하였다. 그렇다면 어떻게 백성의 실정을 파악할 수 있는가? 묵자는 "오직 같게 함을 숭상하고 다양한 의견들을 하나로 통일시켜 통치한 이후에 가능하다."20라고 하였다. 이처럼 묵자는 다양성을 부정하고 통일성을 강조하였다. 또한 위정자에 의해 통일되어야 한다고 보았다. 이것은 곧 군주 일인에게 권력이 집중되어야 함을 의미한다. 그렇다면 묵자 역시 궁극적으로 위정자의 권력을 옹호하였던 셈이다. 묵자는 권주의 권력을 옹호하면서도 그 권력이 백성들을 위해 사용되기를 바랐다. 그러나 그것은 과연 가능한 일인가? 불가능하다

---

17 『墨子』,「魯問」,"攻其鄰國, 殺其民人, 取其牛馬, 粟米, 貨財, 則書之於竹帛, 鏤之於金石, 以爲銘於鍾鼎, 傳遺後世子孫曰, 莫若我多. 今賤人也, 亦攻其鄰家, 殺其人民, 取其狗豕食糧衣裘, 亦書之竹帛, 以爲銘於席豆, 以遺後世子孫曰, 莫若我多. 其可乎."
18 『莊子』,「盜跖」,"小盜者鉤, 大盜者爲諸侯."
19 『墨子』,「尙同」(下),"上之爲政, 得下之情則治, 不得下之情則亂."
20 같은 책,"唯能以尙同一義爲政, 然後可矣."

고 본다. 권력이 언제나 군주 자신을 위해 이용되어 왔음은 역사가 여실히 증명해주고 있다.

반면에 노자는 위정자의 권력에 대해 비판적이었다. 가령 백성의 삶이 피폐하고 사회가 어지러운 까닭은 법이나 윤리가 없어서가 아니라 오히려 법이나 윤리로 포장한 위정자의 권력 때문이라고 보았다. 그러므로 노자는 위정자의 권력에 대해 비판한 동시에, 위정자의 간섭이 없이 백성들 스스로가 자발적으로 질서를 이루는 자치(自治)의 사회를 꿈꾸었던 것이다. 이 점이 위정자 중심의 사회를 지향했던 선진시대의 대부분 사상가들과 다른 점이다.

이제 장자에 대해서 살펴보자. 장자에 대해 『사기』에서 다음과 같이 말하였다.

> "장자는 몽(蒙)의 사람이며, 이름은 주(周)이다. 장주(莊周)는 일찍이 몽현에 있는 옻나무 동산(漆園)의 관리였다. 위나라 혜왕, 제나라 선왕과 같은 시대의 사람이다. 그의 학문은 엿보지 않은 것이 없었지만, 그 요점은 노자의 말에 귀결된다. 그러므로 그의 저서 10만여 말은 대체적으로 우언(寓言)이다. 『어부(漁父)』・『도척(盜跖)』・『거협(胠篋)』을 지어 공자의 무리를 꾸짖어 이로써 노자의 학술을 밝혔다."[21]

『한서』「예문지」〈도가류〉에 '『장자』52편'으로 되어 있으며, 반고의 자주(自註)에 "이름은 주(周)이며, 송(宋)나라 사람이다."[22]라고 하였다. 「예문지」에 따르면 52편이었으나, 현재 전해지고 있는 『장자』는 곽상(郭象)이 정리하고 주석한 33편으로서 내편 7편, 외편 15편, 잡편

---

21 『史記』,「老子韓非列傳」, "莊子者, 蒙人也, 名周. 周嘗爲蒙漆園吏. 與梁惠王齊宣王同時. 其學無所不闚, 然其要本歸於老子之言. 故其著書十餘萬言, 大抵率寓言也. 作漁父盜跖胠篋, 以詆訾孔子之徒, 以明老子之術."
22 『漢書』,「藝文志」, 自註, "名周, 宋人."

11편으로 되어 있다.

『장자』는 한 사람의 손으로 쓰인 것이 아니며 여러 세대에 걸쳐 여러 사람에 의해 쓰였다. 그렇게 단정할 수 있는 이유는 『장자』에는 전국시대 중기의 장자의 글도 있지만, 전국말기에 나올법한 문장들이 적지 않기 때문이다. 『장자』 연구의 권위자인 유소감은 『장자』 안에도 여러 학파가 있다고 보았는데, 그는 장자 후학의 저작을 크게 셋으로 나누었다. 술장파(術莊派)·무군파(無君派)·황로파가 그것이다. 술장파는 장자의 사상을 그대로 계승하고 천명하는 것을 목표로 삼아 장자의 근본론·방법론·인생론을 깊이 연구하였다. 그러면서도 장자와는 달리 현실 문제에 대해서도 어느 정도 관심을 가졌다. 무군파는 현실을 소극적인 자세로 피하기보다는 현실과 직접 대면하여 격렬하게 왕권이나 인의 도덕을 공격하였다. 황로파는 도가의 처지에서 유가나 법가의 사상을 흡수하여 도덕·인의·법술을 함께 논의하였으며, 장자학파 중에서 통치술을 비교적 중시하였다. 유소감은 이 세 학파 중에서 황로파에 의해서 쓰인 편들은 직하황로학으로부터 영향을 받았다고 주장하였다.[23]

유소감의 분류는 전적으로 자의적인 것이므로 받아들이기 어렵다. 다만 『장자』가 여러 시대에 걸쳐 다수의 사람들에 의해 쓰였다는 것만은 분명한 사실이다. 일반적으로 '내편'을 장자의 저작으로, '외잡편'을 장자 후학의 작품으로 본다.

그렇다면 『장자』는 어느 시기에 완성된 것인가? 『장자』의 많은 문헌들이 한대 초기에 쓰였다고 보는 견해가 있다. 특히 「양왕(讓王)」·「도척(盜跖)」·「어부(漁父)」 세 편은 가장 후대에 생긴 후인의 위작으로 보기도 하였다.

그런데 유소감은 '한초설(漢初說)'에 대하여 여러 가지 고증을 통하

---

23 劉笑敢, 『莊子哲學及其演變』, 中國社會科學出版社, 1993, 261~262쪽.

여 반론을 제기하였다. 이를테면 유방 때의 가의(賈誼)의 부(賦)를 보면 그가 『장자』를 이미 숙독하였고 그 취지를 잘 알고 있었음을 알 수 있다. 이 점을 근거로 『장자』는 대체적으로 전국말기에 완성되었다고 주장하였다.24 한초설이 잘못된 견해임을 증명하는 일부 증거가 나왔다. 그것은 1988년 한강릉(江陵) 장가산(張家山) 136호 한대 초기의 묘에서 「도척(盜跖)」편이 출토되었다는 사실이다. 이처럼 『장자』 문헌 중에서 가장 후대에 속하는 「도척」조차도 선진시대에 쓰인 것이라는 점에서, 한초설이 그릇된 견해라고 할 수 있다. 그렇다면 「도척」은 어느 시기에 쓰인 것인가? 주목할 점은 『여씨춘추(呂氏春秋)』 「당무(當務)」에도 「도척」과 유사한 문장이 있다. 『여씨춘추』에는 『장자』의 내용을 베낀 것이 많다는 점에서 「도척」의 문장을 인용한 것이라고 볼 수 있다. 이에 따르면 「도척」은 최소한 전국말기의 『여씨춘추』보다 앞서 있다고 할 수 있다. 요명춘(寥名春)은 「도척」을 기원전 256~239년 사이의 것으로 보았는데,25 이 견해가 비교적 타당하다고 본다. 이로써 보건데, 『장자』는 전국시대 중기에서 말기까지의 저작이다.

장자는 송(宋)나라 사람이다. 송나라는 은나라의 후예들이 세운 나라이다. 주나라가 전통적으로 천(天)을 중요시하였다면, 은나라는 전통적으로 제(帝)를 중요시하고 귀신을 받들었다. 또한 주나라가 예를 중요시했다면, 은나라는 소박한 삶을 중요시했다. 은나라 문화를 계승한 송나라 역시 제(帝)와 귀신을 받들었으며 송나라 백성들은 순박하였다. 『관자』에서도 "송나라의 물은 경쾌하고 굳세고 맑기 때문에 그 백성들은 단순하고 바름을 좋아한다."26라고 하였다. 흥미로운 점은 『맹자』에 어리석은 송나라 농부가 싹을 뽑아 성장을 돕는다는 '알묘조장(揠苗助

---

24 같은 책, 43쪽.
25 寥名春, 「〈莊子·盜跖〉篇探原」, 『中國哲學』 제19輯, 岳麓書社, 1998.
26 『管子』, 「水地」, "宋之水, 輕勁而淸, 故其民簡易而好正."

長)'의 고사가 나오며, 『한비자』에도 송나라 농부가 그루터기를 지키며 토끼를 기다린다는 '수주대토(守株待兎)'의 고사가 나온다. 이처럼 여러 선진시대 문헌에서 어리석은 사람을 송나라 사람에 비유하였다. 이것은 그들이 그만큼 단순하고 순박하다는 것을 의미한다. 장자의 사상은 이처럼 귀신을 숭배하고 소박한 삶을 중요시했던 송나라의 지역적 배경 하에서 나온 것이다.

『장자』는 각 학파들의 사상에 대해 비판적이었지만, 이와 동시에 다른 학파로부터도 영향을 받았다. 그러므로『장자』는 다소 잡가적인 성격을 띠고 있다. 그런데『장자』에서 이러한 잡가적 형태를 띤 이유가 유소감의 주장처럼 황로학의 영향 때문이 아니며, 전국말기의 사상적 특징이 바로 그러했기 때문이다. 전국말기에는 학자들 사이에 치열하게 논쟁하였으며, 이런 가운데 서로 간에 다양한 영향을 주고받았던 것이다.

앞에서 언급했듯이『노자』는 위정자의 권력을 비판하고 백성 중심의 사회를 지향했는데,『장자』에서도 권력에 대해 철저히 비판하고 있다. 다만『노자』에서는 정치의 문제에 중점을 둔 반면에,『장자』에서는 인생의 문제에 중점을 두었다. 가령『노자』에서의 무위는 위정자의 무위를 위주로 말했던 것인 반면에,『장자』에서의 무위는 자연본성대로 살아간다는 의미로서의 무위를 위주로 말한 것이다. 이처럼『장자』에서는 자연본성을 중요시하였으며, 이러한 자연본성에 역행하는 행위를 인위로 보았다.

그런데 그 어떠한 사상도 스스로 생겨나는 것이 아니라 기존 사상에 대한 비판의식으로부터 생겨나는 것이다. 가령 묵자의 사상은 유가의 비판으로부터 나왔으며, 양주의 사상은 묵자의 사상에 대한 비판으로부터 나왔다. 그렇다면 노자의 사상은 무엇에 대한 비판으로부터 나온 것인가?

주나라는 예제(禮制)에 기반을 두고 있었는데, 노자는 예에 대해서 비판적이었다. "'최상의 예[上禮]'는 행하되 응대함이 없으면 팔을 휘두르고 서로 잡아당긴다."27, "예란 충신이 박(薄)한 데서 생겨난 것으로, 어지러움의 시초가 된다."28라고 하였다. 그렇다면 노자가 비판하고자 했던 것은 주나라 예제인가? 진고응은 노자가 주나라 제도를 반대했으며, 공자는 후에 그 반동으로 주나라 제도를 옹호했다고 주장하고 있다.29

그런데 노자는 단순히 주나라 예제만을 비판한 것이 아니며, 더 나아가 유가의 가장 대표적인 덕목인 인의에 대해서도 비판하였다. 가령 "그러므로 도(道)를 잃은 뒤에 덕(德)이 생겨났고, 덕(德)을 잃은 뒤에 인(仁)이 생겨났고, 인(仁)을 잃은 뒤에 의(義)가 생겨났고, 의(義)를 잃은 뒤에 예(禮)가 생겨났다. 예(禮)란 진심과 신의가 엷어진데서 생겨난 것으로서 어지러움의 시초가 된다."30, "큰 도가 사라지자 이에 인의가 생겨났다."31라고 하였다. 이러한 점에서 본다면 노자의 사상에는 분명히 유가에 대한 비판의식이 들어가 있다.

『장자』 역시 유가에 대한 비판의식으로부터 나온 것이다. 무엇보다 『장자』에는 공자와 그 제자들의 가식적인 면을 비판하는 곳이 많이 나온다. 다만 『장자』에는 혜시(惠施)·공손룡(公孫龍)·송견(宋鈃)·신도(愼到)·윤문자(尹文子)·전병(田騈) 등과 같은 다양한 학자들을 언급한 동시에 이들에 대해서도 비판하고 있다. 이처럼 『노자』에 비해 『장자』가 더욱 다양한 학파들에 대해 언급한 이유는 시대적인 차이에 기인한 것이다. 전국초기에서 중기에 해당하는 노자의 시대에는 공자의 학설 외에 특별히 주목할 만한 사상이 없었으므로 『노자』에서는 유가에 대

---

27 『老子』, 38장, "上禮爲之而莫之應, 則攘臂而仍之."
28 같은 책, "禮者, 忠信之薄而亂之首也."
29 陳鼓應, 「老子與孔子思想比較硏究」, 『老莊新論』, 中華書局, 1991.
30 『老子』, 38장, "故失道而後德, 失德而後仁, 失仁而後義, 失義而後禮. 夫禮者, 忠信之薄, 而亂之首也."
31 『老子』, 18장, "大道廢, 有仁義."

해 중점적으로 비판했던 것이며, 전국중기에서 말기에 해당하는 장자의 시대에는 다양한 학파들이 생겨나 치열하게 논의하였으므로『장자』에서는 다양한 학파들에 대해 비판했던 것이다. 특히『장자』에는 제나라 직하학자들에 대한 비판이 많았는데, 그 이유는 당시에 주도적인 학문이 제나라 직하학이었기 때문이다.

유가와 도가는 중국의 가장 대표적인 사상이다. 이 둘은 오랫동안 서로 배척하는 관계에 있었다. 사마천도 "세상에서 노자를 배운 자들은 유학을 배척하고, 유학을 배운 자들은 또한 노자를 배척하였다."[32]라고 하였다. 그런데 유가와 도가는 서로 배척하였지만 이와 동시에 서로 간에 많은 영향을 주고받았다. 유학자들도 출(出)하여서는 유가적인 삶을 살았지만 퇴(退)하여서는 도가적인 삶을 살았다. 유가와 도가는 동전의 양면처럼 항상 붙어 다니면서 동양적 특징을 형성하였다.

그런데 도가와 유가가 오랫동안 배척하는 관계에 있었던 이유는 단순히 헤게모니 싸움 때문만은 아니며, 양자 사이에는 분명한 차이가 있기 때문이다. 실제로 노장사상은 유가사상에 대한 비판으로부터 나온 것이라는 점에서 차이가 있을 수밖에 없다. 그러므로 노장사상의 특징을 이해하기 위해서는 유가사상과의 차이점을 이해할 필요가 있다. 이제 이하의 글에서 유가와 도가의 차이점에 대해 살펴보자.

---

32 『史記』,「老子韓非列傳」, "世之學老子者則絀儒學, 儒學亦絀老子."

2. 천(天)과 도(道)

주(周)나라는 주공(周公)이 정비한 예제를 기반으로 하였으므로 예는 개인의 윤리뿐만 아니라 정치의 토대이기도 했다.

"예는 나라의 근간이다."[33]
"예는 왕이 펴나가는 대원칙이다."[34]
"사물의 법칙을 환하게 밝히는 것이 예이다."[35]
"예는 하늘의 규범이고, 땅의 올바름이고, 백성들의 행동지침이다."[36]

예는 자칫 형식에 치우치기 쉽다. 실제로 공자 당시에는 예가 진솔한 감정과 무관하게 지나치게 형식화 되었으므로, 공자는 이러한 형식적인 예에 대해 다소 비판적인 태도를 보였다. 가령 "사람으로서 어질지 못하다면 예가 무슨 소용 있겠는가?"[37], "예는 사치하기보다는 차라리 검소해야 하며, 상(喪)은 잘 치르기보다는 차라리 슬퍼해야 한다."[38], "내가 제사에 참여하지 않는다면 제사지내지 않은 것과 같다."[39]

---

33 『左傳』,「僖公11年」, "夫禮, 國之幹也."
34 『左傳』,「昭公15年」, "禮, 王之大經也."
35 『國語』,「周語」(上), "昭明物則, 禮也."
36 『左傳』,「昭公25」, "夫禮者, 天之經也, 地之義也, 民之行也."
37 『論語』,「八佾」, "人而不仁 如禮何."

고 하였다. 공자는 이와 같이 예를 비판한 동시에 인간 내면의 덕인 인(仁)을 적극 강조하였다.

그렇다면 공자는 형식적인 예를 비판한 동시에 인간의 내면적 가치를 더욱 중요시했던 것인가? 물론 아니다. 공자의 사상은 여전히 예를 기반으로 하고 있다. 공자는 인간의 감정에서 우러나오는 진정성 있는 예를 주장하고자 했던 것이다. 인이란 것도 예의 내재화를 뜻한다.

그런데 주나라가 예를 기반하고 있지만, 인륜 최고의 가치규범은 천이었다. 공자 역시 천을 최고의 가치규범으로 삼았다. 『묵자』에서도 "하늘의 운행은 광대하면서도 사사로움이 없으며, 그 베푸는 것이 두터우면서도 멈추는 일이 없고, 그 밝음은 오래되어 쇠하지 않는다. 그러므로 성왕께서는 이것을 법도로 삼으셨다."40라고 하였다.

이와 같이 예가 인륜질서의 척도라고 한다면, 천은 이러한 인륜질서의 가치를 낳게 하는 근원이었다. 그러므로 전통적으로 예의 근원을 천에서 찾았다. 이를테면 『좌전』에서 "예를 행하여 하늘의 뜻에 순종함을 '하늘의 도'라고 한다."41라고 하였으며, 『예기』에서 "예란 천지의 질서이다."42라고 하였다.

천에는 크게 세 가지 의미가 있다. 첫째는 인격성을 가진 천이 만물을 주재한다고 하는 '주재적(主宰的) 천'이며, 둘째는 일체 자연계의 모든 존재를 생성 전개시키는 존재이며 모든 배후의 원인이며 모든 원리의 주체자로서의 '형이상학적 천'이며, 셋째는 흔히 지(地)와 짝하여 만물을 구성하는 '물질적 천'이다. 이처럼 천은 다양한 형태를 띠고 있지만, 공통적으로 천을 최고(最古)·최상(最上)의 근원으로 보았다. 또한

---

38 같은 책, "禮與其奢也, 寧儉. 喪, 與其易也, 寧戚."
39 같은 책, "吾不與祭, 如不祭."
40 『墨子』,「法議」, "天之行廣而無私, 其施厚而不息, 其明久而不衰. 故聖王法之."
41 『左傳』,「文公15年」 "禮以順天, 天之道也."
42 『禮記』,「樂記」, "禮, 天地之序也."

천은 최고의 근원이 되므로 시간상으로도 시작도 없고 끝도 없는 무시무종(無始無終)한 영원한 것으로서 결코 사라질 수 없다고 보았다. 『묵자』에서도 "하늘이 붕괴되는 일이 없다는 것은 본래부터 없는 것을 없다고 한 것이다."[43]라고 하였다.

고대에는 천과 짝을 이루는 또 하나의 중요한 개념이 있다. 그것은 바로 도이다. 특히 노자에 의해 도가 더욱 중요한 개념으로 부각되었다. 여기서 우리가 주목해야할 점은 노자의 도와 기존의 도 사이에는 중요한 차이점이 있다는 사실이다.

기존의 도는 항상 '무엇'에 대한 도이다. 무엇에 대한 도에서 의미를 규정해주는 것은 '무엇'에 있는 것이지 '도'에 있는 것은 아니다. 체와 용의 관계로 본다면, 도는 그 스스로가 체가 될 수 없으며 대부분이 체에 의거한 작용으로써 사용되어졌다. 이를테면 천도(天道)·지도(地道)·군도(君道)·신도(臣道)가 있다고 하자. 여기서의 도는 각기 다르다. 그렇다면 차이를 낳게 하는 것은 무엇인가? 여기서 의미규정을 하는 것은 천·지·군·신이며, 도는 단지 천·지·군·신의 발현일 따름이다. 이처럼 노자 이전의 도는 단독적인 의미를 갖지 못하였으며, 단지 '무엇'에 대한 파생적 개념으로만 쓰였다.

공자 역시 도에 대한 언급이 많다. 그런데 『논어』에는 도가 단독적으로 쓰이는 경우가 많았다.

"아침에 도를 들으면 저녁에 죽어도 괜찮다."[44]

"삼(參)아! 나의 도는 하나로써 관통한다."[45]

"대신(大臣)은 도로써 임금을 섬기다가 뜻대로 안 되면 그만두어야 한다."[46]

---

43 『墨子』,「經」(說下·48), "無天陷, 則無之而無."
44 『論語』,「里仁」, "朝聞道, 夕死可矣."
45 같은 책, "參乎. 吾道一以貫之."

"나라에 도가 있으면 녹을 먹지만, 나라에 도가 없으면 녹을 먹는 것은 수치스런 일이다."[47]

"군자는 도를 배우면 남을 사랑하게 되고, 소인은 도를 들으면 부리기가 쉽다."[48]

공자가 말한 도 역시 '파생'의 의미가 아닌 '근본'의 의미로 쓰인 것처럼 보일 수 있다. 그런데 『논어』에 나오는 도는 모두 인도(仁道)이다. 도란 본래 '길[路]'이란 뜻이다. 사람들은 저마다 길을 따라 간다. 길은 우리들이 마땅히 가야할 방향이라는 점에서 당위적 개념으로 사용되기도 한다. 그런데 당위성을 부여하는 것은 사람이지 도가 아니다. 즉 길이 있어 사람이 가는 것이 아니라, 사람이 있어 길이 있는 것이다. 그러므로 여기서의 주체는 사람이다. 이처럼 공자가 말한 도 역시 체용적 관점으로 본다면 용에 해당한다. 그러므로 『논어』에서도 "군자는 근본에 힘쓰니, 근본이 확립되면 도가 생겨난다."[49]라고 하였다. 공자가 말한 도는 인륜의 도이다.

이상과 같이 전통적으로 사용된 도는 언제나 '무엇에 대한' 도를 지칭한다. 여기서의 독립적 의미의 주체는 '무엇'에 있으며, 도는 이 '무엇'에 대한 파생적 의미로 쓰인 것이다. 그런데 공자는 인륜의 도에 천착하였으므로, 천도란 관념이 거의 없었다. 그러므로 자공(子貢)도 "선생님께서 성(性)과 천도(天道)에 대하여 말씀하신 것을 들을 수가 없었다."[50]고 말했다.

노자는 '천' 개념과 '도' 개념을 전혀 다른 개념으로 사용하고 있다.

---

46 『論語』,「先進」, "所謂大臣者, 以道事君, 不可則止."
47 『論語』,「憲問」, "邦有道, 穀, 邦無道, 穀, 恥也."
48 『論語』,「陽貨」, '君子學道則愛人, 小人學道則易使也.'
49 『論語』,「學而」, "君子務本, 本立而道生."
50 『論語』,「公冶長」, "夫子之言性與天道, 不可得而聞也."

『노자』에도 '천지도(天之道)' '인지도(人之道)'(77장)에서와 같은 도가 나온다. 여기서의 도는 '길'(路)이란 뜻으로서, 이 경우에는 의미의 주체가 천과 인이며, 도는 단지 천과 인의 파생적 의미만을 갖는다. 이것은 전통적인 '도' 개념을 그대로 답습한 것이다.

그런데 『노자』에 나오는 대부분의 도는 천도(天道)·지도(地道)·군도(君道)·신도(臣道)에서와 같이 '무엇에 대한 도'란 의미로 사용하기보다는 단독적으로 쓰이고 있다. 이것은 노자가 말한 도는 당시에 사용된 도와는 달리 독립적 의미를 갖고 있음을 뜻한다.

앞서 살펴보았듯이 도는 천과 더불어 동양사상사에 있어서 가장 중요한 개념이었지만 전통적으로 도는 종속적 의미로 사용되어졌다. 그런데 노자는 이러한 종속적 의미의 도를 주체적 의미로 격상시켰다. 도가 천과 함께 동양 사상에서 가장 중요한 개념으로 부각될 수 있었던 까닭은 노자의 공헌 때문이었다. 한비가 도를 하나의 원리로 보았고, 주자학에서 도를 만물의 원리로 볼 수 있었던 것도 노자가 도를 독립적 의미로 봄으로써 가능했던 것이다.

노자사상에 있어서 또 하나 주목할 점은 천지를 도 밑으로 격하시켰다는 사실이다. 전통적 천도관에서는 천이 상위개념이고 도가 하위개념이었던 반면에, 노자에서는 거꾸로 도가 상위개념이고 천이 하위개념이 되었다. 노자는 천을 도의 하위개념으로 보았으므로 전통적 견해와는 달리 천지를 유한한 것으로 보았다. 즉 "무는 천지의 시작을 일컬은 것이다."[51]라고 하였듯이, 천지는 이미 시작이 있다고 말하고 있다. 또한 "하늘은 맑을 수 없다면 장차 쪼개질 것이며, 땅은 편안할 수 없다면 장차 갈라질 것이다."[52]라고 하였듯이, 천지는 도에 의거해서야 비로소 존립기반을 얻을 수 있으며, 도라고 하는 존재 기반을 상실한다

---

51 『老子』, 1장, "無, 名天地之始."
52 『老子』, 39장, "天無以淸, 將恐裂, 地無以寧, 將恐廢."

면 언제든지 붕괴될 수 있다고 보았다. 이처럼 노자에게 있어서 천지는 '유시유종(有始有終)'한 것이므로, "천지조차도 오히려 장구할 수 없다."53고 하였다. 이 점은 천을 만물의 근원으로 보았던 당시의 사고에서 볼 때 참으로 혁신적인 사고의 전환이 아닐 수 없다.

　이와 같이 노자가 바라본 천지는 '유시유종'한 유한성에 매에 있는 것으로서 언제든지 붕괴될 수도 있다고 보았는데, 그렇다면 노자는 세계를 단순히 유한한 것으로 보았는가? 노자는 천지를 유한한 것으로 보았지만, 이와는 달리 도는 천지보다 앞서 존재하며 시간상으로 영원히 지속된다고 보았다. 도가 천지보다 앞서 있었음에 대하여 "내 누구의 자식인지 모르겠으나, 아마도 상제(上帝)보다 앞서는 것 같구나!"54라고 하였다. 서복관의 말을 따르면, 천(天)과 제(帝)는 본래 하나로서 제가 '지고무상(至高無上)'한 인격성의 특징을 표현한 것이라고 한다면, 천은 인격신이 거주하는 세계를 표현한 것이다.55 따라서 노자가 '상제'라고 말한 것은 천의 영험함을 인격화한 것으로서, 본 문장의 의미는 도가 무엇에 의거해 생겨났는지는 알지 못하겠지만 적어도 천보다는 앞서 있다는 뜻이다. 『장자』에서도 "도는 천지가 있기도 이전에, 옛날부터 본래 있어왔다."56라고 하였다. 또한 도의 '무시무종'함에 대하여, 노자는 "그것을 맞이하려고 하여도 그 머리를 알 수가 없고, 그것을 따르려고 하여도 그 뒤를 볼 수가 없다."57라고 하였다. 도는 영속적으로 끊임없이 순환한다는 의미이다.

　이와 같이 유가에서는 최고의 근원을 천으로 본 반면에, 도가에서는 도로 보았다. 그런데 학자들은 노자의 도를 궁극의 원리로 해석하려

53　『老子』, 23장, "天地尙不能久."
54　『老子』, 4장, "吾不知(其)誰之子, 象帝之先."
55　徐復觀, 『中國人性論史』(先秦篇), 臺灣商務印書館發行, 1975, 18쪽.
56　『莊子』, 「大宗師」, "未有天地, 自古以固存."
57　『老子』, 14장, "迎之不見其首, 隨之不見其後."

는 경향이 많았다. 이를테면 풍우란은 도를 원리로 파악하였다. 가령 "옛날에 말한 도는 모두가 인도였는데, 노자에 와서야 도에 형이상학적인 의의를 부여하였다. 그는 천지 만물이 생겨난 것에는 반드시 그것을 생겨나게 한 원인으로서의 총원리(總原理)가 있다고 생각했는데, 이 총원리를 지칭하여 '도'라고 하였다."58고 말하였다. 오곤여(鄔昆如)는 "노자의 도 개념은 시공의 범주 안에 속하지 않는다. 시간을 타파하여 영구한 존재에로 들어갔고, 또한 공간을 타파하여 무한한 역량에로 들어갔다."59라고 말하였다. 그는 도를 서양에서의 실체 개념과 같은 것으로 파악했던 것이다. 여진우(呂振羽)는 '도가 만물을 창생한다'고 하는 관점을 극단화시켜 "그가 말한 도의 내용은 물질적인 것이 아닐 뿐만 아니라 신화적인 것이다."60라고 했다. 그는 도를 일종의 기독교에서의 하느님과 같은 존재로 이해하였다.

만일 노자가 말한 도가 이와 같다면, 도는 서양에서의 실체나 하느님과 유사한 것이라고 할 수 있다. 그러나 이러한 관점은 서양적 개념에 의거해 노자의 도를 재해석한 것으로서 노자의 도를 왜곡하는 것일 따름이다. 무엇보다 학자들은 노자의 도를 존재론적인 것으로 보았는데, 노자의 도는 존재가 아닌 생성에 속한다. 그러므로 도는 불변한 것이 아니라 환경의 변화에 따라 변화한다. 노자는 이러한 도의 변화에 대하여, "대도(大道)는 둥둥 떠다니어 왼쪽으로도 갈 수도 있고 오른쪽으로도 갈 수 있다."61라고 하였다. 도는 일정한 형상이 없으며 물처럼 환경의 변화에 따라 변화한다는 의미이다.

존재의 세계가 고립된 실체들로 이루어진 세계라고 한다면, 생성의 세계는 서로가 촘촘하게 관계를 맺고 있는 관계의 그물망으로 이루어

---

58 馮友蘭, 『中國哲學史』(上冊), 三聯書店有限公司, 1992, 168쪽.
59 鄔昆如, 『莊子與古希臘哲學中的道』, 臺灣中華書局, 1982, 46쪽.
60 任繼愈, 『老子新譯』, 中華書局, 1987, 26쪽.
61 『老子』, 34장, "大道汎兮, 其可左右."

진 세계이다. 노자 역시 "옛날의 도를 잡아서 지금의 유를 다스리는지라, 옛날의 처음을 알 수가 있다. 이것을 '도기(道紀)'라고 말한다."[62]라고 하였다. '도기(道紀)'에서 기(紀)란 기강(紀綱:그물망의 코)을 뜻한다. 그는 세계가 연속적인 관계의 그물망으로 이루어져 있으며 또한 각각의 개별들은 도라고 하는 그물망의 코에 의해 연속되어 있다고 보았던 것이다.

이상에 의거할 때, 노자의 천도관은 전통적 천도관과 전혀 다르다. 그 차이점을 요약하면 다음과 같다. 전통적 천도관에서는 천이 일체의 존재와 가치의 근원으로서 영원하다고 보았으며, 도는 천의 파생적 혹은 종속적 개념이었다. 반면에 노자의 천도관에서는 도가 일체의 존재와 가치의 근원으로서 영원하다고 보았으며, 천은 도의 종속적 개념이었다. 전통적인 견해에 따르면 천지가 있어 도가 있다고 보았는데, 노자는 천지가 있어 도가 있는 것이 아니라 도가 있음으로써 천지가 생겨나게 되었다고 보았다. 많은 학자들이 양자의 이러한 차이점에 대해 간과하고 있는데, 사실 이것은 파격적인 사고의 전환이었다. 그렇다면 노자는 어째서 이러한 독특한 사고를 한 것일까?

우리가 먼저 논의해야 할 문제는 천지 이전의 도는 구체적으로 어떠한 모습인가 하는 점이다. 노자는 천지 이전의 도의 상태에 대하여, "물(物)이 혼성된 것이 있으니, 천지가 생겨난 것보다 앞서 있다."[63]고 하였다. 여기서의 물은 "도(道) 속에 물(物)이 있다.",[64] "물(物)이 형태를 이룬다."[65]에서의 물과 같은 말로서, 미세하여 형태를 볼 수 없는 물질인 정기(精氣)를 뜻한다. 혼성(混成)에서의 혼(混)은 혼(渾)과 같은 말로서 무분별적으로 서로 뒤섞여 있음을 뜻한다. 따라서 '물이 혼성된

---

62 『老子』, 14장, "執古之道, 以御今之有, 能知古始, 是謂道紀."
63 『老子』, 25장, "有物混成, 先天地生."
64 『老子』, 21장, "其中有物."
65 『老子』, 51장, "物形之."

것이 있으니'란 무형의 물질들이 서로 뒤섞여 있는 상태로 있다는 의미이며, '천지가 생겨난 것보다 앞서 있다'란 이 무형의 물질들은 우주 생성론에 있어서 시간상으로 천지가 생겨난 것보다 앞서 있다는 의미이다.

이상과 같이 기들이 혼일(混一)된 상태를 기화론자들은 '원기(元氣)'라고 말하고 있는데, 이 원기는 무한한 기들이 혼연일체된 상태로 있다는 점에서 '혼돈'이라고 부를 수도 있다.[66] 탕일개 또한 "도란 혼돈적(混沌的)인 물질 상태로 있는 우주 전체의 명칭이다."[67]라고 하였다. 천지가 유형・유명의 상태로 있는 총체적인 세계인 것에 반하여, 도는 무형의 정기들이 혼돈적인 상태로 있는 총체적인 세계를 뜻한다.

이상과 같이 노자가 말한 도는 '혼돈'으로서, 정기(精氣)들이 하나로 혼연일체로 있다는 점에서 무규정의 상태로 있다. 도가 무규정의 상태로 있으므로 '무'라고 칭한 것이다. 그렇다면 무는 어떠한 존재에 대한 부정이 아니라 단지 규정에 대한 부정이다. 이러한 무규정은 본래 우주론적 의미로부터 출발한 것이지만 인식론으로까지 확장해 나아갈 수 있다. 즉 무규정은 인식작용에 있어서 무분별을 의미한다. 『장자』에서도 혼돈의 무분별적 성격에 대하여 다음과 같이 말하고 있다.

> 남해의 임금을 '숙(儵)'이라 하고 북해의 임금을 '홀(忽)'이라고 하며 중앙의 이름을 '혼돈(渾沌)'이라고 한다. 숙과 홀이 마침 혼돈의 땅에서 만났는데, 혼돈이 매우 융성하게 그들을 대접했다. 숙과 홀은 혼돈의 은혜에 보답하기 위하여 논의하며 '사람들은 누구나가 일곱 구멍이 있

---

[66] 이처럼 始源으로서의 도를 '混沌'으로 본 학자들이 있는데, 지라도(N. J. Girardot)는 창조 신화적 관점에서 도를 우주 개창 이전의 混沌으로 보았으며,(『Myth And Meaning In Early Taoism』, University Of California Press, 1983, 47-76쪽.) 蕭兵과 叶舒憲도 道를 '혼돈'으로 보았다. * 蕭兵, 叶舒憲 共著, 「道的原型意象」, 『老子的文化解讀』, 湖北人民出版社, 1991.
[67] 湯一介, 「老子宇宙觀的唯物主義本質」, 『老子哲學討論集』, 中華書局, 147쪽.

어서 그것으로 보고 듣고 먹고 숨 쉬는데 이 혼돈에게만은 유독 없다. 어디 시험 삼아 구멍을 뚫어주자.'라고 말하였다. 그래서 날마다 한 구멍씩 뚫었는데, 7일이 되자 혼돈은 그만 죽고 말았다."[68]

『장자』에서는 중앙의 이름을 '혼돈(渾沌)'이라고 칭하였는데,[69] 감각기관이 없다는 점을 혼돈의 가장 큰 특징으로 삼았다. 감각기관의 주된 역할은 '분별함'에 있다. 그렇다면 혼돈에게 감각기관이 없다는 것은 곧 '분별함이 없다'는 것을 뜻한다. 남해와 북해의 임금이 구멍을 뚫어주자 혼돈은 이내 감각기관을 얻게 되었지만, 감각기관을 얻은 순간 자신의 본질인 무분별성(無分別性)을 잃게 되었기 때문에 오히려 죽고 만 것이다.

그렇다면 노자와 장자는 어째서 무분별성으로서의 도를 중요시한 것인가? 그 이유는 무규정을 중요시하였기 때문이다. 노자가 '천' 개념을 '도' 개념의 하위 개념으로 둔 까닭도 전통적인 '천' 개념이 규정의 세계를 대변하고 있었으므로 이 개념을 더 이상 고수할 수 없었기 때문이다.

오늘날 학문의 출발은 규정에서부터 출발한다. 가령 역사학을 배울 때 "역사란 무엇인가?"에서부터 출발한다. 그런데 『노자』 첫 구절에 "도를 말하게 되면 영원한 도가 아니다."[70]라고 하였다. 도가 무엇인지 규정하지 말라는 의미이다. 그런데 이것은 마치 역사학을 배우는 학생들에게 "역사란 무엇인가를 묻는 순간 그것은 역사가 될 수 없다."고 말하는 것과 같다.

---

68 『莊子』,「應帝王」, "南海之帝爲儵, 北海之帝爲忽, 中央之帝爲渾沌. 儵與忽時相與遇於混沌之地, 渾沌待之甚善. 儵與忽謀報渾沌之德, 曰, '人皆有七竅以視聽食息, 此獨無有, 嘗試鑿之.' 日鑿一竅, 七日而渾沌死."
69 여기서의 중앙의 의미는 단순히 남과 북의 중앙을 뜻하는 것이 아니라 대립성이 하나로 혼재되어 있음을 뜻한다.
70 『老子』, 1장, "道, 可道, 非常道也."

노장은 어째서 무규정으로서의 도를 중요시하였는가? 서양에서는 만물이 규정성을 갖고 있다고 보았는데, 동양에서도 규정성을 중요시하였다. 그런데 동양에서의 규정성은 신분질서와 깊은 연관성이 있다. 도가는 철저히 백성 중심의 사회를 지향했으므로 계급적 차별을 비판하였으며, 더 나아가 만물의 평등을 주장하였으므로 친소에 대해서도 배척하였다. 바로 이러한 이유 때문에 무규정으로써의 도를 강조했던 것이다. 이 문제에 대해서는 다음 절에서 좀 더 상세히 살펴보기로 하겠다.

3. 정명(正名)과 무명(無名)

공자는 일찍이 정명(正名)을 중요시하였다. 가령 자로가 공자에게 위(衛)나라 군주가 공자에게 정사를 맡기면 무엇을 가장 먼저 할 것인가에 대해 묻자, 공자는 "반드시 명(名)을 바르게 할 것이다."[71]라고 하였다. 또한 공자는 "명이 바르지 못하면 말이 (이치에) 따르지 못하게 되고, 말이 (이치에) 따르지 못하게 되면 일이 이루어지지 못하고, 일이 이루어지지 못하면 예악이 흥기하기 못하고, 예악이 흥기하기 못하면 형벌이 적합하지 못하고, 형벌이 적합하지 못하면 백성들이 수족을 둘 곳이 없어진다."[72]라고 하였다.

주나라는 전통적으로 사회의 질서를 이룸에 있어서 예(禮)를 기반으로 하였다. 예(禮)에는 분(分)의 뜻이 있다. 『예기』에서도 "예(禮)는 구별하는 것이다."[73]라고 하였다. 여기서의 분은 군(君)과 신(臣), 남(男)과 여(女), 부(父)와 자(子) 사이의 구분을 의미하지만, 단순한 구분이 아니라 차별을 의미한다. 그러므로 주나라 예제는 차별적 질서에 기반을 두고 있다. 그런데 명(名) 또한 분(分)의 뜻을 가지고 있다.

『한서』「예문지」에서도 "명가는 예관(禮官)에서 나왔다. 옛날에는

---

71 『論語』,「子路」, "必也正名乎."
72 『論語』,「子路」, "名不正則言不順, 言不順則事不成, 事不成則禮樂不興, 禮樂不興則刑罰不中, 刑罰不中則民無所措手足."
73 『禮記』,「樂記」, "禮者, 爲異."

명칭과 지위가 같지 않으면 예법(禮法)에 따라 숫자를 달리하였다."74라고 하였다. "명칭과 지위가 같지 않으면 예법에 따라 숫자를 달리하였다"는 말은 예법에서는 지위의 고하에 따라 차별을 두어 숫자를 달리하였다는 뜻이다. 가령 『장자』에서 "천자는 관곽(棺槨)을 일곱 겹[七重]으로 하고, 제후는 다섯 겹[五重]으로 하고, 대부는 세 겹[三重]으로 하고, 사는 두 겹[二重]으로 한다."75라고 하였다. 이와 같이 명은 본래 예로부터 나온 것이다.

공자가 말한 정명(正名)이라는 것도 각각의 직분을 충실히 따라야 함을 의미한다. 그러므로 공자는 "임금은 임금다워야 하며, 신하는 신하다워야 하며, 아버지는 아버지다워야 하며, 자식은 자식다워야 한다."76라고 하였다.

이처럼 공자가 정명(正名)을 강조한 반면에, 노자는 무명(無名)을 강조하였다. 가령 노자는 "도를 말하게 되면 영원한 도가 아니며, 이름[名]을 규정지으면 영원한 이름이 아니다."77라고 하였다. 도는 어떠한 개념으로도 규정될 수 없는 것임에도 불구하고 도라고 규정하면 이것은 규정되어진 도이지 규정을 떠나있는 참다운 도가 아니라는 뜻이다. 이 진술에는 규정[名]은 실제[實]를 담을 수 없다고 하는 규정의 한계성을 피력한 것이다. 그러므로 노자는 "나는 그 이름을 알 길이 없어 자(字)를 붙여 도라 하였다."78고 말하고 있다.

도란 무한한 정기들이 혼연일체로 있는 상태라는 점에서 무형으로 있는 동시에 무명(無名)으로 있다. 그러므로 "도는 숨겨져 있어서 이름이 없다."79라고 하였다. 왕필은 "이름[名]이란 형태를 규정하는 것인데,

---

74 『漢書』,「藝文志」,〈名家〉, "名家者流, 蓋出於禮官. 古者名位不同, 禮亦異數."
75 『莊子』,「天下」, "天子棺槨七重, 諸侯五重, 大夫三重, 士再重."
76 『論語』,「顏淵」, "君君臣臣父父子子."
77 『老子』, 1장, "道, 可道, 非常道也, 名, 可名, 非常名也."
78 『老子』, 25장, "吾不知其名, 字之曰道."
79 『老子』, 41장, "道隱無名."

(도는) 뒤섞여 있어서 형태가 없기에 규정할 수가 없다. 따라서 그 이름을 알지 못한다고 말하였다."80라고 하였듯이, 규정이란 형태를 쫓아 나오는 것인데 시원으로서의 도는 일정한 형태가 없으므로 규정화시킬 수 없다. 도가 이처럼 무명의 상태로 있으므로 일체의 차별성이나 대립성을 허용하지 않는다. 『장자』에서도 "만물은 각기 이치가 다르지만, 도는 사사로움이 없으므로 이름이 없다."81라고 하였다.

전국시대 중기에 오면서부터 명(名)과 실(實)에 대한 논의들이 많았는데, 『장자』에서는 명보다 실을 더욱 중요시하였다. 가령 "명(名)이란 실제[實]의 손님인데, 내가 그런 손님이 되란 말인가?"82라고 하였으며, 또한 "명(名)이 실제[實]에 머무르게 한다."83라고 하였다. 실제가 있어서 이에 따른 이름이 있다는 말이다. 이것은 곧 실이 명에 앞섬을 의미한다.

더 나아가 도가에서는 언어에 대해서도 비판적이었다. 무엇보다 생성에 기반을 두고 있으므로 일체 모든 것들은 변화 가운데 있다고 보았다. 언어 역시 마찬가지다. 그러므로 장자는 "말이라는 것은 바람이나 물결과 같다."84고 하였다. 말이라는 것 역시 바람이나 물결처럼 매순간 변화한다는 의미이다.

또한 도가에서는 이러한 찰나적인 성격을 가진 언어로써는 도를 표현할 수 없다고 보았다. 가령 『장자』에서 "도는 애초부터 (한정된) 경계가 없고 말은 애초부터 항상성이 없으므로, 이 때문에 (도를 말하게 되면) 한정됨이 생겨나게 된다."85고 하였다. 도란 본시 한정된 경

80　王弼, 25장注, "名以定形, 混成無形, 不可得而定, 故曰, 不知其名也."* 樓宇烈 譯, 『王弼集校釋』, 華正書局, 1992.
81　『莊子』,「則陽」, "萬物殊理, 道不私, 故無名."
82　『莊子』,「逍遙遊」, "名者, 實之賓也, 吾將爲實乎."
83　『莊子』,「至樂」, "名止於實."
84　『莊子』,「人間世」, "夫言者, 風波也."
85　『莊子』,「齊物論」, "夫道未始有封, 言未始有常, 爲是而有畛也."

계가 없으므로 그 무엇으로도 규정할 수 없으며, 말은 대상을 온전히 표현할 수 없으므로 한계를 갖는다. 그러므로 도를 말하게 되면 한정됨이 생겨나게 된다고 보았다. 이처럼 장자는 언어의 한계를 강조하였다. 그렇다면 언어는 불필요한 것인가? 이에 대해 『장자』에서 다음과 같이 말하였다.

> "통발은 고기를 잡기 위해 있는 것이다. 고기를 잡으면 통발은 (더 이상 필요 없게 되어) 버리게 된다. 올무는 토끼를 잡기 위해 있는 것이다. 토끼를 잡으면 올무는 버리게 된다. (이와 마찬가지로) 말이란 뜻을 얻기 위해 있는 것이기에 뜻을 얻으면 말을 잊어버린다."[86]

통발과 올무가 고기를 잡기 위해 필요하듯, 뜻을 얻기 위해서는 언어란 것이 필요하다. 그러나 언어는 어디까지나 뜻을 얻기 위한 방편일 뿐 그 자체가 목적은 아니다. 이러한 까닭으로 『장자』에서 언어 속에 갇혀 본래의 뜻을 잃어버려서는 안 됨을 경고했던 것이다. 『노자』에서도 "내 그 이름을 알지 못한다. 그것에 자를 붙여서 도라고 말을 하니, 굳이 그 이름을 표현한다면 '대(大)'라고 할 수 있다."[87]라고 하였다. 여기서 명이란 규정성을 뜻한다. 도란 무규정의 상태로 있으므로 규정화시킬 수 없다고 보았다.

그런데 노장만이 언어를 비판한 것은 아니다. 불교에서도 언어를 비판하고 있다. 가령 『해심밀경』에서도 언어의 집착을 경계하였다. 가령 "선남자여, 일체법이라는 것에는 대략 두 가지가 있으니, 이른바 유위법(有爲法)과 무위법(無爲法)입니다. 그 중에 유위법은 유위법도 아니

---

[86] 『莊子』, 「外物」, "筌者所以在魚, 得魚而忘筌, 蹄者所以在兎, 得兎而忘蹄, 言者所以在意, 得意而忘言."
[87] 『老子』, 25장, "吾不知其名, 字之曰道, 强爲之名曰大."

고 무위법도 아니며, 무위법도 또한 무위법도 아니고 유위법도 아닙니다."[88]라고 하였다. 『해심밀경』에서는 법이 크게 유위법과 무위법이 있지만, 유위법은 유위법이 아니며, 무위법 역시 무위법이 아니라고 말하였다. 이처럼 말한 이유에 대해서, "선남자여, 유위법이라고 말하는 것도 언어의 세계에 떨어지는 것입니다."[89]라고 하였다. 『해심밀경』에서는 언어는 진리를 직접적으로 가리킬 수 없으며, 단지 진리를 가리키기 위한 방편일 따름이라고 본 것이다. 승조 역시 "그러나 성인의 지혜는 그윽하고 미묘하여, 그 깊고 은미함을 실로 헤아리기 어렵다. 성인의 지혜는 모습도 없고 명칭도 없으니 언어나 형상으로서 얻을 수 있는 것이 아니다."[90]라고 하였듯이, 언어를 비판적으로 바라보았다. 불교에서는 이처럼 언어를 비판적으로 바라보았는데, 도가의 언어비판과 결합함으로써 '불립문자(不立文字)'를 강조한 선불교가 중국에서 꽃피울 수 있었다.

그러나 불교에서 언어를 비판한 이유와 도가에서 언어를 비판한 이유는 다르다. 불교에서 언어를 비판한 이유는 세상에 대한 집착에서 벗어나야 하듯이 언어에 대한 집착에서도 벗어나야 함을 강조하기 위해서인 반면에, 도가에서 언어를 비판한 이유는 규정을 비판하기 위해서였다.

그런데 공자가 말한 명(名)과 도가에서 말한 명에는 차이점이 있다. 무엇보다 공자가 말한 명은 '명분'인 반면에, 도가에서 말한 명은 '명사'이다. 그렇다면 이러한 차이는 무엇 때문에 생겨난 것인가? 사실상 도가가 비판한 명(名)은 공자의 명이 아니라 묵자의 명이었다. 공자가 명분으로써의 명을 언급한 반면에, 묵자는 명사로써의 명을 언급하였다.

---

88 서대원 역, 『해심밀경』, 시공사, 2001, 35쪽.
89 같은 책, 36쪽.
90 『肇論』, 「般若無知論」, "然則聖智幽微. 深隱難測. 無相無名. 乃非象之所得."

"묵자가 말했다. '반드시 판단기준을 세워야 한다. 말에 판단기준이 없으면 마치 (질그릇 만드는) 돌림대 위해 해가 뜨고 지는 방향을 정해놓는 것과도 같아, 옳음과 그름, 이로움과 해로움에 대해 분명히 알 수 없게 된다."[91]

이처럼 묵자는 말의 표준을 세워야 옳고 그름, 이로움과 해로움을 파악할 수 있다고 보았다.

"묵자가 말했다. '옛날 백성이 처음 살면서 형벌과 정치가 아직 있지 않았던 때에 사람마다 말의 뜻이 달랐다. 그러므로 한 사람이 있으면 한 가지 뜻이 있었고, 두 사람이 있으면 두 가지 뜻이 있었고, 열 사람이 있으면 열 가지 뜻이 있었다. 사람들이 더욱 많아지자, 뜻 역시 더욱 많아졌다. 그러므로 사람들은 자신의 뜻을 옳다고 하고 다른 사람의 뜻은 그르다고 하여 서로 비난하였다. 그러므로 안으로는 부자와 형제들이 원망하고 미워하여 흩어져 서로 화합할 수 없게 되었고, 천하 백성들은 모두 물과 불과 독약으로 서로 해를 입혔고, 남은 힘이 있어도 서로 돕지 않았고, 재물이 남아 썩어나가도 서로 나누어주지 않았고, 훌륭한 도를 숨기어 서로 교화시키지 않아서 마치 짐승과 같았다. 천하가 어지럽게 된 원인을 밝혀본다면, 그것은 통치하는 지도자가 없었기 때문이다. 그러므로 천하의 현명하고 훌륭한 사람을 골라 천자로 세웠다."[92]

---

91 『墨子』, 「非命」(上), "子墨子言曰. 必立儀. 言而毋儀, 譬猶運鈞之上而立朝夕者也, 是非利害之辨, 不可得而明知也."
92 『墨子』, 「尙同」(上), "子墨子言曰. 古者民始生, 未有刑政之時, 蓋其語, 人異義. 是以一人則一義, 二人則二義, 十人則十義. 其人玆衆, 其所謂義者亦玆衆. 是以人是其義, 以非人之義, 故交相非也. 是以內者父子兄弟作怨惡, 離散不能相和合, 天下之百姓, 皆以水火毒藥相虧害. 至有餘力, 不能以相勞, 腐朽餘財, 不以相分, 隱匿良道, 不以相敎, 天下之亂, 若禽獸然. 夫明乎天下之所以亂者, 生於無政長. 是故選天下之賢可者, 立以爲天子."

이처럼 묵자는 고대에는 말의 뜻이 서로 달라 통하지 않음으로써 분쟁이 생겨났다고 보았다. 이로써 말의 표준을 정할 필요가 있었다. 그런데 표준을 정하기 위해서는 무엇보다 권위가 필요했다. 묵자는 이로써 천자가 생겨나게 되었다고 하였다.

이처럼 묵자는 사회의 질서를 이루기 위해서는 언어의 표준과 표준을 정하는 권위가 필요하다고 보았는데, 장자는 표준을 정하는 권위에 대해 의문을 제기하였다. 롱랑 바르트는 콜레주 드 프랑스의 취임 강의에서 "언어는 파시스트적인 것이다!"라고 하였듯이, 언어 속에는 권력이 숨겨져 있다. 장자 역시 언어 속에 권력이 숨겨져 있다는 사실을 알아차렸다. 가령 『장자』에서 "예법·제도·형명(形名)을 상세히 고찰하는 것은 옛날에도 있었지만, 이것은 아랫사람이 윗사람을 섬기기 위한 것이지 윗사람이 아랫사람을 기르기 위한 것은 아니다."[93]라고 하였다. 사회적 제도라는 것은 궁극적으로 위정자의 권력을 위한 것이라고 본 것이다.

묵자가 명을 중요시하였듯이 묵자의 후학들 역시 명을 중요시하였다. 『묵자』「묵경(墨經)」이 그 대표적인 예이다. 「묵경」에서 다음과 같이 말하였다.

"변론이란 것은 어떤 자가 소라고 하고, 어떤 자가 소가 아니라고 하는 것과 같이 상대방과 논쟁하는 것이다. 모두가 합당할 수는 없다. 모두가 합당할 수 없으니 반드시 누군가는 합당하지 않다."[94]

「묵경」에서는 갑과 을이 논쟁하였을 경우 둘 중에 하나는 합당하고

---

93 『莊子』,「天道」, "禮法數度形名比詳, 古人有之, 此下之所以事上, 非上之所以畜下也."
94 『墨子』,「經·說」(上篇, 下列), "辯, 或謂之牛, 或謂之非牛, 是爭彼也. 是不俱當. 不俱當, 必或不當."

하나는 합당하지 않다고 말했다. 이처럼 묵가에서는 갑과 을의 논쟁은 시비를 위한 논쟁이라고 보았다. 그런데 『장자』에서는 "변론하는 것에는 보지 못하는 것이 있다."95라고 하였고, 또한 "큰 도는 칭해질 수 없고, 큰 변론은 말하지 않는다."96라고 하였다. 『장자』에서는 사람들이 논쟁하는 이유가 시비를 나누기 위해서라고 말하지만, 실제로는 각각의 사람들이 편협한 진리만을 가지고 이것을 참된 진리라고 믿기 때문이라고 보았다. 더욱이 사람들이 서로 논쟁할 때 상대방의 옳음을 인정하지 않고 오직 상대방의 잘못된 점만을 지적한다. 『장자』에서도 "그러므로 유가와 묵가는 시비의 문제를 가지고 논쟁할 때, 상대가 그르다고 것을 옳다고 하고 상대가 옳다는 것을 그르다고 한다. 이것은 (시비를 초월한) 명지(明知)에 처하는 것만 못하다."97라고 하였다. 유가와 묵가는 각기 나름대로 장점을 가지고 있음에도 불구하고 서로 간에 오직 단점만을 지적한다. 장자는 시비의 문제에 얽매어 분쟁에 휘말릴 것이 아니라, 시비를 초월하여 폭넓게 통찰해야 한다고 본 것이다.

 이상과 같이 공자는 명(名)을 명분의 의미로써 사용한 반면에, 묵자는 명사의 의미로써 사용한 동시에 이것을 정치적인 것과 결부시켰다. 노장은 이러한 묵가의 주장에 대한 비판으로 무명을 강조하였던 것이다. 노자는 개념이 실제를 올바로 반영할 수 없다고 보았으며, 장자는 개념이 개별적인 것들을 하나의 보편의 틀로 재단하는 것이므로 여기에는 필시 개별성을 말살하는 권력의 독단이 들어가 있다고 보았다.

 법가들도 유가와 마찬가지로 분(分)을 중요시하였다. 그런데 법가에서는 예보다 명을 더욱 선호하였다. 그 이유는 예가 혈연과 친소에 얽매어 있으므로 예가 사적인 것으로 흐를 수 있다고 보았기 때문이다.

---

95 『莊子』「齊物論」, "辯也者, 有不見也."
96 같은 책, "夫大道不稱, 大辯不言."
97 같은 책, "故有儒墨之是非, 以是其所非而非其所是. 欲是其所非而非其所是. 則莫若以明."

이것은 누구에게나 평등해야 한다는 법의 원칙에 위배된다. 법가에서는 보편적이고 객관적인 분(分)을 중요시하였으므로 예보다 명을 더욱 중요시하였다. 또한 법가들은 공자의 명보다 노자의 명을 더욱 중요시했다. 그 이유는 공자가 말한 명(名)은 '명분'으로서의 명인 반면에[98], 노자가 말한 명은 '규정'으로써의 명이기 때문이다. 후대의 학자들은 규정으로써의 명을 통해 보편성과 객관성을 확보하고자 하였다.

법가에서는 이처럼 노자의 명으로부터 영향을 받아, 형(形)과 명(名)에 대한 다양한 담론을 전개하였는데, 문제는 이로써 노자가 마치 형명이론의 선구자인 것처럼 되고 말았다는 데 있다. 실제로 사마천이 『사기』에서 형명(刑名)의 학을 노자로부터 영향을 받았다고 주장하고 있다. 형명의 학은 법가의 학이라는 점에서, 사마천의 주장대로라면 노자 역시 법가가 되고 만다. 실제로 사마천은 노자의 학을 법가식으로 이해하고자 하였으며, 오늘날의 대다수 학자들도 노자사상을 법가적인 것으로 해석하고 있다.

우리가 주목해야 할 점은 공자가 정명을 말한 목적과 노자가 무명을 말한 목적은 전혀 다르다는 사실이다. 공자가 정명을 말한 목적은 신분질서를 긍정하기 위함이며, 노자가 무명을 말한 목적은 신분질서를 비판하기 위함이다. 노자는 예를 통해 친소와 귀천이 생겨나고, 친소와 귀천이 생겨남으로써 사람들 사이에 분쟁이 생겨나고, 분쟁이 생겨남으로써 사회의 질서가 어지러워진다고 보았다. 그러므로 노자는 차별화를 낳는 예와 명을 비판하였던 것이다. 그럼에도 불구하고 후대의 학자들은 노자가 법가에서와 같이 명(名)을 강조하였다고 보았다.

---

98 錢穆은 孔子가 말한 正名은 '君臣, 父子과 같은 인륜 간의 名分에 불과하다'고 말하였다. 『莊老通辨』, 東大圖書公司, 1991, 54쪽.

4. 덕치(德治)와 무위지치(無爲之治)

앞서 살펴보았듯이 중국사상의 원류는 병가와 은일의 사상이었다. 무엇보다 병가와 은일의 사상은 동양사상의 특징인 생성론을 형성하는 데 있어서 지대한 역할을 하였다. 그런데 병가와 은일의 사상은 주류의 사상이 되기에는 부족한 측면이 있다. 왜냐하면 병가는 전쟁이라고 하는 비정상적인 상황에서 나온 사상이며, 은일의 사상은 현실도피적인 사상이기 때문이다. 더욱이 이들은 상황논리에만 의거하고 있는데, 상황논리는 삶의 문제에 유용한 이론일 수 있지만 사회 체제에 적용시키는 데 있어서는 어려움이 있다.

사회의 질서를 이루기 위해서는 법이나 윤리와 같은 사회적 규범이 절대적으로 필요하다. 특히 국가라는 대규모 단위에서는 더욱 그러하다. 실제로 법과 윤리는 동양사회를 지탱하는 두 기둥이었다.

법가는 전국시대에서부터 본격적으로 생겨났지만, 법의 역사는 오래되었다.[99] 『서경』에 의거하면, 순임금 때에 이미 '오형(五刑)'이 있었다고 한다. 물론 이것을 액면 그대로 믿을 수는 없지만, 법이 그만큼 오랜 역사를 가지고 있었음은 분명한 사실이다.

그러나 법만으로는 사회의 질서를 이룰 수가 없으며 윤리 역시 필요하다. 법에서 강조하는 것이 '형(刑)'이라고 한다면 윤리에서 강조하

---

[99] 법가에 의해 법이 만들어진 것은 아니다. 법가는 단지 법에 대한 사상을 논의한 것이다.

는 것은 '덕(德)'이다. 형과 덕은 외견상 대립적인 성격을 띠고 있다. 무엇보다 형은 강제성을 띠는 반면에 덕은 자발성을 띠고 있으며, 형은 엄격함을 중요시하는 반면에 덕은 은혜를 중요시한다. 그런데 양자가 비록 서로 상충되지만, 사회의 질서를 이루기 위해서는 둘 다 필요하다. 그러므로 형과 덕의 문제는 이미 춘추시대부터 중요한 담론의 대상이었다. 『춘추좌씨전』에서 다음과 같이 말하고 있다.

"배반하자 쳤고 굴복하자 용서해주었으니, 덕과 형을 잘 시행한 것이다."[100]

"덕으로써 은혜를 베풀고, 형으로써 나쁜 것을 바로잡는다."[101]

"형과 덕이 세워지지 않으면 간(姦:국외에서의 난리)과 궤(軌: 국내에서의 난리)가 동시에 생겨나게 된다."[102]

『춘추좌씨전』에서 볼 수 있듯이, 춘추시대에서는 형(刑)과 덕(德)을 단순히 모순적인 관계로만 파악했던 것은 아니며 오히려 상호 보완적인 관계로 파악하였다. 즉 형을 통해 백성들을 바로잡아야 하며, 덕을 통해 백성들에게 은혜를 베풀어야 한다고 보았다. 타국과의 관계에 있어서도 형과 덕은 중요한 외교 전략으로 작용하였다. 이미 오래전부터 통치에 있어서 당근과 채찍이 모두 필요하다는 것을 갈파했던 것이다.

이상과 같이 춘추전국시대에서는 형과 덕이 치도(治道)에 있어서 양쪽 날개에 해당했지만, 형과 덕은 양립될 수 없는 관계로써 있다. 그런데 중국에서는 전통적으로 강압에 의해 질서를 이루는 것보다 도덕적인 감화를 통해 자발적으로 질서를 이루는 것을 더욱 바람직한 형태

---

100 『左傳』, 「宣公12年」, "叛而伐之, 服而舍之, 德刑成矣."
101 『左傳』, 「成公16年」, "德以施惠, 刑以正邪."
102 『左傳』, 「成公17年」, "德刑不立, 姦軌竝至."

라고 보았다. 그러므로 일찍부터 형보다는 덕을 더욱 선호하였다. 요·순·우·탕·문왕이 성군(聖君)으로 칭송받았던 이유도 그들이 어버이와 같은 인자한 덕을 가지고 있다고 보았기 때문이다. 진정한 군주가 되기 위해서는 무력을 앞세우는 엄중한 모습이 아닌 어버이와 같은 인자한 모습이어야 한다고 보았던 것이다.

공자도 덕과 형을 모두 언급하였다. 가령 "군자는 덕(德)을 생각하고 소인은 처한 곳을 생각하며, 군자는 형(刑)을 생각하고 소인은 은혜를 생각한다."[103]고 하였다. 그는 형과 덕의 주체가 전적으로 군자에게 있는 것이지 백성에게 있는 것은 아니라고 보았다. 여기서의 '군자'는 통치계급을 지칭한다는 점에서, 그 역시 전통적 사유를 따라 형과 덕을 통치의 수단으로 보았다.

그런데 공자가 덕과 형을 동시에 강조하고는 있지만, 형보다 덕을 더욱 중요시하였다. 가령 그는 "법령으로 이끌고 형벌로써 다스린다면, 설령 백성이 이것을 모면한다고 하더라도 수치로 여기지 않을 것이다. 그러나 덕으로써 인도하고 예로써 다스린다면 백성은 수치심을 알게 되어 올바름에 이르게 된다."[104]라고 하였다.

그렇다면 공자는 어째서 덕을 더욱 중요시했는가? 그 이유는 진정한 정치는 무력이 아닌 덕을 통해 백성들을 자발적으로 모여들게 해야 한다고 보았기 때문이다. 법가에서는 한 사람이 만인을 감시하고 통재해야 한다고 보았던 반면에, 유가는 만인이 한 사람의 덕에 감화되어 따르게 해야 한다고 보았던 것이다. 그러므로 공자는 "덕으로써 정치를 행함은, 비유하자면 마치 북극성이 제자리에 머물러 있으면 뭇 별들이 그것으로 향하는 것과 같다."[105]고 했다. 북극성은 군주를 지칭하고 별

---

103 『論語』,「里仁」, "君子懷德, 小人懷土, 君子懷刑, 小人懷惠."
104 『論語』,「爲政」, "道之以政, 齊之以刑, 民免而無恥. 道之以德, 齊之以禮, 有恥且格."
105 같은 책, "爲政以德, 譬如北辰居其所, 而衆星共之."

들은 백성을 지칭한다. 군주가 덕을 베풀면 백성들은 저절로 군주에게 몰려든다는 것이다.

공자가 말한 덕의 의미는 『춘추좌씨전』에서 말하는 덕의 의미와 다소 차이가 있다. 『춘추좌씨전』에서 말하는 덕은 형과 더불어 군주의 통치수단이었다. 즉 백성들을 올바로 다스리기 위해서는 당근과 채찍이 모두 필요하다고 봄으로써 덕과 형의 문제가 생겨난 것이다. 공자 역시 덕과 형의 주체를 군자로 봄으로써 위정자의 통치수단으로 파악하기는 했지만, 덕을 단순히 통치수단으로만 국한시킨 것이 아니며 더 나아가 백성들에 대한 도덕적인 교화의 수단으로 보았다. 공자 이전의 치(治)는 백성들을 어떻게 잘 통치할 것인가가 중요한 관건이었던 반면에, 공자에게 있어서의 치는 백성들을 어떻게 참다운 사회인으로 교화시킬 것인가가 중요한 관건이었던 것이다.

이처럼 유가는 덕을 중요시하였으므로, 힘을 앞세운 패자에 대해 비판적이었다. 제나라 선왕이 맹자에게 제환공과 진문공의 일에 관하여 묻자, 맹자는 "공자의 문도들은 제환공이나 진문공의 일에 대해 말하는 자가 없습니다. 이 때문에 후세에 전해진 것이 없어 신이 듣지 못했습니다."[106]라고 하였다. 순자도 "공자의 문하에서는 5척 동자까지도 오패(五霸)에 대해 언급하는 것을 부끄러워했다."[107]라고 하였다.

맹자는 패도정치(霸道政治)보다는 왕도정치(王道政治)를 더욱 중요시하였다. 맹자는 왕도와 패도의 차이점에 대해 "힘으로써 인(仁)을 빌리는 자는 패자이니, 패자는 반드시 대국을 소유한다. 덕으로써 인을 행하는 자는 왕자이니, 왕자는 대국을 필요로 하지 않는다."[108]라고 하였다. 패도정치가 힘을 앞세운 정치라고 한다면, 왕도정치는 백성에게

---

106 『孟子』, 「梁惠王」(上), "仲尼之道, 無道桓文之事者. 是以, 後世無傳焉, 臣未之聞也."
107 『荀子』, 「仲尼」, "仲尼之門(人), 五尺之豎子, 言羞稱乎五伯."
108 『孟子』, 「公孫丑」(上), "以力假仁者霸, 霸必有大國. 以德行仁者王, 王不待大."

덕을 베풀어 백성들로 하여금 예의를 알게 하는 정치이다. 이처럼 맹자는 덕을 강조하였으므로 당연히 엄격한 형벌에 대해서 비판적이었다. 그러므로 "백성에게 죄에 빠지게 한 이후에 이를 좇아서 형벌한다면, 이것은 백성을 그물질하는 것이다. 어찌 어진 사람이 높은 위치에 있으면서 백성을 그물질할 수 있겠는가?"[109]라고 하였다.

맹자의 사상에서 중요한 것은 단순히 백성의 죄를 어떻게 처리할 것인가의 문제를 넘어서, 백성이 어째서 죄를 짓는가에 대해 문제를 제기했다는 데 있다. 그는 백성이 죄를 짓는 까닭은 그들이 악해서가 아니라 삶이 피폐했기 때문이라고 보았다. 그는 죄를 짓는 원인이 악한 본성에 의한 것이 아닌 사회적 환경에 의한 것임을 갈파했던 것이다. 그러므로 그는 백성에게 형벌로 다스리기에 앞서 양민(養民:백성을 길러냄)이 선행되어져야 한다고 보았다. 기존의 정치에서는 통치자 중심의 논리였다고 한다면, 맹자는 백성의 삶을 먼저 고려해야 한다는 백성 중심의 논리로 나아갔던 것이다. 물론 맹자는 위정자를 선한 목자로, 백성을 선한 양으로 보았다는 점에서 여전히 지배자의 논리 안에 있다.

이상과 같이 유가는 기본적으로 형보다 덕을 더욱 중요시하였다. 바로 이 점이 유가와 법가의 근본적인 차이점인 것이다. 그렇다면 도가는 어떠한 정치형태를 지향하였는가? 도가의 정치는 무위(無爲)의 정치이다. 무위의 정치는 다소 특별한 정치형태라고 할 수 있다. 노자는 크게 네 단계의 정치형태가 있다고 보았다.

"1) 가장 훌륭한 정치는 백성들이 군주가 있음만을 알뿐인 정치이고, 2) 그 다음가는 정치는 백성들이 군주를 친히 칭송하는 정치이고, 3) 그 다음가는 정치는 백성들이 군주를 두려워하는 정치이고, 4) 그 다

---

[109] 『孟子』,「梁惠王」(上), "及陷於罪然後, 從而刑之, 是罔民也. 焉有仁人在位, 罔民而可爲也."

음가는 정치는 백성들이 군주를 업신여기는 정치이다."110

　본 문장에서는 정치의 단계를 말하고 있다. 1)은 도가의 이상정치인 '무위정치'를 말하는 것이고, 2)는 요순(堯舜)과 같은 훌륭한 성인이 백성들을 덕으로써 다스린다고 하는 유가의 이상정치인 '덕치(德治)'를 말하는 것이고, 3)은 백성들을 엄격하게 다스려 감히 법을 어기지 못하게 한다는 법가의 이상정치인 '법치'를 말하는 것이고, 4)는 원칙 없이 위정자가 제멋대로 행하는 '폭정(暴政)'을 말한 것이다.
　여기서 주목할 점은 노자가 법치보다 덕치를 더욱 높은 단계의 정치형태로 보았다는 사실이다. 실제로 노자는 형벌에 대해서 비판적이었다. 가령 "법령이 더욱 드러날수록 도둑이 많아진다."111라고 하였다.
　형벌의 궁극적인 목적은 사회의 혼란을 막는 데 있다. 그런데 노자는 엄격한 형벌은 악을 오히려 더욱 조장할 따름이라고 보았다. 노자가 이와 같이 형을 비판한 이유는 생사를 판가름하는 법의 잣대에 의문을 품었기 때문이다.
　사실상 법을 관대하게 할 것이냐 아니면 느슨하게 할 것이냐의 문제 이전에 과연 법의 판단기준이 정말로 타당한 것이냐의 문제를 먼저 논의할 필요가 있다. 이에 대해 노자는 "(위정자는) 백성들이 감히 하는데 용감하면 죽이고, 감히 하는데 용감하지 않으면 살려둔다. 이 둘은 혹 이롭게 되기도 하고 혹 해롭게 되기도 하니, 하늘이 미워하는 것에 대하여 누가 그 원인을 알겠는가? 이러한 까닭에 성인조차도 오히려 어렵게 여기고 있다."112고 하였다. 위정자는 엄격한 법령을 만들어 놓고선 감히 법을 어기는 자는 가차 없이 죽이고 처벌 받을 것이 두려워서

---

110 『老子』, 17장, "太上, 下知有之, 其次, 親(而)譽之, 其次, 畏之, 其次, 侮之."
111 『老子』, 57장, "法物(令)滋彰, 盜賊多有."
112 『老子』, 73장, "勇於敢則殺, 勇於不敢則活. 此兩者或利或害, 天之所惡, 孰知其故, 是以聖人猶難之."

감히 법을 어기지 않는 자는 살려둔다. 이처럼 위정자는 하나의 원칙을 정해놓고 이 원칙을 통해 죽이기도 하고 살리기도 하지만, 자연계의 입장에서 보면 만물과 가치는 끊임없이 변화한다. 그러므로 노자가 "그 정해진 표준(正)이라고 하는 것은 없는 것이다. 바름은 다시 기이한 것이 되고, 선한 것은 다시 요망한 것이 된다."113라고 하였다. 무한한 변화 속에서는 해롭다고 여기던 것이 이로움을 줄 수도 있고, 이롭다고 여기던 것이 해로움을 줄 수도 있다는 의미이다. 이것을 인간사에 적용해 보면, 오늘의 원칙에서 볼 때 해로운 자라고 판단되어 가차 없이 죽임을 당한 자가 내일의 원칙에서는 오히려 이롭다고 판단되어 선한 자로 추앙받을 수도 있고, 오늘의 정해진 원칙에서 볼 때 이롭다고 판단된 자가 내일의 원칙에서는 해롭다고 판단되어 죽임을 당할 수도 있다. 그러므로 노자는 무한한 변화 속에서 볼 때, 하늘이 정말로 무엇을 미워하고 있는지에 대해서는 최고의 지혜를 가진 성인조차도 어려워하는 문제라고 말하고 있다.

또한 도가에서는 시비를 나누는 기준에는 반드시 편견이 있을 수밖에 없다고 보았다. 가령 『장자』에서 "마음에 편견이 아직 이루어지지 않았는데도 시비가 생겨났다는 것은 오늘 월나라로 떠나 어제 거기에 도착했다고 주장하는 것과 같다. 이것은 있을 수 없는 일을 있다고 주장하는 것이다."114라고 하였다. 일찍이 혜시가 "오늘 월나라로 떠나 어제 도착한다."고 주장하였는데, 이것은 현실적으로 결코 생겨날 수 없는 궤변일 따름이다. 장자는 시비를 나누는 데 있어서 그 어떠한 편견도 개입되지 않았다는 주장 역시 혜시의 궤변과도 같은 것일 따름이라고 일침을 가했다.

법이나 윤리는 하나의 보편적 척도로써 사람들을 재단한다. 순자는

---

113 『老子』, 58장, "其無正. 正復爲奇, 善復爲妖."
114 『莊子』, 「齊物論」, "未成乎心而有是非, 是今日適越而昔至也. 是以無有爲有."

"나무는 먹줄로 그은 직선에 맞추어 깎으면 곧게 되고, 쇠는 숫돌에 갈면 예리하게 된다. 마찬가지로 군자는 널리 배우고 날마다 자신을 세 번 반성한다면 지(智)가 밝아지고 행동에 허물이 없게 된다."[115]라고 했다. 순자는 나무의 본성 자체가 불완전하기에 완전하게 만들기 위해서는 먹줄의 도움이 필요하다고 보았던 것이다. 이에 대해 『장자』에서는 "목수는 '나는 나무 다루는 솜씨가 뛰어나다. 굽은 것을 만들면 그림쇠에 딱 들어맞고, 곧은 것을 만들면 먹줄에 꼭 맞는다.'라고 말하였다. (그러나) 흙이나 나무의 본성이 어찌 컴퍼스·곱자·그림쇠·먹줄 등에 들어맞기를 바라겠는가!"[116]라고 반문하였다. 순자의 견지에서 보면 컴퍼스·곱자·그림쇠·먹줄 등과 같은 것이 있어야 나무가 바르게 되듯이 어떠한 표준(규범)이 있어야 인간의 심성이 바르게 된다고 보았지만, 『장자』에서는 오히려 이러한 표준이 왜 있어야 하는지에 대해 반문하고 있다. 가령 『장자』에서는 "그림쇠·먹줄·컴퍼스·곱자를 사용하여 사물을 규격대로 만드는 것은 그 자연스러운 본성을 깎아내는 것이다."[117]라고 하였다.

생명체들은 서로 각기 다른 개성을 가지고 있다. 그런데도 사회는 이러한 개성을 무시한 채 하나의 원칙만을 제시한다. 물론 원칙이란 것이 없을 수는 없지만, 정작 문제는 이 원칙을 지나치게 신뢰함으로써 각자가 가지고 있는 개성들을 하나의 표준에 맞추어 남거나 모자라는 것을 재단하려고 한다는 데 있다.

법은 대의를 위한 보편의 원칙일 수 있지만, 한편으로는 권력을 옹호하기 위한 수단으로 악용될 수도 있다. 역사를 되돌아본다면, 법은 오히려 전자보다도 후자에 더욱 기여해왔다. 당시의 위정자들이 잡고

---

115 『荀子』, 「勸學」, "木受繩則直, 金就礪則利. 君子博學而日參省乎己, 則智明而行無過也."
116 『莊子』, 「馬蹄」, "匠人曰, 我善治木. 曲者中鉤, 直者應繩, 夫埴木之性, 豈欲中規矩鉤繩哉."
117 『莊子』, 「駢拇」, "且夫待鉤繩規矩而正者, 是削其性者也."

있는 법의 칼자루는 사실상 권력의 칼자루였던 것이다. 그리고 이 권력은 언제나 정의라는 이름으로 무고한 백성들을 해쳤다. 그러므로 노자는 "큰 목수를 대신하여 나무를 자르는 자는 손을 상하지 않는 일이 드물다."118고 하였다.

근대 서양에서는 왕의 권력이 하느님으로부터 부여받았다는 '왕권신수설'을 주장하였다. 그런데 노자 당시에도 왕은 하늘로부터 권리를 부여받았다는 사상을 가지고 있었다. 이를테면 『맹자』에서 "만장이 물었다. '요가 천하를 순에게 주었다고 하는데, 그런 일이 있었습니까?' 맹자가 대답했다. '아니다. 천자는 천하를 남에게 줄 수 없다.' '그렇다면 순이 천하를 소유하게 된 것은 누가 준 것입니까?' 맹자가 대답하였다. '하늘이 주셨다.'"119라고 하였다. 맹자는 하늘이 천자의 자리를 주었다고 보았던 것이다.

그러나 노자는 하늘이 인간에게 그러한 권리를 주었다는 것을 믿지 않았을 뿐만 아니라, 위정자는 큰 목수를 흉내 내는 어설픈 목수처럼 단지 대도를 어설프게 흉내 내는 자에 지나지 않는다고 보았다. 또한 큰 목수인 대자연은 사물 각자의 본성을 쫓아 행하므로 해침이 없는 반면에 큰 목수를 어설프게 흉내 내는 위정자들은 무언가를 이루려는 의욕이 앞선 나머지 오히려 타인을 상하게 할 따름이라고 보았다.

노자가 형벌을 비판한 이유는 도의 견지에서 보면 모든 만물은 '쓸모 있다'와 '쓸모없다'고 하는 차별이 없기 때문이다. 이처럼 도는 쓸모 있다고 하여 부추기거나 쓸모없다고 하여 버림도 없기에, "성인은 항상 잘 사람들을 구원해주기 때문에 버림이 없다."120라고 하였다.

『장자』에서 "샘이 말라서 물고기들이 서로가 땅에 모여들어 서로가

---

118 『老子』, 74장, "夫代大匠斲者, 希有不傷其手矣."
119 『孟子』, 「萬章」(上), "萬章曰, 堯以天下與舜, 有諸. 孟子曰, 否. 天子不能以天下與人. 然則舜有天下也, 孰與之乎. 曰天與之."
120 『老子』, 27장, "聖人, 常善救人, 故無棄人."

습기를 불어 주고 서로가 물거품을 적셔줌은 강이나 호수 안에서 서로를 잊어버림만 못하다."121라고 하였다. 서로가 서로에게 습기를 불어 주고 물거품 적셔줌은 인의라고 할 수 있다. 그러나 장자는 최상의 사회는 이러한 인의조차 의식하지 않는 사회라고 본 것이다. 이것은 노자가 "가장 훌륭한 정치는 백성들이 군주가 있음만을 알뿐인 정치이다."라고 한 것과 맥락을 같이 하는 사유라고 할 수 있다.

또한 『장자』에서는 의로움을 앞세우는 통치에 대해서 비판적이었다. 가령 『장자』에서 "작은 도둑은 띠쇠를 훔칠 뿐이지만, 큰 도둑은 제후가 된다. 제후의 문에는 의로운 선비들이 모여들었다."122라고 하였다. 위정자들은 의로움을 앞세우지만, 그것은 권력을 포장하기 위한 양의 탈일 수 있다. 위정자들은 의로움을 앞세워 백성에게 가혹한 형벌을 내리지만, 정작 형벌을 주관하는 위정자들이야말로 더 큰 도둑놈들에 지나지 않는다고 장자는 생각했던 것이다.

유가에서는 군자를 이상적 인물상으로 삼았지만, 이 군자의 의미 속에는 덕을 위장한 권력이 숨겨져 있다. 가령 공자는 "군자의 덕은 바람이오, 소인의 덕은 풀이다. 풀 위에 바람이 불면 반드시 그리로 쏠린다."123고 말하였다. 공자의 주장에 따르면, 군자는 선한 목자이며, 백성들은 선한 양이다. 그러나 과연 선한 목자라는 것이 존재할 수 있는가? 또한 목자가 이끄는 대로 가는 것이 과연 정말로 선인가? 그것은 선이 아니라 단지 노예도덕일 따름은 아닌가?

사실상 유가의 논리는 근본적으로 지배자의 논리에 입각한 것이다. 당시 대다수의 사상이 지배자의 논리에 입각하였듯이 유가 역시 마찬가지였다. 반면에 노자는 철저하게 백성 중심에 입각하고 있다. 그러므

---

121 『莊子』,「大宗師」, "泉涸, 魚相與處於陸, 相呴以濕, 相濡以沫, 不如相忘於江湖."
122 『莊子』,「盜跖」, "小盜者鉤, 大盜者爲諸侯, 諸侯之門, 義士所存焉."
123 『論語』,「顔淵」, "君子之德, 風也, 小人之德, 草也. 草上之風, 必偃."

로 "성인은 일정한 마음[常心]이 없으며, 단지 백성들의 마음으로써 자신의 마음으로 삼는다."124고 하였다. 유가에서는 백성은 위정자를 따라야 한다고 본 반면에, 노자는 위정자들이 민심을 따라야 한다고 보았다.

　이상과 같이 유가와 도가는 기본적으로 형벌을 비판하였지만 비판한 이유에 있어서는 서로 다르다. 가령 유가에서는 엄격한 형벌에 앞서 도덕적 교화가 먼저 선행되어져야 한다고 보았던 반면에, 도가에서는 법의 척도에 대해 의문을 던졌던 것이다.

　법도 없고 윤리도 없는 사회는 그야말로 혼란스러운 사회가 아닌가? 오늘날 대다수 사람들은 이와 같이 생각할 것이다. 그러나 과연 그러한가? 권력자들은 법과 윤리가 없다면 필시 혼란스러운 사회가 될 것이라고 언제나 주장해왔지만, 이것은 권력을 얻기 위한 명분일 수 있다. 실제로 어느 사회에서나 그리고 언제나 법과 윤리는 질서를 위해 필요한 것이라고 말해왔지만, 어느 사회에서나 그리고 언제나 법과 윤리는 권력에 기생해왔다.

　노자는 이러한 권력의 위선적인 측면을 직시하였다. 더 나아가 자연계가 자발적으로 질서를 이루고 있듯이 인간사회 역시 자발적으로 질서를 이룰 수 있다고 보았다. 그러므로 노자는 "백성은 명령받는 것이 없어도 저절로 조화[自均]를 이룬다."125고 하였다.

　노자 역시 덕을 중요시하였다. 가령 "도는 만물을 생겨나게 하고, 덕은 만물을 기른다."126고 하였다. 도가 각각의 만물 속에 내재된 것이 바로 '덕'이다. 『장자』에서도 "만물은 이 일을 얻어 생겨났는데 그것을 '덕'이라고 한다."127라고 말하였다. 도는 자연계의 질서를 이루는 근간

---

124 『老子』, 49장, "聖人無常心, 以百姓心爲心."
125 『老子』, 32장, "民莫之令而自均."
126 『老子』, 51장, "道生之, 德畜之."
127 『莊子』, 「天地」, "物得以生, 謂之德."

이다. 모든 사람이 이러한 도를 가지고 있으므로 자연히 자발적으로 질서를 이룰 수 있는 것이다. 그럼에도 불구하고 사회가 무질서해지는 이유는 오히려 법·인의·시비(是非)·분(分)·규정[名]이 있기 때문이라고 보았다.

　이와 같이 유가와 도가가 모두 덕을 중요시하였지만, 덕의 의미는 다르다. 무엇보다 유가에서 말한 덕은 인의의 덕을 의미하는 반면에, 도가가 말한 덕은 자연의 덕을 의미한다. 노자는 인의의 덕에 대해서 오히려 의혹을 제기하였다. 가령 "큰 도가 사라지자 이에 인의가 생겨났다."[128]라고 하였다. 유가에서 말하는 인의의 덕은 궁극적으로 도가 사라졌기 때문에 생겨난 윤리규범에 지나지 않는다고 본 것이다.

---

128 『老子』, 18장, "大道廢, 安有仁義."

5. 확충(擴充)과 허(虛)

서양에서는 가치의 기준을 선악으로써 본 반면에, 중국 고대사회에서는 가치의 기준을 선악이 아닌 대소(大小)로써 보았다. 공자도 가치의 기준을 군자와 소인으로써 보았다.

"군자는 의리에 밝고, 소인은 이익에 밝다."[129]
"군자는 도를 배우면 남을 사랑하게 되고, 소인은 도를 들으면 부리기가 쉽다."[130]
"군자는 화(和)하지만 동(同)하지 않고, 소인은 동하지만 화하지 않는다."[131]

군자는 소인에 짝하는 개념으로써 대인을 뜻한다. 그렇다면 군자와 소인의 기준은 대소에 있다.

어떤 의미에서 본다면 가치의 기준을 선악보다 대소로써 삼는 것이 더욱 타당할 수 있다. 서양에서는 선을 통해 타인을 단죄하는 경우가 많다. 그러나 우리는 무엇이 선이고 무엇이 악인지를 판단하기 쉽지 않

---

[129] 『論語』,「里仁」, "君子喩於義, 小人喩於利."
[130] 『論語』,「陽貨」, "君子學道則愛人, 小人學道則易使也."
[131] 『論語』,「子路」, "君子, 和而不同, 小人, 同而不和."

다. 무엇보다 시비를 평가하는 보편적 척도란 것이 그 어디에도 존재하지 않는다. 이와 관련하여 『장자』에서 다음과 같이 말하고 있다.

"이미 나와 당신이 논쟁을 벌였다고 칩시다. 당신이 나를 이기고 내가 당신을 이기지 못했다고 해서 당신이 과연 옳고 나는 과연 틀렸다고 할 수 있을까요? 반대로 내가 당신을 이기고 당신이 나를 이기지 못했다고 해서 내가 과연 옳고 당신이 과연 틀렸다고 할 수 있을까요? 정녕 한쪽만이 옳고 한쪽은 틀린 것일까요? 아니면 둘 다 옳은 것일까요, 둘 다 틀린 것일까요? 이것은 나나 당신이나 서로 알 수 없는 일이오. 이 점에 있어서는 제3자도 본시 판단하기 어려운 법인데, 과연 누구를 시켜 판단 내리게 할 수 있겠소? (가령 제삼자를 내세워 판단토록 하더라도) 이미 당신과 입장이 같은 사람에게 판단을 내리게 한다면, (이미 당신과 입장이 같으니) 어찌 공정할 수가 있겠소? 나와 입장이 같은 사람에게 판단을 내리게 한다면 (이미 나와 입장이 같으니) 어찌 공정할 수 있겠소? 나와 당신과 입장이 다른 제삼자에게 판단을 내리게 한다면, 이미 나나 당신과 입장이 다르니 어찌 공정할 수 있겠소? 그렇다면 나도 당신도 제삼자도 모두 서로 알 수가 없는 것이니, 누구에게 의탁하여 판단 내릴 수 있단 말이오?"[132]

『장자』에서의 주장처럼 서로 논쟁하는 것은 시비의 문제 때문만은 아니며, 여기에는 자신의 가치관과 서로 다른 이해관계가 들어가 있다.
　사실상 선악은 대부분 이념에 속하는 문제이다. 그런데 이념은 자

---

132 『莊子』,「齊齊物」, "既使我與若辯矣. 若勝我, 我不若勝, 若果是也, 我果非也邪. 我勝若, 若不吾勝, 我果是也, 而果非也邪. 其或是也, 其或非也邪. 其俱是也, 其俱非也邪. 我與若不能相知也. 則人固受黮闇, 吾誰使正之. 使同乎若者正之, 既與若同矣, 惡能正之. 使同乎我者正之. 既同乎我矣, 惡能正之. 使同乎我與若者正之, 既同乎我與若矣, 惡能正之. 然則我與若與人, 俱不能相知也, 而待彼(=誰)也邪."

신의 생각만을 고집하므로 포용성을 가질 수 없다. 만일 상대방을 포용하지 않은 채 단지 이념에 사로잡혀 있다면 우리는 이것을 선인이라고 칭할 수는 있지만 대인이라고 칭할 수는 없다. 왜냐하면 대인의 의미는 자신의 진리와 자신의 선만을 굳건히 지키는 데 있는 것이 아니라 다름조차 포용하는 데 있는 것이기 때문이다. 사실상 우리 사회가 정말로 필요로 하는 것은 선악이라는 이름으로 서로 싸우고 서로 분열되는 데 있는 것이 아니라 서로 다름을 포용함으로써 화합을 이루는 데 있는 것이 아닐까? 이러한 점에서 본다면 가치의 기준을 선과 악이 아닌 대와 소로 보는 것이 더욱 합당하다고 할 수 있다.

묵자는 겸애를 주장하였다. 겸애라는 것은 소(小)를 버리고 대(大)를 취하자는 '대취론(大取論)'이다. 맹자가 "(묵자는) 이마가 닳아서 발꿈치까지 이르더라도 천하에 이로우면 행하였다."[133]라고 하였듯이, 묵자는 천하에 털끝만한 이득이 있다면 어디든지 찾아다녔다. 묵자는 차별적인 별(別)을 배척하고 겸(兼)을 강조했다. 가령 묵자는 "하늘의 뜻에 순종하는 자는 겸애(兼)하고, 하늘의 뜻에 거스르는 자는 차별한다. 겸애의 도는 의로운 정치이고, 차별의 도는 힘의 정치이다."[134]라고 하였다.

묵자는 유가가 차별적인 애(愛)를 주장하였다고 보았으며, 더 나아가 천하를 이롭게 함을 의(義)라고 보았고 천하를 해롭게 함을 불의(不義)라고 보았다.

양주는 이와 반대로 대(大)에 대한 집착을 버리고 개인의 생명가치를 충실히 따르자는 '소취론(小取論)'을 주장하였다. 묵자의 겸애는 유가의 차별적인 애(愛)를 비판하는 가운데 나왔으며, 양주의 사상은 묵

---

133 『孟子』,「滕文公」(下), "摩頂放踵, 利天下, 爲之."
134 『墨子』,「天志」, "順天之意者, 兼也, 反天之意者, 別也. 兼之爲道也, 義正. 別之爲道也, 力正."

자의 지나친 보편애에 대한 비판 가운데 나왔다.

그런데 묵자와 양주의 주장은 양 극단에 치우쳐있다. 왜냐하면 우리는 자신을 버린 채 대의만을 위해 살아갈 수는 없으며, 그렇다고 사회적 관계를 무시하고 살 수도 없기 때문이다. 맹자는 이러한 문제점을 갈파하고, 양주의 이론에 대해서는 한마디로 '무군(無君)' 즉 임금을 부정하는 이론이라고 논박했으며, 묵자의 이론에 대해서는 한마디로 '무부(無父)' 즉 아비를 부정하는 이론이라고 논박하였다. 즉 "양주는 자신만을 위하니 이는 군주가 없는 것이며, 묵적은 똑같이 사랑하니 이는 아버지가 없는 것이다. 아버지가 없고 군주가 없으면 이것은 금수와 다를 바 없다."[135]고 하였다. 맹자의 논박은 간략하면서도 상대방의 약점을 정곡으로 찌르고 있다.

군자의 길이라는 것은 곧 대인의 길이라는 점에서, 유가 역시 대(大)를 중요한 윤리적 이상목표로 삼았다. 그렇다면 묵가의 사상과는 어떠한 차이점이 있는 것인가? 유가는 '확충론(擴充論)'을 주장하였다. 묵자의 '대취론'은 차별 없이 대를 추구해야 한다는 주장이라고 한다면, 확충론은 소에서 대로의 확충을 의미한다.

유가에서는 배움에 있어서의 확충을 강조했다. 가령 공자는 "아래 단계를 배워 위 단계에 도달한다."[136]고 하였다. 확충(擴充)이란 용어는 『맹자』에 처음 나온다.[137] 맹자는 이러한 확충을 '영과(盈科:웅덩이를 채움)'라고 표현하기도 했다. 즉 "흐르는 물이라도 웅덩이가 차지 않으면 흘러가지 않는다."[138]라고 하였다. 이처럼 맹자는 웅덩이를 채워야만 물이 흘러가듯, 학문이란 것도 한 단계를 채워야만 다음 단계로 넘

---

135 『孟子』, 「滕文公」(下), "楊氏, 爲我, 是無君也. 墨氏, 兼愛, 是無父也. 無父無君, 是禽獸也."
136 『論語』, 「憲問」, "下學而上達."
137 『孟子』, 「公孫丑」(上), '擴而充之矣'
138 『孟子』, 「盡心」(上), "流水之爲物也, 不盈科, 不行."

어갈 수 있다고 주장하였다. 확충의 방법에 대해 『중용』에서는 '치곡(致曲)'139을 말하였는데, '치곡(致曲)'이란 작은 부분부터 곡진히(자세히) 하여 넓혀 나아감을 뜻한다.

배움의 과정에 있어서 뿐만 아니라 실천의 과정에 있어서도 확충은 중요하다. 『대학』에서도 '수신제가치국평천하(修身齊家治國平天下)'를 강조하였다. 즉 자신의 몸을 닦는 것에서부터 출발하여 천하로까지 확충해 나아가야 함을 강조한 것이다. 『중용』에서도 "자기의 성을 다하면 사람의 성을 다할 수 있으며, 사람의 성을 다하면 사물의 성을 다할 수 있으며, 사물의 성을 다하면 천지의 화육(化育)을 도울 수 있다."140고 하였다.

그런데 유가의 확충론은 단순히 수양론의 일환으로 나온 것이 아니며, 그 안에는 차별적 질서를 옹호하기 위한 의도가 숨겨져 있다. 이것을 갈파한 묵자는 "유자들은 '친척들을 친해하는 데에 차등이 있고, 현명한 이를 높이는 데에도 등급이 있다'고 주장하고 있는데, 이것은 친소와 존비가 구분됨을 말한 것이다."141라고 지적하였다. 실제로 공자는 주나라 예제를 고수하였는데, 이 예제는 궁극적으로 차별적인 계급질서에 바탕을 두고 있다. 맹자 역시 "군자는 사물에 대해 아끼지만 인애하지 않으며, 백성에 대해서는 인애하지만 친애하지 않는다."142라고 하였다. 유가의 확충론에는 이러한 차등성이 반영되어 있다.

유가가 확충을 주장한 반면에 도가에서는 허(虛)를 주장하였다. 유가의 '확충론'에서는 배우고 배워서 점차 넓혀 나가는 것을 주된 목표로 삼았는데, 이러한 방법론을 주장한 이유는 채움[充]을 통하여 넓힘[擴]을

---

139 『中庸』 23장에서 "그 다음은 한쪽을 지극히 함이니, 한쪽을 지극히 하면 성실할 수 있다. [其次, 致曲, 曲能有誠]"라고 하였다.
140 『中庸』, 22章, "能盡其性, 則能盡人之性, 能盡人之性, 則能盡物之性, 能盡物之性, 則可以贊天地之化育."
141 『墨子』, 「非儒」(下), "儒者曰, 親親有術, 尊賢有等. 言親疏尊卑之異也."
142 『孟子』, 「盡心」(上), "君子之於物也, 愛之而弗仁, 於民也, 仁之而弗親."

이룰 수가 있다고 보았기 때문이다. 여기서의 채움의 대상은 구체적으로 말하면 학(學)이나 교화를 지칭한다. 그런데 여기서의 문제점은 단순히 채움에 의해서 과연 넓어질 수 있느냐 하는 것이다. 그릇의 대소가 내용물의 대소를 규정해줄 뿐 내용물의 대소가 그릇의 대소를 규정해주는 것은 아니다. 이를테면 그릇이 얼마나 크냐에 따라서 내용물을 얼마나 수용할 수 있느냐를 규정할 수는 있지만, 그릇이 이미 정해져 있다면 내용물이 아무리 많더라도 수용할 수 있는 한계를 넘어서기에 이내 넘쳐버리고 만다. 그러므로 노자는 채움을 통하여 넓힘을 이룰 수가 있는 것이 아니라, 비움[虛]을 통해서만이 넓어질 수 있으며, 이 넓힘에 의해서 내용물의 대소가 규정된다고 보았다. 그러므로 『노자』 41장에서 '대기만성(大器晚成)'이라고 하였다. 성급하게 채우는 것보다 천천히 그릇을 넓히는 것이 중요하다는 의미이다. 왜냐하면 비록 큰 그릇은 늦게 채워지지만 그릇이 클수록 더욱 많은 것을 수용할 수가 있기 때문이다.

이와 같이 유가와 노자는 서로 상이한 방법을 취하였다. 즉 유가가 충(充)을 통하여 확(擴)에 도달하고자 했던 반면에 노자는 허(虛)를 통하여 확(擴)에 도달하려고 했다. 이러한 상이한 방법상의 차이점은 '곡(曲)'에 대한 이해에 있어서도 여실히 드러난다. 유가에서의 '곡(曲)'은 '곡진(曲盡)'의 뜻으로서 '자세히 하다'의 의미이다. 유자들은 단계적 확충을 강조했기에 '곡'을 긍정하였다. 그러나 『장자』에서는 '곡'을 '한쪽에만 치우침'이란 의미로 보았다. 가령 『장자』 「천하(天下)」에서 '일곡지사(一曲之士)'를 비판하고 있는데, '일곡지사'란 한쪽에만 치우쳐 있어서 전체를 보지 못하는 지식인을 풍자한 말이다. 이처럼 '곡'에 대하여 유가와 도가가 상이한 해석을 취한 까닭은, 유가의 경우 '곡'을 통한 채움에 의해서 넓어질 수 있다고 보았던 반면에, 도가의 경우 넓힘은 비움에 의거해야 한다고 보았기 때문이다.

이처럼 노자는 자신의 좁은 굴레인 소(小)를 버리고 대(大)로 향해야 함을 강조하였다. 무엇보다 도의 본질적인 의미는 '대(大)'이다. 가령 노자는 "내 그 이름[名]을 알지 못한다. 그것에 자(字)를 붙여서 도라고 말을 하니, 굳이 그 이름을 표현한다면 '대(大)'라고 할 수 있다."143라고 하였다. 『노자』에서 '커다란 덕(孔德)의 모습은'144이라고 하였는데, '공(孔)'에 대하여 왕필은 '공(空)'의 뜻으로 본 반면에,145 하상공은 '대(大)'의 뜻으로 보았다.146 그런데 왕필과 하상공의 해석은 크게 다른 것이 아니다. 왜냐하면 노자가 말한 대는 단순히 '크다'의 의미가 아니라 '무한'의 의미이며, 무 역시 '한정됨이 없음'이란 의미라는 점에서 이 역시 '무한'의 의미를 내포하고 있기 때문이다.

노자는 "도로써 몸을 닦으면 그 덕은 바르게 되고, 도로써 집안을 닦으면 그 덕은 여유롭게 되고, 도로써 마을을 닦으면 그 덕은 오래갈 수 있고, 도로써 한 나라를 닦으면 그 덕은 풍요로워지고, 도로써 온 천하를 닦으면 그 덕은 널리 퍼진다."147라고 하였다. 이 말은 도가 개인적인 삶의 지표가 될 뿐만 아니라, 집안·마을·국가 더 나아가 천하 전체의 지표가 된다는 의미이다. 이것은 『대학』에서 말하는 '수신제가치국평천하'와 의미상으로 유사해 보이지만 커다란 차이점이 있다. 무엇보다도 『대학』에서는 수신(修身)하면 제가(齊家)할 수 있고, 제가(齊家)하면 치국(治國)할 수 있고, 치국(治國)하면 평천하(平天下)할 수 있다는 윤리의 확충(擴充)을 말하고 있다. 그러나 노자는 애초부터 대(大)를 지향하였다. 여기서 대라는 것은 대립되는 일체의 것, 심지어 지극히 미세한 것까지도 포괄하는 것이며, 본 문장에서도 이러한 도의 포괄성을 말하고 있다. 즉 도를 가지고 자신의 몸을 닦으면 자신의 덕이 바

---

143 『老子』, 25장, "吾不知其名, 字之曰道, 强爲之名曰大."
144 『老子』, 21장, '孔德之容'
145 王弼, 21장注, "孔, 空也."
146 河上公, 21장注, "孔, 大也."
147 『老子』, 54장 "修之身, 其德乃眞, 修之家, 其德乃餘, 修之鄕, 其德乃長, 修之邦, 其德乃豊, 修之天下, 其德乃普."

르게 되고, 집안을 닦으면 그 덕은 다 쓰고도 남음이 있고, 자신의 마을을 닦으면 그 덕은 장구해지고, 나라를 닦으면 그 덕은 풍요로워지고, 천하를 닦으면 그 덕은 천하에 널리 퍼지게 된다는 것이다.

그렇다면 대를 지향하기 위해서는 어떠해야 하는가? 유가에서는 학을 중요시하였다. 왜냐하면 학을 통해 대를 실현할 수 있다고 보았기 때문이다. 그런데 노자는 "학문을 행하면 나날이 늘고, 도를 행하면 나날이 줄어든다."[148]라고 하였다. 노자가 보기에 학은 자신을 넓어지게 하는 도구가 아니며, 오히려 자신을 고집하는 편견만을 늘어나게 키우게 할 뿐이라고 보았다. 도의 참뜻은 오히려 비움에 있다. 그러므로 노자는 도를 행하게 되면 비워지므로 줄어든다고 보았다.

장자 역시 대(大)를 강조하였다. 『장자』「소요유」편에서 매미·비둘기와 대붕(大鵬)을 비교하면서, "작은 지혜는 큰 지혜에 미치지 못하고, 짧은 인생은 긴 인생에 미치지 못한다."[149]라고 하였다. 장자가 말하는 대는 단순히 '크다' '작다'로서의 대가 아니라, 대소를 포괄하는 대이다. 무한히 포괄한다는 것은 변화에 무한히 응한다는 의미이기도 하다. 그러므로 "저것과 이것이 대립을 얻을 수 없는 것을 '도의 지도리[道樞]'라고 한다. 지도리이기 때문에 비로소 원의 중심을 얻어 무궁한 변화에 응할 수 있는 것이다. 이것 또한 무궁한 것이며, 저것 또한 무궁한 것이다."[150]라고 하였다.

사람들이 서로 싸우는 이유는 시비에 얽매어 있기 때문이다. 노장은 선악과 시비에 대해 비판적이었다. 가령 노자는 "세상 사람들은 모두 아름다운 것이 아름다운 줄로만 알고 있지만 이것은 추한 것일 따름이며, 모두 선한 것이 선한 줄로만 알고 있지만 이것은 선하지 않은 것

---

148 『老子』, 48장, "爲學日益, 爲道日損"
149 『莊子』, 「逍遙遊」, "小知不及大知, 小年不及大年."
150 『莊子』, 「齊物論」, "彼是莫得其偶, 謂之道樞. 樞始得其環中, 以應無窮. 是亦一無窮, 非亦一無窮也."

일 따름이다."151라고 하였다. 『장자』에서도 "세상 사람들이 아름답다고 하는 것을 신기함이라 하고 추하다고 하는 것을 썩어 냄새가 난다고들 하지만, 썩어 냄새나는 것은 다시 화하여 신기함이 되고 신기함은 다시 화하여 썩어 냄새나는 것이 된다."152라고 하였다.

미와 선은 우리가 추구하는 가장 중요한 가치이다. 그런데 미와 선을 판가름하는 보편의 가치기준이란 것은 사실 그 어디에서도 찾아볼 수 없다. 사람들이 규정해놓은 선악과 미추는 상대적인 것일 따름이며, 설령 그것을 규정하더라도 시간에 따라 얼마든지 다르게 변화될 수 있다. 그러므로 아름다움과 선함은 추함과 불선이 될 수도 있다고 말한 것이다.

그럼에도 사람들은 선악과 시비를 나누고자 한다. 그 이유는 그들이 정말로 선과 진리를 좋아해서가 아니라 자신의 행동이 옳다고 믿기 때문이다. 그렇다면 자신의 행동이 정말로 옳은 것인가? 우리는 무엇이 옳은지 판단기준을 찾을 수 없다. 선악과 시비는 질서를 이루게 하는 것이 아니라 오히려 서로 간에 불통케 하여 분노와 싸움을 야기할 수도 있다.

대(大)라는 것은 널리 포용하는 넓은 마음이기도 하다. 널리 포용하기 위해서는 다름조차 포용해야 한다. 이 포용의 공간이 바로 무의 공간이다. 사람들이 만나는 지점에는 반드시 무의 공간이 있어야 한다. 왜냐하면 비어있음을 통해서만이 상대방을 수용할 수 있기 때문이다. 도는 만물을 지배하는 원리가 아니라 만물들 간의 소통의 장(場)이다. 왕 역시 백성을 통치하는 자가 아니라 백성들이 서로 모여 소통할 수 있는 커다란 마음인 것이다. 그러므로 노자는 왕을 '대(大)'라고 말하였

---

151 『老子』, 2장, "天下, 皆知美之爲美, 斯惡已, 皆知善之爲善, 斯不善已."
152 『莊子』, 「知北遊」, "是其所美者爲神奇, 其所惡者爲臭腐, 臭腐復化爲神奇, 神奇復化爲臭腐."

던 것이다. 이처럼 왕이란 백성들에게 자신의 신념을 관철시키는 존재가 아니라 오히려 백성의 마음을 수용하는 존재이다.

노자가 허(虛)를 중요시하였듯이 장자 역시 허를 중요시하였다. 장자는 무엇보다 성심(成心)을 버리기 위한 방법으로 허(虛)를 강조하였다. 성심은 이미 이루어진 생각으로 인해 가득 차 있어서 더 이상 수용할 수 없음이다. 장자는 이러한 성심을 없애기 위해서는 마음을 비워야 한다고 보았다. 그러므로 그는 인식에 있어서 '허심(虛心)'을 강조하였다. 가령 "지인(至人)의 마음의 작용은 거울과 같다. 사물을 보냄도 맞이함도 없으며, 외물(外物)에 응하면서도 간직하지 않는다."[153]라고 하였다. 거울의 특징은 사심 없이 사물을 있는 그대로를 비추듯, 사물의 인식에 있어서도 억지로 사물을 맞아들이거나 억지로 내보내지 말아야 한다는 의미이다.

---

153 『莊子』,「應帝王」,"至人之用心若鏡. 不將不迎. 應而不藏."

제3장
직하학(稷下學)과 『관자』에서의 도가의 영향

1. 지역적 배경

제나라와 노나라는 같은 산동성에 위치해 있는 가장 가까운 이웃나라였다. 두 나라는 가장 뛰어난 선진문화를 가지고 있었으며, 학술에도 힘썼다.1 한편으로는 오랫동안 라이벌 의식을 가지고 있었으며, 서로 간에 크고 작은 숱한 전쟁을 벌였다. 그러므로 제나라와 노나라는 가장 가까운 이웃 나라이면서도 가장 먼 나라이기도 했다. 더욱이 두 나라의 성향은 현저하게 달랐다.

노나라는 주공의 아들인 백금(伯禽)이 봉해 받은 나라였으며, 제나라는 강태공이 봉해 받은 나라였다. 강태공은 문왕과 무왕을 도와 천하를 얻는데 결정적인 역할을 했으며, 주공은 어린 조카이자 무왕의 아들인 성왕을 대신하여 섭정하며 예제(禮制)를 크게 정비했다. 두 사람은 주나라를 건립한 일등 공신이었지만 전혀 다른 가치관을 가지고 있었다. 강태공은 실리와 존현(尊賢)을 중요시한 반면에 주공은 의리와 친친(親親)을 중요시하였다.

한번은 주공이 강태공에게 "무엇을 가지고 제나라를 다스리겠습니까?"라고 묻자, 태공은 "현명한 사람(賢)을 등용하고, 공(功)을 숭상하겠습니다."라고 대답하였다. 이에 주공은 "후세에 반드시 왕위를 찬탈

---

1   이에 대해 사마천은 "제나라와 노나라가 학술에 힘쓰는 것은 예로부터 타고난 본성이다. [夫齊魯之閒於文學, 自古以來, 其天性也]"라고 하였다. * 『史記』, 「儒林列傳」

하는 신하가 있을 것입니다"라고 하였다.2 반대로 강태공이 주공에게 "무엇을 가지고 노나라를 다스리겠습니까?"라고 묻자, 주공이 "존귀한 사람을 존중하고, 혈연을 친애하겠습니다."라고 대답하였다. 이에 태공은 "후세는 점점 쇠약해질 것입니다"라고 답변하였다.3

『여씨춘추』에서도 이와 비슷한 이야기가 나오는데, 결론 부분에서 "그 뒤 제나라는 나날이 강대해져 패자에 이르게 되었다. 그 후 24대를 계속 이어나가다가 (신하였던) 전성자(田成子)가 제나라를 차지하였다. 노나라는 나날이 허약해져 근근이 존속하다가 34대에서 멸망하였다."4 라고 하였다.

이상의 진술에서 볼 때 주공과 강태공은 전혀 다른 가치관을 가지고 있었다. 즉 주공은 신분의 차별과 친친을 중요시한 반면에, 강태공은 존현(尊賢)을 중요시했다. 물론 이러한 상이한 차이는 서로 다른 입장의 차이에서 비롯된 것이다. 주공은 무왕의 친동생으로서 어린 친조카를 대신해 섭정하고 있었으므로 친친(親親)을 중요시했던 것이며, 강태공은 신하의 입장에 있었으므로 존현(尊賢)을 중요시했던 것이다.

노나라는 주(周)나라의 예제(禮制)를 확립한 주공(周公)의 아들인 백금(伯禽)에 의해 세워진 나라인데, 백금은 부친의 뜻을 계승해 주나라의 예제를 충실히 따랐다. 그러므로 노나라는 다른 제후국들보다 전통적으로 예를 중요시하였다.

공자의 사상도 이러한 지역적 배경과 깊은 연관이 있다. 무엇보다 공자는 노나라 출신이었으므로 주나라 문화를 높이 샀다. 그러므로 공자는 "찬란하구나, 주나라 문화여! 나는 주나라를 따르겠다."5라고 하였다.

---

2 『漢書』, 「地理誌」(下), "周公問, 何以治齊. 太公曰, 擧賢而上功. 周公曰, 後世必有篡殺之臣."
3 같은 책, "太公問, 何以治齊. 周公曰, 尊尊而親親. 太公曰, 後世寢弱矣."
4 『呂氏春秋』, 「長見」, "其後齊日以大, 至於霸. 二十四世而田成子有齊國. 魯日以削, 至於觀存, 三十四世而亡."
5 『論語』, 「八佾」, "郁郁乎文哉, 吾從周."

그런데 공자 당시의 춘추말기는 주나라 예제가 크게 무너진 상태에 있었다. 무엇보다 당시에는 예제를 침범하는 참월(僭越)이 성행하였는데, 이러한 행태는 예제를 가장 중요시한 노나라에서도 마찬가지였다. 노나라 대부인 계손씨(季孫氏)가 참월하자 공자는 그의 무례함에 대해, "(계손씨가) 팔일무(八佾舞)를 뜰에서 춤추게 하니, 이와 같은 것을 차마 한다면 무엇인들 차마 하지 않겠는가?"[6]라고 비난하였다. 팔일무는 8열(列)로 춤추는 것을 말한다. 예제에 따르면, 천자는 8열, 제후는 6열, 대부는 4열로 하여 춤추어야 한다. 그런데 대부인 계손씨는 천자의 예악(禮樂)을 참월하여 팔일무를 춤추게 하였으며, 공자는 이에 대해 분개했던 것이다. 이처럼 주대의 예악(禮樂)이 무너지는 것을 목도한 공자는 주나라의 예제를 고수하는 것을 자신의 평생 업으로 삼았다.

양호(陽虎)란 자가 일찍이 광(匡) 땅에서 포악한 짓을 하였는데, 공자의 외모가 양호와 흡사하였으므로 광 땅의 사람들이 공자를 양호로 오인하여 해치려고 하였다. 이에 공자는 의연하게 "문왕이 이미 별세하셨으니, 문화가 이 몸에 있지 아니한가! 하늘이 장차 이 문화를 없애려고 했다면 뒤에 죽을 사람이 이 문화에 참여하지 못했을 것이다. 하늘이 이 문화를 없애려고 하지 않으실 것이니, 광 땅의 사람들이 나에게 무엇을 할 수 있겠는가?"[7]라고 하였다. 이처럼 공자는 하늘로부터 주(周)나라 문화를 보존하라는 사명을 부여받았다고 굳게 믿었으며, 또한 그의 주된 관심사는 주나라 예제를 회복하는 데 있었다.

공자는 노나라 출신이므로 당연히 강태공의 이념이 아닌 주공의 이념을 따라 실리보다 예를 더욱 중요시하였다. 주공의 예제를 중요시했던 공자로서는 라이벌 관계에 있는 제나라 문화를 의식하지 않을 수 없

---

6 같은 책, "八佾舞於庭, 是可忍也, 孰不可忍也."
7 『論語』,「子罕」, "文王旣沒, 文不在玆乎. 天之將喪斯文也, 後死者, 不得與於斯文也. 天之未喪斯文也, 匡人, 其如予何."

었다. 무엇보다 공자는 주나라 전통을 따라 실리보다 의리를 더욱 중요시하였으므로 "군자는 의리에 밝고, 소인은 이익에 밝다."8고 하였다. 의리를 중요시한 공자의 입장에서 보면 실리를 중요시한 제나라의 기풍이 좋게 보일 리 만무했다. 따라서 "제나라가 한번 변하면 노나라에 이르고, 노나라가 한번 변하면 도에 이른다."9고 하였다. 이 문장은 의리와 실리라는 두 상이한 이념의 차이를 염두에 두고 나온 언설이다. 즉 의리를 중요시한 노나라는 한번 변하면 즉시 올바른 도리에 합치될 수 있지만, 실리를 중요시한 제나라는 곧바로 도리에 합치될 수 없으며 노나라가 중요시한 의리라고 하는 중간 단계를 거쳐야 한다고 본 것이다.

주공이 친친(親親)을 중요시하였듯이 공자 역시 친친을 중요시하였다. 가령 『논어』에서 "중궁(仲弓)이 '어떻게 하면 어진 자와 유능한 자를 얻겠습니까?'라고 묻자, 공자는 '네가 아는 어진 자와 유능한 자를 등용하라. 네가 모르는 어진 자와 유능한 자를 남이 내버려두겠는가?'라고 대답하였다."10고 하였다. 이것은 어진 자와 유능한 자를 뽑을 때 가까운 친지(親知)에서부터 구해야 하며, 모르는 사람들에 대해서는 관여할 일이 아니라는 의미이다. 이 역시 친친을 중요시한 노나라의 기풍에서 나온 주장이다.

제나라와의 라이벌의식을 갖고 있었던 공자로서는 제나라 환공을 도와 천하 패권을 잡았던 가장 걸출한 인물인 관중에 대한 평가가 좋을리 만무했다. 그러므로 공자는 "관중은 그릇이 작았다."11, "관중이 예를 안다면 누구인들 예를 모르겠는가?12"라고 하였다. 관중에 대한 일

---

8 『論語』,「里仁」, "君子喩於義, 小人喩於利."
9 『論語』,「雍也」, "子曰, 齊一變, 至於魯, 魯一變, 至於道."
10 『論語』,「子路」, "曰, 焉知賢才而擧之. 曰, 擧爾所知. 爾所不知, 人其舍諸."
11 『論語』,「雍也」, "子曰, 管仲之器小哉."
12 같은 책, "管氏而知禮, 孰不知禮."

부 긍정적인 평가도 있었지만, 부정적인 평가가 우세하였다.

이와 같이 노나라와 제나라는 기풍이 다르다. 무엇보다 제나라는 실리를 중요시한 반면에 노나라는 예의를 중요시하였다. 그런데 예의가 지나치면 자칫 형식주의에 빠져들 수도 있다. 실제로 노나라는 형식에 치중하였다. 『한서』에서 노나라에 대해 다음과 같이 평하고 있다.

> "지금은 성인과의 거리가 멀어지게 되자 주공이 남긴 교화는 더욱 미약해졌으며 공자가 세운 학교는 쇠약해 없어졌다. 땅은 협소했고 백성은 많았으며, 뽕나무나 삼을 재배하는 것을 직업으로 하는 사람들이 자못 많았고, 산림이나 못은 풍요롭지 못했다. 따라서 풍속은 인색했으며, 재물을 아꼈으며, 서로 장사꾼들이 되려고 하였으며, 남을 비방하기를 좋아했으며, 교묘히 속이는 일이 많았으며, 상(喪)과 제사의 예에서 문(文)은 비록 갖추어졌으나 내실이 적었다. 그러나 학문을 좋아함은 다른 나라의 풍속에서보다 뛰어났다."[13]

이와 같은 평가에서 볼 때, 노나라는 겉으로는 예의(禮義)를 숭상하는 듯 했지만 내심으로는 오히려 이익을 탐하는 가식적인 면모가 있음을 엿볼 수가 있다. 공자 사후의 유자들 역시 이러한 가식적인 방향으로 흘러갔다. 묵자 역시 이러한 가식적인 측면에 대해 다음과 같이 비판하였다.

> "여름에는 보리나 벼를 동냥하다가 오곡을 이미 추수하면 큰 상(喪)을 당한 집안만 쫓아다니는데, 집안사람들도 쫓아와 실컷 먹고 마셨다. 몇 집의 초상만 잘 치루면 충분히 살아갈 수 있었다. 이들은 남의 집안

---

13 『漢書』, 「地理志」(下), "今去聖久遠, 周公遺化銷微, 孔子庠序衰壞, 地陝民衆, 頗有桑麻之業, 亡林澤之饒. 俗儉嗇愛財, 趨商賈, 好訾毀, 多巧僞, 喪祭之禮文備實寡, 然其好學猶愈於它俗."

을 근거로 하여 넉넉해졌고 남의 들판에 의존하여 존귀해졌다. 부잣집에 초상이 있으며 곧 크게 기뻐하며, '이것이야말로 입고 먹는 실마리구나!'라고 하였다."14

그런데 강태공은 존현(尊賢)을 중요시하였을 뿐만 아니라 실리(實利) 역시 중요시였다. 『한서』에서도 "강태공은 제나라 땅이 바다를 등지고 있어 염토(鹽土)였기 때문에 오곡이 부족했고 백성이 적었으므로, 부지런히 여공(女工)의 직업을 활용하고 어염(魚鹽)의 이익을 유통하게 하자, 사람과 재물이 모여드는 것이 마치 바퀴살들이 바퀴통에 모여들듯이 하였다."15라고 하였다.

이와 같이 실리와 존현을 중요시하는 강태공의 이념을 이어받은 제나라에서는 부국강병과 실익을 도모하였다. 노나라에 공자가 있었다면, 제나라에는 관중이 있었다. 그런데 관중 역시 제나라 기풍을 따라 존현과 실리를 중요시하였다. 가령 관중은 환공에게 "현명한 이를 선발하고 재능 있는 사람을 천거하지 않는다면 어찌 복종하지 않는 나라를 정벌할 수 있겠습니까?"16라고 하였다.

존현의 전통을 이어받은 제나라 선왕은 많은 봉록과 함께 (비록 명목상이기는 하지만) 관직까지 부여하여 인재를 모았다. 맹자 역시 제나라에 초빙되어 높은 관직을 받았다. 그런데 선왕과 맹자의 뜻이 서로 맞지 않았다. 왜냐하면 선왕이 많은 녹봉을 주어 지식인들을 모으려고 한 이유는 강태공의 전통을 이어받아 인재를 등용하여 부국강병을 도모하고자 했기 때문인데, 맹자는 이러한 실리를 단호히 배척하고 인의

---

14 『墨子』, 「非儒」(下), "夫夏乞麥禾, 五穀旣收, 大喪是隨, 子姓皆從, 得厭飮食. 畢治數喪, 足以至矣. 因人之家翠以爲(以爲翠), 恃人之野以爲尊. 富人有喪, 乃大說, 喜曰, 此衣食之端也."
15 『漢書』, 「地理志」(下), "太公以齊地負海瀉鹵, 少五穀而人民寡, 乃勤以女工之業. 通魚鹽之利, 而人物輻輳."
16 『管子』, 「侈靡」, "選賢擧能不可得, 惡得伐不服."

만을 중요시하였기 때문이다. 맹자는 자신의 뜻이 관철되지 못하자 제나라를 떠나려고 하였다. 그런데 선왕은 떠나가는 맹자를 간곡히 만류하였다.

선왕의 입장에서 보면 맹자는 그다지 달갑지 않은 존재였다. 막대한 경비를 부담하면서까지 초빙했음에도 불구하고 맹자는 부국강병을 논의하기는커녕 현실과 동떨어진 '인의'만을 주장하였을 뿐 아니라, 신하의 직분에 있으면서도 걸핏하면 직언을 퍼부어 왕의 심기를 불편하게 한 적이 한두 번이 아니었기 때문이다. 『맹자』에 맹자가 선왕을 질타하는 장면이 나온다.

> "'왕의 신하 중에서 그 처자식을 친구에게 맡기고 초나라에 가서 여행하던 자가 있었는데, 돌아와 보니 친구가 그 처자식을 얼게 하고 굶주려 죽게 했다면 어떻게 하시겠습니까?' 왕이 '끊어 버리겠습니다.'라고 답하였다. '옥관이 사(士)를 다스리지 못한다면 어떻게 하시겠습니까?'라고 묻자, 왕이 '파직시키겠습니다.'라고 말하였다. '나라 안이 다스려지지 않으면 어찌하시겠습니까?'라고 묻자, 왕은 좌우를 돌아보며 화제를 딴 데로 돌렸다."[17]

이 대목에서 우리는 맹자가 신하의 신분에 있으면서도 왕에게 얼마나 무례했는지를 엿볼 수 있다. 그럼에도 제나라 선왕은 고집스러운 이 노인네가 떠나가는 것을 극구 말렸다. 이것을 통해 우리는 선왕이 "현명한 사람을 등용하여 공업(功業)을 완수하겠다"고 한 강태공의 정신을 얼마나 철저히 계승하려고 했는지를 알 수가 있다.

이처럼 제나라는 실리에 민감하였으므로 타국의 입장에서는 그다

---

[17] 『孟子』, 「梁惠王」(下), "王之臣, 有託其妻子於其友而之楚遊者, 比其反也, 則凍餒其妻子, 則如之何. 王曰, 棄之. 曰, 士師不能治士, 則如之何. 王曰, 已之. 曰, 四境之內不治, 則如之何. 王, 顧左右而言也."

지 좋게 보일 리 없었다. 한초의 명장 한신(韓信)이 한나라 왕에게 제나라에 대해서 "제나라는 거짓이 많고 자주 변해서 번복이 심한 나라입니다."[18]라고 하였다. 또한 급암(汲黯)이 조정에서 공손홍(公孫弘)을 힐책하며, "제나라 사람들은 거짓이 많고 진솔하지 못합니다."[19]라고 하였다. 이와 같이 제나라 사람들은 실익을 중요시한 나머지 그들을 신뢰하기 어렵다는 것이 일반적인 평가였다.

---

18 『史記』「淮陰侯列傳」, "齊僞詐多變, 反覆之國也."
19 『史記』, 「平津侯主父列傳」, "齊人多詐而無情實."

2. 직하학궁

　춘추시대 말기의 인물인 공자를 필두로 하여 각 학파들이 생겨났다. 그런데 전국시대 중기 이전까지는 자신의 논리를 펼치기에 급급했을 뿐 사상적 교류가 그다지 활발하지 않았다. 제자백가들의 백가쟁명은 전국시대 중기 이후에서부터 본격적으로 시작되었다. 무엇보다 전국시대 중기 이후로 갈수록 열국들 간에 치열한 전쟁이 벌어졌는데, 전쟁의 승패는 곧바로 국가의 흥망성쇠를 결정하였다. 왕들은 이러한 현실 속에서 저마다 부국강병을 도모하였으며, 부국강병의 일환으로써 인재등용에 힘썼다. 그 대표적인 인물이 위나라 혜왕이었다.[20] 『사기』에서도 "혜왕(惠王)은 자주 군대의 침략을 당하자, 예로써 낮추어 많은 폐백(幣帛)으로 현명한 자들을 초빙하였다. 그 결과 추연(鄒衍)·순우곤(淳于髡)·맹가(孟軻)와 같은 사람들이 몰려들었다."[21]고 하였다. 『맹자』에서도 맹자와 혜왕이 대화하는 장면이 자주 나온다.

　이와 같이 전국시대 중기에 오면서 각 제후국들은 인재등용에 힘썼는데, 특히 제나라가 인재등용에 가장 주력하였다. 제나라가 이처럼 인재등용에 힘쓴 이유는 앞서 언급한 것처럼 제나라가 전통적으로 '존현(尊賢)'을 중요시하였기 때문이다.

20　위나라 수도를 대량(大梁)으로 옮긴 후에는 양(梁)나라고 칭하였다.
21　『史記』, 「魏世家」, "惠王數被於軍旅, 卑禮厚幣以招賢者. 鄒衍·淳于髡·孟軻皆至梁."

이러한 풍토에 의해 제나라에는 직하학궁(稷下學宮)을 설치하여 많은 저명한 학자들을 초빙하였다. 직하학궁(稷下學宮)에서의 직하(稷下)란 '직문(稷門) 밑'이란 뜻이다. 직문은 제나라 수도 임치(臨淄)에 있던 성문의 하나이다. 제나라 전씨(田氏) 정권이 이 직하에다 학궁을 세워 많은 인재를 모았으므로 '직하학궁'이라고 칭한 것이다.22 또한 특정 학파를 불문하고 다양한 학파들을 수용하였는데, 여기서 생겨난 학풍을 '직하학(稷下學)'이라고 불렀으며, 직하학에 소속되어 있던 학자들을 '직하선생(稷下先生)'이라고 불렀다.

많은 학자들이 직하학궁을 세운 이유가 전씨 정권이 자신의 정권을 정당화시키기 위해서였다고 주장하고 있다. 춘추 말기의 전상(田常)은 신하의 신분으로 간공(簡公)을 죽이고 왕위를 찬탈한 인물이다. 춘추 말기인 당시까지만 하여도 계급적 질서가 비교적 엄격히 지켜졌으므로, 제후들은 모두 이 역신(逆臣)을 응징하려고 하였다. 『사기』에서도 "전상이 이미 간공을 죽이고 나자, 제후들이 모두 합세해 자기를 죽일 것을 두려워하였다. 따라서 노나라와 위나라에 빼앗은 땅을 모두 돌려주고, 서쪽으로 진(晉)·한·위·조와 조약을 맺고, 남쪽으로는 오·월의 사신들과 우호관계를 다졌고, 논공행상(論功行賞)을 베풀어 백성과 친해지고자 하였다. 이로써 제나라는 다시 안정을 되찾게 되었다."23고 하였다. 『사기』에서의 기록처럼 전상은 자신의 군주를 죽인 것에 의해 다른 제후들로부터 혹시나 보복당하지 않을까 두려워하였으므로, 대외적으로는 제후들과 친분을 맺었고 대내적으로는 백성들에게 유화책을 썼다. 이처럼 중국학자들은 전씨 정권이 직하학궁을 설치한 이유는 많은 학자들을 모음으로써 정권의 정당성을 옹호하기 위해서였다고 주장

---

22 劉蔚華·苗潤田, 『稷下學史』, 中國廣播電視出版社, 1992, 6쪽.
23 『史記』, 「田敬仲完世家」, "田常旣殺簡公, 懼諸侯共誅己. 乃盡歸魯衛侵地, 西約晉韓魏趙氏, 南通吳越之使, 脩功行賞, 親於百姓. 以故齊復定."

하고 있으나, 직하학의 설립이 단순히 전씨 정권의 정당성을 확보하기 위해서라고 볼 수는 없다. 당시의 많은 군주들이 경쟁적으로 존현과 함께 인재등용에 힘썼다. 더욱이 제나라 기풍은 실리와 존현을 중요시하였으므로, 다른 나라보다 더욱 적극적으로 인재등용에 힘쓴 것은 당연한 일이었다. 이와 같은 상황들이 맞물려 거대한 학술기관인 직하학궁이 생겨나게 된 것이다.

호가총은 직하학궁의 특징에 대하여 1) 전씨 정권의 자문기관이었으며, 2) 오늘날의 연구소와 같은 대학당(大學堂)이었으며, 3) 백가쟁명의 학술적 중심지였다고 설명하고 있다.[24]

당시의 직하학궁에는 많은 지식인들이 모여 들었으며 아울러 활발한 사상 토의가 있었다. 또한 이렇게 해서 종합적인 사상이 생겨나게 되었는데, 그 대표적인 예가 '직하학'이다. 당시의 직하학의 면모에 대하여, 『사기』에서 다음과 같이 말하고 있다.

> "제나라 선왕(宣王)은 학문과 유세하는 지식인을 좋아하여 추연(騶衍)·순우곤(淳于髡)·전병·접여·신도·환연과 같은 무리 76명 모두에게 저택을 하사하고 상대부(上大夫)의 벼슬을 주었으며, 정치에는 간여하지 않게 하고 토론만 하도록 하였다. 이리하여 제나라 직하 학자들이 많아져 그 수가 수백 수천이나 되었다."[25]

> "추연을 비롯한 제나라의 직하 선생(稷下先生), 즉 순우곤·신도·환연·접자·전병·추석(騶奭)의 무리는 각기 글을 지어서 치란(治亂)의 일을 논하여 세상의 군주들에게서 벼슬을 구하였다."[26]

---

24 胡家聰,「從〈管子〉看田氏齊國崇奉黃帝」,『中國史硏究』第4期, 1990.
25 『史記』,「田敬仲完世家」, "宣王喜文學游說之士, 自如騶衍淳于髡田騈接予愼到環淵之徒七十六人, 皆賜列第, 爲上大夫, 不治而議論. 是以齊稷下學士復盛, 且數百千人."
26 『史記』,「孟子荀卿列傳」, "自騶衍與齊之稷下先生, 如淳于髡·愼到·環淵·接子·田騈·騶奭之徒, 各著書言治亂之事, 以干世主."

"이에 제나라 왕은 이러한 것을 좋아하여 순우곤으로부터 이하의 모두에게 열대부(列大夫)라고 명명하며, 그들을 위해 번화한 거리에서 호화로운 저택을 개방하고, 높은 문의 큰 집에 살게 하면서 존중하고 총애하였다."[27]

사마천의 진술에서 우리는 몇 가지 중요한 점을 발견할 수 있다. 1) 직하학은 선왕 때 가장 성행하였다. 2) 전씨 정권에서는 직하학궁에 모인 지식인에게 비록 명목상이기는 했지만 상대부와 같은 고위관직을 주었으며, 화려한 저택과 함께 많은 녹봉을 주었다. 3) 학자들을 초빙하기 위하여 융성한 환대를 한 결과 당시의 많은 학자들이 자연스럽게 모여들었는데, 이들을 '직하선생(稷下先生)'이라고 불렀다.

『사기』에 의거하면, 순우곤·추연·신도·환연·접자·전병·추석과 같은 당대의 쟁쟁한 학자들이 직하학궁에 소속되어 있었다. 이것은 곧 직하학궁이 당시 선진시대 사상계에서 중추적인 연구기관이었음을 뜻한다. 실제로 직하학궁에 당시의 쟁쟁한 학자들이 모여 일대 논쟁을 벌임으로써 학문발전에 크게 기여하였다.

그런데 앞서『사기』에서 "정치에는 간여하지 않게 하고 토론만 하였다"고 하였듯이, 직하학자들은 비록 높은 관직을 부여받기는 했지만 이것은 명목상의 관직일 뿐으로 실질적인 관직은 아니었다. 직하학자들은 직접적으로 정치에 참여하지 않고 단지 정치적인 토론을 위주로 하였다. 『염철론』에서도 "제나라 선왕은 유학을 높이고 학문을 존중하여, 맹가와 순우곤의 무리에게 상대부의 녹을 주었으며, 직책을 맡기지 않고 국사만을 논의하게 했다. 이에 제나라 직하선생은 천여 명이나 되었다."[28]라고 하였다.

---

27 같은 책, "於是齊王嘉之, 自如淳于髠以下, 皆命曰列大夫, 爲開第康莊之衢, 高門大屋, 尊寵之."
28 『鹽鐵論』,「論儒」, "齊宣王褒儒尊學, 孟軻淳于髠之徒, 受上大夫之祿, 不任職而論國

이처럼 선왕 때 가장 흥기할 수 있었던 이유는 그가 특별히 존현을 중요시한 원인도 있었지만 당시의 제나라는 열국들 중에서 가장 강대국이었기 때문이다. 『전국책』에서도 "대왕(선왕)의 현명함과 제나라의 강함으로 인해 천하가 당해낼 수 없었다."29라고 하였다. 이처럼 선왕 때 가장 강대국이었으므로 막대한 자본을 들여 학자들을 초빙하는 것이 가능할 수 있었다.

그런데 선왕의 아들 민왕(湣王) 때에는 직하학이 쇠퇴의 길을 걸었다. 민왕 초기에는 강성하였으므로 제후들이 모두 그에게 복종하고자 했다. 그러나 그는 교만에 빠져 자신의 공과를 과시하였고 직하학자들의 충고도 듣지 않자, 제후국들 사이에 원망이 자자했고 많은 직하선생들도 뿔뿔이 흩어졌다. 이 때 연(燕)나라의 장수 악의(樂毅)가 조(趙)·초(楚)·한(韓)·위(魏)·연(燕)의 연합군을 통솔하여 제나라를 격파시킴으로써 제나라는 몰락의 길을 걷게 되었다.

이처럼 민왕 말년에 국가의 쇠퇴와 함께 직하학궁 역시 쇠퇴의 길로 나아갔으며, 급기야 그는 피살되고 말았다. 『염철론』에서도 "민왕이 공적을 자랑하고 전쟁을 그치지 않아 백성들이 감당할 수 없었고, 유생들이 간언하였음에도 듣지 않자 각각 뿔뿔이 흩어졌다. 신도(愼到)와 첩자(捷子)는 달아났고, 전병(田騈)은 설 땅으로 떠나갔고, 손경(孫卿:순자)은 초나라로 떠나갔다."30라고 하였다.

직하학은 사상사적으로 중요한 의미를 갖는다. 전국시대 중기까지만 해도 각 학파들은 자신들의 사상만을 피력하였을 뿐 서로 간에 배타성을 갖고 있었다. 그런데 직하학궁이 설립됨으로써 서로 다른 사상을 가진 학자들이 모여들어 열띤 토론을 함으로써 학문 교류가 본격적으

事, 蓋齊稷下先生千有余人."
29 『戰國策』, 「齊策一」, "夫以大王之賢與齊之强, 天下不能當."
30 『鹽鐵論』, 「論儒」, "矜功不休, 百姓不堪, 諸儒諫不從, 各分散, 愼到捷子亡去, 田騈如薛, 而孫卿適楚."

로 이루어졌다. 이러한 다양한 학문교류로 인해 다양한 사상들이 하나로 뒤섞이는 잡가적인 형태로 나아갔지만, 보다 폭넓은 사상을 만들어 내기도 하였다. 전국시대 후기에 다양한 사상들이 생겨난 데에는 직하학궁의 공로가 컸다.

3. 직하학자

(1) 맹자

『염철론』에서 "맹가와 순우곤의 무리에게 상대부의 녹을 주었으며, 직책을 맡지 않고 국사만을 논의하게 했다."[31]라고 하였다. 이에 따른다면 맹자는 의심할 여지없이 직하학궁에 소속되어 있었다고 할 수 있다. 대다수 학자들도 맹자 역시 제나라 선왕 때에 직하학궁에 소속되어 있었다고 보았다. 그런데 전목(錢穆)은 『염철론』의 진술은 잘못된 것으로서, 맹자는 제나라 직하학궁에 소속되어 있지 않았다고 주장하였다. 그가 맹자를 직하학궁에 소속되어 있지 않았다고 본 결정적인 이유는 『사기』「맹자·순경열전(孟子荀卿列傳)」에서 거론된 직하학자들의 명단에 맹자가 빠져있었는데, 맹자가 정말로 직하학궁에 소속되어 있었다면 그와 같은 거목이 명단에 빠져있을 리 없기 때문이라는 것이다.[32]

그런데 전목의 주장에 대해 많은 학자들이 반론을 제기하였다. 그 이유로써 맹자가 "내가 듣건대, 관직을 맡은 자는 그 직책을 얻을 수가 없으면 떠나가고, 말에 책임을 지닌 자는 말을 얻지 못하면 떠나간다. 나는 관직을 맡은 것이 없으므로 말에 책임질 것이 없다."[33]고 말한 대

---

31 『鹽鐵論』,「論儒」, "孟軻淳于髡之徒, 受上大夫之祿, 不任職而論國事."
32 錢穆,「孟子不列稷下考」,『先秦諸子繫年』, 河北敎育出版社, 2002, 268쪽.
33 『孟子』,「公孫丑」(下), "吾聞之也, 有官守者, 不得其職則去, 有言責者, 不得其言則去,

목을 지적하고 있다. 직하학자들은 많은 녹봉과 함께 높은 직책을 받았지만, 이것은 명목상의 관직이지 실직적인 관직은 아니었다. 학자들은 맹자 역시 여느 직하학자들처럼 실질적인 관직을 맡은 것은 아니라고 보았다. 손개태(孫開泰)는 『사기』에서의 직하학자들의 명단에 유독 맹자의 이름이 빠져있다고 해서 맹자가 확실히 직하선생이 아니라는 것을 증명하는 것은 아니라고 반박하였다.34

그런데 백해(白奚)는 전목의 주장을 따라 맹자가 직하선생이 아니라고 주장하였다. 그 근거로써 다음과 같이 제시하였다. 첫째, 「맹자·순경열전」과 「전경중완세가(田敬仲完世家)」에서 직하선생을 언급할 때 당시의 유명한 학자였던 맹자를 언급하지 않은 것은 우연이 아니며, 사마천의 생각 속에는 맹자가 직하선생의 반열에 있다고 보지 않았기 때문이다.35 둘째, 맹자는 제나라의 객경(客卿)이었는데, 객경은 전국시기 각 제후들이 다른 나라의 인재들을 초빙하고 선용(善用)하기 위한 관직이다. 실제로 진시황이 천하 패권을 장악하는 데 가장 중요한 역할을 한 이사(李斯) 역시 처음에는 객경으로 임명되었다.36 반면에 직하선생들은 처사(處事)이다. 처사는 벼슬하지 않는 자를 말하는데, 이것은 맹자가 실질적인 관직을 맡은 것과는 다르다.37

필자 역시 맹자가 제나라 직하학자가 아니라고 본다. 그 이유는 다음과 같다. 첫째, 맹자는 무엇보다 천하의 질서를 도모하려는 웅장한 포부를 가지고 있었으므로 직하학궁에 얽매일 성품이 아니다. 둘째 『맹자』에서 "맹자가 제나라 경(卿)이 되어 등(滕)나라에 가 조문하였다."38라고 하였고, 순우곤(淳于髡)이 맹자에게 "선생께서는 삼경(三卿)

我無官守, 我無言責也."
34 孫開泰, 「孟子與稷下學宮的關係」, 『齊魯學刊』, 1980, 第5期.
35 백해(白奚), 이임찬 옮김, 『직하학연구』, 소나무, 2013, 302쪽.
36 같은 책, 304~305쪽.
37 같은 책, 308쪽.
38 『孟子』, 「公孫丑」(下), 孟子爲卿於齊, 出弔於滕."

가운데 있었음에도 불구하고, 위아래로 명(名)과 실(實)을 보태지 않고 떠나가셨으니, 인자(仁者)는 본래 이러합니까?39"라고 하듯이, 그는 실질적인 업무를 담당하였다. 셋째, 맹자가 직하학자였다고 한다면, 『맹자』에 직하학에 대한 논쟁 부분이 있어야 한다. 그런데 『맹자』에는 직하학자들의 주장에 대해 거의 언급하지 않았다.

이처럼 맹자는 비록 직하학자는 아니었지만 직하학과 무관하다고 볼 수는 없다. 『맹자』에는 직하학자인 송견(宋銒)·순우곤(淳于髡)과 대화하는 장면이 나온다. 이를 통해 볼 때, 맹자 역시 제나라에 있었을 때 직하학파와 깊은 관련을 맺었다고 본다. 맹자는 호연지기(浩然之氣)·천시(天時)·민본주의 등 공자의 유가에서는 찾아볼 수 없는 폭넓은 논의를 하였는데, 그 이유 또한 맹자가 제나라에 있는 동안에 직하학으로부터 지대한 영향을 받았기 때문이라고 본다.

손개태(孫開泰)는 『맹자』와 제나라 학문의 대표적인 문헌인 『관자』 사이에는 많은 유사성이 있음을 지적하며, 『맹자』가 직하황로학에서 많은 영향을 받았다고 주장하였다. 그 유사성에 대하여 간략히 열거해 보면 다음과 같다.

1) 맹자는 '민심을 따라야 함(順民心)'을 강조했는데, 『관자』의 「목민(牧民)」과 「수권(修權)」에서도 '민심을 따라야 함[順民心]'을 강조하고 있다. 2) 맹자는 '항산(恒産)'을 강조했는데, 『관자』에서도 '항산'을 강조하였다. 이를테면 『맹자』에서 "지금은 백성의 생업을 만들어 주되 위로는 충분히 부모를 섬기지 못하고 아래로는 충분히 처자식을 기르지 못하여, 풍년에는 죽도록 고생만 하고 흉년에는 죽음조차 모면하지 못합니다. 이처럼 오직 죽음을 구제하는 데도 부족할까를 걱정해야 할 판에 어느 겨를에 예의를 차리겠습니까?"40라고 하였는데, 『관자』에서도 "창

---

39 『孟子』, 「告子」(下), "夫子, 在三卿之中, 名實, 未加於上下而去之. 仁者, 固如此乎."

고가 채워져야 예절을 안다."41고 하였다. 3) 『맹자』에서는 "형벌을 줄이고, 세금 거둬들이는 것을 적게 해야 한다."42고 하였는데, 『관자』에서도 "세금 거둬들이는 것을 적게 하고, 형벌을 가볍게 한다."43고 하였다. 4) 맹자의 호연지기는 '직하황로학'의 '정기(精氣)'설과 관련이 있다고 하였다.44

실제로 『맹자』에는 제나라로부터 영향을 받았다는 증거들이 적지 않다. 가령 맹자가 "천시(天時)는 지리(地利)의 이로움만 못하며, 지리는 인화(人和)만 못하다."45라고 했는데, '천시' '지리' '인화'의 개념은 순수 유가 계통의 말이 아니라 제나라 계통의 말이다. 가령 '천시' '지리' '인화'의 개념은 당시 제나라에서 유행하였던 삼탁(三度)인 '천시', '지리', '인화'의 개념을 차용한 것이다. 또한 맹자가 천시를 강조했는데, 이 역시 제나라로부터 영향을 받은 것이다. 실제로 맹자는 "제나라 사람의 말에 이르기를 '비록 지혜가 있더라도 세를 타는 만 못하며, 비록 농기구가 있으나 때를 기다림만 못하다'고 했는데 지금의 때가 그러하기 쉽다."46라고 제나라 사람의 말을 직접 인용하고 있다. 『맹자』에 '호연지기(浩然之氣)'와 같은 다양한 형태의 '기' 개념들이 나오는데, 이 역시 제나라 직하학으로부터 영향을 받은 것이다. 맹자는 민본주의를 강조하였다. 가령 "백성이 가장 귀하고, 사직은 그 다음이고, 군주는 가볍다."47라고 하였다. 이러한 민본주의는 군권(君權)을 강조한 노나라 기

---

40 『孟子』, 「梁惠王」(上), "今也制民之産, 仰不足以事父母, 俯不足以畜妻子, 樂歲終身苦, 凶年不免於死亡. 此惟救死而恐不贍, 奚暇治禮義哉."
41 『管子』, 「牧民」, "倉廩實則知禮節."
42 『孟子』, 「梁惠王」(上), "省刑罰, 薄賦斂."
43 『管子』, 「中匡」, "薄稅斂, 輕刑罰."
44 孫開泰, "稷下黃老學對孟子思想的影響", 『道家文化硏究』第6輯, 上海古籍出版社.
45 『孟子』, 「公孫丑」(下), "天時不如地利, 地利不如人和."
46 『孟子』, 「公孫丑」(上), "齊人, 有言曰, 雖有智慧, 不如乘勢, 雖有鎡基, 不如待時, 今時, 則易然也."
47 『孟子』, 「盡心」(下), "民爲貴, 社稷次之, 君爲輕."

풍에서는 나올 수 없는 것이며, 민을 중요시한 제나라 기풍으로부터 영향을 받은 것이다.

이상과 같이 맹자는 이미 많은 학문적 교류를 하였다. 이것은 전국시대 중기에 사상적 교류가 활발히 이루어지고 있었음을 의미한다. 그러나 맹자는 다른 학파에 대해 배타적이었다. 이것은 유가가 다른 학파의 논의들에 대해 적극적으로 받아들이기에는 아직 시기상조임을 의미한다.

(2) 순우곤(淳于髡)

순우곤(淳于髡)은 초기의 대표적인 직하학자이다. 순우곤에 대해 『사기』에서 "순우곤은 제나라 사람이다. 견문이 넓고 기억력이 좋았으나, 그 학설에는 주된 것이 없었다. 안영(晏嬰)의 사람됨을 흠모했으나 상대방의 뜻에 영합하고 남의 얼굴빛을 살피는데 주력하였다."[48]라고 하였다. 『사기』에 따르면 순우곤은 박학다식하기는 했지만, 특별히 내세울만한 학설이 없을 뿐만 아니라 영합하기에 바쁜 인물로 보인다. 그럼에도 불구하고 『사기』에서 직하학자들을 언급할 때 순우곤을 가장 먼저 내세운 이유는 그가 연장자이기도 하였지만 직하학궁에서 그만큼 중요한 위치를 차지하고 있었기 때문이다.

순우곤은 제나라의 데릴사위였다.[49] 당시에는 집안이 가난하여 폐백을 주고 아내를 맞아들이지 못할 경우 데릴사위가 되는 경우가 많았다. 여기서 알 수 있듯이 순우곤은 가난하고 비천한 신분이었다. 그럼에도 그는 뛰어난 언변과 지략으로 제나라 선왕으로부터 두터운 신임

---

[48] 『史記』,「孟子荀卿列傳」, "淳于髡齊人也. 博聞彊記, 學無所主. 其諫說, 慕晏嬰之爲人也, 然而承意觀色爲務."
[49] 『史記』,「滑稽列傳」, "淳于髡者, 齊之贅壻也."

을 얻었다. 또한 양혜왕은 그를 경상(卿相)의 자리를 권유하였으나, 그는 단호히 거절하였다. 이와 관련하여 『사기』에서 "양혜왕이 그를 경상(卿相)의 지위로 대우하려고 하자, 순우곤은 사양하고 떠났다. 이에 혜왕은 그를 전송하는데 네 필 말이 끄는 안거(安車)에 태우고, 비단 묶음과 구슬, 황금 백일(百鎰)을 예물로 주었다. 순우곤은 죽을 때까지 벼슬하지 않았다."50고 하였다. 이를 통해 볼 수 있듯이 당시에는 귀천을 막론하고 재능이 있으면 언제든지 높은 직위에 오를 수 있었다. 또한 당시 직하학자들은 학문 연구와 정치토론에 열중했을 뿐 벼슬에는 뜻을 두지 않았다.

『맹자』에 손우곤과 맹자가 대화하는 장면이 나온다. 손우곤은 맹자에게 "남녀가 주고받기를 직접 하지 않는 것은 예입니까?"51라고 묻자, 맹자는 남녀가 직접 주고받지 않는 것은 예이고, 형수가 물에 빠졌을 때 손으로 구원해주는 것은 권(權)이라고 말하였다. 이에 순우곤은 "지금 천하가 도탄에 빠졌는데, 선생께서는 구원하지 않는 이유는 무엇 때문입니까?"52라고 재차 물었다.

순우곤은 맹자가 지나치게 예에 치우친 인물인지를 알아보기 위해 극단적인 사례를 들어 물었던 것이다. 맹자는 권도(權道)를 말함으로써 어느 정도 융통성을 발휘하였다. 이에 순우곤은 "지금 천하가 도탄에 빠져있는 상태이므로 마땅히 권도를 행해야 함에도 불구하고 그대는 어째서 정도만을 고집하고 있느냐?"라고 따져 물은 것이다. 여기서 볼 수 있듯이 순우곤은 천하의 다스림에 있어서 정도만을 고집할 수 없으며, 상황에 맞는 도를 행해야 한다고 주장하였다.

또한 순우곤은 맹자에게 "명(名)과 실(實)을 먼저 하는 것은 인민을

---

50 『史記』,「孟子荀卿列傳」, "惠王欲以卿相位待之, 髡因謝去. 於是送以安車駕駟, 束帛加璧, 黃金百鎰. 終身不仕."
51 『孟子』,「離婁」(上), "男女授受不親, 禮與."
52 같은 책, "今天下溺矣, 夫子之不援何也."

위한 것이고, 명과 실을 뒤로 하는 것은 자신을 위한 것입니다.'"53라고 하였다. 명실론은 전국말기의 가장 중요한 학문적 주제로서, 직하학에서도 중요한 담론의 대상으로 삼았다. 직하학 초기의 인물인 순수곤 역시 명실을 논의하였다는 점에서, 직하학에서는 초기부터 명실론에 대한 담론이 이루어졌음을 알 수 있다.

『전국책』에 순우곤에 대한 다음과 같은 이야기가 있다.

"순우곤(淳于髡)이 하루에 일곱 명을 선왕(宣王)에게 알현시키자 왕이 말하였다. '그대는 이리 오시오. 과인은 듣건대 천 리에 한 명의 선비만 있어도 이는 어깨가 부딪칠 만큼 나란히 선 것이오, 백세(百世)에 한 명의 성인만 나와도 발뒤꿈치가 서로 닿을 정도로 빽빽한 것이라고 하였소. 지금 그대는 하루아침에 7명의 선비를 조회케 하니 선비가 너무 많은 것 아니오?' 순우곤이 말하였다. '그렇지 않습니다. 새는 같은 털을 가진 것끼리 모여 살며, 짐승은 같은 발굽을 가진 것끼리 함께 몰려다닙니다. 지금 시호(柴胡)나 길경(桔梗)과 같은 약초를 못에서 몇 세대를 찾아도 하나도 캐지 못합니다. 그러나 고서산(睪黍山)이나 양보산(梁父山) 북쪽에 가면 빈 수레를 가지고 가득 싣고 올 수가 있습니다. 사물들은 제각기 부류를 형성하는데, 지금 저 같은 자는 현자의 부류입니다. 그러니 왕께서 선비를 저에게서 구하시는 것은 비유하자면 냇가에서 물을 긷는 것 같고, 부싯돌로 불을 얻는 것과 같습니다. 저는 장차 (현자를) 더 알현시키고자 하니, 어찌 7명뿐이겠습니까?"54

---

53 『孟子』, 「告子」(下), "先名實者, 爲人也, 後名實者, 自爲也."
54 『戰國策』, 「齊策(三)」, "淳于髡一日而見七人於宣王. 王曰. 子來. 寡人聞之, 千里而一士, 是比肩而立. 百世而一聖, 若隨踵而至也. 今子一朝而見七士, 則士不亦衆乎. 淳于髡曰. 不然, 夫鳥同翼者而聚居, 獸同足者而俱行. 今求柴胡桔梗於沮澤, 則累世不得一焉. 及之睪黍梁父之陰, 則隙車而載耳. 夫物各有疇, 今髡賢者之疇也. 王求士於髡, 譬若挹水於河, 而取火於燧也. 髡將得見之, 豈特七士也."

순우곤은 이처럼 인재등용에 힘썼다. 여기서 우리는 당시 사회가 인재등용에 얼마나 주력했는지를 엿볼 수 있다.

(3) 송견(宋銒)

송견(宋銒)과 윤문(尹文) 역시 직하학궁에 속해 있었다. 『한서』 「예문지」의 안사고(顏師古) 주(注)에서도 "유향(劉向)이 '윤문은 송견과 함께 직하에서 유학하였다'고 하였다."55고 하였다. 『한서』 「예문지」〈소설가〉에 '송자(宋子) 18편'이라고 기재되어 있으며, 반고는 "손경(孫卿=荀子)이 송자(宋子 : 宋銒)에 대해, '송견의 말은 황로의 사상을 담고 있다'고 말하였다."56고 하였다.

송견은 송영(宋榮) 또는 송경(宋牼)이라고도 불린다. 송견에 대해서는 『순자』에 자세히 나온다.

> "송자께서 말씀하셨다. '남에게 업신여김을 받더라도 치욕이 아니라는 것을 분명히 안다면 사람들로 하여금 다투지 않게 할 수 있다. 사람들에게 멸시를 받는 것을 치욕이라고 여기기 때문에 싸우게 되는 것이다.'"57

> "송자께서 말씀하셨다. '사람의 정은 본래 욕심이 적은데, 사람들은 모두 자신의 성정이 욕심이 많다고 생각하니, 이것은 잘못이다.'"58

---

55 『漢書』, 「藝文志」,〈名家〉, "劉向云與宋銒具遊稷下."
56 『漢書』, 「藝文志」,〈小說家〉, "孫卿道宋子. 其言黃老意."
57 『荀子』, 「正論」, "子宋子曰, 明見侮之不辱, 使人不鬪. 人皆以見侮爲辱, 故鬪也."
58 같은 책, "子宋子曰, 人之情, 欲寡, 而皆以己之情爲欲多, 是過也."

"지금 송자는 사람의 욕심은 적으므로 많아지고자 하지 않는다고 말하였다."59

"송자는 과욕(寡欲)에 가려져 얻음에 대해 알지 못한다."60

이처럼 『순자』에서는 송견이 모욕을 당하더라도 치욕으로 여기지 않으며, 사람은 본래 욕심이 적다고 말하였다. 『한비자』에서는 다음과 같이 언급하였다.

"송영자(宋榮子:송견)의 논의는 남과 다투지 않음을 펼치고, 원수에게 보복하는 것을 취하지 않고, 감옥에 가는 것을 부끄럽게 여기지 않고, 모욕을 당해도 치욕이라고 여기지 않았다. 세상의 군주는 그를 관대하다고 여겨 예우했다."61

『장자』「천하」편에서는 송견에 대해 다음과 같이 말하였다.

"세속적인 일에 얽매이지 않고, 사물을 꾸미지 않으며, 남을 어지럽히지 않으며, 사람들을 거역하지 않으며, 천하가 평화로워 백성이 살아갈 수 있고 남과 나의 길러짐이 모두 풍족해지기를 바랐다. 이렇게 함으로써 마음을 명백히 한다. 옛날의 도술은 이와 같았다. 송견과 윤문이 이 가르침을 듣고 기뻐했다."62

---

59 같은 책, "今子宋子以是之情, 爲欲寡而欲寡而不欲多也."
60 『荀子』, 「解蔽」, "宋子蔽於欲而不知得."
61 『韓非子』, 「顯學」, "宋榮子之議, 設不鬪爭, 取不隨讐, 不羞囹圄, 見侮不辱, 世主以爲寬而禮之."
62 『莊子』, 「天下」, "不累於俗, 不飾於物, 不苟於人, 不忮於衆, 願天下之安寧以活民命, 人我之養畢足而止. 以此白心. 古之道術有在於是者. 宋鈃尹文聞其風而悅之."

"모욕을 받아도 수치로 여기지 않았고, 백성의 싸움을 멈추게 하였으며, 공격이나 전쟁을 금지시켜 세상의 전쟁을 구제하려고 했다."[63]

『맹자』에 맹자와 송견이 대화하는 장면이 나온다. 송견은 맹자에게 "내 들으니 진(秦)나라와 초(楚)나라가 전쟁을 한다고 합니다. 내가 초나라 왕에게 가서 설득해 그만두게 하되, 초나라 왕이 기뻐하지 않으면 내가 진나라 왕에게 가서 설득하려고 합니다. 두 왕 중에서 나와 뜻이 합치되는 사람이 있을 것입니다."[64]라고 하였다. 『맹자』에서 볼 수 있듯이 송견은 철저한 반전론자이다.

당시 학자들의 주장을 취합해보면, 송견의 사상은 크게 네 가지로 요약할 수 있다. 첫째, 사물에 얽매이지 않는다. 둘째, 욕됨을 당하더라도 수치로 여기지 않는다. 셋째, 인간은 선천적으로 적은 욕심을 갖고 태어났다. 넷째, 전쟁을 해서는 안 된다.

이러한 송견의 주장은 묵자의 주장과 유사한 측면이 있다. 무엇보다 그는 묵자와 같이 인류애를 중요시하였다. 『장자』에서 송견과 윤문의 학설에 대해 "제자들은 비록 굶주리지만, 천하를 잊지 않는다. 밤낮으로 쉬지 않으며, '우리는 (남과 다투면서까지) 반드시 삶을 구하는 것은 아니다.'"[65]라고 하였다. 송견의 이러한 모습은 정강이의 털이 닳도록 천하의 이익을 위해 동분서주하는 묵자의 모습과 그대로 부합하며,[66] 도가의 모습과는 분명한 차이가 있다. 왜냐하면 도가에서는 개인의 영달을 위해 살아가지 않지만 그렇다고 천하의 이익을 위해 동분서

---

63 같은 책, "見侮不辱, 救民之鬪, 禁攻寢兵, 救世之戰."
64 『孟子』,「告子」(下), "吾聞秦楚構兵. 我將見楚王, 說而罷之, 楚王, 不悅, 我將見秦王說而罷之. 二王我將有所遇焉."
65 『莊子』,「天下」, "弟子雖飢, 不忘天下. 日夜不休曰, 我必得活哉."
66 『莊子』「天下」에서 묵가에 대해서 "후세의 묵자들에게 너절한 옷을 입게 하고, 나막신과 짚신을 신게 하고, 밤낮 없이 쉬지 않게 하여, 고생이 최고라고 생각하게 했다.[使後世之墨者, 多以裘褐爲衣, 以跂蹻爲服, 日夜不休, 以自苦爲極]"고 하였다.

주하지도 않기 때문이다. 또한 송견은 철저한 반전론자인데, 이 역시 묵가의 사상과 일치한다. 그러므로 풍우란은 송견을 묵가의 일파(一派)로 보았다.67

그렇다면 송견은 묵가의 인물인가? 송견의 주장에는 노장의 사상과 유사한 측면이 있다. 송견은 과욕(寡欲)을 주장하였으며, 또한 자연변화에 따를 뿐 사물에 얽매이지 않아야 한다고 주장하고 있기 때문이다. 그러므로 전목은 풍우란과는 달리 송견을 도가의 인물로 보았다.68

그런데 「예문지」에는 송견이 소설가(小說家)로 분류되어 있다. 「예문지」에서 소설가로 본 이유는 송자가 어떠한 특별한 학파에 소속되지 않은 채 천하의 왕들을 찾아다니며 유세하였기 때문일 것이다. 『순자』에서 "지금 송자는 엄숙한 모습으로 자신의 학설을 펼치기 좋아했고, 무리들을 모음으로써 자신의 학설을 세워 문장을 이루었다."69라고 하였듯이, 송자 어떤 일파에 소속되어 있던 인물이 아니라 나름대로 하나의 일가를 이룬 인물이다. 당시에는 학자들 간에 서로 영향을 주고받음으로써 여러 학파들의 사상이 뒤섞여 있는 경우도 많았다. 송견이 바로 그러한 경우이다.

천하의 이익을 위해 동분서주해야 한다는 사상과 반전론은 묵가의 주장이다. 한편으로는 노자의 학설로부터도 영향을 받았다. 과욕(寡欲)과 외부의 사물에 얽매여서는 안 된다는 사상은 노자의 영향에 기인한 것이다.

사실상 도가와 묵가 사이에는 많은 유사점이 있다. 무엇보다 묵가의 겸애와 장자의 '만물제동(萬物齊同)'이 유사하며, 묵가의 절욕(節欲)과 도가의 무욕(無欲)이 유사하며, 묵가의 공(公)과 도가의 무사(無私)

67　馮友蘭, 『中國哲學史』(上冊), 三聯書店有限公司, 1992. 145쪽.
68　錢穆, 『先秦諸子系年』, 〈宋鈃攷〉, 河北教育出版社, 2002, 409~412쪽.
69　『荀子』, 「正論」, "今子宋子嚴然而好說, 聚人徒, 立師學, 成文曲."

가 유사하다. 또한 도가는 원칙적으로 묵가에서와 같이 반전론의 입장에 있다. 이처럼 도가와 묵가 사이에는 공통점이 많은데, 송견은 이 두 사상을 적절하게 체득했다고 본다.

그런데 『시자』에서 "요자(料子=송견)은 유(囿)를 귀하게 여겼다."70 라고 하였다. 『장자』에서도 송견과 윤문에 대해 "만물과 접함에 있어서 얽매임[囿]을 판별[別]하는 것을 근본으로 삼았다."71라고 하였다. 유(囿)는 '얽매임'을 의미한다. 송자는 얽매이는 것을 판별하여, 이 얽매임을 벗어날 것을 주장하였다. 송자의 글로 보이는 『여씨춘추』의 「거유(去宥)」에서 별유(別[囿])에 대해 다음과 같이 말하고 있다.

"사람들이 얽매임[宥=囿]이 있으면 낮을 저녁이라 여기고 흰 것을 검은 것이라 여기고 요임금을 걸임금이라고 여길 것이니, 이처럼 얽매임의 해로움 역시 크다고 할 수 있다.(…) 그러므로 사람들은 얽매이는 것을 판별[別]한 후에 알게 되니, 얽매이는 것을 판별하면 본성을 온전히 할 수 있다."72

송견의 유(囿)는 장자가 말하는 성견(成見)과 유사하다. 장자가 편견과 얽매임을 비판하였듯이, 송견 역시 편견과 얽매임을 비판하였다. 『장자』「소요유」에서 이러한 송견에 대해 "또한 세상 모두가 그를 칭찬하더라도 더욱 애쓰는 일이 없으며, 세상 모두가 그를 비난하더라도 더욱 막을 수 없다. 다만 마음과 외물의 경계를 구분하고, 영예와 치욕의 경계를 구분할 따름이다."73라고 하였다. 『장자』에서는 송견이 세상

---

70 『尸子』,「廣澤」, "料子貴囿."* 馬敍倫은 料子를 송견을 잘못 표기한 것이라고 주장하였다.
71 『莊子』,「天下」, "接萬物以別宥(=囿)爲始."
72 『呂氏春秋』,「去宥」, "夫人有所宥者, 固以晝爲昏, 以白爲黑, 以堯爲桀, 宥之爲敗亦大矣. (…) 故凡人必別宥然後知, 別宥則能全其天矣."
73 『莊子』,「逍遙遊」, "且擧世而譽之而不加勸, 擧世而非之而不加沮. 定乎內外之分, 辯乎榮辱之境, 斯已矣."

의 평판에 대해 신경쓰지 않았다고 말하였다. 다만 안과 밖, 명예와 욕됨에 대한 명확한 경계를 구분하였다고 말함으로써 그의 한계를 지적하였다. 그러나 앞의 다른 학자들의 진술에 따르면, 송견은 명예와 욕됨에 대해서조차 신경쓰지 않았다.

『장자』에서는 송견과 윤문을 하나의 학파로 언급하였으며, 많은 학자들도 송견과 윤문을 일파(一派)로 보았다. 뒤에서 살펴보겠지만, 윤문은 도가사상을 수용하였지만, 명(名)을 중요시하였다. 그런데 명(名)에는 규정성을 통해 사물들 간에 명확한 경계를 나눔으로써 분(分)을 확보할 수 있다는 긍정적 측면과 한정성에 갇히면 집아(執我)가 생겨나고 집아가 생겨나면 서로 간에 분쟁이 생겨난다는 부정적 측면이 있다. 노자는 후자의 부정적 측면을 강조하였기에 무명(無名)을 주장했던 것이다. 송견 역시 노자의 입장을 취하였다. 그러므로 송견은 유(囿)를 얽매임으로 보고 이것을 극복하고자 했다. 그런데 윤문은 명을 긍정적인 측면으로써 바라보았다. 이것은 윤문이 법가의 노선에 있음을 의미한다. 즉 명(名)을 통해 견고한 분(分)을 세우고자 하였다. 이러한 점에서 본다면 송견과 윤문은 비록 노자의 사상을 수용하였지만, 그 입장에 있어서는 오히려 정반대라고 할 수 있다.

(4) 팽몽(彭蒙)

팽몽(彭蒙)은 직하 초기의 학자이다. 『장자』에서 팽몽을 다음과 같이 평가하였다.

"공정하여 한쪽에 취우치지 않으며, 쉬우면서도 사심이 없으며, 얽매임이 없어 주된 것을 내세우지 않으며, 사물에 순응하여 다름이 없으며, 생각에 잠기지 않으며, 지략을 도모하지 않으며, 사물에 대해 선택하지 않으며, 모두 함께 행동한다. 옛날의 도술은 이와 같았다. 팽몽(彭蒙)·전병(田騈)·신도(愼到)는 이 가르침을 듣고 기뻐하며 만물을 가지런히 함을 으뜸으로 삼았다."74

『장자』에서의 언급에 따르면, 팽몽은 장자에서와 같은 만물제동(萬物齊同)을 강조했으며, 또한 노장에서와 같이 무위를 강조하였다. 이에 따른다면 그는 도가에 속하는 인물이다. 『장자』에서 다음과 같이 말했다.

"전병 역시 팽몽으로부터 배워 불언지교(不言之敎)의 가르침을 터득했다. 팽몽의 스승은 말했다. '옛날의 도인은 옳음도 없고 그름도 없는 데에 이르렀다. 그 가르침은 종잡을 수 없으니, 어찌 말로 전할 수 있는 것인가?'"75

여기서의 '불언지교(不言之敎)'는 노자의 유명한 말이다. 가령 노자는 "이런 까닭에 성인은 무위의 일에 처하고, 말없는 가르침을 행한다."76라고 하였다. 또한 '옳음도 없고 그름도 없는 경지'는 장자의 주된 주장이기도 하다. 또한 도를 말로 전할 수 없다는 주장 역시 장자의 주장이기도 하다. 그렇다면 팽몽은 도가의 인물이라고 할 수 있는가? 『윤문자』에서 팽몽의 말을 인용하고 있다.

"팽몽이 다음과 같이 말하였다. '꿩과 토끼가 들판에 있으면 사람들이

---

74 『莊子』,「天下」, "公而不當, 易而無私, 決然無主, 趣物而不兩, 不顧於慮, 不謀於知, 於物無擇, 與之俱往. 古之道術, 有在於是者. 彭蒙田騈愼到, 聞其風而悅之, 齊萬物以爲首."
75 같은 책, "田騈亦然. 學於彭蒙, 得不敎焉. 彭蒙之師曰, 古之道人, 至於莫之是莫之非而已矣, 其風窢然, 惡可而言."
76 『老子』, 2장. "是以聖人處無爲之事, 行不言之敎."

그것을 잡으려고 하는데, 이것은 아직 분(分)이 정해져 있지 않기 때문이다. 닭과 돼지가 시장에 가득하지만 마음에 두지 않는 이유는 분이 정해져 있기 때문이다.'"77

분(分)은 일종의 경계라고 할 수 있다. 서양에서는 경계를 중요시하였다. 경계는 기하학과 깊은 연관이 있다. 기하학은 영어로 'geometry'인데, 여기서의 'geo'는 '토지'를 뜻하고, 'metry'는 '측량'을 뜻한다. 고대의 이집트에서는 홍수로 인해 나일 강이 자주 범람했으므로 토지의 경계가 불분명해지는 경우가 종종 발생했다. 그러므로 당시 사람들은 토지를 적절히 재분배하기 위해서는 정확한 측량이 필요하다고 생각했으며, 이로 인해 기하학이 생겨났다.78 반면에 동양에서의 분(分)은 신분질서로서의 분이었다. 그런데 『윤문자』에 언급한 팽몽 역시 사적 소유로서의 분을 강조했다. 이로써 분에 대한 의미가 사적 소유권과 관련된 경계의 의미로 확장되었다.

그렇다면 팽몽은 어느 학파에 속하는가? 『장자』에서는 팽몽(彭蒙)·전병(田騈)·신도(愼到)를 하나의 무리로 보았다. 그런데 이들은 모두 도가의 영향을 받은 동시에 분(分)을 중요시하였다. 분을 가장 중요시한 학파가 법가이다. 그렇다면 어째서 이들은 도가와 법가의 요소를 모두 가지고 있는 것인가? 그 이유는 법가에서 도가사상을 적극 수용하였기 때문이다. 법가에서는 형명(形名)을 중요시하였는데, 노자가 규정성으로서의 명(名)을 본격적으로 언급하였으므로 규정성을 중요시한 법가에서 도가사상을 적극 수용하였던 것이다.

---

77 『尹文子』,「大道」(上), "彭蒙曰, 雉免在野, 衆人逐之, 分未定也 ; 雞豕滿市, 莫有志者, 分定故也."
78 기하학의 기원은 바빌로니아에서부터 비롯된 것이다.

(5) 전병(田騈)

전병(田騈)은 제나라 사람인데, 제나라의 전씨가 진(陳)에서 나왔으므로 진병(陳騈)이라고도 칭해진다. 『사기』에 "제나라 선왕(宣王)은 학문과 유세하는 지식인을 좋아하여 추연(騶衍)·순우곤(淳于髡)·전병·접여·신도·환연과 같은 무리 76명 모두에게 저택을 하사하고 상대부(上大夫)의 벼슬을 주었으며, 정치에는 간여하지 않게 하고 토론만 하도록 하였다."[79]라고 하였다. 이에 의거할 때, 전병은 제나라 선왕 때의 직하학자이다.

『시자』에서 "전자(田子)는 '균(均)'을 귀하게 여겼다."[80]라고 하였다. 『여씨춘추』에서는 "진병(陳騈)은 '제(齊)'를 귀하게 여겼다."[81]고 하였으며, 제(齊)에 대해 고유(高誘)는 "사생을 같다고 여기고, 고금을 균일하다고 여김이다."[82]라고 하였다. 이상에 의거할 때 전병의 핵심사상은 '만물을 가지런히 한다[齊萬物]'의 사상이라고 할 수 있다. 전병에 대해 『장자』에서는 다음과 같이 말하고 있다.

"공평한 입장을 택한 채 한쪽으로 기울지 않고, 쉬우면서도 사사로움이 없고, 비어있어 주인이 없고, 사물에 순응하면서 두 입장을 세우지 않고, 하나의 생각에 빠지지도 않고, 앎에 있어서 권모술수를 행하지 않고, 사물을 선택하지도 않고, 만물과 함께 나아간다. 팽몽(彭蒙)·전병(田騈)·신도(愼到)들은 이 가르침을 듣고 기뻐하며, 만물을 가지런히 함을 으뜸으로 삼았다."[83]

---

79 『史記』, 「田敬仲完世家」, "宣王喜文學游說之士, 自如騶衍淳于髡田騈接予愼到環淵之徒七十六人, 皆賜列第, 爲上大夫, 不治而議論."
80 『尸子』, 「廣澤」, "田子貴均"
81 『呂氏春秋』, 「不二」, "陳騈貴齊." *陳騈은 田騈을 말한다.
82 같은 책, 高誘注, "齊死生, 等古今也."
83 『莊子』, 「天下」, "公而不當, 易而無私, 決然無主, 趣物而不兩, 不顧於慮, 不謀於知,

이에 따를 경우, 전병의 사상은 장자의 '만물제동(萬物齊同)'의 사상과 유사한 측면이 있다. 『장자』에서 "전병은 팽몽으로부터 배워, 불언지교(不言之敎)의 가르침을 터득했다. 팽몽의 스승은 '옛날의 도인은 옳음도 없고 그름도 없는 데에 이르렀다. 그 가르침은 종잡을 수 없으니, 어찌 말로 전할 수 있는 것인가?'"[84]라고 하였다. 불언지교는 앞서 언급한 것처럼 노자사상이다. 여기서 볼 수 있듯이 전병은 노자로부터 영향을 받아 만물을 하나로 보려는 관점을 취하였다. 또한 전병은 '본성에 따르고 사물에 맡긴다[因性任物]'고 주장하였는데, 이 사상은 도가의 '자연(自然)'의 개념으로부터 영향을 받은 것이다.

또한 팽몽·전병·신도의 사상에 대해 『장자』에서 "하늘은 만물을 덮을 수 있지만 실을 수가 없고, 땅은 만물을 실을 수 있지만 덮을 수가 없고, 대도는 만물을 감쌀 수 있지만 판별할 수가 없다. 모든 만물에는 가능한 것이 있고 불가능한 것이 있음을 알아야 한다."[85]라고 하였다.

하늘과 땅과 도는 최고의 지존이지만 만사 능통한 것은 아니며, 이들에게도 불가능한 것이 있다. 이처럼 모든 만물에는 능한 부분과 그렇지 못한 부분이 있다. 그러므로 전병은 각자가 가지고 있는 능력을 먼저 살펴야 한다고 주장하였다. 이로써 보건데 전병의 제(齊)는 무차별적인 통일이 아니라 서로 다름의 포용을 통한 전체의 조화라고 할 수 있다.

(6) 접자(接子)

접자(接子)는 제나라의 유명한 학자였다. 『한서』와 『염철론』에서

於物無擇, 與之俱往. 古之道術有在於是者. 彭蒙田騈愼到聞其風而悅之, 齊萬物以爲首."
84 같은 책, "田騈亦然. 學於彭蒙, 得不敎焉."
85 같은 책, "天能覆之而不能載之, 地能載之而不能覆之, 大道能包之而不能辯之, 知萬物皆有所可, 有所不可."

는 첩자(捷子)라고 기록되어 있는데, 접(接)과 첩(接)은 고대에 통용되었다. 『사기』에서 "신도는 조나라 사람이고, 전병과 접자는 제나라 사람이고, 환연은 초나라 사람인데, 모두 '황로도덕의 술'을 배웠고, 이로써 그것이 가리키는 의미를 밝혀 서술하였다."86라고 하였다. 『사기』에 따르면 접자는 제나라 사람으로서 황로도덕의 술을 익힌 자이다.

접자에 대해 『장자』에서 "계진(季眞)는 막위(莫爲)라고 주장하고 접자(接子)는 혹사(或使)라고 주장하는데, 둘의 주장 중에서 어느 것이 실정에 맞고, 어느 것이 이치에 부합하는 것입니까?"87라고 하였다. 막위(莫爲)에서의 막(莫)은 무(無)의 뜻이고, 혹사(或使)에서의 혹(或)은 유(有)를 뜻한다. 계진은 자연계가 어떠한 주재자가 없이 자연적으로 움직인다고 주장한 것이며, 접자는 자연계를 움직이게 하는 어떠한 주재자에 의해 움직인다고 주장한 것이다. 이처럼 『장자』에 따르면 접자는 자연계가 어떠한 주재자에 의해 움직인다고 보았다.

(7) 순자(荀子)

순자는 직하학궁에 소속되어 있었다. 『사기』에서 "순경(荀卿)은 조나라 사람이다. 나이 오십에 처음으로 제나라에 유학하였다."88라고 하였다. 또한 "전병의 무리가 모두 죽자, 제나라 양왕 때 순경은 최고의 연장자 스승이 되었다. 제나라에서는 대부의 결원을 보충하였기 때문에, 순경은 세 차례나 좨주(祭酒 : 연구기관을 총괄하는 우두머리)가 되었다"89라고 하였다.

---

86 『史記』,「孟子荀卿列傳」, "慎到趙人, 田駢接子齊人, 環淵楚人, 皆學黃老道德之術, 因發明序其指意."
87 『莊子』,「則陽」, "季眞之莫爲, 接子之或使, 二家之議, 孰正於其情, 孰徧於其理."
88 『史記』,「孟子荀卿列傳」, "荀卿, 趙人. 年五十始來游學於齊."

『사기』의 기록에 따르면 순자는 직하학궁에 소속되어 있었다. 또한 그는 직하학궁의 쇠퇴기에 직하를 주도하면서 세 차례나 수장의 자리에 올랐다. 이처럼 순자는 직하학궁에 깊숙이 관여하였으며, 또한 그의 사상은 직하학과 밀접한 관련이 있다. 순자의 사상에 대해서는 뒤에서 살펴보기로 하겠다.

(8) 추기(騶忌)·추연(騶衍)·추석(騶奭)

직하에는 추기(騶忌)·추연(騶衍)·추석(騶奭) 세 명의 추자(騶子)가 있었다. 추기는 거문고를 잘 타서 위나라 왕에게 벼슬을 구하였고, 이에 국정에 관여하여 봉읍을 받아 성후(成侯)가 되었고, 정승의 인(印)을 받았다. 그는 맹자보다 다소 앞선 인물이다.[90] 추연은 직하의 대표적인 학자인 동시에 오행설을 주장한 당시의 유명한 학자였다. 추석에 대해 『사기』에서 "추석은 제나라의 여러 추자 중의 한 사람으로서 그 또한 자주 추연의 학술을 인용하여 글을 지었다."[91]라고 하였다. 『한서』「예문지」의 '〈음양가(陰陽家)〉'편에 '추석자(騶奭子) 12편'이 기재되어 있다. 지금은 전해지고 있지 않은데, 아마도 추연의 사상을 기반으로 한 책일 것이다.

세 명의 추자 중에서 가장 주목할 인물은 단연코 추연이다. 그는 직하학궁의 대표적인 학자였을 뿐만 아니라 후세에 많은 영향을 주었다. 추연의 사상에 대해서는 뒤에서 따로 논의하기로 하겠다.

---

89 같은 책, "田駢之屬皆已死, 齊襄王時, 而荀卿最爲老師. 齊尙脩列大夫之缺, 而荀卿三爲祭酒焉."
90 같은 책, "其前騶忌, 以鼓琴干威王, 因及國政, 封爲成侯而受相印. 先孟子."
91 같은 책, "騶奭者, 齊諸騶子, 亦頗采騶衍之術以紀文."

(9) 예열(兒說)

예열(兒說)이란 인물 역시 직하학궁에 속해 있었다. 예열은 명가(名家)에 속하는 학자였다. 『한비자』에 예열에 대한 기록이 있다.

"예열은 송나라 사람으로 변론을 잘하였다. '백마는 말이 아니다'란 학설을 가지고 제나라 직하의 변자(辯者)들을 굴복시켰다. 그런데 그가 백마를 타고 관문을 지나갈 때 백마에 대한 통행세를 내야만 했다. 그는 빈말을 통해 한 나라의 지식인들을 이길 수 있었지만, 실제를 고찰하고 형체를 따져서 살폈을 때에는 한 사람조차 속일 수가 없었다."[92]

명가에서는 현실 문제를 떠난 공허한 담론으로서의 명(名)을 주장하였다. 한비가 비록 명(名)을 중시하였지만 실(實)을 반영하지 않은 공허한 명에 대해서는 비판적이었다. 그런데 '백마는 말이 아니다'라는 주장은 잘 알다시피 공손룡(公孫龍)의 주장이기도 하다. 예열은 전국시대 중기의 사람이고 공손룡은 전국시대 말기의 사람이라는 점에서, 예열이 공손룡에게 영향을 주었다고 할 수 있다.

예열은 직하학궁에서 명가로 활동하였던 인물이다. 『여씨춘추』에서 예열에 대해 다음과 같이 말하였다.

"예열은 (역사상 가장 이상적인 군주였던) 육왕(六王)과 오패(五霸)에 대해 다음과 같이 비판했다. '요임금은 (자식에게 자리를 물려주지 않았으므로) 자애롭지 못하다는 평판이 있고, 순임금은 (아버지에게 미움을 샀으므로) 불효를 행함이 있었고, 우임금은 미색과 술에 빠져 있

---

[92] 『韓非子』,「外儲說左上」, "兒說, 宋人, 善辯者也, 持白馬非馬也, 服齊稷下之辯者. 乘白馬而過關, 則顧白馬之賦. 故籍之虛辭, 則能勝一國, 考實按形, 不能謾於一人."

었고, 탕왕(湯王)과 무왕(武王)은 임금을 추방하고 죽이는 일을 자행하였고, 오패(五霸)는 세상을 혼란스럽게 만드는 모략을 꾸몄다. 세상 사람들은 모두 그들을 칭송하고 그의 어리석음을 말하는 것을 꺼려하는데, 이것은 잘못된 것이다. 그러므로 내가 죽어 쇠망치를 지닌 채 장사 지낸다면, 나는 〈지하 세계에서 육왕과 오패를 만나면 쇠망치로 그들의 머리통을 갈겨줄 것이다.〉라고 말할 것이다.' 이러한 변론이라면 차라리 없는 편이 낫다."[93]

당시 대부분의 사람들은 육왕(六王)과 오패(五霸)를 성인이라고 칭송하였다. 그런데 예열은 영웅이라는 화려한 이름에 가려진 또 다른 위선을 날카롭게 지적하였다. 그의 주장은 당시의 상식에 비추어볼 때 받아들이기 어려운 주장이므로, 다양한 학설을 포용하자는 취지로 쓰인 『여씨춘추』에서조차 이러한 괴변은 차라리 없는 것만 못하다고 덧붙여 말하였다. 물론 예열의 주장에는 과격한 측면이 있지만, 그는 우리에게 당연하다고 믿는 진리가 단지 편견에 지나지 않을 수도 있음을 보여주고 있다.

그런데 제나라 직하학에 속해있던 전파(田巴) 역시 예열과 유사한 주장을 하였다. 『사기정의(史記正義)』에 인용된 「노련자(魯連子)」에서 "제나라 변사인 전파는 저구(狙丘)에서 설복시켰고 직하에서 의론하였는데, 오제를 비난하고 삼왕의 죄를 물었으며, '견고함과 흰색은 분리되어 있다' '같음과 다름을 합한다'의 설을 가지고 하루에 천명을 설복시켰다."[94]라고 하였다. 공교롭게도 예열과 전파의 사상이 거의 일치한다. 예열은 선왕 때 주로 활동하던 인물로서 전파보다 다소 앞선 인물

---

93 『呂氏春秋』,「當務」, "兒說非六王五伯,以爲堯有不慈之名, 舜有不孝之行, 禹有淫湎之意, 湯武有放殺之事, 五伯有暴亂之謀. 世皆譽之, 人皆諱之, 惑也. 故死而操金椎以葬, 曰下見六王五伯, 將敲其頭矣. 辨若此不如無辨."
94 "齊辯士田巴, 服狙丘, 議稷下, 毁五帝, 罪三王, 服五伯, 離堅白, 合同異, 一日服千人."

이라는 점에서, 전파가 예열로부터 영향을 받았다고 본다. 여기서 우리가 알 수 있는 것은 당시 직하학에서는 명실의 문제와 함께 논리의 문제 역시 중요한 담론의 대상이었다는 사실이다.

그런데 예열의 사유는 『장자』의 사유와 유사한 측면이 있다. 『여씨춘추』에 다음과 같은 문장이 있다.

"도척(盜跖)의 무리가 도척에게 물었다. '도둑에게도 도가 있습니까?' 도척이 대답했다. '어찌 도가 있을 뿐이겠는가? 닫혀 있는 집안에 숨겨놓은 것을 잘 알아내는 것을 성(聖)이라고 하며, 남보다 먼저 들어가는 것을 용(勇)이라고 하며, 남보다 뒤늦게 나오는 것을 의(義)라고 하며, 훔칠 때를 아는 것을 지(智)라고 하며, 골고루 배분하는 것을 인(仁)이라고 한다. 이 다섯 가지가 능통하지 못하고서 큰 도둑이 되었던 자는 천하에 있었던 적이 없다."[95]

이 문장은 『장자』「거협(胠篋)」편에 나오는 문장이다. 이것으로 보건데, 예열의 주장은 도가의 영향에 의한 것으로 보인다. 또한 『장자』에서는 삼황과 오제에 대해 비판적인 입장을 취하였다. 가령 『장자』에 공자 제자인 자공(子貢)이 노자에게 "삼황과 오제가 천하를 다스리는 방법에 있어서는 달랐지만 명성을 얻었다는 점에 있어서는 같습니다. 그런데도 선생님께서는 유독 그들을 성인이 아니라고 말하는 까닭은 무엇 때문입니까?"[96]라고 묻는 대목이 나온다. 실제로 『장자』에는 예열의 주장과 유사한 다음과 같은 문장이 있다.

---

95 『呂氏春秋』,「當務」, "跖之徒問於跖曰, 盜有道乎. 跖曰, 奚啻其有道也. 夫妄意關內中藏, 聖也, 入先, 勇也, 出後, 義也, 知時, 智也, 分均, 仁也. 不通此五者, 而能成大盜者, 天下無有."
96 『莊子』,「天運」, "夫三皇五帝之治天下不同, 其係聲名一也. 而先生獨以爲非聖人, 如何哉."

"요임금은 자애롭지 못했고, 순임금은 불효자였고, 우임금은 (치수사업 때문에) 반신불구가 되었고, 탕왕은 자신의 군주를 추방시켰고, 무왕은 자신의 주군인 주(紂)왕을 죽였고, 문왕은 (주왕에 의해) 유리(羑里)에 갇혔다. 이 여섯 명은 세상에서 덕이 높은 사람이지만, 꼼꼼히 논의해보면 결국 모두가 이욕(利欲)에 의해 참된 본성을 어지럽혀 강경하게 성정에 어긋나는 짓을 한 것이다. 그들의 행위야말로 매우 부끄러운 짓이다."[97]

이처럼 『장자』에서도 성인이라 불리는 자들에 대한 감추어진 진실을 역설적으로 말하고 있다. 『장자』에서는 당시의 사람들이 당연히 옳다고 믿는 것들에 대해 의문을 제기하기도 하였고 비꼬아 말하기도 하였고 신랄하게 비판하기도 하였다. 특히 권위에 대해 더욱 비판적이었다. 왜냐하면 우리는 권위에 무조건 복종하려는 경향이 있는데, 이것은 자칫 편견을 초래할 수도 있다고 보았기 때문이다.

그런데 이러한 역설을 가장 처음 제기한 사람이 바로 노자였다. 노자는 "참다운 말은 마치 반대되는 것 같다."[98]라고 하였으며, 실제로 우리의 상식에 반하는 많은 역설을 말하였다. 장자와 예열도 노자의 이러한 사유를 계승하였던 것이다.

여기서 우리가 다시 살펴보아야 할 점이 있다. 그것은 명가의 주장은 단순히 현실을 벗어난 공허한 담론이 아니며, 오히려 역설을 통해 새로운 자의식을 낳게 하였다는 사실이다. 뒤에서 다룰 혜시가 바로 그러하였다.

---

[97] 『莊子』,「盜跖」, "堯不慈, 舜不孝, 禹偏枯, 湯放其主, 武王伐紂, 文王拘羑里. 此六子者, 世之所高也, 孰論之, 皆以利惑其眞而强反其情性. 其行乃甚可羞也."
[98] 『老子』, 78장, "正言若反."

4. 『관자』에서의 도가의 영향

(1) 『관자』란 책

일찍이 유향(劉向)은 『관자』를 86편으로 편집하였는데, 현존하는 『관자』는 76편이다. 일찍이 송대의 섭적이 『관자』에 대해 "일인의 쓴 것이 아니며, 한 사람이 쓴 것도 아니다."[99]라고 하였다. 대다수 학자들도 『관자』는 본래 '일인일시(一人一時)'에 나온 문헌이 아니며 수세대에 걸쳐 여러 사람에 의해서 완성된 것이라고 보고 있다. 그 이유는 『관자』가 다양한 내용을 다루고 있으며, 여러 세대가 중첩되어 있기 때문이다.

『관자』에는 관중의 사상을 반영한 문헌이 있고, 관중의 후학에 의해 쓰인 것이 있다. 그런데 많은 학자들이 『관자』라는 문헌 자체를 직하학의 대표적인 저작물로 보았다. 풍우란도 일찍이 "『관자』는 직하학자의 논문집 혹은 직하학의 학보(學報)이다.'[100]라고 하였다.

학자들은 『관자』를 '직하황로학'의 대표적인 저작을 꼽고 있다. 황로학의 저작에서 가장 주목받은 편은 「심술(心術)」 상하·「백심(白心)」·「내업(內業)」이다. 이 네 편은 일반적으로 '『관자』 4편'이라고도

---

99 葉適, 『習學記言』 卷54, "非一人之筆, 亦非一時之書."
100 馮友蘭, 『中國哲學史新編』(第1冊), 人民出版社, 1984, 103쪽.

불렸는데, 이 편들의 연대 문제는 학자마다 의견을 달리하고 있다.

곽말약은 『관자』 4편을 송견과 윤문의 저작으로 보았다.101 그는 맹자의 '호연지기(浩然之氣)'가 『관자』 4편에서 영향을 받았다고 주장하면서 『관자』 4편을 『맹자』 이전의 문헌으로 보았다.102 몽문통(蒙文通)은 전병과 신도의 저작이라고 보았다.103 백해(白奚)는 『관자』 4편이 『맹자』 이전에 쓰인 것으로서 『맹자』의 '호연지기', '야기(夜氣)', 기(氣)와 지(志)의 구별 등은 『관자』 4편의 심기론(心氣論)에서 영향을 받았다고 주장하였다.104 이에 반해 이존산(李存山)은 "『관자』 4편은 『장자』 내편에서 영향을 받았을 뿐 아니라 『장자』 외편과 잡편 중에서도 비교적 빠른 시기의 작품에서 영향을 받았다."105고 말함으로써, 『관자』 4편은 맹자 이후의 저작임을 간접적으로 시사했다. 서복관은 '전국말기 도가의 한 지파(支派)의 저작'이라고 보았으며,106 장순휘는 그 성립 연대를 서한 말기까지 거슬러 올라간다고 보았다.107

이처럼 『관자』 4편에 대한 저자와 연대 문제를 두고 실로 다양한 의견이 제기되었는데, 호가총(胡家聰)이나 여명광(余明光)과 같은 학자는 이것을 전국시대 중기와 후기 사이의 저작으로 보았으며, 학계에서는 대체적으로 이 견해를 따르고 있다. 이를테면 여명광은 "『관자』는 한 사람에 의해서 쓰인 작품이 아니며 일시에 쓰인 작품도 아니다. 다만 백서와 밀접한 관련이 있는 「심술」 상하 · 「백심」 · 「내업」 4편은 의심할 여지없이 직하도가(稷下道家)의 대표작품으로서, 학계에서는 이것이 전국시대 중·후기에 이루어졌다고 공인하였다."108라고 하였다.

---

101 郭末若, 「稷下黃老學派的批判」, 『十批判書』(『郭末若全集』 第2卷, 人民出版社, 1982).
102 같은 책.
103 蒙文通(遺稿), 「略論黃老學」, 『道家文化硏究』 第14輯, 上海古籍出版社, 257쪽.
104 白奚, 「〈管子〉心氣論對孟子思想的影響」, 『道家文化硏究』 第6輯, 上海古籍出版社.
105 李存山, 『中國氣論探源與發微』, 中國社會科學出版社, 1990, 155쪽.
106 徐復觀, 『中國人性論史』(先秦篇), 商務印書館(臺灣), 1975, 419쪽.
107 張舜微, 『周秦道論發微』, 中華書局, 1982, 199면.

『관자』 4편은 전국시대 중기에서 후기 사이의 저작으로 보는 것이 타당하다고 본다. 왜냐하면 중국문화의 중심지 중의 하나인 제나라에서 도가사상을 적극적으로 수용한 것은 전국시대 중기 이후이기 때문이다.

중국학자들은 『관자』 4편과 그 외의 많은 편이 '직하황로학'의 저작이라고 보고 있다. 이를테면 진고응은 『관자』 4편(「心術」 上下・「白心」・「內業」)을 포함한 「수지(水地)」・「추언(樞言)」・「주합(宙合)」을 '직하황로학'의 저작으로 보았다.109 호가총은 『관자』 중에서 「형세(形勢)」・「주합(宙合)」・「추언」・「심술」상하・「내업」・「백심」・「구수(九守)」・「정(正)」・「형세해(形勢解)」・「판법해(版法解)」를 도가 황로학의 저작으로 뽑았다.110

『관자』는 여러 시대에 걸쳐 쓰인 작품인데, 그 중에는 직하학자에 의해서 쓰인 글이 많다. 직하학자들 중에는 유가・도가・법가・묵가・명가 등 다양한 학파들이 있었듯이 『관자』 역시 다양한 학파들의 학자들이 쓴 글이라는 점에서 어느 정도 잡가적인 성격을 띠고 있다.

(2) 『관자』의 사상적 특징

『관자』는 통일적인 사상이 없는 단순한 잡가의 문헌인가? 『관자』 외에 잡가적인 글로써 『여씨춘추』와 『회남자』가 있다. 『여씨춘추』와 『회남자』는 비록 잡가적인 성격을 띠고 있지만 『여씨춘추』에서는 어느 학파가 중심인지 가늠하기 쉽지 않을 정도로 다양한 학파들이 뒤섞

---

108 余明光, 「〈黃帝四經〉書名及成書年代考」, 『道家文化硏究』 第1輯, 上海古籍出版社 192면.
109 陳鼓應, 『黃帝四經今註今譯』, 商務印書館(臺灣), 1995, 9쪽.
110 胡家聰, 『稷下爭鳴與黃老新學』, 中國社會科學出版社, 1998, 216쪽.

여 있는 문헌인 반면에 『회남자』는 명백히 도가의 문헌이다. 왜냐하면 『회남자』는 비록 다양한 학파들의 사상이 뒤섞여있지만 기본적으로 도가의 범주에서 크게 벗어나 있지 않기 때문이다. 『관자』는 『여씨춘추』처럼 어느 특정 학파가 절대적 우위를 점하고 있다고 보기 어렵지만, 나름대로 일관된 사상적 특징을 가지고 있다. 무엇보다 『관자』에서 "나아가는 것은 각기 다르지만 같은 곳으로 귀결되는 것은 예나 지금이나 한결같다."[111]라고 하였다. 이와 같이 『관자』는 이(異)를 논의하면서도 일(一)을 지향하였으므로 나름대로 통일된 사상을 가지고 있다. 이제 『관자』의 특징에 대해 살펴보자.

　첫째, 인간의 본성은 선한 것도 악한 것도 아니며, 환경으로부터 절대적으로 영향을 받는다고 보았다. 고자(告子) 역시 "인간의 본성은 선함도 선하지 않음도 없다."[112]고 주장한 바 있다. 이와 관련하여 "성은 여울물과도 같다. 동쪽으로 물꼬를 트면 동쪽으로 흘러가고, 서쪽으로 물꼬를 트면 서쪽으로 흘러간다. 물이 이처럼 동서의 구별이 없는 것과 같이 사람의 성도 선과 불선의 구별이 없다."[113]고 하였다. 물에 동서의 구분이 없다는 것은 본성 자체에는 선악의 구분이 없다는 것을 의미하고, 동쪽으로 물꼬를 트면 동쪽으로 흐르고 서쪽으로 물꼬를 트면 서쪽으로 흐른다는 것은 인간의 본성은 환경에 따라 선도 될 수 있고 악도 될 수 있다는 의미이다. 또한 『맹자』에서 "혹자가 말하기를 '본성은 선할 수도 악할 수도 있다. 그러므로 문왕과 무왕이 일어나면 백성이 선을 좋아하고 유왕(幽王)과 여왕(厲王)이 일어나면 백성은 포악함을 좋아하게 된다."[114]고 하였는데, 여기서의 혹자의 주장은 고자의 주장과

---

111 『管子』, 「形勢」, "異趣而同歸, 古今一也."
112 『孟子』, 「告子」(上), "性, 無善無不善也."
113 같은 책, "性猶湍水也. 決諸東方則東流, 決諸西方則西流, 人性之 無分於善不善也, 猶水之無分於東西也."
114 같은 책, "或曰性可以爲善, 可以爲不善. 是故, 文武興, 則民好善, 幽厲興, 則民好暴."

유사하다.

『관자』에서의 인성론은 『맹자』에서 말하는 '혹자'의 주장과 일치한다. 가령 "지금 주공(周公)의 시대에는 잘린 손가락과 머리와 발이 층계마다 가득하면서도 백성들이 죽어도 복종하지 않는 이유는 인성 때문이 아니라 민생이 피폐했기 때문이다."115라고 하였다. 이처럼 『관자』에서는 『맹자』에서의 '혹자'의 주장에서와 같이 선과 악은 전적으로 환경에 의해 결정된다고 보았다.

그런데 묵자 역시 인간의 본성은 환경에 의해 결정된다고 보았다. 가령 "묵자가 실을 물들이는 것을 보고 탄식하며 말했다. '파란 물감을 물들이면 파래지고, 노란 물감을 물들이면 노래진다. 넣는 것이 변하면 색깔 또한 변하니, 다섯 가지 물감을 넣으면 다섯 색깔이 된다. 그러므로 물들이는 것을 신중히 하지 않을 수 없다.'"116라고 하였다. 물감에 의해 색깔이 결정되듯이 환경에 의해 인간의 성품도 결정된다는 뜻이다.

그렇다면 백성은 어째서 환경의 영향을 받는 것인가? 『관자』에서는 인간의 본성은 이로움을 쫓고 해로움을 피하려 하기 때문이라고 보았다. 가령 "사람의 감정은 하고자 하는 것을 얻으면 좋아하고, 싫어하는 것을 만나면 근심하니, 이것은 귀천을 막론하고 누구나가 가지고 있는 것이다."117라고 하였으며, 또한 "백성의 실정은 삶을 좋아하고 죽음을 싫어하지 않음이 없으며, 이로움을 원하고 해로움을 싫어하지 않음이 없다."118라고 하였다.

『관자』에서는 사람들이 궁극적으로 자신의 이익을 도모하며 살아

---

115 『管子』, 「侈靡」, "今周公斷指滿稽, 斷首滿稽, 斷足滿稽, 而死民不服, 非人性也, 敝也."
116 『墨子』, 「所染」, "子墨子言見染絲者而嘆曰. 染於蒼則蒼, 染於黃則黃. 所入者變, 其色亦變, 五入必而已則爲五色矣. 故染不可不愼也."
117 『管子』, 「禁藏」, "凡人之情, 得所欲則樂, 逢所惡則憂, 此貴賤之所同有也."
118 『管子』, 「形勢解」, "民之情莫不欲生而惡死, 莫不欲利而惡害."

간다고 보았다. 그러므로 "사람의 정은 이로움을 보면 나아가지 않음이 없고, 해로움을 보면 피하지 않음이 없다. 장사꾼이 장사를 할 때, 길을 두 배로 빨리 가고 밤낮을 가리지 않고 가면서 천리가 멀다고 여기지 않는 이유는 이익이 목전에 있기 때문이다."119라고 하였다.

둘째, 민심(民心)을 강조하였다. 앞에서 언급한 바처럼, 노나라는 의리를 중요시한 반면에, 제나라는 실리를 중요시하였다. 제나라를 건립한 강태공은 제나라 건립에서 가장 먼저 힘쓴 것이 백성의 삶을 윤택하게 하는 일이었다. 『관자』에서도 백성들의 삶을 윤택하게 하는 것을 중요시하였다. 무엇보다 먹고사는 문제가 급선무라고 보았다. 그러므로 "얻으면 반드시 살고 잃으면 반드시 죽는 것은 무엇인가? 오직 식량뿐이다."120라고 하였다. 또한 "땅을 가지고 백성을 기르는 자가 힘써야 할 것이 사시(四時)에 있고, 지켜야 할 것은 곡식창고에 있다. 국가에 재물이 많으면 멀리 있는 자들도 오고, 땅을 개간하면 백성이 머물게 된다. 창고가 채워져야 예절을 알고, 의식이 풍족해야 영욕(榮辱)을 안다."121라고 하였다. 더 나아가 "세금 거둬들이는 것을 적게 하고, 형벌을 가볍게 한다."122고 하였다.

그렇다면 『관자』에서는 어째서 백성의 삶을 윤택하게 해야 한다고 보았는가? 단순히 애민(愛民)을 지향했기 때문인가? 단순히 애민에 입각했기 때문이기보다는 정치란 백성을 근본으로 하는 것이라고 보았기 때문이다. 정치는 백성을 근본으로 하는 것이므로, 『관자』에서는 정치에 있어서 민심을 얻는 것이 무엇보다 중요하다고 보았다. 가령 "정치의 흥성은 민심을 따르는 데 있으며, 정치의 패망은 민심을 역행하는

---

119 『管子』,「禁藏」, "夫凡人之情, 見利莫能勿就, 見害莫能勿避. 其商人通賈, 倍道兼行, 夜以續日, 千里而不遠者, 利在前也."
120 『管子』,「樞言」, "得之必生, 失之必死者, 何也. 唯栗."
121 『管子』,「牧民」, "凡有地牧民者, 務在四時, 守在倉廩. 國多財, 則遠者來, 地辟舉, 則民留處. 倉廩實則知禮節, 衣食足, 則知榮辱."
122 『管子』,「中匡」, "薄稅斂, 輕刑罰."

데 있다."¹²³라고 하였으며, 또한 "나라를 다스리는 근본은 천시(天時)를 얻어 날실로 삼고, 백성의 마음을 얻어 기강으로 삼는 데 있다."¹²⁴라고 하였다.

그런데 『관자』의 이러한 정치사상은 묵가로부터 영향을 받은 것이다. 가령 『묵자』에서 "식량은 나라의 보배이다."¹²⁵라고 하였다. 앞서 살펴보았듯이 『관자』에서 식량은 다스림의 근간으로 보았는데, 묵가에서도 식량은 나라의 근간이 된다고 보았다. 또한 『묵자』에서 "그러므로 풍년일 때에는 백성들은 어질고 착해지고, 흉년일 때에는 백성들은 인색하고 악해진다. 어찌 백성들이 항심(恒心)을 가질 수 있겠는가?"¹²⁶라고 하였듯이, 『관자』에서와 같이 백성의 민심을 중요시하였다.

유가에서는 형(刑)보다 덕(德)을 더욱 강조하였는데, 『관자』에서도 가혹한 형벌을 비판하였다. 가령 "형벌이 가혹할수록 더욱 어지러워진다."¹²⁷라고 하였다. 그런데 형벌을 비판한 목적에 있어서는 이 둘 사이에 차이점이 있다. 유가가 형(刑)을 비판한 이유는 형보다 덕을 더욱 중요시하였기 때문이다. 즉 유가에서는 무력에 의한 강압보다 자발적인 교화가 더욱 효과적이라고 보았던 것이다. 『관자』에서 형을 비판한 이유는 민심을 얻지 못한 상태에서의 강압적인 형벌은 일시적으로 효과를 발휘하는 듯이 보이지만, 궁극적으로 국가를 위태롭게 할 수 있다고 보았기 때문이다. 가령 『관자』에서는 "그러므로 형벌은 백성의 마음을 두렵게 하기에 부족하고, 살육은 백성의 복종시키기에 부족하다. 그러므로 형벌이 많아도 백성들이 두려워하지 않으면 법령이 시행되지 않

---

123 『管子』,「牧民」, "政之所興, 在順民心, 政之所廢, 在逆民心."
124 『管子』,「禁藏」, "夫爲國之本, 得天之時而爲經, 得人之心而爲紀."
125 『墨子』,「七患」, "食者, 國之寶也."
126 같은 책, "故時年歲善, 則民仁且良, 時年歲凶, 則民吝且惡. 夫民何常此之有."
127 『管子』,「正世」, "誅罰重而亂愈起."

고, 살육이 많아도 백성의 마음이 복종하지 않으면 군주의 자리는 위태롭게 된다."128라고 하였다. 이처럼 『관자』에서는 덕이 아닌 민심을 더욱 중요시하였다.

백성의 주체성을 강조한 『관자』의 사상은 유가사상보다 더욱 합당한 측면이 있다. 공자는 군주가 바람이고 백성은 풀이라고 보았다. 이것은 백성을 전적으로 수동적인 존재로 본 것이다. 물론 공자는 덕을 통한 감화를 강조하였다. 그러나 모든 위정자들이 덕을 강조해왔다. 아무리 포악한 위정자라도 세치의 혀는 언제나 덕을 강조한다. 그러므로 살펴야 할 것은 덕이 아니라 민심인 것이다. 민심의 측면에서 본다면 백성이 바람이고 군주는 오히려 풀이 되어야 한다.

공자 역시 민심을 언급하고 있다. 가령 번지(樊遲)가 공자에게 농삿일 배우는 것을 청하자, 공자는 "윗사람이 예를 좋아하면 백성들이 공경하지 않을 수 없고, 윗사람이 의를 좋아하면 백성들이 복종하지 않을 수 없고, 윗사람이 신의를 좋아하면 백성들이 실정대로 하지 않을 수 없다. 이렇게 되면 사방의 백성들이 자식을 포대기에 업고 올 것이니, (군자가) 어느 겨를에 농사를 짓겠는가?"129라고 말하였다. 또한 "곧은 이를 등용하여 그릇된 자들 위에 두면 백성들은 복종할 것이며, 굽은 이를 등용하여 곧은 이들 위에 두면 백성은 따르지 않을 것이다."130라고 하였다. 이처럼 공자는 군주가 백성들에게 인의를 베풀면 백성들은 도덕적인 감화에 의해 자식이 부모를 따르듯 저절로 모여든다고 보았다. 그러나 공자는 백성들을 단지 교화의 대상으로만 보았을 따름이며, 백성들의 주체적인 힘에 대해서는 간과했다. 이것은 공자사상이 갖는

---

128 『管子』,「牧民」, "故刑罰不足以畏其意, 殺戮不足以服其心. 故刑罰繁而意不恐, 則令不行矣; 殺戮衆而心不服, 則上位危矣."
129 『論語』,「子路」, "上好禮則民莫敢不敬, 上好義則民莫敢不服, 上好信則民莫敢不用情. 夫如是則四方之民, 襁負其子而至矣, 焉用稼."
130 『論語』,「爲政」, "擧直錯諸枉則民服, 擧枉錯諸直則民不服."

한계라고 할 수 있다.

반면에 『관자』에서는 백성의 주체적인 힘을 직시하였으므로 민심을 반영하는 정치를 해야 한다고 주장하였다. 따라서 이로움을 추구하고 해로움을 피하는 것은 귀천을 막론하고 모든 사람의 공통된 본성이므로, 정치는 궁극적으로 백성들에게 이로움을 주고 해로움을 피하게 하는 데 있다고 보았다. 가령 "백성들은 수고하는 것을 걱정하므로 내가 그들을 편안히 해주고, 백성들은 빈천을 싫어하므로 내가 그들을 부귀하게 해준다."131라고 하였다.

공자는 예제를 확립한 주공을 가장 뛰어난 성인으로 보았다. 그런데 관중은 환공에게 "지금 주공(周公)의 시대에는 잘린 손가락과 머리와 발이 층계마다 가득하면서도 백성들이 죽어도 복종하지 않는 이유는 인성 때문이 아니라 민생이 피폐했기 때문입니다."라고 하였다. 관중은 주공의 시대에 백성들이 끊임없이 악행을 저질렀다고 말하고 있다. 주공의 시대에는 예와 교화가 넘쳐났음에도 불구하고 어째서 악행이 끊이지 않았던 것인가? 백성들의 삶이 피폐했기 때문이다. 피폐한 삶의 원인이 여전히 교화의 부족 때문이라고 말한다면 이것은 참으로 현실성 없는 공허한 주장에 불과할 것이다.

제나라 학풍의 영향을 받은 맹자 역시 민심을 강조했다. 특히 군주는 백성들의 경제적인 삶을 유복하게 하여야 한다고 주장하였다. 군주는 언제나 백성의 마음을 살펴야 한다는 당위성에 대해 맹자로서도 외면할 수 없었던 것이다. 그러나 맹자가 강조한 민심 역시 공자와 크게 다르지 않다. 맹자 역시 "백성이 인(仁)으로 돌아감은 물이 아래로 흐르고 짐승이 들판으로 달아나는 것과 같다."132라고 하였다. 결국 맹자 역시 군주는 바람이고 백성은 풀이라는 사유에서 벗어나지 못한 것이다.

---

131 『管子』,「牧民」, "民惡憂勞, 我佚樂之, 民惡貧賤, 我富貴之."
132 『孟子』,「離婁」(上), "民之歸仁也, 猶水之就下, 獸之走壙也."

실제로 맹자 역시 "윗사람이 좋아하는 것이 있으면, 아래는 반드시 더욱 심한 것이 있다. 군자의 덕은 바람이오, 소인의 덕은 풀이다. 풀 위에 바람이 불면 반드시 그리로 쏠린다."133라고 하였다.

그렇다면 『관자』는 정말로 민본을 주장한 것인가? 맹자가 민본을 강조한 이유는 민심을 얻음으로써 위정자의 권력을 공고히 할 수 있다고 보았기 때문이듯이, 『관자』 역시 이와 유사한 입장에 있다. 이를테면 『관자』에서 "군주가 백성을 아끼고자 하는 이유는 그들을 사용하기 위해서이다."134라고 하였다. 『관자』에서는 위정자의 통치수단으로 순민심(順民心)과 애민(愛民)을 강조했던 것이다.

셋째, 도와 법의 통일을 중요시하였다. 『관자』에서 "도가 말하는 것은 하나이지만 쓰임새는 다양하다."135라고 하였다. 도는 모든 것의 근원이 된다는 의미이다. 그런데 『관자』에서는 도와 법을 연관지었다. 가령 "그러므로 법이라는 것은 천하의 지극한 도이며, 성군이 실제로 사용하는 것이다."136라고 하였다. 또한 "모든 일은 법으로 관찰하는데, 법은 권(權)에서 나오고, 권은 도에서 나온다."137고 하였다.

앞에서 언급한 바처럼 『관자』에서는 엄격한 형벌을 비판하였다. 왜냐하면 올바른 다스림은 엄격한 형벌에 있는 것이 아니라 민심을 얻는 데 있다고 보았기 때문이다. 이처럼 『관자』에서는 형벌을 비판하였지만, 한편으로는 법을 강조하였다. 그 이유는 법이 치(治)에 있어서 객관적인 표준이라고 보았기 때문이다.

유가의 전통에서는 예(禮)를 천하의 준칙으로 삼았으며, 예의 가치기준을 천에서 찾았다. 반면에 『관자』에서는 법이야말로 천하의 질서

---

133 『孟子』, 「滕文公」(上), "上有好者, 下必有甚焉者矣. 君子之德, 風也, 小人之德, 草也. 草上之風, 必偃."
134 『管子』, 「法法」, "計上之所以愛民者, 爲用之愛之也."
135 『管子』, 「形勢」, "道之所言者一也, 而用之者異."
136 『管子』, 「任法」, "故法者, 天下之至道也, 聖君之實用也."
137 『管子』, 「心術」, "事督乎法, 法出於權, 權出於道."

를 이루는 근본이라고 보았다. 그러므로 "법은 천하의 준칙이니, 의혹을 해결하고 시비를 밝히는 것이며, 백성의 생명이 달려있는 것이다."138라고 하였다. 더 나아가 "인·의·예·악은 모두 법에서 나왔다. 이것은 선대의 성왕(聖王)이 백성을 통일시키는 방법이다."139라고 하였다. 유가에서의 최고 범주인 인·의·예·악조차 법에서 나왔다고 말하고 있다.

그렇다면 『관자』에서는 어째서 예보다 법을 더욱 중요시하였는가? 유가에서는 혈연을 바탕으로 하여 확장시켜 나아감을 주장하고 있다. 이러한 주장은 친소(親疎)에 의거한 것이라는 점에서 보편성이 결여될 수밖에 없다. 유가가 기반으로 삼은 예 역시 친소를 바탕으로 한 것이므로 보편성이 결여되어 있다. 반면에 『관자』에서는 보편성을 강조하였다.

> "집안을 다스리는 것으로 마을을 다스릴 수는 없으며, 마을을 다스리는 것으로 나라를 다스릴 수는 없으며, 나라를 다스리는 것으로 천하를 다스릴 수는 없다. 집안으로써 집안을 다스려야 하며, 마을로써 마을을 다스려야 하며, 국가로써 국가를 다스려야 하며, 천하로써 천하를 다스려야 한다."140

『대학』에서 '수신제가치국평천하(修身齊家治國平天下)'를 주장했듯이, 유가에서는 확장해 나아가야 한다고 주장한 반면에, 『관자』에서는 각각에 상황에 따른 각각의 이치가 있다고 보았다. 가령 집안은 집안의 도리가 있고, 마을은 마을의 도리가 있고, 나라는 나라의 도리가 있고,

---

138 『管子』, 「禁藏」, "法者天下之儀也, 所以決疑而明是非也, 百姓所縣命也."
139 『管子』, 「任法」, "所謂仁義禮樂者皆出於法, 此先聖之所以一民者也."
140 『管子』, 「牧民」, "以家爲鄕, 鄕不可爲也, 以鄕爲國, 國不可爲也, 以國爲天下, 天下不可爲也. 以家爲家, 以鄕爲鄕, 以國爲國, 以天下爲天下."

천하는 천하의 도리가 있으므로, 각각의 도리에 따라야 한다고 보았다. 『관자』에서는 바로 이러한 객관적 도리를 법으로 보았다.

사실상 주나라는 예제를 근간으로 하였으나 전국중기 이후에는 법을 더욱 중요시하였다. 왜냐하면 예는 귀족들에게 적용되는 범주이므로 보편성이 결여되어 있으므로 이것을 가지고 백성을 통치할 수는 없기 때문이다. 무엇보다 사회의 질서를 이루기 위해서는 공정해야 한다. 법은 공정성을 갖고 있다. 그러므로 『관자』에서는 "법을 따르지 않으면 국가에 규칙이 없어지고, 불법을 본받으면 명령이 시행되지 않는다."[141]라고 하였다. 이처럼 『관자』에서는 법의 공정성을 강조하였으며, 또한 법의 공정성을 천이 아닌 도로부터 찾았다. 왜냐하면 전통적으로 내려온 천(天)에는 인격성을 가지고 있기 때문이다. 인격성을 갖게 되면, 사심을 갖게 되어 공정성을 잃을 수 있다. 반면에 『관자』에서는 『노자』에서와 같이 도를 공평무사(公平無私)한 것이라고 보았으므로 법의 기준을 도에서 찾았던 것이다.

넷째, 당시에는 명(名)과 실(實)에 대한 논의가 중요한 담론의 주제였다. 특히 제나라 직하학궁에서 명과 실에 대한 논의가 활발히 이루어졌다. 『관자』에서도 명과 실의 관계에 대해 논의하고 있다. 가령 "사물은 본래 형태가 있고 형태에는 본래 명칭이 있으니, 명칭을 실제에 부합되게 하는 자를 '성인'이라고 한다."[142]라고 하였다. 『관자』에서는 명이 실과 일치해야 한다고 주장하였다. 또한 다음과 같이 말하고 있다.

> "명칭[名]에 의거해 실제[實]를 살피며, 실제에 의거해 명칭을 확정한다. 명칭과 실제는 서로 생겨나게 하고 서로 실증한다. 명칭과 실제가 서로 부합하면 다스려지고 부합하지 않으면 어지러워진다. 명칭은 실

---

141 『管子』,「法法」,"不法法則事毋常, 法不法則令不行."
142 『管子』,「心術」(上),"物固有形, 形固有名, 名當謂聖人."

제에서 생기고, 실제는 덕에서 생기고, 덕은 이치에서 생기고, 이치는 지혜[智]에서 생기고, 지혜는 합당한 데서 생긴다."143

노자와 장자는 명(名)보다 실(實)을 더욱 중요시하였다. 반면에 법가나 명가에서는 실보다는 명을 더욱 강조하였다. 『관자』에서는 명과 실을 동시에 강조하였지만, 실이 명에 앞선다고 보았다. 이를 통해 볼 때 『관자』의 명실론은 도가적인 관점에 더욱 가깝다고 할 수 있다.

그런데 『관자』에서도 유가에서와 같이 명분으로서의 명(名) 역시 중요시하였다. 『관자』에서 관중이 말하기를 "명분[名]이 있으면 다스려지고 명분이 없으면 어지러워진다. 다스림은 오직 명분에 있다."144라고 하였다. 『국어』에서도 관중이 제나라 환공에게 "임금이 임금답지 못하고 신하가 신하답지 못한 것은 어지러움의 근본입니다."145라고 하였다. 이러한 기록에 따르면, 관중 역시 정명(正名)을 주장하였다. 공자가 처음으로 정명(正名)을 주장했다고 알려져 있으나 정명사상은 공자가 아닌 관중으로부터 나왔을 가능성이 크다.

다섯째, 다양한 기의 사상을 전개하였다. 동양사상에서 가장 중요한 개념을 꼽으라고 한다면 의당 '도(道)'와 '기(氣)'이다. 『장자』에 '기(氣)'가 총 46번 나온다. 주목할 점은 기에 대한 용례가 선진시대의 그 어느 문헌에 비교해볼 때, 실로 다양하다는 점이다. 기의 용례들을 살펴보면 '雲氣'(「逍遙遊」), '六氣'(「逍遙遊」), '虛氣'(「人間世」), '氣母'(「大宗師」), '陰陽之氣'(「大宗師」), '一氣'(「大宗師」), '合氣'(「應帝王」), '衝氣'(「應帝王」), '血氣'(「在宥」), '天氣'(「在宥」), '地氣'(「在宥」), '神氣'(「天地」), '邪氣'(「刻意」), '受氣'(「秋水」), '無

---

143 『管子』, 「九守」, "循名而督實, 按實而定名. 名實相生, 反相爲情. 名實當則治, 不當則亂. 名生于實, 實生于德, 德生于理, 理生于智, 智生于當."
144 『管子』, 「樞言」, "有名則治, 無名則亂, 治者以其名."
145 『國語』, 「齊語」, "爲君不君, 爲臣不臣, 亂之本也."

氣'(「至樂」), '有氣'(「至樂」), 氣變(「至樂」), '純氣'(「達生」), '養其氣'(「達生」), '盛氣'(「達生」), '耗氣'(「達生」), '天下一氣'(「知北遊」), '春氣'(「庚桑楚」), '平氣'(「庚桑楚」)가 있다. 『맹자』에도 '호연지기(浩然之氣)' '야기(夜氣)'와 같은 다양한 기들이 나온다. 이처럼 전국시대 중기 이후에 다양한 기들이 나오는데, 그렇다면 기의 사상은 무엇으로부터 영향을 받은 것인가?

기(氣)의 사상은 앞서 살펴보았듯이 병가에서 나왔다. 그런데 병가는 제나라에서 나왔다. 병가의 효시인 강태공과 사마양저는 모두 제나라 사람이다. 『손자병법』에서도 다양한 기(氣)가 나오는데, 손무 역시 제나라 사람이다. 『관자』에서도 다양한 기들이 나온다. 이것은 곧 『관자』가 제나라에서 전통적으로 중요시한 기 개념을 더욱 발전적으로 논의하였음을 의미한다.

『관자』에서는 "기(氣)가 있으면 살고 기가 없으면 죽는다. 생명이란 것은 기에 의한 것이다."146라고 하였다. 여기서의 기는 전통적으로 내려온 '혈기'를 뜻하는 것이 아니라, 생명체를 이루는 '미립자'를 뜻한다. 『장자』에서도 "사람이 생겨난 것은 기(氣)가 모여들었기 때문으로, (기가) 모인 것을 삶이라 하고 기가 흩어진 것을 죽음이라고 한다."147라고 하였다. 『장자』의 기 개념은 제나라 학풍에서 영향을 받은 것으로 보인다. 맹자 역시 제나라의 기 개념으로부터 영향을 받았다.

여섯째, 음양(陰陽)과 형덕(刑德)에 대해 본격적으로 논의하였다. 가령 "그러므로 음양이라는 것은 천지의 커다란 이치이며, 사기(四時: 사계절)는 음양의 커다란 조리(條理)이다. 형(刑)과 덕(德)은 사시에 적합해야 한다. 형과 덕이 때에 적합하면 복을 낳지만 어긋나면 화를 낳는다."148라고 하였다. 앞에서 살펴보았듯이, 형과 덕은 치(治)에 있어

---

146 『管子』, 「樞言」, "有氣則生, 無氣則死, 生者以其氣."
147 『莊子』, 「知北遊」, "人之生氣之聚也, 聚則爲生, 散則爲死."

서 중요한 문제였다. 법가에서는 형을 더욱 중요시한 반면에 유가에서는 덕을 더욱 중요시하였다. 그런데 『관자』에서는 형과 덕을 음양과 사시(四時)의 문제로써 논의하고 있다. 이와 관련하여 『관자』에서 다음과 같이 말하였다.

> "이러한 까닭에 성인이 천하를 다스림에, 궁극에 달하면 돌아오고, 끝나면 다시 시작한다. 덕은 봄에 시작하여 여름에 자라나고, 형벌은 가을에 시작하여 겨울에 행해진다. 형과 덕이 때를 잃지 않으면 사시가 하나같이 정상적으로 운행하고, 형과 덕이 제자리를 이탈하면 때가 역행하게 된다."[149]

봄과 여름은 양에 해당하는 계절이므로 만물을 생장하게 하고, 가을과 겨울은 음에 해당하므로 만물을 쇠퇴시키고 죽게 한다. 생명을 살리는 덕은 양이므로 봄과 여름에 속하고, 생명을 죽이는 형은 음이므로 가을과 겨울에 속한다고 본 것이다.

이와 같이 『관자』에서는 덕과 형을 양과 음, 춘하추동과 대비시켜 논의하였다. 이러한 사유는 천도와 인도를 결합시키려는 당시의 자연관을 반영한 것이다. 『황제사경』이나 『춘추번로』에도 음양과 형덕을 연결시켜 논의하였는데, 이러한 사유는 『관자』로부터 영향을 받은 것이라고 본다.

일곱째, 세(勢)를 중요시하였다. 세를 중요시한 것은 병가에서부터였다. 병가는 제나라에서 일찍부터 발달했다. 그렇다면 제나라 학풍에서는 세를 중요시하였음을 알 수 있다. 앞서 언급했듯이 맹자도 "제나

---

[148] 『管子』, 「四時」, "是故陰陽者, 天地之大理也, 四時者, 陰陽之大經也. 刑德者四時之合也. 刑德合於時, 則生福, 詭則生禍."
[149] 같은 책, "是以聖王治天下, 窮則反, 終則始. 德始於春, 長於夏, 刑始於秋. 流於冬. 刑德不失, 四時如一, 刑德離鄕, 時乃逆行."

라 사람의 말에 이르기를 '비록 지혜가 있더라도 세를 타는 만 못하며, 비록 농기구가 있으나 때를 기다림만 못하다'고 했는데, 지금의 때가 그러하기 쉽다."라고 하였다.

『관자』에서도 세를 중요시하였다. 가령 『관자』에서 "그러므로 기회포착과 책략에 밝은 자는 용병의 세(勢)를 사용한다. 큰 공은 때에 달려있고, 작은 공은 계책에 달려있다."150라고 하였다. 이처럼 병가에서와 같이 『관자』에서도 시세(時勢)를 강조하였다.

그런데 세는 권세(權勢)를 의미하기도 한다. 신도와 한비는 군주가 군주일 수 있는 이유는 권세 때문이라고 보았는데, 『관자』에서도 이와 같이 주장하고 있다. 즉 "군주가 군주일 수 있는 이유는 세(勢)에 있다. 그러므로 군주가 세를 잃으면 신하가 그를 제어한다. 세가 아래에 있으면 군주는 신하에게 제압당하고, 세가 위에 있으면 신하가 군주에게 제압당한다. 군주와 신하의 위치가 바뀌는 이유는 세가 아래에 있기 때문이다."151라고 하였다.

여덟째, 『관자』에서는 수양론과 양생론에 대해서도 강조하였다. 도(道)와 덕(德), 정(精)·기(氣)·신(神)과 같은 개념들은 수양론과 양생론의 측면을 잘 표현해주는 개념들이다. 특히 이 문제에 대해서는 『관자』 4편에 잘 나타나 있다. 이 문제에 대해서는 다음 절에서 살펴보기로 하자.

---

150 『管子』, 「七法」, "故明於機數者, 用兵之勢也. 大者時也, 小者計也."
151 『管子』, 「法法」, "凡人君之所以爲君者, 勢也. 故人君失勢, 則臣制之矣. 勢在下, 則君制於臣矣, 勢在上, 則臣制於君矣. 故君臣之易位, 勢在下也."

(3) 『관자』에서의 도가사상

『관자』는 어느 특정 학파에 편중된 것이 아니며, 유가·도가·법가·병가·음양가 등을 폭넓게 수용하였다. 그런데 주목할 점은 『관자』 사편(「心術」(上下) 「內業」「白心」)에서는 도가로부터 지대한 영향을 받아 '허(虛)'와 '정(靜)'을 중요시하였다는 사실이다. 또한 『관자』 4편에서는 도(道)·심(心)·신(神)·정(精)이 중요한 개념으로 떠오른다. 이제 『관자』 4편과 도가의 사상 사이에는 어떠한 유사성이 있는지에 대해 살펴보자.

『관자』에서는 자연의 순환을 강조하였다. 가령 "해가 정점에 이르면 기울어지고, 달은 가득 차면 이지러진다. 가득 찬 것은 어그러진 것의 무리이며, 커다란 것은 멸망의 무리이다."[152]라고 하였다. 『관자』에서는 그믐달이 비록 일시적으로 어둠에 가려지지만 영원히 가려질 수는 없으며 필연적으로 만월(滿月)이라는 또 하나의 극으로 향하는 것은 자연계의 필연적인 운동과정이라고 보았다.

그런데 『관자』뿐만 아니라 동양의 자연관에서는 순환론에 기반을 두었으므로, 모든 사물은 반드시 다시 돌아간다고 하는 '극즉반(極則返)'을 강조하였다. 이러한 극즉반의 사상을 대표하는 자가 노자였다. 노자는 "돌아감은 도의 움직임이다."[153]라고 하였다. 이러한 극즉반의 사고에서는 가득 차있는 것을 경계하였다. 그러므로 노자는 "가득 찬 것을 지키려는 것은 제때에 그만 둠만 못하고, 이미 날카로워진 것을 부단히 측량하려는 것은 오래 보존할 수 없다."[154]라고 하였다. 『관자』에서도 "궁극에 달하면 돌아가고, 끝나면 다시 시작한다."[155]라고 하였다. 공교

---

152 『管子』,「白心」, "日極則仄, 月滿則虧, 極之徒仄, 滿之徒虧, 巨之徒滅."
153 『老子』, 40장, "反者, 道之動."
154 『老子』, 9장, "持而盈之, 不如其已, 揣而銳之, 不可長保."
155 『管子』,「四時」, "窮則反, 終則始."

롭게도 『장자』 「즉양(則陽)」편에 이와 똑같은 문장이 나온다.

『관자』에서는 도를 중요시하였다. 동양에서는 모든 만물은 변화의 과정 속에 있다. 그렇다면 질서는 무엇에 의거해 생겨난 것인가? 공맹의 유가에서는 천에 의해서라고 본 반면에, 노자는 도에 의해서라고 보았다. 『관자』에서도 도가 중요한 개념으로 등장한다. 『관자』에서의 도의 특징은 다음과 같다.

첫째, 『관자』에서는 도가 무형으로서 만물의 근원이 된다고 보았다. 가령 『관자』에서 "도가 천지를 생겨나게 하였다."156라고 하였다. 전통적으로 천은 최고의 범주였는데, 노자는 도에 의해 천지가 생겨났다고 보았다. 이것은 중요한 사유의 전환이었다. 『관자』에서도 천지가 도에 의해서 생겨났다고 본 것이다.

『관자』에서의 도의 성격과 노자의 도의 성격이 매우 유사하다. 무엇보다 『관자』에서는 도가 무형으로써 있으므로 극한이 없다고 말하였다. 가령 "도는 움직이지만 그 형태를 볼 수 없으며, 베풀지만 그 덕을 볼 수 없으며, 만물은 모두 도를 얻었지만 그 극한을 알지 못한다."157라고 하였으며, "하늘의 도는 텅 비어 있어 형태가 없다."158라고 하였다. 또한 다음과 같이 말하고 있다.

"도란 입으로 말할 수 없고, 눈으로 볼 수 없고 귀로 들을 수 없다. (도란) 마음을 닦아 행위를 바르게 하는 것이다. 사람이 도를 잃으면 죽게 되고, 도를 얻으면 살게 된다. 일에 있어서 도를 잃으면 실패하게 되고 도를 얻으면 성공하게 된다. 도란 뿌리도 없고 줄기도 없고 잎사귀도 없고 꽃도 없지만, 만물은 이것에 의해 생겨나고 이루게 되므로 그것

---

156 『管子』, 「四時」, "道生天地."
157 『管子』, 「心術」(上), "道也者, 動不見其形, 施不見其德, 萬物皆以得, 然莫知其極."
158 같은 책, "天之道, 虛其無形."

을 '도'라고 명한 것이다."¹⁵⁹

『관자』에서는 도란 것은 무형으로 있으므로 말할 수도, 볼 수도, 들을 수도 없다고 보았다. 그러나 이것은 단순한 텅 비어 있는 무가 아니다. 왜냐하면 도는 인간의 생사와 성패뿐만 아니라 만물의 생존기반이기 때문이다. 노자 역시 "도를 보려고 하여도 볼 수 없는지라, 일컬어 '이(夷)'라고 한다. 듣고자 하나 들리지 않는지라, 일컬어 '희(希)'라고 한다. 붙잡으려 하나 잡히지 않는지라, 일컬어 '미(微)'라고 한다."¹⁶⁰라고 하였다. 또한 노자가 말한 도는 모든 만물이 도에 의해서 생겨난다는 점에서 『관자』에서와 같이 생존기반이 된다.

둘째, 도는 천지간 어디에도 있다고 보았다. 가령 『관자』에서 "도가 천지 사이에 있으니, 지극히 커서 외부가 없고 지극히 작아서 내부가 없다. 그러므로 '멀리 있지 않지만, 그 끝에 도달하기 어렵다'고 하였다."¹⁶¹고 하였다. 『장자』에도 이와 유사한 문장으로 "지극히 커서 외부가 없는 것을 '대일(大一)'이라고 하며, 지극히 작아서 내부가 없는 것을 '소일(小一)'이라고 한다."¹⁶²가 있다. 그런데 이것은 혜시의 주장이기도 하다. 아마도 『관자』의 이 내용은 혜시로부터 영향을 받은 듯하다. "멀리 있지 않지만 그 끝에 도달하기 어렵다"란 문장 역시 혜시의 역설과 유사한 측면이 있다.

셋째, 도는 집안에서부터 천하까지 하나로 관통한다고 보았다. 가령 "도가 말하려는 것은 하나이지만, 그것의 쓰임은 다양하다. 도를 듣고서 집안을 잘 다스리는 사람은 한 집안의 가장이라 할 수 있으며, 도를 듣

---

159 『管子』,「內業」, "口之所不能言也, 目之所不能視也, 耳之所不能聽也, 所以修心而正形也. 人之所我以死, 所得以生也. 事之所失以敗, 所得以成也. 凡道, 無根無莖, 無葉無榮, 萬物以生, 萬物以成, 命之曰道."
160 『老子』, 14장, 視之不見, 名曰夷. 聽之不聞, 名曰希. 搏之不得, 名曰微.
161 『管子』「心術」(上), "道在天地之間也, 其大無外, 其小無內. 故曰, 不遠而難極也."
162 『莊子』,「天下」, "至大無外, 謂之大一 ; 至小無內, 謂之小一."

고서 고을을 잘 다스리는 사람은 고을의 장이라고 할 수 있으며, 도를 듣고서 나라를 잘 다스리는 사람은 한 나라의 군주라고 할 수 있으며, 도를 듣고서 천하를 잘 다스리는 사람은 천자라고 할 수 있다."[163]라고 하였다. 『노자』에서도 "도로써 몸을 닦으면 그 덕은 바르게 되고, 도로써 집안을 닦으면 그 덕은 여유롭게 되고, 도로써 마을을 닦으면 그 덕은 오래갈 수 있고, 도로써 한 나라를 닦으면 그 덕은 풍요로워지고, 도로써 온 천하를 닦으면 그 덕은 널리 퍼진다."[164]라고 하였다.

넷째, 도가에서의 도는 단지 천지만물의 근원일 뿐만 아니라, 실천의 덕목이기도 하다. 『관자』에서도 도의 실천을 강조하였다. 가령 "도를 이미 체득하더라도 그 행위를 알지 못하게 되며, 공이 이미 이루어졌어도 그것을 의식하지 못한다. 이처럼 무형에 숨겨져 있는 것을 '하늘의 도'라고 한다."[165]라고 하였다.

다섯째, 『관자』에서는 도와 함께 덕을 강조하였다. 가령 "텅 비어 형태가 없는 것을 '도'라고 하며, 만물을 화육하는 것을 '덕(德)'이라고 한다."[166]라고 하였다. 공맹이 말하는 덕은 인의예지와 같은 윤리적인 덕목을 지칭한다. 반면에 도가에서는 도와 덕이 짝을 이룬다고 보았다. 가령 노자는 "도는 만물을 생겨나게 하고, 덕은 만물을 기른다."[167]고 하였다. 도가 각각의 만물 속에 내재된 것이 '덕'이란 점에서, 도와 덕은 본래 같은 것이다. 그런데 노자가 '덕은 만물을 기른다'고 하였듯이, 덕에는 '양(養)'의 뜻을 가지고 있다. 노자가 도와 함께 덕을 말한 까닭은

---

163 『管子』, 「形勢」, "道之所言者一也, 而用之者異. 有聞道而好爲家者, 一家之人也, 有聞道而好爲鄕者, 一鄕之人也, 有聞道而好爲國者, 一國之人也, 有聞道而好爲天下者, 天下之人也."
164 『老子』, "54장 修之身, 其德乃眞, 修之家, 其德乃餘, 修之鄕, 其德乃長, 修之國, 其德乃豊, 修之天下, 其德乃普."
165 『管子』, 「形勢」, "其道旣得, 莫知其爲之. 其功旣成, 莫知其釋之. 藏之無形, 天之道也."
166 『管子』, 「心術」(上), "虛無無形謂之道, 化育萬物謂之德."
167 『老子』, 51장, "道生之, 德畜之."

도는 만물을 낳고 덕이 만물이 잘 자라나도록 기른다고 보았기 때문이다. 『관자』에서도 덕이 만물을 기른다고 보았다.

『관자』에서는 덕(德)에 '득(得)'의 뜻이 있다고 보았다. 가령 "하늘의 도는 텅 비어 있어서 형상이 없다. 비어있어서 다함이 없고, 형태가 없으므로 거슬리는 바가 없다. 거슬리는 바가 없으므로 만물에 두루 유통하면서도 변함이 없다. 덕이라는 것은 도가 머무름이다. 만물이 도를 얻어 부단히 생겨나며, 앎은 이를 얻어 도의 정수를 인식할 수 있다. 그러므로 덕은 '얻음[得]'이다."168라고 하였다.

노자와 장자 역시 덕(德)을 '득(得)'의 의미로 보았다. 도는 일자로서 모든 만물의 존립기반이 된다. 그러므로 노자는 "하늘은 하나를 얻어서 맑아졌고, 땅은 하나를 얻어서 안정되었고, 신령스러움은 하나를 얻어서 영험해졌고, 계곡은 하나를 얻어서 채워졌고, 만물은 하나를 얻어서 생겨났고, 왕은 하나를 얻어서 천하의 바름으로 삼았다. 이 모든 것은 하나가 이룬 것이다."169라고 하였다. 노자는 하늘·땅·신령스러움·계곡·만물·왕이란 각각의 존재들이 도를 얻음으로써 존재기반을 얻었다고 보았다. 이처럼 모든 만물들이 도를 얻음을 '덕(德)'이라고 한다. 그렇다면 덕은 곧 득(得)이라고 할 수 있다. 왕필 역시 『노자』 38장의 주에서 "덕이란 득(得)이다."170고 하였다. 『장자』에서도 "만물은 이 일을 얻어 생겨났는데 그것을 '덕'이라고 한다."171라고 말하였다.

이상에서와 같이 『관자』의 도 개념은 도가의 도 개념 사이에는 많은 유사성을 갖고 있다. 그런데 도와 덕의 관계에서 『관자』와 『노자』 사이에는 다소 차이점도 있다. 가령 『관자』에서는 "무위로써 말한 것을

---

168 『管子』, 「心術」(上), "天之道, 虛其無形. 虛則不屈, 無形則無所位迕. 無所位迕, 故徧流萬物而不變. 德者, 道之舍. 物得以生生, 知得以職道之精. 故德者得也."
169 『老子』, 39장, "天得一以淸, 地得一以寧, 神得一以靈, 谷得一以盈, 萬物得一以生, 王候得一以爲天下貞. 其致之一也."
170 『老子』, 38장, 王弼注, "德, 得也."
171 『莊子』, 「天地」, "物得以生, 謂之德."

'도'라고 하며, 머무름으로써 말한 것을 '덕'이라고 한다. 이처럼 도와 덕 사이에는 틈이 없기 때문에, 둘을 구별해서 말하지 않는다."[172]라고 하였다. 『관자』에서는 도와 덕의 차이를 '머물러 있지 않음'과 '머물러 있음'으로 나누었다. 즉 도와 덕은 같은 것으로서, 심에 머무른 것을 단지 덕으로 보았다. 심의 차원에서 본다면 도가 머무른다는 것은 곧 도를 얻은 것이므로 덕을 '득(得)'이라고 한 것이다.

그런데 『노자』에서 말한 도와 덕은 『관자』에서 말하는 것과는 다소 차이가 있다. 전통적으로 아버지가 나를 낳고 어머니가 나를 기른다고 보았다. 가령 『시경』에서 "아버지는 날 낳으시고, 어머니는 나를 길러 주신다."[173]고 하였다. 그런데 앞서 언급했듯이, 『노자』에서도 "도는 만물을 생겨나게 하고, 덕은 만물을 기른다."고 하였다. 이처럼 『노자』에서의 도는 '낳다'의 의미를 가지고 있으며, 덕은 '기르다'의 의미를 갖는다. 이것은 도에 있어서의 무와 유를 뜻한다. 도는 허체로 있으므로 무이며, 무한한 작용을 하므로 유이다. 그런데 무와 유는 단순한 이체(異體)로 있는 것이 아니다. 그 일례로 "이 둘(=유무)은 본래 같은 것이나, (현상 세계 밖으로) 나옴에 있어서 이름을 달리한 것이다. 같은 것을 일컬어 '현(玄)'이라고 한다."[174]라고 하였다. 무와 유는 본래 도의 이중성으로서 서로 분리될 수 없는 것이라는 점에서 같은 것이다. 그러나 생성계 속에서의 존재들은 규정화를 통해서만이 존립 가능하기 때문에 필연적으로 규정하게 되며, 이러한 규정에 의해서 무와 유라는 이름이 생겨나게 되었다. 이러한 규정에 근거할 때 무와 유가 마치 상반된 것처럼 보이지만 본래는 하나의 근원에서 나온 것일 따름이라고 노자는 말하고 있다. 이와 같이 노자의 덕은 도의 작용적 측면을 말한 것이라

---

172 『管子』, 「心術」(上), "以無爲之謂道, 舍之之謂德. 故道之與德無間, 故言之者不別也."
173 『詩經』, 「蓼莪」, "父兮生我, 母兮鞠我."라고 하였다.
174 『老子』, 1장, "此兩者, 同, 出而異名, 同謂之玄."

고 한다면, 『관자』에서의 도는 단순히 도의 득(得)으로 보았다.

노자는 도와 만물에 대해 주된 관심을 가졌는데, 장자에 와서는 도와 심의 관계로 심화되었다. 그런데 『관자』에서는 더욱 철저히 도를 심과 결부시켰다. 가령 『관자』에서는 "심은 몸에 있어서 군주의 위치에 있으며, 몸의 아홉 구멍은 각자의 역할이 있으니 관직에서의 직분과 같다. 마음에 도가 거처하면 아홉 구멍은 이치를 따르게 되지만, 욕심으로 가득차면 눈은 색을 보지 못하고 귀는 소리를 듣지 못한다."[175]라고 하였다.

『관자』에서는 심과 9개의 몸의 구멍의 관계를 군주와 신하의 관계로 보았다. 일찍이 맹자 역시 심과 감각기관을 구분한 바 있다. 즉 맹자는 "대체(大體)를 따르는 사람은 대인이 되고, 소체(小體)를 따르는 사람은 소인이 된다."[176]라고 하였다. 또한 맹자는 대체와 소체의 특징에 대해 다음과 같이 말하고 있다.

"귀와 눈의 기능은 생각하지 못하여 사물에 가려지니, 사물이 사물(감각기관)과 교접하면 거기에 이끌릴 뿐이다. 마음의 기능은 생각할 수 있으니, 생각하게 되면 얻게 되고 생각하지 못하게 되면 얻지 못한다. 이것은 하늘이 우리에게 부여한 것이니, 그 큰 것에서 먼저 세운다면 작은 것이 빼앗을 수 없게 된다. 이것이 대인이 되는 이유인 것이다."[177]

주희는 대체와 소체에 대해서, "대체는 심이며, 소체는 이목(耳目)

---

[175] 『管子』, 「心術」(上), "心之在體, 君之位也, 九竅之有職, 官之分也. 心處其道, 九竅循理, 嗜欲充益, 目不見."
[176] 『孟子』, 「告子」(上), "從其大體] 爲大人, 從其小體, 爲小人."
[177] 같은 책, "耳目之官, 不思而蔽於物, 物交物則引之而已矣. 心之官則思, 思則得之, 不思則不得也. 此天之所與我者, 先立乎其大者, 則其小者不能奪也. 此爲大人而已矣."

의 종류이다."[178]라고 하였다. 주희의 주장처럼 대체는 심을 말하고 소체는 감각기관을 말한다. 맹자는 심이 생각하는 기능을 가지고 있으므로 사물을 부릴 수 있는 반면에, 감각기능은 생각하는 기능이 없으므로 심에 의해 부려진다고 보았던 것이다. 『관자』에서도 심은 생각하는 기능이 있으므로 감각기관을 관장한다고 보았다.

그런데 마음은 단순히 사려하는 작용만을 하는 것이 아니다. 『관자』에서 "가슴 속을 평정하게 하고 마음을 잘 다스리면 장수할 수 있다."[179]라고 하였듯이, 마음이 안정되면 장수한다고 보았다. 더 나아가 마음이 안정되면 나라 역시 안정된다고 보았다. 가령 "마음이 편안하면 국가도 편안해진다. 마음이 다스려지면 국가도 다스려진다. 다스림도 마음으로 말미암고 편안함도 마음으로 말미암는다."[180]라고 하였다.

그렇다면 심이 어떻게 생각할 수 있는 기능을 갖게 된 것인가? 『관자』에서는 심 안에 '신(神)'이 깃들여 있기 때문이라고 보았다.

『관자』에서는 일종의 신묘한 정신작용으로서의 신(神)을 강조하였다. 신에 대해서 『주역』에서 "음양이 기운이 변화하여 예측할 수 없음을 '신(神)'이라고 한다."[181]라고 하였다. 이에 따르면 신은 변화막측의 미묘한 작용을 뜻한다. 『관자』에서도 "하나의 사물이 변화됨을 '신'이라고 한다."[182]라고 하였다. 이처럼 고대에서는 변화막측의 측면을 신(神)이라고 보았는데, 『관자』에서는 좀 더 구체적으로 생각하는 작용을 신이라고 보았다.

일찍이 고대에서는 신이 외부에서 안으로 들어온다고 보았다. 미친 사람에게 "정신 나갔다"고 말하는 이유도, 미치게 되면 신이 마음에서

---

178 『孟子集註』, "大體, 心也, 小體, 耳目之類也."
179 『管子』, 「內業」, "平正擅匈, 論治在心, 此以長壽."
180 『管子』, 「心術」(下), "心安, 是國安也. 心治, 是國治也. 治也者心也, 安也者心也."
181 『周易』, 「繫辭上傳」, "陰陽不測之謂神."
182 『管子』, 「內業」, "一物能化謂之神."

빠져나감으로써 생각할 수 없게 된다고 보았기 때문이다. 『관자』에서도 신이 외부로부터 안으로 유입된다고 보았던 것이다.

그런데 『관자』에서는 생각하는 작용이 도로부터 부여받았다고 보았다. 즉 무형의 도는 곧 변화막측의 신(神)이며, 이 변화막측의 신이 내 마음에 머무르는 것을 덕(德)이라고 본 것이다. 그런데 신이 언제나 심 안으로 들어올 수 있는 것은 아니다. 신이 들어오기 위해서는 마음을 정결하게 해야 한다고 말하고 있다. 가령 "욕심을 버리면 신이 들어와 머문다. 불결한 것을 제거하면 신이 계속해서 거처한다."[183]라고 하였다. 반면에 마음이 깨끗하지 않으면 신이 들어오고 싶어도 들어올 수가 없고 머물고 싶어도 머물 수가 없다고 보았다. 그러므로 "신(神)은 지극히 귀하기 때문에 집안으로 말끔히 청소하지 않으면 귀인은 머무르지 않는다. 그러므로 '깨끗하지 않으면 신(神)은 거처하지 않는다.'라고 하였다."[184]라고 하였다.

도는 자연적이다. 자연적이라는 것은 애써 행하지 않더라도 저절로 이루어짐을 뜻한다. 신 역시 자연적인 것이므로 내 마음 속으로 저절로 들어온다. 그럼에도 불구하고 사람들이 신을 받아들이지 못함으로써 마음이 혼탁해지는 이유는 무엇 때문인가? 『관자』에서는 그 이유에 대해, "마음의 모습은 저절로 충만하고 저절로 채워지며, 저절로 생겨나고 저절로 이루어진다. 그 본심을 잃은 까닭은 근심·즐거움·기쁨·노여움·욕심·이기심 때문이다."[185]라고 하였다. 『관자』에 따르면, 마음을 비우게 되면 신이 저절로 찾아듦에도 불구하고 내 마음에 신이 들어오지 못하는 이유는 내 마음 속에 온갖 잡다한 감정들이 뒤섞여 있기 때문이라는 것이다.

---

183 『管子』, 「心術」(上), "虛其欲, 神將入舍. 掃除不潔, 神乃留處."
184 같은 책, "神者至貴也. 故館不辟除, 則貴人不舍焉. 故曰 "不潔則神不處.""
185 『管子』, 「內業」, "凡心之刑, 自充自盈, 自生自成. 其所以失之, 必以憂樂喜怒欲利."

이와 같이 『관자』에서는 신(神)을 정신작용이므로 보았으므로 신을 중요시하였다. 그런데 신은 본래 '귀신(鬼神)'이란 말에서 나온 것이다. 실제로 『관자』에서는 귀신의 존재를 강조했다. 가령 "하늘은 때로써 작용하고, 땅은 자원으로써 작용하고, 사람은 덕으로써 작용하고, 귀신은 상서로움으로써 작용하고, 금수는 힘으로써 작용한다."[186]라고 하였으며, 또한 "천지 사이를 떠돌아다니는 것을 '귀신'이라고 한다."[187]라고 하였다. 그렇다면 이러한 귀신의 사상은 무엇으로부터 나온 것인가? 샤머니즘으로부터 나온 것이다. 『국어』에서 관사보(觀射父)가 초나라 소왕(昭王)에게 다음과 같이 말했다.

> "옛날에는 백성과 신명이 뒤섞여 있지 않았습니다. 백성들 가운데 정신[精]이 맑아 집중력을 갖고 있고, 또한 엄숙하고 바름을 간직하고 있고, 지혜는 위아래(신명과 백성)로 각기 바른 자리를 얻게 할 수 있고, 성덕(聖德)은 멀리까지 펼치고, 안목은 널리 바라볼 수 있고, 귀는 환히 들을 수 있는 자가 있었는데, 이와 같은 자에게 신명이 강림하였습니다. 이런 사람들 중에 남자를 '박수[覡]'라고 하며, 여자를 '무당[巫]'이라고 하였습니다."[188]

이와 같이 『관자』에서의 신(神)은 본래 귀신의 뜻으로서, 신이 마음 속으로 들어오는 것을 '접신(接神)'이라고 한다. 그런데 『관자』에서의 신은 철학적 담론으로 이어졌고, 더 나아가 양생론과 수양론으로 발전하였다.

---

[186] 『管子』, 「樞言」, "天以時使, 地以材使, 人以德使, 鬼神以祥使, 禽獸以力使."
[187] 『管子』, 「內業」, "流於天地之間, 謂之鬼神."
[188] 『國語』, 「楚語」(下), "古者民神不雜. 民之精爽不攜貳者, 而又能齊肅衷正, 其智能上下比義, 其聖能光遠宣朗, 其明能光照, 其聰能聽徹之. 如是則明神降之, 在男曰覡, 在女曰巫."

노자가 말한 도는 우주론·정치론·인생론을 아우르는 삶의 문제인 반면에, 『장자』에서는 심의 문제로 심화되었다. 『관자』도 『장자』에서와 같이 도를 심의 문제로 보았다. 그런데 『관자』에서는 더 나아가 심의 문제를 양생의 문제로까지 확장시켰다.

양생론의 도교의 중요한 주제이다. 그런데 이러한 양생의 사상은 노장에서 기원하였다. 노자는 양생과 관련하여 다음과 같이 말하였다.

"듣건대 잘 섭생하는 자들은 육지에 가더라도 외뿔소나 호랑이를 만나지 않고, 전쟁터에 들어가도 갑옷과 병기에 의해서 해를 당하지 않고, 외뿔소는 그 뿔을 들이받을 곳이 없고, 호랑이는 그 발톱을 둘 곳이 없고, 병기도 그 칼날을 허용할 곳이 없다고 한다. 무엇 때문인가? 죽음의 여지가 없기 때문이다."[189]

자연변화에 잘 따른다면 위험 요소들을 미연에 방지하여 장수할 수 있다는 의미이다. 그런데 '양생(養生)'이란 용어는 『장자』에 처음 나온다. 『장자』에서 다음과 같이 말하고 있다.

"솜씨 좋은 소잡이가 1년 만에 칼을 바꾸는 이유는 살을 가르기 때문입니다. 평범한 소잡이는 달마다 칼을 바꿉니다. 무리하게 뼈를 자르기 때문입니다. 그러나 제 칼은 19년이 되어 수천마리의 소를 잡았지만 칼날은 방금 숫돌에 간 것 같습니다. 저 뼈마디에는 틈새가 있고, 칼날에는 두께가 없습니다. 두께 없는 것으로 틈새에 넣으니, 널찍하여 칼날을 움직이는 데도 여유가 있습니다. 그러니 19년이나 되었어도 칼날이 방금 숫돌에 간 것 같습니다.(…) 문혜왕(文惠王)이 말했다.

---

[189] 『老子』, 50장, "蓋聞善攝生者, 陸行不遇兕虎, 入軍不被甲兵, 兕無所投其角, 虎無所措其爪, 兵無所容其刃. 夫何故. 以其無死地."

'좋다. 내가 포정(庖丁)의 말을 듣고 양생(養生)을 얻었다.'"190

이것은 그 유명한 '포정해우(庖丁解牛)'의 이야기이다. 백정인 포정이 소를 가를 때, 인위적으로 가르지 않고 자연적 성질을 따라 가르기 때문에 손쉽게 소를 해체시킬 수 있을 뿐만 아니라, 오랫동안 칼을 사용하여도 칼날이 상하지 않는다. 양생이라는 것도 궁극적으로 이러한 자연의 성질을 따름에 있다고 말하고 있다.

『관자』에서는 양생을 더욱 중요시하였다. 양생과 관련하여 "'그러므로 내 자신을 아끼려고 한다면 먼저 내 자신의 실정을 알아야 한다. 왕이 천지 사방을 친히 살피어, 이로써 마음과 몸을 고찰한다.'고 하였다. 이로써 모습을 알아야 시행하는 실정을 알 수 있고, 이미 시행하는 실정을 알면 양생(養生)을 알 수가 있다."191라고 하였다.

『노자』와 『장자』에도 양생의 사상은 있었지만 양생은 중요한 사상이 아니었다. 왜냐하면 모든 것은 변화하며 생사 역시 이러한 변화 가운데 있으므로, 이러한 자연변화에 따라야 한다고 보았기 때문이다. 가령 『장자』에서 "옛날의 진인은 삶을 기뻐하지 않으며, 죽음을 미워할 줄 모른다. 태어남을 기뻐하지 않고, 죽음을 거역하지 않는다. 무심히 자연을 따라서 가고, 무심히 자연을 따라서 올 따름이다."192라고 하였다. 도가의 관점에서 본다면 양생 역시 삶의 집착일 수 있다.

양주는 그 어떠한 것도 삶에 비견될 수 없다고 보았는데, 이러한 귀아론(貴我論)은 양생론으로 나아갔다. 『관자』에서는 양생론을 더욱 구

---

190 『莊子』, 「養生主」, "良庖歲更刀, 割也. 族庖月更刀, 折也. 今臣之刀十九年矣, 所解數千牛矣, 而刀刃若新發於硎. 彼節者有間, 而刀刃者無厚. 以無厚入有間, 恢恢乎其於遊刃必有餘地矣. 是以十九年而刀刃若新發於硎. (…) 文惠君曰, 善哉. 吾聞庖丁之言, 得養生焉."
191 『管子』, 「白心」, "故曰. 欲愛吾身, 先知吾情. 君親六合, 以考內身, 以此知象, 乃知行情, 旣知行情, 乃知養生."
192 『莊子』, 「大宗師」, "古之眞人, 不知說生, 不知惡死. 其出不訢, 其入不距. 翛然而往, 翛然而來而已矣."

체적으로 논의하였다.

『관자』에서는 이러한 양생론이 심과 '정(精)·기(氣)·신(神)'의 개념으로 발전해나갔다. 도교의 내단 사상에서 '정·기·신'은 인체의 '삼보(三寶)'라 불릴 정도로 핵심적인 개념이다. 내단학에서의 '정·기·신'을 처음으로 구체적으로 논의한 문헌이 바로 『관자』이다. 정(精)에 대해서 "정이란 것은 기(氣)의 정미함이다."[193]라고 하였다. 또한 "사람이 생겨남에 있어서 하늘에서 정(精)이 나오고, 땅에서 형(形)이 나와, 이것이 합쳐져 사람이 되었다.[194]라고 하였다. 이것을 통해 볼 때, 형이 육체와 연관성이 있다고 한다면, 정(精)은 생명과 연관성이 있다. 이처럼 『관자』에 따르면, 신은 신묘한 정신작용을 의미하며, 기는 물질을 이루는 에너지를 의미하며, 정은 생명을 구성하는 미세한 입자를 의미한다.

노자가 말한 도는 치세(治世)를 위한 것인 반면에 장자가 말한 도는 치신(治身)에 있다. 여기서의 신(身)은 수양의 대상으로써의 몸을 뜻한다. 『관자』 4편에서 말한 도 역시 치신(治身)의 의미로 사용되어졌다. 그런데 여기서의 신은 양생으로써의 신을 뜻한다. 이처럼 『관자』에 오면서 수양론에서 양생론으로 변화되었다. 또한 이러한 양생의 사상은 『회남자』에로 이어지면서 도교사상의 시발점이 되었다.

---

193 『管子』,「內業」, "精也者, 氣之精者也."
194 같은 책, "凡人之生也, 天出其精, 地出其形, 合此以爲人."

5. 직하학의 사상적 의의

『사기』의 기록에 따르면 당시의 직하학궁에는 뛰어난 인재들이 대거 모여들었다. 즉 앞에서 열거한 추연·순우곤·신도·환연·접자·전병·추석·순자·예열 등과 같은 당시의 석학들이 제나라 직하학에 소속되어 있었다. 이들은 유가·법가·음양가·명가 등 다양한 학파의 쟁쟁한 거두(巨頭)라는 점에서, 당시 직하학이 얼마나 융성했는가에 대하여 미루어 짐작해 볼 수 있다.

직학학궁에 순자와 같은 유가, 추연과 같은 음양가, 신도와 같은 법가, 예열과 같은 명가, 송견과 같은 도가 등 다양한 학자들이 대거 모여들었다는 것은 곧 직하학의 학문적 성향이 하나의 학파에 편중되어 있었던 것이 아니라 다양한 학파들로 구성되어 있었음을 의미한다. 이것은 또한 당시의 학파들이 서로 간에 활발한 교류가 있었음을 의미하기도 한다. 기존 연구에서는 제자백가의 투쟁적 측면만을 부각시켰던 반면에 근래의 직하학 연구에서는 사상교류의 측면을 부각시켰다. 이와 관련하여 유위화와 묘윤전은 다음과 같이 말하였다.

"격렬한 학술 논쟁은 서로 다른 학파와 학술적 견해 사이에서 사상적인 침투와 융합을 가속화했다. 유가·묵가·음양오행의 사상은 도법가(황로)에 흡수되었으며, 법가·명가·묵가·도가의 학설은 유가에 흡수되었다. 물론 직하의 그 어떠한 별파(別派)라고 할지라도 그 학술

사상 속에는 모두 다른 학파의 영향이 있었음을 볼 수가 있다."[195]

　직하선생들은 특별히 책임질만한 직위에 있지 않았기 때문에 강제성 없이 자유분방하게 사상적 토론을 할 수 있었다. 그런데 여기서 우리는 다음과 같은 의문을 제기해 볼 수 있다. 직하학궁은 과연 독창적인 사상을 잉태하였는가? 아니면 직하학궁은 단지 다양한 학파를 하나로 모아놓은 집합소에 불과한가?

　다양한 학풍을 가진 지식인이 대거 몰려들었다는 점에서 직하학은 어떤 특정 학파에 편중된 것은 아니며, 직하학의 학문적 성격이 다양할 수밖에 없다. 그런데 중국학계에서는 직하학이 단순히 다양한 학파를 모아 놓은 집합이 아니라, 중요한 사상적 특징을 가지고 있다고 주장하고 있다. 그 대표적인 특징으로서 '직하황로학(稷下黃老學)'을 꼽고 있다. '직하황로학'이란 직하에서 생겨난 황로학을 일컫는 말로서, 한대의 황로학과 구별하기 위해 황로학에 '직하'란 이름을 붙인 것이다. 황로학(黃老學)에서의 황로(黃老)는 전설상의 인물인 황제(黃帝)와 노자(老子)를 겸칭한 말이다. 중국학계에서는 황제의 학을 법가로, 노자의 학을 도가로 규정함으로써, 황로학을 도가와 법가가 결합된 '도법가(道法家)'로 보았다. '직하황로학' 역시 직하에서 발생한 '도법가'적 성격의 학문을 뜻한다. 유위화와 묘윤전은 '직하황로학'에는 비록 다양한 학파가 모여 있기는 했지만 도가를 중심으로 다른 학설을 끌어 모은 동시에 법에 의한 통치를 주장했다는 점에서 황로학과 일치한다고 하였다.[196]

　그러나 필자는 당시의 학문적 성격을 '직하황로학'으로 규정하는 것에 대해서 반대한다. 중국학자들의 주장처럼 전국말기에 직하황로학이 유행했다면 선진시대의 문헌에 직하황로학이란 말이 나와야 하는데,

---

[195] 劉蔚華·苗潤田, 『稷下學史』, 中國廣播電視出版社, 1992, 19쪽.
[196] 같은 책, 361쪽.

그 어느 문헌에서도 '황로학', 심지어 '황로'라는 말조차 보이지 않는다. 사실상 황로학은 한대 초기에 일시적으로 유행한 용어로서, 단지 도가 사상을 지칭하는 것일 따름이다.

당시 직하학에 법가와 도가가 서로 뒤섞인 사상이 많은 이유는 법가가 도가로부터 많은 영향을 받았기 때문이다. 그런데 법가가 도가로부터 영향을 받았다고 해서, 이것이 하나의 사상으로 묶일 수는 없다. 왜냐하면 법가와 도가는 분명히 다른 사상일 뿐만 아니라, 심지어 가장 대립적인 사상이기 때문이다. 이 문제에 대해서는 뒤에서 살펴볼 것이다.

직하학은 나름대로의 학문적 특징을 갖고 있으며, 사상의 발전에도 크게 기여하였다. 그 의의는 대략적으로 다음과 같다.

첫째, 직하학궁에는 순우곤·신도·환연·접자·전병·추석(騶奭)과 같은 학자들뿐만 아니라, 맹자와 순자 역시 직하학과 깊은 인연을 맺고 있다. 직하학궁의 가장 큰 의의는 다양한 사상가들이 자유롭게 논쟁함으로써 사상적 교류의 장이 되었다는 데 있다. 이러한 사상적 교류를 통해 전국중기에서 말기에 다양한 사상들이 생겨날 수 있었다. 무엇보다 『관자』라는 책이 생겨날 수 있었다. 『관자』는 순자나 한비에게 지대한 영향을 주었을 뿐만 아니라, 하나의 중요한 사상적 토대를 마련하였다. 주목할 점은 직하학에서는 법가와 명가(名家)에 대한 논의가 많았다는 사실이다.

둘째, 직하학에서 중요한 것은 도가의 위상이다. 직하학에서는 유가·묵가·법가·명가 등과 같은 다양한 사상들이 논의되었는데, 특히 도가가 중요한 담론의 대상으로 떠올랐다. 이것은 중요한 의미를 갖는다. 공자는 중화주의에 대한 강한 자부심이 있었으므로 중화문화 이외의 변방문화에 대해서는 단지 오랑캐의 문화에 불과하다고 보았다. 가령 "오랑캐에게 임금이 있음은 중화에 임금 없음만 못하다."[197]라고 하였다. 이것은 변방국가의 문화를 천시한 공자의 생각을 잘 말해주고 있다. 공자가 변방의 문화를 천시하였듯이 맹자 역시 그러하였다. 초나라 사람인 진상이 유가를 열심히 배웠다가 허행에게 깊은 감화를 받아 교화되자, 맹자는 "나는 중화의 가르침을 써서 오랑캐를 교화시켰다는 소리는 들었지만, 오랑캐에게서 교화되었다는 소리는 듣지 못하였다."[198] 라고 질타하였다. 이와 같이 당시 유가에서는 남방 문화를 천시하였으므로 도가에 대해서도 천시할 수밖에 없었다. 그런데 전국말기에는 도가가 중요한 활동무대를 이루고 있다. 그 주된 배경에는 직하학궁이 있었다. 제나라는 초나라와 근접해 있었으므로 초나라 문화를 쉽게 접할 수 있었다. 또한 직하학궁에서는 학문의 편협성을 배척하고 다양한 사상을 가진 학자들이 자유롭게 토론하였다. 이러한 과정에서 도가가 자연스럽게 흡수되었다. 이것은 또한 도가가 전국말기에 중요한 역사적 무대에 화려하게 등장하게 된 주된 배경이 되기도 하였다.

 셋째, 직하학은 당시 학자들에게 많은 영향을 주었다. 법가뿐만 아니라 유가에도 지대한 영향을 미쳤다. 맹자는 직하선생은 아니었지만 제나라에 머물면서 직하학으로부터 영향을 받았다. 천시(天時)·위민(爲民)·민생(民生) 등의 개념은 제나라 학풍에서 영향을 받은 것이다. 순자는 직하학과 깊은 관련을 맺으면서 많은 영향을 받았다.

---

197 『論語』, 「八佾」, "夷狄之有君, 不如諸夏之亡也."
198 『孟子』, 「滕文公」(上), "吾聞用夏變夷者, 未聞變於夷者也."

제4장
곽점(郭店) 출토문헌에서의 도가사상

1. 곽점 출토문헌에 대한 개괄

 1993년 겨울 호북성(湖北省)·형문시(荊門市)에 있는 곽점(郭店) 1호의 초나라 묘지에서1 용형옥대구(龍形玉帶鉤 : 용 모양이 새겨진 옥으로 된 허리띠)·칠현금(七弦琴 : 일곱 현으로 된 거문고)·칠이배(漆耳杯 : 양쪽에 귀 모양의 손잡이가 있는 옻칠한 잔)·칠렴(漆奩 : 옻칠한 궤짝) 등의 문물과 함께 8백여 매의 죽간이 출토되었다. 8백여 매 죽간 중에서 7백3십여 매, 대략 1만3천 자의 문자가 기록되어 있었는데, 이 죽간은 선진시대의 초나라 문자로 쓰여 있다.2

 여기서 발굴된 죽간들은 『노자』와 함께 『태일생수(太一生水)』·『치의(緇衣)』·『노목공문자사(魯穆公問子思)』·『궁달이시(窮達以時)』·『오행(五行)』·『당우지도(唐虞之道)』·『충신지도(忠信之道)』·『성지문지(成之聞之)』·『존덕의(尊德義)』·『성자명출(性自命出)』·『육덕(六德)』·『어총(語叢)』4권, 총 13종 16권이다. 이 문헌들에는 편명(篇名)이 없으며, 여기서의 편명은 편집자들이 내용에 근거해 임의로 붙인 것이다.3 곽점 초묘에서 발굴된 출토문헌은 마왕퇴 한묘에서 발굴

---

1 곽점 초묘는 전국시대의 초나라 수도인 영(郢)의 근교에 위치해 있는 초나라 귀족의 묘릉(墓陵) 안에 있다.
2 『郭店楚墓竹簡』, 「前言」, 文物出版社, 1998.
3 이를테면 『太一生水』의 첫머리는 '太一生水'로 시작되는데, 고대에서는 첫머리를 따서 篇名으로 삼는 것이 일반적인 관례였으므로 이에 근거하여 편명으로 삼았다.

된 것보다 시기적으로 더욱 앞선 전국시대의 문헌이라는 점에서 중요한 사료적 가치를 지니고 있다. 이 역사적 사건을 계기로 중국과 일본 학계를 중심으로 하여 많은 연구 성과들이 쏟아져 나왔다.

이학근이 "순장(殉葬)에 쓰인 서적은 필시 죽은 자가 생전에 읽었거나 애호했던 것이기 때문에 어느 정도 죽은 자의 신분과 사상적 경향을 반영하고 있다."4라고 말하였듯이, 묘 안의 문헌들은 묘주가 평소에 즐겨 읽었던 책들이다. 그런데 출토문헌들은 『노자』를 제외한 나머지 모두가 유가 계통이다.5 그렇다면 묘주는 평소에 유가를 흠모하였음을 알 수가 있다. 또한 당시 초나라에서 유가사상을 적극적으로 수용하였음을 엿볼 수 있다. 실제로 『맹자』에서도 "진량(陳良)은 초나라 출신으로, 주공과 공자의 도를 좋아하여 북쪽의 중국으로 유학하였다."6라고 하였다.

그런데 대다수 학자들은 곽점 초묘의 연대를 기원전 300년 전후 즉 전국 중기 후반부의 것으로 보았다. 만일 이것이 사실이라면 곽점에서 출토된 문헌들은 최소한 전국시대 중기 후반부 이전의 것이 된다. 중국 학계의 견해에 따르면 곽점 초묘의 연대는 맹자 말년에 해당하는데, 곽점 초묘 죽간은 묘주가 살아생전에 읽은 책이므로 기원전 300년 이전의 것이다. 『맹자』는 맹자 말년에 완성되었다는 점을 고려한다면, 죽간은 시기적으로 『맹자』 이전에 쓰인 것이라고 볼 수 있다. 이에 따라 이학근도 "이처럼 우리가 알고 있듯이 곽점 1호 묘와 맹자 말년이 서로 시기적으로 비슷한데, 묘 속의 서적 중에는 맹자의 것으로 보이는 것도 있다. 『맹자』 7편이 말년에 편찬되었다는 것을 고려한다면, 곽점 죽간의 각 문헌들은 모두 『맹자』가 완성된 시기보다 빠르다."7라고 하였다.

---

4   李學勤, 「馬王堆帛書與〈鶡冠子〉」, 『江漢考古』 第2期, 1983.
5   대부분의 학자들은 『태일생수』를 도가계통으로 보았으나 이 역시 유가계통이다. 이 점에 대해서는 뒤에서 살펴보겠다.
6   『孟子』, 「滕文公」(上), "陳良, 楚産也, 悅周公仲尼之道, 北學於中國."

학계의 견해대로라면 출토문헌들은 모두 『맹자』 이전의 것이 된다.

그렇다면 출토문헌들은 누구의 작품인가? 이학근은 『치의』·『오행』·『노목공』이 모두 자사(子思)와 그의 문인에 의해서 쓰인 『자사자(子思子)』에 속한다고 보았다.8 『한서』 「예문지」에 "『자사』 23편"이란 말이 있다. 아울러 자주(自注)에서 "이름은 급(伋)이다. 공자의 손자로서, 노나라 목공의 사부가 되었다"9라고 하였다. 『수서(隋書)』 「경적지(經籍志)」에서는 '『자사자』 7권'이 기재되어 있다. 아울러 『수서』 「음악지(音樂志)」에서 양나라 사람인 심약(沈約)이 "『예기』의 「중용」·「표기(表記)」·「방기(坊記)」·「치의」는 모두 『자사자』에서 취한 것이다."10 라고 한 것에 따라 「치의」를 자사의 작품으로 보았다. 또한 이학근은 『노목공문자사(魯穆公問子思)』가 자사와 목공 간의 대화를 기록한 글이라는 점에 근거해 『자사자』의 한 편으로 보았다.

곽점 초간 『오행』은 비록 오늘날 전해지지 않은 고일서이기는 하지만, 마왕퇴 한묘에서도 이미 똑같은 『오행』이 출토된 바 있다. 마왕퇴 한묘 백서 『오행』은 경(經)과 전(傳)으로 구성되어 있는데, 곽점 초간 『오행』에는 경만 있고 전은 빠져 있다. 마왕퇴 한묘 『오행』에 대하여, 한중민(韓中民)은 '자사·맹자 학파(學派) 문도의 저작'이라고 보았다.11 『순자』 「비십이자(非十二子)」에서 자사와 맹자가 '오행설'을 주장하였다고 하였는데, 방박(龐樸)은 이것을 근거로 하여 이 문헌을 순자가 말한 '사맹설(思孟說)'이라고 주장하였다.12 곽점 초묘의 출토문헌에서 이 책이 다시 나오자, 이학근은 이를 『자사자』의 작품으로 보았다.

---

7   李學勤, 「郭店楚墓文獻的性質與年代」, 2쪽. * 邢文 編譯, 『郭店老子與太一生水』, 學苑出版社, 2001.
8   李學勤, 「荊門郭店楚墓中的〈子思子〉」, 『中國哲學』 第20輯, 遼寧教育出版社, 1999.
9   『漢書』, 「藝文志」, 〈諸子略〉 自注, "名伋. 孔子孫, 爲魯穆公師."
10 "禮記, 中庸, 表記, 坊記, 緇衣, 皆取子思子."
11 曉菡, 「長沙馬王堆漢墓帛書概述」, 『文物』 第9期, 文物出版社, 1974, 41쪽.
12 龐樸, 「思孟五行新考」, 『文史』 第7輯, 1979.

학계에서는 대체로 이학근의 견해를 정설로 받아들이고 있는데, 세부적인 내용에서는 약간씩 차이가 있다. 요명춘은 10종의 유가 문헌을 셋으로 분류하였다. 첫째, 공자의 저작으로 『궁달이시』·『당우지도』·『존덕의』가 있다. 둘째, 공자 제자의 저작으로, 『충신(忠信)』은 자장(子張)의 저작이고, 『성자명출』은 자유(子游)의 저작이고, 『성지문지』와 『육덕』은 현성(縣成)의 저작이다. 셋째, 자사 및 그 제자의 저작으로 『치의』·『오행』·『노목공문자사』가 있다.13 강광휘는 이학근의 견해를 더욱 전개하여, 『치의』·『오행』·『당우지도』·『충신지도』·『성자명출』·『궁달이시』·『구기(求己)』(原題:『成之聞之』 전반부)·『노목공문자사』·『육덕』을 모두 자사의 저작으로 보았다.14 곽기 역시 저서 대부분을 자사학파의 문헌으로 보았다. 이를테면 『치의』는 자사가 기재한 공자의 말이며, 『노목공문자사』와 『궁달이시』는 자사 문인이 기재한 자사의 말이며, 『오행』·『당우지도』·『충신지도』는 자사의 저작이며, 『성지문지』·『존덕의』·『성자명출』·『육덕』은 자사 문인의 저작이라고 보았다.15

이에 대해 다소 다른 견해를 제기하는 학자들도 있다. 진래(陳來)는 『성자명출』에서 '성에는 선도 악도 없다'라고 한 주장과 공손니의 주장이 서로 유사하다는 점을 들어, 공손니의 저작일 가능성이 크다고 보았다. 『한서』 「예문지」에 "『공손니자(公孫尼子)』 28편. (공자의) 칠십 제자 가운데 한 제자이다."16라고 하였다. 이에 따를 때, 공손니는 공자 제자의 제자로서 28편의 저서를 남겼다. 공손니의 저작은 오늘날 전해지지 않고 있다. 다만 『논형』에서 "밀자천(密子賤)·칠조개(漆雕開)·공손니자의 무리 또한 성정(情性)을 논함에서 세자(世子=世碩)와 더불

---

13 廖名春, 「郭店楚簡儒學著作考」, 『孔子研究』 第3期, 1986.
14 姜廣輝, 「郭店楚簡與〈子思子〉」, 『中國哲學』 第20輯, 遼寧教育出版社, 1999.
15 郭沂, 「試談楚簡〈太一生水〉及其與簡本〈老子〉的關契」, 『中國哲學史』 第4期, 哲學研究雜誌社, 1998, 33쪽.
16 "公孫尼子二十八篇. 七十子之弟子."

어 서로 출입(出入)하여, 모두가 성(性)에는 선도 있고 악도 있다고 말하였다."17라고 하였는데, 진래는 『성자명출』이 성정을 위주로 한 담론이므로 그의 책일 것이라고 추정하였다.18 정원민(程元敏)은 『치의』 역시 공손니의 저작으로 보았다.19 그 근거를 당나라 육덕명(陸德明)이 『예기』「치의」에 대하여 "유환(劉瓛)은 '공손니자의 저작이다'고 했다."20라고 한 것에서 찾았다. 정원민은 유환이 남조시대의 사람으로서 양나라 사람인 심약보다도 좀 더 시대적으로 앞서 있다는 점에서 유환의 설이 더욱 타당하다고 주장하였다.21

학계에서는 『노자』・『태일생수』만이 도가계열의 문헌이고 그 나머지는 모두 유가계열의 문헌으로 보았다. 다만 『어총』은 여러 사상이 뒤섞여 있기 때문에 다양한 의견이 제기되었다. 아사노 유이치는 "『어총』은 특정한 학파의 사상에 의해 통일되어 있지 않다. 아마도 초나라의 '동궁의 사부'였던 묘주가 태자의 교육에 유익하다고 보이는 문장을 각종의 문헌에서 발췌하여 편집한 교제인 것 같다."22라고 주장하였다. 요명춘은 "『어총』(一)에서 『어총』(三)까지는 비록 명언(名言)을 모아놓은 것이기는 하지만, 기본적으로는 유가의 설을 위주로 하고 있다."23고 하였다. 학계에서는 요명춘의 주장처럼, 『어총』이 비록 여러 명언을 모아 놓은 모음집이지만 기본적으로 유가 문헌이라고 보았다.

이처럼 중국 대다수 학자들은 출토문헌을 『맹자』 이전의 것으로 보

17　王充, 『論衡』, 「本性篇」, "密子賤漆雕開公孫尼子之徒, 亦論情性, 與世子相出入, 皆言性有善有惡."
18　陳來, 「郭店楚簡之〈性自命出〉篇初探」, 『孔子研究』 第3期, 1998.
19　程元敏, 「〈禮記・中庸・坊記・緇衣篇〉非出於〈子思子〉」, 『張以仁先生七秩壽慶論文集』(上冊), 學生書局, 1999.
20　陸德明, 『經典釋文』, 「禮記音義・緇衣篇」, "劉瓛云, 公孫尼子所作也."
21　程元敏, 「〈禮記・中庸・坊記・緇衣〉非出於〈子思子〉」, 『張以仁先生七秩壽慶論文集』(上冊), 學生書局, 1999.
22　淺野裕一, 「郭店楚簡〈太一生水〉と〈老子〉の道」, 『中國研究集刊』 第26號, 2000, 4쪽.
23　廖名春, 「荊門郭店楚簡與先秦儒學」, 『中國哲學』 第20輯, 遼寧教育出版社, 1999.

았다. 중국학자들의 견해대로라면 『맹자』 이전에 이미 도가의 사상과 유가의 사상이 밀접하게 결합되어 있었으며, 또한 내용상에 있어서도 『맹자』에서는 찾아볼 수 없는 다양한 논의들이 있었다. 만일 그러하다면 참으로 놀라운 일이 아닐 수 없다. 그러나 이러한 놀라운 일은 일어날 것 같지 않다. 왜냐하면 곽점 출토문헌들의 다수가 『맹자』 이후에 나온 것이기 때문이다. 중국학자들의 묘주의 하장연대, 묘주의 신분과 직업, 출토문헌에 대한 성격과 저자에 대한 주장에는 많은 문제점이 있다. 이에 대해서는 필자의 저서 『출토 문헌을 통해서 본 중국 고대 사상』에서 상세히 논의하였다. 중국학자들은 단지 몇 가지 유사 문장을 끌어들여 억측을 내놓고서 이것을 근거라고 제시하고 있으니, 그들의 학문 수준에 실망을 넘어 절망감마저 느낀다.

그런데 이러한 괴이한 일이 마왕퇴 출토문헌에서도 행해진 적이 있었다. 마왕퇴에서 발굴된 『황제사경』은 명백히 전국말기에서 진제국 사이의 것임에도 불구하고, 당란을 비롯한 많은 학자들이 전국시대 초중기의 것이라고 주장하였다. 전국말기에서 진제국 사이의 것이 전국 초중기의 문헌으로 둔갑하게 되면 그 결과는 중국 고대 사상이 뒤죽박죽 엉망이 되고 말 것이다.

어째서 중국학자들은 출토문헌의 연대를 앞당겨 보려고 하는 것인가? 아마도 그렇게 함으로써 주목을 끌려고 했던 것 같다. 그러나 이러한 행위는 학문을 후퇴시킬 뿐만 아니라 고대 사상을 왜곡시켜 엉망으로 만들 수도 있다.

마왕퇴 출토문헌에는 도가와 법가가 결합된 문헌들이 많았다. 이것을 계기로 중국학자들은 도법가적인 성격의 황로학이 전국시대 말기에서부터 주도적이었다고 주장하였다. 그렇다면 곽점의 출토문헌에도 이와 비슷한 문헌들이 나와야 할 것이다. 왜냐하면 두 출토문헌 모두 같은 초나라 지역의 묘에서 나온 것이기 때문이다. 그러나 곽점의 출토문헌들은 오히려 도가와 유가가 결합된 문헌들이다. 이것은 어찌된 일인가? 곽점 출토문헌의 발굴은 황로학 연구자들에게 곤란한 문제를 안겨 주었다. 그러나 그들은 정작 이 문제에 침묵하고 있다. 그럴 수밖에 없는 것이 애초부터 그들의 주장에 많은 문제점이 있기 때문이다.

공자 이후 맹자의 시대까지 180년간은 유가가 침묵하던 시기였다. 그 이유는 공자의 지적 거인을 계승 발전시킬만한 인물이 없었기 때문이다. 그런데 중국학자들의 주장에서와 같이 곽점 출토문헌이 자사 및 그 직계 제자들의 저작이라고 한다면, 맹자 이전에 이미 맹자보다 수준 높은 유가사상이 있었다고 보아야 한다. 이것은 심각한 사실 왜곡일 따름이다.

필자는 『출토문헌을 통해서 본 중국 고대 사상』에서 곽점 출토문헌의 내용과 성격에 대해 상세히 논의한 바 있으므로, 여기서는 출토문헌들이 어떻게 유가와 도가가 결합되었으며, 이러한 결합을 통해 어떠한 새로운 논의들이 생겨났는지에 대해서 중점적으로 살펴보고자 한다.

2. 곽점 출토문헌에서의 도가사상

(1) 『오행(五行)』

『오행』에서는 천도(天道)와 인도(人道)를 구분하고 있다. 주요 문장을 인용하면 다음과 같다.

"오행(五行)이란 무엇인가? 인(仁)이 안에서 드러난 것을 '덕의 행위'라고 하며, 안에서 드러나지 않은 것을 '행위'라고 한다. 의(義)가 안에서 드러난 것을 '덕의 행위'라고 하며, 안에서 드러나지 않은 것을 '행위'라고 한다. 예(禮)가 안에서 드러난 것을 '덕의 행위'라고 하며, 안에서 드러나지 않은 것을 '행위'라고 한다. 지(智)가 안에서 드러난 것을 '덕의 행위'라고 하며, 안에서 드러나지 않은 것을 '행위'라고 한다. 성(聖)이 안에서 드러난 것을 '덕의 행위'라고 하며, 안에서 드러나지 않은 것도 '덕의 행위'라고 한다. 덕의 행동에는 다섯 개가 있는데, 이것의 조화를 '덕(德)'이라고 한다. 네 개의 행위가 조화를 이룸을 '선(善)'이라고 한다. 선은 인도이며, 덕은 천도이다."[24]

---

24 『五行』, "五行. 仁形於內謂之德之行, 不形於內謂之行, 義形於內謂之德之行, 不形於內謂之行. 禮形於內謂之德之行, 不形於內謂之[行. 智形於內謂之德之行, 不形於內謂之行. 聖形於內謂之德之行, 不形於內謂德之行. 德之行五, 和, 謂之德. 四行和, 謂之善. 善, 人道也, 德, 天道也."

『오행』에서는 인(仁)·의(義)·예(禮)·지(智)가 안에서 나온 것을 '덕의 행위'라고 보았으며, 안에서 나온 것이 아닐 경우에는 단지 '행위'일 따름이라고 보았다. 또한 인(仁)·의(義)·예(禮)·지(智)·성(聖) 다섯 개의 덕목이 서로 조화를 이루는 것을 '덕(德)'이라고 하였으며, 인·의·예·지가 안에서 드러나지 않은 행위들을 '선(善)'이라고 하였다. 이에 의거할 때 덕은 인간의 심성에서 나온 것인 반면에 선은 사회적 규범으로부터 나온 것이다. 또한 덕은 하늘로부터 부여받은 것이므로 '천도'라고 하였으며, 선은 사회적 규범에 의해 생겨난 것이므로 '인도'라고 하였다.

『오행』에서 인·의·예·지를 언급하고 있다는 점에서 볼 때 맹자의 영향이 있었음을 알 수 있다. 그런데 맹자와는 달리『오행』에서는 '성(聖)'을 하나 더 첨가시키고 있다.『오행』에서의 성은 인·의·예·지와는 다른 특별한 개념에 속한다. 인·의·예·지의 경우에는 안에서 드러난 행위를 '덕의 행위'라고 본 반면에 안에서 드러나지 않은 행위를 단순한 '행위'로만 보았다. 그런데 성의 경우에는 안에서 드러난 것과 안에서 드러나지 않은 것 모두를 '덕의 행위'라고 보았다.

아울러 "쇠의 소리는 선(善)이며, 옥의 음은 성(聖)이다. 선은 인도이며, 덕은 천도이다. 오직 덕이 있는 사람이라야 비로소 쇠로 소리를 내고 옥으로 거둘 수 있다."[25]고 하였다. 쇠는 일종의 쇠북[鐘]으로서 처음을 알리는 소리이며, 옥은 일종의 경쇠[磬]로서 마지막(완성)을 알리는 소리다. 본 문장은 덕이 있는 사람은 처음에는 인·의·예·지라고 하는 선에서 출발하지만, 성(聖)을 통해서 진정한 도덕적 완성을 이룬다는 의미이다. 이상에 의거할 때, 성은 인·의·예·지와는 다른 독특한 개념이면서도 가장 중요한 개념이기도 하다. 그렇다면『오행』에서

---

25 『五行』, "金聲, 善也, 玉音, 聖也. 善, 人道也, 德, 天[道也.] 唯有德者, 然后金聲而玉振之."

는 어째서 성을 특별한 존재로 취급했는가?

『오행』에서는 성(聖)과 지(智)를 구별하였다. 지(智)에 대해, 『오행』에서 "보아서 아는 것을 '지(智)'라고 한다."26고 하였다. 이에 의거할 때, 지란 '눈[目]으로 보아 안다[知]'란 뜻으로서, 구체적으로 '인도를 보아 안다'란 의미이다. 번지(樊遲)가 공자에게 지(智)에 대하여 묻자, 공자도 "사람을 아는 것이다."27라고 했으며, 『노자』에서도 "남(사람)을 아는 것을 '지(智)'라고 한다."28고 했다. 우리는 여기서 '앎'에 대한 동서양의 차이를 엿볼 수 있다. 서양에서의 앎이란 객관세계에 대한 앎을 의미하는 반면에, 중국 고대에서 말한 앎이란 사람들 사이의 관계에 대한 앎을 의미한다.

성(聖)에 대해, 『오행』에서 "들어서 아는 것을 성(聖)이라고 한다."29고 하였으며, 『덕성(德聖)』에서는 "천도를 아는 것을 '성(聖)'이라고 한다."30라고 하였다. 이에 의거할 때, 지가 '인도를 보아 안다'란 뜻이라고 한다면, 성은 '천도를 들어서 안다'란 뜻이다. 고대에서는 '성(聖)'과 '성(聲)'이 서로 통용되었다. 『설문해자』에서도 "'성(聲)'자와 '성(聖)'자는 옛날 서로 차자(假借)로 사용하였다."31고 하였다. 이로써 보건데, 성(聖)은 천도를 들어 사람에게 전달하는 '전달자'의 의미를 매포하고 있다.

이와 같이 성(聖)은 천도와 인도를 연결하는 가교의 역할을 하고 있다. 인·의·예·지와는 달리 성의 경우에는 안에서 드러난 것과 안에서 드러나지 않은 것 모두를 '덕의 행위'로 본 이유도 성(聖)은 천도와 관련을 맺기 때문이다. 인·의·예·지의 경우에는 덕이 있으면 '덕의

---

26 『五行』, "見而知之, 智也."
27 『論語』, 「顔淵」, "知人."
28 『老子』, 33장, "知人者, 智."
29 『五行』, "聞而知之, 聖也."
30 『德聖』, "知天道曰, 聖."
31 『說文解字段注』, 23卷, 12篇注上(文57), "聲聖字, 古相假借."

행위'가 되지만, 덕이 없으면 전적으로 사회적 관계에 의한 '행위'만이 된다. 반면에 성(聖)은 천도와 전적으로 관련을 맺어 하늘의 덕을 인심(人心)에 전달해 준다는 점에서, 안에서 드러난 것이든 드러나지 않은 것이든 관계없이 모두 '덕의 행위'가 된다.

이와 같이 덕과 선을 구별하여, 덕을 천도로 보고 선을 인도로 보았던 『오행』의 사상은 유가에서는 전혀 생소한 사상이다. 그렇다면 『오행』에서는 무엇 때문에 덕과 선을 구별한 것인가? 이에 대한 설명에 앞서 덕과 선의 차이점에 대해 먼저 살펴보자.

『오행』에서는 덕에 대해, "때에 맞추어 행하는 것을 '덕'이라고 한다.",32 "화(和)하게 되면 즐겁게(樂) 되고, 즐겁게(樂) 되면 덕(德)이 있게 되고, 덕이 있으면 나라가 흥하게 된다."33고 하였다. 이에 의거할 때 덕은 시(時)와 화락(和樂)을 특징으로 하고 있다. 락(樂)에 대해, 『예기』에서 "음악[樂]은 화합시키는 것이며, 예(禮)는 구별하는 것이다. 화합하면 서로 친애하게 되고, 차별하게 되면 서로 공경하게 된다."34고 하였다. 음악[樂]은 즐거움[樂]을 주기 위해 있는 것이며 이 즐거움을 통해 화락(和樂)을 도모하므로, 락(樂)은 음악[樂]이며 즐거움[樂]인 동시에 화(和)이다. 선(善)에 대해서는 "(인·의·예·지가) 조화로우면 같아지고[同], 같아지면 선해진다."35고 하였다. 이에 의거할 때, 선(善)은 동(同)을 특징으로 하고 있다. 화(和)와 동(同) 사이에는 차이점이 있다. 그 차이점에 대해, 공자는 "군자는 화(和)하지만 동(同)하지 않고, 소인은 동하지만 화하지 않는다."36고 하였다. 이에 의거할 때, 동이 개별적인 것들의 무차별적인 통일을 뜻한다고 한다면, 화는 개별들의 자발적인 조

---

32 『五行』, "行之而時, 德也."
33 『五行』, "和則樂, 樂卽有德, 有德則邦家興."
34 『禮記』,「樂記」, "樂者, 爲同, 禮者, 爲異. 同則相親, 異則相敬."
35 『五行』, "和則同, 同則善."
36 『論語』,「子路」, "君子, 和而不同, 小人, 同而不和."

화를 뜻한다고 한다.

『오행』에 의거한다면, 선이란 인간의 마음과 무관하게 생겨난 사회적인 규범을 뜻한다. 규범이 제 역할을 다하려면 통일성과 보편성이 있어야 한다. 즉 일정한 도덕적 행위의 준칙에 의거해 다양한 개별들을 하나로 통일시켜야 하며, 언제 어디서나 일정하게 통용되어야 한다. 이것은 자칫 강압적이며 시의적절함이 없는 구속이 될 수 있다. 이 강압적인 구속에 의해 개별들을 동(同)하게는 할 수는 있지만 자발적인 조화를 이루게 할 수는 없다. 반면에 하늘의 덕은 끊임없이 변화하지만 시의적절함을 가지고 있으며, 강압적이지 않지만 만물들은 자발적으로 조화를 이룬다. 따라서 『오행』에서는 이 하늘의 덕을 갖추게 되면, 시의적절히 행하게 되고 개별들의 자발적인 조화를 도모할 수 있다고 보았다.

『오행』의 사상은 유가의 윤리규범이 갖는 이중성에서 나온 것이라고 본다. 윤리규범은 강제성과 자발성의 중간에 있다. 강제성이 극단으로 나아가게 되면 법가에서 말하는 법(法)이 되고, 자발성이 극단으로 나아가게 되면 도가에서 말하는 무위가 된다. 순자는 윤리규범을 규제적 측면에서 보았으며, 이 규제적 측면은 한비의 법가 사상으로 발전해 나아갔다. 반면에 『오행』에서는 도가의 입장을 취하여 자발적인 측면을 강조하였다. 즉 도가에서는 천도가 끊임없이 변화하지만 시의적절[時]함을 가지고 있으며 개성을 중시하면서도 개별의 조화를 도모한다고 보았는데, 『오행』에서는 이러한 도가의 천도관을 수용한 것이다.

『오행』에서의 부분적인 논의는 유가 내에서도 있다. 가령 맹자는 '권(權)'을 말하였으며, 공자는 '화이부동(和而不同)'을 말하였다. 따라서 시(時)와 화(和)는 도가만의 특징이 아닌 유가에서도 중요시하였다. 또한 공맹(孔孟) 역시 『오행』에서와 같이 하늘로부터 덕을 부여 받았다는 보았다. 이와 같이 부분만을 놓고 본다면 『오행』은 순수한 유가 문헌이라 볼 수 있다. 그러나 자세히 분석해보면 유가에서는 나올 수 없는 도가의 논리들이 많다. 그 이유는 다음과 같다.

첫째, 『오행』에서와 같은 천도와 인도의 본격적인 구분은 공맹의 전통 속에는 없으며, 도가의 영향에 의거한 것이다. 가령 『장자』에서 "무엇을 도라고 하는가? 천도가 있고 인도가 있다. 무위하여 존귀한 것이 천도이며, 유위하여 얽매이는 것이 인도이다."37라고 하였다. 『장자』에서의 천(天)은 '자연적' '선천적'인 것을 뜻하고, 인(人)은 '인위적' '후천적'인 것을 뜻한다. 『오행』 역시 도가의 영향에 의해 인도인 선을 사회적 관계에 의해 생겨난 것이라고 보고 천도인 덕을 자연적인 것으로 보아, 양자를 서로 분리시키고자 했다.

둘째, 하늘로부터 덕을 부여받았다는 관점과 선을 사회적인 측면으로 보는 관점은 공맹의 관점이 아니라 장자의 관점이다. 특히 덕과 선의 구별은 명백히 도가의 영향에 기인한 것이다. 왜냐하면 맹자는 덕과 선을 같은 것으로 보았기 때문이다. 덕과 선을 같은 것으로 보았기 때문에 맹자가 사람에게 덕성이 있다는 것을 근거로 들어 본성이 선하다고 주장했던 것이다.

셋째, 덕(德)을 내적인 것으로 보고 선(善)을 외적인 것으로 보는 것 역시 도가의 영향에 의거한 것이다. 유가에서는 덕과 선을 같은 것으로 보았으므로 애초부터 내외란 것이 있을 수 없다. 그런데 『장자』에서는 "천(天)은 안에 있으며, 인(人)은 밖에 있다. 덕은 천에 있다."38고 하여, 덕을 내적인 것으로 보았다. 또한 『장자』에서는 선이란 본성과는 무관한 사회적 규범으로 보았으므로 외적인 것으로 보았다. 순자도 선을 인위(人爲)라는 뜻의 '위(僞)'로 보았다. 『오행』에서도 천도인 덕과 인도인 선을 내외로 파악한 동시에 선을 전적으로 사회적인 규범으로 보았다.

---

37 『莊子』, 「在宥」, "何謂道. 有天道, 有人道. 無爲而尊者, 天道也, 有爲而累者, 人道也."
38 『莊子』, 「秋水」, "天在內, 人在外, 德在乎天."

이상과 같이 『오행』은 도가로부터 지대한 영향을 받았다. 그러나 『오행』은 유가의 문헌이란 점에서 궁극적으로 유가의 입장에 있다. 무엇보다 『오행』에서는 인·의·예·지를 긍정하고 있다. 장자학파에서는 인·의·예·지 덕목 자체를 인위적인 것으로 보았을 뿐만 아니라 인간을 구속하는 것이라고 보았으므로 비판했던 반면에, 『오행』에서는 비록 인·의·예·지가 사회적 규범에 의해서 이루어진 불완전한 덕목이라고 보았지만 그렇다고 비판한 것은 아니었다. 오히려 "오직 덕이 있는 사람이라야 비로소 쇠로 소리를 내고 옥으로 거둬들일 수 있다."고 하였듯이 인도(人道)인 선으로부터 출발하여 천도(天道)인 덕을 수용함으로 해서만이 비로소 덕성이 완성될 수 있다고 보았다. 이처럼 선은 덕의 완성을 위한 출발점이며 바탕이란 점에서 인륜 질서를 중시한 유가의 입장을 여전히 견지하고 있다.

(2) 『궁달이시(窮達以時)』

순자(荀子)의 독창적 개념이라고 알려진 '천인지분(天人之分)'이란 용어가 『궁달이시(窮達以時)』에도 그대로 나온다. 가령 "하늘(天)이 있고 사람(人)이 있어 하늘과 사람 사이의 구분(分)이 있다. '하늘과 사람 사이의 구분(天人之分)'을 살피게 되면 행해야 할 것을 알게 된다. 사람은 있으나 세상이 없으면 비록 현명한 자라도 행할 수가 없다."[39]고 하였다. 방박(龐樸)[40]이나 아사노 유이치(淺野裕一)[41] 등은 『궁달이시』에

---

39 『窮達以時』, "有天有人, 天人有分. 察天人之分, 而知所行矣. 有其人, 亡其世, 雖賢不行矣."
40 龐樸, 「孔孟之間」, 『中國哲學』(第20輯), 遼寧敎育出版社, 1999, 27쪽.
41 淺野裕一, 「郭店楚簡〈窮達以時〉の〈天人之分〉について」, 『東洋學』, 中國文史哲研究會.

나오는 '천인지분'과 순자가 말한 '천인지분'이 서로 가리키는 의미가 다르다고 주장했는데, 필자 역시 양자의 의미가 다르다고 본다. 순자가 말한 천은 '물질적 자연천'을 의미하고 인은 '인위'를 의미하는 반면에, 『궁달이시』에서의 천은 '천시(天時)'를 의미하고 인(人)은 '인력(人力)'을 의미한다. 또한 순자는 사람의 노력을 중요시한 반면에, 『궁달이시』에서는 천시(天時)를 중요시하였다.

그렇다면 『궁달이시』에서는 어째서 천시(天時)를 중요시하였는가? 이와 관련하여 『궁달이시』에서 "참으로 (올바른) 세상을 얻었다면 어찌 어려움이 있겠는가? 순임금이 역산(歷山)에서 밭 갈고 황하 가에서 질그릇을 빗는 천한 직위에 있었음에도 재위(在位)에 올라 천자가 되었던 까닭은 요임금을 만났기 때문이다."42, "자서(子胥)가 이전에 공이 많았음에도 불구하고 후에 살육(殺戮) 당한 이유는 그의 지모가 쇠하였기 때문이 아니다."43라고 하였다. 순임금이 비천한 자리에 있었음에도 불구하고 천자의 자리에 오를 수 있었던 이유는 요임금이라는 성군(聖君)을 만났기 때문이다. 즉 때를 잘 만났기 때문이다. 반면에 오자서(伍子胥)가 이전에 혁혁한 공을 세웠음에도 불구하고 죽임을 당한 이유는 지모가 쇠해서가 아니라 이전에는 합려(闔廬)를 만났었고 이후에는 부차(夫差)를 만났기 때문이다. 이 역시 때를 잘못 만나 죽은 것이다. 『궁달이시』에서는 때란 인력으로 되는 것이 아니며 하늘에 의한 것이라고 보았다. 따라서 "만나고 만나지 못함은 하늘에 달려있다."44고 하였다.

전통적으로 유가에서는 천명(天命)을 강조했던 반면에 『궁달이시』에서는 천시(天時)를 강조했다. 천명과 천시는 다르다. '천명'이 '불변의 측면'을 말한 것이라고 한다면, '천시'는 '변화의 측면'을 말한 것이다.

---

42 『窮達以時』, 有其人, 亡其世, 雖賢不行矣. 苟有其世, 何難之有哉. 舜耕於歷山, 陶拍於河浦, 立而爲天子, 遇堯也.
43 같은 책, "子胥前多功, 後戮死, 非其智衰也."
44 같은 책, "遇, 不遇, 天."

즉 천명에는 자신에게 주어진 하나의 길[道]만이 있을 따름이지만, 천시에는 하나의 길만이 있는 것이 아니라 상황에 따른 무수히 많은 길들이 있다.

    천명에 대해 『맹자』에서 "만장이 물었다. '요(堯)가 천하를 순(舜)에게 주었다고 하는데, 그런 일이 있었습니까?' 맹자가 대답했다. '아니다. 천자는 천하를 남에게 줄 수 없다.' '그렇다면 순이 천하를 소유하게 된 것은 누가 주어서입니까?' 맹자가 대답하였다. '하늘이 주셨다.'"45라고 하였다. 맹자의 논리에 의하면 하늘이 순에게 천자가 되라는 사명[命]을 준 것이며, 요임금은 단지 천의를 따라 행한 것일 따름이다. 반면에 『궁달이시』에서는 때를 잘 만났기 때문이라고 말하고 있다.

    『궁달이시』의 관점은 천명을 중시한 유가의 관점과는 차이가 있으며, 오히려 『장자』의 관점과 유사하다. 왜냐하면 『장자』에서도 인간의 궁핍과 영달은 궁극적으로 천시에 의한 것이라고 보았기 때문이다. 가령 『장자』에서 "걸(桀)과 주(紂)의 시대에는 천하에 자신의 뜻이 이루어진 사람이 없는 까닭은 지혜를 상실했기 때문이 아니라 시세(時勢)가 때마침 그러했기 때문이다."46라고 하였다. 이 견해는 『궁달이시』에서 "자서가 이전에 공이 많았음에도 불구하고 후에 살육 당한 것은 그의 지모가 쇠하였기 때문이 아니다."라고 한 것과 거의 유사하다.

    또한 『궁달이시』에서는 천시만을 강조한 것이 아니며, 어쩔 수 없는 상황에서 절망하거나 원망하기보다는 이것을 초월하여 자신의 내면의 덕에 힘써야 한다고 하였다. 따라서 "궁핍과 영달은 때[時]로써 하고, 죽음과 삶은 두 번 다시 만나지 않는다. 따라서 군자는 자신을 돌이켜 살핌을 돈독히 한다."47라고 하였다. 그런데 『장자』에서도 "삶과 죽음,

---

45 『孟子』,「萬章」(上), "萬章曰, 堯以天下與舜, 有諸. 孟子曰, 否. 天子不能以天下與人. 然則舜有天下也, 孰與之乎. 曰天與之."
46 『莊子』,「秋水」, "當桀紂而天下无通人, 非知失也, 時勢適然."
47 『窮達以時』, "窮達以時, 幽冥不再. 故君子惇於反己."

빈곤과 부귀, 현명함과 어리석음, 비난과 칭찬, 굶주리고 목마름, 추위와 더위 이러한 것들은 사물의 변화이며 운명의 흐름이다. 낮과 밤이 눈앞에 교대로 나타나는 데도 우리의 앎은 그 근원을 엿볼 수가 없다. 따라서 이러한 것들은 마음의 조화를 어지럽히기에 역부족이므로 마음 속으로 들어올 수 없다."48고 하였다. 빈곤과 영달, 삶과 죽음, 자연의 변화 등은 인력(人力)이나 지력(知力)으로는 어찌할 수 없는 것이므로 이러한 것들에 의해 마음을 어지럽히기보다는 오히려 초연해야 한다고 의미이다. 이와 같이 『궁달이시』의 전체적인 사상은 전통적인 유가의 사상보다 오히려 『장자』의 사상에 보다 가깝다는 점에서, 『궁달이시』가 『장자』로부터 지대한 영향을 받았음을 알 수 있다.

『궁달이시』는 유가의 문헌임에도 불구하고 어째서 유가에서 중시해온 천명보다 천시를 더욱 강조한 것일까? 1장에서 살펴보았듯이 "선한 사람은 하늘로부터 복을 받는다."란 사고는 동서를 막론하고 갖는 보편적인 사고였다. 유가에서 말하는 천명이란 것도 '하늘은 덕이 있는 사람의 편에 선다'는 믿음 하에서 나온 것이다. 공자가 "하늘이 나에게 덕을 주셨으니, 환퇴(桓魋) 따위가 나에게 무엇을 할 수 있겠는가?"49라고 하였는데, 이 역시 천에 대한 강한 신뢰감에서 나온 말이다. 그러나 문제는 세상에는 선한 사람이 복을 받지 않고 악한 사람이 오히려 복을 받는 경우가 너무도 많다는 사실이다. 『장자』에서 "옛날 관봉(龍逢)은 참살되었고, 비간(比干)은 배가 갈렸고, 장홍(萇弘)은 창자가 도려내어 졌고, 자서(子胥)는 (양자강에 버려져) 썩게 되었다. 이처럼 네 명의 현자도 살육 당함을 면하지 못했다."50고 하였다. 도대체 어진 덕을 가진 현자들이 비참한 최후를 마친 이유는 무엇 때문인가? 이것 역시 천명이

---

48 『莊子』, 「德充符」, "死生存亡, 窮達貧富, 賢與不肖, 毁譽, 飢渴, 寒暑, 是事之變, 命之行也. 日夜相代乎前, 而知不能規乎其始者也. 故不足以滑和. 不可入於靈府."
49 『論語』, 「述而」, "子曰, 天生德於予, 桓魋其如予何."
50 『莊子』, 「胠篋」, "昔者龍逢斬, 比干剖, 萇弘胣, 子胥靡. 故四子之賢, 而身不免乎戮."

라 할 수 있는가? 유가에서는 이 문제에 대해 어떠한 형태로든 답해야 했으며, 『궁달이시』는 바로 이러한 배경 하에서 나온 것이다.

그런데 『궁달이시』에서는 궁극적으로 장자의 관점보다 공자의 관점을 따르고 있다. 『궁달이시』에서는 사람의 노력을 경시하고 천시(天時)만을 강조한 것이 아니며, 도덕적 추구가 무가치하다고 말한 것은 더욱 아니다. 『궁달이시』에서 말하고자 한 것은 노력과 그 노력의 결과가 일치하지 않더라도 절망하거나 원망하기보다는 묵묵히 덕행에 힘써 자신을 더욱 돈독히 해야 한다는 것이었다. 즉 "궁핍과 영달은 때[時]로써 하지만, 덕행은 한결같아야 한다."[51]라고 하였다. 또한 "군자는 자신을 돌이켜 살핌을 돈독히 한다."는 입장 역시 유가의 입장이라고 할 수 있다.

(3) 『존덕의(尊德義)』

『존덕의』에서 다음과 같이 말했다.

"우(禹)는 인도(人道)를 가지고 자기의 백성들을 다스렸고, 걸(桀)은 인도를 가지고 자신의 백성들을 어지럽혔다. 걸은 우의 백성들을 바꾸지 않은 이후에 어지럽혔고, 탕(湯)은 걸의 백성들을 바꾸지 않은 이후에 다스렸다. 성인이 백성을 잘 다스린 까닭은 백성의 도를 잘 따랐기 때문이다."[52]

걸임금은 우임금 시대에 잘 다스려진 그 똑같은 백성들을 어지럽혔

---

51 『窮達以時』, "窮達以時, 德行一也."
52 『尊德義』, "禹以人道治其民, 桀以人道亂其民. 桀不易禹民而后亂之, 湯不易桀民而后治之. 聖人之治民, 民之道也."

고, 탕임금은 우임금 때 어지러웠던 그 똑같은 백성들을 잘 다스렸다. 우임금이 백성을 다스린 것은 인도(人道)였으며, 걸임금이 백성을 다스린 것 또한 인도였다. 이처럼 똑같은 인도를 가지고 똑같은 백성들을 다스렸음에도 불구하고 한편으로는 어지러운 사회가 되었고 한편으로는 다스려지는 사회가 되었는데, 그 이유는 무엇 때문인가?『존덕의』에서는 인도를 더욱 세분화시켰다. 가령 같은 인도라고 하더라도 우임금이나 걸임금의 도가 있고, 백성의 도가 있다. 우임금은 백성의 도로써 백성을 다스렸기 때문에 다스려진 것이며, 걸임금은 자신의 도로써 백성을 다스렸기 때문에 어지러워진 것이다. 이처럼『존덕의』에서는 같은 인도라고 하더라도 어떠한 도를 사용하느냐 여부에 따라 치란의 갈림길이 결정된다고 보았다.

천하 만물은 모두 제각기 나름의 합당한 도리를 가지고 있으므로, 잘 다스린다는 것은 거기에 맞는 합당한 도리를 잘 따른다는 것을 의미이다. 그러므로『존덕의』에서 "우임금이 물길을 원만히 흐르게 한 까닭은 물의 도(道)를 따랐기 때문이고, 조보(造父)가 말을 잘 몬 까닭은 말의 도를 따랐기 때문이고, 후직(后稷)이 땅에 곡식을 잘 심는 까닭은 땅의 도를 따랐기 때문이다."[53]라고 하였다.『존덕의』에서는 결론적으로 "도를 가지고 있지 않음이 없다. 그중에 인도가 (사람에게) 가깝기 때문에 군자는 인도를 먼저 취한다."[54]고 하였다.

지고한 천으로부터 비천한 미물에 이르기까지 도 아닌 것이 없다. 도는 사물의 마땅한 성질을 쫓아 나온 것이다. 그러므로 하늘에는 하늘에 맞는 도가 있으며, 사람에는 사람에 맞는 도가 있다. 그렇다면 사람은 사람에게 맞는 도를 따라야 하는 것이 마땅하다. 따라서 인도란 사람에게 맞는 도이므로, 군자는 천도보다 인도를 먼저 따른다고 하였다.

---

53 같은 책, "禹之行水, 水之道也. 造父之御馬, 馬之道也. 后稷之藝之, 地之道也."
54 같은 책, "莫不有道焉. 人道爲近, 是以君子, 人道之取先."

각각의 사물은 각각의 도에 따라야 한다는 『존덕의』의 사상은 유가의 전통적인 천인관(天人觀)에서 본다면 독특한 측면이 있다. 『존덕의』가 이처럼 독특한 사상을 갖게 된 이유는 도가의 영향 때문이다.

무엇보다 『장자』에서는 도는 '없는 곳이 없다(無所不在)'고 말하고 있다. 이와 관련하여 『장자』에서 "동곽자(東郭子)가 장자에게 물었다. '도는 어디에 있습니까?' 장자가 대답하였다. '도란 없는 곳이 없소.'"55 라고 말하였다. 장자는 심지어 똥과 오줌에도 도가 있다고 말하고 있다. 이처럼 『장자』에서는 모든 만물마다 도를 가지고 있다고 보았는데, 여기서의 도는 보편성으로서의 도가 아니라 개별성으로서의 도를 뜻한다. 더 나아가 각각의 존재들은 각각의 합당한 개별적 성질을 가지고 있으므로 이 개별적 성질에 따라야 한다고 주장하고 있다. 이를테면 "물오리는 비록 다리가 짧지만 그것을 길게 이어주면 근심하게 되고, 학은 비록 다리가 길지만 그것을 짧게 자르면 슬퍼하게 된다. 따라서 본래부터 긴 것을 잘라서는 안 되며, 본래부터 짧은 것을 길게 이어 주어서도 안 된다."56고 하였다. 학은 학으로서의 개별성이 있고, 오리는 오리로서의 개별성이 있다. 이러한 개별성은 환경 속에서 최적의 상태로 적응한 결과의 산물이다. 가령 물오리의 다리가 짧은 이유는 물 위를 헤엄치며 먹이를 잡아먹기 위해서이며, 학의 다리가 긴 이유는 얕은 물 위를 걸어 다니며 먹이를 잡아먹기 위해서이다. 도가에서는 이러한 개별성을 무시한 채 하나의 고정된 틀에 의거해 학의 다리가 길다는 이유만으로 자르고 오리 다리가 짧다는 이유만으로 길게 늘어트려서는 안 된다고 주장하였다. 개별의 도를 강조한 동시에 개별의 도를 따라야 한다는 『존덕의』의 주장은 도가의 이와 같은 사상에서 영

---

55 『莊子』,「知北遊」, "東郭子問於莊子曰. 所謂道, 惡乎在. 莊子曰, 無所不在."
56 『莊子』,「騈拇」, "鳧脛雖短, 續之則憂, 鶴脛雖長, 斷之則悲. 故性長非所短, 性短非所續."

향을 받은 것이다.

『존덕의』는 도가로부터 영향을 받았지만 이 역시 유가의 문헌이란 점에서 기본적으로 유가의 입장을 견지하고 있다. 도가에서는 인도보다 천도를 더욱 중시한 반면에, 유가에서는 인도를 더욱 중시하였다. 유가가 인도를 더욱 중시한 이유는 자연 질서보다 인문 질서에 더욱 관심을 두었기 때문이다. 순자가 장자에 대해서 "장자는 하늘에 가려져 있어서 사람을 알지 못하였다."[57]고 비판한 것도 인문 질서를 중요시한 유가의 전통적 관점에 의거한 것이다. 『존덕의』에서도 유가의 전통을 계승하여 천도보다 인도를 더욱 중시하였다.

『존덕의』에서는 또한 확충을 중시하였다. 즉 "자기를 알면 사람을 알게 되고, 사람을 알게 되면 명(命)을 알게 되고, 명을 안 이후에는 도를 알게 되고, 도를 안 이후에는 행함을 알게 된다."[58]고 하였다. 『존덕의』에서는 비록 인도와 천도를 구별하고 인도를 먼저 취할 것을 강조했지만, 궁극적으론 천도로의 확충을 중시하였다. '확충'은 유가에서 중요시한 개념이다. 유가에서는 공통적으로 소(小)에서 대(大)로의 확충을 중요한 실천 방법으로 삼았는데, 『존덕의』 역시 기본적으로 이와 같은 관점을 취하고 있다.

(4) 『태일생수(太一生水)』

『태일생수』의 원문을 인용해보자.

"1) 태일(太一)은 물을 낳았고, 2) 물은 돌이켜 태일을 도와서 천을 이

---

57 『荀子』,「解蔽」, "莊子蔽於天而不知人."
58 『尊德義』, "知己所以知人, 知人所以知命, 知命而後知道, 知道而後知行."

루었다. 3) 천은 다시 태일을 도와서 지(地)를 이루었다. 4) 천지는 다시 서로 도와서 신명(神明)을 이루었다. 5) 신명은 다시 서로 도와서 음양(陰陽)을 이루었다. 6) 음양은 다시 서로 도와서 사시(四時)를 이루었다. 7) 사시는 서로 도와서 차가움과 뜨거움을 이루었다. 차가움과 뜨거움은 다시 서로 도와서 습함과 건조함을 이루었다. 습함과 건조함은 다시 서로 도와서 세(歲)를 이루어 머물렀다. 8) 이러한 까닭에 세란 습함과 건조함에 의해서 생겨난 것이다. 습함과 건조함은 차가움과 뜨거움에 의해서 생겨난 것이다. 차가움과 뜨거움은 사시에 의해서 생겨난 것이다. 사시는 음양에 의해서 생겨난 것이다. 음양은 신명에 의해서 생겨난 것이며, 신명은 천지에 의해서 생겨난 것이며, 천지는 태일에 의해서 생겨난 것이다."[59]

대부분의 학자들은 『태일생수』를 도가 계통의 문헌으로 보았다. 더욱이 『곽점초묘죽간』에서 "그 형제와 서체가 모두 『노자』 병과 서로 같다는 점에서, 본래는 『노자』 병과 합편으로 하나의 책일 가능성이 있다."[60]라고 하였듯이, 형제 및 서체에서 『노자』 병과 동일하다. 이것은 곧 『태일생수』가 『노자』 병과 밀접한 관련이 있음을 시사해 주는 듯이 보인다. 따라서 많은 학자들이 『장자』의 마지막 부분에 총론에 해당하는 논문 형식의 「천하(天下)」편이 있듯이, 『태일생수』 역시 『노자』의 총론에 해당하는 문헌이라고 주장하고 있다. 이학근은 노담과 관윤(關尹)은 같은 학파로서 『태일생수』는 관윤의 저작이라고 보았다.[61] 형문

---

59 『太一生水』, "1) 太一生水, 2) 水反輔太一, 是以成天. 3) 天反輔太一, 是以成地. 4) 天地(復相輔)也, 是以成神明. 5) 神明復相輔也, 是以成陰陽. 6) 陰陽復相輔也, 是以成四時, 7) 四時復(相)輔也, 是以成滄熱. 滄熱復相輔也, 是以成濕燥. 濕燥復相輔也, 成歲而止. 9) 是故歲者, 濕燥之所生也. 濕燥者, 滄熱之所生也. 滄熱者(四時之所生也.) 四時者, 陰陽之所生(也). 陰陽者, 神明之所生也. 神明者, 天地之所生也, 天地者, 太一之所生也."
60 『郭店楚墓竹簡』, 「太一生水」, 文物出版社, 1998.
61 李學勤, 「荊門郭店楚墓所見關尹遺說」, 『中國哲學』 第20輯, 遼寧教育出版社, 1999.

(邢文)은 『노자』 병과 『태일생수』가 합해진 두 개의 편이 아니라, 내용상 서로 연관된 하나의 편이라고까지 말하고 있다.62

오늘날 중국학계는 단지 외형적으로 자구(字句)의 유사성에 치중해 고증하려는 경향이 있다. 『태일생수』에 대해서도 외형상 『노자』와 유사하다는 점에 의거해, 대다수 학자들이 양자를 동일 계열, 심지어는 동일인에 의해 쓰인 저작으로까지 보았다. 그러나 『태일생수』는 『노자』와 전혀 다른 계통인 유가의 문헌이다. 『태일생수』는 언뜻 보기에 『노자』와 유사해 보이지만 중요한 부분에서는 『노자』의 사상과 전혀 다르다. 이제 우리는 『태일생수』의 특징을 개괄하고 이 문헌이 어째서 유가 계열의 문헌인지에 대하여 살펴보기로 하자.

『노자』와 『태일생수』를 동일 계통으로 보는 견해에는 나름의 근거가 있다. 『노자』 병과 『태일생수』는 형제와 서체가 서로 같다는 점 외에도 내용 면에서 유사한 점이 많기 때문이다. 이를테면 『태일생수』에서의 '태일'은 『노자』에서의 '도' 개념과 유사해 보이며, 『태일생수』에서 물을 태일의 속성으로 본 것과 『노자』에서 물을 도의 속성으로 본 것이 유사하다. 또한 '천도는 약(弱)을 귀하게 여기니'라는 말에서 볼 수 있듯이 『태일생수』에서는 약을 중요시하고 있는데, 약에 대한 강조는 노자사상의 중요한 특징이라고 할 수 있다. 또한 "위에서 부족한 것은 아래로 남음이 있고, 아래에서 부족한 것은 위에 남음이 있다"와 같은 표현은 『노자』에서의 "하늘의 도는 마치 활을 매는 것 같구나. 높은 곳은 아래를 누르고 낮은 곳은 위로 올리어, 남음이 있는 것은 덜고 부족한 것은 보탠다."63는 말과 유사해 보인다. 그러나 이러한 외형상의 유사성에 근거하여 동일 계열의 문헌이라고 단정하기에는 아직 섣부른 감

62　邢文, 「試談楚簡〈太一生水〉及其與簡本〈老子〉的關係」, 『中國哲學史』 第4期, 哲學硏究雜誌社, 1998.
63　『老子』, 77장, "天之道, 其猶張弓與. 高者抑之, 下者擧之, 有餘者損之, 不足者補之."

이 있다. 필자는 『태일생수』와 『노자』 역시 많은 사상적 차이점을 가지고 있다고 본다. 그 차이점에 대하여 살펴보자.

첫째, 『태일생수』에서의 '태일'과 『노자』에서의 '도'는 유사하다. 『노자』에서는 도의 본질을 '一'혹은 '大'로 보았다는 점에서, 도는 태일의 의미를 갖고 있다. 그렇다면 태일은 도의 이칭(異稱)이라고 할 수 있다. 『장자』에서도 "한결같은 무와 유를 세웠고, 태일(太一)을 위주로 하였다."[64]고 하였는데, 여기서의 태일은 도를 말한다. 그런데 『태일생수』에서는 '태일'과 '도'를 동일시하지 않았다. 왜냐하면 『태일생수』에서는 "도 또한 그것(천지)의 자이다"고 하였듯이, 도를 천지의 자라고 구체적으로 명시하고 있기 때문이다. 명(名)이란 태어나면서부터 붙여진 이름이지만, 자(字)는 어른이 되어 남의 부모가 되면 함부로 이름을 부를 수가 없어서 이름 대신에 붙여진 호칭일 따름이다. "도 또한 그것(천지)의 자(字)이다"란 말도 도란 천지에 대하여 붙여진 이름일 뿐이라는 뜻이다. 이처럼 『태일생수』에서는 도와 천지를 동일시하고 있다. 그런데 천지는 곧 태일에서 나왔다는 점에서, 도는 태일의 하위 개념이다. 이 점은 『노자』와 전혀 다르다. 왜냐하면 『노자』에서는 도와 천지를 엄연히 구별하고 있을 뿐만 아니라 도는 모든 만물의 근원으로서 천지보다 상위 개념이기 때문이다. 이를테면 "무(無)는 천지의 시작을 일컫는 것이다"[65]라고 하였듯이, 천지에 앞서서 무가 있다고 말하고 있다. 이와 같이 『노자』에서의 도는 천지의 상위 개념으로 천지의 근원인 반면에, 『태일생수』에서의 도는 천지의 이칭(異稱)으로서 '태일'의 하위 개념이다.

도를 천지의 자(字)로 보는 사유는 『주역』의 사유와 유사하다. 가령 『주역』「계사전」에서 "역(易)은 천지와 비준(比準)한다."[66]라고 하였다.

---

64 『莊子』,「天下」, "建之以常无有, 主之以太一."
65 『老子』, 1장, "無, 名天地之始."

『노자』에서의 도와 「계사전」에서의 역은 상통한다. 그런데 「계사전」에서 역과 천지가 짝한다고 보았다. 이것은 도와 천지가 짝한다고 본 『태일생수』의 사유와 유사한 측면이 있다. 이처럼 「계사전」과 『태일생수』가 유사한 이유는 두 문헌이 전국말기라는 동일한 시기에 나온 유가의 문헌이었기 때문이다.

둘째, 『노자』에서는 명(名)을 비판하였던 반면에, 『태일생수』에서는 명을 긍정하고 있다. 이를테면 "도로써 종사하는 사람은 그 이름(名)에 의탁하므로 일이 이루어지고 자신은 성장한다. 성인이 종사함에서 또한 그 이름에 의탁하므로 공이 이루어졌으면서도 자신은 손상되지 않는다."란 문장에서는 명을 중시하고 있다. 도로써 종사함에 있어서 이름에 의탁해야 한다는 것은 도가의 사상과 다를 뿐 아니라 오히려 정반대이다. 왜냐하면 도가에서는 명을 단호히 거부하고 있기 때문이다. 본래 이름이란 무엇인가를 규정짓기 위함이다. 규정화란 곧 한정 지음이며, 한정 지음은 곧 제약한다는 말과 같다. 반면에 도는 무엇으로도 한정할 수 없으므로 무규정으로 있다. 따라서 『노자』에서는 도에 대하여 '나는 그 이름을 알 길이 없다'[67]고 하였다. 이것은 무규정적인 도를 규정화시킬 수 없다는 의미이다. 이처럼 노자는 명을 비판하였던 반면에 『태일생수』에서는 명을 중요시하고 있다는 점에서 명백히 차이가 있다.

셋째, 『노자』에서는 엄격한 분(分)을 비판했던 반면에, 『태일생수』에서는 분을 중시하였다. 이를테면 "천지의 이름과 자가 아울러 세워졌다. 따라서 각기 자신의 방향으로 나아가게 되면 서로 마주친다고 생각할 수가 없다. 하늘이 서북쪽으로 부족한 까닭은 그 아래가 높아 강하기 때문이며, 땅이 동남쪽으로 부족한 까닭은 위가 높아 강하기 때문이다. 위에서 부족한 것은 아래로 남음이 있고, 아래에서 부족한 것은 위

---

66 『周易』,「繫辭傳」(上), "易與天地準."
67 『老子』, 25장, "吾不知其名."

에 남음이 있다."라고 한 문장에서는 천지의 엄격한 분(分)을 강조하고 있다. 많은 학자들이 본 문장과 『노자』에서 "하늘의 도는 마치 활을 매는 것 같구나. 높은 곳은 아래를 누르고 낮은 곳은 위로 올리어, 남음이 있는 것은 덜고 부족한 것은 보탠다."라고 한 문장이 유사하다고 지적하고 있으나, 실제로는 의미하는 바가 전혀 다르다. 『태일생수』에서는 천지란 엄격한 분을 가지고 있어서 천이 강하면 지가 약해지고 지가 강하면 천이 약해진다고 말한 것이다. 『태일생수』의 내용을 계급질서와 관련해서 말한다면, 군과 신은 결코 마주칠 수 없다는 뜻이다. 이를테면 군주의 세력이 강하면 반드시 신하의 세력이 약해지고, 군주의 세력이 약해지면 반드시 신하의 세력이 강해진다는 것이다. 이러한 논리는 『노자』에서 "하늘의 도는 마치 활을 매는 것 같구나. 높은 곳은 아래를 누르고 낮은 곳은 위로 올리어, 남음이 있는 것은 덜고 부족한 것은 보탠다."와 오히려 정반대인 의미이다. 왜냐하면 『노자』에서의 의미는 '위가 높으면 위를 낮추고 아래가 낮으면 아래를 높이어서 전체를 공평하게 한다.'의 뜻이지만, 『태일생수』에서의 의미는 이와 반대로 '위가 높으면 아래가 낮아지고 위가 낮으면 아래가 높아지므로, 위아래를 명확히 나누어야 한다는 뜻이기 때문이다.

　이상을 통해서 볼 수 있듯이, 『태일생수』와 『노자』는 사상적 맥락이 전혀 다르다. 이 점에서 『태일생수』는 노자학파에서 나왔을 가능성이 없다. 물론 하나의 학파라 할지라도 모두 똑같은 관점을 가지고 있는 것은 아니다. 이를테면 공자와 맹자가 다르며, 맹자와 순자가 다르다. 이 점은 노자와 장자에서도 마찬가지며, 심지어 같은 『장자』에서도 편마다 다소 성격이 다르다. 그러나 맹자를 도가라 부를 수 없고, 장자를 유가라 부를 수는 없다. 왜냐하면 동일 학파라면 대원칙에 있어서는 서로 일치해야 하기 때문이다. 규정과 획일화에 대한 부정은 도가의 대원칙이다.

　노자는 선과 악, 아름다움과 추함, 귀함과 천함, 옳음과 그름 등을 규정의 산물로 보아 이를 비판하였으며, 장자는 생사·꿈과 현실·시비의 규정조차 초월하고자 했다. 반면에 『태일생수』는 궁극적으로 규정과 분을 긍정하고 있다는 점에서 도가의 대원칙에 위배된다. 이것은 곧 피상적인 유사성이 아무리 많다고 하더라도 『태일생수』가 도가와 다른 노선에 있음을 뜻한다.

그런데 『태일생수』에서의 태일은 '혼돈'을 뜻한다. 혼돈의 세계는 무규정의 세계인데, 노자가 말한 도 역시 무규정적인 혼돈을 지칭한다. 그렇다면 『태일』에서의 도와 『노자』에서의 도가 비록 다르지만 『태일생수』에서 근원을 태일로 본 것과 『노자』에서 근원을 도로 본 것은 서로 유사하지 않는가라는 반론을 예상해 볼 수 있다. 필자 역시 이 점에 대해서는 부인하지 않는다. 그러나 여기서 중요한 것은 어디에 중점을 두느냐이다. 만일 시발점을 미분 상태의 태일에 두었을지라도 우주생성론을 전개한 목적이 분을 긍정하기 위한 것이라면, 이것은 도가의 논리가 아니라 유가나 법가의 논리가 된다. 이를테면 『예기』나 『여씨춘추』에서 태일에서 우주생성론을 전개하고 있는데, 이것은 곧 미분의 세계를 강조하기 위해서가 아니라 오히려 분의 세계를 강조하기 위해서이다.

좀 더 구체적인 예를 들어 보자. 『태일생수』와 유사하게 『황제사경』에서도 "(태초의 때에는) 음양이 정해지지 않았으니, 나는 이름을 가질 수가 없었다. 이제 처음이 개시되어 양의(兩儀)가 되었고, 나누어져 음양이 되었고, 흩어져 사시(四時)가 되었다"[68]라고 하였다. 여기에서 강조점은 미분 상태의 시(始)에 있는 것이 아니라 분에 있다. 따라서 이것은 도가의 논리가 아닌 법가의 논리가 되었던 것이다. 왜냐하면 도가가 미분을 강조했던 반면에 법가에서는 분을 강조했기 때문이다. 이와

---

68 『黃帝四經』,「十大經」,〈觀〉, "陰陽未定, 吾未有以名, 今始判爲兩, 分爲陰陽, 離爲四「時」."

마찬가지로 『태일생수』 역시 분을 설명하기 위해 생성론을 전개하고 있다는 점에서 도가의 논리와 어긋난다.

그렇다면 『태일생수』는 어느 계통의 문헌인가? 『노자』를 제외한 문헌 대부분이 유가 계열이듯이, 이 문헌도 유가 계열의 문헌이라고 할 수 있다. 『예기』에서 "이러한 까닭에 예란 반드시 태일에 근본하고 있으니, (태일이) 나누어져 천지가 되었고, (천지가) 변전하여 음양이 되었고, (음양이) 변화하여 사시가 되었고, (사시가) 나열되어 귀신이 되었다."[69] 고 하였으며, 『주역』에서 "역에는 태극이 있으니, 이 태극은 양의(兩儀)를 낳고, 양의는 사상(四象)을 낳고, 사상은 팔괘(八卦)를 낳는다."[70]라고 하였다. 이처럼 전국말기의 유가 계열에서는 우주생성론에 대한 관심이 많았으며, 본 문헌은 이러한 관심사를 반영한 것이라고 본다.

『태일생수』와 『존덕의』를 비교해 보자. 『존덕의』는 많은 학자들이 자사의 저작, 심지어는 공자의 저작이라고까지 주장할 정도로 유가적 색채가 강해 보이는 반면에, 『태일생수』는 모든 학자들이 도가 문헌이라고 믿어 의심치 않을 만큼 도가적 색채가 강해 보인다. 그러나 실제는 이와 정반대이다. 『존덕의』에서는 도를 보편으로 보지 않고 개별적 성질로 보았다. 이것은 도를 보편으로 보았던 유가의 사유와 전혀 이질적인 것임에 두말할 나위가 없다. 도를 개별적 성질로 보았다면, 이것은 이미 유가가 아닌 도가의 논리가 된다. 따라서 『존덕의』는 비록 유가적 외피를 입고 있지만 이미 도가의 논리에 의해서 유가의 경계선이 허물어진 사상을 담고 있다. 반면에 『태일생수』는 외면상 도가의 외피를 입고 있는 듯하지만, 궁극적으로 보편의 질서와 상하의 분을 지향한다는 점에서 유가의 본지를 고수하고 있다.

---

69 『禮記』,「禮運」, "是故夫禮必本於大一, 分而爲天地, 轉而爲陰陽, 變而爲四時, 列而爲鬼神."
70 『周易』,「繫辭」(上), "易有太極, 是生兩儀, 兩儀生四象, 四象生八卦."

3. 곽점 출토문헌의 특징과 의의

(1) 곽점 출토문헌의 특징

이상에서와 같이 곽점 출토문헌에는 도가사상이 들어가 있다. 심지어 도가의 문장도 보인다. 가령 『어총』에 "띠쇠를 훔친 자는 죽임을 당하지만, 나라를 훔친 자는 제후가 된다. 이 제후의 가문에는 의로운 선비가 많이 모여들었다."71라는 말이 있는데, 『장자』 「거협」에도 "저 띠쇠를 훔친 자는 죽임을 당하지만, 나라를 훔친 자는 제후가 된다. 이 제후의 가문에는 인의가 보존되었다."72라는 말이 있다. 「거협」만이 아니라, 「도척(盜跖)」에서도 이와 거의 유사한 "작은 도둑은 구속되지만, 큰 도둑은 제후가 된다. 제후의 가문에는 의로운 선비(義士)들이 많이 모여들었다."73라는 말이 있다.

중국 학계에서는 곽점의 출토문헌을 자사 혹은 그의 직계 제자의 저작으로 보았는데, 만일 이것이 사실이라면 실로 많은 의문점이 생겨나게 된다. 자사와 공자의 시간적 거리가 멀지 않다는 점에서, 곽점의 문헌은 공자의 사상과 밀접한 관련이 있어야 한다. 또한 '사맹학파'란 말이 암시하고 있듯이 자사와 맹자의 사상은 서로 밀접한 연관성을 가

---

71 『語叢』(四), "竊鉤者誅, 竊邦者爲諸侯. 諸侯之門, 義士之所存."
72 『莊子』, 「胠篋」, "彼竊鉤者誅, 竊國者爲諸侯. 諸侯之門, 而仁義存焉."
73 『莊子』, 「盜跖」, "小盜者拘, 大盜者爲諸侯. 諸侯之門, 義士所存焉."

지고 있다는 점에서 맹자의 사상과도 유사성을 가지고 있어야 한다. 그러나 출토문헌 대다수가 공맹의 사상과는 현격한 차이가 있을 뿐만 아니라 전혀 이질적인 사상도 많이 뒤섞여 있다. 출토문헌은 공맹의 사상보다는 『예기』에 더욱 가까운 측면이 있다. 진래(陳來) 역시 "형문 곽점 초묘에서 출토된 문헌 중에 『치의』 등 14편은 전국시대의 유가에 의해 전해진 문헌들이다. 현존하는 문헌과 형문 곽점 초간 14편을 서로 대조해 보면, 가장 가까운 것은 『예기』로서, 내용적으로 사상적으로 문자적으로 모두 그러하다. 이 점은 대부분의 사람들에 의해 공인된 것이다."74라고 하였다.

만일 중국학자들의 견해대로 곽점의 출토문헌이 자사 및 그 제자들의 저작이라면 어째서 출토문헌이 공맹의 사상보다 『예기』에 더욱 가까운 것인가? 이것을 이상하게 생각한 몇몇 학자들은 곽점의 출토문헌들이 공자와 맹자 사이의 가교 역할을 한 자사 및 그 문도들의 저작이 아니라 유가의 다른 별파(別派)의 저작이라고 주장하였다. 이를테면 이택후는 죽간 문헌에서 사맹학파의 특징을 발견할 수 없다고 말하면서, "죽간이 나에게 준 총체적 인상은 오히려 『예기』나 순자에 더욱 가깝다."75고 하였다. 또한 그는 곽점 출토문헌이 유가 계통의 문헌이면서도 맹자와 현격히 다른 이유는 유가 학파 가운데 같지 않은 성향을 가진 별파의 문헌이기 때문이라고 보았다.76 나신혜(羅新慧) 역시 "곽점 초간은 논리적 발전 과정에서 공자의 사상과 부합되지 않으며 공자와 맹자 사이의 중간 단계도 아니므로, 마땅히 유가 별파의 사상을 체현한 것이다."77라고 하였다.

이상과 같이 일부 학자들은 출토문헌을 자사 계열로 보는 중국 학

---

74 陳來,「郭店楚簡之〈性自命出〉篇初探」,『孔子研究』 제3기, 1998.
75 李澤厚,「郭店竹簡初讀印象記要」,『中國哲學』 제21집, 遼寧敎育出版社, 2000, 8쪽.
76 같은 책.
77 羅新慧,「郭店竹簡與儒家的仁義之辨」,『齊魯學刊』 제5기, 1999.

계의 일반적 견해에 의문을 던졌다. 몇몇 학자들은 여러 출토문헌을 자사가 아닌 공손니자(公孫尼子)의 저작으로 보았다. 가령 진래는 『성자명출』에서 '성에는 선도 악도 없다'고 한 논의와 공손니의 논의가 서로 유사하다는 점을 들어서 공손니자의 저작일 가능성이 크다고 보았다.78 이와 같이 여러 학자들에 의해 출토문헌이 사맹과 다른 성격의 유자에 의해 쓰였다는 견해가 조심스럽게 제기되었다.

곽점 출토문헌이 유가의 정통에서 나온 것이냐 아니면 유가의 별파에서 나온 것이냐 하는 것은 문제의 핵심이 아니다. 곽점 출토문헌의 저자에 대해서는 다양한 이견이 있었지만 공통적으로 출토문헌을 맹자 이전의 것으로 보았다. 정작 해결해야할 문제는 과연 이 문헌들이 맹자 이전의 문헌이냐 하는 것이다. 만약 맹자 이후의 문헌이라고 한다면, 이들의 모든 주장은 한마디로 가공의 소설이 될 따름이다. 참으로 놀라운 사실은 이들 문헌들은 맹자 이전의 것으로 볼만한 결정적인 단서가 단 하나도 없으며 맹자 이전의 것이 아니라는 증거들만이 오히려 넘쳐난다는 사실이다. 왜냐하면 출토문헌의 내용을 분석해 보면, 맹자 이전에는 결코 나올 수 없는 내용들이 너무도 많기 때문이다. 그 이유는 다음과 같다.

첫째, 죽간의 문장 중에는 전국말기에나 볼 수 있는 문장이나 개념이 자주 보인다. 『어총』(四)에는 "띠쇠를 훔친 자는 죽임을 당하지만, 나라를 훔친 자는 제후가 된다. 이 제후의 가문에는 의로운 선비가 많이 모여들었다"와 같은 문장은 앞서 언급한 것처럼 『장자』「거협」의 문장과 거의 유사하다. 『장자』「거협」이 전국말기에 쓰인 문헌이며, 『어총』은 당연히 이보다 늦은 시기의 문헌이다. 그런데 왕보현과 같은 소수의 학자들만이 『어총』이 쓰인 연대는 『장자』「거협」이 쓰인 연대보다 늦다고 보았을 따름이며,79 대다수 학자들은 『어총』이 「거협」보

78　陳來, 「郭店楚簡之〈性自命出〉篇初探」, 『孔子研究』 第3期, 1998.

다 빠르다고 보았다. 그러나 필자로서는 이에 동의하기 어렵다. 그 이유는 다음과 같다. 1)『어총』은 여러 글들을 모아놓은 일종의 발췌집이라는 점에서,『어총』이『장자』의 주장을 인용한 것이라고 보는 것이 타당하다. 2)「거협」의 구절은 제나라 직하학을 염두에 두고 한 말이다. 그렇다면 이 문헌은 맹자 이후의 글이라고 할 수 있다. 3)『어총』(一)에 시·서·예·악·역·춘추가 나오는데, 이 육예의 개념 역시 전국시대 말기에 생겨난 것이다.

둘째, 도가의 사상이 깊숙이 침투되어 있다.『궁달이시』에서는 '천시', '천인지분', '궁달일여', '겸양'의 사상을 말하고 있는데, 이러한 사상은 도가의 영향에서 기인한 것이다.『성자명출』에서는 감정으로서의 정을 중시하였는데, 이 역시 도가의 영향에 따른 것이다.『태일생수』는 거의 모든 학자들이 도가의 문헌이라고 단정적으로 말할 정도로 도가의 사상이 깊숙이 침투된 유가적 유가 문헌이다.『오행』은 얼핏 보기에 도가 사상의 영향이 별로 없는 듯하지만, 선과 덕을 구별하여 선을 불완전한 것으로 덕을 완전한 것으로 보았고, 인도와 천도를 연결하는 중계자로서의 '성(聖)'을 제시한 것은 도가의 영향에 의한 것이다.『존덕의』에서는 도를 개별적 성질로 보았는데, 이 역시 도가의 관점에 의한 것이다. 왜냐하면 유가에서는 도를 '합당한 도리' 혹은 '마땅한 이치를 따름'이라는 의미로 사용되었기 때문이다.

게다가 노골적인 도가의 문장도 보인다. 이를테면『어총』(一)에서 "효를 행하는 것은 효가 아니다. 공손함을 행하는 것은 공손함이 아니다. 행해서는 안 되지만, 행하지 않아서도 안 된다. 행하는 것은 잘못이지만, 행하지 않는 것도 잘못이다."[80]라고 한 것이 그 예이다. 이것은

79　王葆玹,「試論郭店楚簡的抄寫時間與莊子的撰作時代」,『哲學研究』第4期, 1999.
80　『語叢』(一), "爲孝, 此非孝也. 爲弟, 此非弟也. 不可爲也, 而不可不爲也. 爲之, 此非也, 弗爲, 此非也."

분명 유가의 논리가 아닌 도가의 논리이다.

출토문헌에는 단순히 한 두 개의 도가 문장이 들어 있는 것이 아니라, 유가의 내용이 크게 뒤바뀔 만큼 도가의 사상이 깊숙이 흡수되어 있다. 과연 맹자 이전의 유가에서 이처럼 폭넓게 도가의 이론을 수용하는 것이 가능하였겠는가? 필자의 견해로는 불가능하다고 본다. 왜냐하면 맹자 이전에 도가사상이 유가에서 적극적으로 수용될 만큼 막강한 것이 아니었을 뿐 아니라 아직 성숙하지도 않았기 때문이다.

공자와 맹자의 가치관에 근거해 볼 때도, 맹자 이전의 유가에서 도가의 이론을 전면 수용하는 것은 불가능한 일이다. 무엇보다 공자는 주나라 예제를 가장 잘 계승한 노나라 출신이었으며, 그 자신 또한 주나라 문화의 계승자라는 자부심을 가지고 있었다. 더욱이 그 당시에는 도가란 것이 아직 생겨나지도 않았다. 맹자의 시대에는 도가가 싹텄지만, 맹자는 유가에 대한 자부심이 남달랐고 남방의 학문을 깔보았기 때문에 남방은 교화해야 할 대상으로만 보았다.

물론 맹자가 전적으로 노나라 유가만을 고수하려고 했던 것은 아니다. 그는 제나라에 있으면서 많은 지식인과 논의하는 가운데 제나라 학문으로부터 많은 영향을 받았다. 그러나 비판과 무시 사이에는 차이가 있다. 공자나 맹자는 당시 노나라와 함께 선진 문화를 이루었던 제나라에 대해 비판하였지만,[81] 그렇다고 무시하지는 않았다. 그들의 비판 속에는 오히려 라이벌의식이 들어있다. 반면에 초나라와 같은 남방 문화에 대해서는 오랑캐 문화라고 깔보았으며, 이들에 대해서는 철저히 무시하였다. 이러한 정황들로 본다면, 맹자 이전에 유가에서 도가의 이론을 이처럼 적극적으로 수용하였다는 것은 불가능한 일이다.

필자의 견해에 대해 다음과 같은 반론이 가능하다. 그것은 맹자가

---

[81] 그 단적인 예로 제나라의 가장 걸출한 인물인 管仲에 대하여 공자와 맹자가 똑같이 폄하하였음을 들 수 있다.

남방지방의 사상을 단호히 배척했다고 해서 맹자 이전의 유자들이 결코 도가의 사상을 수용하지 않았으리란 증거는 없지 않느냐는 것이다. 그러나 그럴 가능성은 거의 희미하다. 왜냐하면 맹자는 필사적으로 논적(論敵)에 대항하여 유가를 지키고자 하였는데, 『맹자』를 통해 확인할 수 있는 바로는 그 당시의 주된 논적은 위아주의(爲我主義)를 주창한 양주(楊朱)의 학설과 겸애를 주창한 초기 묵가의 학설 정도였기 때문이다. 만일 출토문헌에서 보이는 것처럼 도가의 논리가 유가 속에 그토록 깊숙이 침투하였다면, 맹자의 가장 큰 논적은 양주나 묵가가 아니라 오히려 도가였을 것이다. 그럼에도 불구하고 맹자는 도가사상을 비판하기는커녕 단 한마디의 언급조차 하지 않았다. 이것은 무엇을 뜻하는가? 맹자는 도가사상이 있는 줄 몰랐거나 설령 알았다고 하더라도 그 세력이 미미하여 논할 가치가 없다고 생각했던 것이다. 이처럼 맹자조차 모르는 도가의 논리가 맹자 이전의 유가에 이미 그토록 깊이 침투하였다는 것은 터무니없는 주장이다.

셋째, 곽점 초간에는 '인의'란 말이 많이 보일 뿐 아니라, '인은 내적이고 의는 외적이다'고 한 주장이 여러 곳에 보인다. 기존의 학계에서는 '인은 내적이고 의는 외적이다'라는 말은 고자의 독창적인 주장이라고 생각했다. 그런데 곽점 초간에도 이와 같은 문장이 여러 곳에서 보이자, 많은 학자들이 고자의 독창적인 사상이라는 전통적인 견해를 수정하게 되었다. 그들의 주장대로라면 고자가 이러한 주장을 처음으로 한 것이 아니며, 단지 이전 사람의 말을 재차 인용한 것에 지나지 않는다. 그러나 『맹자』에서 여러 번 고자의 이론이라고 말하고 있다. 『맹자』에서 이렇게 말한 이상 사태를 뒤집을만한 특별한 증거가 없다면 고자의 이론이 아니라고 부정할 이유는 없다.

그런데 곽점 초간에서는 '인은 내적이고 의는 외적이다'라는 주장에만 머무른 것이 아니라 이것을 토대로 하여 더욱 다양한 논의를 전개하고 있다. 가령 『어총』에서 "인은 사람에게서 생겨나고, 의는 도에서 생겨난다. 혹은 안에서 생겨나고, 혹은 밖에서 생겨난다."82라고 하였으며, 『육덕』에서는 "인은 안에서 생겨나고, 의는 밖에서 생겨난다."83라고 하였다. 이것은 더 나아가 다양한 논의로까지 전개되었다. 이를테면 『당우지도』에서는 '인(仁)=친(親)', '의(義)=존(尊)'으로 확대되었고, 『성자명출』에서는 '인(仁)=애(愛)', '의(義)=도(道)'로 확대되었다. 맹자 이전에 이미 '인은 내적이고 의는 외적이다'란 주장이 있었을 뿐 아니라, 이 주장이 더욱 개진(開進)되어 다양한 논의가 펼쳐졌다는 것을 과연 믿을 수 있을까? 만일 이것이 사실이라면 이미 자사의 시대에 '인은 내적이고 의는 외적이다'란 주제를 바탕으로 하여 수준 높은 다양한 논의가 있었는데, 후대의 맹자와 고자는 이것을 마치 자신들의 새로운 논의인양 꼴사납게 논쟁을 벌였다는 우스꽝스런 결론을 내려야 한다.

넷째, 『존덕의』에서 법가의 문장을 인용하고 있다. 이를테면 "상과 형벌은 화와 복의 근간이 된다."84라고 한 것이 그 예이다. 상과 형벌을 강조한 것은 법가였다. 공자는 법가적 사고에 대해 반대하는 입장에 있었으므로 자사나 그 문인들 또한 법가의 사상을 수용했을 리 만무하다. 유가에서 법가적 사고를 수용한 것은 맹자 이후라는 점에서 『존덕의』역시 맹자 이후라고 보아야 한다.

다섯째, 곽점 초간에는 감정으로서의 정에 대한 논의가 활발하였는데, 이 역시 맹자 이후의 것이다. 왜냐하면 맹자 이전까지의 정은 대부분 '실정(實情)' 혹은 '실제(實際)'란 뜻으로만 사용되었으며, 감정으로서의 정에 대한 논의는 맹자 이후에 이루어졌기 때문이다. 『논어』에는 '정'이란 말이 단 한 곳에만 나오는데, 여기서의 정은 '감정'이 아닌 '참모습'의 뜻으로 사용되었다. 이를테면 "윗사람이 예를 좋아하면 백성은

---

82 『語叢』(一), "仁生於人, 義生於道. 或生於內, 或生於外."
83 『六德』, "仁, 內也, 義, 外也."
84 『尊德義』, "賞與刑, 禍福之基也."

감히 공경하지 않을 수 없으며, 윗사람이 의로움을 좋아하면 백성은 감히 복종하지 않을 수 없으며, 윗사람이 신의를 중시하면 백성은 감히 '참모습(情)'대로 하지 않을 수 없다."[85]라고 한 것이 그 실례이다. 『맹자』에서는 '정'이란 글자가 네 번 나온다.

> "물건이 똑같지 않음은 물건의 참모습(情)이다."[86]
> "따라서 명성이 실제(情)보다 지나침을 군자가 부끄러워하였다."[87]
> "참모습(情)에서 선하다고 할 수 있으니 이것이 곧 선하다고 하는 것이다."[88]
> "사람들은 금수와 같은 행실만을 보고서 타고난 재질이 없다고 여기는데, 이것이 어찌 사람의 참모습(情)이겠는가!"[89]

흥미로운 사실은 네 곳 모두 정이 '감정'이 아니라 '참모습', '실제'의 뜻으로 사용되고 있다는 점이다. 맹자는 인성론에 깊은 관심을 가지고 있었지만, 본성[性]과 감정[情]의 구별 없이 단지 성 속에 감정을 포함시켰다.

정에 대한 논의는 『장자』에 많이 보인다. 진고응은 『장자』에 '정'이란 말이 53번 보인다고 말하였다.[90] 따라서 출토문헌에서의 인간의 감정으로서의 정에 대한 구체적인 논의는 『장자』의 영향에 의한 것이라고 본다. 더욱이 출토문헌에서는 감정에 대한 많은 논의가 있었을 뿐만 아니라 감정을 긍정적으로 보았다.

학계의 주장대로라면 맹자 이전의 유자들은 도가사상을 널리 흡수

---

85 『論語』, 「子路」, "上好禮則民莫敢不敬, 上好義則民莫敢不服, 上好信則民莫敢不用情."
86 『孟子』, 「滕文公」(上), "夫物之不齊, 物之情也."
87 『孟子』, 「離婁」(下), "故聲聞過情, 君子恥之."
88 『孟子』, 「告子」(上), "乃若其情則可以爲善矣, 乃所謂善也."
89 같은 책, "人見其禽獸也, 而以爲未嘗有才焉者, 是豈人之情也哉."
90 陳鼓應, 「〈太一生水〉與〈性自命出〉發微」, 『道家文化硏究』 第17輯, 上海古籍出版社, 407쪽.

하여 감정을 중요시하였는데, 맹자에 와서 덕성을 중시하면서부터 오히려 인간의 감정을 소홀히 하고 엄격한 도덕주의를 지향하였다고 볼 수 있다. 만일 이러한 주장이 타당하려면 역사적 사실과 부합해야 한다. 그러나 역사적 사실은 이와 정반대이다. 공자 이후의 유자들에 대한 제자(諸子)들의 평가에는 한결같은 공통점이 있다. 그것은 유자들이 위선적이고 형식주의적인 면에 치우쳐 있다는 비판이었다. 『장자』에서도 노나라 사람이 온백설자(溫伯雪子)에게 만나보기를 간청하자 온백설자는 한마디로 거절하며, "내가 듣기로는 중국의 군자는 예의에는 밝지만, 사람의 마음을 아는 데에는 비루하기에 나는 만나보고 싶지가 않다."[91]고 하였다. 이처럼 맹자 이전의 유자들이 형식적이고 위선적이었음에 대한 근거는 많은 반면에, 엄격한 도덕주의나 형식주의적인 면을 타파하고 인간의 진실한 감정을 중시하였다는 증거는 그 어디에서도 찾아볼 수 없다.

사실상 출토문헌의 연대 문제에서 거창한 논증을 떠나 지극히 상식적인 선에서 생각해 보자. 『어총』이라는 발췌집에 『장자』「거협」의 문장이 들어 있다면, 『어총』이 『장자』「거협」의 문장을 인용했다고 판단하는 것은 지극히 상식적인 일이다. 또한 맹자와 고자가 논쟁할 때 고자가 주장한 '인내의외(仁內義外)'가 출토문헌 여러 곳에 나왔다면, 이 문헌이 고자의 영향을 받은 문헌이라고 판단하는 것 역시 지극히 상식적인 일일 것이다. 그런데 중국학자들은 『장자』「거협」의 문장이나 고자가 주장한 '인내의외(仁內義外)' 개념은 그들의 독창적인 사상이 아니라 단지 그 이전부터 있던 사상을 차용한 것에 지나지 않는다고 주장하고 있다. 이것은 지금까지 알고 있었던 사실에 반하는 주장이다.

중국학계에서 만일 기존에 알고 있던 사실에 반하는 주장을 하고자 한다면, 여기에는 필시 납득할 만한 결정적인 증거가 있어야 한다는 것

---

91 『莊子』,「田子方」, "中國之君子明乎禮義, 而陋於知人心. 吾不欲見也."

은 지극히 상식적인 것이다. 그런데 문제는 결정적인 증거가 전혀 없다는 데 있다. 출토문헌의 내용을 분석해 보면 분명히 맹자 이후의 것이다. 그렇다면 출토문헌들은 맹자 이후의 것으로 보아야 한다는 것은 자명한 일이다. 그러나 중국 학계에서는 묘장 연대가 기원전 300년 전후라고 단정하며,[92] 대부분의 출토문헌이 맹자 이전에 쓰인 것이라고 끝까지 고집하였다. 더 나아가 중국학자들은 자신들의 관점을 합리화시키기 위해 온갖 괴변을 늘어놓았으며, 심지어는 문헌의 내용분석을 토대로 연대를 추정한 것이 아니라 오히려 연대에다가 내용을 억지로 끼워 맞췄다. 출토된 유가 문헌 속에는 법가의 사상도 들어 있으며,『장자』의 사상도 들어 있으며, 맹자의 사상도 들어 있으며, 고자의 사상도 들어 있으며, 순자의 사상도 들어 있으며, 제나라 직하학의 사상도 들어 있다. 만일 이러한 사상이 맹자 이전에 있었다고 주장하려면 최소한 납득할 만한 근거와 설명이 있어야 하는데, 이러한 것은 거의 찾아볼 수 없으며 오직 억측에 근거한 괴담만이 난무할 뿐이었다.

곽점의 출토문헌들에는 도가사상이 깊이 스며들어있다는 점에서 전국말기의 유가 문헌들로 보아야 한다. 왜냐하면 맹자 이전의 유가에서 도가사상을 그토록 널리 수용한다는 것은 불가능하기 때문이다. 곽점의 출토문헌들은 전국말기의 유가에서 도가를 어떻게 수용하였는지를 파악할 수 있는 귀중한 자료이다. 우리가 이 문헌들에 주목해야 하는 이유도 바로 여기에 있는 것이다.

---

[92] 필자는 『출토문헌을 통해서 본 중국 고대 사상』에서 묘장 연대가 기원전 300년 전후라는 주장은 잘못된 것임에 대해 상세히 논의한 바 있다.

(2) 유가와 도가의 결합

곽점 출토문헌에서는 유가와 도가가 뒤섞여 있을 뿐만 아니라, 유가와 도가가 결합되어 다양한 형태의 담론이 만들어졌다. 이것은 전국말기에 유가가 도가사상을 널리 수용하였음을 의미한다. 그렇다면 어째서 유가가 도가사상을 수용하였는가?

맹자는 당시의 다른 학파들에 대해서 단호하게 비판했던 반면에, 공자의 제자들에 대해서는 칭찬일색이었다. 물론 같은 학파에 대해서 후한 점수를 주는 것은 당연한 일일 것이다. 그런데 공자 제자들에 대한 맹자의 논의 속에는 특별히 주목할 만한 사상이 없었다. 이것은 곧 맹자 이전의 유가에는 특별한 사상이 없었음을 뜻한다.

『맹자』의 사상에는 다양한 개념들이 나온다. 가령 '호연지기(浩然之氣)'와 같은 다양한 형태의 '기' 개념, 민본정치 등이 나온다. 그 이유는 제나라 학문으로부터 영향을 받았기 때문이다. 이것은 맹자 역시 다양한 사상을 수용하였음을 의미한다. 그럼에도 불구하고 『맹자』에는 노자와 장자와 같은 도가적 사유에 대해서는 전혀 언급하지 않았다. 그렇다면 어째서 맹자는 유가의 논적들에 대해서 공격적이었음에도 불구하고 노자와 장자와 같은 도가사상에 대한 언급은 전혀 없었던 것인가? 그 이유는 도가사상이 아직까지 수면위로 떠올랐던 시기가 아니었기 때문이다. 비록 맹자 당시에는 도가적 색채를 띤 양주·농가·은일의 사상이 당시 유행하였지만 노장사상은 아직 수면위로 부각되지 않았다.

그러나 맹자 이후 도가는 급부상하였다. 여기서 결정적인 역할을 한 것이 바로 제나라 직하학궁이었다. 제나라의 직하학궁에는 다양한 사상가들이 모여 있었는데, 앞서 살펴보았듯이 제나라의 직하학자들은 도가로부터 지대한 영향을 받았다. 직하학의 대표적인 저작인 『관자』에도 도가사상을 폭넓게 수용하였다. 이처럼 제나라 직하학자들이 도가사상을 폭넓게 수용함으로써, 도가는 점차 주도적인 사상으로 급부상하였다.

　맹자가 야만족의 문화라고 깔보았던 남방의 학문이 막강한 영향력을 발휘하게 되자, 자존심 강한 유자들 역시 이러한 현실을 외면할 수 많은 없었다. 심지어 유자들은 도가사상을 적극 수용하기 시작했다. 그 이유는 단순히 도가사상이 급부상했기 때문만은 아니다. 유가에서 도가의 사상을 받아들이게 된 결정적인 계기는 도가가 천도관과 인간의 진솔한 감정을 중요시했기 때문이다. 공맹의 유가에서는 천도관과 감정에 대한 논의들이 거의 없었으며, 이것은 유가의 치명적인 약점이었다. 유가에서는 자신들의 약점을 보완하기 위해 도가사상을 적극적으로 받아들인 것이다. 곽점의 출토문헌들은 바로 이러한 시대적 상황 속에서 나온 것이다. 이 문제에 대해 좀 더 구체적으로 살펴보자.

　공자는 인륜을 중요시하였으므로 '천도관'을 거의 상정하고 있지 않다. 정도의 차이는 있지만 맹자 역시 정치사상에 주력하였을 뿐 천도관에 대한 논의가 거의 없었다. 공자와 맹자의 사상 속에 천도관이 없는 이유는 북방지방의 학문이 인문질서에 역점을 두었으므로 천도관에 대해서는 그다지 관심을 두지 않았기 때문이다.

　그런데 남방지방에서는 일찍부터 천도관에 지대한 관심을 가지고 있었다. 그 대표적인 예가 바로 노자와 장자로 대표되는 도가였다. 전국시대 후반에 오면 도가사상의 확산과 함께 천도관이 중국 전역에 유행하게 되었으며, 학파를 불문하고 천도관을 자신들의 학문을 구성하는 데 중요한 이론으로 차용하였다. 유가 역시 도가의 천도관을 수용함으로써 천도와 인도의 문제를 중점적으로 논의하였다. 곽점 출토문헌에 천도와 인도의 논의가 많은 이유도 바로 이 때문이다.

　일반적으로 '천인지분(天人之分)' 사상은 순자만의 독특한 주장이라고 알려져 왔지만, 앞서 살펴본 바처럼 곽점의 출토문헌에서도 '천인지분(天人之分)'과 관련하여 다양한 형태의 담론이 전개되었다. 무엇보다도 같은 '천인지분'이라고 하더라도 천과 인이 관계하는 방식이 상이하게 다르다.

순자는 "근본(농사일)에 힘쓰고 절약하면 하늘도 빈곤하게 할 수 없으며, 삶을 기르게 하는 것들이 갖추어지고 활동이 절도에 맞으면 하늘도 병들게 할 수 없으며, 도를 닦아 어긋남이 없으면 하늘도 재앙을 내릴 수 없다."[93]고 하였듯이, 인간의 노력을 중시하였다. 반면에 『궁달이시』에서는 순자의 주장과는 달리 궁핍과 영달은 인력으로만 되는 것이 아니며 궁극적으로는 천시에 달려있다고 말했다. 『존덕의』에서는 천도와 인도는 각기 다른 성질에 의거한 것이므로 사람은 모름지기 인도를 먼저 취해야 한다고 주장함으로써 순자와 유사한 주장을 하였다. 『오행』에서는 선이란 아직 미완성의 덕목이므로 천도인 덕을 수용함으로써만이 덕을 완성시킬 수 있다고 봄으로써 천도의 중요성을 강조하였다.

그 외에도 곽점의 출토문헌에는 다양한 형태의 천도관이 있다. 『성지문지(成之聞之)』에서는 하늘의 법칙성을 본받아 인륜의 척도로 삼아야 한다는 견해를 제기하였다. 이와 관련하여 "하늘은 커다란 항상됨을 내리셨으니, 이로써 인륜을 다스리셨다. 제재(制裁)하여 군신의 의로 삼으셨고, 이루어 부자간의 친애로 삼으셨고, 나누어 부부의 구별로 삼으셨다. 이러한 까닭에 소인은 커다란 항상 됨[大常]을 어지럽혀 천도에 거슬렸고, 군자는 인륜을 다스려 '천덕(天德)'에 순응하였다."[94]라고 하였다. 이 주장은 순자의 주장과 매우 흡사하다. 또한 『중용』에서와 같이 인간의 본성은 하늘에서 부여받았다는 견해도 있다. 가령 『성자명출』에서 "성(性)은 명(命)에서 나오고, 명은 천(天)에서 나온다. 도는 정(情)에서 시작되고, 정은 성(性)에서 생겨난다."[95]고 하였다.

---

93 『荀子』,「天論」, "彊本而節用, 則天不能貧, 養備而動時, 則天不能病, 脩道而不貳, 則天不能禍."
94 『成之聞之』, "天降大常, 以理人倫. 制爲君臣之義, 作爲父子之親, 分爲夫婦之辨. 是故小人難大常以逆大道, 君子治人倫順天德."
95 『性自命出』, "性自命出, 命自天降. 道始於情, 情生於性."

이처럼 유가에서 천도를 받아들임으로써 자신들의 강점인 인도와 결합시켜 천도와 인도에 대한 다양한 논의를 하였다. 뒤에서 살펴볼 『중용』과 『주역』 역시 이러한 시대적 조류 하에서 나온 것이다.

유가가 도가사상을 받아들인 또 다른 이유 중의 하나가 도가가 인간의 감정에 대해 풍부하게 논의하였다는 데 있다. 공맹의 유가에서는 덕을 지나치게 강조함으로써 정작 중요한 감정의 문제에 대해서는 간과했다. 그러나 동양의 전통에서는 추상적 관념이 아닌 구체적 현실을 중요시하였다는 점에서 감정의 문제는 소홀히 할 수 없는 중대한 문제였다. 맹자 이후의 유가에서는 도가사상의 수용과 함께 감정에 대한 다양한 논의를 하였다. 출토문헌에서 감정의 문제가 중요한 담론의 대상이 되었던 것도 바로 이 때문이다.

공자는 일찍이 내적인 질박함[質]과 외적인 꾸밈[文]을 구별한 동시에, 문(文)과 질(質)의 적절한 조화를 도모하고자 했다. 따라서 "질이 문을 이기면 촌스럽고, 문이 질을 이기면 겉치레만을 꾸미게 된다. 문과 질이 잘 배합된 뒤라야 군자라고 할 수 있다."[96]라고 하였다. 그런데 맹자는 도덕적인 가치를 철저히 내적인 것으로 보았다. 이를테면 맹자는 문(文)을 대표하는 예(禮)를 '사양지심'의 발로라고 보았다. 그런데 맹자가 성을 말하기는 하였지만, 이 성은 '도덕지성(道德之性)'을 뜻한다. 그러므로 『맹자』에서는 성에 대한 담론이 많았으나 감정으로서의 정에 대한 언급은 거의 없다. 실제로 맹자는 도덕주의에 빠져있었다. "삶 또한 내가 원하는 바요 의 또한 내가 원하는 바이지만, 이 두 가지를 겸할 수 없다면 삶을 버리고 의를 취하겠다."[97]라고 한 것에서도 그가 얼마나 경건한 도덕주의자였는가를 엿볼 수 있다. 엄격한 도덕주자일수록 인간의 자연스런 감정을 억제하려는 성향이 강하다.

---

96 『論語』,「雍也」, "質勝文則野, 文勝質則史, 文質彬彬然後君子."
97 『孟子』,「告子」(上), "生亦我所欲也, 義亦我所欲也, 二者不可得兼, 舍生而取義者也."

이처럼 맹자가 성을 '도덕지성'으로 보았던 반면에, 고자는 성을 '자연지성'으로 보았다. 그 단적인 예로 고자는 "타고난 것이 성이다."[98]라 하였다. 아울러 "먹는 것과 여색은 성이다. 인은 안에 있지 밖에 있지 않다. 의는 밖에 있지 안에 있지 않다."[99]라고 말하였다. 그는 먹는 것이나 남녀의 애정과 같은 것을 성으로 보았는데, 인(仁) 역시 사랑이란 감정에서 나온 것이므로 성의 한 단면으로 보았다. 그의 논리를 요약하면, 먹는 것·여색·인은 모두 자연본성의 발로이므로 내적이다. 고자의 논의에는 도덕적 굴레로부터 인간의 자연본성을 해방시키고자 하는 측면이 있었다. 그는 '인은 내적이다'고 하였는데, 여기에서 인은 도덕성을 의미하는 것이 아니며 단지 동물이 제 새끼를 사랑하는 그러한 종류의 자연적인 애(愛)를 뜻한다. 고자는 이처럼 맹자와는 달리 '도덕지성'을 배제하고 성을 '자연지성'으로 보았으며, 그 이후 맹자의 후학들도 '자연지성'을 중시하게 되었다.

그런데 '자연지성'을 중시하게 되면 자연히 인간의 감정을 중요시하게 된다. 고자는 맹자와 마찬가지로 감정을 논의하지 않았으나, '자연지성'을 말한 이상 감정에 대한 논의가 생겨날 수밖에 없다. 유가에서는 도가사상을 수용함으로써 감정에 대한 논의가 더욱 활발해졌으며, 곽점 출토문헌은 이러한 시대적 상황을 그대로 반영하고 있다. 『성자명출』에서 "정(情)은 성(性)에서 생겨난다."[100]고 하였으며, 『어총』에서도 "정은 성에서 생겨난다."[101]고 하였다. 이처럼 전국시대 후기의 유가에서는 '정이 성에서 나왔다'고 하는 사고가 유행하였다. 순자 또한 여기서 영향을 받았다. 그러므로 순자는 "정이란 성의 본질이다"[102], "성

---

98 같은 책, "生之謂性."
99 『孟子』, 「滕文公」(下), "食色 性也. 仁內也, 非外也. 義外也, 非內也."
100 『性自命出』, '情生於性'.
101 『語叢』(二), '情生於性'.
102 『荀子』, 「正名」, "情者, 性之質也."

에서의 호(好)·오(惡)·희(喜)·노(怒)·애(哀)·락(樂)을 정이라고 한다."[103]고 하였다.

성을 '자연지성'으로 본 것은 도가였다. 특히 『장자』에는 정이란 말이 무려 53번이나 나올 만큼 이에 대한 논의가 풍부했다. 맹자의 후학들이 '자연지성'과 '정'을 중시한 데에는 분명히 도가의 영향이 컸으리라고 본다.

『어총』에서는 "예라는 것은 사람의 정으로 말미암아 행하는 것이다."[104]고 하였다. 맹자가 예를 성으로 말미암은 것이라고 보았던 반면에 『어총』에서는 예가 정으로 말미암은 것이라고 본 것이다. 예를 성의 발현으로 본 것과 예를 정의 발현으로 본 것 사이에는 분명한 차이점이 있다. 무엇보다 전자는 예를 도덕심의 발로로 보았던 반면에, 후자는 예를 자연본성의 발로로 보았다는 점이다.

앞서 언급한 것처럼 '정'에는 본래 두 가지 의미가 있다. '감정'과 '실정'의 뜻이 바로 그것이다. 양자는 서로 다른 의미이지만 공통점이 있다. 그것은 양자가 모두 '있는 그대로의 모습'이란 의미를 가지고 있다는 것이다. 지나치게 도덕성을 강조하게 되면 자칫 형식주의에 빠져들 수 있다. 가령 상을 당하면 슬프지 않더라도 슬픈 척 해야 하고, 싫은 사람을 만나더라도 예의를 지켜야 하고, 남이 알아주지 않더라도 성내지 않는 척해야 하고, 굶주리는 한이 있더라도 예의를 지켜야 한다. 이러한 도덕적 요구가 때로는 사람들에게 자신의 진솔한 감정을 숨겨야 한다는 강제성으로 작용하기도 한다. 그런데 감정을 숨기고 거짓된 모습을 보인다면 이것은 곧 '실정'이 아닌 '거짓[僞]'이 된다. 반면에 감정은 솔직한 것이며, 감정 그대로의 모습이 바로 '실정'인 것이다.

출토문헌에서 정을 중시한 이유는 이러한 실정을 중요시했기 때문

---

103 같은 책, "性之好惡喜怒哀樂, 謂之情."
104 『語叢』(一), "禮, 因人之情而爲之."

이다. 그 단적인 예로 『성자명출』에서 "사람의 진심[情]은 즐겁다고 할 만하다. 진실로 진심이라고 한다면, 비록 과실이 있더라도 나쁜 것이 아니다. 진심으로써가 아니라면 비록 어렵게 일을 처리하더라도 귀한 것이 아니다. 진실로 진심이 있다면 이러한 사람은 믿을 수가 있다."105 고 하였다. 여기에서 정은 감정으로서의 정이 아니라 실정으로서의 '진심'을 뜻한다. 『성자명출』에서는 일의 성패를 떠나 진심이 있어야 할 것을 강조하였다.

실정을 중요시하게 되면 자연스러운 감정 역시 중요시하게 된다. 『어총』에서 "부모가 사랑하고 자식이 부모에게 효도하는 것은 유위적인 것이 아니다."106라고 하였다. 이것은 부모와 자식 간의 자애(慈愛)는 자연스런 감정으로 이루어지는 것이지 의식적으로 행하는 것은 아니라는 말이다. 따라서 『어총』에서 "효를 행하는 것은 효가 아니다. 공손함을 행하는 것은 공손함이 아니다. 행해서는 안 되지만, 행하지 않아서도 안 된다. 행하는 것은 잘못이지만, 행하지 않는 것도 잘못이다."107라고 하였다. 효를 자연적으로 행하지 않고 의식적으로 행하게 되면 이것은 형식적인 효에 빠져든다. 따라서 효를 행하되 효를 행한다고 의식하지 않아야 한다고 하였다.

그렇다면 맹자의 후학들은 어째서 '자연지성'을 중시했는가? 내부적으로는 유가의 지나친 형식화에 대한 자기반성이 있었으며, 외부적으로는 도가로부터의 영향이 있었다.

이상과 같이 출토문헌에서 천도와 인도, 인간의 감정에 대한 다양한 논의들이 있었다. 이러한 다양한 논의들을 통해 『중용』과 『주역』이

---

105 『性自命出』, "凡人情爲可悅也. 苟以其情, 雖過不惡. 不以其情, 雖難不貴. 苟有其情, 雖未之爲, 斯人信之矣."
106 『語叢』(三), "父孝子愛, 非有爲也." * 父孝子愛는 의미상 '父愛子孝'로 보아야 한다.
107 『語叢』(一), "爲孝, 此非孝也. 爲弟, 此非弟也. 不可爲也, 而不可不爲也. 爲之, 此非也, 弗爲, 此非也."

라는 저작이 나올 수 있었으며, 더 나아가 한층 발전된 순자의 유가가 탄생할 수 있었다. 물론 이러한 변화는 전국말기에 도가사상을 폭넓게 수용함으로써 가능했다.

제5장
전국시대 말기 유가에서의 도가의 영향

1. 『중용』

(1) 『중용』의 성립시기

　『중용』은 유가의 소의경전이라고 할 수 있는 사서(四書) 중의 하나이다. 『중용』은 전통적으로 공자의 손자인 자사(子思)의 저작으로 알려져 왔으나 고사변(古史辨)을 주도한 의고학파에서는 『중용』이 자사의 저작이라는 전통적인 견해에 의문을 제기하였다. 그런데 근래에 와서는 『중용』을 자사의 저작으로 보는 전통적 견해로 회귀하는 분위기이다.
　앞서 살펴보았듯이 곽점의 출토문헌에는 『중용』과 내용면에서 유사한 부분이 많았는데, 다수의 학자들은 이 문헌들을 자사 혹은 자사문도의 저작으로 보았다. 이로써 자사라는 이름이 오늘날 학계에서 새롭게 부각되었다. 그러나 이것은 시간과 함께 묻혀 있던 진실이 되살아나는 역사적인 순간이 아니라 또 하나의 허황된 신화가 쓰이고 있는 순간이다. 무엇보다 『중용』은 자사의 저작이 아니라 전국말기의 저작이다. 곽점의 출토문헌이 『중용』과 유사한 부분이 많은 이유도 이들 모두 전국말기의 저작으로서 서로 비슷한 시대를 공유하였기 때문이다. 이제 『중용』이 어떻게 생겨나게 되었는지에 대해 살펴보자.
　일찍이 당나라 유자 한유(韓愈)는 "요임금은 이것(유가의 도)을 순임금에게 전했고, 순임금은 이것을 우임금에게 전했고, 우임금은 이것을 탕임금에게 전했고, 탕임금은 이것을 문왕·무왕·주공에게 전했고,

문왕·무왕·주공은 이것을 공자에게 전했고, 공자는 이것을 맹자에게 전했다. 맹자가 죽고 나서는 이것이 전해지지 않았다."1라고 하였다. 주희는 한유의 이러한 주장에 근거해 유가의 도통설(道統說)을 주장하였는데, 한유의 주장을 좀 더 보충하며 '공자 – 증자 – 자사 – 맹자'의 순서로 도통이 이어져 내려왔다고 주장하였다. 주희의 도통설에 따르면 자사와 맹자는 사승관계에 있다. 그러나 필자로서는 주희의 이러한 도통설에 동의하기 어렵다. 그 이유는 다음과 같다.

첫째, 자사와 맹자가 사승 관계였다는 근거는 『맹자』의 그 어디에서도 찾아볼 수 없다. 맹자는 단지 "군자의 윤택함도 다섯 세대가 되면 끊기고, 소인의 윤택함도 다섯 세대가 되면 끊긴다. 나는 공자의 문도가 될 수 없었으므로, 남[人]에게서 사숙(私淑)하였다."2라고만 진술하고 있을 따름이다. 여기서의 군자는 공자를 뜻한다. 한 세대가 대략 30년이므로 다섯 세대라면 대략 150년 정도인데, 공자와 맹자는 대략 180년 정도의 차이가 난다. 사숙을 의역하면 '계통 없는 자에게서 이것저것 배웠다'는 정도의 의미이다. 본 문장의 의미를 풀이하면, "공자와 같이 아무리 위대한 자라 하더라도 180년 정도의 세월이 흐르고 보니 그 계통이 끊겨버렸다. 이처럼 오늘날 유가의 계통이 끊겨버린 상태이므로 나는 공자의 계통을 이어받은 자에게서 배우고 싶어도 배울 길이 없어, 어쩔 수 없이 이름 없는 어느 유생으로부터 개인적으로 배웠다."라는 뜻이다.

주희는 남[人]을 '자사의 문도[子思之徒]'로 풀이하였는데, 이것은 견강부회일 따름이다. 자사가 정말로 『중용』이라는 불후의 명저를 쓴 대유였고 맹자가 이 계통을 이어받았다고 한다면, 맹자는 틀림없이 자신

---

1 『原道』, "堯以是傳之舜, 舜以是傳之禹, 禹以是傳之湯, 湯以是傳之文武周公, 文武周公傳之孔子, 孔子傳之孟軻. 軻之死, 不得其傳焉."
2 『孟子』, 「離婁」(下), "君子之澤, 五世而斬, 小人之澤, 五世而斬. 予未得爲孔子徒也, 予私淑諸人也."

의 정통성을 확보하기 위해 자사의 문인에게서 배웠음을 거듭 강조했을 것이다. 그럼에도 불구하고 맹자가 '군자의 윤택함도 다섯 세대가 되면 끊기고'라든가 '나는 공자의 문도가 될 수 없었으므로'라든가 '남에게서 사숙하였다'와 같은 말을 했다는 것은 계통에 있어서 자사와 전혀 무관하다는 것을 뜻한다.

둘째, 순자는 「비십이자」에서 '오행'의 설을 비판하면서, "이 학설을 자사가 제창하였고, 맹자가 이어받았다."[3]고 하였다. 이 문장에서는 분명히 자사와 맹자가 모종의 연관성이 있음을 보여 주고 있다. 그러나 이 문장만으로는 '오행'과 관련된 학설에만 국한시켜 두 사람을 나란히 열거한 것인지, 아니면 같은 계통이기 때문에 두 사람을 열거한 것인지에 대해서는 분명하지 않다.

그런데 『한비자』에서는 당시 여러 유파(儒派)가 있었다고 말하고 있다. 즉 "공자가 죽은 이래로, 자장(張之)의 유가 생겨났고, 자사(子思)의 유가 생겨났고, 안씨(顔氏)의 유가 생겨났고, 맹씨(孟氏)의 유가 생겨났고, 칠조씨(漆雕氏)의 유가 생겨났고, 중량씨(仲良氏)의 유가 생겨났고, 손씨(孫氏)의 유가 생겨났고, 악정씨(樂正氏)의 유가 생겨났다."[4]고 하였다. 한비는 공자 이후에 여덟 개의 유파(儒派)로 나누어졌다고 말하였는데, 여기서 주목할 점은 '자사의 유'와 '맹씨(孟氏=孟子)의 유'를 하나의 유파로 보지 않고 분리해 나누었다는 사실이다. 그렇다면 순자가 말한 것은 동일 유파로써 말한 것이 아니라 단지 '오행'이라는 학설에 국한시켜 말한 것이라고 볼 수 있다.

셋째, 『사기』에서 "백어(伯魚)는 급(伋)을 낳았다. 급의 자(字)는 자사(子思)로서, 62세까지 살았다. 일찍이 송나라에서 곤란을 당하였다.

---

3 『荀子』, 「非十二子」, "子思唱之, 孟軻和之."
4 『韓非子』, 「顯學」, "自孔子之死也, 有子張之儒, 有子思之儒, 有顔氏之儒, 有孟氏之儒, 有漆雕氏之儒, 有仲良氏之儒, 有孫氏之儒, 有樂正氏之儒."

자사는 『중용』을 지었다."⁵라고 하였으며, 또한 "맹자는 자사의 문인에게서 수업받았다."⁶라고 하였다. 이처럼 『사기』에서는 자사가 『중용』을 지었으며, 맹자는 자사의 문인에게서 수업받았다고 말하고 있다. 『사기』에서부터 비로소 자사와 맹자가 사승관계로써 나타난다. 그런데 자사에 관한 기록은 이것 이외에는 『사기』에서 전혀 찾아볼 수가 없다. 「중니제자열전」이나 「유림열전(儒林列傳)」에도 자사에 대한 언급이 일체 없다. 우리가 아는 자사는 공자의 손자인 동시에 불후의 작품인 『중용』을 쓴 그야말로 대유이면서 맹자에게 학통을 전해준 인물임에도, 어째서 『사기』에는 그에 대한 언급이 거의 없는 것인가? 이것은 자사가 중요한 비중을 차지하지 않았음을 의미한다.

넷째, 『한서』 「예문지」에는 "『자사』 23편"이란 말이 있다. 아울러 자주(自注)에서 "이름은 급이며 공자의 손자로서, 노나라 목공의 사부가 되었다."⁷고 설명하였다. 또한 '『맹자』 11편'의 자주(自註)에서 맹자에 대해 '자사의 제자이다(子思弟子)'라고 하였다. 『한서』 「예문지」의 기록과 『사기』의 기록 사이에는 다소 차이점이 있다. 그 차이점은 다음과 같다. 1) 『한서』 「예문지」에서는 자사가 노나라 목공의 사부였다고 말하고 있는데, 『사기』에서는 이러한 기록이 전혀 없다. 사마천은 다른 인물의 평가에서 왕의 사부와 같은 높은 관직을 지냈으면 어김없이 그것을 모두 기록하고 있음에도 불구하고 유독 자사가 노나라 목공의 사부를 지냈다는 내용에 대해서는 『사기』에 그 어떠한 기록도 없다. 이것은 사마천이 자사를 노목공의 사부로 보지 않았을 가능성이 크다. 『맹자』에서 "노목공(魯繆公)의 때에 공의자(公儀子)가 국정을 담당하고 자유(子柳)와 자사(子思)가 신하가 되었음에도 불구하고 노나라의 땅이 줄어듦이 더욱 심해

5 　『史記』, 「孔子世家」, "伯魚生伋. 字子思, 年六十二. 嘗困於宋. 子思作中庸."
6 　『史記』, 「孟子荀卿列傳」, "受業子思之門人."
7 　『漢書』, 「藝文志」, 〈諸子略〉 自注, "名伋, 孔子孫, 爲魯穆公師."

졌습니다."⁸라고 한 것에서 볼 때, 자사는 목공의 신하였을 뿐 사부는 아니었을 것이라고 본다. 2)『사기』에서는 자사가 단지『중용』만을 썼다고 주장하고 있는데,『한서』「예문지」에서는 '『자사』23편'의 방대한 저서를 썼다고 주장하고 있다. 또한『한서』「예문지」「예십삼가(禮十三家)」에는 '『중용설(中庸說)』2편'이 들어 있다. 이 문헌에 대한 안사고(顔師古)의 주에서는 "지금의『예기』에 있는 「중용」1편은 또한 본래의 예경(禮經)이 아니며, 아마도 이것은『중용설』2편의 말류(末流)일 것이다."⁹고 하였다. 이처럼 안사고는 지금의『중용』은 이『중용설』2편의 말류에 지나지 않는다고 보았는데, 서복관(徐復觀)은 여기서의『중용설』2편은 지금의『중용』을 말한다고 주장하였다.¹⁰ 이와 같이『사기』에서는『중용』만을 언급하고 있지만『한서』「예문지」에서는 자사가『중용설』과 '『자사』23편'이란 방대한 저술을 남겼다고 보았다. 3)『사기』에서는 맹자가 '자사의 문인에게서 수업받았다(受業子思之門)'고 하였는데,『한서』「예문지」에서는 '자사의 제자이다(子思弟子)'라고 하였다. 맹자와 자사의 시간적 거리가 100년 이상 차이가 난다는 점에서, 맹자가 자사의 제자일 리 없으며, 「예문지」에서도 이것을 모를 리 없다. 그럼에도 '자사의 제자이다'라고 쓴 것은 맹자가 자사의 직계 제자임을 강조하기 위해서였을 것이다. 이상에서와 같이 「예문지」의 기록은『사기』의 기록에 비해 자사라는 인물의 비중이 더욱 높았고, 자사와 맹자의 관계도 더욱 밀접했다.

다섯째,『수서』「경적지(經籍志)」에서는 '『자사자』7권'이 있다고 하였다. 아울러『수서』「음악지(音樂志)」에서 양나라 사람인 심약(沈約)이 "『예기』의 「중용」・「표기」・「방기」・「치의」는 모두『자사자』

---

8 『孟子』,「告子」(下), "魯繆公之時, 公儀子爲政, 子柳子思爲臣, 魯之削也, 滋甚."
9 "今禮記有中庸一篇, 亦非本禮經, 蓋此之流."
10 徐復觀,『中國人性論史』(先秦篇), 商務印書館(臺灣), 1975, 103~105쪽.

에서 취한 것이다."11라고 하였다. 『한서』「예문지」에서는 『자사』 23편과 『중용』을 분리해서 보았는데, 심약의 주장에 따르면 「중용」은 『자사자』 7권 속에 포함된다. 편이 모여 권이 된다는 점에서, '『자사자』 7권'은 '『자사』 23편'보다 더욱 방대한 양이다. 또한 『한서』「예문지」에는 『자사』로 되어 있는 반면에, 『수서』「경적지」에는 『자사자』로 되어 있다. 『자사자』에서 '자(子)'를 붙였다는 것은 제자들에 의해 편집된 것임을 시사한다.

이상의 기록에서 우리는 이상한 점을 발견할 수 있다. 그것은 자사와 관련된 내용과 자사와 맹자의 사승 관계가 시대마다 각기 다르다는 사실이다. 그럼에도 여기에는 하나의 일관된 흐름은 있다. 그것은 시간이 흐를수록 자사라는 인물은 더욱 부각된 동시에 더욱 많은 저술을 남겼으며, 또한 자사와 맹자의 관계가 더욱 밀접해졌다는 사실이다.

어째서 이러한 현상이 생겨난 것인가? 우리는 그 이유를 어렵지 않게 설명할 수 있다. 중국의 많은 뛰어난 인물들은 시간이 흐를수록 점차 신화화 되었다. 공자나 노자가 그 대표적인 예이다. 물론 이 신화의 대부분은 사실에 바탕을 둔 것이 아니라 후인들에 의해 날조된 것이다. 자사도 시간이 흐를수록 점차 신화화 되었던 것이다.

문제의 원점으로 돌아가서 다시 물어보자. 지금도 어떤 스승 밑에서 배웠느냐는 중요한 문제인데, 맹자 시대에는 더할 나위 없이 중요한 문제였다. 더욱이 『맹자』를 통해서 볼 때 자사에 대한 맹자의 애착은 남달랐다. 만일 맹자가 정말로 자사의 문인에게서 배웠다면, 그는 자랑스럽게 자신이 그 계통 출신임을 강조했을 터이며 우리는 『맹자』 속에서 이러한 진술을 쉽게 찾아볼 수 있었을 것이다. 그러나 맹자는 "공자의 학맥이 자신의 시대에 와서 불가피하게 계통을 모르는 어느 유자에게서 사숙하였다"고만 고백하고 있다. 맹자와 자사의 관계에 대한 아무

---

11 "禮記, 中庸, 表記, 坊記, 緇衣, 皆取子思子."

리 많은 근거를 제시한다 할지라도 본인의 직접적인 진술만큼 확실한 증거는 없을 것이다.

맹자의 진술에서 우리는 두 가지 사실을 발견할 수 있다. 첫째는 맹자 당시의 유가는 사실상 그 계통이 이미 사라졌다는 사실과, 둘째는 자사에서 맹자로 이어지는 학문적 계통은 진실이 아니라는 사실이다.

그렇다면 자사와 맹자는 언제 어떻게 연관되었는가? 이에 대한 대답에 앞서 과연 공자 제자들의 학맥이 계속 이어져 왔는가 하는 점에 대해 먼저 고찰할 필요가 있다. 이와 관련해서 순자는 자신이 살았던 당시의 유가에는 사맹(思孟)·자궁·자장·자유·자하의 유(儒)가 있었다고 하였다. 한비는 당시의 유가에는 자장·자사·안씨·맹씨·칠조씨·중량씨·손씨·악정씨의 유가 있었다고 하였다. 순자와 한비의 진술대로라면 공자 문인들의 학통이 전국말기까지 계속 이어졌을 뿐만 아니라 활발히 활동하였다. 그렇다면 정말로 공자 사후 도통이 사라지지 않고 전국말기까지 계속 이어져 왔는가? 필자는 그렇지 않다고 본다. 그 이유는 다음과 같다.

각 유파(儒派)의 활동이 공자의 제자들에서 순자나 한비까지 지속적으로 이어져왔다면 맹자 당시에도 활발히 활동하였을 것이다. 만일 다양한 유파(儒派)가 그 당시에 활발히 활동했다면, 맹자는 다른 학파뿐만 아니라 같은 학파 안의 유파들과도 경쟁관계에 있었음을 의미한다. 맹자는 자신의 학문에 대한 자부심이 아주 강하였으므로 자신의 관점과 다른 사상에 대해서는 쉽사리 받아들이지 않았다. 실제로 묵가나 양주와 같은 논적에 대해서 날카로운 공격의 화살을 퍼부었다. 맹자의 이러한 성격을 감안한다면 자신의 성향과 같지 않은 다른 유파에 대해서도 똑같이 공격하였으리라는 것을 쉽사리 예상해볼 수 있는데, 정작 맹자는 공격은커녕 단 한마디의 언급조차 없다. 이것은 곧 맹자 당시에는 유파가 거의 없었음을 의미한다.

『사기』에서도 공자와 공자 제자들에 대해서는 소상히 밝혔지만, 유파의 활동에 대한 언급은 거의 없다. 오히려 『사기』「유림열전」에서는, 공자 사후에 직제자들의 활동이 있었지만, 유자의 활동은 진시황 때까지 쇠퇴의 길을 걸었을 뿐만 아니라 제나라와 노나라 이외의 다른 나라에서는 유가를 단호히 배척하였다고 진술하고 있다.

이상에서와 같이 공자 사후 유가는 지속적인 활동을 전개하지 못하였으며 맹자 당시에는 거의 단절되는데, 그 이유는 다음과 같다. 첫째, 공자라는 지적 거인을 이어갈만한 탁월한 후학들이 없었다. 공자의 후학들은 공자의 사상을 그대로 답습한 아류였으므로 공자의 사상을 배우고 익힌 유자들만이 있었을 뿐 이것을 발전시킬 만한 역량을 가진 유자들은 없었다. 그 결과 유가사상은 내면의 덕을 중시한 공자의 의도와는 달리 예제의 형식주의에 빠져들었다. 둘째, 공자의 교단에는 공자의 사상을 주도할 만한 확고한 세력이 없었다. 『논어』의 편린에서도 공자의 제자들이 주도권을 장악하기 위한 보이지 않는 다툼이 있었음을 쉽게 엿볼 수가 있다. 제자들이 주도권을 얻고자 다투면서 분열이 생겨났을 것이며, 이 분열은 제자들의 무능함과 함께 쇠퇴의 길로 몰고 갔다. 셋째, 당시 전국시대는 많은 나라들이 치열한 각축전을 벌였으며, 이러한 현실 속에서 개인의 윤리만을 강조하는 유가의 이론은 정치나 사회에 부합되지 못하였으므로 더욱 쇠퇴의 길로 빠져들었다.

이처럼 맹자 이전에는 '공자학'만이 면면히 이어져 왔을 뿐이다. 그렇다면 순자와 한비는 어째서 당시에 많은 유파가 있었다고 말하였는가? 필자의 견해로는 순자나 한비가 말한 유파는 공자 이후부터 지속적으로 내려온 유파가 아니라 맹자 당시에는 없었거나 겨우 명맥만 유지하던 것이 새롭게 생겨난 것이라고 본다. 순자나 한비는 당시에 새롭게 유행하였던 유파에 대해 언급했을 따름이다. 그 근거는 다음과 같다.

만일 유자들이 지속적으로 활동했다면 순자가 말한 유파와 한비가 말한 유파는 거의 일치해야 할 것이다. 왜냐하면 두 사람은 사제 관계로서 시간적 거리가 별로 차이가 나지 않기 때문이다. 그럼에도 순자와 한비가 말한 유파는 거의 일치하지 않는다. 이것은 유파가 난잡하게 일시적으로 생겨났다가 일시적으로 사라졌음을 의미한다.

한비가 당시에 '안씨의 유'가 성행하였다고 말한 대목도 이 사실을 뒷받침해 주고 있다. 여기에서 안씨는 곧 '안연(顔淵)'을 일컫는다. 공자가 가장 사랑한 안연은 요절했으며 이로써 전설 속으로 사라져버렸다. 안연에 대해 알 수 있는 것은 『논어』 속에 나오는 단편적인 내용뿐이다. 따라서 안연은 일찍이 요절하여 후학이 없었다고 보는 것은 매우 상식적인 판단일 것이다. 그러나 한비는 안연의 학문 계통이 자신의 시대에 유행하였다고 말하고 있다. 이것은 곧 후대 사람들이 안연의 명성에 가탁하여 자신들의 학통으로 삼았음을 의미한다.

이와 같이 맹자 이전의 유가는 그 계통이 없어졌거나 설령 있다고 하더라도 유명무실한 것에 지나지 않았는데, 순자와 한비의 시대에는 많은 유파들이 생겨났다. 또한 이처럼 갑작스럽게 많은 유파들이 생겨났다는 것은 유가가 새롭게 부흥하였음을 의미한다.

이 새로운 부흥의 전환점을 마련한 인물이 바로 맹자였다. 공자와 맹자의 시간적 격차는 180년가량의 거리가 있지만, 공자 학풍의 진정한 계승자는 맹자였다. 맹자는 학문적으로는 공자의 사상을 계승 발전시킨 가장 탁월한 후계자였으며, 정치적으로는 당시 쟁쟁한 제나라 선왕과 위나라 혜왕과도 다양한 정치적 논의를 하였을 만큼 위세가 높았다. 이처럼 맹자라는 위대한 사상가의 출현으로 말미암아 유가가 부흥하였으며, 이로써 유가에서 다양한 유파(儒派)가 생겨날 수 있었다.

그런데 여기서의 의문은 맹자의 위상이 그처럼 높았다면 어째서 공맹 중심의 유파가 아닌 다양한 유파들이 생겨난 것인가 하는 점이다. 그 이유는 맹자가 공자의 학통을 이어받지 못했기 때문이다. 당시 사회에서는 계통을 매우 중시하였는데, 맹자는 공자의 계통을 이어받지 못한 채 단지 아무개 유자한테서 사숙했다. 그러므로 맹자 사후 유가에는 특별한 구심점이 없었다. 더욱이 맹자는 추(鄒)나라 출신이므로 더욱 더 정통성이 없었다. 구심점이 미약했음은 『맹자』 안에서도 볼 수 있다.

제나라 출신으로 맹자의 제자인 공손추는 맹자에게 "선생께서는 제나라에서 요직을 담당하신다면 관중과 안자의 성과를 다시 기대할 수 있겠습니까?"12라고 질문하였다. 맹자는 평소에 패자의 덕을 중요시한 관중과 안자에 대해 달갑지 않게 생각했는데, 공손추는 스승에게 이 두 사람과 같은 뛰어난 일을 성취할 수 있냐고 물은 것이다. 이것은 맹자의 자존심을 상하게 했던 대목이다. 또한 팽갱(彭更)이라는 제자는 맹자에게 "뒤에 뒤따르는 수십 대의 수레와 종자(從者) 수백 명을 거느리고 왕들에게 밥을 얻어먹는 것은 너무 지나치지 않습니까?"13라고 하였다. 왕에게 빌붙어 사치스러운 생활을 하는 맹자의 태도를 대놓고 비판한 것이다.

이러한 제자들의 모습은 공자 제자들의 모습과는 상이하게 다르다. 자로를 제외한 대부분의 공자 제자들은 공자에게 순종적이었다. 반면에 맹자의 제자들은 반항적인 측면이 많았다. 그 이유는 무엇 때문인가? 공자가 맹자보다 더욱 권위주의적이었기 때문인가? 그렇다고 보기는 어렵다. 오히려 공자는 음악과 시를 좋아했고 제자들의 반항적인 태도에 대해서도 웃어넘길 만큼 호탕했던 반면에, 맹자는 타협할 줄 모르는 강직한 성격이었다. 맹자 제자들이 불순한 태도를 보인 이유는 맹자의 권위가 공자만큼 확고하지 못했기 때문이다. 맹자의 권위가 미약했던 이유는 공자의 계통을 이어받지 못한 탓도 있지만, 맹자의 제자들은 여러 나라 출신이었으므로 생각이나 가치관이 많이 달랐기 때문이라고 본다.

그 대표적인 인물이 바로 고자(告子)이다. 『맹자』에 맹자와 고자가 인성론의 문제를 놓고 치열하게 싸우는 장면이 자주 나온다. 그런데

---

12 『孟子』, 「公孫丑」(上), "夫子當路於齊, 管仲晏子之功, 可復許乎."
13 『孟子』, 「滕文公」(下), "後車數十乘, 從者數百人, 以傳食於諸侯, 不以泰乎."

『묵자』「공맹(公孟)」편에도 고자가 나온다. 흥미롭게도 여기서도 고자가 묵자의 위선적인 면을 지적하며 비판한다. 이것을 근거로 학자들은 고자가 묵가에서 유가로 전향한 인물일 것이라고 보고 있다. 가령 조기(趙岐)는 고자에 대해서 "유가와 묵가의 학술을 함께 연구한 사람이다. 일찍이 맹자에게서 배웠다."14라고 하였다.

고자는 "먹는 것과 여색[色]은 성이다. 인은 안에 있지 밖에 있지 않다. 의는 밖에 있지 안에 있지 않다"15라고 하였다. 그는 먹는 것이나 남녀의 애정과 같은 것을 성으로 보았는데, 인(仁) 역시 사랑이란 본능적인 감정에서 나온 것이라는 점에서 성의 일부분이라고 보았다. 반면에 의라는 것은 본성이 아니라 사회적 규범에서 나온 것이므로 밖에서 나온 것이라고 보았다.

이와 같이 제자들은 맹자의 결점을 서슴없이 지적하였으며, 맹자의 사상을 무조건 수용하기 보다는 다른 관점에서 논쟁하기도 하였다. 그러므로 맹자가 죽고 나서 제자들이 분열되었음은 충분히 예상해볼 수 있는 문제이다. 그런데 맹자의 권위가 미약함은 결과적으로 유가가 어떠한 절대적 권위에 얽매이지 않을 수 있었으며, 이로써 다양한 사상들이 생겨날 수 있게 되었다. 실제로 전국시대 중기에서 말기에 유가의 많은 저작들이 쏟아져 나왔다. 앞에서 살펴본 곽점 출토문헌뿐만 아니라 『중용』・『예기』・『주역』이 그 예들이다.

이처럼 유가는 맹자 이후 분열되었으며, 분열된 유파(儒派)들은 저마다 자신들의 정통성을 확보하기 위해 공자 제자들의 학통을 이어받았다고 주장하였다. 이로 인해 공자 제자의 이름을 차용한 많은 유파들이 생겨났다. 순자와 한비가 언급한 유파들은 바로 이들 유파이다. 이 유파들 중의 하나가 바로 '자사(子思)의 유(儒)'이다. 『중용』은 자사학

---

14 "兼治儒墨之道者, 嘗學於孟子."
15 같은 책, "食色 性也. 仁內也, 非外也. 義外也, 非內也."

파의 저작이다. 그런데 당시에는 권위 있는 고인의 이름을 가탁하는 것이 일반적인 관례였으므로, 자사학파는 자신들이 쓴 『중용』을 자사의 저작이라고 말하였다. 이로써 『중용』이 자사의 저작으로 둔갑한 것이다.

그런데 여기서 풀어야 할 문제가 있다. 그것은 『순자』 「비십이자」에서의 '오행'의 설을 비판하면서, "이 학설을 자사가 제창하였고, 맹자가 이어받았다."는 문장이다. 오늘날의 많은 학자들도 이 문장에 근거해 맹자와 자사가 사승관계에 있다고 보았다. 맹자와 자사는 서로 무관함에도 불구하고 순자는 어째서 이 둘을 연관시켜 논의하였는가? 이 문제는 전국말기의 유가의 변천과정을 이해하는 데 있어서 실로 중요한 열쇠이므로 이에 대한 보다 상세한 논의가 필요하다. 먼저 순자가 말한 오행설의 내용을 살펴보자.

> "대체로 선왕의 법을 본받았으나 그 계통을 모른다. 그러나 타고난 재질이 강경하고 뜻이 커서 견문이 박학다식하였다. 지나간 과거를 살펴 학설을 이루었으니 그것을 '오행'이라고 불렀다. 그러나 (그 내용이) 아주 편벽되고 잘못되어서 그와 짝할 만한 것이 없으며, 내용이 은미(隱微)하면서도 설명이 없으며, 지나치게 요약되어 있으면서도 해설이 없다. 단지 그것을 공경하며 '이것이야말로 진정한 선대(先代) 군자의 말이다'고 주장하였다. 이 학설을 자사가 제창하였고, 맹자가 이어받았다. 세속의 어리석고 몽매한 유자들은 왁자지껄 (그들의 설을) 떠들어 대니, 그 잘못된 것을 알지 못하여 마침내 후대에까지 전해지게 되었다."16

---

16 『荀子』, 「非十二子」, "略法先王, 而不知其統. 然而猶材劇志大, 聞見雜博. 案往舊造說, 謂之五行. 甚僻違而無類, 幽隱而無說, 閉約而無解. 案飾其辭, 而祇敬之曰, 此眞先君子之言也. 子思唱之, 孟軻和之. 世俗之溝猶瞀儒嚾嚾然, 不知其所非也, 遂受而傳之."

우리로서는 이 진술만 가지고서는 오행의 구체적인 내용이 무엇인지 알기 어렵다. 사마천은 오행설을 주장한 추연의 사상에 대해 다음과 같이 언급하였다.

"그(추연) 말은 지나치게 커서 조리를 파악할 수가 없으며, 반드시 먼저 작은 사물을 증험하여 이로써 확대해 나아가 무한에까지 도달했다. 먼저 지금의 일을 서술하여 위로는 황제까지 거슬러 올라갔는데, 이와 같은 방식은 당시 학자들의 공통된 서술 방식이었다. 크게는 세상의 흥망성쇠를 포괄하여 이로써 길흉과 제도를 기재하였으며, 이것에 미루어 나아가 먼 과거로까지 소급하여 천지가 생겨나기 이전의 그윽하고 어두워 고찰할 수 없는 근원에까지 이르렀다. (…) 그러나 그 결론의 요점은 반드시 인의(仁義) · 절검(節儉) · 군신(君臣) · 상하(上下) · 육친(六親)의 일에 귀의하였다. 그 설은 처음에는 귀에 넘쳐났고, 왕 · 공 · 대부가 처음에 그의 설을 보면 깜짝 놀라며 감화되지만, 그 후에는 행할 수가 없었다."17

사마천의 진술에 따르면 1) 추연의 설은 아주 박학한 내용을 담고 있으며, 2) 아주 먼 옛것(황제 혹은 천지가 생겨나기 이전)까지 소급하고 있으며, 3) 유가의 도리를 덧붙이고 있으며, 4) 아주 심오한(혹은 황당한) 내용을 담고 있으며, 5) 심오한 내용을 말하면서도 이에 대한 구체적인 설명이 없으므로 내용을 알기가 어려우며, 6) 당시의 많은 왕과 귀족들이 이 설에 빠져들었다.

그런데 추연에 대한 사마천의 진술에서 아주 흥미로운 점을 발견할

---

17 같은 책, "其語閎大不經, 必先驗小物, 推而大之, 至於無垠. 先序今以上至黃帝, 學者所共術. 大並世盛衰, 因載其禨祥度制, 推而遠之, 至天地未生, 窈冥不可考而原也.(…) 然要其歸, 必止乎仁義節儉, 君臣上下六親之施. 始也濫耳, 王公大人初見其術, 懼然顧化, 其後不能行之."

수 있다. 그것은 추연에 대한 사마천의 진술과 순자가 말한 오행설의 내용이 놀라울 정도로 일치한다는 사실이다. 순자가 진술한 오행설을 사마천이 언급한 추연의 사상에 의거해 풀이해 보자.

1) 선왕의 도를 말하면서도 그 계통을 모르고 있다. : 추연의 '오행설'에서도 선왕의 도인 요·순·우·탕·문·무를 말하였지만, 그 시발점을 요임금에 두지 않고 오히려 전설적 인물인 황제에 두었다. 인문질서를 중요시한 순자는 요순 이전의 황제까지 소급하는 것을 반대하였으므로 그 계통을 모른다고 했다.

2) 아주 박학한 내용을 담고 있다. : 추연의 오행설은 위로는 천문에서 아래로는 구주(九州)와 산천에 이르기까지 천지 만물에 대해 박학하게 다루고 있으므로 박학한 내용을 담고 있다.

3) 아주 먼 옛것까지 소급하고 있다. : 추연의 오행설은 천지가 생겨나기 이전의 아주 먼 옛 근원까지 거슬러 올라가 설명하고 있다.

4) 선대 유자의 말이라고 덧붙여 설명하였다. : 추연 학설의 요점은 반드시 인의·절검·군신·상하·육친의 일로 귀결되었다.

5) 아주 심오한 내용을 담고 있다. : 유가의 본지는 정치 인생론인데 반해, 추연의 오행설은 천지가 생겨나기 이전의 상태에서 미래까지의 음양소식(陰陽消息)과 흥망성쇠를 다루고 있으므로 심오한 내용을 담고 있다.

6) 심오하면서도 이에 대한 구체적인 설명이 없으므로 내용을 알기가 어렵다. : 추연의 오행설은 이처럼 심오한 내용을 담고 있으면서도 그것이 어째서 그러한지에 대한 원리의 설명은 없고 단지 주장만을 앞세우고 있다.

7) 후대에까지 널리 알려지게 되었다. : 당시의 왕들과 후대의 왕들도 이 설에 현혹되어 추연의 오행설을 앞다투어 논의하였다.

이상과 같이 사마천이 언급한 추연의 사상과 순자의 진술은 많은 면에서 유사하다. 이러한 유사성은 과연 우연의 일치에 의한 것이라고 할 수 있는가? 우연의 일치치고는 너무도 유사하다. 그렇다면 순자가 말한 오행설은 추연의 오행설일 가능성이 대단히 높다.

그런데 순자가 비판한 오행설을 추연의 오행설로 단정하기에는 여전히 풀리지 않는 의문이 남아 있다. 무엇보다 자사와 맹자는 유가였던 반면에 추연은 음양가였다. 만일 순자가 말한 오행설이 추연의 오행설이라면 유가와 음양가는 전혀 다른 계통임에도 불구하고 순자는 어째서 추연의 오행설이라고 말하지 않고 단지 '자사와 맹자의 설'이라고 말하였는가 하는 점이다. 그런데 우리는 이 의문의 실마리를 사마천의 진술에서 발견할 수 있다.

『사기』의 「맹자순경열전(孟子荀卿列傳)」에서 "맹자는 은퇴하여 만장(萬章)의 무리와 함께 『시(詩)』와 『서(書)』를 편찬했고, 중니(仲尼)의 사상을 기술하여 『맹자』 7편을 지었다. 그 이후에 '추자(騶子)'의 무리가 있었다."[18]고 하였다. 사마천의 말에 따르면, 맹자는 두 계통의 제자가 있었다. 맹자의 제자인 만장의 무리와 그 이후의 추자 무리가 그것이다.

추자는 추기(騶忌)·추연(騶衍)·추석(騶奭)을 일컫는다. 사마천은 맹자와 추연을 사제지간(師弟之間)으로 보았다. 비로소 우리는 막혀있던 의문을 풀 수 있는 결정적인 단서를 발견하게 되었다. 그것은 우리가 일반적으로 알고 있는 것처럼 맹자와 추연은 서로 무관한 다른 학파가 아니며, 오히려 사제 관계일 만큼 아주 밀접한 관계에 있었다는 사실이다.

실질적으로 추연과 맹자는 활동무대가 비슷했다. 무엇보다 추연은 한때 제나라 직하학궁에 소속되어 있었으며 위나라에도 머물러 있었는데, 맹자 역시 제나라와 위나라에 머물렀었다. 이처럼 둘 사이에는 깊

---

18 『史記』, 「孟子荀卿列傳」, "退而與萬章之徒序詩書, 述仲尼之意, 作孟子七篇. 其後有騶子之屬."

은 인연이 있었다.

그런데 여전히 풀리지 않는 의문이 남아있다. 그것은 맹자와 추연이 비록 사제 관계를 맺을 만큼 가까웠다 하더라도 양자는 사상 계열이 전혀 다를 뿐 아니라 오행설은 분명 추연의 독창적인 견해임에도 불구하고 순자는 어째서 자사와 맹자만을 언급하고 추연에 대해서는 전혀 언급하지 않았느냐이다.

사마천은 맹자가 그의 제자인 만장의 무리와 함께 『맹자』 7편을 지었다고 하였다. 이 『맹자』 7편이 지금의 편수와 같다는 점에서 맹자 말년에 『맹자』가 이미 완성되었음을 의미한다. 그런데 사마천은 『맹자』를 완성한 다음에 추자의 무리가 따랐다고 말하고 있다. 이에 의거할 경우 『맹자』를 완성한 다음에 두 사람이 본격적인 교류를 맺었던 것 같다. 그렇다면 오행에 관한 맹자의 본격적인 관심은 『맹자』 이후의 일이다. 『한서』 「예문지」의 〈유가〉에서 '『맹자』 11편'이 있었다고 하였다. 이처럼 맹자는 『맹자』 7편 이외에 네 편을 또다시 저술하였으며, 이 네 편은 오늘날 전해지지 않지만 오행의 사상이 들어가 있을 가능성이 크다고 본다.

『맹자』에서는 오행을 직접 거론하지는 않았지만, 맹자는 이미 오행에 대한 나름의 견해를 가지고 있었다. 가령 맹자는 "5백 년 뒤에는 반드시 왕이 나올 것이니 그 사이에는 반드시 세상에 유명한 자가 있다. 주나라 이래로 7백여 년이 되었으니, 그 년 수로써 보면 지금은 이미 지나갔으며, 시세로써 고찰해보면 지금이 바로 그때이다."[19]라고 하였다. 이 주장은 추연의 "천지가 갈라진 이래로 오덕(五德)이 전이(轉移)하여 다스림에 각각 마땅함을 얻으며, 길흉의 응보가 이에 하나같이 상응한다."[20]는 사고에 입각한 것으로 보인다. 실제로 추연의 관점은 근본적으

---

19 『孟子』, 「公孫丑」(下), "五百年必有王者興, 其間必有名世者. 由周而來, 七百有餘世矣. 以其數, 則過矣, 以其時考之, 則可矣."

로 '천인상응'에 기초한 것인데, 맹자의 자연관도 '천인상응'의 관점을 가지고 있다.

그런데 맹자가 추연에게서 일방적으로 영향을 받았다면, 사마천은 추연을 맹자의 무리라고 말하지 않았을 것이다. 사마천이 추연을 맹자의 무리로 보았다는 점에서 맹자가 일방적으로 영향을 받았다고 보기 어려우며, 추연 역시 맹자로부터 영향을 받았다고 볼 수 있다. '오덕종시(五德終始)' 이론의 기본적인 틀은 추연의 것이라고 볼 수 있지만, 이것을 성왕의 법도인 인의·절검·군신·상하·육친의 도리와 연관시켜 치덕(治德)을 논의한 것은 맹자의 영향에 의한 것이라고 할 수 있다.

이와 같이 맹자와 추연이 서로 밀접한 관계에 있었으므로, 순자는 오행이 맹자와 깊은 관련이 있다고 본 것이다. 주목할 사실은 당시에는 학파들이 뚜렷이 분류되어 있지 않았다. 추연의 사상은 당시 왕들에게 대단히 인기가 많았다. 그런데 추연과 맹자가 밀접한 관계를 맺고 있었으므로 많은 사람들이 그의 사상을 맹자와 연관시켜 보았으며, 맹자보다 육칠십 년가량 후배였던 순자에 와서는 이 사상이 맹자에서 근원하였다고 와전되었으리라 본다.

그런데 여전히 또 하나의 의문이 남아 있다. 그것은 무엇 때문에 순자가 오행설을 맹자뿐만 아니라 자사와도 연관시켰는가 하는 점이다.

흥미롭게도 『중용』 속에는 추연의 오행 사상과 관련된 문장이 보인다. 가령 『중용』에서 "지극히 성실한 도는 미리 알 수 있다. 국가가 장차 흥하려고 하면 반드시 상서로운 조짐이 있으며, 국가가 장차 망하려고 하면 반드시 시초점과 거북점에 드러나며, 몸에서 나타난다."[21]라고 하였다. 『여씨춘추』에서 추연의 사상과 관련하여, "제왕이 장차 흥하려

---

20 『史記』, 「孟子荀卿列傳」, "稱引天地剖判以來, 五德轉移, 治各有宜, 而符應若玆."
21 『中庸』 24장, "至誠之道, 可以前知. 國家將興, 必有禎祥, 國家將亡, 必有妖孼, 見乎蓍龜, 動乎四體."

고 하면 하늘은 반드시 백성에게 상서로운 징조를 나타내 보인다."[22]라고 하였다. 이처럼 국가가 흥망성쇠하려 할 때 반드시 미리 어떠한 조짐이 일어난다는 『중용』의 사상은 추연의 사상과 일치한다.

『중용』이 추연으로부터 영향을 받았다는 확실한 증거가 있다. 그것은 "공자께서는 요임금과 순임금을 종조로 삼아 기술하셨고, 문왕과 무왕을 본받아 드러내셨고, 위로는 천시(天時)를 준칙(準則)으로 삼았고, 아래로는 수토(水土)를 체득[襲]하셨다."[23]라는 문장이다. 이 문장에 대한 많은 해석들이 있지만, 대부분의 해석이 그 본지를 벗어나 있다. 그 이유는 이 문장은 추연의 학설을 이해하지 못하면 절대로 이해할 수 없는 문장이기 때문이다.

본 문장에서 말한 '수토'는 무엇을 의미하는가? 여기서는 단순히 '땅과 물'을 의미한다고 볼 수 없다. 그 이유는 천시와 짝하는 개념으로 느닷없이 '땅과 물'이란 말이 나온 것은 적합하지 않기 때문이다. 여기서 말한 수토는 오행에서의 수토이다. 그렇다면 『중용』에서는 어째서 수토를 언급한 것까?

추연은 역사의 흥망성쇠를 오행과 결부시켰는데, 이 역사는 '토 → 목 → 금 → 화 → 수 → 토'의 순서로 이어진다고 보았다. 아울러 주나라는 화기(火氣)가 승(勝)하는 때이며, 그 이후 전국말기 이후의 새로운 통일 제국은 수이며, 그 다음은 토라고 보았다. 즉 전국시대의 하극상을 통일하는 제국은 수기(水氣)가 승하는 나라이며, 그 이후에 다시 토로 옮겨간다는 것이다. 그렇다면 수는 역사 순환의 종(終)을 의미하며, 토는 새로운 역사 순환의 시발점이다.

그런데 『중용』에서는 유가의 입장을 따라 요와 순을 종조로 삼았다. 이에 따를 때, 『중용』에서는 '토 → 목 → 금 → 화 → 수 → 토'의

---

22 『呂氏春秋』,「應同」, "凡帝王者之將興也, 天必先見祥乎下民."
23 『中庸』, 30장, "仲尼祖述堯舜, 憲章文武, 上律天時, 下襲水土."

관계를 '요순시대(요와 순) → 하나라(우) → 은나라(탕) → 주나라(문왕과 무왕) → 새로운 통일제국 → 새로운 시대'로 상정했을 것이다. 따라서 "요와 순을 종조로 삼아 기술하셨고, 문왕과 무왕을 본받아 드러내셨다."란 먼 과거에서 현재까지의 역사를 말한 것이고, "위로는 천시를 준칙으로 삼았고, 아래로는 수토를 체득하셨다"란 앞으로 다가올 미래의 역사를 말한 것이다. 즉 본 문장은 "공자는 요순에서 문무(文武)에 이르기까지 과거의 모든 역사를 밝혀 기술하였으며, 천시라는 우주 변화의 원리를 체득하여 마침내 미래의 다가올 일까지 예측하셨다."는 의미이다.

이제 마지막 풀어야 할 문제가 있다. 그것은 맹자와 『중용』은 어떻게 인연을 맺게 되었는가 하는 문제이다.

앞서 언급했듯이 맹자 이후 다양한 유파(儒派)들이 생겨났는데 그 중의 하나가 자사학파이다. 그런데 자사학파는 다른 학파에 비해 맹자의 사상과 가장 일치하였다. 그 근거로 『여씨춘추』에 다음과 같은 이야기가 실려 있다.

> "공사(孔思)가 떠나갈 것을 청하였다. 노나라 왕이 '하늘 아래의 그 어떠한 군주라도 과인과 별반 차이가 없을 것인데, 어찌 떠나가려 합니까?'라고 말하였다. 공사가 '듣건대 군자는 새와 같아서 놀라면 떠나갑니다.'라고 대답하였다. 노나라 임금이 말하기를 '주인이 못남은 모두 매한가지일 것입니다. 못났다고 해서 틀어지고 못났다고 해서 떠나가 버리면서도 스스로 천하의 주인에 대해 논할 수 있다고 여기는 겁니까?"[24]

---

24 『呂氏春秋』, 「審應」, "孔思請行. 魯君曰, 天下主亦猶寡人也, 將焉之. 孔思對曰, 蓋聞君子猶鳥也, 駭則擧. 魯君曰, 主不肖而皆以然也. 違不肖, 過不肖, 而自以爲能論天下之主乎."

여기서의 공사(孔思)는 자사를 지칭하며, 노나라 왕은 노목공(魯穆公)을 지칭한다. 그런데『여씨춘추』에 나오는 기사는 사실적 기록이라고 보기 어렵다. 자사가 노나라 왕을 떠나 자신을 알아 줄 새로운 왕을 찾아 나섰다는 역사적 기록은 그 어디에도 없을 뿐 아니라, 자사와 왕의 대화 내용은 전국시대 초기의 상황에 비추어 볼 때 너무 시기상조다. 이것은 자사학파에서 꾸며낸 이야기이다. 그런데『여씨춘추』에 나오는 자사의 성격은 공교롭게도 맹자와 매우 유사하다. 맹자 역시 제나라 선왕이 떠나가지 말라고 간곡히 부탁하였음에도 불구하고 그 요청을 매정하게 거절하였으며, '천하의 왕노릇[王天下]' 하는 방법을 설파하기 위해 또 다른 군주를 찾아 나섰다. 이에 의거하면, 노나라 왕과 자사의 대화는 제나라 선왕과 맹자 사이를 빗대어 말한 것임이 분명하다. 곽점 출토문헌인『노목공문자사』에서도 노목공이 자사에게 충신에 대해 묻자, 자사가 "임금의 나쁜 점을 자주 들추어 말하는 자를 충신이라고 할 수 있습니다."25라고 답하였으며, 이에 노목공은 불쾌하게 생각했다. 여기서도 왕에게 직언을 서슴없이 퍼붓는 맹자를 패러디한 것이다.

실제로『중용』은 맹자의 사상에 기초하고 있다.『맹자』의 문장도 들어가 있다. 가령『중용』에서의 "성실한 것은 하늘의 도이며, 성실해지려는 것은 사람의 도이다."26라고 하였는데,『맹자』에서도 "성실한 것은 하늘의 길이며, 성실함을 생각하는 것은 사람의 길이다."27라고 하였다.

유가의 핵심 강령의 하나인 오륜(五倫)과 관련하여,『맹자』에서 "이 때문에 성인[순임금]이 설(契)로 하여금 사도(司徒)의 직책을 맡게 하여

---

25 『魯穆公問子思』, "恒(亟)稱其君之惡者, 可謂忠臣矣."
26 『中庸』20章, "誠者, 天之道也, 誠之者, 人之道也."
27 『孟子』, 「離婁」(上), "誠者天之道也, 思誠者人之道也."

인륜을 가르치게 했으니, 부자(父子) 사이에는 친함이 있어야 하고, 군신(君臣) 사이에는 의로움이 있어야 하고, 부부(夫婦) 사이에는 구별이 있어야 하고, 장유(長幼) 사이에는 차례가 있어야 하고, 붕우(朋友) 사이에는 믿음이 있어야 한다."[28]라고 했다. 이처럼 유가의 대표적인 강령의 하나인 오륜은 『맹자』에서 나온 것이다. 『중용』에서도 "군신(君臣)·부자(父子)·부부(夫婦)·곤제(昆弟)·붕우(朋友) 사이의 관계는 천하에 널리 통용되는 도이다."[29]라고 하였다. 『맹자』와 『중용』에서의 차이점은 『맹자』에서 장유(長幼:어른과 아이)를 언급하였고, 『중용』에서 곤제(昆弟:형과 아우)를 언급하였다는 데 있다. 『중용』의 오륜은 『맹자』로부터 영향을 받은 것이라고 본다.

그렇다면 어째서 자사학파는 맹자학파와 가장 가까운 학파가 되었는가? 그 이유는 맹자가 자사라는 존재를 역사의 수면 위로 떠오르게 한 장본인이기 때문이다. 앞서 언급했듯이 맹자 이전의 유자들은 학문적으로 주목할 만한 활동이 없었다. 이처럼 유가가 활동하지 않았던 시대에 공자의 손자가 그처럼 활발하게 활동했을 리 만무하다. 그런데 『맹자』에는 자사에 대한 논의가 많았으며, 이로써 자사라는 이름이 부각되었다. 물론 자사가 완전히 허구의 인물이라고 볼 수는 없지만 그렇다고 맹자의 진술을 완전히 신뢰할 수도 없다. 왜냐하면 『맹자』에 나오는 자사는 맹자에 의해서 연출된 인물이기 때문이다. 그 예로써 『맹자』의 한 구절을 인용해보자.

"목공이 자사에 대하여 자주 문안하시고 자주 삶은 고기를 주시자, 자사는 기뻐하지 않으며, 마지막에는 사자에게 손을 저어 대문 밖에다

---

28 『孟子』, 「滕文公」(上), "聖人有憂之, 使契爲司徒, 敎以人倫, 父子有親 君臣有義 夫有別 長幼有序 朋友有信."
29 『中庸』, 20장, "君臣也, 父子也, 夫婦也, 昆弟也, 朋友之交也, 五者, 天下之達道也."

놓으라고 하며, 북쪽으로 머리를 조아리며 절하고 받지 않으셨다. 그리고 '이제야 임금이 개와 말 기르듯이 나를 기름을 알겠다.'"30

자사가 정말로 당시 군주에게 그러한 불손한 태도를 보였을 리 만무하다. 분명한 것은 이 문장은 자사에 대한 사실적 진술이 아니라 자사의 이름을 빌려 맹자 자신의 생각을 표현한 것이다.

어쨌든 자사라는 인물은 거의 알려져 있지 않은 인물이었는데, 맹자에 의해 자사의 이름이 역사의 수면 위로 떠올랐으며, 마침내 공자의 제자들과 같은 반열에 오르게 되었다. 더 나아가 맹자 이후의 유자들은 자사의 권위를 부여하여 자사학파가 생겨나게 되었다. 그런데 후대의 순자는 『중용』을 자사의 저작이라고 보았고, '오행'을 자사와 맹자의 오행이라고 보았던 것이다.

이와 같이 『중용』이 자사의 저작이 아닐 뿐 아니라 맹자 이후의 저작이다. 더욱이 『중용』은 자사학파의 저작으로서 한 사람의 저작이 아니며, 여러 시대에 쓰인 저작이다. 왜냐하면 『중용』에는 분명히 진시황 이후의 글이라고 단정할 만한 문장이 있기 때문이다.

"1) 공자께서 말씀하셨다. '어리석으면서도 자기 의견을 쓰기 좋아하고, 천하면서도 자기 마음대로 하기를 좋아하고, 지금의 세상에 태어나서 옛날 도로 돌아가려는 이러한 자들은 자신에게 재앙이 미칠 것이다.' 2) 천자가 아니면 예를 의론하지 못하고, 법도를 제정하지 못하고, 문(文)을 상고하지 못한다. 지금의 천하는 수레에서 바퀴의 치수가 같으며, 글에서 문자가 같으며, 행동에서 윤리 관습이 일치한다. 3) 비록 그 지위를 가지고 있더라도 진실로 덕이 없으면 감히 예악을 짓지

---

30 『孟子』, 「萬章」(下), "繆公之於子思也, 亟問, 亟餽鼎肉. 子思不悅, 於卒也, 摽使者, 出諸大門之外, 北面稽首再拜, 而不受. 曰 今而後 知君之犬馬畜伋."

못하며, 비록 덕이 있더라도 그 직위가 없으면 또한 감히 예악을 짓지 못한다. 4) 공자가 말씀하셨다. '내가 하나라 예를 말하려고 하나 기(杞)나라가 증험(證驗)해 주기에는 부족하며, 내가 은나라 예를 배우려고 하나 송나라에 보존되어 있다. 나는 주나라 예를 배워 현재 사용하고 있으므로 주나라를 따르겠다."31

본 문장은 결코 유가계통에서 나올 수 있는 문장이 아니다. 또한 시기적으로도 진제국 때에 쓰인 것이다. 그 이유는 다음과 같다

첫째, "지금의 세상에 태어나서 옛날 도로 돌아가려는 이러한 자들은 자신에게 재앙이 미칠 것이다."란 문장은 공맹의 유가에서는 나올 수 없다. 왜냐하면 공맹은 요순 혹은 주공의 시대와 같은 옛날의 도를 회복하려고 했기 때문이다. 한비 역시 유가가 옛것만을 강조함에 대해, "옛것만을 칭송하고 현재를 모른다."고 비판하였다. 유가가 정말로 옛것만을 칭송했느냐 하는 것에는 반론의 여지가 있지만, 옛 도의 회복을 이상으로 삼은 것은 분명한 사실이다. 그런데 『중용』에서는 이처럼 옛것을 고집하는 자에게 재앙이 따를 것이라고 혹평하고 있다. 과연 이 문장을 자사의 것이라고 볼 수 있겠는가? 만일 이 문장이 자사에 의해 쓰인 것이라면 그는 자신의 할아버지를 혹평하고 있는 셈이다. 과연 이것을 사실이라고 믿을 수 있을까? 이 문장은 법가사상을 반영한 것이다.

둘째, "천자가 아니면 예를 의론하지 못하고, 법도를 제정하지 못하고, 문을 상고하지 못한다.", "비록 덕이 있더라도 그 직위가 없으면 또한 감히 예악을 짓지 못한다."란 문장도 반(反)유가적인 문장이다. 공자는 덕이 있지만 직위(천자의 직위)가 없는 자이므로 '소왕(素王)'이라고

---

31 『中庸』, 28장, "子曰, 愚而好自用, 賤而好自專, 生乎今之世, 反古之道, 如此者, 災及其身者也. 非天子, 不議禮, 不制度, 不考文. 今天下, 車同軌, 書同文, 行同倫. 雖有其位, 苟無其德, 不敢作禮樂焉, 雖有其德, 苟無其位, 亦不敢作禮樂焉. 子曰, 吾說夏禮, 杞不足徵也, 吾學殷禮, 有宋存焉. 吾學周禮, 今用之, 吾從周."

도 불렸다. 공자가 이처럼 직위가 없음에도 불구하고 당시 사람들은 공자가 예를 의론하고, 법도를 제정하고, 문을 상고하고, 예악을 정비했다고 믿었다. 이 문장의 주장대로라면 공자는 천한 신분이면서도 자기 멋대로 하기 좋아하는 자로서 재앙이 미칠 만큼 부정한 일을 저지른 자이다. 이러한 문장을 정말로 자사가 썼을 리 없다.

셋째, "지금의 천하는 수레에서 바퀴의 치수가 같으며, 글에서 문자가 같으며, 행동에 윤리관습이 일치한다."란 문장은 명백히 이사의 정책과 그대로 일치한다. 진시황 때, 이사는 통일 정책으로 수레바퀴의 폭을 통일했고, 문자를 소전체(小篆體)로 통일했으며, 당시 많은 나라의 각기 다른 풍습을 하나로 통일시켰다. 본 문장은 이사가 진시황에게 제시한 정책 그대로이다. 많은 학자들이 본 문장은 공자 혹은 자사의 시대를 반영한 말이라고 주장하고 있는데, 이러한 주장은 일고의 가치도 없이 터무니없는 주장이다. 그 이유는 공자(혹은 자사) 당시에 이러한 정책이 행해진 적이 없기 때문이다. 만일 없었던 것을 말했다면 딱 한 가지 가능성만이 있다. 그것은 본 문장이 현재적 사실을 말한 것이 아니라 다가올 미래의 이상을 말한 것이라는 점이다. 그러나 이 역시 가능성이 없다. 본 문장에서는 '지금 천하는(今天下)'이라고 분명히 현재사(現在詞)로 말하고 있기 때문이다.

넷째, 『중용』에서 "공자가 말씀하셨다. '내가 하나라 예를 말하려고 하나 기(杞)나라가 증험해 주기에는 부족하며, 내가 은나라 예를 배우려고 하나 송나라에 보존되어 있다. 나는 주나라 예를 배워 현재 사용하고 있으므로 주나라를 따르겠다.'"라고 하였는데, 이와 유사한 말이 『논어』에도 있다. 이를테면 "공자가 말씀하셨다. '하나라 예를 내가 말할 수는 있지만 기나라는 증험해 주기에 부족하며, 은나라 예를 내가 말할 수는 있지만 송은 증험해 주기에 부족하다. 문헌이 부족하기 때문이다. 만일 문헌이 많다면 나는 징험할 수 있다.'"[32]고 하였다. 두 문장은 서로 유사한 듯이 보이지만, 그 의미는 정반대이다.

『논어』에서 말하고자 한 바는, "내가 하나라의 예를 말할 수는 있지만 하나라 후손이 세운 기의 문화를 아무리 고증하려고 하여도 문헌이 부족하므로 충분히 고증할 수가 없으며, 또한 은나라의 예를 말할 수는 있지만 은나라 후손이 세운 송의 문화를 아무리 고증하려고 하여도 문헌이 부족하므로 충분히 고증할 수가 없다. 만일 문헌이 충분했다면 필시 고증하였을 것이다."란 의미이다. 『논어』에서의 공자의 말에는 옛 것을 배우고 따르려는 학자의 진지한 열의가 담겨 있다. 그런데 『중용』에서는 그 의미가 전혀 달라진다. 『중용』에서 말하고자 하는 의미를 풀이하면, "내가 하나라의 예를 말하려고 하는데 하나라 후손이 세운 기 나라의 문화를 아무리 고증하려고 하여도 문헌이 부족하므로 충분히 고증할 수 없다. 내가 은나라의 예를 배우려고 하는데 은나라의 예는 노나라가 아닌 송나라에 이미 보존되어 있으므로 배울 필요가 없다. 나는 주나라의 예를 배워 지금 사용하고 있으므로 주나라의 예만을 따르겠다."이다.

이와 같이 『논어』는 옛것을 배우기 좋아하는 복고의 역사관을 반영한 것이고, 『중용』은 옛것은 옛것에 따르고 현재는 현재에 따른다는 한비식의 역사관을 반영한 것이다. 따라서 본 문장 역시 자사의 문장이 아님이 분명하다.

『중용』 28장 전체의 일관된 주장은 모든 예악과 제도가 천자 한 사람에 의해서 나와야 하며, 현재의 문제는 현재에서 찾아야지 옛것에서 찾아서는 안 된다는 것이다. 모든 예악과 제도가 천자 한 사람에 의해서 나와야 한다는 주장은 진시황 때의 이사의 주장이며, 현재의 문제는 현재에서 찾아야지 옛것에서 찾아서는 안 된다는 주장은 한비의 주장이다. 『중용』에서는 직위[位]와 함께 덕을 말하고 있지만, 이 말에 현혹될 필요는 없다. 진시황이야말로 오히려 덕을 가장 중시한 인물이다.

---

32 『論語』,「八佾」, "子曰, 夏禮, 吾能言之, 杞不足徵也, 殷禮, 吾能言之, 宋不足徵也."

전국말기에서 통일 진제국 시대까지 '형(刑)'과 짝을 이룬 말이 바로 '덕'으로서, 형덕은 하나의 개념처럼 사용되었다.33 형과 덕을 동시에 말한 이유는 표면적으로 덕을 앞세워 폭력을 정당화하기 위함이었다. 본 문장에서도 덕을 위(位)와 함께 강조하고 있는 듯하지만, 덕이란 단지 직위[位]의 정당화를 위해 내세운 포장에 지나지 않는다.

이상의 것에 따를 때, 본 문장은 결코 자사의 말이 아니며 진시황 때에 쓰인 문장임이 분명하다. 이처럼 『중용』은 맹자와 순자 사이에서부터 쓰였으며, 진시황 때 일단락 완성되어졌다고 본다.

(2) 『중용』에서의 도가의 영향

『중용』은 전국말기의 저작으로서 도가사상을 수용하였다. 『중용』이 도가로부터 어떠한 영향을 받았는지에 대해 살펴보자.

곽점 출토문헌에서 살펴보았듯이 전국말기의 유가에서는 도가의 천도관을 적극 수용하였다. 이로써 천도와 인도에 대해 다양한 논의가 있었다. 『중용』에서도 천도와 인도의 관계를 중시하였다. 이를테면 "하늘이 명한 것을 성이라고 하고, 성을 따르는 것을 도라고 하고, 도를 닦는 것을 교(敎)라고 한다."34고 하였다. 이에 따른다면 '천 → 명 → 성'의 순서로 나아간다. 그런데 곽점 출토문헌『성자명출』에서도 "성(性)은 명(命)에서 나오고, 명은 천(天)에서 나온다."35라고 하였다. 여기서도 '천 → 명 → 성'의 순으로 나아간다고 보았다. 이것을 통해 볼 때, 당시 유가의 자연관에서는 "성은 하늘이 명한 것이다"라는 관점이

---

33 진시황 때 쓰인『황제사경』에서 덕이란 말이 무려 41번이나 나온다는 사실에서 볼 수 있듯이 진제국 때에 덕을 중요시하였다.
34 『中庸』, 1장, "天命之謂性, 率性之謂道, 脩道之謂敎."
35 『性自命出』, "性自命出, 命自天降."

널리 퍼져 있었음을 알 수 있다.

성이 천에 근원한다는 사유는 도가의 영향에서 기인한 것이다. 이를테면 『노자』에 "도는 만물을 생겨나게 하고 덕은 만물을 기른다."36란 말이 있듯이, 노자는 도가 만물을 생겨나게 하고, 덕은 만물을 길러낸다고 보았다. 도와 덕은 본래 하나로서, 다만 도가 만물 속에 깃들어 있는 것을 '덕'이라고 이름 붙였을 따름이다. 즉 도와 덕은 같은 것으로서, 도를 일자(一者)의 측면에서 본 것이라면 덕은 다자(多者)의 측면에서 본 것이다. 그런데 도와 덕의 관계는 사실상 『중용』에서의 천(天)과 성(性)의 관계와 아주 흡사하다. 이것은 곧 『중용』이 도가에서 영향을 받았음을 의미한다.

『중용』에는 도가의 무위의 개념이 들어가 있다. 가령 "보아도 보이지 않으며 들어도 들리지 않되, 사물을 두루 망라하여 빠트림이 없다."37라고 하였으며, "이와 같은 사람은 보여주지 않더라도 드러나고, 움직이지 않더라도 변하며, 함이 없이도 이룬다."38라고 하였다.

또한 『중용』에서 "성실한 것은 하늘의 도이며, 성실해지려는 것은 사람의 도이다. 성실한 자는 힘쓰지 않더라도 적중하며, 생각하지 않더라도 얻으며, 좇아 수용하더라도 도에 적합하니, 이는 곧 성인이다. 성실해지려는 자는 선을 택하여 견고하게 잡으려는 자이다."39라는 문장 역시 도가로부터 영향을 받은 것이다. 즉 이 문장에서는 무위와 유위의 대립이 보인다. 즉 "성실한 자는 힘쓰지 않더라도 적중하며, 생각하지 않더라도 얻으며, 좇아 수용하더라도 도에 적합하니, 이는 곧 성인이다."란 문장은 도가의 논리를 말한 것이며, "성실해지려는 자는 선을 택

---

36 『老子』, 51장, "道生之, 德畜之."
37 『中庸』, 16장, "視之而弗見, 聽之而弗聞, 體物而不可遺."
38 『中庸』, 26장, "如此者, 不見而章, 不動而變, 無爲而成."
39 『中庸』, 20장, "誠者, 天之道也, 誠之者, 人之道也. 誠者, 不勉而中, 不思而得, 從容中道 聖人也. 誠之者, 擇善而固執之者也."

하여 견고하게 잡으려는 자이다."란 문장은 유가의 논리를 말한 것이다.

『중용』에서는 무위의 경지를 최고의 경지로 보았으며, 유위의 경지를 낮은 단계로 보았다. 이처럼 무위와 유위를 나누고, 유위보다 무위를 더욱 높은 단계로 본 것은 도가의 영향에 의해서이다. 다만 도가에서는 무위를 높이고 유위를 낮추었던 반면에, 『중용』에서는 천도를 닮아가려는 인간의 노력을 긍정하였다. 그런데 이것은 앞서 살펴본 곽점 출토문헌의 일반적인 특징이기도 하다. 출토문헌에서도 도가사상의 영향으로 천도와 인도를 구분한 동시에 천도를 우위에 두었지만, 그렇다고 인도를 부정하거나 천시한 것은 아니며 인도 나름대로의 가치를 인정하였다. 또한 이러한 사유를 갖는 것은 자연스러운 현상이기도 하다. 왜냐하면 유가가 도가를 수용한 이유는 인도를 버리고 천도를 따르기 위해서가 아니라 천도를 바탕으로 인도를 세우기 위해서이기 때문이다. 『중용』 역시 이러한 사유를 반영한 것이다.

또한 『중용』에는 유기체적 자연관에 바탕을 두고 있다. 공맹은 인문질서, 특히 계급적 질서를 지향했으므로 유기체적 자연관이 미약했다. 반면에 도가에서 모든 만물이 도로부터 덕을 부여받았다고 봄으로써 만물의 유기체적인 조화를 도모하였다. 유기체적 자연관은 특히 장자의 '만물제동(萬物齊同)'의 사상에 잘 나타나 있다. 『중용』에서도 모든 만물이 천으로부터 성을 부여받았다고 봄으로써 만물의 유기적인 조화를 강조하였다. 무엇보다 개체들의 조화를 강조하였다. 가령 "만물이 함께 길러져도 서로 해침이 없고, 도가 함께 행해져서 서로 거슬림이 없다."40고 하였다. 만물은 천으로부터 공통적으로 성을 품수 받았으므로 개별들이 서로 조화를 이룬다고 본 것으로서, 이것은 만물이 도로부터 생겨났으므로 개별들이 서로 조화를 이룬다는 도가의 사유로부터 나온 것이다.

---

40 『中庸』, 30장 "萬物普育而不相害, 道普行而不相…."

2. 『주역』

　전통적으로 공자가 『주역』을 편찬했다고 전해져왔다. 『사기』에서도 "공자는 말년에 『역』을 좋아해서, 「단(彖)」·「계(繫)」·「상(象)」·「설괘(說卦)」·「문언(文言)」편을 정리하였다. 그는 죽간을 꿴 가죽 끈이 세 번이나 끊어질 만큼 『역』을 많이 읽었다."[41]고 하였다. 그러나 이것은 사실이라고 보기는 어렵다. 중국 고대사에서는 위대한 인물일수록 후대로 갈수록 점차 과대평가를 하고 신화화 되는 것이 일반적인 현상이다. 공자의 경우가 그러하다. 일찍이 공자는 육경을 편찬했다고 하지만, 시·서·예·악·역·춘추를 하나로 연용해 사용한 것은 전국말기부터라고 본다. 왜냐하면 시·서·예·악·역·춘추란 말은 『장자』「천하(天下)」와 『예기』「경해(經解)」에 나오며, 육경이란 말은 『장자』「천운(天運)」에 나오는데, 이 문헌들은 모두 전국말기에 해당하는 문헌이기 때문이다. 이처럼 '육경'과 관련된 말들이 전국말기에 비로소 보인다는 점에서, 육경은 전국말기에 생겨난 개념이라고 할 수 있다. 『주역』 역시 공자와 무관하다. 『역』의 원형은 춘추시대부터 있어왔지만, 오늘날 우리가 보고 있는 『주역』은 일인일시(一人一時)에 이루어진 것이 아님은 이미 대다수 학자들이 인정하고 있는 바이다.

　많은 학자들이 「계사전(繫辭傳)」과 「단전(彖傳)」은 맹자나 장자보

---

41 『史記』, 「孔子世家」, "孔子晚而喜易, 序彖繫象說卦文言. 讀易, 韋編三絶."

다 늦은 시기의 저작으로 보고 있다. 진고응은 역전의 성립시기에 대해, "내용을 고찰해볼 때, 각각의 전(傳)은 전국시대 중후기에 형성되었으며, 「단전」이 가장 빠르고, 「문언」·「계사」는 그 이후이고, 「설괘」·「서괘」「잡괘」 3편은 비교적 늦다."42라고 보았다. 필자 역시 전국말기에 쓰인 것이라고 본다. 왜냐하면 「계사전(繫辭傳)」과 「단전(彖傳)」에는 다양한 자연관이 묘사되고 있는데, 이것은 공맹의 사유에서 나온 것이라고 보기 어렵기 때문이다. 공맹의 유가에서는 인륜에 대한 논의가 주된 논의였으며 자연관에 대한 구체적인 언급이 없다. 유가에서의 자연관에 대한 담론은 도가의 영향으로부터 나온 것이라고 보아야 한다.

그런데 『순자』에 "『역』의 '함(咸)'괘에서 부부(夫婦)의 관계를 살펴볼 수 있다. 부부의 도는 바르지 않을 수 없으니, 군신과 부자의 근본이기 때문이다. 감(咸)은 감(感)이다. 높음은 아래로 내려가고 남자는 여자에 내려가고, 유(柔)는 올라가고 강(剛)은 내려간다."43라고 하였다. 실제로 「함괘(咸卦)·단전」에서 "함(咸)은 감(感)이다. 유(柔)는 올라가고 강(剛)은 내려간다."44라고 하였다. 이에 따른다면 「단전」은 『순자』 이전에 쓰인 문헌으로서, 대략 전국시대 말기 전반부에 쓰인 문헌으로 보인다.

맹자 이후에서 순자 이전까지의 유가에서는 도가의 사상을 수용함으로써 천도와 인도의 문제에 대해 다양한 관점을 피력하였다. 앞서 언급한 곽점 출토문헌과 『중용』이 바로 그러하다. 「계사전」과 「단전」 역시 이 당시의 유자들에 의해 쓰인 문헌이다. 그러므로 「계사전」과 「단전」은 도가의 영향을 받은 맹자 이후 순자 이전의 문헌이라고 할 수 있

---

42 陳鼓應, 『周易與道家思想』, 三聯書店, 1996, 19쪽.
43 『荀子』, 「大略」, "易之咸, 見夫婦. 夫婦之道, 不可不正也, 君臣父子之本也. 咸 感也. 以高下下, 以男下女, 柔上而剛下."
44 『周易』, 「咸卦·彖傳」, "咸, 感也. 柔上而剛下."

다. 진고응도 선진시대 '천도관(天道觀)'의 발전선상에서 「계사」의 자연관은 도가의 영향을 받았다고 주장하였다.45 이제 『주역』이 도가로부터 어떠한 영향을 받았는지에 대해서 살펴보자.

「단전」에는 천지와 만물을 짝하여 논의한 곳이 많다. 가령 「태괘·단전」에서 "이처럼 천지가 교감하면 만물이 통하게 된다."46라고 하였으며, 「함괘·단전」에서 "천지가 감응하면 만물이 화생하며, 성인이 백성의 마음과 감응하면 천하가 화평해진다."47라고 하였다. 천지와 만물을 짝하여 논의한 것은 도가의 천도론을 적극 수용하면서 비롯된 것이다.

「건괘(乾卦)·단전」은 『장자』로부터 영향을 받은 부분이 많다. 「단전」에서 다음과 같이 말하고 있다.

"위대하구나, 건원(乾元)이여! 만물이 여기에서 근본으로 해서 시작[始]된다. 천(天:대자연)을 통솔한다. 구름이 운행하여 비를 뿌리면, 각 사물들이 생겨난다. 처음과 끝을 환히 밝히면[大明], 육위(六位)가 때에 맞추어 이루어진다. 때가 되어 여섯 마리의 용이 끄는 수레를 타고 하늘을 다스린다. 건도가 변화하여 망물의 성명(性命)을 바르게 하고, 태화(太和)를 이루면 이롭고 바르게 된다."48

이 문장은 도가로부터 지대한 영향을 받은 문장이다. 그 이유에 대해 살펴보자.

「단전」에서의 "건이 천(天:대자연)을 통솔한다."는 사유는 전통 유

---

45 陳鼓應, 「〈周易·繫辭〉所受老子思想的影響」, 『道家文化研究』 第1集, 上海古籍出版社.
46 『周易』, 「泰卦·彖傳」, "泰則是天地交, 而萬物通也."
47 『周易』, 「咸卦·彖傳」, "天地感而萬物化生, 聖人感人心而天下和平."
48 『周易』, 「乾卦·彖傳」, "大哉乾元, 萬物資始. 乃統天. 雲行雨施, 品物流形. 大明始終, 六位時成, 時乘六龍以御天. 乾道變化, 各正性命, 保合大和, 乃利貞."

가의 사유와 다르다. 왜냐하면 유가에서는 천을 최고의 척도로 보았으므로, 천은 통솔될 수 있는 대상이 아니기 때문이다. 그런데 〈건괘〉에서는 천을 자연계의 의미로 보았으며, 건이 자연계를 통솔한다고 보았다.

「단전」에서의 "구름이 운행하여 비를 뿌리면(雲行雨施)"이란 문장은 『장자』「천도(天道)」의 "운행이우시의(雲行而雨施矣)"란 문장을 따온 것이라고 본다. "때가 되어 여섯 마리의 용이 끄는 수레를 타고 하늘을 다스린다."와 유사한 표현들이 『장자』에 많이 나온다. 가령 『장자』에서 "구름을 타고서 용을 몬다."49라고 하였다.

대명(大明)이란 구절은 『장자』「재유(在宥)」에 나오며, 종시(終始)라는 용어는 『장자』에 17차례 나온다. 성명(性命)이란 단어도 『논어』와 『맹자』에는 전혀 보이지 않으며, 『장자』에 12차례 나온다. 태화(太和)라는 단어도 『장자』「천운(天運)」에 나온다.

이상과 같이 '건괘(乾卦)'의 「단전」과 『장자』 사이에는 유사한 문장과 개념들이 많다. 또한 「박괘(剝卦)・단전」에 "군자는 소식영허(消息盈虛)를 숭상한다."50라고 하였는데, 소식영허는 사라지고 자라남, 차고 비워짐이란 뜻으로서 자연변화를 뜻한다. 소식영허는 추연의 학설과 밀접한 연관이 있는데, 이러한 추연의 학설은 도가와 밀접한 연관성이 있다. 가령 『장자』에 "만물은 소식영허(消息盈虛)하니, 끝나는 곳에서 시작점이 있다."51, "만물은 소식영허(消息盈虛)하니, 한번 어두워지면 한번 밝아진다."52고 하였다.

이상의 것을 통해 볼 때, 「건괘・단전」내용은 공맹의 유가에서 나올 수 없는 전국말기의 천도관을 반영하고 있다. 또한 이러한 자연관은

---

49 『莊子』, 「逍遙遊」, "乘雲氣, 御飛龍."
50 『周易』, '剝卦'「象傳」, "君子尙消息盈虛."
51 『莊子』, 「秋水」, "消息盈虛, 終則有始."
52 『莊子』, 「田子方」, "消息盈虛, 一晦一明."

도가의 영향에 의한 것이다.

「계사전」 역시 도가로부터 영향을 받았다. 도가로부터 어떠한 영향을 받았는지에 대해 살펴보자.

첫째, 『주역』의 핵심개념은 역(易)이며, 노자의 핵심개념은 도(道)이다. 양자 사이에는 공통점이 있다. 주립승(周立升)은 양자의 공통점에 대해 "결론적으로 『노자』의 '도'와 『역전』의 '역'은 모두 시공 중의 영원히 운동하는 절대적인 우주의 본체이다."53라고 하였다. 사실상 공맹에게 있어서 궁극의 근원은 천이며, 도는 천의 파생적 개념이다. 반면에 도가와 「계사전」에서는 도와 역을 만물의 근원인 동시에 변화의 원리로 보았으며, 천은 도와 역의 하위개념으로 보았다. 이처럼 도와 역이 유사한 이유는 「계사전」에서의 역이 도가의 도로부터 영향을 받았기 때문이다.

둘째, 『주역』에서의 "형이상자(形而上者)를 '도'라고 하고, 형이하자(形而下者)를 '기(器)'라고 한다."54란 문장 역시 도가의 영향에 기인한 것이다. 도는 '변(變)'의 뜻이고, 기(器)는 『주역』에서 "드러난 것을 '기(器)'라고 한다."55라고 하였듯이 하나의 고정된 형태로 드러난 모습을 말한다. 따라서 본 문장은 높은 경지에 도달한 자는 자연변화에 응하여 생생불식(生生不息)하므로 통달하지 않음이 없으며, 낮은 경지에 있는 자는 하나의 고정된 형태에 머물게 됨으로써 스스로를 제약한다는 의미이다. 그런데 『노자』에서 "통나무[樸]가 흩어져서 그릇[器]이 된다."56고 했다. 박(樸)은 변화막측의 도를 지칭하며, 기(器)는 고정된 형태를 지닌 사물을 지칭한다. 노자는 도(道)를 상위개념으로 기(器)를 하위개념으로 보았듯이, 『주역』에서도 도를 상위개념으로 기를 하위개념으로

---

53 周立升, 「〈易〉〈老〉相通論」, 230~231쪽. *『道家文化硏究』第八輯, 上海古籍出版社.
54 『周易』, 「繫辭傳」(上), "形而上者謂之道, 形而下者謂之器."
55 같은 책, "形, 乃爲之器."
56 『老子』, 28장, "樸散則爲器."

보았다.

셋째, 「계사전」에서 "한번 음이 되고 한번 양이 되는 것을 '도'라고 한다."57라고 하였으며, 또한 "한번 문을 닫고 한번 문을 여는 끊임없는 과정을 '변화[變]'라고 한다."58라고 하였다. 두 문장은 동일한 의미의 문장이란 점에서 도는 곧 '변(變=易)'의 뜻이다. 공자와 맹자는 도의 보편적 혹은 당위적 측면을 강조한 반면에, 『주역』에서는 도의 변화적 측면을 강조하였다. 도의 변화적 측면에 대한 강조는 노장(老莊)의 '도' 개념으로부터 영향을 받은 것이다.

넷째, 「계사전」에는 도가의 무위개념이 들어가 있다. 가령 "역(易)에는 생각함이 없고, 하는 것도 없다. 적막해서 움직임이 없다가 감응하면 드디어 천하(天下)의 일에 통한다.59"고 하였다. 여기서의 역의 특징은 도가에서의 도의 특징과 매우 흡사하다.

다섯째, 「계사전」에서 "역에는 태극이 있으니, 이 태극은 양의(兩儀)를 낳고, 양의는 사상(四象)을 낳고, 사상은 팔괘(八卦)를 낳는다."60라고 하였다. 이것은 우주생성론을 언급한 것인데, 이러한 우주생성론은 공맹의 유가에는 없었으며 도가의 영향에 기인한 것이다. 유가의 문헌에 속하는 『예기』에서 "이러한 까닭에 예란 반드시 태일에 근본하고 있으니, (태일이) 나누어져 천지가 되었고, (천지가) 변전하여 음양이 되었고, (음양이) 변화하여 사시가 되었고, (사시가) 나열되어 귀신이 되었다."61고 하였다. 공맹의 유가에서는 이러한 우주발생론이 없다. 유가에서의 우주발생론은 맹자 이후의 유가가 도가의 사상을 적극 받아들이면서 생겨난 것이다. 앞서 살펴보았던 『태일생수』가 그 예이다.

---

57 『周易』, 「繫辭傳」(上), "一陰一陽之謂道."
58 같은 책, "一闔一闢謂之變."
59 같은 책, "易無思也, 無爲也, 寂然不動, 感而遂通天下之故."
60 같은 책, "易有太極, 是生兩儀, 兩儀生四象, 四象生八卦."
61 『禮記』, 「禮運」, "是故夫禮必本於大一, 分而爲天地, 轉而爲陰陽, 變而爲四時, 列而爲鬼神."

여섯째, 「계사전」에 '극즉반(極則反)'과 '대립물의 상호유전(相互流轉)'과 관련된 문장들이 많이 보이는데, 이 역시 도가로부터 영향을 받은 것이다.

일곱째, 「계사전」에는 『장자』의 문장이 보인다. 「계사전」(上)에 '천존지비(天尊地卑)'란 말이 있다. 이 문장은 유가적인 사유를 대변하는 문장으로 알려져 있으며, 실제로 동중서가 이것을 바탕으로 '양존음비(陽尊陰卑)'의 사유를 전개하였다. 그런데 공교롭게도 『장자』에도 이 문장이 나온다. 즉 『장자』에서도 "하늘은 높고[尊] 땅이 낮은[卑] 것은 신명(神明)의 위(位)이다."[62]라고 하였다. 그런데 『장자』에서 말하는 '천존지비(天尊地卑)'는 단지 물리적 공간의 특징을 말한 것이지 가치의 차별을 말한 것은 아니다.

중국학자들은 『주역』이 직하황로학으로부터 많은 영향을 받았다고 주장하고 있다. 가령 진고응은 "노학(老學)과 장학(莊學) 및 황로학(黃老學)이 서로 뒤섞여, 도가사상이 선진철학의 영역에서 독자적으로 뜨거운 감자로 떠올라 주된 학파가 되었다. 도가가 성행하고 있는 분위기에서 「단사」·「단전」·「문언」·「계사」 등과 같이 『역』을 해석한 작품들이 도가의 지배로부터 영향을 받은 것은 지극히 당연한 일이다."[63]라고 하였다. 호가총은 유가의 문헌으로 알려진 『주역』「계사」가 『황제사경』이나 『관자』의 도가 황로학과 상통함을 내세워 황로학으로부터 지대한 영향을 받았다고 주장하였다.[64]

북방의 학문은 전통적으로 인륜, 즉 정치·인생에 주된 관심을 뒀다. 가령 노나라와 추나라의 공자와 맹자는 주나라의 예제를 중시하였으며, 제나라는 실용주의적 부국강병을 중시하였다. 반면에 남방에서는 우주론과 신화가 일찍부터 발달하였다. 특히 도가에서는 천지 이전

---

62 『莊子』, 「天道」, "天尊, 地卑, 神明之位也."
63 陳鼓應, 『周易與道家思想』, 三聯書店, 1996, 39쪽.
64 胡家聰, 「〈易傳·繫辭〉思想與道家黃老之學相通」, 『道家文化研究』 第1輯, 上海古籍出版社.

의 것을 소급하여 '도'를 상정하였다. 이것은 북방의 학문에는 없었던 사유였다. 그런데 전국말기에 남방의 학문이 북방의 학문에 영향을 주면서, 우주론에도 지대한 영향을 미쳤다. 전국말기 이후 유가에서도 도가의 우주론을 수용함으로써 우주발생론에 대해 논의하기 시작했으며, 『중용』, 『예기』의 「예운(禮運)」, 『주역』의 「계사전」, 『태일생수』는 이러한 시대적 배경 하에서 나온 문헌이다.

3. 『순자』

『사기』에서 "순경(荀卿)은 조나라 사람이다. 나이 오십에 처음으로 제나라에 유학하였다. 전병의 무리가 모두 죽자, 제나라 양왕 때 순경은 최고의 연장자가 되었다. 제나라에서는 대부의 결원을 보충하였기 때문에, 순경은 세 차례나 좨주(祭酒 : 연구기관을 총괄하는 우두머리)가 되었다."[65]고 하였다. 직하학궁에는 유가 · 도가 · 명가 · 법가 · 음양가 등 다양한 학파들이 있었는데, 순자는 직하학궁에 깊숙이 관여했으므로 자연스럽게 다양한 학파로부터 지대한 영향을 받았다. 순자는 직하학에서 다음과 같은 영향을 받았다.

첫째, 『관자』에서는 인간의 본성은 선한 것도 악한 것도 아니며, 단지 환경에 의해 절대적인 영향을 받는다고 보았다. 즉 인간의 본성은 자신의 이익을 추구하므로, 삶과 편안함을 원하고 죽음과 수고로움을 피하고자 한다고 하였다. 이러한 인성론은 고자의 인성론과도 밀접한 연관성이 있다. 고자는 사람이 선이나 악으로 향할 수 있는 개연성만을 가지고 있으며, 선과 악은 전적으로 외적인 환경에 의해 결정된다고 보았다.

순자의 인성론은 '성악설'로 유명해서 그가 마치 인간을 악한 존재

---

65 『史記』, 「孟子荀卿列傳」, "荀卿, 趙人. 年五十始來游學於齊. 田駢之屬皆已死, 齊襄王時, 而荀卿最爲老師. 齊尚脩列大夫之缺, 而荀卿三爲祭酒焉."

로 규정한 것처럼 오해받아 왔는데, 이것은 순자의 본의를 왜곡한 것이다. 순자의 인성론은 기본적으로 『관자』나 고자에서의 인성론과 일치한다. 무엇보다 순자는 "성은 자연적인 것이다"[66]라고 규정하고 있다. 순자가 말한 성은 고자와 같이 자연적인 것으로서, 선으로도 악으로도 향할 수 있는 개연성을 가지고 있다고 보았다. 인간의 본성은 비록 중성적이지만, "지금 사람의 본성은 태어나면서부터 이득을 좋아한다."[67]거나 "태어나면서부터 성(聲)과 색(色)을 좋아하는 이목의 욕망이 있다."[68]라고 말한 것처럼 본성은 이익을 좋아하고 욕망을 좇는다. 따라서 본성을 그대로 놔두면 선보다는 악으로 향할 가능성이 더욱 많다고 보았다. 이처럼 사람의 본성은 현실적인 욕망에 의해 악으로 향하기 쉬운 경향성이 있기 때문에 자발적으로 선을 기대할 수 없으므로, 악을 막고 선을 행하려면 '인위적인 행위[僞]'가 반드시 필요하다고 보았다. 순자가 말한 인위적인 행위의 대표적인 예는 '예의'와 '법도'이다. 따라서 "예의를 일으키고 법도를 제정해야 한다. 이를 통해서 사람의 성정(性情)을 교정하여 바르게 해야 하고, 사람의 성정을 순화시켜 바르게 이끌어야 한다."[69]고 하였다.

둘째, 순자는 명(名)과 실(實)을 중요시하였는데, 명과 실의 문제는 제나라 직하학에서 중요시하는 문제였다. 순자는 규정화를 중시하였으므로 개념으로서의 명을 중시하였다. 그는 명이 필요한 이유에 대해서 다음과 같이 말하고 있다.

"형태가 다르고 마음이 다름에도 서로 소통하려고 한다면, 각기 다른 사물마다 명사[名]와 실제[實]가 하나로 뒤섞이게 되어, 귀한 것과 천한

---

66 『荀子』, 「性惡」, "凡性, 天之就也."
67 같은 책, "今人之性, 生而有好利焉."
68 같은 책, "生而有耳目之欲好聲色焉."
69 같은 책, "起禮義, 制法度. 以矯飾人之情性而正之, 以擾化人之情性而導之也."

것이 분명해지지 않고, 같은 것과 다른 것을 분별할 수 없게 된다. 이와 같으면 생각에 있어서 반드시 불통하는 문젯거리가 생겨나며 일에 있어서 반드시 곤란에 빠지는 화가 있게 될 것이다."[70]

순자는 사람마다 사물을 바라보는 관점과 생각이 다르므로, 각기 다른 사물에 통일적인 이름이 없다고 한다면 사회는 혼란에 빠져들 수밖에 없다고 보았다. 그렇다면 순자가 말하는 명의 목적은 사회질서를 위해 사회적 약속체계를 확립하는 데 있다. 그런데 순자는 시대가 바뀌면 언어 역시 바뀌게 된다고 보았다.

"명칭은 본래적인 의미가 있는 것이 아니며, 약속 체계에 의하여 명명(命名)되고 약속이 정해져 관습이 이루어져야 비로소 의미가 된다. 약속한 것과 다르게 사용하는 것을 '의미가 없다'고 한다. 명칭에는 본래적인 실질이 없으며, 약속에 의해서 실질을 명명한 것일 뿐이다. 약속이 정해지고 관습이 이루어진 것을 '실질적 명칭'이라고 한다."[71]

소쉬르는 기호의 자의성을 강조했다. 그에 따르면, 기호는 기표(記標 · signifiant:표시)와 기의(記意 · signifié:의미)로 되어있다. 그런데 기표와 기의 사이에는 내적 필연성이 없는 자의적인 체계일 따름이라고 하였다. 여기서 말하는 '자의적'이라는 의미는 개인이 제멋대로 만들었다는 의미가 아니다. 우리는 언어를 자유롭게 구사하고 있는 것 같지만 사실 집단의 영향력으로부터 자유롭지 못하다. 그렇다면 우리는 언어를 선택하여 사용하고 있는 것이 아니라 단지 선택된 것을 사용하고

---

70 『荀子』,「正名」, "異形離心交喩, 異物名實玄紐, 貴賤不明, 同異不別. 如是,則志必有不喩之患, 而事必有困廢之禍."
71 같은 책, "名無固宜. 約之以命. 約定俗成謂之宜. 異於約則謂之不宜. 名無固實, 約之以命實. 約定俗成謂之實名."

있을 따름이다. 그러므로 소쉬르는 "기표는 그 표현 대상인 개념에 관련하여 자연스럽게 선택되는 것처럼 보이지만, 그것을 사용하는 언어집단과 관련하여 생각해보면 자유로운 것이 아니라 강요된 것이다."[72]라고 하였다.

순자가 말한 명은 오늘날의 명칭을 말한다. 그는 언어란 것은 내적 필연성을 갖는 것이 아니라 단지 사회적 약속체계에 의해 만들어진 것일 따름이라고 보았다. 이러한 점에서 본다면 그의 언어관은 소쉬르의 언어관과 유사하다. 또한 순자는 소쉬르의 주장처럼 누구나가 멋대로 언어를 자유롭게 만들 수 없으며 선택된 것을 사용할 따름이라고 보았다. 그렇다면 언어는 누가 제정하는 것인가? 순자는 군주에 의해 언어가 제정된다고 보았다. 그러므로 "왕이 이름을 만든 이유는 이름을 확정하여 사실을 판별하고 도를 행하여 뜻이 통하게 하여 진실로 백성을 통솔하여 통일시키고자 함이다."[73]라고 하였다. 이처럼 순자가 명을 강조한 이유는 하나의 통일적인 언어를 사용함으로써 백성들을 통치하기 용이하게 하고자 함이었다.

법가에서는 명과 실 중에서 명을 더욱 중요시하였다. 반면에 『관자』에서는 명은 실에서 나온다고 보았다는 점에서 실이 더욱 앞선다고 보았다. 순자 역시 『관자』에서의 관점을 따라 명보다 실이 더욱 앞선다고 본 것이다.

호적이 "순자의 정명은 비록 당시의 변자를 공격했지만, 실상은 묵학으로부터 영향을 받은 것이다."[74]라고 하였듯이, 순자의 정명론은 묵가로부터 지대한 영향을 받았다. 앞서 살펴보았듯이, 묵자는 사회가 혼란스러운 이유는 각각의 사람들이 서로 다른 명사를 사용하였기 때문

---

72 페르디낭 드 소쉬르, 최승언, 『일반언어학 강의』, 민음사, 2009, 99쪽.
73 『荀子』, 「正名」, "故王者之制名, 名定而實辨, 道行而志通, 則愼率民而一焉."
74 胡適, 『中國古代哲學史』, 商務印書官(臺灣), 1986, 81쪽(第二冊).

이므로 사회의 질서를 이루기 위해서는 명사의 통일과 이것을 통일시킬 수 있는 권위가 필요하다고 주장하였는데, 이 주장은 순자가 말하고자 하는 것과 동일하다. 가령 순자도 "만약 왕자가 다시 일어난다면, 반드시 옛 명사를 따라 새로운 명사를 지을 것이다."[75]라고 하였다.

흥미로운 점은 곽점 출토문헌의 사상과 순자의 사상 사이에는 유사한 부분이 많다는 사실이다. 그 유사점은 다음과 같다.

『궁달이시』에 '천인지분(天人之分)'이란 말이 나오는데, 이것은 순자의 핵심적 개념이다. 또한 『궁달이시』에서 "우연히 만나고 우연히 만나지 않음은 하늘에 달려있다."[76]고 하였는데, 『순자』에서도 "우연히 만나고 우연히 만나지 않음은 때에 달려있다."[77]고 하였다. 『궁달이시』에서 "사람은 있으나 세상이 없으면, 비록 현명한 자라도 행할 수 없다. 참으로 (올바른) 세상을 얻었다면 어찌 어려움이 있겠는가?"[78]라고 하였는데, 『순자』에서도 "지금 어떤 사람이 때를 만나지 못하면 비록 현명하다고 할지라고 실행할 수 없다. 때를 만나면 어찌 어려움이 있겠는가?"[79]라고 하였다.

『성자명출』에서의 성과 정의 구분을 통한 구체적인 담론이나, 심과 성의 구분 등은 공맹의 사상보다 순자의 사상과 더욱 밀접하다. 이를테면 『성자명출』에서 "희로애비(喜怒哀悲)의 기(氣)가 성이다."[80]라고 하였는데, 『순자』에서도 이와 유사하게 "성에서의 희로애락을 정(情)이라고 한다."[81]고 하였다. 또한 『성자명출』에서 "정(情)은 성(性)에서 생겨난다."[82]고 하였는데, 『순자』에서도 "정이란 성의 본질[質]이다."[83]고 하

---

75 『荀子』, 「正名」, "若有王者起, 必將有循於舊名, 有作於新名."
76 『窮達以時』, "遇, 不遇, 天."
77 『荀子』, 「宥坐」, "遇不遇者, 時也."
78 『窮達以時』, "有其人, 亡其世, 雖賢不行矣. 苟有其世, 何難之有哉."
79 『荀子』, 「宥坐」, "今有其人, 不遇其時, 雖賢其能行乎. 苟遇其時, 何難之有."
80 『性自命出』, "喜怒哀悲之氣, 性也."
81 『荀子』, 「正名」, "性之好惡喜怒哀樂謂之情."

였다.

이상과 같이 곽점 초간은 순자의 사상과 유사한 점이 많다. 그런데 양자 사이에는 차이점도 있다. 차이점은 다음과 같다.

첫째, 『궁달이시』와 순자는 모두 '천인지분'을 말하였지만, 『궁달이시』에서는 '천'을 강조한 반면에 순자는 '인(人)'을 중시하였다는 점에서 오히려 상반된다.

둘째, 『당우지도』에서는 선양(禪讓)을 중요시한 반면에 순자는 선양에 대해 반대적인 입장을 취하였다. 가령 순자는 "세속에서 말하는 논객들은 '요순은 선양했다'고 말하는데, 이것은 잘못된 이야기이다. 천자라는 세위(勢位)는 지극히 높아 천하에 대적할 만한 사람이 없는데 누구에게 양위할 수 있단 말인가?"[84]라고 하였다.

셋째, 출토문헌은 인간의 성정을 긍정했으며, 인성은 천에서 부여받은 것이라고 보았다는 점에서 근본적으로 맹자의 성선설을 따르고 있는 반면에, 순자는 기본적으로 성악설을 따르고 있다.

넷째, 출토문헌은 도가적 유가의 성격을 띠고 있는 반면에, 순자는 법가적 유가의 성격을 띠고 있다.

이와 같이 『순자』에 나타난 다양한 개념들과 사상들은 당시 유가사상의 영향에 의거한 것임에도 불구하고, 출토문헌에서는 도가와 유가가 결합된 사상이 많은 반면에 순자는 법가적인 요소를 갖고 있다. 그렇다면 어째서 순자는 법가적인 요소를 갖게 되었는가?

순자와 맹자는 같은 유자이면서도 많은 사상적 차이점이 있다. 무엇보다 인성론에 있어서 뚜렷한 차이점이 있다. 가령 맹자는 인간의 본성을 긍정적으로 보았던 반면에 순자는 인간의 본성을 부정적으로 보

---

82 『性自命出』, '情生於性'.
83 같은 책, "情者, 性之質也."
84 『荀子』, 「正論」, "世俗之謂說者曰, 堯舜擅讓, 是不然. 天子者, 執位至尊, 無敵於天下, 夫有誰與讓矣"

앉다. 또한 맹자의 사상에는 순수유가의 면모가 많이 보이지만, 순자의 사상에는 도가·법가의 사상이 섞여 있다는 점에서 순수유가라기보다는 잡가적 성격의 유가로 보인다. 순자와 맹자의 이러한 현격한 이질성 때문에 당대의 한유에서부터 송대의 주희에 이르기까지 그 어떠한 유자들도 순자를 유가의 도통에 포함시키려고 하지 않았다. 순자의 사상이 후대 유자들에게 부당한 대접을 받은 이유 중의 하나가 순자에게서 법가의 대표적인 인물인 한비와 이사가 배출되었다는 점이다. 한 사람의 유자에 의해 유가의 가장 큰 논적들이 배출되었다는 사실은 후대 유자들에게 받아들이기 어려운 사실이었을 것이다.

그렇다면 순자는 과연 유가의 이단인가? 순자는 무엇 때문에 인성을 부정적인 것으로 보았는가? 일반적인 설명은 순자가 인성을 부정적으로 본 까닭은 그가 살았던 전국말기가 맹자의 시대보다 더욱 각박한 시대였기 때문이라고 한다. 그러나 이것은 타당한 설명이라고 보기 어렵다. 왜냐하면 정도의 차이는 있지만 전국시대 전체가 전쟁의 시대이므로 전국말기라고 해서 특별히 더욱 각박한 시대라고 단언하기는 어렵기 때문이다. 우리는 순자의 사상을 이해하기 위해서는 당시의 시대적인 배경을 이해할 필요가 있다.

순자 당시에는 유가가 도가사상을 적극적으로 수용했다. 『중용』·『주역』·곽점의 출토문헌이 그러했다. 유가는 도가사상을 폭넓게 받아들임으로써 고루한 형식주의에서 벗어나 학문발전을 이루었다. 그러나 유가에서 도가사상을 흡수하면서 사실상 커다란 문제점에 봉착하게 되었는데, 그것은 바로 유가의 경계가 점차 모호해져 갔다는 사실이다. 이것은 유가의 입장에서 보면 참으로 우려할 만한 일이 아닐 수 없다.

도가와 법가가 가장 대립적인 사상이라고 한다면, 유가는 그 중간 지점에 있다. 이를테면 유가는 법가에서와 같이 상하의 분(分)·규정·사회적 규제를 중요시하지만, 이와 동시에 도가에서와 같이 심·덕성·자발적인 교화를 중요시한다. 이처럼 중간 지점에 있는 유가가 어느 방향을 중요시하느냐에 따라 법가로 향할 수도 있고 도가로 향할 수도 있다. 이것은 곧 유가의 혈통이 쉽게 다른 사상으로 변질될 수도 있음을 뜻한다.

실제로 유가가 도가를 흡수함으로써 문제를 야기했다. 무엇보다 공맹이 자연관을 상정하지 않은 이유는 관심사가 달랐기 때문이다. 유가의 가장 큰 관심사는 인륜의 문제였다. 그런데 맹자 이후의 유자들은 인륜의 가치 근원을 천에 둠으로써, 천도는 근원적이며 인도는 파생적이라는 사고로 나아가게 되어 인륜보다 천도를 더욱 중요시하게 되었다. 이것은 본말이 전도된 것이 아닐 수 없다. 또한 인간의 본성이 하늘로부터 완결된 형태로 부여받았다면, 여기에는 인위란 것이 필요 없게 된다. 그렇게 되면 교화 자체가 일종의 유위가 되기 때문에 필요 없어지게 된다.

이처럼 유가가 도가사상을 수용하면 할수록 유가의 논리는 그만큼 풍부해졌지만, 이것은 상대적으로 유가의 순수성이 그만큼 사라져 감을 의미한다. 이것은 곧 유가의 위기를 예고하는 것이며, 이러한 위기의식을 느낀 순자는 유가를 구해야 한다는 사명감을 가졌다.

순자는 무엇보다 당시의 도가에 대해 비판적이었다. 가령 노자에 대해서 "노자는 굽음만을 보았을 뿐, 폄에 대해서는 보지 못했다."[85]고 하였으며, 장자에 대해서 "장자는 하늘에 가려져 있어서 사람을 알지 못하였다."[86]고 하였다.

실제로 당시에는 무위사상이 압도적이었다. 당시 학문에서는 도가사상이 주도적인 역할을 하였다. 곽점 출토문헌이나 『중용』·『주역』에서 볼 수 있듯이 유가에서도 도가사상을 적극적으로 수용하였다. 또한 순자가 논적으로 생각한 인물 중의 하나가 송견이다. 왜냐하면 순자

---

85 『荀子』,「天論」, "老子有見於詘, 無見於信."
86 『荀子』,「解蔽」, "莊子蔽於天而不知人."

당시에 송견학파가 커다란 세력을 형성하고 있었기 때문이다. 앞에서 살펴보았듯이 송견은 인간의 감정은 외부에 얽매이지 않으며, 또한 인간의 타고난 욕망은 본래 많은 것이 아니라는 과욕론(寡欲論)을 주장하였다. 이러한 송견학파의 주장은 유가에 위협적이었다. 왜냐하면 유가는 궁극적으로 인문질서를 확립하는데 있는데, 송견의 주장대로라면 무위가 최상의 길이 되기 때문이다. 그러므로 순자는 송견의 과욕론(寡欲論)을 비판하였다. 가령 순자는 "송자께서 말씀하셨다. '사람의 정은 본래 욕심이 적은데 사람들은 모두 자신의 성정이 욕심이 많다고 생각하니, 이것은 잘못이다.'"[87]라고 하였다.

그런데 유가의 적은 외부에만 있었던 것이 아니며, 내부에도 있었다. 맹자 이후의 유자들은 맹자의 성선설에 기반을 두었다. 실제로 대다수 곽점 출토문헌은 성선설에 기반을 두고 있다. 문제는 성선설에 기반을 두었다고 한다면 결국 도가의 무위로 향할 수밖에 없으며, 또한 그렇게 되면 성왕의 가르침이나 예의와 같은 것들이 필요 없어지게 된다는 데 있다. 그러므로 순자는 맹자의 성선설에 대하여, "지금 진실로 사람의 성이 바르게 다스려지고 고르게 다스려질 수 있다면, 어찌 성왕(聖王)의 가르침을 사용할 필요가 있겠으며 어찌 예의라는 것을 사용할 필요가 있겠는가?"[88]라고 비판하였다.

순자 당시의 유가는 도가의 영향에 의해 천도관이 크게 유행하였다. 당시의 유자들은 인도의 표준을 하늘에서 찾고자 하였기에, 천인합일의 방향으로 나아갔다. 『중용』・『주역』・곽점의 출토문헌 역시 천인합일을 지향하고 있다. 더욱이 당시에는 추연의 천인감응이 유행하였으며, 앞서 살펴보았듯이 자사학파들은 이러한 천인감응을 적극 수용하였다.

---

87 『荀子』,「正論」, "子宋子曰, 人之情, 欲寡, 而皆以己之情爲欲多, 是過也."
88 『荀子』,「性惡」, "今誠以人之性, 固正理平治邪, 則有惡用聖王, 惡用禮義矣哉."

이와 같이 유자들은 도가의 영향에 의해 무위자연과 천도를 중요시하였다. 문제는 무위에 따르게 되면, 인위가 설 자리가 없다는 데 있다. 유가의 목표는 윤리질서의 확립에 있다. 순자는 이 윤리질서는 궁극적으로 인도의 문제이지 천도의 문제가 아니라고 보았다. 그러므로 순자는 당시의 자연관을 비판하며, "하늘의 운행은 항상 됨이 있어서, 요를 위해 있는 것도 걸을 위해 없어지는 것도 아니다. 그것[天道]에 응하여 다스리면 길하고, 그것에 응하여 어지러워지면 난폭해진다."[89]라고 하였다.

순자는 유가의 교리를 다시 세우기 위해 도가의 이론을 전면 부정해야 했으며, 이것은 곧 두 가지 방향으로 나아갔다. 인성의 부정과 천과 인의 분리가 그것이다. 앞서 살펴보았듯이 『관자』에서는 인간의 감정은 좋아하는 것을 취하고자 하고 싫어하는 것을 피하고자 한다고 보았다. 직하학궁에 속해있었던 순자도 인간이란 존재는 태어날 때부터 이익을 좋아하고 욕망에 집착하므로, 본성을 그대로 놔두면 선으로 향할 가능성보다 악으로 향할 가능성이 더욱 많다고 보았다. 따라서 "사람의 본성을 따르고 사람의 감정을 따른다면, 반드시 쟁탈하는 데로 나아가, 분(分)을 범하고 조리(條理)를 어지럽히는 데에 이르러 난폭함으로 귀착되게 된다."[90]라고 하였으며, 그 결과 "사람의 본성이 악한 것이 분명하다."[91]고 하였다.

이처럼 순자가 인성을 부정한 이유는 인간의 본성은 부정적이기 때문에 이것을 바로 잡을 수 있는 수단이 필요하다고 보았기 때문이다. 물론 그가 말하는 교화의 수단은 유가에서 중요시하는 성왕의 가르침이나 예의였다.

---

89 『荀子』, 「天論」, "天行有常, 不爲堯存, 不爲桀亡. 應之以治則吉, 應之以亂則凶."
90 같은 책, "從人之性, 順人之情, 必出於爭奪, 合於犯分亂理而歸於暴."
91 같은 책, "人之性惡, 明矣."

인간의 본성을 부정적으로 봄으로써 성왕의 가르침이나 예의의 필요성을 주장하는 데에는 문제가 없었지만, 천과 성의 관계를 어떻게 설정하느냐 하는 것 또한 풀어야할 숙제였다. 순자의 시대에는 천과 성이 이미 끈끈한 관계를 맺고 있었으므로, 그 역시 천과 성의 관계에 대해 무시할 수 없었다. 그런데 하늘에서 품수 받은 인간의 본성이 악으로 향하는 경향성을 가지고 있다면, 이것을 부여한 하늘 역시 부정적인 덕성을 갖고 있다는 논리로 귀결되고 만다. 하늘을 부정적인 것으로 보는 것은 당시로서는 상상할 수 없는 일이었다. 따라서 순자는 본성을 부정적으로 보기 위해서 불가피하게 천에서 덕성을 부여받았다는 기존의 견해를 버리고, "성은 자연적인 것이다."[92]라고 하였듯이 성을 '자연지성' 즉 생물학적 본성으로만 보았다. 그렇지만 순자가 천에 대한 가치까지 완전히 버린 것은 아니다. 왜냐하면 만일 인성을 부정적으로 보기 위해 천의 가치까지 버린다면 그의 사상은 전통적인 사고와 너무나도 동떨어진 것고 말기 때문이다. 따라서 그 역시 천에 대한 가치를 일면 수용하였다.

　　이처럼 순자는 천에 대하여 이중적인 태도를 보이고 있다. 하나는 천이란 인격성을 가지고 인간사를 주관하는 것이 아니라 객관적 법칙성을 가지고 있으므로 하늘의 뜻에 기대는 것보다 인위적인 노력이 더욱 중요하다는 주장이며, 또 하나는 하늘의 법칙성을 본받아 인륜의 치도(治道)로 삼자는 주장이다. 전자는 천도를 버리고 인도를 취하자는 주장이며, 후자는 천도의 법칙을 취하여 인도를 다스리는 척도로 삼자는 주장이다. 양자의 주장이 서로 모순적으로 보이는 것이 사실이지만, 그는 이것을 통해 이중의 효과를 노리고 있었다. 그것은 전통적인 천의 가치를 정면 부정하지 않으면서도 천에서 벗어나 인위의 필요성을 강조할 수 있다는 점이다.

92　같은 책, "凡性, 天之就也."

이와 같이 순자는 유가가 도가를 흡수함으로써 유가의 경계가 허물어지는 것을 목격하고 유가를 구제하여야 한다는 사명감을 갖고 있었다. 그렇기에 순자는 자연히 반(反)도가적일 수밖에 없었다. 그런데 그는 반도가적이었지만, 한편으로는 도가로부터 지대한 영향을 받았다. 이것은 모순되는 것처럼 보이지만 어쩔 수 없는 일이었다. 왜냐하면 당시 유가는 이미 도가사상을 폭넓게 받아들였기 때문이다. 그러므로 순자가 원하든 원하지 않든 그의 사상에는 도가사상이 들어있을 수밖에 없었다. 그렇다면 『순자』에 어떠한 도가사상이 담겨있는지에 대해서 살펴보자.

첫째, 순자는 '허일이정(虛壹而靜)'을 주장했다. 유가의 가장 큰 특징은 학문의 긍정이다. 순자 역시 학문의 중요성을 강조하였다. 그가 인성론을 부정적으로 본 이유 또한 인성이 선하다면 성왕의 가르침이나 예의 같은 것이 필요 없어지게 된다고 보았기 때문이다. 그러므로 순자는 맹자에 대해 "인간의 본성이 선하다면 성왕의 가르침이나 예의가 무슨 필요가 있겠는가?"라고 비판했던 것이다. 그런데 성선설을 주장하는 쪽에서도 "사람의 본성이 악으로 향한다면, 성왕의 가르침이나 예의를 어떻게 받아들일 수 있겠는가?"라고 반문할 수 있을 것이다. 순자 역시 이 문제점을 잘 알고 있었다. 따라서 맹자가 심을 통해 성을 구하려고 했던 것과는 달리, 순자는 성과 심을 구별하였다. 아울러 성은 악으로 향하는 경향성을 갖고 있지만, 심속에는 '허일이정(虛壹而靜)'이 있어서 사물을 명찰(明察)할 수 있으며 성왕의 법도와 예의를 받아들일 수 있다고 보았다.

순자는 허일이정에 대해 "사람은 무엇으로써 도를 알 수 있는가? 그것은 마음에 의해서이다. 그렇다면 마음은 무엇으로써 알 수 있는가? 허(虛)와 일(壹=一)과 정(靜)에 의해서이다. 사람은 무엇인가를 가지고 있으면서도 허(虛)할 수 있으며, 사람은 무엇인가로 가득 차 있으면서도 통일[壹]할 수 있으며, 마음은 항상 움직이면서도 고요[靜]할 수 있다."[93]라고 하였다. 순자는 감정을 부정적으로 보았던 반면에 사물 인식의 심(心)에 대해서는 긍정적이었다. 왜냐하면 마음속에는 '허일이정'이 있다고 보았기 때문이다. 그런데 공교롭게도 '허(虛)', '일(壹)(=一)', '정(靜)'은 도가에서 가장 중요시하는 개념이다.

순자가 심을 중요시한 이유는 심이 우리 몸의 주체라고 보았기 때문이다. 가령 "심은 육체의 군주이며, 신명의 주체이다."[94]라고 하였다. 순자의 이와 같은 사상은 『관자』의 영향에 의한 것이다. 앞서 살펴보았듯, 『관자』에서는 심은 군주이고, 감각기관은 신하라고 보았다. 『순자』에서도 "귀·눈·코·입·피부는 각각 접촉 대상이 있으면서 서로 역할을 교체할 수 없으니 이것을 '천관(天官:하늘로부터 부여받은 감각기관의 관리)'이라고 한다. 마음이 몸 중심에 거처하면서 오관을 통치하니 이것을 '천군(天君:하늘로부터 부여받은 신체의 군주)'이라고 한다."[95]라고 하였다.

둘째, 순자는 인간의 본성을 '자연지성'으로 보았다. 또한 공맹에서는 감정에 대한 논의가 거의 없는 반면에, 순자는 감정에 대한 논의가 많았다. 다만 감정을 부정적으로 보았다. 그런데 도가 역시 인간의 본성을 '자연지성'으로 보았으며 감정에 대한 논의가 많았지만 감정이 외물(外物)에 이끌려 집착을 낳는다고 보았으므로 대체적으로 부정적으로 보았다. 순자의 이러한 '자연지성', '감정'은 도가의 영향에서 기인한 것이다.

셋째, 순자는 장자가 천(天)만을 중시하였다고 비판하면서 '천인지분(天人之分)'을 주장했다. 많은 사람들이 '천인지분'을 순자의 독창적인 사상으로 알고 있지만, 이것은 오히려 장자로부터 영향을 받은 것이다.

---

93 『荀子』, 「解蔽」, "人何以知道. 曰心. 心何以知. 曰, 虛壹而靜. 心未嘗不臧也, 然而有所謂虛, 心未嘗不滿也, 然而有所謂一. 心未嘗不動也, 然而有所謂靜."
94 같은 책, "心者形之君也, 而神明之主也."
95 『荀子』, 「天論」, "耳目鼻口形, 能各有接而不相能也, 夫是之謂天官. 心居中虛, 以治五官, 夫是之謂天君."

왜냐하면 유가에서는 '천인합일'을 말하였을 뿐이며, '자연'과 '인위'로서의 천인의 분리는 장자에서 비롯되었기 때문이다. 더욱이 여기에서 '천'과 '인'을 '자연'과 '인위'로 본 사유는 공맹의 유가에서는 자생적으로 결코 나올 수 없는 장자만의 독특한 사고이다.

『노자』와 『장자』 사이에는 차이점이 있다. 『노자』는 도를 최고의 범주로 보았으며, 천을 도의 하위개념으로 보았다. 반면에 『장자』의 경우에는 도를 최고의 범주로 보기도 하였지만, 한편으로는 천을 최고의 범주로 보는 동시에 도를 천의 하위개념으로 보기도 하였다. 가령 "기술은 일에 포함되고, 일은 의(義)에 포함되고, 의는 덕(德)에 포함되고, 덕은 도(道)에 포함되고, 도(道)는 천(天)에 포함된다."[96]고 하였다. 여기서는 분명히 도를 천의 하위개념으로 보았다.

노자가 천 대신에 도를 최고의 범주로 삼게 되면서부터 천의 위상은 크게 무너졌다. 장자는 무너진 천의 위상을 되살려 최고의 범주로 삼았다. 그런데 『장자』에서의 천의 의미와 전통적인 천의 의미는 다르다. 전통적으로 천은 윤리나 법의 전범(典範)이었으나, 『장자』에서의 천은 무위자연을 의미한다. 노자는 "사람은 땅을 본받고, 땅은 사람을 본받고, 천은 도를 본받고, 도는 자연을 본받는다."[97]고 하였다. '도는 자연을 본받는다'란 말은 도의 본성은 곧 자연이라는 뜻이다. 그런데 『장자』에서의 천 역시 자연을 뜻한다. 그렇다면 '도는 천에 포함된다'는 의미는 도는 자연에 포함된다는 의미와 같다. 그렇다면 『장자』의 주장은 궁극적으로 『노자』의 주장과 일치한다.

『장자』는 천(天)을 자연으로 보았고, 인(人)을 인위로 보았다. 이를테면 "소나 말이 네 다리가 있는 것은 천(=자연)이며, 말의 머리에 고삐를 달고, 소의 코를 뚫는 것은 인위이다."[98], "무엇을 도라고 하는가? 천

---

96 『莊子』, 「天地」, "技兼於事, 事兼於義, 義兼於德, 德兼於道, 道兼於天."
97 『老子』, 25장, "人法地, 地法天, 天法道, 道法自然."

도가 있고 인도가 있다. 무위하여 존귀한 것이 천도이며, 유위하여 얽매이는 것이 인도이다."99라고 하였다. 이처럼 『장자』에서의 천은 '자연적', '선천적'인 것을 뜻하고, 인은 '인위적', '후천적'인 것을 뜻한다. 그런데 순자가 말한 천 역시 '선천적', '자연적'인 것을 뜻하고, 인은 '인위적', '후천적'인 것을 뜻한다.

이와 같이 장자와 순자는 공통적으로 천인지분을 강조하였다. 그러나 양자가 지향하고자 하는 목표에 있어서는 커다란 차이점이 있다. 장자는 현실적인 상황에서는 천인지분을 추구하고 있는데, 궁극적으로 지향해야 할 것은 천인합일이라고 보았다.

그런데 순자도 천이 자연적인 특성을 가지고 있다고 보았다. 가령 "하지 않아도 이루어지고, 구하지 않아도 얻는 것, 이것을 '천직(天職:하늘이 해야 하는 직분)'이라고 한다."100라고 하였다. 그 역시 천이 도가에서와 같은 무위자연의 특성을 가지고 있다고 본 것이다. 이처럼 순자가 말한 천 역시 '선천적', '자연적'인 것을 뜻하고, 인은 '인위적', '후천적'인 것을 뜻한다.

순자는 천인지분과 관련하여, "하늘은 사람이 추위를 싫어한다고 하여 추위를 철회하지 않으며, 땅은 사람이 먼 길을 싫어하지 않는다고 하여 광대함을 철회하지 않으며, 군자는 소인이 이러쿵저러쿵 떠든다고 해서 행동을 철회하지 않는다."101라고 하였다. 천지는 사람의 소리를 듣지 않는다는 뜻이다. 그런데 이러한 사유는 도가로부터 나왔다. 『노자』에서 "천지는 어질지 않으니, 만물을 지푸라기로 만든 개처럼 여긴다."102라고 하였다. 『장자』에서도 "천은 사사로이 덮음이 없으며 땅

---

98 『莊子』,「秋水」, "牛馬四足, 是謂天. 落馬首, 穿牛鼻, 是謂人."
99 『莊子』,「在宥」, "何謂道. 有天道, 有人道. 無爲而尊者, 天道也, 有爲而累者, 人道也."
100 『荀子』,「天論」, "不爲而成, 不求而得, 夫是之謂天職."
101 『荀子』,「天論」, "天不爲人之惡寒也, 輟冬, 地不爲人之惡遼遠也, 輟廣, 君子不爲小人之匈匈也, 輟行."
102 『老子』, 5장, "天地不仁, 以萬物爲芻狗."

은 사사로이 실음이 없으니, 하늘이 어찌 나를 빈곤하게 했겠는가?"[103] 라고 하였다. 공맹의 유가와 묵가에서는 하늘은 사람의 목소리를 듣는 다고 보았던 반면에, 노장에서는 순자에서와 같이 하늘은 자신의 법칙 을 따라 움직일 따름이라고 보았다.

이상과 같이 순자는 도가로부터 영향을 받았지만, 순자는 궁극적으 로 유가의 입장에 있다. 무엇보다 순자는 인간의 능동성을 강조했다. 가령 "천에는 때가 있고, 땅에는 재화가 있고, 인간은 질서가 있다. 이 것을 일러 '참여한다[參]'고 하는 것이다. 참여하는 것을 버리고, 참여되 는 것을 바라게 되면 미혹된다."[104]라고 하였다. 순자는 인간이 천지에 기대어 수동적으로 살아가는 것이 아니라 능동적으로 살아가야 한다고 보았다.

순자는 이처럼 인간의 적극적 실천을 중요시하였다. 그는 또한 심 의 적극성을 강조하였다. 가령 "심은 형체의 군주이며, 신명의 주체이 다. 스스로 명령을 발할 뿐 명령을 받지 않는다. 스스로 금지하고 스스 로 부리고 스스로 빼앗고 스스로 취하고 스스로 행동하고 스스로 그친 다."[105]라고 하였다. 일체 모든 작용은 궁극적으로 심의 작용일 따름이 라고 본 것이다.

도가에서는 내적인 것만이 중요하며 외적인 것은 불필요하다고 보 았다. 맹자는 내적인 것을 드러내기 위해서는 외적인 수단이 필요하다 고 보았다. 순자는 맹자와는 반대로 외적인 수단의 필요성을 강조하기 위해 내적인 것을 비판하였다. 그런데 외적인 수단을 지나치게 강조하 게 되면, 이제는 내적인 것이 불필요하다는 주장에까지 이르게 된다. 이처럼 내적인 것이 필요 없다고 주장한 사람이 바로 한비였다. 한비는

---

103 『莊子』,「大宗師」, "天無私覆, 地無私載, 天地豈私貧我哉."
104 『荀子』,「天論」, "天有其時, 地有其財, 人有其治, 夫是之謂能參. 舍其所以參, 而願其所參, 則惑矣."
105 『荀子』,「解蔽」, "心者, 形之君也, 而神明之主也. 出令而無所受令. 自禁也, 自使也, 自奪也, 自取也, 自行也, 自止也."

인간의 마음은 본래 계산심(計算心)을 가지고 있으므로 더 이상 도덕적인 교화란 것을 기대할 수 없으며 오직 법을 통한 통제만이 효과적이라고 보았다. 이처럼 한비는 순자의 부정적인 인성론을 더욱 극단화시켰다.

4. 유가와 도가의 만남

전국말기에는 활발한 사상적 교류가 있었다. 특히 제나라 직하학궁에 여러 학파들이 모여들어 활발한 사상적 교류가 이루어짐으로써 더욱 다양한 사상들이 생겨나게 되었다. 그런데 각 학파에서 도가의 영향을 받았다는 점에서, 우리는 도가가 전국말기에 얼마나 지대한 영향력을 행사했는지를 알 수가 있다.

당시 도가는 막강한 세력을 갖고 있었으므로 유가로서도 남방 오랑캐의 학문이라고 무시할 수만은 없었다. 더욱이 도가의 학문은 사변적인 측면에서 유가의 학문보다 더욱 매력적이었던 것이 사실이다. 왜냐하면 유가에서는 인륜도덕에 대해 논의하였을 뿐, 사변을 요구하는 '천도'에 대한 논의가 거의 없었기 때문이다. 이제 시대는 빠르게 변해갔으므로 유가는 더 이상 폐쇄적으로 다른 학파에 대해 굳게 문을 잠그고 자신의 주장만을 고집할 수가 없었다.

그런데 유가가 도가의 사상을 흡수한 데에는 단순히 도가가 막강한 세력을 얻었기 때문만은 아니다. 왜냐하면 도가가 막강해질수록 유자들은 자신들의 원형을 보호하기 위해 문을 더욱 굳건히 잠그고 더욱 신랄하게 논적을 향해 비판의 화살을 쏠 수도 있기 때문이다. 그럼에도 유자들이 도가의 학설을 적극적으로 수용한 데에는 외적인 원인도 있지만 내적인 원인 역시 중요하게 작용하였다고 본다. 그렇다면 어떠한 내적 원인이 있었던 것일까?

첫째, 맹자 이후 유가는 시대적 요청에 의해 변해야 한다는 자성(自省)의 목소리가 있었다고 본다. 공자는 예의 내재화를 강조했지만, 공자의 의도와는 달리 후학들은 형식화 일변도로 나아갔고 지나친 원칙주의만을 고수함으로써 변화에 대한 융통성이 부족했다. 따라서 유가는 묵가나 도가로부터 '위선적인 형식주의자'라는 비판을 받았고, 법가로부터 '변화를 모르고 단지 옛것만을 고수하려는 자'라는 조롱을 받으며 점차 생명력을 잃어갔다. 맹자라는 걸출한 인물의 등장으로 말미암아 유가의 부흥을 기대했지만, 그 역시 기존의 유자들처럼 형식주의에 빠져 있었고, 옛것에 집착하였고, 비현실적인 도덕주의를 강하게 주장하였다. 무엇보다 당시에는 부국강병을 도모하려고 혈안이 되어 있었는데, 맹자가 이러한 시대의 흐름에 역행하여 오로지 인의만을 주장하는 모습은 너무도 현실성이 없어 보였다. 『사기』에서도 맹자의 이러한 모습에 대해 다음과 같이 말했다.

"도가 이미 통하여 제나라 선왕에게 가서 섬기려고 하였으나, 선왕은 기용하려 하지 않았다. 양나라에 갔으나, 양나라 혜왕은 맹자가 말한 것을 결행하려 하지 않았을 뿐 아니라 뜻이 너무 높고 일의 실정이 우활(迂闊)하여 비현실적이라고 여겼다." [106]

변화를 요구하는 시대적 요청에 의해 유자들 역시 변화를 도모하지 않을 수 없었다. 따라서 맹자 후학들은 인간의 본성에서 나온 감정(情)과 인간의 참모습으로서의 실정(情)을 중시하게 되었다.

둘째, 맹자라는 대유가 사라지면서 통합의 구심점이 사라지게 되었다. 공자 사후 그의 학통을 계승하여 발전시킬만한 제자들이 없었던 것

---

[106] 『史記』,「孟子荀卿列傳」,"道旣通, 游事齊宣王, 宣王不能用. 適梁, 梁惠王不果所言, 則見以爲迂遠而闊於事情."

처럼, 맹자 사후에도 그의 학통을 이어받아 발전시킬만한 제자들이 없었다. 아마도 만장이 맹자의 수제자인 듯하지만, 우리는 그의 사상이 어떠한지에 대해 『맹자』 속의 단편적인 내용 외에는 알 길이 없다. 이것은 곧 맹자 사후에 맹자의 제자들을 이끌어 갈만한 구심점이 없었다는 것을 의미한다. 이로써 다양한 유파(儒派)들이 생겨났다. 그런데 강력한 유파가 없었다는 것은 불행 중 다행이라고 할 수 있다. 맹자 사후 뚜렷한 구심점이 없음으로써 오히려 다양한 사상을 가진 여러 유파들이 생겨나게 되었다.

셋째, 유가가 도가를 흡수한 데에는 서로 간에 유사점이 있었기 때문이다. 어떠한 외부 사상을 흡수하려면 친화력이 있어야 함은 당연한 일이다. 노자와 법가의 사상은 아주 이질적일 뿐만 아니라 본질적으로 정반대의 사상임에도 불구하고 법가에서 노자의 사상을 흡수한 까닭은 양자의 사상적 기원이 모두 병가로부터 나왔기 때문이다. 그렇다면 유가와 도가는 과연 어떠한 친화력이 있는가? 도가와 맹자는 공통으로 인성을 긍정적으로 보았다. 이처럼 맹자의 성선설은 도가의 무위사상과 친화력이 있었으며, 이로써 유가에서는 도가의 자연관에서와 같이 "인간은 하늘로부터 본성을 부여받았다"는 논리가 자연스럽게 생겨나게 되었던 것이다.

이상에서와 같은 이유로 전국말기에 오면 유가는 도가로부터 지대한 영향을 받게 된다. 전국말기의 문헌인 곽점의 출토문헌과 『중용』·『주역』·『순자』에 도가사상이 들어가 있는 이유도 바로 이 때문이라고 할 수 있다.

제6장
법가에서의 도가의 영향

1. 한비(韓非) 이전의 법가

(1) 상앙(商鞅)

한비는 법가를 집대성한 인물이다. 집대성했다는 것은 기존의 법가사상을 취합하여 체계화시켰다는 것을 의미한다. 실제로 그는 기존의 법가사상으로부터 지대한 영향을 받았다. 법을 강조한 상앙(商鞅), 술(術)을 강조한 신불해(申不害), 세(勢)를 강조한 신도(慎到)가 바로 그들이다.

상앙에 대해『사기』에서 "상군(商君)은 위(衛)나라의 여러 서얼 공자(公子) 중의 한 사람이다. 이름은 앙(鞅)이고, 성(姓)은 공손씨(公孫氏)이다. 그의 조상은 본래 희씨(姬氏)였다."[1]라고 하였다. 상앙의 이론은 진(秦)나라 효공(孝公) 때에 받아들여졌다. 그의 정책에 힘입어 진나라는 강대국으로 급부상했으며, 이로써 진시황의 천하 통일의 기틀을 만들었다. 상앙은 특히 법을 강조하였다. 앞에서 살펴보았듯이『관자』에서도 법을 중요시하였다. 그런데『관자』에서는 비록 법을 강조했지만 형벌보다는 백성의 민심을 얻는 것이 우선이라고 보았으므로 엄한 형벌은 가급적 피하고자 했다. 반면에 상앙은 형벌로써의 법을 중요시하였다. 그가 법을 중요시한 이유에 대해 "선왕의 형법에 살인한 자를 죽

---

[1] 『史記』,「商君列傳」,"商君, 衛之諸庶孼公子也. 名鞅, 姓公孫氏, 其祖本姬姓也."

이거나 죄인의 발을 자르거나 죄인의 얼굴에 문신을 새기는 이유는 백성을 해치려는 데 있는 것이 아니라 간사함을 금지하고 과오를 그치게 하려는 데 있다. 간사함을 금지하고 과오를 그치게 하는 데에는 엄형(嚴刑)보다 낫은 게 없다."2라고 하였다. 『관자』에서는 민심을 통해 사회의 질서를 이룰 수 있다고 본 반면에, 상앙은 엄한 형벌을 통해 사회의 질서를 이룰 수 있다고 보았던 것이다.

전통적으로 형벌은 높은 직위에 있는 사람에게까지는 미치지 않았다. 가령 『예기』에서 "예는 서인에게까지 미치지 않고, 형벌은 대부에게까지 적용되지 않는다."3고 하였다. 그러나 법이 올바른 역할을 하기 위해서는 지위고하를 막론하고 객관성과 공정성이 있어야 한다. 그러므로 상앙은 모두에게 동일한 법을 적용시켜야 한다고 주장했다. 가령 "형벌의 통일이란 형벌을 시행할 때 신분의 차이가 없다는 것을 뜻한다. 재상과 장군에서부터 대부와 평민에 이르기까지 왕명을 따르지 않거나 국가가 금지한 것을 어기거나 군주의 제도를 어지럽히는 자들이 있다면 사형에 처하여 사면해주지 않는다."4고 하였다. 이처럼 상앙은 법의 공정성을 강조했다는 점에서 의의를 갖는다. 이에 영향을 받은 한비도 "형벌을 추구함에서는 대신이라도 피하지 않고, 선한 일에 상 줌에서는 필부라도 빠트리지 않는다."5고 하였다.

상앙은 법을 만들어 놓고 이것을 백성에게 공포하기 전에, 나무를 옮겨 놓은 자에게 10금(金)을 준다고 하였는데 모두가 이 말을 터무니없다고 여기고 아무도 옮기려고 하지 않았다. 이번에는 50금(金)을 준다고 하자 어떤 사람이 반신반의한 채 이것을 옮겨놓았다. 이에 즉석에

---

2 『商君書』,「賞刑」, "夫先王之禁, 刺殺, 斷人之足, 黥人之面, 非求傷民也, 以禁姦止過也. 故禁姦止過, 莫若重刑."
3 『禮記』,「曲禮」(上), "禮不下庶人, 刑不上大夫."
4 『商君書』,「賞刑」, "所謂壹刑者, 刑無等級. 自卿相將軍以至大夫庶人, 有不從王令, 犯國禁, 亂上制者, 罪死不赦."
5 『韓非子』,「有度」, "刑過不避大臣, 賞善不遺匹夫."

서 50금을 주었다. 그 이후부터 백성들은 그의 어떠한 말도 믿고 따르게 되었다고 한다. 물론 상앙의 이와 같은 이상스런 행동은 모든 사람들로 하여금 법령을 믿고 따르도록 하기 위한 술책으로부터 나온 것이다.

상앙은 시류에 따라야 한다고 보았다. "성인은 옛것을 본받지 않고 오늘의 것을 고수하지 않는다. 옛것을 모범으로 삼으면 시대에 뒤처지게 되고, 오늘의 것을 고수하면 위세(威勢)를 펼치지 못하게 된다."6고 하였다. 이것은 공자의 "온고이지신(溫故而知新)"과는 다르다. 공자는 옛것을 바탕으로 하여 새로운 것을 받아들여야 한다고 본 반면에, 상앙은 옛것은 옛것에 따르고 오늘의 것은 오늘의 것에 따라야 한다고 보았다. 또한 그는 법에 있어서도 시대에 맞게 제정해야 한다고 말하였다. 가령 "각각 변화하는 상황에 맞추어 법을 세울 것이요, 각각의 일에 따라서 예를 제정한다."7, "세상을 다스리는 데에는 하나의 방법만이 있는 것이 아니며, 나라를 편리하게 하는 데에는 반드시 옛것을 본받을 필요는 없다."8고 하였다.

상앙의 역사관에 대해서 살펴보자.

"신농(神農)의 시대에는 사내가 경작하여 먹었고, 아녀자는 베를 짜서 옷을 해 입었고, 형벌은 사용하지 않더라도 다스려졌고, 군대가 일어나지 않았더라도 왕 노릇을 할 수가 있었다. 신농씨가 죽자 강함이 약함을 이기고 다수가 소수에게 폭력을 행사하였다. 따라서 황제(黃帝)가 군신 상하의 의로움과 부자 형제의 예와 부부와 남녀를 짝 맺게 하였고, 안으로는 형벌의 도구를 사용하였고, 밖으로는 갑옷과 병기를 사용하였다. 이로 말미암아 시대가 변하게 되었다. 이것으로 보건대

---

6 『商君書』, 「開塞」, "聖人不法古, 不脩今. 法古則後於時, 脩今則塞於勢."
7 『商君書』, 「更法」, "各當時而立法, 因事而制禮."
8 같은 책, "治世不一道, 便國不必法古."

신농씨가 황제보다 고명(高明)하지 못하였음에도 불구하고 그 명성이 높았던 까닭은 시대에 적합했기 때문이다. 따라서 전쟁으로 전쟁을 그치게 할 수만 있다면 비록 전쟁을 하더라도 괜찮고, 살인으로써 살인을 제거할 수만 있다면 비록 죽이더라도 괜찮고, 형벌로써 형벌을 제거할 수만 있다면 비록 형벌이 무겁더라도 괜찮다."9

신농(神農)의 시대는 도가의 이상향을 말한다. 『장자』에는 신농씨의 시대에 대해, "신농씨의 시대에는 누워 있으면 편안히 여기고 일어서 있으면 만족해하였으며, 백성은 그 어머니를 알지만 그 아버지를 알지 못하였으며, 사슴과 함께 거처하였으며, 스스로 경작하여 먹고 스스로 베를 짜서 옷을 해 입었고 서로 해치는 마음이 없었다. 이것이야말로 지극한 덕의 융성함이다."10라고 하였다. 이처럼 『장자』에서도 신농씨의 시대에는 농사를 중요시하였고, 평등했으며, 전쟁과 형벌이 없었다고 한다.

도가가 지향한 원시사회의 모습은 무위와 유유자적한 삶이 있는 사회이다. 그런데 황제의 시대에 오면 사회는 혼란스러워졌다. 가령 황제의 시대는 군신·남녀·부자와 같은 엄격한 구별[分]을 창조했으며, 엄격한 형벌을 만들었으며, 전쟁 무기를 만들었다. 또한 기본적인 가치관에서는, 전쟁으로 전쟁을 그치게 할 수만 있다면 전쟁하여도 무방하고, 살인으로써 살인을 제거할 수만 있다면 죽이더라도 괜찮고, 형벌로써 범죄를 제거할 수만 있다면 형벌이 무겁더라도 괜찮다고 보았다. 병가에서 "전쟁으로써 전쟁을 제거한다"고 주장하였는데, 상앙은 더 나아가

9　『商君書』, 「畫策」, "神農之世, 男耕而食, 婦織而衣, 刑政不用而治, 甲兵不起而王. 神農旣沒, 以彊勝弱, 以衆暴寡. 故黃帝作爲君臣上下之義, 父子兄弟之禮, 夫婦妃匹之合, 內行刀鋸, 外用甲兵. 故時變也. 由此觀之, 神農非高於黃帝也, 然其名尊者, 以適於時也. 故以戰去戰, 雖戰可也, 以殺去殺, 雖殺可也, 以刑去刑, 雖重刑可也."

10　『莊子』, 「盜跖」, "神農之世, 臥則居居, 起則于于, 民知其母, 不知其父, 與麋鹿共處, 耕而食, 織而衣, 無有相害之心. 此至德之隆也."

"형벌로써 형벌을 제거하다"고 주장하고 있다. 그는 전쟁의 폭력성과 형벌의 폭력성을 동일한 맥락으로 사용하였다.

이상과 같이 상앙은 신농의 시대와 황제의 시대를 대비시키고 있으며, 신농의 시대는 평화로운 시대였으나 황제의 시대는 혼란한 시대라고 보았다. 신농의 시대는 앞의 『장자』의 인용문에서도 볼 수 있듯이 도가의 사상을 언급한 것이며, 황제의 시대는 법가의 사상을 언급한 것이다. 그는 도가적 사상에 대한 장점을 인정하였지만, 오늘날 사회는 타락한 사회이므로 엄격한 형벌로 통치할 수밖에 없다고 보았던 것이다.

법가는 인간이 이기적인 존재이므로 교화로써 질서를 잡는 것은 불가능하며 오직 엄격한 통제가 필요할 따름이라고 주장하고 있다. 상앙도 "백성의 본성은 배고프면 먹을 것을 구하고, 수고로우면 쉬기를 구하고, 괴로우면 즐거움을 찾고, 욕되면 영예를 바란다. 이것이 백성의 감정이다."[11]라고 하였다. 백성은 철저히 자신의 이익만을 좇는 존재라고 본 것이다. 한비 역시 "백성의 본성은 수고로움을 싫어하고 편안한 것을 좋아한다. 편안해지만 음탕해지고, 음탕해지면 다스릴 수 없게 되고, 다스릴 수 없게 되면 어지러워지게 된다. 이처럼 어지러워지게 되면 포상과 형벌이 천하에 실행될 수 없게 되어 궁색하게 된다."[12]라고 하였다.

전통적으로 위정자는 덕을 가지고서 있으며 백성들을 선하게 대해야 한다고 보았다. 특히 유가가 그러했다. 그런데 상앙은 "군주가 법을 버리고 백성의 선함에만 맡겨두면 간사한 일이 많아진다."[13]라고 하였다. 그는 이처럼 백성이 자신의 이익을 좇으므로, 그들을 선하게 대하면 오히려 방자해진다고 보았다. 그러므로 백성들에게는 엄격한 형벌

---

11 『商君書』, 「算地」, "民之性, 饑而求食, 勞而求佚, 苦則索樂, 辱則求榮. 此民之情也."
12 『韓非子』, 「心度」, "夫民之性, 惡勞而樂佚. 佚則荒, 荒則不治, 不治則亂. 而賞刑不行於天下者必塞."
13 『商君書』「弱民」, "上舍法, 任民之所善, 故姦多."

을 가해야 한다고 주장하였다. 한비 또한 이와 비슷한 취지로써 다음과 같이 말하였다.

"지금 버릇이 나쁜 자식이 있다고 하자. 그는 부모가 화를 내며 (잘못을) 꾸짖어도 그 행동을 고치지 않았고, 마을 어른들이 꾸짖어도 꿈쩍도 하지 않았고, 스승과 윗사람이 가르쳐도 조금도 그 행동을 변화시키지 않았다. 부모의 사랑과 마을 어른들의 행동과 스승이나 윗사람의 지혜라는 세 가지 뛰어난 것을 가지고 다루었는데도 마침내 그의 정강이 터럭 하나조차도 움직이게 할 수 없었으므로 버릇을 고치지 못하였다. 그러나 고을의 관리가 관병을 거느리고 공법(公法)을 시행하고자 간악한 사람들을 찾아다닌다고 하자. 그렇게 되면 그는 두려워하며 자신의 버릇을 변화시키고 자신의 행동을 바꿀 것이다. 그러므로 부모의 사랑을 가지고는 자식을 가르치는 데 충분하지 못하며 반드시 고을 관청의 엄한 형벌을 기다려야 한다. 백성은 본시 사랑 앞에서는 교만해지고 위엄 앞에서는 따르는 법이다."[14]

한비 역시 인간의 본성은 악하므로 선하게 대하면 이것을 오히려 악용할 수 있다고 보았으므로 상앙과 같이 백성들을 덕으로써 대하는 것이 아니라 엄격한 형벌로써 대해야 한다고 주장했다.

상앙은 국가가 강대해지기 위해서는 백성이 약해져야 한다고 보았다. 또한 백성을 약화시키기 위한 여러 가지 방안을 고안해 냈다. 가령 형벌을 무겁게 하고 사람의 죄를 연좌해 처벌하였으며,[15] 백성들에게

---

[14] 『韓非子』, 「五蠹」, "今有不材之子, 父母怒之弗爲改, 鄉人譙之弗爲動, 師長教之弗爲變. 夫以父母之愛, 鄉人之行, 師長之智, 三美加焉, 而終不動其脛毛, 不改. 州部之史, 操官兵, 推公法而求索姦人, 然後恐懼, 變其節, 易其行矣. 故父母之愛不足以教子, 必待州部之嚴刑者, 民固驕於愛, 聽於威矣."
[15] 『商君書』, 「墾令」, "重刑而連其罪."

함부로 이사하지 못하도록 하였다.16 그는 이처럼 엄격한 감시제·고발제·연좌제를 통하여 백성을 감시하고 통제해야 한다고 주장하였다.

상앙은 백성을 어리석게 만들어야 한다는 우민정치(愚民政治)를 주장하였다. 그 이유로써 "백성이 약하면 국가가 강해지고, 국가가 강해지면 백성이 약해진다. 따라서 도가 있는 나라는 힘써 백성을 약하게 한다. 백성이 순박하면 나라는 강해지고, 음탕하면 나라는 약해진다."17고 했다.

이처럼 상앙은 통치를 용이하게 만들기 위해서는 백성들을 약하고 순박하게 만들어야 한다고 주장했는데, 노자 역시 약(弱)을 중시했으며, 백성의 순박함[樸]을 강조하였다. 많은 학자들이 노자의 이러한 사상을 상앙의 우민정치로 보았다. 그렇다면 정말로 노자와 상앙의 사상은 유사한 것인가? 이 둘 사이에는 명백한 차이점이 있다. 그 차이점에 대해서는 뒤에서 살펴보기로 하자.

그런데 상앙과 한비는 군주의 권력을 강화시켜 부국강병을 도모한다는 목적에 있어서는 같았지만 그것을 실현시키는 방법론에 있어서는 차이점이 있었다. 그 차이점은, 한비의 사상이 신하의 권력을 약화시켜 왕권을 강화시키려는 데 있다고 한다면, 상앙의 사상은 백성의 세력을 약화시켜 왕권을 강화시키려는 데 있다. 따라서 한비는 신하의 권력을 제약하고 통제하기 위해 형명참동(形名參同)과 신상필벌(信賞必罰)을 주장하였던 반면에, 상앙은 백성을 약화시키기 위해 엄격한 감시제·고발제·연좌제를 통하여 백성을 감시하고 통제해야 한다고 주장하였다. 또한 한비는 신하를 통제하기 위한 술로써 무위의 통치술을 강조했던 반면에, 상앙은 백성을 통제하기 위한 술로써 우민정치를 강조하였다.

---

16 같은 책, "使民無得擅徙."
17 『商君書』,「弱民」, "民弱國强, 國强民弱, 故有道之國, 務在弱民. 樸則强, 淫則弱."

(2) 신불해(申不害)

신불해는 술(術)을 강조하였다. 이정(二程 : 정명도·정이천)은 다음과 같이 말하였다.

"노자서는 그 말이 상통하지 않음이 마치 얼음과 숯불의 관계와 같다. 처음에는 도의 지극한 현묘함을 말하고자 했지만, 뒤에 가서는 오히려 권모술수로 돌아갔다. '장차 상대방의 것을 취하려고 하거든 반드시 먼저 베풀어 주어야 한다'라고 한 것이 그 예이다. 노자의 후예로는 신불해와 한비가 있는데, 두 사람과 노자가 말한 것에 두드러진 차이가 있기는 하지만, 그 근본은 노자에서 나온 것이다."[18]

이처럼 송대의 유자들은 노자와 함께 신불해 역시 권모술수적이라고 보았다. 실제로 많은 사람들이 신불해의 술(術)을 권모술수로 보았다.

신불해에 대해 『사기』에서 "신불해는 경현(京縣) 사람으로서, 본래 정나라의 천신(賤臣)이었다. 술(術)을 배워 한(韓)나라 소후(昭侯)에게 벼슬을 구하자, 소후는 그를 등용하여 정승으로 삼았다. 그는 안으로 정교(政敎)를 닦고 밖으로 제후에게 응대하기를 15년이 흐르자, 마침내 신자가 몸소 나라를 잘 다스리고 군대를 강하게 만들어 한나라를 침략하는 나라가 없었다."[19]라고 하였다. 왕충도 "한나라가 신불해를 등용해 그의 『삼부(三府)』를 실행하자, 적국은 15년 동안 국경을 침범할 수 없었다. 그를 쓰지 않고 그의 저서를 팽개치자 전쟁에서 패배하고 군대

---

18 『二程遺書』卷18, "老子書, 其言自不相入處如氷炭. 其初欲談道之極玄妙處, 後來卻入做權詐看上去. 如'將欲取之, 必固與之'之類. 然老子之後有申韓, 看申韓與老子道深懸絶, 然其原乃自老子來."
19 『史記』,「老子韓非列傳」, "申不害者, 京人也, 故鄭之賤臣. 學術以干韓昭侯, 昭侯用爲相. 內脩政敎, 外應諸侯, 十五年. 終申子之身, 國治兵彊, 無侵韓者."

가 타파되어 진(秦)나라에 의해 병합되었다."20라고 하였다. 이처럼 신불해는 한나라를 부강하게 만들었으므로, 한나라 출신인 한비는 그를 높이 인정하였다.

『한서』「예문지」의 〈법가류〉에 '신자(申子) 6편'이라고 기록되어 있으나 지금은 전해지지 않고 있다. 『사기』에서는 "두 편을 지었으니, 이름을 '『신자(申子)』'라고 일컬어졌다."21라고 하였다. 신불해의 저서는 지금 남아 있지 않은데, 『사기』에서 "신불해의 학문은 황로(黃老)에 근본하고 형명(刑名)을 위주로 하였다"22라고 하였다. 『사기』에 따르면, 신불해는 황로학에 근본하고 있으며, 형명(刑名)을 중요시하였다. 『한비자』에서 신불해에 대해 다음과 같이 말하였다.

"지금 신불해는 술(術)을 말하였고 상앙은 법을 위주로 하였다. 술이란 것은 맡은 소임에 따라 관직을 주고, 이름을 따라 실제를 요구하고, 죽이고 살리는 칼자루를 쥐고 뭇 신하들의 능력을 점수 매기는 것이니, 이것이 임금이 잡아야 할 것이다."23

"한(韓)나라 소후(昭侯)가 신불해에게 물었다. '법도는 실행하기가 매우 어렵소.' 신자가 대답했다. '법이라는 것은 공을 세우면 상을 주고, 능력에 따라 관직을 주는 것입니다. 지금 군주께서는 법도를 세웠지만, 주변 사람의 청탁을 들으니 이것이 실행하기 어려운 까닭입니다."24

---

20 『論衡』, 「效力」, "韓用申不害, 行其三符, 兵不侵境, 蓋十五年. 不能用之, 又不察其書, 兵挫軍破, 國幷於秦."
21 『史記』, 「老子韓非列傳」, "著書二篇, 號曰, 申子."
22 『史記』, 「老子韓非列傳」, "申子之學, 本於黃老, 而主刑名."
23 『韓非子』, 「定法」, "今申不害言術而公孫鞅爲法. 術者, 因任而授官, 循名而責實, 操殺生之柄, 課群臣之能者也, 此人主之所執也."
24 『韓非子』, 「外儲說左上」, "韓昭侯謂申子曰. 法度甚不易行也. 申子曰. 法者, 見功而

한비의 언급에 따르면, 신불해가 말한 술은 군주의 통치술이다. 그는 군주가 인정(人情)에 의거해 상과 벌을 주어서는 안 되며, 맡은 역할에 따라 관직을 주고 이 관직에 따른 성과에 의거해 상을 주고 벌을 주어야 한다고 주장하였다.

　　한비는 신불해의 영향에 의거해 '형명참동(形名參同)'을 주장하였다. 형명참동에서 형(形)은 실재·관직을 맡은 사람·일[事]을 뜻하고, 명(名)은 개념·관직·말[言]을 뜻한다. 참동(參同)은 서로 비교하여 같게 한다는 뜻이다. 따라서 '형명참동'은 명(名)을 기준으로 삼고서 형(形)이 명에 그대로 부합할 경우에는 상을 주는 반면에, 형이 명에 지나치거나 모자랄 경우에는 벌을 준다는 내용을 골자로 하고 있다. 이것을 일명 '순명책실(循名責實:명에 의거해 실을 요구하다)'이라고도 한다. 이를테면 한비는 "남의 신하된 자가 말을 하면 임금은 그 말에 의거해 일을 주는데, 전적으로 그 일에 의거해 그 공을 요구한다. 공이 그 일에 합치되고 일이 그 말에 합치되면 상을 주지만, 공이 그 일에 합치되지 않고 일이 그 말에 합치되지 않으면 벌을 준다."[25]고 하였다. 한비의 이러한 형명참동은 신불해로부터 영향을 받은 것이다.

　　순자는 신불해에 대해서 "신자(申子)는 세(勢)에 가려져 인간의 지력(知力)에 대해 알지 못하였다."[26]라고 하였다. 어떠한 상황들을 판단하는 것은 중요하지만, 이것을 판단하는 궁극적인 주체는 지(知)이다. 순자는 신불해가 인간의 지력에 대해 간과했다고 비판하였다. 한비는 신불해를 높이 인정했지만, 그의 문제점에 대해서 다음과 같이 말했다.

　　"신불해는 한(韓)나라 소후(昭侯)를 보좌하였다. 한나라는 진(晉)나라

與賞, 因能而受官. 今君設法度而聽左右之請, 此所以難行也."
25　『韓非子』,「二柄」, "爲人臣者陳而言, 君以其言授之事, 專以其事責其功. 功當其事, 事當其言, 則賞, 功不當其事, 事不當其言, 則罰."
26　『荀子』,「解蔽」, "申子蔽於執而不知知"

에서 떨어져 나온 나라이다. 진나라의 옛 법이 아직 폐지되지 않았는데 한나라의 새로운 법이 나오고, 선왕의 명령이 아직 거두어지지 않았는데도 다음 군주의 명령이 새롭게 내려졌다. 신불해는 법을 장악하지 못하고 그 공포된 법령을 하나로 통일하지 못함으로써 간악한 자가 많아졌다. 그러므로 이득이 옛 법과 이전의 명령에 있으면 그것을 따르고 이득이 새 법과 이후의 명령에 있으면 그것을 따랐다. 이득은 옛 것과 새것이 상반되고 이전의 것과 이후의 것이 서로 어긋나서, 신불해가 비록 열 번이나 소후에게 술(術)을 쓰도록 하였지만, 간신들은 오히려 자신들의 말에 속이는 것이 있었다. 그러므로 만승(萬乘)의 강국인 한나라에 17년이나 몸을 의탁했으면서도 패왕(霸王)에 이르게 하지 못한 이유는 비록 위에서 술을 썼지만 법이 관리들에게 힘써 지켜지게 하지 못했던 문제점 때문이었다."27

이와 같이 한비는 신불해가 오랫동안 한나라 소후를 보좌했음에도 불구하고 천하 패권을 이루지 못한 이유는 법을 장악하지 못하고 법을 통일시키지 못하였기 때문이라고 보았다. 이로써 한비는 그는 술과 함께 법의 필요성을 강조하였다.

(3) 신도(慎到)

신도는 전국 중기 조나라 사람으로서 맹자나 상앙과 동시대 사람이다. 그는 직하학에 소속되어 있었다. 『한서』「예문지」〈법가〉류에 '신

---

27 『韓非子』,「定法」, "申不害, 韓昭侯之佐也. 韓者, 晉之別國也. 晉之故法未息, 而韓之新法又生, 先君之令未收, 而後君之令又下. 申不害不擅其法, 不一其憲令, 則姦多. 故利在故法前令, 則道之. 利在新法後令, 則道之. 利在故新相反, 前後相悖, 則申不害雖十使昭侯用術, 而姦臣猶有所譎其辭矣. 故託萬乘之勁韓, 七十年而不至於霸王者, 雖用術於上, 法不勤飾於官之患也."

자(愼子) 42편'이라고 하였으며, 반고(班固)는 "이름은 도(到)이며, 신불해와 한비보다 앞서 있다. 신불해와 한비가 그를 칭찬했다."28고 하였다. 이처럼 「예문지」에서 신도를 법가류로 분류하였다.

『장자』에서 신도에 대해 다음과 같이 평가하고 있다.

"그러므로 신도는 지(知)를 버리고 자아를 떠나 부득이한 것에 매어 있으며, 사물에 대해 냉정한 태도를 보이는 것을 도리라고 여겼다. 그는 '안다고 함은 알지 못하는 것이다'라고 말한다. 이것은 지를 가볍게 여긴 나머지 자신을 해치게 함이다."29

『장자』에서는 신도를 비판하고 있지만, 『장자』에서 평가한 신도의 사상에는 노자의 사상과 유사한 측면이 많다. 가령 지(知)를 버리고 자연변화에 따른다는 주장은 노자의 주장과 유사하며, '안다고 함은 알지 못하는 것이다'라는 주장은 노자의 "아는 자는 말하지 않고, 말하는 자는 알지 못한다."30와 유사하다.

실질적으로 노자가 '도법자연(道法自然)'을 강조했듯이, 신도 역시 천도는 자연을 따른다고 보았다. 즉 "천도는 자연을 따르므로[因] 광대하며, 인위적으로 변화시키려고 하면 작아진다."31라고 하였다. 신도는 '따르다'의 의미인 '인(因)'을 강조하였다. 신도는 장자와 같이 자연적인 것과 인위적인 것을 구분한 동시에, 자연의 질서에 따를 것을 주장하였다.

『신자』에는 『장자』로부터 영향을 받은 문장이 있다. 가령 『신자』

---

28 『漢書』「藝文志」,〈法家〉, 自注, "名倒, 先申韓. 稱之."
29 『莊子』,「齊物論」, "是故愼到棄知去己而緣不得已, 泠汰於物以爲道理. 曰知不知. 將薄知而後鄰傷之者也."
30 『老子』, 56장, "知者不言, 言者不知."
31 『愼子』,「因循」, "天道因則大, 化則細."

에 "요가 허유(許由)에게 선양하고, 순이 선권(善卷)에게 선양했지만, 모두 천자의 자리를 사양하고 물러나 필부가 되었다."32라고 하였는데, 허유와 선권의 선양에 대한 이야기가 『장자』에도 나온다. 가령 『장자』 에 "요는 허유에게 천자의 지위를 선양했다."33, "순이 천하를 선권에게 선양했다."34고 했다. 또한 『장자』에서 "선권과 허유는 황제의 자리를 얻을 수 있었음에도 불구하고 받지 않았다."35라고 하였다.

『장자』「천하편」에서 신도를 언급하고 있다는 점에서 신도는 『장자』 성립보다 앞선 인물이라고 할 수 있다. 그렇다면 『장자』가 『신자』 에서 영향을 받았다고 보아야 하지 않는가? 신도는 장자와 같이 전국 시대 중기의 사람이지만 『신도』는 여러 사람에 의해 쓰였다. 오늘날 전해지고 있는 『신도』는 대략 전국말기에 일단락 완성된 책이라고 할 수 있다.

신도는 노자의 영향을 받아 변화와 자연에 따름을 강조하였지만, 그의 사상은 궁극적으로 법가에 속한다. 무엇보다 주목할 점은 신도가 한비의 사상에 지대한 영향을 주었다는 사실이다. 『한비자』에서는 신자의 말을 직접 인용하며 세(勢)를 강조하였다.

"신자(愼子)가 말하였다. '나는 용은 구름을 타고 뛰어오르고 뱀은 안개 속을 노닌다. 구름이 개고 안개가 걷히면 용과 뱀이 지렁이처럼 되는 것은 그 탈 것을 잃어버렸기 때문이다. 현명한 사람이 못난 사람에게 굽히는 까닭은 권세가 미약하고 직위가 낮기 때문이다. 못난 사람이 현명한 사람을 복종케 할 수 있었던 까닭은 권력이 크고 직위가 높기 때문이다. 요(堯)가 필부라면 세 사람도 다스릴 수 없으며, 걸(桀)은

---

32 『愼子』,「逸文」, "堯讓許由, 舜讓善卷, 皆辭爲天子而退爲匹夫."
33 『莊子』,「逍遙遊」, "堯讓天下於許由."
34 『莊子』,「讓王」, "舜以天下讓善卷."
35 『莊子』,「盜跖」, "善卷許由得帝而不受."

천자가 되었기 때문에 천하를 어지럽힐 수가 있었다. 나는 이로써 권세는 충분히 믿을 만한 반면에 현명함은 흠모하기에 부족하다는 것을 깨닫게 되었다.'"[36]

세는 권세(權勢)를 의미하기도 한다. 한비는 왕이 왕으로서의 위용을 갖는 것은 덕이나 현명함에 있는 것이 아니라 권세에 있다고 보았다. 그런데 한비는 '신자왈(愼子曰)'이라고 하였다. 이것은 곧 신자의 말을 인용한 것이라고 할 수 있다. 실제로『신자』에도 이와 거의 유사한 문장이 있다.

"나는 용은 구름을 타는데, 구름이 개고 안개가 걷히면 지렁이처럼 되는 것은 그 탈 것을 잃어버렸기 때문이다. 현명한 사람이 못난 사람에게 굽히는 까닭은 권세가 미약하고 직위가 낮기 때문이며, 못난 사람이 현명한 사람에게서 복종케 수 있었던 까닭은 지위가 높기 때문이다. 요(堯)가 필부라면 이웃 집안도 부릴 수 없으며, 남면(南面)하여 왕이 되어서야 법령이 행해지고 금지시킬 수 있었다. 이것으로 보건데 현명함은 못난 사람을 복종시키기에 부족하며, 권세가 현명한 사람을 굴복시킬 수 있다."[37]

세상에는 반드시 못난 사람이 현명한 사람에게 복종하는 것은 아니며, 이와 반대로 현명한 사람이 못난 사람에게 복종하는 경우가 허다하다. 그 이유는 무엇 때문인가? 신자는 세(勢) 때문이라고 보았다. 신

---

36 『韓非子』,「難勢」, "愼子曰. 飛龍乘雲, 螣蛇遊霧. 雲罷霧霽, 而龍蛇與蚯蚓同矣, 則失其所乘也. 賢人而詘於不肖者, 則權輕位卑也. 不肖而能服於賢者, 則權重位尊也. 堯爲匹夫, 不能治三人, 而桀爲天子, 能亂天下. 吾以此知勢位之足恃, 而賢智之不足慕也."
37 『愼子』,「威德」, "飛龍乘云, 云罷霧霽, 與蚯蚓同, 則失其所乘也. 故賢而屈于不肖者, 權輕也；不肖而服于賢者, 位尊也. 堯爲匹夫, 不能使其鄰家. 至南面而王, 則令行禁止. 由此觀之, 賢不足以服不肖, 而勢位足以屈賢矣."

자는 사람의 능력과 상관없이 세에 의해서 좌우지 된다고 보았던 것이다.

『신자』가 「예문지」에 법가류로 분류되어 있듯이, 신자는 법을 강조하였다. 순자도 "신자(愼子)는 법에 가려져 어진 인격의 가치를 알지 못했다."[38]라고 하였다.

신도는 법과 관련하여, "저울을 가지고 있는 자에게는 경중(輕重)을 속일 수 없으며, 자를 가지고 있는 자에게는 장단(長短)의 차이가 생겨날 수 없으며, 법도를 가지고 있는 자에게는 기교를 부릴 수가 없다."[39]라고 하였다. 이처럼 신도는 객관성을 가진 법을 가지고 있다면 저울이나 자처럼 인사를 정확히 처리할 수 있다고 보았다. 또한 "지금은 나라에 한결같은 도가 없고, 관리에게는 따라야할 한결같은 법이 없다. 이 때문에 국가가 나날이 혼란스러워지는 것이다."[40]라고 하였다. 법이 제대로 운용되기 위해서는 보편성을 가지고 있어야 한다는 의미이다. 신자는 세상의 질서를 이루기 위해서는 한결같은 도가 있어야 하며, 국가의 행정이 잘 이루어지기 위해서는 한결같은 법이 있어야 한다고 주장하였다.

이와 같이 『신자』에서는 도와 법의 보편성을 강조했다. 그러므로 "이치를 따라 지키며, 자연을 따른다. 화(禍)와 복(福)은 도(道)와 법(法)에서 생겨나는 것이지 사람의 애증(愛憎)에서 나오는 것은 아니다."[41]라고 하였다. 신자는 노자의 도가 갖는 보편성을 차용하여, 도와 법을 하나로 연결시키고 있다. 이로써 신자는 자연법을 강조한 동시에 법은 인간의 사사로운 감정으로부터 나오는 것이 아님을 강조하였다.

---

38 『荀子』, 「解蔽」, "愼子蔽於法而不知賢."
39 『愼子』, 「逸文」, "有權衡者, 不可欺以輕重, 有尺寸者, 不可差以長短, 有法度者, 不可巧以詐僞."
40 『愼子』, 「威德」, "今也, 國無常道, 官無常法, 是以國家日繆."
41 『愼子』, 「逸文」, "守成理, 因自然. 禍福生乎道法, 而不出乎愛惡."

신도는 자연법을 강조하였으므로 천도를 중요시하였는데, 다른 한편으론 법은 천지와 무관하게 사람 사이에서 생겨났다고 주장하기도 했다. 가령 "법은 하늘로부터 나온 것이 아니고 땅으로부터 나온 것도 아니다. (법은) 사람 사이에서 나온 것이므로 사람의 마음에 합치될 따름이다."[42]라고 하였다. 이와 같은 사유는 장자나 순자의 천인지분(天人之分)과 유사한 측면이 있다. 장자나 순자는 천의 가치를 인정하면서도, 천이 인간의 일에 사사로이 간여하지 않는다고 보았다. 『신자』에서도 인도는 천도를 표본으로 삼아야 하지만, 천과 인은 그 작용이 다르므로 천도를 인간의 법에 그대로 적용시킬 수 없다고 보았던 것이다.

또한 신도는 "법이 비록 선하지 못하더라도 법이 없는 것보다는 낫다. 왜냐하면 사람의 마음을 통일시키기 때문이다."[43]라고 하였다. 신도의 이러한 주장은 소크라테스의 "악법도 법이다"라는 말을 연상케 한다. 소크라테스는 어떠한 악법을 부당하다고 느낄 수는 있지만 법이 없는 것보다는 낫다고 보았다. 왜냐하면 우리들의 이해관계가 서로 다르므로 법이 없다면 서로 싸울 수밖에 없다고 보았기 때문이다. 신도 역시 비록 악법이라도 법이 있어야 최소한의 질서라도 유지할 수 있다고 본 것이다.

과연 법이 없다면 그 사회는 반드시 무질서해지는 것인가? 도가에서는 그렇지 않다고 보았다. 무엇보다 도가에서는 인간의 본성을 선하게 보았다. 인간의 본성이 선하다고 한다면 가만 놔둬도 저절로 질서를 도모하게 되므로 법은 불필요하게 된다. 그러므로 노자는 "백성은 명령받는 것이 없어도 저절로 조화[自均]를 이룬다."[44]라고 하였다.

그런데 법가의 입장에서는 법의 옹호를 위해 인간의 본성을 이기적

---

42 같은 책, "法非從天下, 非從地出. 發於人間, 合乎人心而已."
43 『愼子』, 「威德」, "法雖不善, 猶愈于無法, 所以一人心也."
44 『老子』, 32장, "民莫之令而自均."

인 존재로 볼 수밖에 없다. 왜냐하면 인간의 본성이 선하다고 한다면, 노자의 주장에서와 같이 법이 없이도 질서를 이룰 수 있다는 주장이 가능하기 때문이다. 한비가 인간의 본성을 악하다고 보았던 이유도 바로 이 때문이다. 즉 인간의 본성은 악하므로 법과 같은 강력한 제제의 수단이 없다면 그 사회는 필시 악으로 빠져든다고 주장했던 것이다. 신도 역시 모든 사람들은 궁극적으로 자신의 이익을 좇는다고 보았다.

> "사람들은 누구나 자기 자신을 위한다. 이를 변화시켜 군주 자신을 위해 노력하도록 만든다면 어느 누구의 힘도 사용할 수 없다. 그러므로 선왕들은 녹봉을 받지 않는 자를 신하로 삼지 않았는데, 녹봉이 후하지 않으면 더불어 어려운 일에 뛰어들려고 하지 않기 때문이다. 사람들이 자신을 위할 수 있는 수단을 얻을 수 없으면, 윗사람은 그들을 취해서 부릴 수 없다. 그러므로 사람이 스스로를 위한다는 것을 이용해야지, 그들이 나를 위한다는 것을 이용하면 안 된다. 그렇게 한다면 사람들을 부릴 수 없게 된다. 이것을 두고 '따라야 한다'고 하는 것이다."45

한비가 인간의 마음에는 계산심(計算心)을 갖고 있다고 보았듯이, 신도 역시 인간의 마음에는 계산심을 갖고 있다고 보았다. 그러므로 신하는 자신에게 이익이 없다면 군주를 위해 일하지 않는다는 것이다. 이것은 분명 유가와 다른 지점이다. 유가에서는 신하가 자신의 이익과 상관없이 왕에게 충성을 다해야 한다고 말하고 있지만, 과연 신하가 아무런 이익도 없이 충성을 다하는 것이 가능할까? 신도는 인간이 이기적인 동기에 의해 움직이는 존재이므로 불가능하다고 보았던 것이다.

---

45 『愼子』,「因循」, "人莫不自為也. 化而使之為我, 則莫可得而用矣. 是故先王見不受祿者不臣, 祿不厚者, 不與入難. 人不得其所以自為也, 則上不取用焉. 故用人之自為, 不用人之為我, 則莫不可得而用矣. 此之謂因."

법은 보편성과 객관성을 가지고 있어서 모든 사람에게 똑같이 적용되어야 한다. 그러므로 신도는 군주 마음대로 판단해서 법을 집행해서는 안 된다고 보았다. 즉 "군주가 법을 방치하고 자신의 주관대로 다스리게 되면, 주살(誅殺)·상(賞)·임용·파면이 임금의 마음에서 나오게 된다. 그렇게 되면 상을 받는 것이 비록 합당하더라도 많음을 바라기가 끝이 없게 되며, 벌을 받는 것이 비록 합당하더라도 가벼움을 바라기가 끝이 없게 된다."[46]라고 하였다. 군주가 사사로운 감정에 의해 판단하게 되면 사람들은 더욱 많은 상을 받고 더욱 적은 벌을 받으려고 하므로 법의 공정성이 무너지게 된다는 것이다.

그렇다면 법의 공정성을 갖기 위해서 군주는 어떠해야 하는가? 신도는 군주가 무위에 처해야 한다고 보았다. 한비는 임금이 무위에 처하고 신하는 유위에 처한다면 다스려지지 않음이 없다고 말하였다. 그런데 신도 역시 이와 유사한 주장을 하였다.

> "군신의 도에서는 신하는 임무를 행하며, 임금은 일이 없다. 임금은 편안히 즐기고 신하는 수고로움을 담당하며, 신하는 지력을 다하여 일을 잘 하고 임금은 참여하지 않으며 일의 성공을 고대할 따름이다. 이처럼 일에 있어서 다스려지지 않음이 없으므로, 이것이 다스림에 있어서 정도이다."[47]

신하는 유위에 처하여 바쁘게 일해야 하지만, 군주는 무위에 처하여 일일이 행하지 않으며 다만 신하의 성과만을 살필 따름이다. 이렇게 되면 그 어떠한 일도 다스려지지 않음이 없다는 것이다. 신도의 이러한

---

46 『愼子』, 「君人」, "君人者, 舍法而以身治, 則誅賞予奪, 從君心出矣. 然則受賞者雖當, 望多無窮. 受罰者雖當, 望輕無已."
47 『愼子』, 「民雜」, "君臣之道, 臣事事而君無事. 君逸樂而臣任勞, 臣盡智力以善其事, 而君無與焉, 仰成而已. 故事無不治, 治之正道然也."

주장은 한비의 무위의 통치술과 매우 흡사하다.

이상의 것에서 볼 때, 한비와 신도의 사상은 많은 면에서 유사하다. 세(勢)의 강조, 보편적 성격의 법의 강조, 인간의 본성을 이기적인 것으로 봄, 무위의 통치술 등에 있어서 서로 간에 일치한다. 이것은 곧 한비가 신도로부터 지대한 영향을 받았음을 의미한다.

그런데『장자』「천하」편에서는 전병(田騈)과 신도(愼到)를 하나의 학파로 보았다. 가령 "공평한 입장을 택한 채 한쪽으로 기울지 않고, 쉬우면서도 사사로움이 없고, 비어있어 주인이 없고, 사물에 순응하면서 두 입장을 세우지 않고, 하나의 생각에 빠지지도 않고, 앎에 있어서 권모술수를 행하지 않고, 사물을 선택하지도 않고, 만물과 함께 나아간다. 팽몽(彭蒙)·전병(田騈)·신도(愼到)들은 이 가르침을 듣고 기뻐하며, 만물을 가지런히 함을 으뜸으로 삼았다."48라고 하였다. 많은 학자들은『장자』「천하」편에 의거하여 전병과 신도를 동일 학파로 보았으나, 백해는 이에 대해 다음과 같은 반론을 제기하였다.

"이상의 논의를 종합해보면, 전병과 신도의 학술사상에는 같은 점도 있고 다른 점도 있다. 두 사람 모두 도가를 근본으로 삼아, '인임자연(因任自然)'과 '기사거기(棄私去己)'라는 도가의 근본 입장을 견지하였다. 다만 전병은 비교적 순수한 도가 학자로서 그의 학술은 도가 이론을 밝히는 데 중점을 두었고, 아울러 '제만물(齊萬物)'이란 방법론을 제시하여 도가사상을 발전시켰다. 반면에 신도는 구체적인 치국의 방법론에 몰두하였으므로 도가이론에서 출발하여 비교적 체계적인 법가사상을 제시하였으며, 도를 끌어다가 법에 집어넣은 아주 중요한 인물이다. 전병의 '제만물(齊萬物)'의 사상이 신도에게는 없었고, 신도의 법치

---

48 『莊子』,「天下」, "公而不當, 易而無私, 決然無主, 趣物而不兩, 不顧於慮, 不謀於知, 於物無擇, 與之俱往. 古之道術有在於是者. 彭蒙田騈愼到聞其風而悅之, 齊萬物以爲首."

사상 또한 전병에게 없었으니, 이것이 두 사람의 학술에 있어서 중요한 차이점이다."49

백해의 주장은 참고할만하다. 신도와 신불해는 법가의 인물이지만 도가사상을 적극 수용함으로써 법가의 체계를 구축하고자 했다.

---

49 白奚, 「論田騈慎到學術之同異」, 『道家文化研究』 第8輯, 上海古籍出版社, 1995, 192쪽.

2. 한비(韓非)

(1) 법사상

한비는 법가의 집대성자로 법가의 가장 대표적인 인물이다. 『사기』의 「노자·한비열전」에서 한비에 대해 다음과 같이 말하였다.

"한비는 한(韓)나라의 여러 공자 가운데 하나였다. 형명과 법술의 학을 좋아하였는데, 그 귀착점은 황로에 근본하고 있다. 한비라는 사람은 어눌하여서 말을 잘하지 못하였지만, 글은 잘 지었다. 이사와 함께 순경을 스승으로 섬겼는데, 이사는 스스로 한비보다 못하다고 여겼다. 한비는 한나라 땅이 깎이고 국력이 쇠약해지는 것을 보고서 한나라 왕에게 글을 자주 올렸으나, 한나라 왕은 기용하지 않았다. 이에 한비는, 나라를 다스리는 데 법제(法制)를 닦아서 밝히거나 왕이 권세를 잡고서 신하를 통제하거나 부국강병을 위한 인재를 구하고 현명한 사람을 임용하는 것에 힘쓰기는커녕, 도리어 천박하고 음탕한 좀벌레 같은 자들을 천거하여 공(功)과 실(實)이 있는 자 위에 군림하게 하였음을 증오하였다. (그는) 유자들이 글로써 나라를 혼란케 만들었고, 무사들은 무용(武勇)으로써 나라의 금령을 범하였다고 여겼다."[50]

---

50 『史記』, 「老子韓非列傳」, "韓非者, 韓之諸公子也. 喜刑名法術之學, 而其歸本於黃老. 非爲人口吃, 不能道說, 而善著書. 與李斯俱事荀卿, 斯自以爲不如非. 非見韓之削弱, 數以

이제 사마천의 '한비전'을 중심으로 한비의 사상적 배경에 대하여 살펴보자. 한비의 출생지인 한(韓)나라는 본래 진(晉)나라였다. 진나라는 문공(文公) 때 천하 패권을 장악하고 패자가 되었다. 진문공이 비록 천하 패권을 장악하였지만 오랫동안 친족 간의 피비린내 나는 정권 다툼으로 인해 친족이 거의 사라짐으로써 상대적으로 신하들의 세력이 막강하였다. 당시 나라의 실권을 장악했던 자는 여섯 성씨의 신하들이었다. 지씨(智氏)·범씨(范氏)·중행씨(中行氏)·한씨(韓氏)·위씨(魏氏)·조씨(趙氏)가 바로 이들이다. 이 명문 귀족들은 권력을 장악하고자 서로 치열히 싸웠으며, 진문공 사후에는 급기야 조씨(趙氏)·한씨(韓氏)·위씨(魏氏)에 의해서 조(趙)·한(韓)·위(魏)라는 세 나라로 나뉘게 되었다. '한나라'라는 이름도 한씨의 성을 딴 것이다. 그런데 한비의 성씨에서 알 수 있듯이 한비는 한씨 혈통을 이어받은 명문 귀족이었다. 당시의 한비는 이사와 더불어 그 유명한 순자에게 배웠는데, 이사는 훗날 진시황을 도와 천하 통일을 이룬 명재상이 되었다. 그런데 이사와 같은 비범한 인물조차도 한비보다 못하였다고 자인하였다.

이처럼 한비는 명문 귀족 출신인데다가 당대의 최고의 학자인 순자에게 배웠으며, 후에 명재상이 된 이사조차도 그의 역량에 미치지 못한다고 자인할 만큼 총명하였다. 이러한 객관적인 정황만 놓고 본다면 그는 당시에 가장 빨리 출세가도를 달렸어야 했다. 그런데 현실은 그렇지 못했다. 그는 자신의 뜻을 펼칠 수 없었을 뿐만 아니라 세력권에서 늘 소외당하였다. 그가 세력권에서 소외당한 가장 큰 이유는 신하들이 그의 출세를 가로막았기 때문이다. 신하들이 한비를 가로막은 데에는 여러 가지 이유가 있는데, 무엇보다 한비의 이론 속에는 신하들을 견제하고 제약시키자는 주장이 들어있었다. 신하들이 자신의 권력을 견제하

書諫韓王, 韓王不能用, 於是韓非疾治國不務脩明其法制, 執勢以御其臣下, 富國彊兵而以求人任賢, 反擧浮淫之蠹而加之於功實之上. 以爲儒者用文亂法, 而俠者以武犯禁."

고 제약하려는 이론을 달갑게 여기지 않았음은 당연한 일이다.

이러한 배경에서 한비는 당시의 권신들에 의해 출세가 가로막혀 자신의 뜻을 펼칠 수가 없었다. 그는 자신을 배척하려고 하였던 당시의 신하들을 증오하였다. 그 증오가 너무도 커서 당시의 신하들을 향해 나라를 좀먹게 하는 '좀벌레 같은 놈[蠹]'이라고 혹평했다. 물론 그가 신하들을 증오한 것은 이들이 단순히 자신을 세력권에서 배제하려고 했기 때문만은 아니다. 당시의 한나라는 비록 약소국이었지만, 전국시대에 가장 오랫동안 천하의 패권자로 군림하였던 진(晉)나라로서의 긍지를 가지고 있었다. 그런데 당시 한나라의 상황은 초라하기 그지없었다. 한나라는 외국의 침략으로 점점 영토가 줄어들고 있었으며, 호시탐탐 침략만을 엿보고 있는 주변 강대국에 둘러싸여 있어서 언제 망할지 모르는 그야말로 풍전등화의 처지에 있었다. 이처럼 참담한 현실을 직시한 한비는 왕에게 자주 간언하며 부국강병을 도모하고자 했지만, 신하들의 이간질 때문에 그의 뜻이 제대로 전달되지 못하였다.

이러한 상황에서 한비는 당시의 신하들에 대하여 강한 적개심을 품게 되었으며, 급기야 이들이야말로 나라를 쇠퇴시킨 주범이라고 보았다. 따라서 한비의 사상은 두 방향으로 나아갔다. 부국강병을 도모하여 멸망될 위기에 처한 한나라를 구해야 한다는 것과 그러려면 먼저 신하들을 통제하고 왕권을 강화해야 한다는 것이 바로 그것이다. 『한비자』라는 방대한 저서도 궁극적으로 어떻게 하면 신하를 잘 통제하여 왕권을 강화시킴으로써 부국강병을 도모할 수 있을까에 있었다.

한비는 부국강병을 위해서는 먼저 왕권 강화가 필요하다고 보았다. 그러므로 한비의 주안점은 세(勢)에 있었다. 법(法)과 술(術)은 세를 얻기 위한 양쪽 날개에 해당한다. 혹자가 한비에게 신불해와 상앙 중에서 어느 쪽이 국가에 더욱 절실히 필요한 인물이냐고 질문하자, 한비는 다음과 같이 답하였다.

"지금 신불해는 술(術)을 말하고 공손앙(公孫鞅:상앙)은 법을 말하였다. 술이란 능력에 따라 관직을 주고, 이름(관직)을 따라 실질(실적)을 추구하며, 죽이고 살리는 칼자루를 쥐고, 신하들의 능력에 따라 점수를 매기는 것이니, 이것이 군주가 잡고 있는 것이다. 법이란 공포된 법령이 관직에 드러나 있고, 형벌이 반드시 백성의 마음에 새겨져 있고, 상은 법에 신중한 자에게 있고, 벌은 명령을 어지럽히는 자에게 가해지는 것이니, 이것은 신하된 자가 따라야 하는 것이다. 임금에게 술이 없다면, 윗자리에서 눈과 귀가 가려지고, 법이 없다면 아래에서 어지럽게 된다. 이처럼 하나라도 없어서는 안 되니, 이 모두가 제왕이 갖고 있어야 할 도구인 것이다."[51]

이처럼 한비는 군주가 세를 얻기 위해서는 법과 술 중에서 그 어느 하나라도 없으면 안 된다고 보았다.

한비는 『노자』 최초 주석서인 「해노(解老)」편과 「유노(喩老)」편을 쓸 만큼 노자에 대해 지대한 관심을 갖았다. 그런데 한비는 노자의 무위를 일종의 군주의 통치술로 해석하였다. 한비가 노자에 대해 각별히 관심을 가진 것을 계기로 하여, 이후의 많은 학자들이 노자와 한비를 유사한 계통으로 보려고 하였다. 가령 사마천은 노자와 한비를 하나로 묶어 「노자·한비열전」이라는 편명을 붙인 것에서도 볼 수 있듯이 노자와 한비를 유사 계통으로 보았다. 이처럼 노자와 법가를 유사 계통으로 봄으로써, 급기야는 노자의 사상을 법가의 권모술수로 보려는 학자들이 많았다. 특히 송대(宋代)의 유자들이 이와 같이 보았다.

실제로 한비는 노자의 사상으로부터 지대한 영향을 받았다. 순자가

---

51 『韓非子』, 「定法」, "今申不害言術而公孫鞅爲法. 術者, 因任而授官, 循名而責實, 操殺生之柄, 課群臣之能者也, 此人主之所執也. 法者, 憲令著於官府, 刑罰必於民心, 賞存乎愼法, 而罰加乎姦令者也, 此臣之所師也. 君無術, 則弊於上; 臣無法, 則亂於下. 此不可一無, 皆帝王之具也."

『장자』의 천 개념을 계승한 반면에 한비는 노자의 도 개념을 계승하였다. 한비는 도를 모든 이치의 근원이라고 봄으로써, 노자와 같이 도를 최고의 상위 개념으로 삼았다. 즉 "도는 만물의 근원이며, 시비의 기강(紀綱)이다."[52]라고 하였다. 또한 도와 법의 통일을 도모한 『관자』의 영향을 받아 도와 법의 통일을 도모하였다.

법의 주요 골자는 '신상필벌(信賞必罰)'이라는 '두 자루[二柄]'와 이 '두 자루'의 구체적인 운용으로서의 '형명참동(形名參同)'이다. 한비는 잘한 자에게 상을 주고 못한 자에게 벌을 준다는 '신상필벌'을 주장했는데, 이것은 신하를 제어하기 위한 일종의 당근과 채찍이었다. 한비는 왕이 당근과 채찍이라는 '두 자루'를 잡고 있으면 나라를 통치하기가 용이해진다고 보았던 것이다. 따라서 "군주가 스스로 형과 덕을 사용하면, 신하들은 그의 위엄을 두려워하여 군주의 이로움으로 돌아가게 된다."[53]고 하였다. 그런데 상과 벌은 기분 내키는 대로 행할 수 있는 것이 아니며, 여기에는 반드시 객관적 기준이란 것이 있어야 한다. 이 객관적 기준이 바로 '형명참동(形名參同)'이다. '형명참동'은 명(名)을 기준으로 삼고서 형(形)이 명에 그대로 들어맞을 때는 상을 주는 반면에, 형이 명에 지나치거나 모자랄 때는 벌을 준다는 내용을 골자로 한 것이다.

'형명참동'의 목적은 신하들로 하여금 주어진 역할에 미치지 못하거나 그 이상의 초과달성하는 것을 엄격히 통제함으로써 자신에게 주어진 '역할[名]'만을 충실히 이행하도록 하기 위함이었다. 또한 한비는 신하들이 교활한 존재들이므로 형명참동을 실현하기 위해서는 강압적인 장치가 필요하다고 보았는데, 이 강압적인 장치가 바로 '신상필벌'이었던 것이다.

일반적인 상식으로 본다면 자신의 일을 초과 달성할 경우에는 칭찬

52　『韓非子』,「主道」, "道者, 萬物之始, 是非之紀也."
53　『韓非子』,「二柄」, "人主自用其刑德, 則群臣畏其威而歸其利矣."

이나 포상을 받아야 한다고 생각할 것이다. 그러나 한비는 특이하게도 자신의 역할 이상을 초과 달성했을 때에도 처벌을 받아야 한다고 주장하고 있다. 『한비자』에서 다음과 같이 말하고 있다.

> "옛날 하나라 소왕(昭王)이 술에 취해 잠에 들었다. 전관(典冠:관을 담당하던 관리)이 왕이 추워하는 것을 보고서 옷을 덮어주었다. 왕은 잠에서 깨어나 주위 사람들에게 말하였다. '옷을 덮어준 자가 누구냐?' 주위 사람들이 '전관입니다'라고 말하였다. 왕은 이에 따라 전의(典衣: 옷을 담당하는 관리)에게는 벌을 주었고 전관에게는 사형에 처하였다. 전의에게 벌을 준 것은 자신의 일을 소홀히 했기 때문이며, 전관에게 벌을 준 것은 그 직분을 넘어섰기 때문이다."[54]

인간의 도리를 강조한 유가의 관점에서 본다면 관을 담당하는 전관이야말로 신하의 도리를 다한 충신이다. 그런데 『한비자』에서는 자신의 직분을 다하지 못한 전의에 대해서는 단순한 처벌이 가해졌지만, 자신의 직분을 넘어선 전관에 대해서는 사형에 처했다. 전관에게 더욱 가혹한 형벌이 가해진 것이다. 이것을 통해 볼 때 우리는 한비가 자신의 직분을 다하지 못한 신하보다 월권하는 신하를 더욱 경계하였음을 알 수 있다.

그런데 왕이 비록 엄격한 상벌권(賞罰權)을 가지고 있더라도 신하들이 왕의 속마음을 미리 간파한다면 자칫 무용지물이 될 수도 있다. 왜냐하면 신하들은 교활하기 때문에 왕의 속마음을 미리 알아차려 환심을 사려고 아첨할 뿐만 아니라, 왕의 고유한 권한인 신상필벌을 자신들에게 유리하도록 악용할 수도 있기 때문이다. 이와 관련하여 한비는 다

---

54 같은 책, "昔者韓昭侯醉而寢, 典冠者見君之寒也, 故加衣於君之上. 覺寢而說, 問左右曰. 誰加衣者. 左右答曰. 典冠. 君因兼罪典衣殺典冠. 其罪典衣, 以爲失其事也. 其罪典冠, 以爲越其職也."

음과 같이 말했다.

"임금은 자신이 원하는 것을 보이지 않아야 한다. 만일 임금이 자신이 원하는 것을 보인다면 신하는 꾸미려 할 것이다. 임금은 자신의 생각을 보이지 않아야 한다. 만일 임금이 자신의 생각을 보인다면 신하는 장차 (임금의 환심을 사려고) 속마음과 다른 것을 보일 것이다."55

이처럼 한비는 왕권[勢]을 강화시키기 위해서는 단지 신상필벌의 법만으로는 안 되며, 여기에 반드시 술이 더해져야 한다고 보았다. 그가 말한 술은 한마디로 말하면 '무위의 통치술'이다. 무위의 통치술이란 임금이 아무것도 하지 않는 척함이다. 구체적으로 말하면 왕이 속내를 신하들에게 보이지 않음이다. 그러기 위해서는 군주는 아무 생각이 없는 것처럼, 혹은 현명하지 않은 것처럼 해야 한다.56

임금이 자신의 속마음을 신하들에게 보이면 영악한 신하들은 반드시 임금의 생각을 미리 간파하고서 이것을 악용하려 들지만, 이와 반대로 임금이 자신의 속마음을 보이지 않는다면 신하들은 임금이 무슨 생각을 하는지 갈피를 잡을 수 없으므로 두려움에 떨게 되며,57 더 나아가 자신들의 맡은 역할을 충실히 수행하지 않을 수 없게 된다고 보았다. 한비는 이것을 '무불위(無不爲)'라고 하였다. 이와 같이 무위의 목적은 왕의 소극적인 치도를 강조하기 위한 것이 아니며, 오히려 왕이 무위를

55 　같은 책, "君無見其所欲. 君見其所欲, 臣自將雕琢. 君無見其意. 君見其意, 臣將自表異."
56 　한비는 "그러므로 군주는 지혜가 있더라도 생각이 없는 것처럼 해야 하고, 모든 사물이 자신의 자리를 알게 한다. 행동을 하게 현명하지 않은 것처럼 하고, 신하들의 행동거리를 관찰한다. 용기가 있어도 분노하지 말고 신하로 하여금 용기를 다하게 한다.[故有智而不以慮, 使萬物知其處. 有行而不以賢, 觀臣下之所因. 有勇而不以怒, 使群臣盡其武]"라고 하였다. * 『韓非子』, 「主道」
57 　한비는 "현명한 군주가 위에서 무위하면 뭇 신하들은 밑에서 두려워 벌벌 떤다.[明君無爲於上, 群臣竦懼於下]"고 하였다. * 韓非子, 「主道」

통하여 신하들을 완전히 장악함으로써 다스리지 않음이 없게 하기 위한 것이었다.

(2) 「해로(喩老)」와 「유로(解老)」

한비는 노자에 대해 많은 관심을 가졌다. 실제로 『노자』에 대한 주석서인 「해로(喩老)」편과 「유로(解老)」편을 썼다. 「해로」와 「유로」 두 편은 역대 『노자』 주석서 중에서 최초의 주석서에 해당한다. 법가를 집대성한 인물에 의해 최초의 주석서가 쓰였다는 것은 참으로 아이러니가 아닐 수 없다. 더욱이 도가와 법가는 서로 다를 뿐만 아니라 가장 대립적인 사상임에도 불구하고 말이다.

그렇다면 한비는 어째서 『노자』 주석서를 썼던 것인가? 물론 한비가 받아들일 만한 부분이 있다고 보았기 때문에 썼을 것이다. 또한 뭔가 받아들일 만한 부분이 있다는 것은 『노자』의 사상이 자신의 사상과 부합하는 측면이 있다고 보았기 때문일 것이다.

실제로도 부합하는 측면이 없지 않다. 『한비자』에서 "진(晉)나라 헌공(獻公)이 우(虞)나라를 치려고 할 때 옥과 말을 주었고, 지백(知伯)이 구유(九由)를 치려고 할 때 큰 수레를 주었다. 그러므로 (노자는) '상대방의 것을 장차 거둬들이려고 한다면 반드시 잠시 베풀어 준다'고 하였다."[58]라고 하였다. 한비가 『노자』 36장의 문장을 풀이한 것이다. 그런데 우리는 한비의 해석에서 특별히 트집잡을만한 점을 찾기 어렵다. 이러한 점에서 본다면, 한비와 노자 사이에는 전혀 유사성이 없다고 말할 수는 없다.

---

58 『韓非子』, 「喩老」, "晉獻公將欲襲虞, 遺之以璧馬, 知伯將襲讐由, 遺之以廣車. 故曰, '將欲取之, 必固與之.'"

노자와 법가의 사상이 정말로 상극이라고 한다면 어째서 이러한 유사점이 생겨난 것인가? 그 이유는 노자와 한비가 공통적으로 병가로부터 지대한 영향을 받았기 때문이다. 문제는 여기에 있다. 한비 이전의 법가들이 『노자』의 문장을 인용하면서 『노자』를 법가식으로 해석하였는데, 한비 역시 『노자』를 법가식으로 해석하였다. 예를 들어보자.

한비는 무위의 통치술을 강조했는데, 그의 무위 개념은 노자의 무위 개념으로부터 영향을 받은 것이다. 실제로 한비는 "군주가 상(賞)을 줄 뜻을 보이면 신하는 그 세를 이용하고, 군주가 형벌을 줄 뜻을 보이면 신하는 그 위엄에 편승한다. 따라서 (노자가) '나라의 이로운 기물을 남에게 보여서는 안 된다'고 말했다."[59]라고 하였다. 한비는 『노자』의 문장을 인용해 무위의 통치술을 설명하고자 했다. 문제는 한비가 '이로운 기물[利器]'을 '상'과 '벌'로써 해석했다는 데 있다. 노자가 '이로운 기물'을 상과 벌로 보았을 리 없으며, 이것은 한비가 자의적으로 해석한 것일 따름이다.

한비가 자의적으로 해석했다고 해서 크게 비난받을 일은 아니다. 역대의 주석가들도 어느 정도 자의적으로 해석해왔으므로 우리는 이러한 다양한 해석들을 폭넓게 수용할 필요가 있다. 그렇다고 내용의 본질을 왜곡시키는 그러한 것까지 모두 수용해야 하는 것을 의미하는 것은 아니다. 한비의 해석에는 『노자』의 본질을 왜곡시키는 부분이 많았다.

『노자』의 첫 장 첫 부분에서 '도를 도라고 한다면 영원한 도가 아니며[道, 可道, 非常道]'라고 하였다. 세부적인 부분에 있어서는 다양한 해석이 있을 수 있지만, 그 대략적인 취지는 '도란 규정할 수 없다'란 의미이다. 이와 같은 해석할 수 있는 예로 "나는 그 이름을 알 길이 없어 자(字)를 붙여 도라 하였다"[60]라는 문장을 들 수 있다. 명(名)과 자(字)에

---

[59] 같은 책, "人君見賞, 而人臣用其勢. 人君見罰, 而人臣乘其威. 故曰, 邦之利器, 不可以示人."

대하여 『예기』에서 "어려서는 이름[名]을 짓고 관례를 하면 자(字)를 짓는다."61고 하였다. 명(名)이란 태어나면서부터 붙여진 이름이며, 자(字)는 어른이 되어 남의 부모가 되면 함부로 이름을 부를 수가 없어서 이름 대신에 붙여진 호칭이다. 이처럼 이름[名]은 무엇인가를 규정짓기 위함인데 도는 무엇으로도 규정할 수 없으므로, 노자가 '나는 그 이름을 알 길이 없다'고 한 것이다.

그런데 한비는 "성인은 현묘한 허(虛)를 보아 두루 감[周行]을 사용하기에, 억지로 자를 붙여 '도'라고 하였다. 그런 뒤에 도를 논할 수가 있다."62라고 하였듯이, '도를 논할 수 있다'로 풀이하였다. 한비는 어째서 도를 논할 수 있다고 보았는가? 법을 규정적인 것으로 보았듯이 법의 근원이 되는 도 역시 규정적인 것으로 보았기 때문이다.

한비가 얼마나 철저히 규정화를 지향했는지를 적나라하게 보여주는 또 하나의 실례가 있다. 가령 『노자』 38장에 "上禮爲之而莫之應, 則攘臂而扔之"란 문장이 있는데, 이 문장은 통상 "최상의 예[上禮]는 행하되 응대함이 없으면, 팔뚝을 걷어붙이고 덤벼든다."로 풀이된다. 본 문장의 대의는 "자신이 먼저 예의를 베풀었는데도 상대방이 그 어떠한 반응도 보이지 않으면, 상대방이 자신의 호의를 무시한다고 여기며 성을 내며 팔뚝을 걷어붙이고 덤벼든다."는 의미이다. 여기서는 질박함이라고는 전혀 찾아볼 수 없는 예의 가식적인 면에 대하여 신랄하게 비판하고 있다. 그런데 한비는 오히려 "사람들이 예에 대하여 비록 의심을 품는다고 하더라도 성인은 다시 공손히 수족(手足)의 예를 다하였으므로 (예를 결행하려는 의지가) 수그러들 줄 몰랐다. 그러므로 '팔뚝을 걷어붙이고 더욱 열심히 (예를) 행하였다'고 하였다."63라고 하였다. 즉 최상의

---

60 『老子』, 25장, "吾不知其名, 字之曰道."
61 『禮記』, 「檀弓」(上), "幼名, 冠字."
62 『韓非子』, 「解老」, "聖人觀其玄虛, 用其周行, 强字之曰道. 然而可論."
63 같은 책, "衆人雖貳, 聖人之復恭敬盡手足之禮也, 不衰. 故曰, 攘臂而仍之."

예란 열심히 예를 행하되 그래도 상대편의 반응이 없으면 단념하지 않고 팔뚝을 걷어붙이고 더욱 열심히 예를 행한다고 풀이하였다.

한비의 해석대로라면 노자는 오히려 예를 중요시한 인물이 된다. 한비의 이러한 주장은 노자의 본의와 상반된 것임에 대해서는 부연 설명할 필요조차 없다. 여기서 문제의 본질은 한비의 이러한 해석이 과연 노자의 본의인가 아닌가에 있는 것이 아니라, 그가 어째서 이러한 해석을 했는가에 있다. 우리는 한비의 의도를 쉽게 파악할 수 있다. 예에는 사회적 구속력이 들어 있으며, 또한 사회적 구속력에는 규정과 규제가 있다. 한비는 규정과 규제를 중시하였기 때문에 예를 중요시하였던 것이다.

이와 같이 한비는 『노자』를 왜곡하였다. 더 큰 문제는 이러한 왜곡으로 말미암아 노자사상을 법가사상으로 변질될 수도 있다는 데 있다. 그러므로 우리는 두 사상이 뒤섞여 있더라도 양자의 차이를 분명히 식별할 필요가 있다. 그럼에도 불구하고 오늘날 중국학자들은 표면적인 유사성에 이끌려 노자와 법가를 유사 계통으로 보려고 하였으며, 심지어 전국시대에는 법가와 도가가 결합된 도법가적인 황로학이 유행하였다고 주장하고 있다.

3. 『황제사경(黃帝四經)』

1972년 호남성(湖南城) 장사(長沙)에서 마왕퇴 1호 한묘가 발굴되었는데, 그 속에는 '여자 시체'와 함께 많은 부장품이 들어 있었다. 또한 1973년 11월부터 1974년 초까지 2호 한묘와 3호 한묘가 연이어 발굴되었다. 이 세 묘 중에서 학계에서 가장 이목을 끌었던 것은 3호 한묘였다. 여기서 출토된 문물을 간략히 소개하면 다음과 같다.

묘지에는 많은 부장품이 들어 있었는데, 그 품목은 모두 38건의 병기, 5건의 악기, 316건의 칠기, 104건의 나무인형(木俑), 50건의 대나무 상자, 사직품(絲織品), 백화(帛畵) 등이었다. 그 외에 목독(木牘 : 나무 조각에 쓴 글)도 발굴되었는데, 이것은 410쪽의 유책(遺策 : 묘지 속의 물품 수량을 죽간에 기록한 장부)과 200쪽의 의서(醫書)로 되어 있다.[64] 묘지에서 발굴된 이 많은 부장품은 전국말기에서 한대 초기에 이르는 시기의 천문·의술·점서·신앙·복식·칠기공예·신앙·회화 등을 이해하는 데 실로 중요한 자료이다. 그중에서도 무엇보다 커다란 이목을 끌었던 것은 무려 12만 자에 달하는 방대한 분량의 백서였다.

『노자』 을본권 앞에 네 권의 문헌이 있었는데, 이것은 고일서일 뿐 아니라 책명조차 없으므로 이를 둘러싸고 많은 논의가 있었다. 그나마

---

64 湖南省博物館·中國科學院考研究所,「長沙馬王堆二號·三號漢墓發掘簡報」,『文物』第7期, 文物出版社, 1974, 39쪽.

다행히도 네 권의 문헌에는 다음과 같은 편명들이 기재되어 있었다.

『經法』凡五千.
『十大經』凡四千五□六□四.
『稱』千六百.
『道原』四百六十四.

『십대경』이란 편명에는 다양한 이견이 있다. 학자들이 처음에 『십대경(十大經)』이라고 이름 붙였는데, 1980년 문물출판사(文物出版社)에서 출판한 『마왕퇴한묘백서(馬王堆漢墓帛書)』에서 『십대경』은 마땅히 『십육경(十六經)』이 되어야 한다고 반론을 제기하였다. 그 이유는 '六' 자가 백서에는 '大'자로 되어 있지만 이것은 단지 말필(末筆)이 연접(連接)하지 못했기 때문이라고 하였다. 아울러 백서『주역』류인 고일서 『요(要)』·『무화(繆和)』·『소력(昭力)』 등과 같은 편에서 '六'자도 모두 이렇게 베껴 썼음을 근거로 내세우고 있다. 학계에서 이 견해를 받아들여 차츰 『십육경』이라고 부르게 되었다. 그런데 고정(高正)은 '大'자는 '四'자를 잘못 쓴 것이라고 주장하기도 하였다.65 이처럼『십대경』의 편명에 대한 의견이 분분하지만 여기서는 「십대경」이라고 부르기로 하겠다.

백서 을본 앞에 수록된 「경법(經法)」·「십대경(十大經)」·「칭(稱)」·「도원(道原)」이 네 권의 문헌은 편명만 있었기 때문에 책명에 대하여 통일을 보이지 못한 채 의견이 분분하였다. 처음에 학계에서는 오늘날 전해지지 않은 네 권의 책이라고 하여 '고일서' 4편(四篇)이라고만 불렀다. 그 이후에 당란이『한서』「예문지」에 책명만 남은 『황제사경』

---

65 高正,「帛書'十四經'正名」,『道家文化硏究』第3輯, 上海古籍出版社.

이 그 책일 것이라는 견해를 제기하였다.66 당란이 『황제사경』이라고 이름 붙인 근거는 다음과 같다. 그는 다음과 같이 주장하였다. 첫째, 내용상 네 편이 하나의 책이며 「십대경」이 황제와 신하 사이의 문답체로 구성되어 있다는 점에서, 황제서와 관련이 있다. 둘째, 역사적인 배경에서 보면 한대의 황로학과 연관이 있다. 셋째, 『한서』「예문지」의 분류에 따르면 〈도가류〉에서의 '황제서(黃帝書)'는 모두 5종이 있다. '『황제사경(黃帝四經)』 4편', '『황제명(黃帝銘)』 6편', '『황제군신(黃帝君臣)』 10편', '『잡황제(雜黃帝)』 58편', '『역목(力牧)』 22편'이 그것이다. 본서의 「경법」과 「십대경」 두 편은 모두 '경(經)'이라고 하였으며, 「칭」과 「도원」 두 편도 경의 체제로 되어 있다. 그런데 이 다섯 편 가운데서 경(經)이 붙어 있는 것은 오직 '『황제사경』 4편' 뿐이다. 더욱이 『한서』「예문지」에 나오는 '황제서(黃帝書)' 가운데 유독 『황제사경』 4편만이 본서의 편수와 같다. 이상에 의거해 본서는 마땅히 『한서』「예문지」에 나오는 『황제사경』 바로 그 책이라고 주장하였다.67

그 외에도 종조붕은 네 편을 황로의 합권(合卷)으로 보아 『황로백서(黃老帛書)』라고 이름 붙였으며,68 이학근은 『황제서』라고 이름 붙였다.69 그런데 고형은 네 편 중에서 「십대경」만이 황제와 신하 사이의 문답체로 되어 있음을 지적하며 오직 「십대경」만을 '황제서'로 보았다. 아울러 황제와 신하 사이의 대화체로 이루어졌다는 점을 근거로 『한서』「예문지」에 나오는 '『황제군신』 10편'이 그 책이라고 주장하였다.70 나복이(羅福頤)는 『한서』「예문지」에 나오는 '『역목(力牧)』 15편'이 그 책이라고 주장하였다. 그가 제시한 근거는 다음과 같다. 첫째, 네

---

66 「座談長沙馬王堆漢墓帛書」, 『文物』 第9期, 文物出版社, 1974.
67 唐蘭, 「〈黃帝四經〉初探」, 『文物』 第10期, 文物出版社, 1974.
68 鍾肇鵬, 「黃老帛書的哲學思想」, 『文物』 第2期, 文物出版社, 1978.
69 李學勤, 「記在美國擧行的馬王堆帛書工作會議」, 『文物』 第11期, 1979.
70 高亨, 「十大經初論」, 『歷史硏究』 第1期, 1975.

문헌의 내용은 모두 황제·음양가의 말로 이루어져 있는데, 『한서』 「예문지」에 나오는 『역목』 역시 병음양(兵陰陽)으로 분류되고 있다. 둘째, 「십대경」에서 황제의 신하인 역흑(力黑)은 바로 『역목』에 나오는 역목(力牧)을 지칭한다. 셋째, 「십대경」은 황제와 신하의 대화 형식으로 이루어져 있는데, 『한서』 「예문지」의 반고(班固)의 자주(自注)에서도 "이것은 황제의 신하가 (황제의 말에) 의탁하여 쓴 것이다"[71]고 하였다.[72]

비록 책명에 대하여 다양한 견해가 제기되었지만, 당란의 견해가 학계에서 가장 널리 받아들여졌다. 따라서 학계에서는 네 편의 문헌을 당란의 견해를 좇아 『황제사경』이라고 불렀다. 그러나 구석규(裘錫圭)와 같은 학자는, 이 네 편이 동일인의 작품이 아니라 각기 다른 사람의 저작일 뿐만 아니라 『한서』 「예문지」에 나오는 그 『황제사경』이 아니라고 주장하였다. 그 근거로써 다음과 같이 말하고 있다. 첫째, 네 편의 체제가 다를 뿐만 아니라, 글자 수 역시 큰 차이가 있다. 이를테면 제1편인 「경법」은 5천 자에 달하는 반면에 마지막 편인 「도원」은 단지 464자에 불과하다. 이처럼 편의 글자 수가 크게 다르다는 것은 곧 동일한 문헌이 아님을 뜻한다. 둘째, '고일서' 4편 중에서 유독 「십대경」만이 황제의 말로 구성되어 있을 뿐 나머지 세 편에는 황제란 말이 없다. 따라서 그는 '고일서 4편'의 명칭에 대하여, '마왕퇴『노자』 을본 앞에 있는 일서(馬王堆『老子』乙本卷前佚書)' 혹은 '「경법」 등 4편'이라고 불러야 한다고 주장하였다.[73]

필자 또한 구석규의 주장처럼 '고일서 4편'이 『황제사경』일 것이라는 견해에 동의할 수 없다. 그 이유는 다음과 같다.

71　『漢書』,「藝文志」, "黃帝臣, 依託也."
72　「座談長沙馬王堆漢墓帛書」, 『文物』 第9期, 文物出版社, 1974, 46쪽.
73　裘錫圭,「馬王堆帛書{老子}乙本卷前古佚書幷非〈黃帝四經〉」, 『道家文化硏究』(第3輯), 上海古籍出版社.

첫째, 『한서』「예문지」에 나오는 『황제사경』이 어떠한 책인지에 대해 전혀 알 길이 없다. '고일서 4편'이 『한서』「예문지」에 나오는 『황제사경』일 것이라는 주장은 어디까지나 막연한 추측일 뿐 그렇게 단정할만한 근거는 없다. 더욱이 『한서』「예문지」에서 언급된 『황제사경』은 도가류로 분류되어 있다. 반면에 본서는 비록 도가의 사상이 섞여 있지만 근본적으로 법가류에 속한다. 이처럼 '고일서 4편'과 『한서』「예문지」에 나오는 『황제사경』은 사상계통에 있어서 서로 다르다는 점에서 동일 계통의 책이 아니다.

둘째, '고일서 4편'은 구석규의 견해처럼 체제가 다를 뿐 아니라 각 편마다 글자 수가 크게 다르다는 점에서 동일한 문헌으로 보기에는 다소 무리가 있다. 많은 학자들이 동일인의 저작으로 보는 근거를 사상적인 유사성에서 찾고 있으나, 유사하다고 해서 동일인의 저작이라고 단정하기는 어렵다. 왜냐하면 이 네 문헌은 사상적인 유사성을 가진 각기 다른 저자의 것일 수도 있기 때문이다. 더욱이 네 편이 다루는 주제가 다르다는 점에서도 동일인의 문헌이라고 보기 어렵다.

셋째, 만일 이 문헌이 『황제사경』이라고 한다면 구석규의 견해같이 전서(全書)가 황제의 말로 이루어져 있어야 타당하다. 그런데 오직 「십대경」만이 황제의 말로 되어 있다. 그러므로 전서를 모두 '황제서(黃帝書)'라고 이름붙이는 것은 적합하지 않다. 한대의 유명한 의학 서적인 『황제내경(黃帝內經)』 전체가 황제와의 문답 형식으로 이루어져 있는 것과 좋은 대비를 이룬다. 더욱이 「칭」에서는 황제란 말이 전혀 보이지 않을 뿐 아니라 오히려 제(帝)와 상제(上帝)란 말만 보인다. 여러 학자들은 '제'나 '상제'를 황제로 풀이하였으나 책 제목에 이미 '황제'란 표제가 붙어있다면 '제'나 '상제'라고 칭하기보다는 『십대경』에서와 같이 '황제'로 칭했어야 마땅하다.

이상의 것에 따를 때, 본 편이 『한서』「예문지」에 나오는 그 『황제사경』이라고 보기 어렵다. 따라서 '고일서 4편'을 『황제사경』으로 보는 견해는 타당하지 않다. 그러나 현재로서는 이 문헌의 책명을 단정지을 만한 단서를 찾기가 불가능하므로 편의상 일반적인 견해를 좇아 『황제사경』이라고 부르기로 하자.

『황제사경』에 대한 논의 가운데서 가장 활발했던 것은 연대 문제였다. 이에 대하여 많은 논의가 있었는데, 그 논의는 전국 중기나 그 이전으로 보는 '조출설(早出說)'과 전국 중기 말에서 한대 초기까지로 보는 '만출설(晚出說)'로 크게 나누어 볼 수 있다. 이것을 좀 더 세부적으로 나누면, 1) 전국 중기 이전으로 보는 설, 2) 전국 중기 전후로 보는 설, 3) 전국말기로 보는 설, 4) 진한 때 혹은 서한 초기로 보는 설이 있다.74

황쇠(黃釗)·오광(吳光)·강립(康立)·강광휘(姜廣輝) 등은 '만출설'을 주장하였다. '조출설'을 주장하는 학자들은 『할관자』·『관자』·『한비자』와 같은 저서들이 『황제사경』과 유사함을 지적하면서 전자가 후자의 영향을 받았다고 보았다. 그러나 '만출설'을 주장한 황교는 이와 반대로 『황제사경』이 『할관자』·『관자』·『한비자』에서 영향을 받았다고 보면서 전국말기에서 진한 사이의 문헌이라고 주장하였다.75 오광은 '만출설'의 근거로 6가지 이유를 들고 있다. 그 요점을 간략히 소개하면 다음과 같다.

1) 황제 전설과 『황로백서』가 생겨난 시기를 본다면, 전자는 전국 중기 이후에 유행하였고 후자는 단지 이러한 배경에서 비로소 출현한 것이다. 2) 『노자』가 전국 중기에 이루어졌다는 점에서 『황로백서』는 시기적으로 이보다 더욱 늦어야 한다.76 3) 『황로백서』와 선진 고적(古籍)의 내용을 대조해 보면, 『황로백서』가 각 가(家)의 것을 베낀 것이지 각 가의 것이 『황로백서』를 베낀 것은 아니다. 4) 『황로백서』는 '일인

74　白奚,「〈黃帝四經〉早出之新證」,『道家文化研究』第14輯, 上海古籍出版社, 263쪽.
75　黃釗,「關於〈黃老帛書〉之我見」,『管子學刊』第4期, 1989, 17~20쪽.
76　吳光은 『老子』가 쓰인 연대를 전국시대 중기로 보았다.

일시(一人一時)'의 저작이 아니며 편명의 형식 또한 전국말기에 통례로 쓰인 사례가 있다. 5)『황로백서』의 이론적 특징은 도가사상을 위주로 기타 각 가의 사상을 종합한 것인데, 이것은 전국말기 혹은 그 이후의 일이다. 6)『황로백서』에 '검수(黔首)'란 말이 많이 나오는데, 이것은 전국시대 말기 혹은 진대 때 백성을 부른 말이다.[77]

강립과 강광휘는 한대 초기의 문헌이라고 주장함으로써, '만출설' 중에서도 가장 늦은 시기에 성립된 것으로 보았다. 강립은 한대 초기의 문헌으로 본 이유에 대하여 다음과 같이 설명하였다. 1)「십대경」에 '검수'란 말이 보이는데, 이것은 전국말기에서 진에 이르는 시기에 일반화된 용어이다. 2)「십대경」에 '천하를 겸유한다[兼有天下]'라는 '황제'상이 묘사되어 있는데, 이것은 선진 제자(諸子)에서는 보이지 않는 특색으로 한대 초기의 저작일 가능성이 크다. 3) "오직 나 한 사람이 천하를 겸유한다.'"[78]는 「십대경」의 표현은 한나라 고조의 조령(詔令)의 문구와 유사하다. 4)「십대경」에 등장하는 황제는 고조가 제로서 제후왕(諸侯王)을 분봉했던 한대 초기의 역사적 사실을 반영한다.[79]

강광휘가 한대 초기의 문헌으로 본 근거로 본 근거는 다음과 같다. 1) '오직 나 한 사람이 천하를 겸유한다', '도를 잡고서 법도를 포괄한다[執道抱度]', '가혹함을 바로잡고 난폭함을 억제한다[矯抑苛暴]'와 같은 사상은 한대 초기의 정치사상을 반영한 말이다. 2) 네 편의 고일서는 유가·묵가·음양가·명가·법가를 아울러 받아들여 만류(萬流)를 도에 귀일(歸一)시키는 사상을 체현(體現)하고 있는데, 이러한 정황은 전국 초기나 중기에는 나올 수 없으며, 황로사상이 통치의 지위를 점유하고 있던 한대 초기에서나 나올 수가 있다.[80]

---

77 吳光,『黃老之學通論』, 浙江人民出版社, 1985, 129~133쪽.
78 "唯余一人, 兼有天下."
79 康立,「〈十大經〉的思想和時代」,『歷史研究』第3期, 1975.
80 姜廣輝,「試論漢初黃老思想」,『中國哲學史研究集刊』第2輯, 上海人民出版社, 1984.

이상과 같이 여러 학자들이 '만출설'을 제시하였지만, 학계에서 널리 공인 받은 견해는 오히려 '조출설'이다. '조출설'을 처음으로 제기한 인물은 마왕퇴 출토문헌의 연구를 주도한 당란이다. 그는 『황제사경』의 연대를 '전국시대 전기와 중기 사이, 즉 기원전 400년 전후'라고 규정하였으며,[81] 많은 학자들은 이에 동조하면서 통설이 되었다. 이와 관련해 여명광(徐明光)은 신불해나 신도의 책 중에는 『황제사경』을 인용한 부분이 있는데, 사마천이 '신도는 황로를 배워 그 뜻을 드러냈다', '신불해의 학문은 황로학에 근본하고 있다'라고 말한 것과 관련해서 볼 때 두 사람이 『황제사경』에서 영향을 받았다고 주장하였다.[82]

　　이상과 같이 『황제사경』이 쓰인 연대에 대해 학자마다 의견이 크게 다르지만, 중국 학계에서는 '만출설'보다 '조출설'을 정설로 받아들였다. '조출설'을 따르면, 『황제사경』은 전국시대 초기에서 중기 사이의 문헌이 된다. 그렇다면 전국 중기에 해당하는 『장자』나 『맹자』보다도 오히려 성립 연대가 더욱 빠르다고 할 수 있다.

　　필자가 보기에 『황제사경』은 명백히 전국시대 말기에서 통일 진제국 사이의 문헌이다. 무엇보다 『황제사경』에는 선진시대의 문헌과 유사한 사상 혹은 유사한 문장이 자주 보인다는 사실이다.

　　학계에서는 무엇보다 『황제사경』과 『관자』 사이에 많은 유사성이 있음을 지적하고 있다. 이에 대하여 몇 가지 실례를 들어 보자. 「경법」에서는 "도는 법을 낳는다."[83]고 하였는데, 『관자』에서는 "법은 권(權)에서 나오고 권은 도에서 나온다."[84]고 하였다. 「경법」에서는 "비어 있어 형태가 없다."[85]고 하였는데, 『관자』에서도 "비어 있어 형태가 없는

81　唐蘭,「馬王堆出土〈老子〉乙本卷前古佚書的研究」,『考古學報』第1期, 1975, 10쪽.
82　徐明光,『黃帝四經與黃老思想』, 黑龍江人民出版社, 1989, 17~19쪽.
83　『黃帝四經』,「經法」,〈道法〉, "道生法."
84　『管子』,「心術」, "法出於權, 權出於道."
85　『黃帝四經』,「經法」,〈道法〉, '虛無刑「形」'.

것을 도라고 한다."86고 하였다. 「경법」에서는 "따라서 어두운 데서 함께 나왔으니, 혹은 이로써 죽고 혹은 이로써 살고 혹은 이로써 패하고 혹은 이로써 이룬다."87고 하였는데, 『관자』에서도 "사람에게 있어서 도를 잃으면 죽고 도를 얻으면 살며, 일[事]에 있어서 도를 잃으면 실패하고 도를 얻으면 이루게 된다."88고 하였다.

학자들은 『황제사경』과 월나라 상장군이었던 범려(范蠡)의 사상 사이에도 많은 유사성이 있음을 지적하고 있다. 이를테면 『황제사경』에서는 '대립물의 상호유전'적인 사고를 드러내는데, 범려 역시 "해는 기울었다가 다시 뜨고 달은 찼다가 다시 기운다."89고 하여 '대립물의 상호유전'적인 사상을 피력하였다. 양자의 유사성을 가장 처음 지적한 사람이 바로 당란이었다.90 그 이후 많은 학자들에 의해 양자의 유사성에 대하여 다방면의 연구가 이루어졌다.

그 외에도 많은 선진시대의 문헌과 『황제사경』 사이에 유사한 부분이 많다. 이를테면 『황제사경』에서 "하늘이 밝음을 가지고 있다면, 백성들의 몽매함을 걱정하지 않는다."91고 하였는데, 『신자』에서도 "하늘이 밝음을 가지고 있다면, 사람들의 몽매함을 걱정하지 않는다."92고 하였다. 『황제사경』에서 "신하에게 두 직위가 있게 되면 국가는 반드시 위태로워진다."93고 하였는데, 『신자』에서도 "따라서 신하에게 두 직위가 있게 되면 국가는 반드시 어지러워진다."94고 하였다. 또한 『황제사

---

86 『管子』, 「心術」, "虛無刑[形]謂之道."
87 『黃帝四經』, 「經法」, 〈道法〉, "故同出冥冥, 或以死, 或以生, 或以敗, 或以成."
88 『管子』, 「內業」, "道也者, 人之所失以死, 所得以生也, 事之所失以敗, 所得以成也."
89 『國語』, 「越語」(下), "日困而還, 月盈而匡."
90 唐蘭, 「馬王堆出土〈老子〉乙本卷前古佚書與其他古籍引文對照表」, 『考古學報』 第1期, 1975.
91 『黃帝四經』, 「稱」, "天有明, 而不憂民之晦也."
92 『愼子』, 「威德」, "天有明, 不憂人之暗也."
93 『黃帝四經』, 「稱」, "臣有兩位者, 其國必危."
94 『愼子』, 「立德」, "故臣有兩位者, 國必亂."

경』에서 "도는 법을 낳았다."⁹⁵라는 문장이 『할관자』·「병정(兵政)」에
도 그대로 나온다. 『황제사경』에서 "삼시(三時 : 春夏秋)에 의해서 공을
이루고, 일시(一時 : 冬)에 의해서 죽이는 것은 하늘의 도이다."⁹⁶고 한
문장은 『할관자』에서의 "삼시에 의해서 생장하고, 일시에 의해서 죽이
고, 사계절에 의해서 정해짐은 천지의 지극함이다."⁹⁷와 유사하다.

그 외에도 『묵자』·『맹자』·『장자』와 관련된 구절이 보인다. 이를
테면 『황제사경』에서 "겸애(兼愛)하여 사사로움이 없으면, 백성은 위정
자와 친해진다."⁹⁸고 하였는데, 잘 알다시피 '겸애'란 말은 묵자의 독창
적인 개념이다. 『황제사경』에서 "하늘을 따르는 자는 흥하고 하늘을 거
스르는 자는 망한다."⁹⁹고 하였는데, 『맹자』에서도 이와 똑같은 문장이
나온다. 『황제사경』에서 "강유(剛柔)와 음양은 본래 양행(兩行)하지 않
는다."¹⁰⁰고 하였는데, 이 '양행'은 『장자』의 독창적인 개념이다.

『황제사경』과 『노자』 사이에는 많은 유사성이 있다. 양자의 유사
성에 대하여 살펴보자.

『노자』에서 가장 중심적인 개념은 잘 알다시피 '도'이다. 그런데
『황제사경』에서도 '도'를 중요시하였다. 양자는 비단 도를 중시하였을
뿐 아니라, 도의 성격에서도 유사하다. 『노자』에서는 도가 허무를 본질
로 하고 있으므로 무규정적(無規定的)이며, 이 도에 의해서 일체 만물이
생겨났다고 보았다. 『황제사경』에서도 "도는 허(虛)하여 형태가 없어
서 어두컴컴하지만 만물은 그것으로 말미암아 생겨났다."¹⁰¹고 하였다.
또한 『황제사경』에서 "천지·음양·사시·일월·성신(星辰)·(지네처

---

95 『黃帝四經』,「經法」,〈道法〉, "道生法."
96 『黃帝四經』,「經法」,〈論約〉, "三時成功, 一時刑殺, 天地之道也."
97 『鶡冠子』,「泰鴻」, "三時生長, 一時刑殺, 四時而定, 天地盡矣."
98 『黃帝四經』,「經法」,〈君正〉, "兼愛無私, 則民親上."
99 『黃帝四經』,「十大經」,〈姓爭〉, "順天者昌, 逆天者亡."
100 『黃帝四經』,「十大經」,〈姓爭〉, "剛柔陰陽, 固不兩行."
101 『黃帝四經』,「經法」,〈道法〉, "虛無刑(形), 其裻冥冥, 萬物之所從生."

럼) 많은 다리를 가진 벌레·(지렁이나 뱀처럼) 다리 없는 동물·땅속에 뿌리내린 식물의 무리에 이르기까지 모두 도에 의거해 생겨난 것이다."102, "도는 신명(神明)의 근원이다."103라고 하였듯이, 구체적 사물만이 아니라 천지·음양·사시·일월·신명에 이르기까지 모든 존재와 가치가 도에서 생겨난다고 보았다.

노자는 도를 규정할 수 없으며 단지 '일(一)'과 '대(大)'로 파악하려고 하였다. 이를테면 '포일(抱一)'104, "(삼라만상의 총체가 생겨난 까닭은) 옛날에 하나를 얻었기 때문이다"105와 같이 도를 종종 '일(一)'이라고 표현하기도 했으며, "그것에 굳이 이름을 붙이자면 '대(大)'라고 할 수 있다"106고 하였듯이 도를 '大'(=太)라고 표현하기도 했다. 『황제사경』에서도 "따라서 드러남이 없으며, 크고[大] 하나[一]로 있어 이름 지을 수 없다"107고 하여, 도를 '대(大)'와 '일(一)'의 성격으로 파악하였다.

그 외에도 노자와 장자는 '도란 천지에 가득 차 있어 있지 않은 곳이 없다'라는 도의 '무소부재(無所不在)'를 주장하고 있는데, 『황제사경』에서도 "(도는) 사해의 안을 가득 채우고 있으며, 사해의 밖을 포괄하고 있다."108고 하여 도의 무소부재를 말하고 있다. 또한 『노자』는 도를 '규명할 수 없다.'109, '깊어서 (그 깊이를) 알 수가 없다'110고 하였는데, 『황제사경』에서도 "이러한 까닭에 최상의 도는 높아서 살필 수가 없으며, 깊어서 (그 깊이를) 측량할 수 없다."111고 하였다.

---

102 『黃帝四經』,「道原」, "天地陰陽,「四」時日月, 星辰雲氣, 蚑行蟯動, 戴根之徒, 皆取生."
103 『黃帝四經』,「經法」,〈名理〉, "道者, 神明之原也."
104 『老子』, 10장, 22장.
105 『老子』, 39장, '昔之得一者'.
106 『老子』, 25장, "强爲之名曰大."
107 『黃帝四經』,「道原」, "故, 無有形, 大迵無名." * 대동(大迵)은 '太一'과 같은 개념으로 '크다'와 '하나로 뒤엉켜 있다'란 뜻의 합성어이다.
108 『黃帝四經』,「道原」, "盈四海之內, 又包其外."
109 『老子』, 14장, '不可致詰'.
110 『老子』, 15장, '深不可識'.
111 『黃帝四經』,「道原」, "是故上道, 高而不可察, 深而不可測."

이처럼 노자의 '도'와 『황제사경』의 '도' 개념은 크게 일치한다. 그 외에도 『노자』에서는 "화(禍)는 복(福)이 의지하는 곳이며, 복이란 재앙이 깃들여 있는 곳이니, 누가 그 귀착점을 알 수 있겠는가?"112라고 하였듯이, 일체 만물은 '상호유전(相互流轉)'하므로 그 귀착점(極)을 알 수가 없다고 보았다. 『황제사경』에서도 이와 유사하게 "죽으면 다시 생겨나며 화로써 복으로 삼으니, 누가 그 귀착점을 알 수 있겠는가?"113라고 하여, 일체 만물의 '상호유전'을 말하고 있다.

이상에서와 같이 『황제사경』에는 선진시대의 많은 문장들을 인용하고 있다. 그렇다면 우리는 이 책을 의당 전국말기 이후의 저작으로 보는 것이 마땅하다. 왜냐하면 전국시대 후기로 갈수록 다양한 사상들이 뒤섞여 있기 때문이다. 그럼에도 불구하고 많은 학자들이 『황제사경』을 전국시대 중기 이전의 문헌으로 보고 있다. 그러나 필자는 『황제사경』이 결코 전국시대 중기 이전에 쓰인 문헌이 될 수 없다고 본다. 그 이유는 다음과 같다.

첫째, 중국 학계의 일반적 견해에 따르면, 『관자』 · 『윤문자』 · 『신자(愼子)』 · 『장자』 · 『맹자』 · 『문자』 · 『할관자』 · 『한비자』와 같은 많은 문헌들이 『황제사경』과 유사할 뿐만 아니라 『황제사경』으로부터 많은 영향을 받았다. 이 주장은 그 논리의 타당성을 떠나 상식적으로 납득하기 어렵다. 만일 『황제사경』이 이처럼 중요한 문헌이라고 한다면 당시의 학자들 사이에서 이 책에 대한 최소한의 언급이라도 있어야 할 것이다. 그럼에도 불구하고 선진시대의 그 어떠한 문헌에서도 이 책에 대해 언급한 곳이 전혀 없다.

둘째, 『황제사경』에는 법가의 중요 개념들이 대부분 들어 있다. 즉 법 · 형명 · 분 · 형덕(形德)에 대하여 모두 언급하고 있다. 그런데 문제

---

112 『老子』, 58장, "禍兮福所倚, 福兮禍所伏, 孰知其極."
113 『黃帝四經』, 「經法」, 〈道法〉, "死而復生, 以禍爲福, 孰知其極."

는 학자들의 견해에 따르면 『황제사경』이 한비와 상앙과 같은 법가 이전에 이미 존재했다는 사실이다. 이러한 견해가 사실이라면 이것은 선진 사상에 대한 전통적 해석에 전면 수정을 가해야 할 만큼 중대한 사건이다. 왜냐하면 황로학 연구자들의 의견에 따르면 성숙한 법가의 이론이 상앙이나 한비 이전에 이미 있었기 때문이다. 그러하다면 신불해·신도·상앙·한비는 단지 아류에 지나지 않게 된다. 과연 이것이 사실일까? 만일 그러하다면 이들 이전에 과연 어떠한 성숙한 법가가 있었는가? 이 문제는 중요 문제임에도 불구하고 이에 대하여 진지하게 논의한 학자를 거의 찾아볼 수 없다. 십분 양보해『황제사경』을 법가의 원류라고 치자. 그렇다면 법가의 인물들은 어째서 자신들의 원류인 『황제사경』을 전혀 언급하지 않았는가? 이에 대하여 구차하게 해명했다고 치더라도 여전히 풀리지 않는 문제가 남아 있다. 만일『황제사경』이 법가의 원류라고 한다면 우리는 원시적 형태의 법가사상만을 엿볼 수 있어야 한다. 그러나『황제사경』의 논리는 오히려 한비의 사상보다 더욱 복잡하다.

셋째, 오래된 사상일수록 순수성을 갖는다. 이를테면 유가의 경우 『논어』보다는『맹자』가,『맹자』보다는『순자』가 더욱 잡가적인 성향을 띠고 있다.『장자』의 경우에도 내편에서는 도가의 논리 위주로 말하였지만 외잡편(外雜篇)으로 갈수록 다른 학파의 사상을 자주 거론하였다. 이러한 사례를 통해서 볼 수 있듯이 후대로 갈수록 사상적 교류가 더욱 활발히 이루어졌다. 그런데 학문은 종합화될수록 순수성과 독창성은 떨어지기 마련이다.『황제사경』이 그토록 오래된 문헌라고 한다면 학문의 순수성과 독창성을 엿볼 수 있어야 한다. 그러나『황제사경』에는 도가·유가·음양가·법가·묵가 등과 같은 다양한 사상이 뒤섞여 있을 뿐이며, 독창적인 사상을 그다지 엿볼 수가 없다. 이처럼 여러 학파의 사상을 수용한 잡가적 형태의 문헌이 전국 초·중기에 있었다는 주장은 받아들일 수 없다.

이상의 내용을 통해서 볼 때 『황제사경』을 전국 중기 이전의 문헌으로 보기는 어렵다. 그렇다면 과연 『황제사경』은 어느 시대에 쓰인 것인가? 다행히 그 시대적 배경을 알 수 있는 중요한 자료가 있다. 그것은 「십대경」에 나오는 황제와 신하 사이의 담론에 담긴 내용이다. 이 문헌은 신화적 양식으로 이루어져 있지만, 여기서의 신화는 단순한 허구가 아니라 당시의 현실을 드러내기 위한 표현양식임을 주목할 필요가 있다.

> 황제가 사보에게 "오직 나 한 사람이 천하를 겸유하게 되었다. 이제 나는 백성을 길러 바르게 하고자 하며 균등하게 하여 바르게 하고자 하는데 어떻게 했으면 좋겠는가?"라고 물었다. 이에 과동(果童)이 "엄격하게 하지 않으면 다스려지지 않으며, 내치지 않으면 바르지 못합니다"라고 대답했다.114

이 문장은 천하를 이미 모두 소유하게 된 이후의 상황을 설정한 것이다. 이제는 더 이상 자신에게 반기를 들 제후들이 없어서 일시적인 통일을 이루게 되었다. 그러나 통일은 자칫 또다시 와해될 수도 있으므로 견고한 체계를 구축해야 한다고 보았다. 여기서는 강력한 체제를 이루는 데 가장 좋은 수단으로 '엄격한 법'을 제시하였다.

이와 같은 내용에 따를 때, 「십대경」은 천하를 통일한 이후 '지배 이념'을 확립하기 위해서 쓰인 글임이 분명하다. 그렇다면 여기서의 관건은 「십대경」이 과연 진제국 때에 쓰인 것인가 아니면 한제국 때에 쓰인 것인가라는 점일 것이다. 앞서 보았듯 강립과 강광휘는 한대 초기의 문헌이라 주장하고 있다. 이러한 주장 이면에는 한대 초기의 황로학을

---

114 『黃帝四經』,「十大經」,〈果童〉, "黃帝「問四」輔曰, 唯余一人, 兼有天下. 今余欲畜而正之, 均而平之, 爲之若何. 果童對曰, '不險則不可乎, 不諶則不可正.'"

도법가로 보려는 관점이 들어 있다. 이를테면 강립은 『황제사경』을 한대에 쓰인 황로학 저작으로 본 동시에, '표면은 도가이지만 내면은 법가의 저작이다'라고 주장하였다.115

그러나 이것은 황로학의 성격을 잘못 이해함에서 나온 견해이다. 한대 초기의 황로학은 '청정무위'를 강조하였다. 그 이유는 위정자의 지나친 간섭을 배제하고자 했기 때문이다. 이러한 경향은 진나라 통일 제국의 지나친 위정자의 간섭에 대한 반동에 따른 것이다. 따라서 한대 초기에는 암암리에 진나라의 법을 계승하려는 움직임은 있었지만, 노골적으로 엄격한 법에 의한 통치를 부각시킬 수가 없었다. 따라서 『황제사경』이 한대 초기의 문헌이라고 한다면 그 속에는 엄격한 통치를 비판하는 내용이 담겨 있어야 한다. 그러나 『황제사경』의 일관된 주제는 '법에 의거한 엄격한 통치'였다는 점에서 이것은 전형적인 법가 계열의 문헌이다. 이처럼 『황제사경』이 한나라 초기의 상황에 전혀 부합되지 않는 내용을 담고 있다는 점에서 통일 진제국 시기에 쓰인 것이라고 볼 수 있다.

이와 같이 『황제사경』은 통일 진제국 시기의 문헌으로서, 다양한 사상을 뒤섞어놓은 법가 계열의 문헌이다. 많은 학자들이 『황제사경』이 노자의 사상과 유사한 부분이 많음을 지적하며, 『황제사경』을 도가 혹은 도법가의 문헌으로 본다. 그러나 『황제사경』은 분명히 법가의 문헌이다. 앞서 살펴보았듯이 전국시대 말기의 법가에서 노자의 사상을 적극 수용하였지만, 이들은 법가이지 도가 혹은 도법가가 아니다. 왜냐하면 법가와 도가는 분명히 다르기 때문이다. 『황제사경』 역시 근본적으로 법가적 사고를 토대로 하고 있다. 이를테면 『황제사경』에서는 모든 만물과 사리를 하나로 규제하는 '법', 분으로서의 '명(名)', 엄중한 형벌, 사사로운 감정을 배제한 '공(公)'을 중요시하였는데, 이것은 명백히

---

115 康立, 「〈十大經〉的思想和時代」, 『歷史研究』 第3期, 1975.

법가의 특징이다. 몇 가지 실례를 예를 들어 보자.

『황제사경』에서는 "법이란 것은 먹줄로써 득실을 바로잡아 굽은 것과 곧은 것을 밝힘이다."116고 하였듯이, 법을 강조한 동시에 법의 의미를 정의하고 있다. 또한 "신하에게 두 직위가 있게 되면, 나라는 반드시 위태로워진다."117, "신하는 공경히 하여야 하며, 감히 임금을 가려서는 안 된다."118, "임금과 신하 사이의 직위가 바뀜을 역(逆)이라고 한다. (…) 역하게 되면 하늘을 잃게 된다."119고 하였듯이, 군신 간의 철저한 분(分)을 강조하였다. 또한 "형벌로써 바르게 하려는 자는 죄가 있으면 반드시 처단하여 용서하지 않는다."120고 하였듯이, 엄격한 형벌을 강조하였다. "공(公)하면 밝아지고, 지극히 밝아지면 공이 있게 된다."121고 하였듯이, 사(私)보다는 공을 중시하였다. 이처럼 법・형명・분・형벌・공과 같은 개념을 중시하고 있다는 점에서 『황제사경』은 법가의 문헌이라고 말할 수 있다.

『황제사경』에서는 명(名)을 중요시하였다. 가령 "천하의 모든 일을 처리하는 데 있어서 반드시 각각의 명칭[名]들을 살펴야 한다."122라고 하였다. 이와 같이 『황제사경』에서는 만물의 질서를 이루기 위해서는 각각의 명칭들이 올바로 세워져야 한다고 보았다. 더 나아가 형명(形名)을 중요시하였다. 가령 "형명(形名)이 서면, 흑백이 나누어지게 된다."123고 하였듯이, 형명과 이를 통한 시비의 분을 강조하였다. 또한 "형명(形名)이 이미 정해지면 '거스름'과 '따름'을 구분하는 표준이 있게

---

116 『黃帝四經』,「經法」,〈道法〉, "法者, 引得失以繩, 而明曲直者也."
117 『黃帝四經』,「稱」, "臣有兩位者, 其國必危."
118 『黃帝四經』,「經法」,〈六分〉, "臣肅敬, 不敢蔽其主."
119 『黃帝四經』,「經法」,〈四度〉, "君臣易位之逆. (…) 逆則失天."
120 『黃帝四經』,「經法」,〈君正〉, "以刑正者, 罪殺不赦也."
121 『黃帝四經』,「經法」,〈道法〉, "公者明, 至明者有功."
122 『黃帝四經』,「經法」,〈名理〉, "天下有事, 必審其名."
123 『黃帝四經』,「經法」,〈道法〉, "刑(形)名立, 則黑白之分已."

되며, 삶과 죽음이 나누어지며, 존망(存亡)과 흥패(興敗)가 제자리에 위치하게 된다."124라고 하였다.

법가에서 형명을 중요시한 이유는 명(名)을 통해 확고한 분(分)을 세우고, 분을 통해 상하를 엄격히 나누기 위해서이다. 이처럼 법가에서 형명을 중요시한 목적은 통치계급을 공고히 하고자 함에 있다. 『황제사경』 역시 법가의 논리를 따라 형명을 중요시하였던 것이다.

---

124 『黃帝四經』, 「經法」, 〈論約〉, "形名已定, 逆順有立(位), 死生有分, 存亡興壞有處."

4. 법가와 도가의 차이점

전국말기에 도가가 급부상하면서 다른 학파들이 도가사상을 수용하였는데, 특히 법가가 더욱 적극적으로 수용하였다. 법가가 도가를 적극적으로 수용한 이유는 노자의 도에 보편적이고 객관적인 측면이 있으며, 노자가 명분으로서의 명(名)이 아닌 규정성으로서의 명을 강조하였기 때문이다. 이 점을 들어 중국학자들은 두 사상을 하나로 결합해 놓은 '도법가'로서의 황로학을 주장하였다. 그러나 도가와 법가는 서로 뒤섞일 수 없다는 점에서, 법가가 아무리 도가의 사상을 수용하였더라도 두 사상이 더욱 가까워질 수 있는 것은 아니다. 이하의 글에서 둘 사이의 차이점에 대해 살펴보기로 하자.

(1) 법가의 무위와 노자의 무위

한비가 말하고자 한 무위의 내용을 요약하면 다음과 같다. 1) 무위는 왕이 신하들에게 속마음을 보이지 않음으로써 신하를 통제하고자 했던 일종의 권모술수이다. 2) 무위의 궁극적인 목적은 신하의 권력을 약화시킴으로써 왕권을 강화시키고자 함이다. 3) 무위가 전적으로 신하를 통제하기 위한 장치라는 점에서 무위의 대상은 백성이 아닌 신하이다.

노자의 무위가 한비의 무위와 같다면 노자의 무위 역시 1) 권모술수여야 하며, 2) 무위의 궁극적인 목적은 왕권 강화에 있으며, 3) 무위의 대상은 백성이 아닌 신하여야 한다. 그렇다면 과연 노자가 말한 무위는 이 세 가지 조건을 모두 충족하고 있는가? 미리 결론부터 말한다면 위에서 언급한 그 어떠한 것도 포함하고 있지 않다. 이것은 곧 노자의 무위와 한비의 무위가 전혀 다른 것임을 의미한다.

노자와 한비의 무위에서 가장 두드러진 차이점은, 한비가 무위의 적용 대상을 왕과 신하의 관계로만 보았던 반면에, 노자는 무위의 적용 대상을 성인(聖人=王)과 백성의 관계로 보았다는 데 있다. 『노자』에는 왕과 백성의 관계에 대한 논의만이 있을 뿐이며 왕과 신하 사이의 관계에 대한 논의가 단 한 곳도 없다. 그런데 이것은 단순한 대상의 차이 이상의 것을 의미한다. 한비가 말한 무위의 내용은 신하들에게 속마음을 보이지 않음이며, 그 목적은 신하들을 통제하고자 함이었다. 왕권을 강화시키기 위해서는 신하들에게 무위를 행해야 한다는 한비의 주장은 나름대로 타당성을 갖고 있다. 그런데 노자가 왕권을 강화하기 위한 속셈으로 백성들에게 무위를 행해야 한다고 주장했다면, 이에 대해서는 그 무엇으로도 설명하기 어렵다. 왕이 모든 백성을 상대로 장막에 숨는다고 해서 왕권 강화에 무슨 보탬이 있겠는가? 더군다나 당시에는 왕과 백성이 직접 대면할 수 있는 관계가 절대 아니었다. 이것은 왕 자체가 이미 백성에게 무위의 장막에 가려져 있는 존재임을 뜻한다. 그렇다면 굳이 이런 장막에 숨는 번잡한 짓을 또다시 해야 한다고 주장할 필요가 있을까? 왕권을 강화시키려면 오히려 왕과 백성 사이에 가로놓인 무위의 장막을 걷어내야 한다. 왜냐하면 왕과 백성 사이의 중계자인 신하들이 왕과 백성 사이를 고의로 차단시켜 왕의 귀와 눈을 멀게 하여 권력을 자신의 것으로 만들 수도 있기 때문이다.

이상과 같이 무위의 목적이 왕권 강화에 있다면 굳이 백성에게 번거로운 무위를 행할 필요가 없다. 그러므로 한비는 무위의 대상에서 백성을 제외시켰던 것이다. 한비에게 있어서 백성은 무위의 대상이 아니라 단지 형벌의 대상일 따름이었다. 즉 백성에 대해서는 가혹한 형벌을 시행하는 것만으로도 충분히 통제 가능하다고 보았다. 그런데 노자는 무위의 대상을 백성으로 보았을 뿐만 아니라 한비와 달리 가혹한 법에 의한 통치에 대해서도 단호히 비판하였다. 이를테면 "법령이 더욱 드러날수록 도둑이 더욱 많아진다."[125], "하늘의 도는 넓고 넓어서 성긴 듯 하지만 만물을 두루 포괄하여 빠트림이 없다."[126]고 말하고 있다.

이상과 같이 한비는 신하만 무위의 대상으로 보았고 백성은 오직 형벌의 대상으로만 보았던 반면에, 노자는 무위의 대상을 백성으로만 보았고 엄격한 형벌로 백성을 다스리는 것에 대해서도 단호히 비판하였다. 이것은 곧 노자가 말하고자 한 무위와 한비가 말하고자 한 무위의 의미가 전혀 다른 것임을 뜻한다. 이제 노자가 말하고자 한 무위의 의미에 대하여 살펴보자.

> "1) 가장 훌륭한 정치는 백성이 군주가 있음만을 알 뿐인 정치이고, 2) 그 다음가는 정치는 백성이 군주를 친히 칭송하는 정치이고, 3) 그 다음가는 정치는 백성이 군주를 두려워하는 정치이고, 4) 그 다음가는 정치는 백성이 군주를 업신여기는 정치이다."[127]

본 문장에서는 정치의 단계를 순차적으로 말하고 있다. 1)은 위정자가 백성의 자율에 전적으로 따르기 때문에 백성은 위정자가 있다는 사실만을 알 뿐 그가 무엇을 하는지조차 모른다는 도가의 이상적인 정치인 '무위 정치'를 말한 것이다. 2)는 요순과 같은 훌륭한 성인이 백성

---

125 『老子』, 57장, "法令滋彰, 盜賊多有."
126 『老子』, 73장, "天網恢恢疎而不失."
127 『老子』, 17장, "太上, 下知有之, 其次, 親而譽之, 其次, 畏之, 其次, 侮之."

을 다스린다는 유가의 이상적인 정치인 '덕치'를 말한 것이다. 3)은 백성을 엄격하게 다스려 감히 법을 어기지 못하게 한다는 법가의 이상 정치인 '법치'를 말한 것이다. 4)는 위정자가 자신의 탐욕을 위해 백성을 탄압한다는 '폭정'을 말한 것이다. 여기서 주목할 점은 노자가 법가를 유가보다도 오히려 더욱 낮은 단계로 보았다는 사실이다. 이것은 곧 노자의 무위정치와 법가의 법치가 전혀 다른 것임을 의미한다.

이 문장에서 볼 수 있듯이 노자는 '무위 정치'를 최상의 정치로 보았다. 그런데 그가 비록 무위의 치(治)를 최상의 정치형태로 보았지만, 치(治)를 말한 이상 이미 치를 긍정하고 있다. 여기서 주목할 점은 노자가 말한 치와 한비가 말한 치의 의미가 서로 다르다는 사실이다. 한비가 말한 치는 '통치'를 뜻하는 반면에, 노자가 말한 치는 '통치'가 아니라 난(亂)에 대립하는 '질서'를 뜻한다. 치에는 '통치'라는 뜻과 난에 대립되는 '질서'라는 뜻이 있으며, 당시에는 양자를 거의 동일시하였다. 왜냐하면 통치의 궁극적인 목적은 사회의 질서를 이루는 데 있기 때문이다. 그런데 노자에게 있어서 통치는 비록 아무리 잘 다스린다고 할지라도 궁극적으로 유위의 범주에 속한다. 그러므로 무위에는 인위적인 통치에 대한 부정이라는 의미가 담겨 있다. 당시 사람들은 왕의 통치가 없으면 혼란에 빠져든다고 보았던 반면에, 노자는 위정자의 통치가 아닌 무위를 통해서만이 참다운 질서를 이룰 수 있다고 보았던 것이다. 그러므로 한비가 말한 '무불치'란 '왕이 통치하지 못함이 없음'을 뜻하는 반면에, 노자가 말한 '무불치'란 '질서를 이루지 않음이 없음'을 뜻한다.

그렇다면 노자는 어째서 무위를 통하여 '질서를 이루지 않음이 없음'을 이룰 수 있다고 보았는가? 그는 '자연히 그렇게 된다'고 말하였다. 이를테면 "백성은 명령받는 것이 없어도 저절로 조화(自均)를 이룬다."[128], "백성이 모두 '우리 스스로 그렇게 한 것이다'라고 하였다."[129],

---

[128] 『老子』, 32장, "民莫之令而自均."

"만물은 장차 저절로 교화[自化]될 것이다."130, "나는 무위를 행하지만 백성은 저절로 교화된다."131고 하였다. 이것은 비단 만물에만 적용되는 것이 아니라, "도는 자연히 그러함(自然)을 본받는다."132라고 하였듯이 모든 가치의 근원인 도 역시 '자연히 그러함' 가운데 운행한다고 보았다.

이와 같이 무위는 곧 '자연히 그러함'의 의미를 내포하고 있다. 이러한 무위는 한비의 무위와 전혀 다르다. 이를테면 한비의 무위는 '하지 않는 척'을 뜻하며, 여기에는 의도된 계산심이 들어 있다. 반면에 노자의 무위는 어떠한 계산심도 허용하지 않는다. 계산심은 이미 유심(有心)이므로 무위가 아닌 유위이다. 노자가 말한 무위란 백성들이 자발적으로 질서를 이룸이다. 노자가 무위하게 되면 다스려지지 않다고 말한 이유는 백성들 스스로가 자율적으로 질서를 이룰 수 있다고 보았기 때문이다. 이와 같이 노자는 왕권 강화를 위하여 무위를 말한 것이 아니며, 이와 반대로 백성에게 자율을 강조하기 위해 무위를 말한 것이다.

(2) 법가의 우민정치와 노자의 우민정치

우민정치를 주장한 대표적인 학파가 법가인데, 특히 상앙(商鞅)이 그 대표적인 인물이다. 상앙은 "백성이 약하면 국가가 강해지고, 국가가 강해지면 백성이 약해진다. 따라서 도가 있는 나라는 힘써 백성을 약하게 한다. 백성이 순박[樸]하면 나라는 강해지고, 음탕하면 나라는 약해진다."133고 했다. 상앙은 백성을 약화시키기 위해 엄격한 감시

---

129 『老子』, 17장, "百姓皆我自然."
130 『老子』, 37장, "萬物將自化."
131 『老子』, 57장, "我無爲而民自化."
132 『老子』, 25장, "道法自然."

제·고발제·연좌제를 고안했으며, 더 나아가 백성을 통제하기 위한 술로써 우민정치를 주장하였다.

공교롭게도 노자도 우민(愚民)을 강조하였다. 가령 "옛날에 도를 잘 행한 사람은 백성들을 총명하게 만들려고 하지 않고, 어리석게 만들려고 했다."134라고 하였다. 그 외에도 어리석음의 뜻인 '우(愚)'와 연관된 말들을 많다. 이를테면 '자신의 마음을 혼돈스럽게 한다[渾其心]'(49장), '흐리멍덩한 것 같다[沌沌兮]'(20장), '멍청한 것 같다[昏昏]'와 '답답한 것 같다[悶悶]'(20장) 등이 그 예들이다.

그런데 많은 학자들은 노자가 '우(愚)'를 강조한 이유가 '우민정치(愚民政治)'를 주장하기 위해서였다고 주장하고 있다. 가령 임계유(任繼愈)는 "노자는 우민을 주장하였는데, 이것은 인민의 두뇌가 간단할수록 통치하는데 더욱 편리하다고 인식했기 때문이다. 이것은 공자가 '백성들은 따라오게 할 수는 있지만, 그들로 하여금 알게 해서는 안 된다.'라고 한 우민정책과 일치한다."135고 하였다. 전목(錢穆)은 "그가 생각하고 있는 성인이란 모든 천하 사람들을 멋대로 가지고 놀기를 마치 어린 아이 다루듯이 하고 모든 천하 사람들의 마음을 혼돈스럽게 만들면서도, 성인인 자기 자신은 '미묘현통(微妙玄通)'하여 깊이를 측량할 수 없기에 조금도 혼돈스럽지 않다고 말하였다."136고 하였다. 이처럼 전목은 노자가 말한 무지란 백성들의 무지만을 언급한 것일 뿐이며 노자 자신이나 성인(혹은 위정자)에게까지 적용시킨 것은 아니라고 말하고 있다.

그렇다면 노자가 말한 우민(愚民)은 정말로 우민정치를 뜻하는 것일까? 우민정치의 목적은 백성들의 통치를 용이하도록 하기 위해서이다.

---

133 『商君書』, 「弱民」, "民弱國强, 國强民弱, 故有道之國, 務在弱民. 樸則强, 淫則弱."
134 『老子』, 65장, "古之善爲道者, 非以明民, 將以愚之."
135 任繼愈, 『老子新譯』, 中華書局, 1987, 66쪽.
136 錢穆, 『莊老通辨』, 東大, 1991, 127쪽.

백성들이 하나같이 똑똑하다면 위정자의 말을 맹목적으로 따르기보다는 오히려 비판적인 입장에 서게 되어 통치하기가 어려워진다. 법가에서는 위정자의 강한 지도력과 법에 의한 강제성을 통해 백성들을 이끌어야 한다고 보았으므로 우민정치를 강조하였던 것이다.

반면에 노자는 단호하게 위정자의 통치 권력을 비판하고 있다. 그 단적인 일례로 "항상 백성들에게 무지·무욕케 하여 지자(智者)들로 하여금 감히 다스릴 수 없게 만들어야 한다."[137]고 하였다. 여기서의 지자(智者)란 '지식인'을 뜻하기도 하지만 동시에 '통치자'를 가리키기도 한다. 노자가 백성들로 하여금 무지, 무욕케 하라고 말한 목적은 권력자의 통치를 용이하게 만들기 위해서가 아니며, 반대로 통치자가 감히 다스릴 수 없게 하기 위한 것이었다. 노자가 이처럼 통치 권력을 비판했다면, '우민정치'를 말한 이유는 무엇 때문인가?

전목은 무지의 적용 대상이 백성만을 지칭하는 것일 뿐 위정자나 노자 자신을 지칭하는 것은 아니라고 주장하였지만, 노자는 분명히 무지의 적용 대상을 백성뿐만 아니라 자기 자신까지도 포함시키고 있다. 가령 "흐리멍덩한 것 같으니, 나는 어리석은 사람의 마음과 같구나! 세속의 사람들은 밝은데 나만이 홀로 멍청한 것 같고, 세속의 사람들은 세밀하게 살피는데 나만이 홀로 어리석은 것 같구나!"[138]라고 하였듯이, 자신을 '흐리멍덩한 것 같다'고 말하고 있다. 더욱이 사리를 구별하지 말아야 할 대상을 성인에게까지 적용시키고 있다. 한 일례로 "성인은 천하에 임함에 흡흡(歙歙)히 하여 천하를 위해 자신의 마음을 혼돈스럽게 한다."[139]라고 하였다. '흡흡'은 '자신의 마음을 혼돈스럽게 한다[渾其心]'(49장), '흐리멍덩한 것 같다[沌沌兮]'(20장), '멍청한 것 같다[昏

---

137 『老子』, 3장, "常使民, 無知無欲, 使夫智者不敢爲也."
138 『老子』, 20장, "我愚人之心也哉, 沌沌兮. 俗人昭昭, 我獨昏昏, 俗人察察, 我獨悶悶."
139 『老子』, 49장, "聖人在天下, 歙歙爲天下渾其心."

昏]'와 '답답한 것 같다[悶悶]'(20장), '어리석다[愚]'(65장)와 같은 의미로서, 사리를 구별하지 않음이 마치 멍청한 듯한 모습을 형용한 것이다. 노자가 이처럼 무지의 적용 범위를 백성뿐만이 아니라 자기 자신과 성인(=왕)까지도 포함시키고 있다는 점에서 전목의 주장은 타당성이 없다.

만약 노자가 정말로 우민정치를 강조하고자 했다면, 전목의 주장처럼 '우(愚)'의 대상은 전적으로 백성이 되어야 하며 성인(혹은 군주)은 결코 포함될 수 없다. 왜냐하면 왕은 백성들을 엄격하게 감시하고 통제하는 주체여야 하는데, 엄격하게 감시하고 통제하기 위해서는 명찰(明察)이 필요하기 때문이다. 그렇다면 노자가 말한 우민정치는 상앙이 말한 우민정치와 다르다고 할 수 있다. 이제 노자가 어째서 우(愚)를 강조했는지에 대해 살펴보자.

노자는 '지(智)'를 비판하고 오히려 '우(愚)'를 강조하였다.[140] 마왕퇴(馬王堆)에서 출토된 『덕성』에서는 "인도(人道)를 아는 것을 '지(智)'라고 한다."[141]고 하였다. 이에 의거할 때, 지(智)란 '눈[目]으로 보아 안다[知]'란 뜻으로서, 구체적으로 '사람을 보아 안다'란 의미이다. 노자도 "남(사람)을 아는 것을 '지(智)'라고 한다."[142]고 했다. 이에 의거할 때, 지(智)는 객관적 사물 관찰에 의거한 앎이 아니라 사람 사이의 관계에 대한 앎이다. 즉 『순자』에서 "옳음을 옳다고 하고 그름을 그르다고 하는 것을 '지(智)'라고 하며, 옳음을 그르다고 하고 그름을 옳다고 하는 것을 '우(愚)'라고 한다."[143]고 하였듯이, 지는 시비를 나누는 마음이다. 맹자 역시 지의 단서를 '시비지심(是非之心)'으로 보았다.

---

140 예를 들면 『老子』 19장에서 "聖과 智를 끊으면 백성들의 이익은 백배나 된다(絶聖棄智, 民利百倍)."고 하였다.
141 『德聖』, "知人道曰, 智."
142 『老子』, 33장, "知人者, 智."
143 『荀子』, 「修身」, "是是, 非非謂之智, 非是, 是非謂之愚."

그렇다면 노자가 비판하고자 했던 것은 객관 사물에 대한 인식론적 앎이 아니라 인간관계에서의 시비에 대한 분별지다. 여기서 유념해야 할 것은 상앙이 말한 우는 '시비를 나누지 못함'을 의미하는 반면에 노자가 말한 우는 '시비를 나누지 않음'을 의미한다는 사실이다. 즉 우는 시비를 나누지 않으려는 마음이며, 이 마음은 더 나아가 널리 포용하는 마음인 것이다. 널리 포용한다는 것은 자기의 생각과 같은 것만을 수용한다는 의미가 아니라, 차이를 인정하고 다름에 대해 선입견 없이 받아들임이다. 노자는 시비를 나누는 것보다 시비를 나누지 않으려는 이 '우'야말로 진정으로 인간 사회에서 필요한 것이라고 보았던 것이다. 그 이유는 다음과 같다.

첫째, 영민한 지혜로써 까다롭게 살핀다는 것은 타인의 결점을 일일이 열거하며 간섭하는 것을 의미하는 반면에, 노자가 말한 우는 남의 결점을 까다롭게 따지기보다는 각각의 개체들이 자연스럽게 각자의 본성대로 살아가도록 방임하는 것을 의미한다. 그러므로 "다스림에 있어서 어수룩하면 백성들은 순박해지고, 다스림에 있어서 까다롭게 살피면 백성들은 뭔가 부족하게 된다."[144]라고 하였다. 즉 위정자가 있는 듯 없는 듯 어수룩하게 행동하면 백성들은 오히려 순박함을 잃지 않지만, 위정자가 깐깐하게 살피면 백성들은 위정자의 비위를 맞추기 위하여 점점 더 꾸미게 되어 마침내 순박한 본성을 잃게 될 뿐만 아니라 행동 하나 하나에 간섭을 받기에 생활 역시 각박해진다고 하였다.

둘째, 깐깐하게 세부적인 것까지 살피면 자질구레한 것에 얽매이게 되므로 정작 큰 것을 보지 못하는 반면에, 혼혼(昏昏)하여 마치 사리를 구별하지 못하는 것 같이 한다면 자질구레한 것에 얽매이지 않으므로 오히려 더 큰 것을 볼 수 있다고 보았기 때문이다. 한쪽만을 곡진히 하는 '일곡지사(一曲之士)'와 같은 자들은 도를 실천하는 자들을 향해 "분

---

144 『老子』, 58장, "其政悶悶, 其民淳淳, 其政察察, 其民缺缺."

별하지 않기에 어리석다고 말하고 큰 것만을 쫓기에 현실성이 없다"고 말하며 비웃는다. 그러므로 노자는 "천하 사람들이 '나의 말이 크기는 하되 비슷하지 않은 것 같다'고 말한다. 이처럼 크기 때문에 비슷해 보이지 않는 것이다. 만일 비슷해보였다면 오래전에 자질구레해졌을 것이다."145, "하등의 선비는 도를 들으면 터무니없이 크다고 여기며 비웃는다."146라고 하였다. 이처럼 우(愚)는 단순히 우매함을 뜻하는 것이 아니라 오히려 '대지(大知)'를 뜻한다. 단지 세인들의 협소한 관점에서 볼 경우에 우매한 것처럼 보인 것일 뿐이다. 그러므로 "밝은 도는 어두운 것[昧] 같다"147라고 하였다.

이상과 같이 노자가 말한 우(愚)와 법가에서 말한 '우'는 서로 다르다. 법을 중요시하는 왕은 하나의 척도를 가지고 시비를 나누지만, 이 시비의 척도는 하나의 틀에 의거해 다양한 개체들을 오히려 재단한다. 또한 촘촘하게 짜인 법망은 행동을 하나하나를 주시함으로써 백성의 삶을 오히려 각박하게 만든다. 그러므로 노자는 왕이 엄격하게 시비를 나누고 이에 따라 엄격히 재단하는 것을 비판하고, 백성들이 자치(自治)할 수 있도록 놔두어야 한다고 보았다. 그렇다면 노자가 '우(愚)'를 강조한 이유는 통치 권력을 옹호하기 위해서가 아니라 오히려 백성들의 자치를 위해서였다.

전국시대라는 혼란의 시대에서는 국가를 보호하기 위해서, 혹은 천하통일을 위해서는 부국강병이 불가피했다. 법가사상은 다른 제자백가 사상에 비해 부국강병을 달성하는 데 있어서 가장 유력한 사상이었다. 이러한 점에서 본다면 법가사상은 당시에 가장 현실적인 사상이라고 할 수 있을 것이다.

---

145 『老子』, 67장, "天下皆謂我道大, 似不肖, 夫唯大, 故似不肖, 若肖久矣. 若肖, 久矣其細也夫."
146 『老子』, 41장, "下士聞道, 大而笑之."
147 같은 책, "明道若昧."

그렇다면 과연 누구를 위한 부국강병인가? 백성을 위해서인가? 일국이 천하 땅을 소유한들 거기에 속한 백성들에게 한 치의 땅도 돌아가지 않는다. 오히려 숱한 전쟁으로 말미암아 무고한 사람들이 죽어갔으며, 엄격한 형벌로 인해 백성의 삶은 더욱 고단해질 따름이었다. 이것은 곧 법가가 백성을 위한 사상이 아닌 것만은 분명하다. 법가는 모든 사람이 법 앞에 평등하다고 주장하였다. 그렇다면 법가는 평등한 사회를 지향했던 것인가? 그렇지 않았다. 법가에서는 철저하게 분(分)을 강조하였다. 이것은 곧 법가가 계급적 질서를 옹호하였음을 뜻한다.

법가는 한 마디로 요약하면 '군주의 학'이다. 순자는 "하늘이 백성을 생겨나게 한 이유는 군주를 위해서가 아니며, 하늘이 군주를 세운 이유는 백성을 위해서이다."[148]라고 하였다. 순자의 말처럼 군주를 위해 백성이 있는 것이 아니라 백성을 위해 군주가 있는 것이다. 그러나 법가에서 지향하고자 했던 부국강병은 오직 군주만을 위한 것이었다.

실제로 상앙의 이론은 백성을 돼지로 만드는 이론이었고, 한비의 이론은 신하를 충견으로 만드는 이론이었다. 물론 사회의 질서를 위해서는 법치가 필요하다. 그러나 질서를 위해 왕의 권력이 필요했던 것이 아니라 왕의 권력을 위해 질서가 필요했던 것이다. 한비는 "그러므로 간사한 것을 금지시키는 방법에서 최상은 마음을 금지시키는 것이고, 그 다음은 말을 금지시키는 것이고, 그 다음은 행동을 금지시키는 것이다."[149]라고 하였다. 한비는 사람들의 말과 행동은 물론이거니와 마음까지도 통제해야 한다고 보았던 것이다. 상앙은 농업을 중요시하였는데, 그 이유는 백성의 삶을 유복하게 하기 위해서가 아니라 부국강병을 위한 최상의 길은 농전(農戰)에 있다고 보았기 때문이다.[150] 이것은 곧

---
148 『荀子』, 「大略」, "天之生民, 非爲君也, 天之立君, 以爲民也."
149 『韓非子』, 「說疑」, "是故禁姦之法, 太上禁其心, 其次禁其言, 其次禁其事."
150 가령 상앙은 "나라가 흥성하는 길은 농전(農戰)에 있다.[國之所以興者, 農戰也.]"라고 하였다. *『商君書』, 「農戰」

백성들을 철저히 전쟁도구로만 본 것이다. 이처럼 법가에서는 백성의 희생만을 강조할 따름이며, 백성의 이익과 권리를 보장하는 따위에 대해서는 일체 언급이 없었다.

『맹자』에서 위나라 양왕(襄王)이 맹자에게 "누가 천하를 통일할 수 있겠습니까?"라고 묻자, 맹자는 "사람 죽이기를 좋아하지 않는 자가 천하를 통일할 수 있을 것입니다."[151]라고 대답했다. 그러나 맹자의 예상과는 달리 정작 천하를 통일한 자는 사람 죽이기를 좋아하는 자였다. 맹자의 예상은 빗나갔지만, 그의 주장에는 합당성한 측면이 있다. 왜냐하면 사람 죽이기는 좋아하는 잔악한 군주에 의해 통일된다면 그 통일은 더욱 비참한 결과만을 초래할 따름이기 때문이다. 실제로도 그러했다. 그런데 진시황이라는 폭군을 낳게 한 데에는 법가의 역할이 컸다. 왜냐하면 법가에서는 군주의 권력 강화에만 주력하였을 뿐 군주의 권력을 제한하는 장치에 대해서는 무관심했기 때문이다. 그러므로 법가는 부국강병을 통한 천하통일을 이루는 데 있어서 가장 유용한 사상일 수는 있지만 그다지 감동을 줄만한 사상은 못된다. 법가가 갖는 합리성에도 불구하고 후대에 법가가 수면위로 떠오르지 않았던 이유도 바로 이 때문이라고 본다.

이러한 법가의 이론은 도가의 이론과 다른 것임은 두말할 나위가 없다. 앞서 언급한 것처럼 유자인 순자는 군주를 위해 백성이 있는 것이 아니라 백성을 위해 군주가 있어야 한다고 주장했는데, 도가 역시 이와 같은 입장에 있다. 문제는 무엇이 진정으로 백성을 위한 것이냐이다. 유가에서는 군주의 도덕적 교화를 강조했지만, 도가는 도덕적 교화 속에 은폐된 더러운 권력을 직시하였다. 실제로 유가 역시 계급질서에 바탕을 두고 있다. 가령 순자는 "계급이 균일하면 집중시킬 수 없고, 세가 균일하면 통일시킬 수 없고, 대중이 평등하면 부릴 수가 없다.[152]라

---

151 『孟子』, 「梁惠王」(上), "孰能一之. 對曰, 不嗜殺人者能一之."

고 하였다.

도가는 '백성을 위한 정치'가 아닌 '백성에 의한 정치'를 꿈꾸었다. 물론 노자는 성인에 대해 많은 언급을 하였는데, 여기서의 성인은 위정자를 뜻한다. 이러한 점에서 본다면 노자 역시 권력을 부정하지 않았다. 그러나 노자가 말한 위정자는 무위정치를 행하는 자이다. 무위정치란 백성들의 자율에 맡길 뿐이며, 여기서 군주는 유명무실한 존재가 되어야 한다는 정치이다. 이러한 무위정치는 법가의 법치와 전혀 다른 것임은 두말할 나위가 없다.

(3) 법가의 성악설과 도가의 성선설

중국 고대 사상에서 인성론은 중요한 비중을 차지한다. 그 이유는 중국 고대 사상의 주된 논의는 치(治)의 문제였는데, 치의 문제에 있어서 인성론은 빠질 수 없는 중요한 문제이기 때문이다. 도가와 법가는 가장 대립적인 사상이라는 점에서, 인성론 역시 가장 대립적이다.

인성론은 무엇보다 자율과 타율의 문제로 귀결된다. 즉 인간의 본성을 선하게 볼수록 자율을 중요시하고, 인간의 본성을 긍정할수록 타율을 중요시한다. 왜냐하면 인성을 긍정한다는 것은 자발적으로 질서를 이룰 수 있는 역량이 있다는 것을 의미하며, 인성을 부정한다는 것은 스스로 질서를 이룰 수 있는 역량이 없으므로 질서를 이루기 위해서는 반드시 타자의 힘을 필요로 한다는 것을 의미하기 때문이다.

이처럼 인성의 문제는 자율과 타율의 문제로 이어지며, 자율과 타율의 문제는 권력의 문제로 이어진다. 이를테면 자율을 중요시할수록 필연적으로 권력의 약화를 강조하게 되며, 타율을 중요시할수록 필연

---

152 『荀子』,「王制」, "分均則不偏, 埶齊則不壹, 衆齊則不使."

적으로 권력의 강화를 강조하게 된다. 또한 자율과 타율은 규정 혹은 규제와 밀접한 관련을 맺고 있다. 이를테면 자율을 중시할수록 규정과 규제를 거부하게 되며, 타율을 중시할수록 규정과 규제를 강조하게 된다. 이것을 도식화하면 다음과 같다.

1) 인성의 긍정 - 자율 - 권력 약화 - 규정과 규제의 부정
2) 인성의 부정 - 타율 - 권력 강화 - 규정과 규제의 긍정

흔히 인성론에서 맹자의 성선설과 순자의 성악설이 가장 대표적인 인성론으로 꼽힌다. 그러나 고대 사상에서 인성을 가장 부정한 사람은 한비이며, 인성을 가장 긍정한 사람은 노자였다.

인성론에서 순자는 비록 '성악설'을 강조하기는 했지만, 인간을 극단적으로 악하다고 본 것은 아니다. 순자는 단지 인간의 본성은 이기적이므로 악으로 향하기 쉬운 성향을 가지고 있다고 보았을 따름이다. 그 단적인 예로 '화성기위(化性起僞)'를 주장하였다. '화성기위'란 '성왕지법(聖王之法)'이나 '예'를 통하여 위(僞=善)를 이룰 수 있다는 의미이다. 순자가 인간의 본성을 정말로 악하다고 보았다면 애초에 교화를 논하지 않았을 것이다. 교화를 말한 이유는 인성이란 개선의 여지가 충분히 있어서 선으로 향할 수 있다고 보았기 때문이다. 따라서 순자의 논리는 인간을 선도하려고 한 유가의 대원칙에 부합하며, 이러한 점에서 그는 유자였던 것이다.

순자가 인간의 본성에는 악한 측면이 있다고 보았던 것과는 달리 한비는 인간의 본성은 악하다고 보았다. 왜냐하면 인간은 철저히 자신의 이익을 따라 움직인다고 보았기 때문이다. 가령 "장어는 뱀처럼 생겼고 누에는 나비 애벌레처럼 생겼다. 사람들은 뱀을 보면 놀라고 나비 애벌레를 보면 소름이 돋는다. 그러나 어부는 장어를 잡고 부녀자들은 누에를 친다. 이익이 되는 일이라고 한다면 모두 맹분(孟賁)과 전제(專

諸)처럼 용감해진다."¹⁵³라고 하였다. 이처럼 한비는 사람들이 모두가 자신의 이익을 좇는다고 말하였다. 또한 "사람이 어렸을 때는 부모의 보살핌이 극진했는데도 자식은 자라서 부모를 원망하고, 자식이 성장하여 성인이 되어서 부모에 대한 공양이 부족하면 부모는 화내며 꾸짖는다. 자식과 부모는 지극히 친밀한 관계인데도 혹 나무라고 혹 원망하는 까닭은 모두 서로 자신만을 위하는 마음에 사로잡혀 있었으므로, 자신을 위한 것과 부합하지 않았기 때문이다."¹⁵⁴라고 하였다. 부모와 자식 간의 애정조차도 계산심에 의거한 것이라는 이 주장만 보더라도 그가 얼마나 철저히 인성을 부정적으로 보았는지를 알 수 있다. 한비는 인간이 철저한 계산심을 가지고 태어났기 때문에 순자와는 달리 일말의 개선의 가능성도 없으므로 오직 강압적인 타율에 의해서만 사람들을 이끌 수 있다고 보았다.

이처럼 한비가 순자보다 인성을 더욱 부정적으로 보았다는 것은 곧 한비가 순자보다 더욱 타율을 중시하였음을 의미한다. 실제로 순자가 대표적인 개념으로 제시한 예와 한비가 대표적인 개념으로 제시한 법의 비교를 통해서도 알 수 있다. 예는 인의보다는 사회적인 구속력을 갖지만 처벌을 통한 강제에는 미치지 못하는 반면에, 법은 구속력 외에 처벌을 통한 강제성을 가지고 있다. 따라서 법은 예보다 더욱 타율적이다.

맹자와 노자의 인성론을 비교해보자. 맹자는 타고난 덕성을 가지고 있으므로 본성은 선하다고 보았다. 노자 역시 도로부터 덕을 부여받았다는 점에서 본성을 선하다고 보았다. 그런데 많은 학자들이 노자가 선악의 상대성을 말하였다는 점을 들어 '비선비악설(非善非惡說)'을 말하

---

153 『韓非子』,「說林」(下), "鱓似蛇, 蠶似蠋. 人見蛇, 則驚駭, 見蠋, 則毛起. 漁者持鱓, 婦人拾蠶. 利之所在, 皆爲賁諸."
154 『韓非子』,「外儲說」(左上), "人爲嬰兒也, 父母養之簡, 子長而怨, 子盛壯成人, 其供養薄, 父母怒而誚之. 子父, 至親也, 而或譙或怨者, 皆挾相爲而不周於爲己也."

였다고 주장하였다. 물론 노자가 "선이라고 하는 것과 악이라고 하는 것의 차이가 얼마나 된단 말인가?"155라고 말하였다는 점에서 본다면, '비선비악설'을 주장했다는 견해가 타당해 보인다. 그러나 노자는 선악 자체를 부정한 것이 아니라 단지 인간이 규정해 놓은 선악을 비판한 것이다. 사람들은 언제나 선악을 이야기하지만, 이 선악의 판단 기준은 대부분 자신의 주관적인 판단에 의한 것이다. 이를테면 내 생각에 맞으면 선이 되고 내 생각에 맞지 않으면 악이 된다. 노자는 이처럼 사람들이 자신의 임의적인 기준에 의거해 선악을 판단하기 때문에 선악의 객관성을 보증할 수 없다고 보았다. 선악의 객관성은 없지만, 선 자체는 있다. 그러므로 노자는 "최상의 선은 물과 같다."156라고 하였듯이, 선을 말하고 있다. 여기서의 선은 사회가 규정해 놓은 선악이 아니라 자연본성으로서의 선을 의미한다.

노자는 모든 생명체에 덕이 있다고 보았다. 덕이라는 것은 도가 각각의 개별성 속에서 체현된 것이다. 도가 선한 것이라는 점에서 개별 속에서 체현된 덕 역시 그 자체로 선하다. 이것은 곧 인간의 본성을 극단적으로 긍정하였음을 의미한다. 노자의 이러한 인성론은 정치사상에서도 잘 드러나 있다. 이를테면 천하 자체는 완전한 '도' 자체의 모습이기에 이미 완전한 상태에 있다고 보았다.

이처럼 노자와 맹자는 모두 본성을 선하게 보았지만, 노자는 맹자보다도 더욱 극단적인 선을 취하였다. 그 이유에 대하여 살펴보자.

유가사상의 가장 큰 특징은 교화(敎化)에 있다. 여기서의 화(化)는 '선함으로 바뀜'이란 뜻이며, 학(學)은 교화를 이루기 위한 일종의 수단과 방법이다. 따라서 유가에서는 무엇보다 교화의 수단으로 학을 중시했다. 중국 고전에서는 가장 중요한 부분을 책의 맨 앞부분에 두는 것

---

155 『老子』, 20장, "善之與惡, 相去若何."
156 『老子』, 8장, "上善若水."

이 관례였다. 그런데 『논어』의 첫 장 편명은 「학이(學而)」인데, 첫 구절에 "배우고 수시로 익힌다면 또한 기쁘지 않겠는가?"157라고 하여 배움의 즐거움을 강조하였다. 『순자』의 경우에도 학을 중요시하였으므로, '학문을 권장한다'란 뜻의 「권학(勸學)」편을 저서 맨 앞에 두었다. 이것은 곧 유가에서 학을 그만큼 중요시했음을 의미한다. 맹자 역시 학을 중시하였다. 맹자의 논리에 따르면, 우리의 심성 속에는 인의예지(仁義禮智)의 단서인 수오지심(羞惡之心)·측은지심(惻隱之心)·사양지심(辭讓之心)·시비지심(是非之心)이 있다. 그는 마음속에 이와 같은 '사단(四端)'이라는 옥석이 있어서 이것을 절차탁마(切磋琢磨)하면 훌륭한 옥(=선)이 될 수 있다고 보았다. 그런데 옥석은 훌륭한 보석이 될 수 있는 가능태로 있는 것이지 현실태로 있는 것은 아니다. 왜냐하면 옥석을 잘 개발하지 않은 채 그대로 내버려두면 이것은 단지 평범한 돌로 남게 될 뿐이기 때문이다. 이와 같이 맹자는 인간의 본성은 선의 가능태로 있으며, 이 가능태가 현실태가 되기 위해서 교화란 것이 필요하다고 보았다. 반면에 노자는 '옥을 품는다'158고 하였듯이 사람들의 바탕 속에는 이미 온전한 옥을 가지고 있으므로 교화가 불필요하다고 보았다. 왜냐하면 교화를 해야 한다는 것 자체가 이미 불완전함을 뜻하기 때문이다.

고자(告子)는 나무의 성질을 해쳐서 그릇이 만들어졌다고 보았던 반면에, 맹자는 나무의 성질을 쫓아서 그릇이 만들어졌다고 보았다. 순자는 고자의 입장에 있었으므로 선을 '위(僞:인위적인 행위)'라고 보았다. 장자는 "통나무를 헤쳐서 그릇으로 만든 것은 목수의 죄이지만, 참된 도덕을 망쳐 인의(仁義)를 세운 것은 성인의 잘못이다."159라고 하였다. 이처럼 장자 역시 고자와 같이 나무의 성질을 해쳐서 그릇을 만들

---

157 "學而時習之, 不亦說乎."
158 『老子』, 70장, '懷玉'
159 『莊子』, 「馬蹄」, "夫殘樸以爲器, 工匠之罪也. 毁道德以爲仁義, 聖人之過也."

었다고 보았다. 다만 고자는 나무의 성질을 해치고 나온 그릇은 더욱 좋은 결과물이라고 보았던 반면에, 장자는 나무의 성질을 해치고 나온 그릇은 더욱 나쁜 결과물이라고 보았다. 장자 역시 노자와 마찬가지로 인간의 타고난 본성은 선하며, 사회적인 악은 후천적인 인위에 의해서 생겨났다고 본 것이다.

앞서 언급한 것처럼 인성론의 차이는 정치론의 차이를 낳게 한다. 왜냐하면 인성을 부정적인 것으로 보면 타율을 강조하게 되고 타율을 강조하게 되면 개별을 통제하는 권력을 옹호하는 방향으로 나가게 되는 반면에, 인성을 긍정적인 것으로 보면 자율을 강조하게 되고 자율을 강조하게 되면 개별들을 통제하는 권력을 비판하는 방향으로 나가게 되기 때문이다. 그런데 노자와 한비의 인성론은 정반대이다. 이러한 차이만 놓고 보더라도 자와 한비는 가장 반대되는 정치사상을 가지고 있었음을 알 수 있다.

실제적으로도 두 사상은 가장 상반된 사상이다. 순자는 인간의 본성은 악으로 향할 수 있지만 교화를 통해 선으로 향할 수도 있다고 보았다. 유자인 그는 여전히 인간의 가능성을 믿었던 것이다. 반면에 한비는 인간은 철저하게 계산하면서 살아가는 존재이므로 도덕적인 교화는 불가능하며, 오직 엄격한 법을 통해서만이 질서가 가능하다고 보았다.

이 시점에도 질문을 던져보자. 한비는 과연 인간은 자연 상태로 놔두면 악으로 향하게 되므로 어쩔 수 없이 강력한 군주의 권력이 필요하다고 본 것인가, 아니면 강력한 군주의 권력을 정당화시키기 위해 인간의 본성을 극단적으로 악한 것으로 본 것인가? 이 문제는 우리가 쉽게 단정내릴 수 있는 문제가 아니다. 다만 여기서 중요한 것은 인간의 본성을 악하게 보는 것과 권력의 정당화는 선후관계와 상관없이 동시에 진행된다는 사실이다.

이에 반해 노자는 법이나 예가 없다고 한다면 그 사회는 반드시 무질서해질 수밖에 없다는 주장에 대해 동의하지 않았다. 노자는 오히려 무위자연을 강조했다. 자연계가 법이나 예가 없음에도 자발적으로 질서를 이루고 있듯이, 백성들 역시 법이나 예가 없이도 자발적으로 질서를 이룰 수 있다고 본 것이다. 그는 법이나 윤리 속에 감추어진 권력의 야누스적인 이중성을 갈파했던 것이다.

제7장
전국중기 - 말기 제자백가에서의
도가의 영향

1. 윤문자(尹文子)

윤문(尹文)과 관련하여 『한서』「예문지」〈명가(名家)〉에 '윤문자(尹文子) 일편'이라고 하였으며, 반고의 주에 "제나라 선왕에게 유세하였으며, 공손용보다 선배이다."¹라고 하였다. 『여씨춘추』「정명(正名)」에서 고유(高誘)는 "윤문은 제나라 사람으로서, 『명서(名書)』 한편을 지었다. 공손용보다 선배이며, 공손용이 그를 언급했다."²라고 하였다. 이에 입각할 때, 윤문은 전국시대 중기의 제나라 사람으로서 명가(名家)에 속한다.

『장자』「천하」편에서는 윤문에 대해, "세속적인 일에 얽매이지 않고, 사물을 꾸미지 않으며, 남을 어지럽히지 않으며, 사람들을 거역하지 않으며, 천하가 평화로워 백성이 살아갈 수 있고 남과 나의 길러짐이 모두 풍족해지기를 바랐다. 이렇게 함으로써 마음을 명백히 한다. 옛날의 도술에는 이와 같은 것이 있었다. 송견과 윤문이 이 가르침을 듣고 기뻐했다."³라고 하였다. 『장자』에 따르면 윤문은 송견과 함께 세속에 얽매이지 않고 겸애를 잘 실천한 인물이다.

윤문은 노자로부터 많은 영향을 받았다. 가령 "끝에 이르게 되면 처

---

1 『漢書』「藝文志」,〈名家〉, 自注, "說齊宣王, 先公孫龍."
2 "尹文, 齊人, 作名書一篇. 公孫龍稱之."
3 『莊子』,「天下」, "不累於俗, 不飾於物, 不苟於人, 不忮於衆, 願天下之安寧以活民命, 人我之養畢足而止, 以此白心, 古之道術有在於是者. 宋鈃尹文聞其風而悅之."

음으로 돌아간다. 처음과 끝이 서로 계속적으로 이어져 궁극이 없다."⁴ 라고 하였는데, 이것은 『노자』의 '극즉반(極則反)'의 사상으로부터 영향을 받는 것이다.

윤문은 노자의 도를 높이 인정했다. 가령 "대도(大道)를 사용하여 나라를 다스리면, 명가·법가·유가·묵가는 저절로 폐기된다. 왜냐하면 명가·법가·유가·묵가로써 나라를 다스리면 도를 얻을 수 없기 때문이다."⁵라고 하였다. 그는 명가·법가·유가·묵가의 주장은 궁극적으로 대도(大道)의 일부분일 따름이라고 보았다. 그렇다면 윤문이 말한 대도는 무엇을 지칭하는가?

"노자가 '도란 만물의 아랫목과 같으니, 선인(善人)은 보배로 여기고 불선인(不善人)도 보배로 여긴다.'라고 하였다. 도로써 다스리는 자는 선인이고, 명가·법가·유가·묵가를 빌리는 자들은 불선인이다."⁶

윤문은 『노자』 62장의 문장을 인용하면서, 대도를 지향하는 자들은 선인(善人)이고, 명가·법가·유가·묵가의 무리들은 불선인(不善人)이라고 보았다. 그렇다면 선인은 대도(大道)를 주장한 노자를 지칭한다. 각 학파의 주장들은 진리의 일부에 지나지 않으며, 노자가 말한 대도야말로 진리라고 본 것이다. 이와 같이 윤문은 노자의 학이야말로 최고의 학이라고 보았다. 이에 따른다면 그는 도가에 속하는 인물로 보인다. 그렇다면 윤문은 정말로 도가에 속하는 인물인가? 그런데 그는 명(名)을 중요시하였다.

---

4   『尹文子』.「大道」(上), "徼終則反始. 始終相襲, 無窮極也."
5   같은 책, "大道治者, 則名法儒墨自廢. 以名法儒墨治者, 則不得離道."
6   같은 책, "老子曰, 道者萬物之奧, 善人之寶, 不善人之所寶. 是道治者謂之善人, 藉名法儒墨者謂之不善人."

"대도는 형태가 없으나, 사물을 칭하게 되면 명(名)이 있게 된다. 명이란 것은 사물을 바르게 함이다. 형태의 바름은 명으로부터 나오기 때문에, 명에 착오가 있어서는 안 된다. 그러므로 공자가 '반드시 명을 바르게 해야 한다. 명이 바르지 못하면 말이 따르지 않게 된다.'라고 하였다."7

노자는 무명과 유명을 구분하였는데, 윤문 역시 무명과 유명을 구분한 동시에 도와 만물의 관계를 무명과 유명의 관계로 보았다. 즉 도는 형태가 없으므로 무명인 반면에, 사물은 형태를 갖고 있으므로 유명을 갖는다고 본 것이다. 더 나아가 공자의 정명(正名)을 인용하면서 명을 바로잡아야 한다고 보았다.

이처럼 윤문은 명(名)을 중요시하였다. 「예문지」에서 윤문을 명가(名家)로 분류한 까닭도 그가 명을 중요시하였기 때문이다. 그런데 우리는 이 시점에서 명가가 구체적으로 무엇인지를 살펴볼 필요가 있다. 사마천의 부친 사마담은 명가에 대해 "명가는 사람들을 구속시킴으로써 쉽사리 진실성을 잃게 하지만, 명(名)과 실(實)을 바로잡은 측면에 대해서는 살펴보지 않을 수 없다."8라고 하였다. 또한 "명을 잡고서 실(實)을 요구하고, 명과 실을 교차시켜 실증함으로써 잘못을 범하지 않는 점에서는 살펴보지 않을 수 없다."9라고 하였다.

사마담이 말한 명가는 '명(名)을 통해 실제[實]를 규정한다'의 사상이다. 그런데 이러한 명가의 성격은 우리가 익히 알고 있는 혜시나 공손룡과 같은 명가가 아니라 오히려 법가의 명실론에 가깝다. 그럼에도 불구하고 사마담이 명가를 법가의 명실론으로 본 이유는 무엇 때문인가?

---

7   같은 책, "大道無形, 稱器有名. 名也者, 正形者也, 形正由名, 則名不可差, 故仲尼云, 必也正名乎. 名不正, 則言不順也."
8   『史記』,「太史公自序」, "名家使人儉而善失眞, 然其正名實, 不可不察也."
9   같은 책, "若夫控名責實, 參伍不失, 此不可不察也."

신불해나 한비와 같은 법가에서도 명을 중요시하였다. 이들이 주장하는 명은 명실(名實)로서의 명이다. 물론 명과 실에 대한 논의는 『장자』·『관자』·『순자』에서도 논의하였다는 점에서, 어느 특정 학파의 전유물은 아니다. 그런데 『장자』·『관자』·『순자』에서는 기본적으로 명보다 실이 더욱 앞선다고 보았다. 이들이 실을 중요시한 것은 동양의 사유가 생성론에 기반을 두었던 것과 무관하지 않다. 반면에 법가에서는 형보다 명을 더욱 중요시하였다. 가령 한비가 말한 '형명참동(形名參同)'이란 형과 명을 서로 대조시켜 일치시킨다는 의미인데, 여기서의 기준점은 명에 있다. 그러므로 형이 명에 부합하면 상을 주고 부합하지 못하면 벌을 준다고 말했던 것이다. 이처럼 법가에서는 명을 더욱 중요시하는데, 그 이유는 법가에서 객관성과 분(分)을 중요시하였기 때문이다.

공교롭게도 '견백동이(堅白同異)'나 '백마비마(白馬非馬)'와 같은 것들을 주장한 혜시·예열·공손룡 등과 같은 명가도 명(名)을 중요시하였다. 그런데 이들 명가는 명과 실의 관계를 논의한 것이 아니라 논리로서의 명을 논의한 것이다. 논리는 현실의 문제가 아니라 관념의 문제에 속하므로 당시 학자들은 이들의 주장을 현실적이지 않은 주장이라고 비판하였다.

이처럼 법가와 명가는 동일하게 명(名)을 중요시하였지만, 명이 가리키는 의미는 전혀 다르다. 즉 법가에서의 명은 분(分)으로서의 명인 반면에, 명가에서의 명은 논리로서의 명이다. 그런데 당시에는 학파가 명확히 구분되어 있지 않았던 탓에, 사마담은 이 둘의 관계를 혼동하여 명가를 법가의 명실론으로 파악했던 것이다.

「예문지」에서 윤문을 명가(名家)로 분류한 것도 바로 이러한 혼동에 기인하였다고 본다. 왜냐하면 윤문은 혜시·공손룡과 같은 명가가 아니며, 법가에서와 같은 형명(形名)으로서의 명가이기 때문이다. 가령 그는 "이름[名]은 형태[形]에 이름붙인 것이며, 형태는 이름에 상응하는 것이다. 그런데 형태가 이름이 바르게 하지 않으면, 이름도 형태를 바르게 할 수 없다."10라고 하였다. 형(形)과 명(名)이 서로 간에 부합해야 한다고 본 것이다.

또한 윤문은 "형태가 있는 것은 반드시 이름이 있지만, 이름이 있다고 해서 반드시 형태가 있는 것은 아니다."11라고 하였다. '사랑' '선' '질서'와 같은 추상적 개념은 이름을 갖고 있지만 구체적인 형태를 갖고 있는 것은 아니다. 그러므로 서양에서는 개념이 추상성에 기인한다고 보았는데, 윤문 역시 명을 추상적 개념으로써 파악하였다.

윤문의 사유는 존재론에 더욱 가깝다. 윤문은 명과 실을 동시에 강조하지만, 기준점은 실(實)이 아닌 명(名)에 있다. 그러므로 "세상에는 명(名)에 기인하여 실(實)을 얻으며, 또한 명에 기인하여 실을 잃는다."12라고 하였다. 이처럼 윤문은 개념의 세계가 실제의 세계보다 더욱 근원적이라고 보았다.

『윤문자』에는 팽몽에 대한 언급이 많다. 팽몽에 대해 "팽몽이 다음과 같이 말하였다. '꿩과 토끼가 들판에 있으면 사람들이 그것을 잡으려고 하는데, 이는 아직 분(分)이 정해져 있지 않기 때문이다. 닭과 돼지가 시장에 가득하지만 마음에 두지 않는 것은 분이 정해져 있기 때문이다.'"13라고 하였다. 그는 팽몽의 말을 인용하였는데, 팽몽은 소유권으로써의 분을 중요시하였다. 이와 유사한 문장이 『여씨춘추』에도 나온다.

"신자(愼子)가 말했다. '지금 한 마리의 토끼가 달아나는데, 백 명의 사람이 좇는다. 그것은 한 마리의 토끼가 백사람에게 나눠주기에 충분해

---

10 『尹文子』,「大道」(上), "名者, 名形者也, 形者應名者也. 然形非正名也, 名非正形也."
11 같은 책, "有形者必有名, 有名者未必有形."
12 같은 책, "世有因名以得實, 亦有因名以失實."
13 같은 책, "彭蒙曰, 雉免在野, 衆人逐之, 分未定也 ; 雞豕滿市, 莫有志者, 分定故也."

서가 아니라 소유권이 아직 정해지지 않았기 때문이다. 소유권이 정해지지 않으면, 요임금도 사력을 다해야 하는데 하물며 일반 사람들에 있어서랴? 토끼가 쌓여 사장 바닥에 가득 차더라도 지나가는 사람이 돌아보지 않는 이유는 토끼를 원하지 않아서가 아니라 소유권이 이미 정해져 있기 때문이다. 소유권이 이미 정해져 있으면, 비천한 사람이라고 하더라도 다투지 않는다. 그러므로 천하의 다스림이 나라에 미치는 하는 것은 소유권을 정하는 데 있을 따름이다.'"14

그런데 『여씨춘추』에서는 팽몽의 말이 아니라 신자의 말이라고 되어 있다. 『신자』 일문(逸文)에도 이와 유사한 문장이 나온다. 그렇다면 이 문장은 누구의 문장인가? 필자가 보건대 『문자』에서의 주장처럼 팽몽의 주장이라고 본다. 그럼에도 불구하고 『여씨춘추』에서 신자라고 말한 이유는 윤문·신자·팽몽 사이에는 사상적으로 밀접한 연관성이 있기 때문이다. 그것은 바로 이들 모두 분(分)으로서의 명(名)을 중요시했다는 사실이다. 이러한 점에서 본다면, 윤문·신자·팽몽은 법가의 인물들이다. 『윤문자』에 팽몽이 언급한 또 다른 문장이 있다.

"팽몽이 말했다. '그대는 명(名)을 어지럽히는 정도가 심하다. 성인(聖人)은 자기로부터 나오고, 성인의 법은 이치로부터 나온다. 이치는 자기로부터 나올 수 있지만 자기 자신은 이치가 아니다. 그러므로 성인의 다스림은 홀로 다스리는 것이지만, 성인의 법은 다스림에 있어서 다스려지지 않음이 없다.'"15

---

14 『呂氏春秋』,「愼勢」, "愼子曰, 今一免走, 百人逐之. 非一免足爲百人分也, 由未定. 由未定, 堯且屈力, 而況衆人乎. 積免滿市, 行者不顧, 非不欲免也, 分已定矣. 分已定, 人雖鄙不爭. 故治天下及國,在乎定分而已矣."
15 『尹文子』,「大道」(下), "彭蒙曰. 子之亂名甚矣. 聖人者, 自己出也. 聖法者, 自理出也. 理出於己, 己非. 理也, 己能出理, 理, 非己也. 故聖人之治, 獨治者也, 聖法之治, 則無不治矣."

당시의 사람들은 성인이기 때문에 의당 성인의 법을 따라야 한다고 생각한다. 그러나 팽몽은 사람들이 성인의 법을 따라야 하는 이유는 성인 그 자체가 위대해서가 아니라 그가 이치를 간직하고 있기 때문이라고 보았다. 그러므로 성인에 의해 천하가 다스려지는 까닭은 성인에 있는 것이 아니라 성인의 법에 있다고 한 것이다.

앞서 언급한 것처럼 한비는 「해로」와 「유로」 두 편을 써서 노자가 말하고자 하는 취지를 밝히려고 하였지만 노자의 본질을 벗어나 있다. 한비는 법가이고 노자는 도가라는 점에서 당연히 본질을 벗어날 수밖에 없다. 이와 마찬가지로 『윤문』 역시 노자의 말을 자주 언급하였지만 노자의 본의에서 벗어나 있다. 왜냐하면 법가에 속하는 윤문은 규정성과 분을 강조하기 위해 노자의 명을 차용한 것이지만, 정작 노자는 규정적인 명을 긍정하기 위해 명을 언급한 것이 아니라 이와 반대로 규정적인 명을 부정하기 위해 명을 언급한 것이기 때문이다. 예를 들어보자.

> "노자는 '정사(政)로써 나라를 다스리고, 기(奇)로써 군대에 사용하고, 무사(無事)로써 천하를 취한다.'고 하였다. 정(政)이란 것은 명(名)과 법(法)이다. 명과 법으로써 나라를 다스리면 만물은 어지러울 수 없다. 기(奇)란 권(權)과 술(術)이다. 권과 술로써 군대에 사용하면 만물이 대적할 수 없다."[16]

『윤문자』에서는 『노자』 57장의 문장을 나름대로 해석하였지만 올바른 해석이 아니다. 『윤문자』에서는 '以政治國'으로 되어 있으나, 『노자』 57장의 원문에는 '以正治國'으로 되어있다. 『윤문자』에서는 '정(正)'을 '정(政)'으로 본 것이다. 그런데 정(政)은 정(正)의 뜻을 포함하고 있

---

16 같은 책, "老子曰, 以政治國, 以奇用兵, 以無事取天下. 政者, 名法是也, 以名法治國, 萬物所不能亂. 奇者, 權術是也, 以權術用兵, 萬物所不能敵."

지만, 정(正)은 정(政)의 뜻을 포함하고 있지 않다. 노자가 말한 정(正)이 '정도(正道)'란 뜻이라고 한다면, 기(奇)는 권(權)과 같은 말로서 '임기응변'이란 뜻이다. 노자가 말하고자 했던 것은 "평상시에는 정도로써 나라의 질서를 바로잡아야 하지만, 전쟁과 같은 비상시에는 '임기응변(奇)'이 필요하다"는 것이었다. 그런데 『윤문자』에서는 '정(正)'을 '정(政)'으로 고친 동시에 법가식으로 해석하였다. 유가에서는 정치의 핵심을 예악과 인의로 보았으며, 노자는 정치의 핵심을 무위로 보았다. 반면에 『윤문자』에서는 정치의 핵심을 명(名)과 법(法)으로 보았다. 이것은 전적으로 법가의 관점인 것이다. 이와 같이 『윤문자』는 이처럼 노자로부터 많은 영향을 받았지만, 근본적으로 법가의 입장에 있다.

> "노자가 말했다. '백성들이 죽음을 두려워하지 않는다면, 어찌 죽음으로써 그들을 두렵도록 할 수 있겠는가?' 백성들이 죽음을 두려워하지 않는 이유는 형벌이 과도하기 때문이다. 형벌이 과도하면 백성들은 삶을 의지할 수 없게 되고, 삶을 의지할 수 없게 되면 임금의 위엄을 하찮게 여기게 된다. 형벌이 적합하면 백성들은 죽음을 두려워하게 된다. 죽음을 두려워하는 까닭은 삶이 즐겁기 때문이니, 삶이 즐겁다는 것을 안다면 죽음으로 백성들을 두렵게 할 수 있다. 이것은 임금이 마땅히 장악해야 할 것이며, 신하가 마땅히 신중히 해야 할 것이다."[17]

『윤문자』에서는 『노자』 74장의 문장을 인용하여 나름대로 해석하였다. 그러나 『노자』의 본래적인 의미는 군주의 폭정을 비판한 동시에 법의 한계를 논의한 것이다. 즉 폭정에 의해 백성들이 아사(餓死) 직전에 놓이게 되면 아무리 엄한 형벌로 단죄한다고 하더라도 위력을 발휘

---

17 같은 책, "老子曰. 民不畏死, 如何以死懼之. 凡民之不畏死, 由刑罰過. 刑罰過則民不賴其生, 生無所賴, 視君之威末如也. 刑罰中則民畏死. 畏死由生之可樂也, 知生之可樂, 故可以死懼之. 此人君之所宜執, 臣下之所宜愼."

할 수 없다는 의미이다. 그런데 『윤문자』에서는 과도한 형벌을 사용해서는 안 되며, 적절한 형벌을 사용해야 한다고 해석하였다. 이러한 해석은 여전히 법가적인 관점에 의거한 것이다.

2. 시자(尸子)

시자(尸子)의 이름은 교(佼)로서 전국시대 사람이다. 『한서』「예문지」〈잡가〉류에 '시자(尸子) 20편'이라고 기록되어 있으며, 반고의 주에 "이름은 교(佼)이며, 진나라 재상인 상앙(商鞅)의 스승이었다. 상앙이 죽자 교는 촉으로 도망쳤다."[18]라고 하였다. 이에 따르면 시자는 전국시대 중기의 인물이다. 그러나 오늘날 전해지고 있는 『시자』는 내용상으로 볼 때 전국시대 말기의 저작으로 보인다. 그 이유는 본 저서에는 다양한 사상들이 뒤섞여 있는데, 이처럼 다양한 사상들이 뒤섞인 것은 전국말기 문헌의 특징이기 때문이다. 『시자』는 시자와 그 후학들의 저작으로 보인다.

반고는 『시자』를 잡가로 분류했는데, 그 이유는 『시자』에는 유가의 인의(仁義), 도가의 도덕(道德), 법가의 법술이 모두 들어있기 때문이다. 그런데 오늘날 학자들은 『시자』를 법가로 분류하는 경향이 많다. 필자도 『시자』는 법사상을 다룬 법가의 문헌이라고 본다.

『시자』에는 도가적인 사상이 많이 섞여있다. 가령 "덕이란 것은 천지만물이 얻은 것이다."[19]라고 하였다. 노자가 말한 덕(德)에는 득(得)의 뜻이 있다. 『장자』에서도 "만물은 이 일을 얻어 생겨났는데 그것을

---

18 『漢書』「藝文志」, 自註, "名佼, 魯人, 秦相商君師之. 鞅死, 佼逃入蜀."
19 『尸子』,「處道」, "德者, 天地萬物得也."

'덕'이라고 한다."20라고 말하였다. 『시자』에서도 덕은 천지만물이 도로부터 부여받은 것이라고 보았다.

『시자』에서 "하늘은 사물에 대해 사사로움이 없고 땅은 사물에 대해 사사로움이 없으니, 이러한 행위를 본받는 자를 '천자'라고 한다."21라고 하였다. 천도는 사사로움이 없으며, 천자 역시 정치를 행할 때 사사로움이 없어야 한다는 의미이다. 도가에서도 천도가 무사(無私)하다고 주장하였다. 가령 노자는 "천지는 어질지 않으니, 만물을 '지푸라기로 만든 개(芻狗)'처럼 여긴다."22라고 하였다.

또한 『시자』에서 "이러한 까닭에 말하지 않아도 믿으며, 노하지 않아도 위엄이 있으며, 베풀지 않아도 어짊이 있다."23라고 하였다. 그런데 『문자』에도 이와 유사한 문장이 있다. 즉 "노자가 말했다. '말하지 않아도 믿으며, 베풀지 않아도 어짊이 있으며, 노하지 않아도 위엄이 있다.'"24라고 하였다. 그런데 『문자』에서는 이것이 노자의 말이라고 하였다. 이에 따른다면 『시자』의 이 문장은 노자와 연관성이 있다.

또한 『시자』에서 "현명한 군주는 이목을 억지로 사용하지 않으며, 몰래 엿보는 것을 행하지 않으며, 애써 듣고 보려고 하지 않는다. 형태가 이루어지면 보고, 소리가 이르게 되면 듣고, 일이 생겨나면 응한다."25라고 하였다. 사물을 애써 인위적으로 살피는 것이 아니라, 자연적으로 살펴야 한다는 의미이다. 여기에도 도가의 무위사상이 들어있다. 실질적으로 『시자』에서는 무위정치를 강조하고 있다. 가령 "순임금이 무위를 행하자 천하 백성들은 그를 부모처럼 여겼다."26라고 하였다.

---

20 『莊子』, 「天地」, "物得以生, 謂之德."
21 『尸子』, 「治天下」, "天無私於物, 地無私於物, 襲此行者, 謂之天子."
22 『老子』, 5장, "天地不仁, 以萬物爲芻狗."
23 『尸子』, 「神明」, "是故不言而信, 不怒而威, 不施而仁."
24 『文子』, 「上仁」, "老子曰. 不言而信, 不施而仁, 不怒而威."
25 『尸子』, 「發蒙」, "明君不用長耳目, 不行間諜, 不強聞見. 形至而見, 聲至而聽, 事至而應."

또한 『시자』에서는 "하나의 도를 잡아, 지(智)와 교(巧)를 제거한다."27라고 하였는데, 이 역시 노자사상의 특징이기도 하다. 가령 노자가 '옛날의 도를 잡아'28라고 하였듯이, 왕은 도를 굳건히 잡아 치국의 도로 삼아야 한다고 말하였다. 또한 노자는 지(智:꾀)와 교(巧:재주)를 비판하고 도를 회복할 것을 강조하였다. 가령 "성지(聖智)를 끊으면 백성들의 이익이 백배나 더해질 것이며, 인의(仁義)를 끊어버리면 백성들은 효도와 자애로움을 회복할 것이며, 기교와 이욕(利欲)을 버리면 도둑이 없어질 것이다."29라고 하였다.

이와 같이 『시자』는 『노자』로부터 많은 영향을 받았다. 실제로 노자의 문장이 보인다. 가령 『시자』에서 "문을 나가지 않아도 천하를 알 수 있다."30고 하였는데, 『노자』 47장에도 이와 유사한 문장이 나온다.

『시자』에는 『장자』와 유사한 부분이 있다. 『시자』에서 "하늘은 사물에 대해 사사로움이 없고 땅은 만물에 대해 사사로움이 없다."31라고 하였는데, 『장자』에서도 "천은 사사로이 덮음이 없으며 땅은 사사로이 실음이 없으니, 하늘이 어찌 나를 빈곤하게 했겠는가?"32라고 하였다. 또한 『시자』에서 "순이 천하를 받고도 안색이 변하지 않았고, 요는 천하를 순에게 주었는데도 안색이 변하지 않았다. 그 이유는 천하가 자신에게 손익(損益)이 없다는 것을 알았기 때문이다."33라고 하였다. 천하를 주고받음은 개인의 삶에서 뿐만 아니라 역사적으로도 중요한 사건이다. 그럼에도 『시자』에서는 이러한 것이 자신의 삶에 별다른 변화를

---

26 『尸子』,「治天下」, "舜無爲也, 而天下以爲父母."
27 『尸子』,「分」, "執一之道, 去智與巧."
28 『老子』, 14장, '執古之道'
29 『老子』, 19장, "絶聖棄智, 民利百倍, 絶仁棄義, 民復孝慈, 絶巧棄利, 盜賊無有."
30 『尸子』,「分」, "不出于戶而知天下."
31 『尸子』,「治天下」, "天無私於物, 地無私於物."
32 『莊子』,「大宗師」, "天無私覆, 地無私載."
33 『尸子』,「卷下」, "舜受天下, 顔色不變, 堯以天下與舜, 顔色不變. 知天下無損益於己也."

초래하지 않는다고 말한다. 이러한 사유는 장자로부터 영향을 받은 것이다.

이와 같이 『시자』는 도가의 영향을 받고 있으나, 기본적으로 법가의 노선에 있으므로 분(分)을 중요시하였다. 가령 "군신과 부자, 상하와 장유(長幼), 귀천과 친소에는 모두 분(分)을 가지고 있으니, 이것을 치(治)라고 한다."34라고 하였다. 또한 "명분(名分)이라는 것은 성인이 살피는 것이다."35라고 하였다. 일체 모든 것들에는 분(分)이 있다는 것이다. 분에 대해 다음과 같이 구체적으로 말하고 있다.

"현명한 왕은 신하와 더불어 사귀는 것이 적다. 명분을 살피면, 신하들은 힘을 다하고 지력(智力)을 다하지 않음이 없다. 천하가 다스려지면 분(分)이 이루어지고, 시비가 나누어지면 명(名)이 바르게 된다. 실이 명을 초과하면 벌을 주고, 미치지 못하면 어리석다고 지탄을 받는다."36

이처럼 『시자』에서는 명(名)이 세워지면, 왕과 신하 사이의 접촉이 적더라도 신하들은 자신의 일에 최선을 다하게 된다고 보았다. 또한 실질적인 성과가 명을 초과하거나 부족하면 벌을 내린다고 말하고 있다. 이 사상은 한비의 사상과 그대로 일치한다.

또한 『시자』에서 "일이 적고 공이 많아지기 위해서는 요점을 지켜야 하며, 몸이 한가로우면서도 나라가 다스려지기 위해서는 현명한 자를 기용해야 하며, 말이 적고 법령이 시행되기 위해서는 명(名)이 바로 세워져야 한다."37라고 하였다. 이 역시 법가의 진술이다. 법가에서는

---

34 『尸子』,「分」, "君臣父子, 上下長幼, 貴賤親疎, 皆得其分, 曰治."
35 『尸子』,「發蒙」, "若夫名分, 聖之所審也."
36 같은 책, "明王之所以與臣下交者小. 審名分, 君臣莫敢不盡力竭智矣. 天下之可治, 分成也. 是非之可辨, 名定也. 無(=夫)過其實, 罪也. 不及, 愚也."

일이 적고 공이 많아지는 것을 지향하였으며, 또한 그러기 위해서는 분(分)과 보편의 기준을 세워야 한다. 또한 법가에서 정명(正名)을 강조한 이유는 명확한 분과 보편적 기준을 세우기 위함에 있다. 『시자』에서도 기준을 세우기 위해 명을 강조하였다.

또한 한비는 권세(權勢)로서의 세(勢)를 중요시하였는데, 『시자』에서도 권세로서의 세를 중요시하였다. 가령 "높고 빛나는 존귀함은 천하를 이롭게 하는 방법이니, 인자(仁者)가 가볍게 볼 수 있는 것이 아니다. 어째서 그러한 줄 아는가? 해가 널리 비춤은 세가 높기 때문이다."38라고 하였다. 여기서의 인자(仁者)는 구체적으로 유자들을 말한다. 유가에서는 현군이 천하를 이롭게 하는 이유는 덕 때문이라고 보았으므로 세에 대해서는 무시하였다. 그러나 한비는 "요(堯)가 필부라면 세 사람도 다스릴 수 없으며, 걸(桀)은 천자가 되었기 때문에 천하를 어지럽힐 수가 있었다."39라고 하였듯이, 천하의 성인이라고 하더라도 세가 없으면 몇 사람도 다스릴 수 없다고 보았다. 『시자』에서도 세가 중요함을 강조하였다.

『시자』에서는 "공자가 말했다. '군자는 그릇이고, 백성은 물이다. 그릇이 네모가 되면 물도 네모가 되고, 그릇이 원이 되면 물도 원이 된다."40라고 하였다. 이것은 공자가 "군자의 덕은 바람이오, 소인의 덕은 풀이다. 풀 위에 바람이 불면 반드시 그리로 쏠린다."41고 말한 것을 노자 식으로 풀이한 것이다.

노자는 "성인은 일정한 마음[常心]이 없으며, 단지 백성들의 마음으로써 자신의 마음으로 삼는다."42고 하였다. 노자는 백성이 주체이며,

---

37 『尸子』,「分」, "事小而功多, 守要也, 身逸而國治, 用賢也, 言寡而令行, 正名也."
38 『尸子』,「明堂」, "夫高賢尊貴, 利天下之輕也, 非仁者之所以經也. 何以知其然也? 日之能燭遠, 勢高也."
39 『韓非子』,「難勢」, "堯爲匹夫, 不能治三人, 而桀爲天子, 能亂天下."
40 『尸子』,「處道」, "孔子曰. 君子盂也, 民者水也. 盂方則水方, 盂圓則水圓."
41 『論語』,「顏淵」, "君子之德, 風也, 小人之德, 草也. 草上之風, 必偃."

성인은 오히려 수동적인 존재라고 본 것이다. 반면에 공자와 『시자』는 백성을 수동적인 존재로 보았다. 즉 둘 모두 군주는 주체이며, 백성은 단지 군주의 뜻에 따르는 수동적인 존재일 따름이라고 여겼다.

유가는 민본사상을 가지고 있었다. 맹자가 그 대표적인 예이다. 이러한 유가의 민본사상은 위정자 중심의 법가와 다르다. 그런데 『시자』에서도 "물고기는 물을 잃으면 죽지만, 물은 물고기가 없어도 여전히 물이 된다."[43]라고 하였다. 물고기는 군주를 비유한 것이고, 물은 백성을 비유한 것이다. 군주는 백성이 없으면 곧바로 사라지지만 백성은 군주가 없이도 여전히 백성일 따름이라는 의미이다. 여기에도 민본사상이 들어있다. 이것을 통해 볼 수 있듯이, 『시자』에서는 유가사상을 일면 수용하고 있다.

이와 같이 『시자』의 사상에서 법가와 도가, 그리고 유가도 뒤섞여 있다. 법가와 도가가 뒤섞여 있다는 점에서는 앞서 살펴본 한비·신도·전병·윤문 역시 마찬가지였다. 이들은 공통적으로 도와 법을 중요시하였으며, 명(名)을 중요시하였다.

---

42 『老子』, 49장, "聖人無常心, 以百姓心爲心."
43 『尸子』, 「下卷」, "魚失水則死, 水失魚猶爲水也."

3. 혜시(惠施)

혜시(惠施)는 전국시대의 정치가인 동시에 명가였다. 그는 송(宋)나라 사람으로서 위나라가 주된 활동지였으며, 위나라 혜왕(惠王) 때 재상이 되었다.44 혜왕 당시 위나라는 전쟁에서 여러 차례 패배해 쇠약해졌다. 혜시는 당시의 강대국인 진나라의 위협에 대항해서, 위나라 제나라 초나라가 연합해서 진나라와 맞서 합종(合縱)할 것을 주장했다. 그는 연횡(連衡)을 주장한 장의(張儀)와의 불화로 인해 위나라에서 쫓겨난 뒤에 초나라로 갔다가, 고향인 송나라로 갔다. 여기에서 장자(莊子)와 벗이 되어 다양한 토론을 하였다. 혜왕이 죽은 뒤에 장의가 권력을 잃자 혜시가 다시 위나라로 복귀해서 합종책을 추진했다. 그는 여러 나라에 이름을 떨친 유명한 정치가였다.

혜시는 공손룡(公孫龍)과 더불어 명가(名家)의 대표적인 인물이다. 『장자』에서 "혜시의 학설은 다방면에 걸쳐있고, 그의 저서는 다섯 수레를 쌓을 정도인데, 그의 도는 이것저것 뒤섞여 있었으며 그의 말은 사물의 도리에 맞지 않았다."45라고 하였다. 그의 저술은 매우 많았다고 하나 현재 전해지고 있는 것은 없다. 『사기』의 전(傳)에는 그에 대한 언급이 없지만, 『장자』・『한비자』・『여씨춘추』에는 그에 대한 기록이

44　『장자』「추수」편에서도 혜시가 梁(=魏)나라 재상이 되었다는 말이 나온다.
45　『莊子』, 「天下」, "惠施多方, 其書五車, 其道舛駁, 其言也不中."

많다.

혜시는 공손룡보다 앞선 인물로서 공손룡에게 영향을 주었다. 그러나 명가가 혜시로부터 출발한 것은 아니다. 앞서 살펴보았듯이 공자가 명분으로서의 명(名)을 언급한 반면에, 묵자는 명사로서의 명을 언급하였다. 또한 묵자는 사회적 질서를 이루기 위해서는 누구나가 통용되는 명사와 이 명사를 제정할 수 있는 권위가 필요하다고 보았다. 그런데 묵자의 후학들은 더 나아가 논리로서의 명을 중요시하였다. 「묵경」이 그 대표적인 예이다. 순자는 "송자(宋子)는 '모욕을 당해도 욕될 것이 없다'고 주장했고, 묵자는 '성인은 자기를 사랑하지 않는다'고 주장했고, 『묵자』에서는 '도둑을 죽인 것이지 사람을 죽인 것은 아니다'라고 했는데, 이것은 모두 명사를 사용함에 있어서 미혹되어 명사를 어지럽힌 것이다."[46]라고 하였다. 이처럼 순자는 묵가가 이름을 어지럽혔다고 비판했는데, 여기서 주목할 점은 묵가에서 명사를 통해 역설을 주장했다는 점이다. 또한 『장자』에서 "상근리(相里勤)의 제자, 오후(五侯)의 무리, 남방의 묵가인 고획(苦獲)·기치(己齒)·등릉자(鄧陵子)와 같은 무리들이 모두 묵경(墨經)을 암송하면서 등진 채 서로 헐뜯어 같이 하지 않았고, 서로 별파라고 부르며, 견백동이(堅白同異)의 변설로써 서로 헐뜯었다."[47]라고 하였듯이, 명가의 대표적인 논의인 '견백동이'는 묵가에서부터 비롯되었다고 본다. 이와 같이 혜시의 명학은 그의 독창성에 기인한 것이 아니며, 묵가로부터 영향을 받았다.

혜시 사상의 특징은 단순히 논리만을 주장한 것이 아니라 역설을 자주 언급하였다는 데 있다. 그런데 역설을 가장 자주 언급한 학파는 도가였다. 노자와 장자는 사람들이 당연히 옳다고 여기는 것들에 대해

---

46 『荀子』, 「正名」, "見侮不辱, 聖人不愛己, 殺盜非殺人也, 此惑於用名, 以亂名者也."
47 『莊子』「天下」 "相里勤之弟子五侯之徒, 南方之墨者苦獲, 已齒, 鄧陵子之屬, 俱誦墨經, 而倍譎不同, 相謂別墨; 以堅白同異之辯相訾."

자주 역설적으로 말함으로써, 당연하다고 믿는 것들이 당연하지 않을 수도 있음을 여실히 보여주었다. 그들이 이처럼 역설을 즐겨 사용한 이유는 이를 통해 고질적인 편견을 타파하기 위해서였다. 혜시는 장자와 벗하며 논쟁하는 가운데 도가로부터 영향을 받았다고 본다.

『장자』「천하」편에 혜시의 모순된 명제들을 제시하고 있다. 그 가운데 대표적인 주장이 '역물십사(歷物十事)'라 불리는 10개의 명제이다. 이 10개의 명제는 다음과 같다

1. 가장 큰 것은 바깥이 없으니, 이를 일러 '큰 하나'라 한다. 가장 작은 것은 안이 없으니, 이를 일러 '작은 하나'라고 한다.[48]
2. "두께가 없음은 쌓을 수 없으나, 그 크기는 천리이다."[49]
3. "하늘과 땅은 같은 높이에 있고, 산과 연못은 같은 높이에 있다."[50]
4. "해는 방금 떴다가 방금 기운다. 사물은 방금 살다가 방금 죽는다."[51]
5. "큰 같음은 작은 같음과 다르다. 이를 일러서 '작은 같고 다름'이라 한다.
   만물은 모두 같고 모두 다르다. 이를 일러서 '큰 같고 다름'이라 한다.[52]
6. "남쪽은 끝이 없으면서 끝이 있다."[53]
7. "오늘 월나라에 갔다가 어제 돌아왔다."[54]
8. "연결된 고리는 풀 수 있다."[55]

---

48 『莊子』,「天下」, "至大無外, 謂之大一. 至小無內, 謂之小一."
49 "無厚不可積也, 其大千里."
50 "天與地卑, 山與澤平."
51 "日方中方睨, 物方生方死."
52 "大同而與小同異, 此之謂小同異. 萬物畢同畢異, 此之謂大同異."
53 "南方無窮而有窮."
54 "今日適越而昔來."

9. "나는 천하의 중앙을 안다. 연나라의 북쪽이며 월나라의 남쪽이다."[56]

10. "두루 만물을 사랑하라. 하늘과 땅은 한 몸이다."[57]

순자는 혜시와 관련하여 "'산과 못은 평평하다.' '하늘과 땅은 높이가 같다.' '제(齊)와 진(秦)은 합쳐져 있다.' '귀로 들어가서 입으로 나온다.' '낚시 바늘에 물고기 수염이 있다.' '알에 털이 있다.'와 같은 설들은 유지하기가 어려운데, 혜시와 등석은 그것에 능통했다."[58]라고 하였다. 순자가 언급한 내용들은 『장자』「천하」편에도 언급되어 있다.

혜시의 주장은 제논의 역설을 연상케 한다. 고대 그리스 사상가 제논은 아주 빨리 달리는 아킬레우스와 거북이가 경주하면 아킬레우스가 거북이를 영원히 이길 수 없다고 주장하였으며, 날아가는 화살은 실제로는 운동하지 않는다고 주장하였다. 제논의 주장은 우리의 상식에 위배되며, 후대 학자들은 이 문제를 풀기 위해 많은 논증을 하였다.

서양에서는 현실과 무관한 개념과 논리를 중요시하였던 반면에, 동양은 전통적으로 실질적 세계를 중요시하였으므로 사변에는 능통하지 못하였다. 그런데 혜시는 사변을 중요시하였으며 실질적 세계를 경시하였다. 이것은 동양적 사유에서 보면 익숙하지 않은 학문이므로, 실제를 무시한 말장난처럼 보일 수도 있다. 그러므로 순자는 "혜자(惠子)는 말에 가려져 실제를 알지 못하였다."[59]라고 비판하였다.

그런데 여기서 우리가 집고 넘어가야 할 문제가 있다. 그것은 대부분의 주장에는 주장하고자 하는 목적이 있다는 사실이다. 제논의 역설

---

55 "連環可解也."
56 "我知天下之中央, 燕之北, 越之南也."
57 "泛愛萬物, 天地一体也."
58 『荀子』,「不苟」, "山淵平, 天地比, 齊秦襲, 入乎耳, 出乎口, 鉤有須, 卵有毛, 是說之難持者也, 而惠施鄧析能之."
59 『荀子』,「解蔽」, "惠子蔽於辭而不知實."

은 "실질적 세계는 불변한 것이며, 변화하는 이 세계는 모두 환상에 지나지 않는다."라는 것을 입증하기 위한 것이었다. 반면에 동양에서는 이 변화하는 세계를 실제의 세계로 보았다. 그렇다면 혜시는 동양의 전통에서 벗어나 이 변화하는 세계가 환상임을 설명하고자 한 것인가?

혜시의 역물십사에는 주장만 있고 논증이 없으므로, 그가 어떠한 경위를 통해 이러한 주장을 했고, 이 주장이 왜 타당한지에 대한 설명 부분이 없다. 이처럼 혜시는 아무런 증명도 없이 결론격인 명제만을 제시하였을 뿐이므로 후대에 그의 주장에 대한 많은 추측이 난무했다. 그런데 혜시가 말하고자 하는 목적은 분명하다. 그는 우리가 살고 있는 시공간 세계에 대한 편견을 타파하고자 했던 것이다.

사람들은 시비(是非)를 위해 싸운다. 그런데 이 시비는 궁극적으로 옳고 그름에서 나오는 것이 아니라 편견(偏見)에서 나오는 경우가 태반이다. 편견이란 잘못된 관점이 아니라 한곳에 치우친 관점을 말한다. 우리는 우물 안의 개구리처럼 작은 시야를 통해 세계를 바라보고 이것이 참된 진리라고 믿는 경향이 많다.

이제 무한자의 시야로 세상을 바라보자. 무한자의 시야로 본다면 우리가 확실하다고 믿는 세계는 우물 안의 개구리처럼 편견의 세계일 수 있다. 무한한 공간 속에서 보면 "하늘과 땅은 같은 높이에 있고, 산과 연못은 같은 높이에 있다." "남쪽은 끝이 없으면서 끝이 있다."란 주장이 성립될 수 있으며, 무한한 시간의 입장에서 보면 "해는 방금 떴다가 방금 기운다. 사물은 방금 살다가 방금 죽는다." "오늘 월나라에 갔다가 어제 돌아왔다."란 주장이 성립될 수 있으며, 무한자의 시야로 보면 만물은 궁극적으로 하나이므로 "만물은 모두 같고 모두 다르다.", "두루 만물을 사랑하라. 하늘과 땅은 한 몸이다."란 주장이 가능하다.

앞에서 우리는 예열에 대해 살펴본 바 있다. 누구나가 육왕(六王)과 오패(五霸)를 성인이라 여기며 칭송하였다. 그런데 예열은 그들의 화려한 이름에 가려진 어두운 그림자에 대해 날카롭게 지적하였다. 혜시 역시 우리가 너무도 당연시하는 것에 대해 역설을 이야기함으로써, 우리가 알고 있는 것이 당연한 진리가 아니라는 것을 보여주고자 했던 것이다. 이러한 점에서 본다면 순자가 "혜자(惠子)가 말에 가려져 실제를 알지 못했다."고 비판하였지만, 우리는 그의 사상이 갖는 긍정적 측면을 바라볼 필요가 있다.

이처럼 혜시는 만물의 차이라는 것은 궁극적으로 상대적인 것이라고 보았는데, 장자 역시 만물은 상대적인 것이라고 보았다. 이 점을 들어 많은 사람들이 장자를 상대주의자로 보았다. 그러나 장자가 궁극적으로 지향하고자 한 것은 상대주의가 아니라 절대적 경지였다. 절대적 경지에서 보면 모든 사물의 변화는 궁극적으로 하나일 따름이며, 이러한 하나의 입장에서 보면, 혜시의 논리 역시 하나의 헛된 논리일 따름이다. 가령『장자』에서 다음과 같이 말하였다.

"그러므로 그것을 명백히 하기 위해 작은 풀줄기와 커다란 기둥, 문둥병 환자와 미인 서시(西施)를 대조한다면 거짓되고 괴이해진다. 그러나 도는 두루 통하여 하나가 된다. 한쪽에서 분산되는 것은 한쪽에서 완성되는 것이며, 한쪽에서 완성되는 것은 한쪽에서 파괴되는 것이다. 모든 사물은 완성됨도 파괴됨도 없으니, 다시 통하여 하나가 된다."[60]

"천하 가운데 가을 터럭보다 큰 것이 없고, 태산은 오히려 작다. 어려서 죽은 아이보다 장수한 자가 없고, (가장 장수했다고 하는) 팽조(彭祖)는 요절하였다. 천지는 나와 함께 생겨났으며, 만물은 나와 하나가 된다."[61]

---

60 『莊子』,「齊物論」, "故爲是擧莛與楹, 厲與西施, 恢詭憰怪. 道通爲一. 其分也, 成也, 其成也, 毁也. 凡物無成與毁, 復通爲一."
61 같은 책, "天下莫大於秋豪之末, 而大山爲小. 莫壽於殤子, 而彭祖爲夭. 天地與我並生, 而萬物與我爲一."

"서로 다른 입장에서 보면 한 몸 안에 있는 간과 쓸개도 초나라와 월나라만큼이나 멀어지고, 같은 입장에서 보면 만물은 모두 하나이다."[62]

장자의 주장과 혜시의 주장은 유사한 것처럼 보일 수 있다. 가령 상대적 세계에서 본다면 큰 것은 작은 것이 될 수 있고 작은 것은 큰 것이 될 수 있으며, 아름다운 것은 추한 것이 될 수 있고 추한 것은 아름다운 것이 될 수 있으며, 요절한 것은 장수하는 것이 될 수 있고 장수하는 것은 요절하는 것이 될 수 있으며, 가까운 곳이 먼 것이 될 수 있고 먼 곳이 가까운 곳이 될 수 있다. 혜시는 바로 이러한 점을 명확히 밝히고자 했던 것이다. 장자는 혜시의 이러한 공적을 높이 인정하였다. 그러나 장자가 보기에 혜시는 여전히 상대적 세계 안에 갇혀 있다. 장자는 궁극적으로 나와 만물이 하나가 되는 경지를 강조하고 있다. 나와 만물이 하나로 통하게 되면 상대적 진리는 무의미한 것이 된다. 이처럼 장자는 혜시와 유사한 부분이 있지만 바로 이 지점이 다른 것이다. 『장자』에 장자와 혜시가 논쟁하는 부분이 나온다.

"장자와 혜자가 호수가 다리 위를 노닐고 있었다. 장자가 말했다. '피라미가 유유자적 헤엄치고 있소. 이것이 물고기의 즐거움이오.' 혜자가 말했다. '그대는 물고기가 아닌데, 어찌 물고기의 즐거움을 알 수 있단 말이오?' 장자가 말했다. '그대가 내가 아닌데, 어찌 내가 물고기의 즐거움을 알지 못한다는 것을 알고 있단 말이오?' 혜자가 말했다. '내가 그대가 아니니 그대를 알 수 없소. 그대도 물고기가 아니니 물고기의 즐거움을 알지 못한다는 것이 확실하오.' 장자가 말했다. '처음으로 돌아가 말해봅시다. 그대는 내가 어찌 물고기의 즐거움을 아느냐고 말했는데, 이것은 이미 내가 그것을 알고 있다는 것을 알고서 나에게

---

62 『莊子』,「德充符」,"自其異者視之, 肝膽楚越也, 自其同者視之, 萬物皆一也."

묻은 거요. (이와 마찬가지로) 나도 호숫가의 물고의 즐거움을 알고 있는 것이요."63

여기서도 장자와 혜시 사이의 관점의 차이를 엿볼 수 있다. 논리의 세계는 분석의 세계이다. 그러므로 서양에서는 논리철학이 분석철학으로 나아갔다. 혜시 역시 사물을 분석하고자 하였다. 이러한 분석은 더 나아가, 나와 타자 사이에는 분(分)이 있어 궁극적으로 이해할 수 없다고 보았다. 그런데 장자가 지향하는 세계는 분이 아니라 대(大)이다. 대(大)에 대하여 『장자』에서 "같지 않은 것을 같게 함을 '대'라고 한다."64고 하였다. 일체의 유한한 것들을 모두 포괄하고 있어서 심지어 서로 대립되는 것들조차 그 안에 두루 수용한다는 의미이다. 이것은 장자가 말하는 절대적 경지이다. 이러한 절대적 경지에 있으면, 사물들은 서로 간에 감응을 통해 화(和)를 이룰 수 있다고 본 것이다.

『장자』에는 장자와 혜자 사이의 또 다른 논쟁 부분이 나온다. 장자는 '성인은 감정이 없다(聖人無情)'고 주장하였다. 이 문제를 놓고 다음과 같은 논쟁을 하였다.

"혜자가 물었다. '사람에게 감정이 없다고 한다면 어떻게 사람이라고 할 수 있는가?' 장자가 대답했다. '이것은 내가 말하는 감정이 아니네. 내가 말하는 감정은 사람이 좋고 싫어함에 의해 몸 안을 해치지 않고, 항상 자연에 따라 삶을 덧붙이지 않음이네.' 혜자가 물었다. '삶을 덧붙이지 않고 어떻게 몸을 지켜나갈 수 있겠는가?' 장자가 대답했다.

---

63 『莊子』,「秋水」, "莊子與惠子遊於濠梁之上. 莊子曰. 儵魚出遊從容. 是魚之樂也. 惠子曰. 子非魚, 安知魚之樂. 莊子曰. 子非我, 安知我不知魚之樂. 惠子曰.「我非子, 固不知子矣. 子固非魚也, 子之不知魚之樂, 全矣. 莊子曰. 請循其本. 子曰. 汝安知魚樂云者, 既已知吾知之而問我. 我知之濠上也."
64 『莊子』,「天地」, "不同同之之謂大."

'도가 얼굴 모습을 부여해주고, 자연이 형체를 만들어 주면서도 좋고 싫어함에 의해 몸 안을 해치지 않네. 지금 그대의 정신은 밖에 있고, 그대의 정력은 피로해 있어, 나무에 기대 신음하고 작은 책상에 기대어 졸고 있네. 자연이 그대의 형태를 특별히 주었는데, 그대는 견백론(堅白論)과 같은 변론만 떠벌이고 있네."65

혜시는 '성인유정(聖人有情)'을 주장하였고, 장자는 '성인무정(聖人無情)'을 주장하였다. 위진시대에서도 성인은 감정이 있느냐 없느냐의 문제를 놓고 논쟁을 벌였다. 하안(何晏)은 장자의 견해를 따라 '성인무정(聖人無情)'을 주장하였다. 반면에 왕필(王弼)은 성인유정(聖人有情)을 주장하였다. 덧붙여 "성인은 사물에 응하지만 사물에 얽매이지 않는 자이다."66라고 하였다. 언뜻 보기에는 하안이 장자의 견해와 유사하고, 왕필이 혜시의 견해와 유사해 보인다. 그러나 하안의 주장보다 왕필의 주장이 장자의 주장에 보다 가깝다고 할 수 있다. 왜냐하면 장자는 성인이 정말로 감정이 없다는 것을 주장하려고 했던 것이 아니라 좋아함과 싫어함이라는 감정에 의해 얽매여서는 안 됨을 주장하려고 했던 것이기 때문이다.

모든 것을 하나로 보면 시비의 구분도, 미추의 구분도 없다. 그러나 이것은 무차별적인 일자를 의미하는 것은 아니다. 장자가 지향하고자 한 것은 서로 다른 것들끼리 감응을 통해 마음의 구분이 없어지는 상태이다. 마음의 구분이 없는 상태로써 세계를 바라본다면, 혜시와 같은 명가들의 주장은 삶에 쓸모없이 덧붙이는 문식(文飾)에 불과할 따름이다.

---

65 『莊子』,「德充符」, "惠子曰, 旣謂之人, 惡得無情. 莊子曰,是非吾所謂情也. 吾所謂無情者, 言人之不以好惡內傷其身, 常因自然而不益生也. 惠子曰, 不益生, 何以有其身. 莊子曰.道與之貌, 天與之形, 無以好惡內傷其身. 今子外乎子之神, 勞乎子之精, 倚樹而吟, 據槁梧而瞑. 天選子之形, 子以堅白鳴."
66 『世說新語』,「文學」, "應物而無累於物者也."

장자는 이러한 문식은 삶에 유익한 것이 아닐 뿐만 아니라 삶을 얽매이게 한다고 보았다.

전국시대 말기의 주된 화두가 명(名)의 문제였다. 많은 학자들이 명을 중요시하였다. 그런데 당시 명에는 세 가지 의미로 쓰이고 있다. 명분으로서의 명, 규정으로서의 명, 논리로서의 명이 바로 그것이다.

유가의 명은 명분으로서의 명이다. 사람마다 마땅히 해야 할 역할이 있으며, 공자는 이러한 각각의 역할을 다해야 한다는 명분으로써의 명을 중요시하였다. 그런데 공자는 자신의 주어진 역할을 다해야 한다고 보았다는 점에서, 명에는 분(分)의 뜻을 내포하고 있다.

법가에서의 명은 규정으로써의 명이다. 앞에서 살펴본 신도·시자·윤문 등도 명을 중요시하였는데, 이들의 명은 객관적·보편적 의미로써의 명이다. 이 명은 법과 상통한다. 이들이 명을 강조한 이유는 명에는 분(分)의 의미가 포함되어 있기 때문이다. 공자의 명에도 분의 의미가 있지만, 여기에는 당위적 명분을 내포하고 있으므로 객관성이 결여되어 있다. 반면에 법가에서는 객관적이고 명확한 분을 강조하였다.

논리로써의 명을 중요시한 대표적인 자들로는 예열·혜시·공손룡(公孫龍) 등이 있다. 서양의 형식논리는 현실과 무관하거나 현실의 객관적 사실과 모순되기도 한다. 제논의 역설이 바로 그것이다. 혜시는 바로 이러한 역설을 주장한 대표적인 인물이다. 서양에서는 논리를 중요시하였으므로 추상적 사변으로 향했지만, 실제와 현실을 중요시한 중국에서는 이러한 주장을 현실성 없는 공허한 사변으로만 보았다. 그러므로 전국말기에 명가가 부각되었지만 일시적인 유행으로 끝나고 말았다.

4. 추연(騶衍)

제나라 사람인 추연은 맹자와 동시대의 인물로서 맹자보다 약간 후배이다. 추연의 사상은 당시 군주들에게 널리 받아들여졌다. 『사기』에서도 다음과 같이 말하였다.

> "이 때문에 추연은 제나라에서 귀하게 여겨졌다. 양(梁)나라에 가니, 혜왕은 교외까지 나와 그를 영접해고, 빈주(賓主)의 예로써 대우하였다. 조(趙)나라에 가니 평원군(平原君)이 그의 옆으로 걸어가면서 옷자락이 땅을 쓸 듯 경의를 표했다. 연(燕)나라에 가니, 소왕(昭王)은 빗자루를 잡고 앞으로 인도하고 제자의 자리를 청하여 수업을 들었으며, 갈석궁(碣石宮)을 세워 몸소 가서 스승으로 섬겼다."[67]

『사기』에 따르면 당시의 많은 군주들이 추연을 극진히 대접했다. 또한 『사기』에서 "평원군(平原君)이 공손룡을 극진히 대접하였다. 공손룡이 견백동이(堅白同異)의 설을 말하였기 때문이다. 추연이 조나라를 지나가다가 평원군에게 지극한 도를 말하자, 평원군이 공손룡을 물리쳤다."[68]라고 하였다. 이처럼 추연은 당시 대표적인 명가인 공손룡조차

---

67 『史記』,「孟子荀卿列傳」, "是以騶子重於齊. 適梁惠王郊迎, 執賓主之禮. 適趙, 平原君側行撤席. 如燕, 昭王擁彗先驅, 請列弟子之座而受業, 築碣石宮, 身親往師之."
68 『史記』,「平原君虞卿列傳」, "平原君厚待公孫龍. 公孫龍善爲堅白之辯. 及鄒衍過趙言

일거에 물리칠 만큼 막강한 영향력을 행사했다.

그렇다면 추연은 도대체 어떠한 대단한 사상을 가지고 있었기에 그토록 많은 군주들이 그를 극진히 대우했던 것인가? 『염철론』에서 "추연은 성인이 아닌데도, 괴상하고 터무니없이 커다란 학설을 만들어 육국(六國)의 왕들을 현혹시켜 자신의 학설을 받아들이게 했다."[69]라고 하였다. 『염철론』에서는 괴이한 학설을 가지고 왕들을 현혹시켰다고 말하고 있다. 양웅(楊雄)은 "추연의 주장은 너무도 커서 믿을 수가 없다."[70]라고 하였다. 왕충(王充)도 "우(禹)의 『산경(山經)』과 『회남자』의 「지형(地形)」으로써 추자(鄒子)의 글을 살펴보면 허황되기 그지없는 말이라고 본다."[71]라고 하였다. 이처럼 많은 학자들이 추연의 주장은 터무니없이 클 뿐 아무런 근거가 없으므로 허황된 주장일 따름이라고 보았다. 『사기』에서 다음과 같이 말하였다.

> "추연은 나라를 소유한 왕이 더욱 음란하고 사치스러워져 『시경』「대아(大雅)」에서 '몸을 정제하여 백성에게까지 미친다'와 같은 그러한 덕을 숭상할 수 없음을 목도하고, 마침내 음양소식(陰陽消息 : 음양의 소멸되고 자라남)의 원리를 깊이 관찰하여 『괴우지변(怪迂之變)』·『종시(終始)』·『대성(大聖)』편 등 십만여 자의 글을 지었다."[72]

『사기』에 따르면 추연은 음양소식(陰陽消息)의 원리를 깊이 연구한 자이며, 또한 『괴우지변(怪迂之變)』·『종시(終始)』·『대성(大聖)』 등 십만여 자의 글을 지었다. 『한서』「예문지」의 〈음양가〉편에 '추자(鄒

至道, 乃絀公孫龍."
69 『鹽鐵論』,「論鄒」, "鄒衍非聖人, 作怪誤(=迂), 熒惑六國之君以納其說."
70 『法言』,「五百」, "鄒衍迂而不信."
71 『論衡』,「談天」, "案禹之山經, 淮南之地形, 以察鄒子之書, 虛妄之言也."
72 『史記』,「孟子荀卿列傳」, "騶衍睹有國者益淫侈, 不能尚德, 若大雅整之於身, 施及黎庶矣. 乃深觀陰陽消息, 而作怪迂之變, 終始大聖之篇十餘萬言."

子) 49편'과 '추자종시(鄒子終始) 56편', 도합 105편의 저서가 있었다고 한다. 오늘날 그의 저서가 전해지지 않고 있지만, 당시 여러 저서에서 그의 사상을 언급한 내용들을 종합적으로 살펴보면 그의 핵심 사상을 알 수 있다. 『사기』에서는 추연의 사상에 대해 다음과 같이 언급하였다.

"그(추연) 말은 지나치게 커서 조리를 파악할 수가 없으며, 반드시 먼저 작은 사물을 증험하여 이로써 확대해 나아가 무한에까지 도달했다. 먼저 지금의 일을 서술하여 위로는 황제에까지 거슬러 올라갔는데, 이와 같은 방식은 당시 학자들의 공통된 서술 방식이었다. 크게는 세상의 흥망성쇠를 포괄하여 이로써 길흉과 제도를 기재하였으며, 이것에 미루어 나아가 먼 과거로까지 소급하여 천지가 생겨나기 이전의 그윽하고 어두워 고찰할 수 없는 근원에까지 이르렀다. 먼저 중국의 명산(名山)·대천(大川)·풍속(風俗)·금수, 물과 흙에서 번식하는 것·물류(物類) 중의 진귀한 것들을 열거한 이후에, 그것으로 추리하여 사람들이 볼 수 없는 해외의 것까지 언급한다. 천지개벽 이래 오덕(五德)이 전이(轉移)하여 시대에 따라 다스림에 각각 마땅함을 얻는다는 것을 인용하여 길흉의 응보가 이에 하나같이 상응한다고 설명하였다."[73]

사마천에 따르면, 추연은 현재의 것에서부터 과거의 것으로 소급해가며, 작은 것에서부터 큰 것으로 소급해가고, 가까운 곳에서부터 먼 곳으로 소급해가는 방법론을 사용하였다. 『사기』에서는 추연의 흥미로운 주장을 소개하고 있다.

---

73 같은 책, "其語閎大不經, 必先驗小物, 推而大之, 至於無垠. 先序今以上至〈黃帝〉, 學者所共術, 大並世盛衰, 因載其禨祥度制, 推而遠之, 至天地未生, 窈冥不可考而原也. 先列中國名山大川, 通谷禽獸, 水土所殖, 物類所珍, 因而推之, 及海外人之所不能睹. 稱引天地剖判以來, 五德轉移, 治各有宜, 而符應若玆."

"유자들이 말하는 중국이라는 것은 천하의 팔십일 분의 일에 불과하다. 중국을 '적현신주(赤縣神州)'라고도 한다. 적현신주 안에는 아홉 개의 주가 있는데, 우(禹)임금이 정리한 구주(九州)가 바로 이것이다. 그런데 우임금이 정리한 것은 주(州)로 셀만한 것이 못된다. 중국 밖에 적현신주와 같은 것이 아홉 개나 있는데, 이것을 '구주'라고 한다. 거기에는 첨가된 바다가 둘러싸고 있어서 백성과 금수가 서로 통과하지 못한다. 그러므로 한 구역 안에 포함되어 있는 것이 하나의 주가 된다. 이와 같은 것이 9홉 개가 있어 큰 바다가 밖을 둘러싸고 있다. 이것이 천지의 경계이다."[74]

왕충은 추연의 이러한 구주에 대한 주장에 대해 다음과 같이 언급하였다.

"추연이 다음과 같이 말했다. 구주(九州)의 안은 5천리로서, 경계를 합하여 일주(一州)로 삼는다. 동남쪽에 위치하므로 '적현신주(赤縣神州)'라고도 부른다. 천하에는 각각의 구주(九州) 안에 9개씩 있다. 9곱하기 9는 81개이므로, 모두 81개주로 이루어져 있다."[75]

이처럼 추연은 중국 밖에 다른 세계가 있으며, 9주를 갖춘 대구(大區)가 9개이므로 적현신주(赤縣神州)인 중국은 전 세계의 1/81에 불과하다는 것이다. 추연은 사람들의 지리적 안목을 크게 열어주었고, 중국 외에 다른 천하가 없다는 협소한 관념을 깨뜨렸다.

---

74 같은 책, "以爲儒者所謂中國者, 於天下乃八十一分居其一分耳. 中國名曰〈赤縣神州〉. 〈赤縣神州〉內自有九州, 禹之序九州是也. 不得爲州數. 中國外如〈赤縣神州〉者九, 乃所謂九州也. 於是有裨海環之, 人民禽獸莫能相通者. 如一區中者, 乃爲一州. 如此者九, 乃有大瀛海環其外, 天地之際焉."
75 『論衡』, 「難歲」, "鄒衍論之. 以爲九州之內五千里, 竟合爲一州. 在東南位, 名曰赤縣州. 自有九州者九焉. 九九八十一, 凡八十一州."

여러 문헌에서도 추연의 사상에 대해 언급하고 있다. 가령 『여씨춘추』에서 "이 시대는 옛날과 갖는 관계는 옛날의 후세이다. 이 시대와 후세가 갖는 관계는 또한 이 시대와 옛날이 갖는 관계와 같다. 지금을 소상히 알면 옛날을 알 수가 있고, 옛날을 알면 미래를 알 수 있으니, 과거나 현재, 전세(前世)나 후세(後世)나 다 같이 하나이기 때문이다. 그러므로 성인은 위로 천년의 과거를 알고 아래로 천 년 후의 미래를 알 수 있다."76라고 하였다. 과거를 통해 현재를 알고, 현재를 통해 미래를 알 수 있다는 이러한 주장은 추연의 사상이다.

추연의 핵심사상은 오덕종시(五德終始)이다. 오덕종시에 대해 『사기』에서 "제나라 위왕(威王)·선왕(宣王)의 때에 추자의 무리들이 오덕종시의 운행을 논의하였는데, 진나라가 황제라고 칭한 이후 제나라 사람이 이 이론을 아뢰자, 진시황이 이것을 채택하였다."77라고 하였다. 오덕종시설이란 화·수·목·금·토 5가지 물질의 덕성이 상생·상극하여 끝나면 다시 순환하는 것을 가리키며, 이를 적용하여 왕조의 흥망성쇠를 설명하는 이론을 말한다. 이에 대한 구체적인 사례로써 『사기』에서 다음과 같이 말하였다.

> "진시황이 이미 천하를 통일하고 황제(皇帝)라고 지칭하였는데, 혹자는 다음과 같이 말하였다. '황제(黃帝)는 토덕(土德)을 얻어 황룡과 큰 지렁이가 출현하였다. 하나라는 목덕(木德)을 얻어 청룡과 교외에서 서식하였으며, 초목이 울창하게 자라났다. 은나라는 금덕(金德)을 얻어 은이 산에 넘쳐났다. 주나라는 화덕(火德)을 얻어 붉은 까마귀를 획득했다. 지금 진나라는 주나라를 개변시켰으니, 수덕(水德)의 때이다.

---

76 『呂氏春秋』,「長見」, "今之於古也, 猶古之於後世也. 今之於後世, 亦猶今之於古也. 故審知今則可知古, 知古則可知後, 古今前後一也. 故聖人上知千歲, 下知千歲也."
77 『史記』,「封禪書」, "自齊威宣之時, 騶子之徒, 論著終始五德之運, 及秦帝而齊人奏之, 故始皇采用之."

이전에 진문공이 사냥을 갔다가 흑룡을 잡은 적이 있다고 하는데, 이
것이 수덕의 길조이다."78

추연은 역사를 설명하면서 위로 태고 시대까지 끌어올려 인류의 역
사를 자연의 변화와 연결시켰다. 또한 역사적 성쇠의 원인을 탐구하고
거기에 평가를 내리기도 하였다. 그는 역사를 변화·발전의 과정으로
인식했는데, 이 과정 속에서 필연적 규율을 찾았다.

앞서 살펴보았듯이 추연은 맹자와 깊은 연관을 맺고 있으며, 그의
사상에는 유가의 요소가 들어가 있다. 그런데 추연의 사상은 도가와도
깊은 연관이 있다. 사마담은 음양가에 대해 다음과 같이 말하였다.

"봄에 생겨나고 여름에 자라고 가을에 거둬들이고, 겨울에 저장하는
이것은 천도의 큰 기강이다. 이것을 따르지 않으면 천하의 기강의 기
강이 없어진다. 그러므로 '사시(四時)의 큰 순서를 놓쳐서는 안 된다.'
라고 하였다."79

춘생(春生)·하장(夏長)·추수(秋收)·동장(冬藏)은 한대의 중요한
우주론으로서, 동중서의 사상도 이것에 기반을 두고 있다. 그렇다면 이
러한 사상은 어디에서부터 시작되었을까?『관자』에서 "이러한 까닭에
성인이 천하를 다스림에, 궁극에 달하면 돌아가고, 끝나면 다시 시작한
다. 덕은 봄에 시작하여 여름에 자라나고, 형벌은 겨울에 시작하여 겨
울에 행해진다. 형과 덕이 때를 잃지 않으면 사시가 하나같이 정상적으

78　같은 책, "秦始皇旣幷天下而帝, 或曰黃帝得土德, 黃龍地螾見. 夏得木德, 靑龍止於郊,
　　草木暢茂. 殷得金德, 銀自山溢. 周得火德, 有赤烏之符. 今秦變周, 水德之時. 昔秦文公出
　　獵, 獲黑龍, 此其水德之瑞."
79　『史記』,「太史公自序」, "夫春生, 夏長, 秋收, 冬藏, 此天道之大經也. 弗順則無以爲天
　　下綱紀. 故曰"四時之大順, 不可失也.""

로 운행하고, 형과 덕이 제자리를 이탈하면 때는 역행하게 된다."[80]라고 하였다. 그런데 『관자』에서의 "궁극에 달하면 다시 돌아가고, 끝나면 다시 시작한다."의 문장이 『장자』「즉양(則陽)」편에도 똑같이 나온다. 이것은 둘 사이에 모종의 연관성이 있음을 의미한다.

『사기』에서 추연이 음양소식(陰陽消息 : 음양의 소멸되고 자라남)의 원리를 깊이 연구하였다고 하였는데, 『장자』에도 음양소식(陰陽消息)이 나온다. 가령 "만물은 소식영허(消息盈虛)하니, 끝나는 곳에서 시작점이 있다."[81], "만물은 소식영허(消息盈虛)하니, 한 번 어두워지면 한 번 밝아진다."[82]라고 하였다. 소식영허의 사상은 극즉반의 사상을 강조한 도가에서 연원하고 있다.

당시의 군주들이 추연의 학설에 감동을 받은 이유는 그 논리가 너무도 크고, 또한 이 커다란 논리를 음양과 오행의 변화 논리로써 설명하였다는 데 있다. 또한 추연은 자연변화에 순응해야 한다고 주장하였다. 그런데 『장자』에서도 커다란 세계를 논의하였고, 자연의 변화와 자연의 변화에 대한 순응을 주장하였다. 이러한 점들을 고려한다면 추연은 도가로부터 영향을 받았다고 본다.

---

80 『管子』,「四時」, "是以聖王治天下, 窮則反, 終則始. 德始於春, 長於夏, 刑始於秋. 流於冬. 刑德不失, 四時如一, 刑德離鄕, 時乃逆行."
81 『莊子』,「秋水」, "消息盈虛, 終則有始."
82 『莊子』,「田子方」, "消息盈虛, 一晦一明."

5. 할관자(鶡冠子)

『한서』「예문지」〈도가〉류에 '할관자(鶡冠子) 1편'이라고 기재되어 있으며, 반고는 "초나라 사람으로 깊은 산속에 살았으며, 할새로 관을 삼았다."[83]라고 하였다. 안사고의 주(註)에는 "할새의 깃털로 관을 삼았다."[84]라고 하였다. 이에 따르면 할관자는 초나라의 은사이다.

일찍이 당나라 문인 유종원은 『할관자』에 대해 "내가 그 책을 읽어 보니, 모두 다 비루하고 천박한 말뿐이다. 오직 논의할 때 인용한 것만이 좋고 그 나머지는 옳은 것이 없다. 내 생각에는 일 꾸미기 좋아하는 사람이 그 책을 허위로 지은 것 같다."[85]라고 비판하며, 위서라고 보았다. 많은 학자들도 이 책에 그다지 관심을 갖지 않았다.

그러나 유종원의 평가에는 다소 편향된 측면이 있다. 그간 냉대 받아온 『할관자』가 근래에 뜨거운 감자로 떠올랐다. 그 이유는 『황제사경』의 발굴 덕분이다.[86] 『황제사경』은 많은 학자들로부터 지대한 관심을 가졌는데, 공교롭게도 『황제사경』의 많은 문장들이 『할관자』의 문

---

83 『漢書』「藝文志」, 自註, "楚人, 居深山, 以鶡爲冠."
84 "以鶡鳥羽爲冠."
85 柳宗元,「辯鶡冠子」, "讀之, 盡鄙淺言也, 唯誼所引用爲美, 餘無可者. 吾意好事者僞爲其書."
86 이학근도 "『할관자』가 냉대를 받다가 뜨거운 관심을 받게 된 계기는 1973년 말 장사 마왕퇴 『황제서』의 발견 때문이었다."라고 하였다. * 李學勤,「〈鶡冠子〉與兩種帛書」,『道家文化研究』第1輯, 上海古籍出版社.

장과 유사한 부분이 많았다. 이로써 『할관자』에 대한 활발한 연구가 이루어졌다.

『할관자』는 할관자라는 이름에 가탁한 저서로서 전국시대 말기에서 통일 진제국 사이에 해당된다. 그 이유로는 진제국의 문서에는 진시황의 이름인 '정(政)'이나 '정(正)'을 휘(諱)하였는데, 『할관자』의 다수 편장에는 그것을 휘(諱)하지 않았던 반면에 「박선(博選)」과 「저희(著希)」에서는 그것을 휘하였기 때문이다. 그런데 『할관자』는 한대까지는 내려가지 않는다. 왜냐하면 한대는 진제국의 항거로부터 나왔으므로 진시황의 통치정책인 법가에 대해 비판적이었는데, 이 문헌에서는 법가에 대해 호의적이기 때문이다. 이학근은 할관자의 활동 연대는 기원전 300년에서 240년 전후로서, 전국시대 후기의 전반부에 해당한다고 주장하였다.[87] 필자가 보건대, 『황제사경』과 『할관자』와 같이 법가적 관점에서 천문과 인문을 통합하려는 움직임은 한비 이후의 일이라고 본다. 그렇다면 『할관자』는 전국시대 말기에서 통일 진제국 사이의 문헌이라고 할 수 있다.

『할관자』에는 『노자』와 유사한 문장이 많다. 『할관자』에서 "그것을 뒤따르려고 하여도 그 뒤를 볼 수가 없고, 그것을 맞이하려고 하여도 그 머리를 볼 수가 없다."[88]라고 하였는데, 『노자』에서도 이와 유사한 "그것을 맞이하려고 하여도 그 머리를 볼 수가 없으며, 그것을 뒤따르려고 하여도 그 뒤를 볼 수가 없다."[89]란 문장이 있다. 『할관자』에 '공을 이루고 일을 완수한다'[90]라고 하였는데, 『노자』에도 '공(功)을 이루고 일을 완수한다'[91]라는 문장이 있다. 또한 『할관자』에 "없는 듯 있

---

87 李學勤, 『竹帛佚籍與學術史』, 江西敎育出版社, 2001, 87쪽.
88 『鶡冠子』, 「夜行」, "隨而不見其後, 迎而不見其首."
89 『老子』, 14장, "迎之不見其首, 隨之不見其後."
90 『鶡冠子』, 「夜行」, '成功遂事'
91 『노자』, 17장, '功成事遂'

는 듯하여 그 가운데 형상이 있고, 있는 듯 없는 듯하여 그 가운데 물(物) 있고, 먼 듯 어두운 듯하여 그 가운데 정(精)이 있다."92라고 하였는데,『노자』에서도 "없는 듯 있는 듯하여 그 가운데 형상이 있고, 있는 듯 없는 듯하여 그 가운데 기(氣)가 있다. 그윽하고 어두우니 그 가운데 실정(實情)이 있다. 실정(實情)은 아주 진실하니 그 가운데 믿음이 있다."93라고 하였다.

『할관자』에는 『장자』와도 유사한 문장이 많다. 『장자』에서 "요임금은 자애롭지 못했고, 순임금은 불효자였고, 우임금은 (치수사업 때문에) 반신불구가 되었고, 탕왕은 자신의 군주를 추방시켰고, 무왕은 자신의 주군인 주(紂)왕을 죽였고, 문왕은 (주왕에 의해) 유리(羑里)에 갇혔다."94라고 하였는데, 『할관자』에서도 "순임금은 불효자였고, 요임금은 자애롭지 못했고, 문왕은 차꼬와 수갑이 채워졌고, 관중은 감옥에 갇혔다."95라고 하였다. 『장자』에서 "둥둥 떠다니는 것이 마치 줄어 매어있지 않는 배와 같다."96라고 하였는데, 『할관자』에서 "둥둥 떠다니는 것이 마치 줄어 매어있지 않는 배와 같다."97라고 하였다. 『장자』에서 "신도적(申徒狄)은 충고했으나 들어주지 않자 돌을 짊어진 채 스스로 황하에 몸을 던졌다."98라고 하였는데, 『할관자』에도 "신도적은 세상이 혼탁해 더 이상 거주할 수 없다고 생각하고 돌을 짊어진 채 스스로 황하에 몸을 던졌다."99라고 하였다. 또한 『장자』「추수(秋水)」편에 "끝나면 새로운 시작이 있게 된다.[終則有始]"라고 하였는데, 『할관자』

---

92 『鶡冠子』, 「夜行」, "芴乎芒乎, 中有象乎, 芒乎芴乎, 中有物乎, 窅乎冥乎, 中有精乎."
93 『老子』, 21장, "惚兮恍兮, 其中有象, 恍兮惚兮, 其中有物. 窈兮冥兮, 其中有精. 其精甚眞, 其中有信."
94 『莊子』, 「盜跖」, "堯不慈, 舜不孝, 禹偏枯, 湯放其主, 武王伐紂, 文王拘羑里."
95 『鶡冠子』, 「世兵」, "舜有不孝, 堯有不慈, 文王桎梏, 管仲拘囚."
96 『莊子』, 「列禦寇」, "汎若不繫之舟."
97 『鶡冠子』, 「世兵」, "泛泛乎若不繫之舟."
98 『莊子』, 「盜跖」, "申徒狄諫而不聽, 負石自投於河."
99 『鶡冠子』, 「備知」, "申徒狄以爲世溷濁不可居, 故負石自投於河."

「세병(世兵)」에도 이와 똑같은 구절이 있다.

『할관자』에는 『황제사경』과 유사한 부분이 많이 나온다. 『황제사경』에서의 "도는 법을 낳았다."[100]라는 문장이 『할관자』「병정(兵政)」에도 그대로 나온다. 『황제사경』에서 "삼시(三時 : 春夏秋)에 의해서 공을 이루고, 일시(一時 : 冬)에 의해서 죽이는 것은 하늘의 도이다."[101]라고 한 문장은 『할관자』에서의 "삼시에 의해서 생장하고, 일시에 의해서 죽이고, 사계절에 의해서 정해짐은 천지의 지극함이다."[102]와 유사하다. 또한 『황제사경』에서 형(刑)과 덕(德)을 음양으로 연관시켜 설명하였다. 즉 "형은 어둡고 덕은 밝으며, 형은 음이고 덕은 양이며, 형은 은미하고 덕은 드러난다."[103]고 하였다. 『할관자』에서도 "달은 형(刑)이고, 해는 덕(德)이다."[104]라고 하였다.

『할관자』에는 추연의 사상과 유사한 문장이 있다. 가령 "미래를 알려면 지나간 것을 살피고, 옛것을 알려면 지금을 살핀다."[105]라고 하였다. 이것은 앞서 언급한 추연의 사상과 유사하다.

『한서』「예문지」에서는 『할관자』를 도가류로 분류하였지만, 기본적으로 법가의 문헌에 속한다. 무엇보다 『할관자』에서는 귀천과 대소를 나누었다. 가령 "도를 잃었기 때문에 감히 천한 것이 귀한 것을 거역하고, 불의하기 때문에 감히 작은 것이 큰 것을 침략한다."[106]고 하였다. 이처럼 『할관자』는 다른 법가류의 문헌에서처럼 도가사상을 흡수했지만 법가적인 성향이 강하다고 할 수 있다.

여기서 우리가 주목해야 할 점이 있다. 그것은 『신도』·『윤문자』

---

100 『黃帝四經』,「經法」,〈道法〉, "道生法."
101 『黃帝四經』,「經法」,〈論約〉, "三時成功, 一時刑殺, 天地之道也."
102 『鶡冠子』,「泰鴻」, "三時生長, 一時刑殺, 四時而定, 天地盡矣."
103 『黃帝四經』,「十大經」,〈姓爭〉, "刑晦而德明, 刑陰而德陽, 刑微而德彰."
104 『鶡冠子』,「夜行」, "月, 刑也, 日, 德也."
105 『鶡冠子』,「近迭」, "欲知來者察往, 欲知古者察今."
106 『鶡冠子』,「近迭」, "失道故敢以賤逆貴, 不義故敢以小侵大."

・『시자』가 서로 비슷하고, 『할관자』와 『황제사경』이 서로 비슷하다는 사실이다. 그런데 이러한 차이는 단순히 개인적인 성향의 차이 때문만은 아니며, 시대적인 차이 역시 중요하게 작용하였다. 『신도』・『윤문자』・『시자』는 『한비자』 이전의 저작이고, 『할관자』와 『황제사경』은 『한비자』 이후의 저작으로 전국말기에서 진제국 때의 저작이다. 전국말기는 사상적으로 급변하는 시기였으므로 짧은 시간동안 많은 사상적 변화가 있었으며, 이들 문헌들의 특징 역시 당시 시대상을 반영하고 있다.

법가가 노자사상을 수용한 이유는 노자가 보편적 성격으로서의 도(道)와 규정성으로서의 명(名)을 주장했기 때문이다. 『신도』・『윤문자』・『시자』에서는 규정성으로서의 명에 대한 부분을 주로 수용하였다. 그 이유는 초기 법가에서는 상하의 분(分)과 자신의 주어진 직분을 중요시하였기 때문이다. 한비는 선배들이 닦아놓은 업적을 통해 보편성의 법체계를 만들었다. 그런데 한비는 더 나아가 법과 도를 연결시켜 법의 근원을 도에서 찾았다. 가령 "도란 만물의 근원이요, 시비의 기강(紀綱)이다"107라고 하였다.

『할관자』와 『황제사경』은 도와 인도를 더욱 밀접하게 연관시켰다. 가령 두 곳에서 모두 '도생법(道生法)'을 주장하였다. 『할관자』와 『황제사경』에서는 자연의 규칙과 인간의 규칙을 하나의 연속성 하에서 보았다. 가령 『할관자』에서 "하늘은 문(文)이고, 땅은 리(理)이다. 달은 형(刑)이고, 해는 덕(德)이다."108라고 하였다. 문(文)과 이(理)와 형(刑)과 덕(德)은 대표적인 인물질서인데, 『할관자』에서는 이러한 인문질서는 천지와 음양으로부터 나왔다고 보았다.

그렇다면 『할관자』와 『황제사경』에서는 어째서 천도와 인도를 하

---

107 『韓非子』, 「主道」, "道者, 萬物之始, 是非之紀也."
108 『鶡冠子』, 「夜行」, "天文也, 地理也. 月刑也. 日德也."

나로 관통해 보려고 하였는가? 전국말기에는 천과 인 사이의 관계에 대한 논의가 활발했다. 특히 곽점 출토문헌과 『주역』·『중용』에서 이러한 논의들이 활발했다. 물론 천과 인의 논의의 시발점은 도가였지만, 유가에서도 도가의 천도관을 받아들이면서부터 활발한 논의가 생겨났다. 또한 추연의 천인상응(天人相應)설과 오행설, 음양오행설, 우주 기화론이 더해지면서 천도와 인도를 하나로 일치시켰다. 『할관자』에서는 천도와 인도가 하나로 관통한다고 보았다. 가령 다음과 같이 말하고 있다.

"일(一)이 있으면 기(氣)가 있고, 기(氣)가 있으면 의(意)가 있으며, 의(意)가 있으면, 도(圖)가 있고, 도(圖)가 있으면 명(名)이 있으며, 명(名)이 있으면 형(形)이 있으며, 형(形)이 있으면 사(事)가 있으며, 사(事)가 있으면 약(約)이 있다. 약(約)이 결정되면 사시(四時)가 생겨나며, 사시가 생겨나면 만물은 화생(化生)한다.(…) 만물은 기(氣)에서 발생하지 않은 것이 없으며, 도(道)를 따라 이루어지고, 사(事)에서 약정되고, 시(時)에 따라 맞고, 명(名)으로 구별되고, 법(法)으로 성취된다."[109]

『할관자』에서는 도(道)·기(氣)·명(名)·법(法)을 아우르고 있다. 무엇보다 모든 만물의 근원을 원기(元氣)로 보았다. 여기서의 원(元)은 근원으로서의 하나를 뜻한다. 그런데 이 하나는 보편의 일자가 아니라, 만물을 하나로 관통하는 일자이다. 『장자』에서도 "천하 일기(一氣)에 통할 따름이다."[110]라고 하였다. 이와 같이 『할관자』에서는 원기 개념을 중요시하였다.

---

109 『鶡冠子』,「環流」, "有一而有氣, 有氣而有意, 有意而有圖, 有圖而有名, 有名而有形, 有形而有事, 有事而有約. (…) 莫不發於氣, 通於道, 約於事, 正於時, 離於名, 成於法也."
110 『莊子』,「知北遊」, "通天下一氣耳."

"정미한 것은 천지의 시작이다. 형체가 보이지 않으므로 천하가 바름으로 돌아간다. 이름의 주인은 신명하니, 대도(大道)가 바로 그러하다. (…) 그러므로 천지는 원기(元氣)에 의해 이루어졌으며, 만물은 천지에 의지해 이루어졌으며, 신성(神聖)은 도와 덕에 의지해 이치를 탐구하였다."111

노자는 천지가 도에 의해서 생겨났다고 주장했는데, 그가 말한 도는 무형의 정기(精氣)들이 하나로 뒤엉켜 있는 일종의 '혼돈'의 상태라고 할 수 있다. 『할관자』에서는 원기(元氣)라는 용어를 사용하였다. 원기는 한대 기화론에서 중요한 개념이지만, 선진시대의 문헌에서는 찾아볼 수 없다. 아마도 원기라는 개념은 전국말기에서 진제국 사이에 생겨난 듯하다. 왕충이 "원기는 아직 나뉘지 않아 기들이 서로 뒤섞여 하나로써 있는 상태이다."112라고 하였듯이, 원기는 정기들이 하나로써 뒤섞여 있는 태초의 상태이다. 『할관자』에서는 천지는 이 원기에서 이루어졌으며, 만물은 천지에 의거해 생겨났다고 주장하였다.

그런데 『할관자』에서는 다소 특이한 점이 있다.

"하늘은 높고 알기 어려우며, 복을 구할 수도 화를 피할 수도 없으니, 하늘을 본받으면 (자신이 기대한 것과) 어긋나게 된다. 땅은 광대하고 아주 두터우며 이로움이 많지만, 위엄이 적으므로 땅을 본받으면 욕되게 된다. 때는 끊임없이 변화하여 번갈아 교체되니, 때를 본받으면 다름이 생겨나게 된다. 이 세 가지로써 교화하고 풍속(風俗)을 세울 수가 없으니, 성인은 본받지 않는다."113

---

111 『鶡冠子』,「泰錄」, "精微天地之始也. 不見形儡, 而天下歸美焉. 名尸神明, 大道是也. (…) 故天地成於元氣, 萬物乘於天地, 神聖乘於道德, 以究其理."
112 『論衡』,「談天」, "元氣未分, 渾沌爲一."
113 『鶡冠子』,「近迭」, "天高而難知, 有福不可請, 有禍不可避, 法天則戾. 地廣大深厚, 多利而鮮威, 法地則辱. 時擧錯代更無一, 法時則貳. 三者不可以立化樹俗, 故聖人弗法."

전통적으로 성인은 천(天)·지(地)·시(時)를 본받는 자이다. 그런데 『할관자』에서는 성인은 천·지·시를 본받지 않는다고 말하고 있다. 그 이유는 천은 엄격한 객관성을 가지고 있으므로 자신이 원하는 것을 구할 수 없으며, 땅은 인자하고 많은 이로움이 있지만 비하(卑下)한 곳에 처해 있으므로 굴욕당하기 쉬우며, 시(時)는 항상 '변화 가운데 있으므로 하나의 정해진 모습이 없기 때문이라고 한다.

『할관자』에서는 천(天)·지(地)·시(時)보다 인도(人道)를 더욱 중요시하였다. 그렇다면 인도(人道) 중에서 무엇이 가장 앞서는가? 『할관자』에서는 군대가 앞선다고 하였다.114 그렇다면 『할관자』에서는 전쟁을 찬미한 것인가? 선진시대의 그 어떠한 사상가도 군대를 노골적으로 찬성하지는 않았으며, 전쟁과 함께 덕을 강조하였다. 『할관자』에서도 "군대는 백 년 동안 한 번이라도 사용해서는 안 되지만, 하루라도 잊어서는 안 된다."115라고 하였다. 또한 "병(兵)이란 것은 예(禮)·의(義)·충(忠)·신(信)이다."116라고 하였다. 전쟁에도 윤리규범이 모두 들어 있음을 말하고 있다.

병가에서는 "탐욕을 위해 전쟁하는 것이 아니라 악을 척결하기 위해 전쟁한다." 혹은 "전쟁은 부득이한 경우에만 한다."라고 주장하였지만, 실제로 춘추전국시대의 수많은 전쟁들은 모두 위정자의 탐욕으로부터 나온 것이다. 그렇다면 전쟁에서 덕을 강조하는 이유는 전쟁의 정당성을 포장하기 위한 것일 따름이다. 『할관자』에서도 전쟁의 정당성을 포장하고 있다.

---

114 가령 "방자(龐子)가 물었다. '인도(人道)에서 무엇이 선행되어야 합니까?' 할관자(鶡冠子)가 대답했다. '군대가 선행되어야 한다.'[龐子曰. 人道何先. 鶡冠子曰. 先兵.]"라고 하였다.
*『鶡冠子』, 「近迭」.
115 같은 책, "兵者百歲不一用, 然不可一日忘也."
116 같은 책, "兵者, 禮義忠信也."

6. 귀곡자(鬼谷子)

　　귀곡자는 귀곡선생이라고 일컬어지기도 했다. 『풍속통의』에서 "귀곡선생(鬼谷先生)은 육국(六國)의 종횡가(縱橫家)이다."117라고 하였다. 『사기』에서 "소진(蘇秦)은 동주(東周)의 낙양(雒陽) 사람이다. 스승을 찾아 동쪽의 제나라에 가서 귀곡선생(鬼谷先生)에게서 배웠다."118라고 하였다. 또한 "장의(張儀)는 위(魏)나라 사람이다. 일찍이 소진과 함께 귀곡선생을 섬기면서 학술을 배웠다."119라고 하였다.

　　소진은 전국시대 중기의 중요한 인물로서 진(秦)나라에 대항하여 6국의 합종책(合縱策)을 주도한 인물이며, 장의는 6국을 진나라와 결합시키는 연횡책(連橫策)을 주도한 인물이다. 두 사람은 전국시대 중기에 가장 명성을 떨친 인물인데, 이 둘 모두 귀곡선생에게서 배웠다고 한다. 이에 따른다면, 귀곡자는 종횡가로서 당시 명성을 떨친 인물이라고 예상해볼 수 있다. 더욱이 후대의 기록에는 제나라 손빈(孫臏)과 위나라 방연(龐涓)이 귀곡자에게서 배웠다고 기록하고 있다. 가령 명나라 때의 소설 『손방연의(孫龐演義)』에 손빈과 방연이 귀곡자에게 병법을 배우는 내용이 소상하게 나온다.

---

117 風俗通義』, 「逸文」, "鬼谷先生, 六國時縱橫家."
118 『史記』, 「蘇秦列傳」, "蘇秦者, 東周雒陽人也. 東事師於齊, 而習之於鬼谷先生."
119 『史記』「張儀列傳」, "張儀者, 魏人也. 始嘗與蘇秦俱事鬼谷先生."

이처럼 귀곡자가 소진과 장의와 같은 뛰어난 종횡가, 손빈과 방연과 같은 뛰어난 병가의 스승이었다고 한다면, 그는 당시에 명성을 떨친 인물이라고 볼 수 있다. 그런데 전국시대 문헌에는 귀곡자에 대한 언급이 일체 없다. 그러므로 후대에 그가 과연 실존인물인지의 문제를 둘러싸고 많은 논쟁이 있었다. 일찍이 유종원(柳宗元)도 「변귀곡자(辯鬼谷子)」에서 위서로 보았다.

『한서』 「예문지」는 『귀곡자』에 대한 언급이 전혀 없다. 그런데 『수서』 「예문지」〈종횡가〉에 '『귀곡자』 삼권(三卷)'이라고 기재되어 있다. 학자들은 이처럼 『한서』 「예문지」에 언급이 없으면서 『수서』 「예문지」에 언급된 것을 근거로 들어 후대에 쓰인 위서로 보았다.120 그런데 허부굉(許富宏)은 『한서』 「예문지」에 언급이 없으면서 『수서』 「예문지」에 언급되었다는 이유만으로 위서로 볼 수 없으며, 여러 정황들로 보면 반드시 귀곡자가 직접 쓴 것은 아니더라도 확실히 전국시대의 저작이라고 단정하였다.121 필자 역시 소진과 장의의 스승이라고 하는 귀곡자는 가상의 인물이라고 보지만, 『귀곡자』는 내용적으로 볼 때 전국 말기의 문헌이다.

무엇보다 전한 말기의 인물인 양웅(揚雄)과 왕충(王充)이 귀곡자에 대해 언급하고 있다. 가령 『법언』에서 "혹자가 물었다. '장의와 소진은 귀곡선생에게서 법술을 배워 합종과 연횡의 말을 익힘으로써 중국을 편안하게 한지 십수 년이 되었으니, 옳은 것입니까?' 대답했다. '사람을 속인 것이니, 성인이 미워할 자들이다.'"122라고 하였다. 왕충이 『논형』에서 "「전(傳)」에서 '소진과 장의가 귀곡선생으로부터 합종연횡의 계책을 배웠다.'고 했다. 귀곡선생이 땅을 파 구덩이를 만들어 놓고 말하기

---

120 劉建國, 『先秦僞書辨正』, 陝西人民出版社, 2004, 326~340쪽.
121 許富宏, 『鬼谷子研究』, 上海古籍出版社, 2008, 130-136쪽.
122 『法言』, 「淵騫」, "或問, 儀秦學乎鬼谷術而習乎縱橫言, 安中國者各十余年, 是夫. 曰. 詐人也, 聖人惡諸."

를 '내려가서 유세하여 나로 하여금 눈물을 흘리게 한다면 군주의 땅을 나누어 가질 수 있을 것이다.' 소진이 내려가 유세하자, 귀곡선생은 눈물을 흘려 옷소매를 적셨다. 장의 역시 귀곡선생으로 하여금 눈물을 흘리게 했다."123라고 하였다. 이와 같이 전한시기에 이미 귀곡자에 대해 알려져 있었다. 또한 『귀곡자』에는 선진시대 종횡가들의 특징이 잘 드러나 있다.

『귀곡자』의 내용은 노자의 사상과 유사한 측면이 많다.

"변화는 무궁하지만, 각각 돌아가는 바가 있다. 혹은 음이 되기도 하고 혹은 양이 되기도 하고, 혹은 유(柔)가 되기도 하고 혹은 강(剛)이 되기도 하고, 혹은 열리기도 하고 혹은 닫히기도 하고, 혹은 느슨하기도 하고 혹은 팽팽하기도 하다. 이러한 까닭에 성인은 하나를 지키어 문을 엿보고, 선후를 면밀히 살피고, 권(權)과 능력을 헤아리고, 재주와 솜씨의 장단점을 살핀다."124

노자 역시 모든 만물이 변화한다고 보았다. 가령 "무릇 사물은 홀로 가기도 하고 뒤따르기도 하며, 불어서 덮이기도 하고 불어서 식히기도 하며, 강해지기도 하고 약해지기도 하며, 싣기도 하고 떨어뜨리기도 한다."125라고 하였다.

『귀곡자』에서 "옛날에 크게 화(化)할 줄 아는 사람은 무형(無形)과 더불어 살아갔다."126라고 하였다. 『귀곡자』에서는 이처럼 노자에서와 같이 무형을 중요시하였다. 『귀곡자』에서 "작아져서 안이 없고, 커져서

---

123 『論衡』,「答佞」, "傳曰, 蘇秦張儀[習]從橫之[術於]鬼谷先生. 掘地爲坑, 曰, 下, 說令我泣出, 則吾分人君之地. 蘇秦下, 說鬼谷先生泣下沾襟. 張儀不(亦)若."
124 『鬼谷子』,「捭闔」, "變化無窮, 各有所歸. 或陰或陽, 或柔或剛, 或開或閉, 或弛或張. 是故聖人一守司其門戶, 審察其所先後, 度權量能, 校其伎巧短長."
125 『老子』, 29장, "物, 或行或隨, 或噓或吹, 或强或羸, 或載或墮."
126 『鬼谷子』,「反應」, "古之大化者, 乃與無形俱生."

밖이 없다."127라고 하였는데, 이것은 혜시의 주장이다.

『귀곡자』는 노자의 사상과 유사한 부분이 있지만, 본질적인 차이점이 있다. 무엇보다 『귀곡자』는 철저히 권모술수를 논의하고 있다는 사실이다. 가령 "정(正)은 기(奇)만 못하다. 왜냐하면 기(奇)는 물 흐르듯이 흘러 멈추지 않기 때문이다. 그러므로 임금에게 유세하는 자는 반드시 그와 더불어 기(奇)를 언급해야 하고, 권신(權臣)에게 유세할 때는 반드시 그와 더불어 사적인 것을 말해야 한다."128라고 하였으며, "그러므로 선왕의 도에는 은밀히 말하는 것이 있었다. 옛말에 '천지의 변화는 높고 깊다. 성인의 치도 또한 은밀하여 숨겨져 있다.'고 했다."129라고 하였다.

전통적으로 병가에서는 정상적일 경우에는 정(正)으로써 운영하고, 전쟁과 같은 특별한 상황에서는 기(奇)로써 운영해야 한다고 보았다. 노자 역시 "정(正)으로써 나라를 다스리고, 기(奇)로써 군대를 사용한다."130고 하였다. 이처럼 병가와 노자는 정과 기가 상황에 맞게 운용되어야 한다고 보았다. 그런데 『귀곡자』에서는 정(正)보다 기(奇)를 더욱 선호하였다. 더 나아가 음모(陰謀)로서의 음을 더욱 강조하였다. 가령 "그러므로 성인의 도는 음(陰)이고, 어리석은 자의 도는 양(陽)이다."131라고 하였다.

앞서 언급했듯이 『노자』역시 권모술수의 책이라는 혐의를 받아왔다. 송대의 성리학자들 역시 『노자』를 권모술수의 저서로 보았다. 이것은 『노자』를 『귀곡자』와 같은 부류로 보았기 때문이다.

---

127 『鬼谷子』, 「捭闔」, "爲小無內, 爲大無外."
128 『鬼谷子』, 「謀」, "正不如奇, 奇流而不止者也. 故說人主者, 必與之言奇, 說人臣者, 必與之言私."
129 같은 책, "故先王之道, 陰言有之. 曰. 天地之化, 在高與深. 聖人之制道, 在隱與匿."
130 『老子』, 57장, "以正治國, 以奇用兵."
131 『鬼谷子』, 「謀」, "故聖人之道陰, 愚人之道陽."

그런데 여기서 주목할 점은 『귀곡자』는 병서와 유사하다는 사실이다. 병가에서 정상적일 경우에는 정(正)으로써 운영하고 전쟁과 같은 특별한 상황에서는 기(奇)로써 운영해야 한다고 주장하고 있지만, 병서는 전쟁이라고 하는 특별한 상황을 다루는 책이다. 그러므로 정도보다 술수를 더욱 중요시할 수밖에 없다. 『손자병법』에서도 "전쟁에서는 속이는 수단을 써야 한다. 그러므로 할 수 있으면서도 하지 못하는 것처럼 보이게 하며, 사용할 수 있으면서도 사용할 수 없는 것처럼 보이게 한다."132고 하였다.

실제로 『귀곡자』는 병가로부터 영향을 받았다. 가령 『귀곡자』에서 "그러므로 앎은 자기로부터 시작해야 한다. 자기를 안 이후에 남을 알 수 있다."133라고 하였는데, 『손자병법』에서도 '지피지기(知彼知己)'를 강조했다. 이처럼 『귀곡자』는 병가서와 유사하다는 점 때문에, 손빈과 방연이 귀곡자로부터 병법을 배웠다는 이야기가 생겨나게 되었다고 본다.

『귀곡자』가 『노자』의 사상과 유사해 보이는 측면이 많은 이유는 단순히 『귀곡자』가 『노자』로부터 영향을 받았기 때문만은 아니다. 그보다는 『귀곡자』의 사상은 병가에서 유래하였듯이 노자 역시 병가로부터 영향을 받았기 때문이다. 변화와 대립물의 상호 전환, 강보다 유를 더욱 선호하는 사상은 병가에서 나왔으며, 『노자』와 『귀곡자』 역시 이에 영향을 받은 것이다.

---

132 『孫子兵法』, 「始計」, "兵者, 詭道也. 故能而示之不能, 用而示之不用."
133 『鬼谷子』, 「反應」, "故知之始己. 自知而後知人也."

7. 『범물류형(凡物流形)』

1994년 5월 상해박물관이 홍콩의 골동품 가게에서 대량의 죽간(竹簡)을 매입하였다. 이 죽간들은 도굴꾼이 밀매한 것으로 보인다. 이 죽간들의 글자를 재현시키고 정리하여 『상해박물관장전국초죽서(上海博物館藏戰國楚竹書)』라는 이름으로 출간하였다. 책 이름을 약칭해 '상박초간(上博楚簡)'이라고도 부른다. 상박초간들은 전국시대 초나라 죽간들이다. 문헌들 중에는 오늘날 전해지고 있는 문헌도 있지만 사라져 전해지지 않은 문헌들도 많다는 점에서 중요한 사상사적 가치를 갖는다. 2001년 11월에 1권이 출판되었는데, 여기에는 『공자시론(孔子诗论)』·『치의(緇衣)』·『성정론(性情论)』이 포함되어 있다. 그 이후 계속적으로 출간되었다.

여기서 주목할 만한 문헌으로 2008년 12월에 출판된 『상박초간』(7권)에 수록된 『범물류형(凡物流形)』이다. 『범물유형』이란 편명은 서두에 '범물류형(凡物流形)'이란 말로부터 시작되는 것에 의거해 첫머리를 딴 것이다.

『범물류형』은 인간 생명의 기원과 우주 현상에 대해 지속적으로 의문을 던지고 이에 대답하는 형식으로 되어 있다. 굴원(屈原)의 『천문(天問)』 서두에도 "묻는다. '아득히 먼 옛날의 시초를 누가 전하여 말하였는가? 천지의 상하가 아직 드러나지 않았는데 무엇으로써 고찰할 수 있겠는가?'(…)"134라는 질문의 형식으로 되어 있다. 그러므로 정리자는

『범물류형』을 「천문」과 같은 부류의 문헌으로 보았다.135

『주역』「건괘·단전」에 '품물류형(品物流形)'이란 말이 있다. 범(凡)과 품(品)은 의미상에 있어서 같다. 그러므로 진화림(秦樺林)은 「단전」이 『범물류형』의 사상적 연원이며, 따라서 『범물류형』을 유가류 문헌으로 보아야 한다고 주장하였다.136 그러나 『범물류형』에 「건괘·단전」의 문장이 있다고 해서 유가의 문장이라고 단정할 수는 없다. 앞서 살펴보았듯이 「건괘·단전」은 맹자 이후 순자 사이의 문헌으로서, 도가로부터 지대한 영향을 받았다. 『범물류형』도 도가에 가까운 문헌으로서, 「건괘·단전」과 비슷한 시기의 문헌으로 보인다. 그러므로 두 문헌의 선후관계를 논의하기는 어렵다.

왕중강(王中江)은 『범물류형』을 황로학(黃老學)의 작품에 속한다고 보았다. 그 근거로 『범물류형』이 우주의 생성이나 자연의 기원에 관심을 갖고 있는 점, '일'이라는 범주를 둘러싸고 우주생성론·자연철학·정치 원리를 세우고 있는 점을 들면서, 이러한 '일'은 바로 황로학의 핵심 범주라고 주장하였다.137

『범물류형』에는 『노자』와 유사한 문장들이 많이 보인다. 예를 들어보자.

"다음과 같이 들었다. '도를 깨달으면 앉은 채로 자리를 떠나지 않아도 …(?), 가만히 있는 채로 사업에 참여하지 않아도 온 세상에 대하여 미리 알 수 있으며, 천리 밖의 일도 낱낱이 들을 수 있고, 백리 밖의 일도 낱낱이 볼 수 있다. 그런 까닭에 성인은 자신의 자리에 가만히 있어도

---

134 『天問』, "曰. 遂古之初, 誰傳道之, 上下未形, 何由考之.(…)"
135 曹錦炎, 「凡物流形」, 221~222쪽. (馬承源 主篇, 『上海博物館藏戰國楚竹書』(七), 2008, 12)
136 秦樺林, 「從楚簡〈凡物流形〉看〈象傳〉的成書年代」, 『周易硏究』2009, 5期.
137 이승률, 「상박초간〈범물류형〉의 기초 연구」, 396쪽. (『인문논총』, 제73권, 제2호.)

국가의 안위존망이나 도적의 발생을 미리 알 수가 있다.'"138

이 문장은 『노자』의 "문을 나가지 않아도 천하를 알 수 있고 창문을 엿보지 않고서도 천도를 알 수가 있다. 나아감이 더욱 멀어질수록 그 앎이 더욱 적어진다."139와 유사한 문장이다. 또한 『범물류형』에서 다음과 같이 말하고 있다.

"다음과 같은 말을 들었다. '하나는 둘을 낳고, 둘은 셋을 낳고, 셋은 어머니를 낳고 어머니는 결실을 맺는다. 그러므로 일이 있으면 천하에 존재하지 않는 것이 없지만, 일이 없으면 천하에 존재하는 것이 전혀 없게 된다. 눈이 없어도 밝기를 알고, 귀가 없어도 소리를 듣는다. 왜냐하면 풀과 나무는 일을 얻어서 생겨나고, 짐승은 일을 얻어서 울기 때문이다. 이것을 멀리 펼치면 하늘에 (?)하고, 이것을 가까이 하면 사람에게 (?)한다. 그렇기 때문에 도를 명찰하는 것은 몸을 수양하고 국가를 다스리는 방법이다.'"140

본 문장에서는 우주생성의 과정이 '일(一) → 양(兩) → 삼(三) → 모(母) → 결(結)'로 나아간다고 말하고 있다. 이 문장은 『노자』의 "도가 일을 낳고, 일은 이를 낳고, 이는 삼을 낳고, 삼은 만물을 낳는다."141와 유사하다. 『노자』와 다른 점도 있다. 두드러진 차이점은 노자가 '도가 일을 낳는다'고 하였는데, 『범물류형』에서는 일에서부터 출발하고 있

---

138 『凡物流形』, 4장, "聞之曰, 察道, 坐不下席, 耑(?) (?), 箸(?)不與事, 之〈先〉知四海, 至聽千里, 達見百里. 是故聖人〈凥〉於其所, 邦家之危安存亡, 賊盜之作, 可之〈先〉知."
139 『老子』, 47장, "不出戶, 知天下, 不窺牖, 見天道, 其出彌遠, 其知彌少."
140 『凡物流形』7장, "聞之曰, 一生兩, 兩生三, 三生母, 母成結. 是故有一, 天下亡不有. 亡一, 天下亦亡一有. 亡[目]而知明, 亡耳而聞聲. 草木 得之以生, 禽獸得之以鳴. 遠之 (?) 天, 近之 (?)人. 是故察道, 所以修身而治邦家." * 『범물류형』의 원문들은 이승률의 「상박초간 『범물류형』의 기초 연구」 논문에서 참고하였음.
141 『老子』, 제42장, "道生一, 一生二, 二生三, 三生萬物."

다는 사실이다. 노자의 도에는 '대(大)'의 뜻과 함께 '일(一)'의 뜻도 포함하고 있다. 그러므로 도를 태일(太一)이라고 부르기도 한다. 그런데 도는 무규정의 상태를 의미한다고 한다면, 대(大)와 일(一)은 비록 도와 같이 무규정을 특징으로 하고 있지만 한편으로는 무규정의 속성을 규정하고 있다는 점에서 규정의 특징도 갖고 있다.

어쨌든 『범물류형』에서는 일을 중요시하였으며, 또한 마지막 부분에서 "그렇기 때문에 도를 명찰하는 것은 몸을 수양하고 국가를 다스리는 방법이다."라고 하였다. 이에 따른다면, 일은 궁극적으로 수양과 치국을 관통하는 도를 지칭한다.

전국시대에 오면서 일을 강조하였다. 특히 『장자』에서 "천하 일기(一氣)에 통할 따름이다."142이라고 하였듯이, 일을 강조하였다. 또한 전국시대 후반부로 갈수록 사회가 더욱 분열되었으므로 하나로 관통하는 이치를 찾고자 하였다. 『범물류형』 역시 일을 통해 치국과 수양을 관통하고자 하였다.

『범물류형』에서는 일언(一言)과 관련하여 다음과 같이 말하였다.

"다음과 같은 말을 들었다. '일언(一言)으로 종국에는 곤궁에 처하는 일이 없고, 일언(一言) 많은 사람들을 보유하며, 일언(一言)으로 모든 백성의 이익을 얻고, 말 한 마디로 하늘과 땅의 모범이 된다. 그것(일)을 손으로 쥐면 한 줌도 안 될 만큼 작지만, 그것을 펼치면 그 어떤 것으로도 담을 수 없을 만큼 크다. 그것을 크게 하면 천하의 일을 알 수 있고, 그것을 작게 하면 나라를 다스릴 수 있다.'"143라고 하였다.

---

142 『莊子』,「知北遊」"通天下一氣耳."
143 『凡物流形』, 9장, "聞之曰, 一言而禾〈終〉不窮, 一言而有衆, 衆〈衍字〉一言而萬民之利, 一言而爲天地稽. 握之不盈握, 敷之亡所容. 大之以知天下, 小之以治邦."

『범물류형』에서는 일을 일언(一言)으로 보았다. 여기서의 일언의 주체는 성인이다. "그것(일)을 손으로 쥐면 한 줌도 안 될 만큼 작지만, 그것을 펼치면 그 어떤 것으로도 담을 수 없을 만큼 크다."는『장자』에서의 "지극히 커서 외부가 없는 것을 '대일(大一)'이라고 하며, 지극히 작아서 내부가 없는 것을 '소일(小一)'이라고 한다."[144]라는 사유를 반영한 것이라고 본다.

이와 같이『범물류형』은 도가의 사상과 유사한데, 그렇다면 이 문헌은 도가류의 문헌인가? 전체적으로 보면 도가류에 속하지만, 유가적인 요소도 뒤섞여 있다. 일찍이 공자는 "증참아! 나의 도(道)는 하나로써 관통한다."[145]라고 하였다. 여기서의 도는 언(言)으로 볼 수 있다. 그렇다면 본 문장은 '나의 말은 하나로써 관통한다'의 뜻이 된다.『범물류형』은 이러한 공자의 사상을 어느 정도 반영하고 있다고 본다. 또한 일을 통해 수양과 치국을 관통한다는 사유 역시 유가의 사유를 반영하고 있다. '범물유형'이라는 말이『주역』「건괘·단전」에도 있다는 것은 『범물류형』이 유가와 그만큼 밀접한 연관성이 있다는 것을 시사한다.

앞서 살펴보았듯이 곽점 출토문헌은 도가와 유가가 결합된 문헌들이다.『범물류형』도 도가와 유가가 결합된 문헌이다. 곽점 출토문헌과『범물류형』은 모두 초나라 묘에서 발굴된 것으로서 시기적으로도 가깝다. 여기서 우리는 당시 유가에서 도가를 적극 받아들였지만, 이와 동기에 초나라에서도 유가를 적극 받아들였음을 알 수 있다.

그렇다면 어떻게 유가와 도가가 결합될 수 있었는가? 노장사상이 유가에 대한 비판의식으로부터 나온 것임에도 불구하고 말이다. 유가가 도가를 받아들인 이유는 유가에는 인도가 발달했지만 천도가 미약했기 때문이다. 그런데 도가가 유가를 받아들인 이유 역시 도가에는 천

---

[144]『莊子』,「天下」, "至大無外, 謂之大一 ; 至小無內, 謂之小一."
[145]『論語』,「里仁」, "參乎. 吾道, 一以貫之."

도가 발달했지만 인도가 미약했기 때문이다. 이로써 두 학문은 서로 밀접한 관련을 맺게 되었으며, 또한 이로써 천도와 인도의 문제를 놓고 다양한 논의들이 생겨나게 되었다. 『범물류형』은 이러한 다양한 논의들 가운데 생겨난 것이다. 『범물류형』의 특징은 일을 통해 천도와 인도를 하나로 관통하려고 했다는 데 있다.

『법물류형』에서는 우주 생성과정과 자연현상의 원인에 대해 의문을 던졌다.

"또한 다음과 같이 묻는다. '하늘은 누가 높게 만들었을까? 땅은 누가 멀리까지 이르게 하였을까? 누가 하늘을 만들었을까? 누가 땅을 만들었을까? 누가 우레의 신을 만들었을까? 누가 천제(天帝)를 만들었을까? 대지는 어째서 평평한 것일까? 물은 어째서 맑은 것일까? 초목은 어째서 싹이 트는 것일까? 새와 짐승은 어째서 소리쳐 우는 것일까? 저 비가 내리는 것은 누군가가 침을 뱉거나 땀, 눈물을 흘리기 때문일까? 저 바람이 부는 것은 누군가가 숨을 내쉬거나 들이마시기 때문일까?'146

이 문장은 『장자』「천운(天運)」편과 유사하다. 가령 「천운」편에서도 "하늘은 운행하는가? 땅은 거처하는가? 해와 달은 자리를 다투고 있는가? 누가 이 천지를 주관하는가? 누가 이 천지의 기틀인가? 누가 무위에 처하면서 이 천지를 움직이게 하는가? (…)"147라고 하였다. 『범물류형』의 문장은 『장자』로부터 영향을 받았다고 본다.

---

146 『凡物流形』, 3장, "問. 天孰高歟. 地孰遠歟. 孰爲天. 孰爲地. 孰爲雷神. 孰爲帝. 土奚得而平. 水奚得而淸. 草木奚得而生. 禽獸奚得而鳴. 夫雨之至, 孰唾津之. 夫風之至, 孰嘘吸而迸之."
147 『莊子』,「天運」, "天其運乎. 地其處乎. 日月其爭於所乎. 孰主張是. 孰維綱是. 孰居無事而推行是. (…)"

그런데 『범물류형』의 이러한 자연현상에 대한 의문은 더 나아가 생사의 문제로 나아갔다. 가령 다음과 같이 말하고 있다.

> "그러므로 오래된 것은 이윽고 새로운 것이 되고, 사람은 죽어도 다시 사람으로 태어나고 물은 다시 하늘로 돌아간다. 모든 사물이 불사(不死)의 존재가 되는 것은 찼다가 기울기를 반복하는 달과 같아서 나가면 다시 들어오고 끝나면 다시 시작하며 끝까지 다다르면 다시 돌아오는 법이다."[148]

이와 같이 『범물유형』에서는 생사에 대에 의문을 제기하고 있다. 앞서 살펴보았듯이 전국시대 후기의 대부분의 문헌들은 생사관의 문제보다 현실정치의 문제에 더욱 중점을 두었다. 그런데 『범물유형』에서는 생사와 귀신의 문제에 대해 논의하고 있다.

우리가 주목할 점은 『장자』에도 생사에 대한 논의들이 많다는 사실이다. 『장자』에서는 기본적으로 죽음과 삶을 한가지로 보았다.[149] 그러므로 죽음과 관련하여, "옛날의 진인은 삶을 기뻐하지 않으며, 죽음을 미워할 줄 모른다. 태어남을 기뻐하지 않고, 죽음을 거역하지 않는다. 무심히 자연을 따라서 가고, 무심히 자연을 따라서 올 따름이다."[150]라고 하였다.

그런데 『장자』 전체에는 다양한 생사관이 있다. 가령 삶이 더 중요하다는 관점, 삶과 죽음은 하나라는 관점, 죽음이 중요하다는 관점, 삶과 죽음을 초월해야 한다는 관점들이 있다. 특이한 점은 『장자』에서는

---

148 『凡物流形』, 제6장, "氏(是)古(故)陳爲新, 人死 (復)爲人, 水(復)於天. 咸百 勿(物)不死女(如)月, 出惻(則)或(又)內(入), (終)則或(又) (始), 至則或(又)反."
149 『莊子』, 「德充符」, "以死生爲一條."
150 『莊子』, 「大宗師」, "古之眞人, 不知說生, 不知惡死. 其出不訢, 其入不距. 翛然而往, 翛然而來而已矣."

사후세계에 대해서도 논의하고 있다는 사실이다. 가령 『장자』에서 장자가 두개골에 대해 비판하자, 두개골이 장자의 꿈에 나타나 다음과 같이 비난하였다.

> "죽음의 세계에는 위로 군주가 없고 아래로 신하가 없으며, 또한 사철의 변화도 없네. 편안하게 천지와 함께 수명을 같이 하네. 남면(南面)하는 왕의 즐거움인들 이에 미치지 못하네."[151]

이상과 같이 『장자』에는 죽음에 대한 논의, 귀신에 대한 논의가 있다. 이러한 사상은 『열자』에서 더욱 극명하게 나타난다. 그런데 『범물유형』에서도 생사에 대해 논의하고 있다는 점에서, 전국말기에 생사와 귀신의 문제 역시 중요한 담론의 대상이었음을 시사한다.

그런데 『범물류형』에서의 문장은 불교에서의 윤회를 연상케 한다. "사람은 죽어 다시 사람으로 태어난다"는 주장이 그 예이다. 그렇다면 어떻게 불교의 윤회사상이 들어갈 수 있었는가? 우리는 이것을 윤회의 관점이 아닌 물화(物化)의 관점으로 이해하여야 한다.

동양에서는 만물이 새로운 속성으로 변화됨을 '화(化)'라고 칭하였다. 가령 『묵자』에서 "화(化)란 본질이 바뀜이다."[152]라고 하였으며, 〈설(說)〉에서 "화란 개구리가 메추라기가 되는 것과 같다."[153]고 덧붙여 설명하였다. 『묵자』에서 언급한 것처럼 화란 전적으로 새로운 성질의 것으로 바뀜을 의미한다. 『장자』에서 물화에 대해, "하늘의 즐거움을 알고 있는 인간은 살아 있을 때에는 자연과 하나가 되고 죽어서는 물화(物化)한다."[154]고 하였다.

---

151 『莊子』,「至樂」, "死, 無君於上, 無臣於下, 亦無四時之事, 從然以天地爲春秋, 雖南面王樂, 不能過也."
152 『墨子』,「墨經」(上), "化, 徵易也."
153 『墨經』,「說」, "化, 若鼃爲鶉."

도가사상은 전국시대 후반에 이르면, 유가와 법가에게 지대한 영향을 주었다. 그런데 『장자』에서는 생사관의 문제 또한 중요시하였다. 『범물류형』에서는 이러한 생사관의 문제를 이어받아 논의를 전개한 것이라고 본다. 또한 이러한 생사관의 논의는 한초의 문헌인 『열자』에로 이어졌다.

---

154 『莊子』, 「天道」, "知天樂者, 其生也天行, 其死也物化."

제8장
『여씨춘추(呂氏春秋)』

1. 저술 배경과 학문적 특징

여불위(呂不韋)는 전국시대 말기 조(趙)나라의 거상(巨商)이었다. 그는 조나라에 와 있던 진(秦)나라 왕자 자초(子楚)를 후원하였는데, 이것이 인연이 되어 당시 최강국인 진나라에 들어가 승상(丞相)이 되었다. 자초의 아들이자 후일 중국을 통일하여 시황제가 된 정(政)이 어린 나이에 왕으로 즉위하자 그는 후견인의 역할을 하며 막대한 부와 권력을 장악하였다. 그런데 후일 그는 모후(母后)와 얽힌 쿠데타에 연루되어 실각되었으며, 그 후 변방인 축(屬)땅에 강제이주를 당하자 자살하고 말았다.

『여씨춘추』는 진나라의 재상인 여불위(呂不韋)가 문객들을 모아 편찬한 책이다. 총 160편의 방대한 내용을 담고 있다. 여불위가 책을 편찬하게 된 배경에 대해서 『사기』에서 다음과 같이 말하고 있다.

"당시에 위나라에는 신릉군(信陵君)이, 초나라에는 춘신군(春申君)이, 제나라에는 맹상군(孟嘗君)이 있었는데, 이들은 모두 나라의 선비를 좋아하고, 서로 빈객을 대접하기를 경쟁하였다. 여불위는 진나라가 강국이면서도 이들 나라만 못함을 부끄럽게 여겨, 선비들을 불러 후하게 대접하니, 식객이 모여든 것이 3천 명이나 되었다. 그 당시에는 열국에 변사(辯士)가 많았다. 가령 순자의 무리는 책을 저술하여 천하에 알렸다. 여불위는 자신의 빈객에게 각각의 견문을 저술케 하여 「팔람(八

覽)」·「육론(六論)」·「십이기(十二紀)」 20만 자로 된 책을 만들었다. 그 내용은 천지, 만물, 고금의 일을 망라하였으며, 제목을 『여씨춘추』라고 지었다. 이것을 도성 함양의 시문(市門)에 진열하고, 상금 천금을 걸어 열국의 유사 빈객들을 모아 말했다. '한 자라도 증감할 수 있는 자가 있으면 천금을 주겠다.'"[1]

이처럼 진나라의 재상이자 뛰어난 상인이었던 여불위가 자신과 진나라의 명성을 드높이기 위해 전국의 논객과 식객 3천여 명을 모아 저술 및 편찬한 책이 바로 『여씨춘추』이다. 『여씨춘추』는 기원전 239년, 즉 진시황 8년에 집필되었다. 집필진들은 다양한 학파들로 구성되어 있었다. 실제로 『여씨춘추』에는 유가·도가·법가·묵가·음양가·명가·병가·종횡가·농가 등 다양한 학파의 사상들이 섞여있으며, 『한서』「예문지」에서도 『여씨춘추』를 잡가류로 분류하였다. 『여씨춘추』는 전국말기의 제자백가를 이해하는 데 있어서 중요한 자료이다. 『여씨춘추』에서 각 학파들의 요점을 다음과 같이 논의하였다.

"많은 사람들의 의론을 경청하여 그것으로써 나라를 다스리면, 나라에 위태로운 일이 생겨날 일이 없다. 무엇으로써 그러한지를 알 수 있는가? 노자는 유(柔)를 귀하게 여겼고, 공자는 인(仁)을 귀하게 여겼고, 묵적은 겸(兼)을 귀하게 여겼고, 관윤은 청(淸)을 귀하게 여겼고, 열자는 허(虛)를 귀하게 여겼고, 전병은 제(齊:가지런히 함)을 귀하게 여겼고, 양주는 기(己:자기의 생명)를 귀하게 여겼고, 손빈은 세(勢)를 귀하게 여겼고, 왕료(王廖)는 선(先)을 귀하게 여겼고, 아량(兒良)은 후(後)

---

[1] 『史記』,「呂不韋列傳」, "傳當是時, 魏有信陵君, 楚有春申君, 趙有平原君, 齊有孟嘗君, 皆下士喜賓客以相傾. 呂不韋以秦之彊, 羞不如, 亦招致士, 厚遇之, 至食客三千人. 是時諸侯多辯士. 如荀卿之徒, 著書布天下. 呂不韋乃使其客人人著所聞, 集論以爲八覽六論十二紀, 二十餘萬言. 以爲備天地萬物古今之事, 號曰呂氏春秋. 布咸陽市門, 懸千金其上, 延諸侯游士賓客有能增損一字者予千金."

를 귀하게 여겼다. 이 열 명은 모두 천하의 호걸지사이다."²

당시에 『여씨춘추』와 같은 잡가류가 나올 수 있었던 까닭은 전국 말기에는 다양한 학파들이 서로 간에 지대한 영향을 주고받음으로써 학문의 배타성이 크게 무너진 상태였기 때문이다. 또한 당시에는 "사회의 질서를 이루기 위해서는 한 가지 도만 있는 것이 아니라 다양한 도가 있다"는 사유가 만연하였다. 『여씨춘추』에서도 다음과 같이 말하고 있다.

> "백성들은 추우면 불을 원하고 더우면 얼음을 원하며, 건조하면 축축함을 원하고 축축하면 건조한 것을 원한다. 추위와 더위, 건조함과 습함은 서로 상반되지만 백성을 이롭게 함에 있어서는 매한가지이다. 백성을 이롭게 하는 일에 어찌 한 가지의 도만 있겠는가? 시의적절함에 따를 따름이다."³

『주역』에서 "천하는 귀착점이 같지만, 길을 달리한다."⁴라고 하였듯이, 『여씨춘추』 또한 "도는 하나이지만, 이 도에 이르는 길은 다양하다."는 사유방식을 갖고 있었다. 또한 이러한 개방성을 통해 다양한 학파들의 장점을 수용하고자 했다. 『여씨춘추』는 비록 잡가의 글이지만 우리는 이 글을 통해 당시의 다양한 사상들을 생생히 엿볼 수가 있다.

그렇다면 『여씨춘추』는 어떤 학파를 불문하고 무작위로 뒤섞어 놓은 단순한 잡가적인 책인가?

---

2 『呂氏春秋』,「不二」, "聽羣衆人議以治國, 國危無日矣. 何以知其然也. 老耽貴柔, 孔子貴仁, 墨翟貴兼, 關尹貴淸, 子列子貴虛, 陳騈貴齊, 楊生貴己, 孫臏貴勢, 王廖貴先, 兒良貴後. 此十人者, 皆天下之豪士也."
3 『呂氏春秋』,「愛類」, "民寒則欲火, 暑則欲冰, 燥則欲濕, 濕則欲燥. 寒暑燥濕相反, 其於利民一也. 利民豈一道哉? 當其時而已矣."
4 『周易』,「繫辭」(下), "天下同歸而殊塗."

동한(東漢)의 사상가 고유(高誘)는 『여씨춘추』에 대해서 "도덕으로써 표준으로 삼고, 무위로써 기틀로 삼고, 충의(忠義)로써 규칙으로 삼고, 공평무사로써 바로잡고자 했다."5라고 하였다. 도덕과 무위는 도가를 가리키고, 충의는 유가를 가리키고, 공평무사는 법가를 가리킨다. 고유의 견해에 따르면 『여씨춘추』는 도가를 근간으로 하여 유가나 법가를 포괄하고 있다. 오늘날의 많은 학자들도 『여씨춘추』를 도가 계통으로 보았다.

가령 모종감(牟鍾鑒)은 『여씨춘추』 160편의 대다수가 도가의 내용이거나 도가의 사상이 섞여있는 내용이라고 주장한 동시에, 내용면에 있어서도 도가가 근간을 이루고 있다고 주장하였다. 즉 "이상의 통계와 분류에서 볼 수 있듯이 도가사상은 『여씨춘추』의 주도적인 사상일 뿐만 아니라, 논문 수량의 점유라는 측면에 있어서도 명확히 우세하다. 다른 학파는 그 수량에서 도가와 비교할 바가 못 되며, 또한 그것들은 기본적으로 도가와 대립하는 것이 아니라 병행하는 동시에 상통한다. 심지어 황로도가(黃老道家)의 구성성분을 이루고 있다."6라고 하였다.

오광은 『여씨춘추』와 『회남자』를 모두 황로도가의 저작으로 보았는데, 그 근거로 1) 잡가(雜家)의 잡(雜)은 황로도가의 특징이며, 2) 『여씨춘추』와 『회남자』는 모두 도를 최고의 철학 범주로 삼았으며, 3) 『여씨춘추』와 『회남자』는 모두 '무위이무불위(無爲而無不爲)'란 철학적 명제에 기초하고 있음을 내세웠다.7 유위화와 묘윤전도 『여씨춘추』 160편 가운데 3분의 1은 직하황로학과 관련된 저작이라고 보았다.8 이 많

5　『呂氏春秋』, 序, "以道德爲標的, 以無爲爲紀綱, 以忠義爲品式, 以公方爲檢格."
6　牟鍾鑒,「〈呂氏春秋〉道家說之論證」, 322쪽. (『道家文化硏究』第10輯, 上海古籍出版社.)
7　吳光,「論黃老學派的形成與發展」, 『杭州大學學報』, 哲社版, 1984.
8　'직하황로학'의 저작으로「貴公」,「去私」,「圜道」,「盡數」,「大樂」,「精喩」,「博志」,「執一」,「務本」,「喩大」,「君守」,「勿躬」,「分職」,「論人」,「任數」,「知度」,「審應」,「士容」,「貴因」,「貴當」,「先己」,「謹聽」,「觀世」,「必己」,「下賢」,「報更」,「知接」,「樂成」,「審分」,「上德」,「誠廉」,「遇合」,「愼勢」,「義賞」,「去尤」,「去宥」,「正名」,「淫辭」,「應同」,「召類」,

은 편이 직하학과 관련되었다고 본 근거는 다음과 같다. ― 1) 문장 가운데 직하학자의 학설이나 직하 선생의 일을 인용하였다. 2) 직하학자들의 글을 모은 것이다. 3) 직하학자들의 논의를 충분히 드러내었다.9

그러나 여러 학자들의 주장과는 달리『여씨춘추』는 황로학과는 무관하다.『여씨춘추』에 다양한 학파의 문장이 들어 있는 이유는『여씨춘추』가 잡가적인 특색을 반영하였기 때문이다. 다만『여씨춘추』가 도가에 가까운 것만은 분명한 사실이다.

『여씨춘추』의 성격은 진시황이 법가의 정책을 등용해 전하 패권을 장악했던 것과 대비를 이룬다.『여씨춘추』에는 법가의 주장이 들어 있지만, 도가·유가·묵가의 문장이 많다. 무엇보다 엄한 형벌보다 덕과 의리를 더욱 강조하였다.『여씨춘추』는 비록 문객들이 쓴 것이지만, 여불위의 지도하에 쓰인 것이라는 점에서 여불위의 사상을 반영하고 있다. 그렇다면 우리는『여씨춘추』를 통해 여불위가 엄격한 법가보다 무위를 중요시한 도가, 의리를 중요시한 유가, 겸애를 중요시한 묵가의 사상을 선호했다고 볼 수 있다.

이상과 같이『여씨춘추』는 다양한 학파의 사상을 모은 잡가 형태이지만 단순히 잡가의 형태로 그치는 것은 아니다.『여씨춘추』에서는 "그러므로 하나로 일치하면 다스려지고 서로 다르면 어지러워지며, 하나로 일치하면 안정되고 서로 다르면 위태롭게 된다. 만물의 같지 않음을 가지런하게 하고, 어리석음·슬기로움·정교함·서투름 모두 힘을 다하게 하고 능력을 다하게 하여 하나의 구멍에서 나오게 할 수 있는 자는 오직 성인일 뿐이다."10라고 하였다. 이처럼『여씨춘추』에서 궁극적으로 지향하고자 한 것은 이(異)가 아니라 일(一)이었다.

「察今」,「長見」,「序意」,「不二」,「離謂」,「用衆」,「壅塞」,「十二記」(12篇)를 들고 있다.
9 劉蕙華苗潤田,『稷下學史』, 中國廣播電視出版社, 1992, 397~401쪽.
10 『呂氏春秋』,「不二」,"故一則治, 異則亂, 一則安, 異則危. 夫能齊萬不同, 愚智工拙, 皆盡力竭能, 如出乎一穴者, 其唯聖人矣乎."

2. 『여씨춘추』에 나타난 제자백가 사상

『여씨춘추』는 다양한 학파의 장점을 흡수한 잡가적인 형태의 문헌이라는 점에서 다양한 학파들의 논의를 수록하고 있다. 이제 각 학파들의 논의들을 살펴보자.

첫째, 『여씨춘추』에서는 묵가의 겸애(兼愛)를 중요시하였다. 『장자』에서는 우임금이 치수사업을 위해 장딴지와 정강이의 털이 닳아 없어지고 많은 비에 흠씬 젖고 온갖 바람을 다 맞는 수고로움을 마다하지 않았다고 말하고 있다.[11] 묵가에서는 천하의 이익을 위해 동분서주하는 우임금을 가장 이상적인 성인으로 꼽았다. 『여씨춘추』에서도 "상고시대에는 왕도 많고 일은 모두 달랐지만, 그들이 세상의 급한 일을 감당하면서 백성의 이로움을 걱정하고 백성의 해로움을 제거한 점에 있어서는 같았다."[12]고 하였다. 이것은 묵가의 이상적인 성인상을 표현한 것이다.

그런데 겸애라는 것은 단순히 모든 사람들을 똑같이 사랑하자는 막연한 구호가 아니다. 묵가에서는 법의 형평성을 강조하였다. 『여씨춘추』에 다음과 같은 이야기가 있다.

---

11 『莊子』,「天下」, "腓無胈, 脛無毛, 沐甚雨, 櫛疾風, 置萬國."
12 『呂氏春秋』,「愛類」, "上世之王者眾矣, 而事皆不同, 其當世之急, 憂民之利, 除民之害同."

"묵자의 문인 중에 복돈(腹䵍)이란 사람이 있었는데, 그가 진(秦)나라에서 살 때 그의 아들이 사람을 죽였다. 진나라 혜왕(惠王)이 말했다. '선생님의 나이가 연로하신데다 다른 아들이 없으므로 과인이 이미 옥리에게 처벌하지 말라고 명령해놓았습니다. 선생께서는 이번만큼은 과인의 뜻을 따라주시기 바랍니다.' 복돈이 대답하였다. '묵가의 법에 〈사람을 죽인 자는 죽이고, 사람을 상해 입힌 자는 형벌을 받아야 한다.〉고 하였는데, 이것은 사람을 죽이거나 상해 입히는 것을 금지하고자 함입니다. 사람을 죽이거나 상해 입히는 것을 금지하는 것은 천하의 대의(大義)입니다. 왕께서 비록 아들에게 은덕을 베풀어 옥리로 하여금 처형하지 않겠다고 하더라도 저는 묵가의 법을 시행하지 않을 수 없습니다.' 복돈은 혜자의 제의를 받아들이지 않고, 마침내 아들을 처형했다."13

이처럼 복돈은 자신의 사랑하는 아들을 살릴 수 있었음에도 불구하고, "살인자는 죽이고, 남을 해친 자는 형벌을 내린다."는 법의 공정성에 입각해 이를 단호히 거절하였다. 이러한 묵가의 법의 정신은 유가와 차이점이 있다. 『논어』에 다음과 같은 이야기가 있다.

"섭공(葉公)이 공자에게 말했다. '우리 무리 중에서 몸을 정직하게 행하는 자가 있으니, 그의 아버지가 양을 훔치자 그의 아들이 이 사실을 증언했습니다.' 공자가 대답했다. '우리 무리의 정직한 자는 이와 다릅니다. 아버지는 아들을 위해 숨겨주고, 아들은 아버지를 위해 숨겨주니, 정직함은 그 가운데 있습니다.'"14

---

13 『呂氏春秋』,「去私」, "墨者有鉅子腹䵍, 居秦, 其子殺人. 秦惠王曰. 先生之年長矣, 非有它子也, 寡人已令吏弗誅矣, 先生之以此聽寡人也. 腹䵍對曰. 墨者之法曰, 殺人者死, 傷人者刑, 此所以禁殺傷人也. 夫禁殺傷人者, 天下之大義也. 王雖爲之賜, 而令吏弗誅, 腹䵍不可不行墨者之法. 不許惠王, 而遂殺之."

공자는 혈연을 중요시하였으므로 법보다 혈연을 더욱 앞세웠다. 이것은 결과적으로 법의 본질에 위배된다. 왜냐하면 법이 누구에게가 똑같아야 한다는 형평성을 잃어버리면, 법은 자칫 코에 걸면 코걸이, 귀에 걸면 귀걸이가 될 수 있기 때문이다. 법가에서는 이러한 문제점을 인지하고, "법은 신분 고하를 막론하고 누구에게나 똑같아야 한다."는 법의 보편성을 강조했던 것이다. 그런데 이러한 법의 보편성은 묵가에서부터 비롯되었다고 볼 수 있다. 묵가는 집단생활을 하였고 평등의식이 강했는데, 이러한 평등의식은 더 나아가 법의 평등으로까지 이어진 것이다.

맹자가 천하는 묵가 아니면 양주학파로 나뉘었다고 한탄하였고, 한비가 "요즘 세상에 널리 알려진 학파는 유가와 묵가이다."[15]라고 하였듯이, 묵가는 한 때 가장 흥성한 학문 의 하나였다. 그런데 전국말기에 오면서 묵가는 급속도로 쇠퇴했다. 그 이유는 아마도 묵가의 겸애사상과 반전론이 부국강병에 힘썼던 당시의 시대적 상황에 부합하지 못했기 때문일 것이다. 더 나아가 묵가의 지나친 몰인정 때문이기도 하다. 앞서 인용한 북돈은 법의 공정성을 위해 자신의 아들을 죽음으로 몰아넣었는데, 우리는 여기서 감동을 느끼기에 앞서 냉정함을 느끼게 한다. 『장자』에서도 묵가의 한계에 대해 다음과 같이 잘 지적하고 있다.

> "옛날의 상례(喪禮)에는 귀천에 각각의 예의가 있고 상하에 따라 차등이 있으므로 천자는 관의 널을 일곱 겹으로 하고, 제후는 다섯 겹으로 하고, 대부는 세 겹으로 했다. 그런데 지금 묵자는 홀로 살아가며 노래하지 않았고, 죽어도 상복을 입지 않으며, 오동나무 세 치 두께의 널을

---

14 『論語』,「子路」, "葉公語孔子曰, 吾黨有直躬者, 其父攘羊, 而子證之. 孔子曰, 吾黨之直者異於是. 父爲子隱, 子爲父隱, 直在其中矣."
15 『韓非子』,「顯學」, "世之顯學, 儒墨也."

만들되 겉 널을 쓰지 않으면서 이것을 법식(法式)삼는다. 이것으로 사람을 가르치면 남을 사랑하지 못할 것이다. 이것으로 스스로 행하면 자기를 사랑하지 못하는 것이다. 묵자의 도를 공격하려는 것은 아니지만, 그렇더라도 노래해야 할 때 노래하지 않고 곡해야 할 때 곡하지 않고 즐겨야 할 때 즐기지 않는다면 이것은 과연 인정에 가까운 것일까? 사람이 살아 있을 때 열심히 일하다가 죽어서 따듯이 장자지내지 않는다면 정말 몰인정한 것이며, 사람을 걱정스럽게 하고 슬프게 만드는 것이다. 이러한 행동은 실천하기가 어렵다. 아마 이런 학설을 성인의 도라고 말할 수 없을 것이다."16

그렇다. 묵가의 학설은 대의와 공정함을 강조했지만 참으로 야박했다. 『장자』에서는 바로 이 점을 정곡으로 찌른 것이다.

둘째, 『여씨춘추』에서는 양주의 귀생(貴生)을 중요시하였다. 『여씨춘추』는 자기 생명의 소함에 대해 다음과 같이 말하고 있다.

"한(韓)나라와 위(魏)나라가 서로 영토를 놓고 다투고 있었다. 자화자(子華子)가 소리후(昭釐侯)를 찾아뵈니 소리후의 얼굴에 근심이 가득했다. 자화자가 말하다. '지금 천하 사람들이 임님의 앞에서 계약서를 쓰는데, 계약서에 적기를 〈왼손으로 계약서를 잡으면 오른 손이 잘려나갈 것이고, 오른손으로 계약서를 잡으면 왼손이 잘려나갈 것이다. 그러나 계약서를 잡기만 하면 반드시 천하를 얻게 될 것이다.〉라고 한다면 왕께서는 계약서를 잡을 것입니까? 아니면 잡지 않을 것입니까?' 소리후가 말하다. '과인은 잡지 않을 것이오.' 그러자 자화가 말하다.

---

16 『莊子』, 「天下」, "古之喪禮, 貴賤有儀, 上下有等, 天子棺槨七重, 諸侯五重, 大夫三重, 士再重. 今墨子獨生不歌, 死不服, 桐棺三寸而無槨, 以爲法式. 以此敎人, 恐不愛人, 以此自行, 固不愛己. 未敗墨子道, 雖然, 歌而非歌, 哭而非哭, 樂而非樂, 是果類乎. 其生也勤, 其死也薄, 其道大觳, 使人憂, 使人悲. 其行難爲也. 恐其不可以爲聖人之道."

'매우 훌륭하십니다. 이로써 보건대 두 팔은 천하보다 소중하고, 몸은 두 팔보다 중요합니다. 한나라는 천하보다 훨씬 더 가볍습니다. 지금 위나라와 다투고 있는 땅은 한나라보다 더 가볍습니다. 그런데 왕께서는 진실로 몸을 근심케 하고 생명을 상하게 하면서까지 다투고 있는 땅이 얻어지지 않음을 걱정하고 있습니다.' 소리후가 말하다. '훌륭한 말이오. 지금까지 과인을 가르친 사람들이 많았지만 일찍이 이런 말은 들어본 적이 없소.'"[17]

『여씨춘춘』의 다른 곳에서도 자화자(子華子)에 대한 논의가 나온다. 가령 "자화자가 말했다 '삶을 온전히 하는 것이 최상이며, 삶을 훼손하는 것이 다음이며, 죽음은 다음이며, 삶을 괴롭히는 것은 가장 아래이다.'"[18]라고 하였다. 이것으로 보건데 자화자(子華子)는 양주학파로서 귀생(貴生)을 중요시한 자이다.

사람들은 천하의 이익을 위해 동분서주하는 지도자를 훌륭한 지도자로 생각한다. 앞에서 언급한 우임금이 그 대표적인 예이다. 그런데 우임금이 천하의 이익을 위해 자신의 일신을 돌보지 않지만, 이것은 결과적으로 자신의 삶을 피폐하게 만든다. 과연 천하의 이익을 위해 자신의 몸을 망가트리는 것이 타당한 것인가?

양주학파는 이에 대해 의문을 제기했다. 『여씨춘추』에서도 "성인은 천하의 일을 깊이 염려하지만 생(生)보다 귀한 것이 없다."[19]라고 하였다. 또한 다음과 같이 말하였다.

---

17 『呂氏春秋』, 「審爲」, "韓魏相爭侵地. 子華子見昭釐侯, 昭釐侯有憂色. 子華子曰, 今使天下書銘於君之前, 書之曰, 左手攫之則右手廢, 右手攫之則左手廢, 然而攫之必有天下. 君攫之乎. 亡其不. 昭釐侯曰, 寡人不攫也. 子華子曰, 甚善. 自是觀之, 兩臂重 於天下也, 身又重於兩臂. 韓之輕於天下遠, 今之所爭,其輕於韓又遠, 君固身傷生以 憂之戚不得也. 昭釐侯曰, 善. 敎寡人衆矣, 未嘗得聞此也."
18 『呂氏春秋』, 「貴生」, "子華子曰, 全生爲上, 虧生次之, 死次之, 迫生爲下."
19 『呂氏春秋』, 「貴生」, "聖人深慮天下, 莫貴於生."

"그러므로 '도의 진수는 몸을 보존하는 데 있으며, 그 나머지 찌꺼기로 국가를 운영영하고, 다시 그 찌꺼기로 천하를 다스린다.'라고 하였다. 이로써 보건데 제왕의 공(功)은 성인의 나머지 일에 지나지 않는다. 왜냐하면 그것은 몸을 온전히 하고 삶을 기르는 도가 아니기 때문이다."[20]

유가에서는 '몸 → 가족 → 나라 → 천하'로 확장되어 나감을 중요시하였다. 양주학파에서도 '몸 → 나라 → 천하'로 확장되어 나간다고 보았다. 그런데 유가에서는 작은 것에서부터 큰 것으로 나아감을 강조한 반면에, 양주학파에서는 중요한 것에서부터 중요하지 않은 것으로 확장되어 나아감을 강조했다. 오늘날의 관점에서 보더라도 양주학파의 사상은 극단적인 이기주의로 비추어질 수 있다. 그렇다면 과연 양주학파는 극단적 이기주의를 주장한 것인가? 그러나 우리는 양주학파의 입장을 이해할 필요가 있다.

공자 사후 유가에는 맹자라는 거유가 나오기 전까지 특별한 것이 없었다. 당시에 주도적인 사상은 오히려 묵가였다. 묵가는 유가에 대한 철저한 비판 속에서 세를 형성하였다. 그런데 양주학파는 묵가의 사상에 반대되는 주장을 펼침으로써 세를 형성하였다. 급기야 전국중기에 오면 맹자의 주장처럼, 천하는 묵가 아니면 양주학파로 나뉘었다. 그런데 당시에 양주사상이 많은 공감을 얻은 이유는 양주 사상이 단순한 묵가의 겸애에 맞서 이기주의를 주장했기 때문만은 아니다.

사실상 역사적으로 "천하를 위한다"고 말하지 않는 위정자는 일찍이 없었다. 아무리 포악한 위정자라고 하더라도, 아니 포악한 위정자일수록 더욱 더 천하를 위한다고 말하고 있다. 그러나 실제로 정말로 천

---

20 같은 책, "故曰, 道之眞, 以持身, 其緖餘, 以爲國家, 其土苴, 以治天下. 由此觀之, 帝王之功, 聖人之餘事也. 非所以完身養生之道也."

하를 위한 위정자는 거의 찾아볼 수 없다. 대다수 위정자들은 권력에 사로잡혀 있으며, 천하를 위한다는 주장은 자신의 권력을 유지하기 위한 포장일 경우가 많다. 역사적으로 성군으로 칭해지는 사람들은 비록 백성을 위한 정치라고 포장하지만, 그 이면에는 권력이 들어 있는 것이다.

더욱이 많은 사람 사람들은 자신의 몸을 해쳐가면서까지 자신의 야망을 달성하려고 한다. 그러나 과연 자신의 생명보다 더욱 귀중한 것이 있을까? 천하를 소유한들 죽으면 그만이다. 양주는 중요한 것은 오히려 현재의 삶이라고 본 것이다.

셋째, 추연(鄒衍)의 사상이 엿보인다.

"하늘에는 구야(九野)가 있고, 땅에는 구주(九州)가 있고, 산에는 구새(九塞)가 있고, 못에는 구수(九藪)가 있고, 바람에는 팔등(八等)이 있고, 물에는 육천(六川)이 있다."[21]

천지에 구야와 구주가 있다는 것은 추연의 사상에 입각한 것이다. 또한 『여씨춘추』에서 "제왕이 장차 흥하려고 하면 하늘은 반드시 백성에게 상서로운 징조를 나타내 보인다. 황제(黃帝)의 때에 하늘이 먼저 큰 지렁이와 큰 땅강아지를 보여주자, 황제가 말하기를 '토(土)의 기운이 우세하다.'라고 하였다. 토의 기운이 우세하므로, 색깔은 황색을 숭상했고, 모든 일은 토를 규범으로 하였다."[22]라고 하였다. 이것은 추연의 사상을 요약한 것이다.

또한 『여씨춘추』에 "그러므로 지금을 소상히 알면, 옛날을 알 수가

---

21 같은 책, "天有九野, 地有九州, 土有九山, 山有九塞, 澤有九藪, 風有八等, 水有六川."
22 『呂氏春秋』, 「應同」, "凡帝王者之將興也, 天必先見祥乎下民. 黃帝之時, 天先見大螾大螻. 黃帝曰, 土氣勝, 土氣勝, 故其色尙黃, 其事則土."

있고, 옛날을 알면 미래를 알 수 있다. 왜냐하면 과거나 현재, 전세(前世)나 후세(後世)나 다 같이 하나이기 때문이다. 그러므로 성인은 위로 천년의 과거를 알고 아래로 천 년 후의 미래를 알 수 있다."23라고 하였다. 과거를 통해 현재를 알고, 현재를 통해 미래를 알 수 있다는 이러한 주장 또한 추연의 사상이다.

넷째, 법가에서와 같이 세(勢)를 중요시하였다. 『여씨춘추』에서 다음과 같이 말하고 있다.

"통치술을 잃은 상태에서 (신하의) 진실한 마음을 구하고 세(勢)를 잃은 상태에서 (신하에게) 나라를 맡기게 되면 위태롭게 된다. 배를 삼킬 정도로 큰 물고기도 육지로 나가면 땅강아지나 개미도 이기지 못한다. 권세가 같으면 서로 부릴 수 없고, 세(勢)가 같으면 서로 아우르지 못하며, 다스림과 어지러움이 엇비슷하면 서로 바로잡을 수 없다. 그러므로 크고 작음, 가벼움과 무거움, 많고 적음, 다스림과 어지러움을 잘 살피지 않을 수 없으니, 이것은 재앙과 복이 출입하는 문이다.24

위정자가 세가 없는 상태에서는 신하에게 나라를 전적으로 맡긴다면 나라는 반드시 어지러워질 것이라고 주장한 것이다. 본 문장의 의미는 신도(愼到)의 주장과 유사하다.

다섯째, 시대가 바뀌면 법도 바뀐다는 역사관을 갖고 있었다. 유가에서는 옛것을 본받아야 한다고 주장한다. 반면에 법가에서는 시대가 바뀌면 법도 바뀌어야 한다고 주장하였다. 한비가 그 대표적인 예이다.

---

23 『呂氏春秋』, 「長見」, "故審知今則可知古, 知古則可知後, 古今前後一也. 故聖人上知千歲, 下知千歲也."
24 『呂氏春秋』, 「愼勢」, "失之乎數, 求之乎信, 失之乎勢, 求之乎國, 危. 吞舟之魚, 陸處則不勝螻蟻. 權鈞則不能相使, 勢等則不能相幷, 治亂齊則不能相正, 故小大輕重少多治亂不可不察, 此禍福之門也."

『여씨춘추』에서도 다음과 같이 말하였다.

"군주가 어찌 선왕의 법을 따르지 않는 것인가? 그것은 어질지 않아서가 아니라 선왕의 법을 본받아 따를 수가 없기 때문이다. 선왕의 법은 위 세대를 걸쳐 내려온 것이므로 사람이 혹 보태기도 줄이기도 한 것이니 어찌 본받아 따를 수가 있겠는가? 사람들이 비록 줄이거나 보태지 않았더라도 본받아 따를 수 없는 것이다."25

유가에서는 문왕과 무왕의 덕, 더 나아가 요순의 덕을 추모했고 이것을 따라야 한다고 주장하였다. 이러한 점에서 본다면 유가는 복고주의적이라 할 수 있다. 반면에 법가에서는 시대가 바뀌면 상황이 변화하므로 법 역시 바뀌어야 한다고 보았다. 한비는 유자들이 시대가 바뀌었으면서도 옛것만을 중요시하였다고 비판하였으며, 이러한 유자들을 '수주대토(守株待兎)'와 같은 어리석은 자로 비유하였다. 『여씨춘추』에서도 이와 유사한 문장이 있다.

"초(楚)나라의 어떤 칼잡이가 강을 건너려는 자가 있었다. 칼이 배 안에서 물속으로 떨어졌다. 그는 급히 배에 새겨놓으며 '이곳이 내 것이 떨어진 곳이다.'라고 말했다. 배가 멈추자, 그 새긴 곳을 따라 물에 들어가 찾으려고 했다. 배는 이미 지나갔고, 검은 그대로 있으니, 검을 찾는 것이 이와 같다면 얼마나 미혹된 것이겠는가? 옛날 법으로써 그 나라를 다스리는 것은 이와 같은 것이다. 시간은 이미 지나갔음에도 법은 변하지 않고 그대로 있으면서 이것으로 나라를 다스리려고 한다면 어찌 어렵지 않겠는가?"26

---

25 『呂氏春秋』,「察今」, "上胡不法先王之法. 非不賢也,爲其不可得而法. 先王之法,經乎上世而來者也, 人或益之, 人或損之, 胡可得而法. 雖人弗損益, 猶若不可得而法."
26 같은 책, "楚人, 有涉江者. 其劍, 自舟中墜於水. 遽刻其舟, 曰, 是 吾劍之所從墜. 舟止,

그 유명한 '각주구검(刻舟求劍)'의 고사이다. 여기서도 시대가 바뀌었는데도 옛 법을 고집하는 것은 각주구검과 같은 어리석은 짓이라고 비판하고 있다.

여섯째, 명(名)과 실(實)의 합치를 강조하였다. 전국말기에는 명을 중요시하였는데, 『여씨춘추』에서도 다음과 같이 말했다.

> "명(名)이 바르면 다스려지고 명을 상실하면 어지러워진다. 명을 상실한 것을 미혹된 언사라고 한다. 언사가 미혹되면, 안 된다고 하는 것을 된다고 하고 그렇지 않다고 하는 것을 그렇다고 하며, 옳지 않다는 것을 옳다고 하고 그르지 않다고 한 것을 그르다고 한다."27

『여씨춘추』에서는 명(名)을 통해 시비를 분명히 판가름해야 한다고 본 것이다. 또한 『여씨춘추』에서는 "세상이 어지러운 이유는 형(形)과 명(名)이 부합하지 않기 때문이다."28라고 하였다. 이름과 실제가 부합하여야 함을 강조한 것이다.

일곱째, 병(兵)에 대해 다양한 논의를 하였다. 『여씨춘추』에서 병의 기원에 대해 다음과 같이 말하였다.

> "군대[兵]의 기원은 오래되었으니, 최초에 사람이 생겨나면서부터 함께 있었다. 군대는 위세이며, 위세는 곧 힘이다. 백성들이 위세와 힘을 가지려는 것은 본성이다. 본성이라는 것은 하늘로부터 받은 것이므로 사람들이 어찌할 수 있는 것이 아니다."29

從其所刻者, 入水求之. 舟己行矣, 而劍不行, 求劍若此, 不亦惑乎. 以古法爲其國, 與此同. 時己徙矣, 以法不徙 以此爲治, 豈不難哉."
27 『呂氏春秋』,「正名」, "名正則治, 名喪則亂. 使名喪者, 淫說也. 說淫則可不可而然不然, 是不是而非不非."
28 같은 책, "凡亂者, 刑名不當也."
29 『呂氏春秋』,「蕩兵」, "兵之所自來者上矣, 與始有民俱. 凡兵也者, 威也, 威也者, 力也.

『여씨춘추』에서는 사람의 본성은 선천적으로 힘을 과시하기 좋아하므로 인류가 생겨나면서부터 군대가 있어왔다고 말했다. 이로써 본다면 군대의 기원은 참으로 오래된 것이다. 그러므로 『여씨춘추』에서는 "군대의 기원은 오래되어서 황제(黃帝)나 염제(炎帝) 물과 불을 이용하였고, 공공씨(共工氏)는 누차 난을 일으켰고, 오제(五帝)은 하나같이 서로 다투었다. 그러므로 번갈아가며 흥하기도 하고 멸망하기도 하면서, 이기는 자가 권세를 누렸다."30라고 하였다.

또한 『여씨춘추』에서 "사람들은 치우(蚩尤)가 무리를 처음 만들었다고 하지만, 치우가 무기를 만든 것이 아니라 무기를 더욱 예리하게 만들었을 따름이다."31라고 하였다. 앞서 언급했듯이 전쟁은 사람이 생겨나면서부터 시작되었다. 무기 역시 사람이 생겨나면서부터 생겨난 것이라고 할 수 있다. 그러므로 『여씨춘추』에서는 치우가 무기를 만든 것이 아니며, 당연히 그 이전부터 있어왔다고 주장하였다.

그런데 앞서 살펴보았듯이 병가에서는 전통적으로 탐욕을 위한 전쟁을 비판하였으며, 의병(義兵)을 강조하였다. 즉 전쟁의 목적은 왕의 야욕을 위해서가 아니라 악을 응징하고 선을 펼치기 위해서라는 것이다. 『여씨춘추』에서도 이러한 의병을 강조하였다.

> "지금의 세상은 어지러움이 극도에 달해있다. 백성의 고통이 이보다 더욱 심할 수는 없다. 천자는 이미 끊겼고, 현자는 등용되지 않은 채 숨어버렸고, 군주는 제멋대로 행하여 백성과의 사이가 멀어졌고, 백성들은 괴로움을 하소연할 데가 없다. 지금 세상에 현명한 군주와 뛰어난 인사가 있어 지금의 상태를 잘 살핀다면, 그 군대는 의로워질 것이다."32

民之有威力, 性也. 性者所受於天也, 非人之所能爲也."
30 같은 책, "兵所自來者久矣. 黃炎故用水火矣. 共工氏固次作難矣. 五帝固相與爭矣. 遞興廢, 勝者用事."
31 같은 책, "人曰蚩尤作兵, 蚩尤非作兵也, 利其械矣."

전국말기에는 아주 혼란스러운 시대였으므로 천하를 평정하는 것이 대의라고 보았다. 실제로 『여씨춘추』에서는 다음과 같이 주장하고 있다.

"공격하여 정벌하는 데 있어서 아직까지 무도한 자를 공격하고 불의를 징벌하지 않은 적이 없었다. 무도한 자를 공격하고 불의를 정벌하면, 복이 이보다 큰 것이 없고 백성의 이익이 이보다 더 두터운 것은 없을 것이다. 이것을 금지하려는 자는 도를 끊어버리고 의를 공격하는 것이니, 이것은 탕왕과 무왕의 일을 궁핍하게 하고 걸왕과 주왕의 잘못을 이루게 하는 것과 같다."[33]

춘추전국시대는 수많은 전쟁이 있어왔다. 이것은 결과적으로 백성들의 삶을 피폐화시켰고 수많은 목숨을 앗아갔다. 그렇다면 무엇 때문에 전쟁하는 것인가? 앞에서는 인간의 본성이 그러하기 때문이라고 말하고 있다. 그런데 여기서 전쟁이 궁극적으로 악을 처단하고 선을 보호하는 데 있다고 말한다. 그렇다면 과연 그러한가? 당시 진시황 역시 정의라는 명분하에 수많은 전쟁을 치렀다. 그리고 그 목적을 달성하였다. 그렇다면 진시황은 정말로 선을 위해 악을 응징하기 위해 전쟁을 한 것인가? 아니다. 전쟁은 궁극적으로 탐욕에 의한 것이다. 선을 지키고 악을 응징하기 위해 전쟁한다는 것은 탐욕을 은폐하기 위한 포장에 불과하다. 『여씨춘추』에서도 이와 관련하여 다음과 같이 말하고 있다.

"군자가 반드시 튼튼한 갑옷과 예리한 무기와 선발된 병사들과 숙련된

---

[32] 『呂氏春秋』, 「振亂」, "當今之世, 濁甚矣. 黔首之苦, 不可以加矣. 天子旣絶, 賢者廢伏, 世主恣行, 與民相離, 黔首無所告愬. 世有賢主秀士, 宜察此論也, 則其兵爲義矣."
[33] 같은 책, "夫攻伐之事, 未有不攻無道而罰不義也. 攻無道而伐不義, 則福莫大焉, 黔首利莫厚焉. 禁之者, 是息有道而伐有義也, 是窮湯武之事而遂桀, 紂之過也."

무사로만 되는 것은 아니며, 반드시 남의 성곽을 무너트리고 남의 선비와 백성을 죽여야만 하는 것은 아니다. 상고시대에 왕이 된 자는 많았고 그 사정은 모두가 같지 않았지만, 세상의 위급한 일을 떠맡고 백성에게 이로움을 줄 것을 염려하고 백성에게 해로운 것을 없애려 했다는 점에 있어서는 모두 같았다."[34]

앞에서는 전쟁은 인간의 본성에서 나온 것이므로 인간의 역사가 시작된 이래로 전쟁하지 않았던 적이 없다고 말한 반면에, 여기서는 군주는 전쟁하고 다른 나라를 침범하는 데 목적을 두어서는 안 되며 백성의 이익을 위해 살아야 한다고 보았다. 이처럼 두 편이 상이한 관점을 갖는 이유는 상이한 관점을 가진 작자가 쓴 것이기 때문이다. 여기서의 문장은 묵가 계열의 문장으로 보인다.

---

34 『呂氏春秋』,「愛類」, "王也者, 非必堅甲利兵選卒練士也, 非必墮人之城郭, 殺人之士民也. 上世之王者衆矣, 而事皆不同. 其當世之急, 憂民之利, 除民之害, 同."

3. 『여씨춘추』에서의 도가사상

『회남자』의 경우에는 도가 중심의 문헌이라고 단언할 수 있는 반면에, 『여씨춘추』의 경우에는 다양한 학파의 사상이 뒤섞여 있다는 점에서 도가 문헌이라고 단정하기 어렵다. 그러나 『여씨춘추』에 도가사상이 가장 많이 들어 있다는 것은 분명한 사실이다. 『여씨춘추』에는 『장자』의 글들이 많이 보인다. 가령 『여씨춘추』에서 다음과 같이 말하였다.

"군자가 도에 통달함을 '영달(達)'이라고 하고, 도에 궁해짐을 '궁핍(窮)'이라고 한다. 지금 내가 인의의 도리를 지킴으로 해서 난세의 우환을 만난 것이 이와 같으니, 어찌 궁핍하다고 하겠는가? 따라서 안으로 살펴 도를 닦음에 부끄러움이 없고 어려움에 임해서도 덕을 잃지 않는다. (…) 옛날에 도를 얻은 자는 궁핍하여도 즐겼고, 영달하여도 즐겼다. 즐거움이란 궁핍과 영달에 있지 않다. 만일 자신이 도를 얻었다면, 궁핍과 영달의 한결같음이 마치 한서(寒暑)와 풍우가 번갈아 교체되어 나타남같이 될 것이다."[35]

---

[35] 『呂氏春秋』,「愼人」, "君子達於道之謂達, 窮於道之謂窮. 今丘也拘仁義之道, 以遭亂世之患, 其所也, 何窮之謂. 故內省而不疚於道, 臨難而不失其德. (…) 古之得道者, 窮亦樂, 達亦樂. 所樂非窮達也. 道得於此, 則窮達一也, 爲寒暑風雨之序矣."

본 문장은 공자가 '진채지간(陳蔡之間)'에서 곤궁을 당할 때 자신의 심정을 술회한 기사인데, 『장자』 「양왕」에 이와 유사한 내용이 나온다. 즉 「양왕」에서도 진채 사이에서의 어려움에 대해 공자는 궁핍과 영달을 일여(一如)로 보았다. 가령 "이처럼 도를 터득하면, 궁핍과 영달의 한결같음이 마치 한서(寒暑)와 풍우가 번갈아 교체되어 나타남같이 될 것이다."36라고 하였다.

『여씨춘추』에는 그 외에도 『장자』의 문장이 많이 보인다. 가령 『여씨춘추』에서의 "관자가 병이 들자 환공(桓公)이 찾아가 물었다.(…)"37와 그 이하의 문장이 『장자』 「서무귀(徐無鬼)」편에도 보인다. 또한 『여씨춘추』에서의 "그러므로 의지가 어지럽혀진 것을 통하게 하고, 마음의 잘못됨을 풀어주고, 덕이 얽매이는 것을 제거해주고, 도가 막히는 것을 통하게 해준다.(…)"38와 그 이하의 문장이 『장자』 「경상초(庚桑楚)」편에도 보인다. 또한 『여씨춘추』에서 "송나라의 포정(庖丁)이 소를 해체시키는 일에 능숙했다. 처음에는 눈에 보이는 것이 소 아닌 것이 없었는데, 삼년이 지나자 소의 모습이 보이지 않았다. 칼을 사용한지 19년이 지났음에도 칼날이 마치 숫돌에 막 간 것 같았는데, 그 이유는 순리를 따랐고 성심을 다했기 때문이다."39라고 하였는데, 이와 비슷한 문장이 『장자』 「양생주(養生主)」에도 나온다. 그 외에도 『여씨춘추』에는 『장자』의 문장이 많이 보인다. 특히 『장자』의 「내편」·「외편」·「잡편」의 문장들이 두로 수록되어 있다는 점에서, 『여씨춘추』의 작자 중에는 장자학파가 중심적인 역할을 했다고 본다.

또한 『여씨춘추』에는 『노자』와 유사한 부분들이 많다. 가령 『여씨

---

36 『莊子』, 「讓王」, "如道德於此, 則窮通爲寒暑風雨之序矣."
37 『呂氏春秋』, 「貴公」, "管仲有病, 桓公往問之.(…)"
38 『呂氏春秋』, 「有度」, "故曰, 通意之悖, 解心之繆, 去德之累, 通道之塞.(…)"
39 『呂氏春秋』, 「精通」, "宋之庖丁好解牛. 所見無非死牛者, 三年而不見生牛, 用刀十九年, 刃若新磨研. 順其理, 誠乎牛也."

춘추』에서 "세상의 임금과 귀족은 잘났든 못났든 장생구시(長生久視)하려고 하지 않는 자가 없었다. 그러나 날마다 생을 거스르면서 장생하려고 한다면 무슨 이익이 있겠는가? 장생하는 것은 자연의 순리에 따르는 것이며, 삶으로 하여금 자연의 순리에 따르지 않게 하는 것이 욕(欲)이다. 그러므로 성인은 반드시 먼저 욕을 적당히 한다."40라고 하였다. 장생구시(長生久視)는 『노자』 59장에 나오는 말이다.

또한 『여씨춘추』에서 "천지는 크도다. 낳았지만 자식으로 여기지 않고, 이루었지만 소유하지 않으며, 만물이 모두 그 은택을 입어 이로움을 얻었지만 그 말미암은 곳을 알지 못하였다."41라고 하였는데, 이것은 『노자』의 "도가 만물을 생겨나게 하면서도 자신의 소유물로 여기지 않으며, 공을 베풀면서도 이에 의존하지 않으며, 잘 자라나도록 도우면서도 지배하지 않는다."42라는 문장에서 영향을 받은 것이다.

이와 같이 『여씨춘추』에서는 도가사상을 많이 수용하였지만 여기에는 나름대로의 특징을 가지고 있다. 그 특징들을 살펴보면 다음과 같다.

첫째, 유기체적 자연관을 중요시하였다. 동양사상의 특징 중의 하나가 바로 유기체적인 사유이다. 유기체적 사유에서는 부분은 전체와 통한다고 보았다. 이러한 유기체적인 사유는 도가사상의 특징이기도 하다. 노자와 장자는 만물이 하나의 도로부터 나왔으므로 유기체적인 관계를 맺는다고 보았다. 장자의 '만물제동(萬物齊同)'의 사상이 그 대표적인 예이다. 가령 『장자』에서 "천지는 나와 함께 생겨나고, 만물은 나와 더불어 하나가 된다."43라고 하였다. 『여씨춘추』에는 이러한 유기

---

40 『呂氏春秋』, 「貴公」, "世之人主貴人, 無賢不肖, 莫不欲長生久視. 而日逆其生, 欲之何益. 凡生之長也, 順之也, 使生不順者, 欲也. 故聖人必先適欲."
41 같은 책, "天地大矣, 生而弗子, 成而弗有, 萬物皆被其澤得其利, 而莫知其所由始."
42 『老子』, 10장, "生而不有, 爲而不恃, 長而不宰."
43 『莊子』, 「齊物論」, "天地與我並生, 而萬物與我爲一."

체적인 사유가 잘 나타나 있다. 가령 『여씨춘추』에서는 "천지만물은 한 사람의 몸이니, 이것을 일컬어 '대동(大同)'이라고 한다."44라고 하였다.

만물이 서로 유기적인 관계를 맺고 있다는 유기체적인 사유는 같은 종류끼리 서로 짝을 구한다는 '동류상구(同類相求)'와 같은 기운끼리 감응한다고 하는 '동기감응(同氣感應)'의 사유로까지 이어져 나아갔다. 동류상구에 대해 『주역』에서 다음과 같이 말했다.

"같은 소리끼리 서로 응하고, 같은 기운끼리 서로 구한다. 물은 습한 곳으로 흘러가고, 불은 마른 곳으로 나아가고, 구름은 용을 쫓고, 바람은 호랑이를 쫓는다. 성인이 태어나면 만물이 우러러본다. 하늘에 근본한 자는 위와 친하고 땅에 근본한 자는 아래와 친하다. 즉 각각의 것들은 같은 종류끼리 쫓는다."45

이처럼 『주역』에서는 모든 사물이 서로 비슷한 성질을 가진 것들끼리 모인다고 보았다. 『여씨춘추』에서도 "동류(同類)는 서로를 부르고, 기가 같으면 합하게 되고, 소리가 동류이면 상응하게 된다."46고 했다.

둘째, 도가의 장점은 천도론에 있으며, 당시의 대다수 학파에서도 이러한 장점을 흡수하였다. 도가의 천도론을 폭넓게 수용한 『여씨춘추』에서는 만물의 근원을 태일(太一)로 보았다. 즉 "태일(太一)은 양의(兩儀=천지)를 낳고, 양의는 음양을 낳았다."47고 하였다. 특히 전국말기에 오면 "만물의 근원은 태일(太一)이며, 이 태일로부터 음양이 나왔다."는 사상이 널리 퍼졌는데,48 '태일'이란 용어는 『장자』에도 보인다.

---

44 『呂氏春秋』,「有始」, "天地萬物, 一人之身也, 此之謂大同."
45 『周易』,「乾卦·文言傳」. "同聲相應, 同氣相求, 水流濕, 火就燥, 雲從龍, 風從虎. 聖人作而萬物覩. 本乎天者親上, 本乎地者親下. 則各從其類也."
46 『呂氏春秋』,「應同」, "類固相召, 氣同則合, 聲比則應."
47 『呂氏春秋』,「大樂」, "太一出兩儀, 兩儀出陰陽."
48 『태일생수』와 『예기』「예운」이 바로 그 예이다.

이를테면 『장자』에서 "한결같은 무와 유를 세웠고, 태일을 위주로 하였다"49고 하였다.

셋째, 일(一)을 중요시하였다. 『여씨춘추』에서 다음과 같이 말하였다.

> "왜냐하면 순환하는 도이기 때문이다. 일은 지극히 귀한 것과 나란히 하면서도 그 근원을 알 수 없고, 그 단서를 알 수 없고, 그 시작점을 알 수 없고, 그 끝나는 지점을 알 수 없지만, 만물은 이로써 근본으로 삼는다."50

여기서의 일은 '도'를 뜻한다. "말로써 일(一)을 설명하면, 일은 머무르려고 하지 않는다."는 말은 노자의 "도를 말하게 되면 영원한 도가 아니다"51라고 한 것과 유사하다.

넷째, 자연의 순환을 주장했다. 『여씨춘추』에서 도는 순환하므로 시작과 끝을 알 수 없지만 이것에 의해 만물이 생겨난다고 말하였다. 가령 "말로써 일(一)을 설명하면, 일은 머무르려고 하지 않는다. 그럼에도 억지로 머물게 하여 운행하게 되면 실패하게 된다. 왜냐하면 순환하는 도이기 때문이다."52라고 하였다. 『노자』 역시 "되돌아가려는 것은 도의 운동이다."53, "근원으로 돌아가려는 것을 '고요함'이라 한다."54라고 하였다. 『장자』에서도 "처음과 끝이 고리와 같아서 그 대강(大綱)을 얻을 수 없으니, 이것을 '천균(天均:자연의 균등함)'이라고 말한다."55라

---

49 『莊子』, 「天下」, "建之以常无有, 主之以太一."
50 『呂氏春秋』, 「圜道」, "一也齊至貴, 莫知其原, 莫知其端, 莫知其始, 莫知其終, 而萬物以爲宗."
51 『老子』, 1장, "道, 可道, 非常道也."
52 『呂氏春秋』, 「圜道」, "以言說一, 一不欲留, 留運爲敗. 圜道也."
53 『老子』, 40장, "反者, 道之動."
54 『老子』, 16장, "歸根曰靜."

고 하였다.

다섯째, 『여씨춘추』에서는 양생(養生)을 중요시하였다.

> "물은 본래 맑지만 흙이 흐려놓기 때문에 맑지 않다. 사람은 본래 장수하지만 외물(外物)이 흐려놓기 때문에 장수하지 못한다. 외물이라는 것은 본성을 기르는 수단이지 본성이 외물에 의해 길러지는 것은 아니다. 그런데도 오늘날 사람들 가운데 미혹된 사람은 본성을 망치면서까지 사물을 기르려 하고 있다. 이는 경중을 모르는 행위다."[56]

'천수(天壽)를 다한다'는 말은 자연이 준 수명대로 살다가 죽는다는 의미이다. 본래 하늘이 준 수명대로 살면 장수하기 마련이다. 그럼에도 불구하고 사람들이 장수하지 못하는 이유는 무엇 때문인가? 『여씨춘추』에서는 외물에 집착하기 때문이라고 보았다. 그렇다면 양생이라는 것은 궁극적으로 외부에 의해 얽매이지 않음이다.

사람들이 감정에 얽매이는 이유는 욕망 때문이다. 그런데 『여씨춘추』에서는 욕망을 부정하지 않는다. 가령 "하늘이 사람을 생겨나게 할 때 탐심과 욕망을 주었다. 욕망에는 감정이 있고, 감정에는 절도가 있다. 이처럼 성인은 절도를 닦아 욕망을 억제하기 때문에 지나친 욕정을 발휘하지 않는다."[57]라고 하였다. 인간은 누구나가 욕망을 가지고 있으므로 이 욕망을 없앨 수는 없다. 관건은 욕망을 절제하는 데 있다.

그렇다면 욕망을 절제할 수 있는 방법은 무엇인가? 순리에 따르는 것이다. 그러므로 『여씨춘추』에서 "수명이 긴 이유는 순리에 따르기 때

---

55 『莊子』,「寓言」, "始卒若環, 莫得其倫, 是謂天均."
56 『呂氏春秋』,「本生」, "夫水之性淸, 土者抇之, 故不得淸. 人之性壽, 物者抇之, 故不得壽. 物也者, 所以養性也, 非所以性養也. 今世之人, 惑者多以性養物, 則不知輕重也."
57 『呂氏春秋』,「情欲」, "天生人而使有貪有欲. 欲有情, 情有節. 聖人修節以止欲, 故不過行其情也."

문이다. 생명이 순리에 따르지 않게 하는 것은 욕망이다. 그러므로 성인은 먼저 적당한 욕망을 갖는다."58라고 하였다. 또한 "먹고 마시는 것과 거처가 적절하면 아홉 개의 구멍과 백 개의 마디와 천 개의 맥이 모두 잘 통하게 된다."59라고 하였다.

이러한 『여씨춘추』의 양생의 사상은 훗날의 양생론에 지대한 영향을 주었다. 『황제내경』에서 다음과 같이 말했다.

> "지금 때의 사람들은 그러하지 않다. 술을 음료수로 삼으며, 망령됨을 일상적으로 행하며, 술 취한 채 합방하여 욕정으로써 정력을 고갈시키고 진기(眞氣)를 소모시키며, 정기의 충만함을 지속시킬 줄 모르며, 때에 맞게 정신을 통제하지 못하며, 마음의 쾌락에만 힘써 삶의 진정한 즐거움을 거스르며, 기거(起居)함에 절도가 없다. 그러므로 반백살에 쇠하게 되는 것이다."60

『황제내경』에서도 건강한 삶을 살기 위해서는 절제와 함께 순리에 따라야 한다고 보았다. 『여씨춘추』에도 이러한 사유가 잘 나타나 있는데, 이러한 사상은 도가의 영향에 의한 것이다.

여섯째, 『여씨춘추』에서는 양생과 치술(治術)을 연관시켜 논의하였다. 가령 "옛날 성왕(聖王)들은 먼저 자신을 이루고 나서 천하를 이루었고, 자신을 다스리고 나서 천하를 다스렸다."61라고 하였다. 양주는 천하보다 자신을 더욱 중요시하였고 묵자는 자신보다 천하를 더욱 중요시하였다. 그런데 『여씨춘추』에서는 자신과 천하는 둘이 아니며, 자신

---

58 『呂氏春秋』, 「重己」, "凡生之長也, 順之也. 使生不順者, 欲也. 故聖人必先適欲."
59 『呂氏春秋』, 「開春」, "飲食居處適, 則九竅百節千脈皆通利矣."
60 『黃帝內經·素問』, 「上古天眞論篇」, "今時之人不然也. 以酒爲漿, 以妄爲常, 醉以入房, 以欲竭其精, 以耗散其眞, 不知持滿, 不時御神, 務快其心, 逆於生樂, 起居無節. 故半百而衰也."
61 『呂氏春秋』, 「先己」, "昔者先聖王, 成其身而天下成, 治其身而天下治."

을 중요시한 이후에 천하로 향한다고 주장하고 있다. 또한 다음과 같이 말하였다.

> "탕(湯)왕이 이윤(伊尹)에게 물었다. '천하를 다스리고자 하는데 어떻게 하면 좋겠습니까?' 이윤이 대답했다. '천하를 다스리고자 한다면 천하를 다스릴 수가 없습니다. 다스릴 수 있으려면 몸을 먼저 다스려야 합니다. 모든 일의 근본은 반드시 몸을 먼저 다스리고 정기(精氣)를 아끼는 데 있습니다. 새것을 받아들이고 묵은 것을 버리면[62] 살결이 두루 잘 통하게 됩니다. 정기(精氣)가 날로 새로워지고, 사기(邪氣)가 모두 제거되면 천수를 다할 것이니, 이것을 진인(眞人)이라고 합니다.'"[63]

장자의 사상은 은자적인 색체를 띠고 있다. 양생 역시 은자 계통에서 나온 것으로서 정치와는 무관한 개인적인 양생을 의미했다. 반면에 『여씨춘추』에서는 치국과 치신 모두 중요하다고 보았다. 흥미로운 사실은 『여씨춘추』에서는 명(名)과 양생을 결부시키고 있다는 점이다.

> "그러므로 지극한 다스림에서 힘써야 할 것은 명(名)을 바르게 함에 있다. 명이 바르면 군주는 걱정과 수고로움이 없다. 걱정과 수고로움이 없으면 귀와 눈의 본성이 손상되지 않는다."[64]

성왕은 백성을 위해 분주히 움직이다가 자신의 건강을 해치게 된다. 우임금의 경우가 그러하다. 반면에 명이 바르게 되면 군주는 일일이 행

---

62 『莊子』「刻意」에서도 "옛것을 토해내고 새것을 받아들인다.[吐故納新]"고 하였다.
63 같은 책, "湯問於伊尹. 曰. 欲取天下若何? 伊尹對曰. 欲取天下, 天下不可取. 可取, 身將先取. 凡事之本, 必先治身, 嗇其大寶. 用其新, 棄其陳, 腠理遂通. 精氣日新, 邪氣盡去, 及其天年. 此之謂眞人."
64 『呂氏春秋』, 「審分」, "故至治之務, 在於正名. 名正則人主不憂勞矣. 不憂勞則不傷其耳目之主."

하지 않더라도 신하들이 알아서 잘 처리하게 된다. 그렇게 되면 군주는 수고로움이 없어지며, 수고로움이 없어지면 이목을 해치는 일이 없게 된다. 이처럼 『여씨춘추』에서는 명을 확립하여 군주가 무위에 처하게 되면 수고로움이 없어져 자신의 건강을 해치지 않는다고 보았다.

제9장

한초의 황로학(黃老學)

1. 황로학과 사마천

오늘날 동양학계에서 가장 뜨거운 감자로 떠오르는 단어가 있다고 한다면 그것은 단연코 '황로학(黃老學)'일 것이다. 황로학에서의 '황(黃)'은 신화적 인물인 '황제'를 일컫고, '노(老)'는 도가의 종조인 '노자'를 일컫는다. 왕충(王充) 역시 "황(黃)이란 황제를 말하고, 노(老)란 노자를 말한다."[1]고 하였다. 『사기』에는 황로학에 대한 기록이 많다.

"두태후는 평소에 황제와 노자의 말을 좋아했다"[2]

"조참(曹參)은 다스림에서 황로의 술(術)을 사용하였다. 따라서 승상이 된 지 9년 만에 제나라는 안정됐으며, 현명한 재상(宰相)이라고 크게 칭송받았다."[3]

"급암(汲黯)은 황로의 학설을 배웠으며, 관리와 백성을 다스리는 데 청정(淸靜)함을 좋아하였기에 승(丞)과 이(吏)를 선발하여 모든 일을 맡겼다."[4]

이상이 내용에 의거할 때, 한대 초기에는 황로학이 크게 유행하였

---

1   『論衡』, 「自然」, "黃者, 黃帝也, 老者, 老子也."
2   『史記』, 「外戚世家」, "竇太后好黃帝老子言."
3   『史記』, 「曹相國世家」, "其治要用黃老術, 故相齊九年, 齊國安集, 大稱賢相."
4   『史記』, 「汲鄭列傳」, "黯學黃老之言, 治官理民, 好淸靜, 擇丞史而任之."

다. 당나라 유학자 한유(韓愈)도 "한대에는 황로가 유행하였다."5고 말하였다.

그런데 오늘날의 중국학자들은 한초에 황로학이 유행했을 뿐만 아니라 전국시대 후반기에도 황로학이 주도적인 학문이었다고 주장하고 있다. 이에 따른다면 황로학은 전국시대 후반기에서 한초까지 중요한 비중을 차지하는 학문이었다고 볼 수 있다.

문제는 선진시대에서는 '황로학'은 고사하고 '황제'와 '노자'를 연용하여 쓴 '황로'란 말을 전혀 찾아볼 수 없다는 데 있다. 그렇다면 무엇에 근거해서 선진시대에도 황로학이 성행했다고 주장하였는가? 학자들은 그 근거를 사마천의 『사기』에서 찾았다. 사마천은 황로학에 계보가 있다고 보았다. 그 계보에 대하여, "악신공(樂臣公)은 황제와 노자의 학문을 배웠다. 그의 종사(宗師)를 '하상장인(河上丈人)'이라고 불렀는데, 그가 어디 출신인지에 대해서는 알 수가 없다. 하상장인은 안기생(安期生)을 가르쳤고, 안기생은 모흡공(毛翕公)을 가르쳤고, 모흡공은 악하공(樂瑕公)을 가르쳤고, 악하공은 악신공을 가르쳤고, 악신공은 개공(蓋公)을 가르쳤다. 개공은 제나라 고밀(高密)과 교서(膠西)에서 포교하여 조상국(曹相國 : 曹參)의 스승이 되었다."6고 하였다.

이에 따르면 황로학 계보는 "하상장인 → 안기생 → 모흡공 → 악하공 → 악신공 → 개공 → 조참"으로 이어진다. 이러한 전승이 정말로 사실관계에 입각한 것인지에 대해서는 의문의 여지가 있지만, 많은 학자들이 이 계보를 액면 그대로 받아들이고 있으므로 논의의 진행을 위해 일단 이 견해를 받아들여보자. 『사기』「조상국세가(曹相國世家)」에 의거하면, 황로학 계보의 마지막 인물에 해당하는 개공은 고조 때 활동

---

5 韓愈,「原道」,"黃老于漢."
6 『史記』,「樂毅列傳」,"樂臣公學黃帝老子. 其本師號曰河上丈人, 不知其所出. 河上丈人教安期生, 安期生教毛翕公, 毛翕公教樂瑕公, 樂瑕公教樂臣公, 樂臣公教蓋公. 蓋公教於齊高密膠西, 爲曹相國師."

하였고 혜제 때 재상에 오른 조참에게 황로학을 가르친 인물이다. 이 계보에 따른다면 황로학은 당연히 전국시대로까지 거슬러 올라간다.

실제로 『사기』에서는 많은 선진시대의 인물들이 황로학에서 영향을 받았다고 기록하고 있다.

> "신도는 조나라 사람이고, 전병과 접자는 제나라 사람이고, 환연은 초나라 사람인데, 모두 '황로도덕(黃老道德)의 술'을 배웠다."[7],
> "악거공은 황제와 노자의 말을 잘 닦았다."[8]
> "신불해의 학문은 황로(黃老)에 근본하고 형명(刑名)을 위주로 하였다."[9]
> "한비는 (…) 형명(形名)과 법술(法術)의 학을 좋아하여 황로라는 근본으로 돌아갔다."[10]

이처럼 사마천은 신도·전병·접자·환연·악거공·신불해·한비와 같은 선진시대의 인물들이 대거 황로학에서 영향을 받았다고 진술하고 있다. 이것이 사실이라면 선진시대에 이미 황로학이 있었을 뿐만 아니라, 이 황로학은 선진시대의 쟁쟁한 법가 인물들에게 지대한 영향을 미쳤다.

이상과 같이 사마천은 1) 황로학의 계보를 선진시대로까지 소급하였으며, 2) 신도·전병·접자·환연·악신공·신불해·한비와 같은 선진시대의 학자들이 대거 황로에 근본하고 있다고 주장하고 있다. 오늘날 중국학자들은 사마천의 이러한 진술에 입각해 선진시대에도 황로학이 활발하게 활동하였다고 주장했던 것이다.

---

7 『史記』,「孟子荀卿列傳」,"愼到趙人, 田駢接子齊人, 環淵楚人, 皆學黃老道德之術."
8 『史記』,「樂毅列傳」,"樂巨公善修黃帝老子之言."
9 『史記』,「老子韓非列傳」,"申子之學, 本於黃老, 而主刑名."
10 같은 책, "韓非者 (…) 喜刑名法術之學, 而其歸根於黃老."

그렇다면 선진시대에 황로학이 어떻게 형성되었으며, 또한 그 학문적 성격은 어떠한 것인가? 중국학자들은 이 문제에 대한 해결의 열쇠를 제나라 '직하학(稷下學)'에서 찾았다. 그 이유는 사마천이 황로학자라고 지목한 신도·전병·접자·환연 등이 제나라 직하학파에 소속되어 있었기 때문이다.

그렇다면 황로학은 어떠한 성격의 학문인가? 중국학자들은 황로학에서의 '황제'는 법가의 종조이고 '노자'는 도가의 종조임을 내세워 황로학을 도가와 법가가 결합된 '도법가'로 보았다.

풍우란은 '황로학은 도가와 법가의 통일이다'[11]라고 하였듯이, 황로학을 도가와 법가가 결합된 '도법가'적인 것으로 보았다. 호가총 또한 "황로사상이란 '도(道)'와 '법(法)'의 융합을 핵심으로 삼은 학설로서, 황제는 법가의 조사(祖師)였다고 할 수 있으며, 노자는 도가의 개창자이다."[12]라고 하였다.

유위화(劉蕙華)와 묘윤전(苗潤田)은 황로학의 성격에 대하여, "선진시대, 정확히 말해 전국시대의 황로학의 특징은 황제라는 이름에 의탁하고 노자의 학설을 기초로 삼아 유가·묵가·명가·음양오행의 설을 겸하였을 뿐 아니라, 법가의 법치학설을 흡수해 '도'와 '법'을 유기적으로 결합하여 '도법'을 위주로 하되 법치를 더욱 중요시한 데 있다."[13]고 하였다. 진려계는 "황로사상은 도법사상을 위주로 하면서 각 학파의 군술(君術)을 널리 채택하였다."[14]라고 하였다.

여명광은 『황제사경』을 '황학'의 대표적인 저작이라고 보았으며, 이것을 통하여 '황학'의 성격을 규명하고자 하였다. 그는 '황학'의 성격을 다음과 같이 정리하고 있다. 1) 우주관에서 도는 만물 창생의 근원이

---

11 馮友蘭, 『中國哲學史新編』(第2冊), 人民出版社, 1984, 195쪽.
12 胡家聰, 「從〈管子〉看田氏齊國崇奉黃帝」, 『中國史研究』 第4期, 1990.
13 劉蕙華·苗潤田, 『稷下學史』, 中國廣播電視出版社, 1992, 357쪽.
14 陳麗桂, 『秦漢時期的黃老思想』, 文津出版社, 1997, 1쪽.

되며, 만물은 모두 자신의 법칙을 가지고 있다. 2) 사회·정치사상으로 문무(文武)와 형덕(刑德)을 겸비하고 있으며, 공평무사로써 행하고 모두 법에 따라서 결단하였으며, 무위이치(無爲而治)를 표방하였으며, 보민(保民)·애민(愛民)·양민(養民)을 표방하였으며, 귀천을 엄격히 규정하였다.15

중국학자들은 황로학의 대표적인 예로써 직하학에서 유행한 '직하황로학'을 꼽고 있다. 유위화와 묘윤전은 직하학이 황로학인 이유에 대하여, '직하황로학'에는 비록 다양한 학파가 모여 있기는 했지만 도가를 중심으로 다른 학설을 끌어 모은 동시에 법에 의한 통치를 주장했다는 점에서 황로학과 일치하기 때문이라고 주장했다.16

이상과 같이 여러 학자의 견해들을 취합해 보면 황로학의 성격을 다음과 같이 규정해 볼 수 있다. 1) 황로학은 도가와 법가만이 아니라, 유가·묵가·명가·음양가를 두루 포괄하는 일종의 잡가적인 사상이다. 2) 비록 잡가적 형태를 띠고 있지만 도가와 법가를 주요 골자로 하는 '도법가'적인 성격을 띠고 있다.

학계에서는 공통적으로 황로학을 '도법가'적인 것으로 보았지만, 여기에서도 두 가지 견해로 나뉜다. 황로학은 법가를 위주로 한 것이냐, 아니면 도가를 위주로 한 것이냐가 바로 그것이다.

'도가류'로 보는 학자들은 가장 유력한 근거로써 황로학의 대표적인 저작인 『황제사경』이 「예문지」에 '도가류'로 분류되어 있음을 꼽았다. 이에 근거하여 오광은 황로학이 도가에 속한다고 보았다. 다만 고대의 도가가 음양가·유가·묵가·명가·법가를 흡수함으로써 새로운 풍격(風格)의 도가가 생겨나게 되었다고 주장하였다.17 사마담(司馬談)은

---

15 余明光,「黃老思想初探」,『湘潭大學學報』, 社科版, 1985.
16 같은 책, 361쪽.
17 吳光,「論黃老學派的形成與發展」,『抗州大學學報』, 哲社版, 1984, 42쪽.

'육가요지(六家要旨)'를 논의한 글에서 "도가는 유가와 묵가의 장점을 채택하였으며, 명가와 법가의 요지를 섭렵했다."[18]고 하였는데, 유소감은 여기서 말하는 도가가 바로 '황로학'이라고 보았다.[19] 아울러 그는 "한대의 도가 · 도덕가(道德家) · 황로술(黃老術)의 주장은 상통하며, 이 모두가 오늘날 말하는 황로학이다."[20]고 말하였다.

그러나 많은 학자들이 황로학을 도가적인 성격보다 법가적인 성격으로 규정하려고 하였다. 이를테면 당란은 『황제사경』의 성격에 대하여 "한대 사람들이 비록 도가라고 일컬었지만 실제로는 법가이다."[21]라고 하였다. 또한 강립(康立)은 『황제사경』을 한대에 쓰인 황로학의 저작으로 보면서, '겉은 도가지만 속은 법가인 저작이다'라고 주장하였다.[22] 탕신(湯新)은 『황제사경』에 대하여 "도가사상의 형식으로써 법가의 관점을 드러내 기술한 저작이다."[23]고 하였다. 이처럼 많은 학자들이 '겉으로는 도가를 내세우고 있지만 속 내용은 법가이다(道表法裏)'라는 관점을 고수하였다.

중국학자들은 선진시대의 황로학이 한초에까지 근근이 명맥만 유지해온 학문이 아니라 주류의 학문이었음을 주장하였다. 마왕퇴 출토 문헌 연구를 주도하였던 당란은 『황제사경』이 황로파(黃老派) 저작의 으뜸이며, 『연자(蜎子)』(環淵) · 『전자(田子)』(田騈) · 『할관자』 · 『첩자(捷子)』(接子) · 『정장자(鄭長者)』 · 『신자(申子)』 · 『신자(愼子)』 · 『한비자』가 모두 황로학파에 속했었다고 주장하였다.[24] 이러한 당란의 주장이 발단이 되어, 많은 학자들 또한 선진시대에서 한대 초기에 이르는

---

18 『史記』, 「太史公自序」, "采儒墨之善, 撮名法之要."
19 劉笑敢, 「莊子后學中的黃老派」, 『哲學研究』 第6期, 1985, 61쪽.
20 같은 책, 59쪽.
21 唐蘭, 「馬王堆出土〈老子〉乙本卷前古佚書的研究」, 『考古學報』 第1期, 1975, 14쪽.
22 康立, 「〈十大經〉的思想和時代」, 『歷史硏究』 第3期, 1975.
23 湯新, 「法家對黃老之學的吸收和改造」, 『文物』 第8期, 文物出版社, 1975, 18쪽.
24 唐蘭, 「馬王堆出土〈老子〉乙本卷前古佚書的研究」, 『考古學報』 第1期, 1975, 12쪽.

시기의 많은 문헌들을 황로학과 결부시키려고 하였다. 그 구체적인 사례들을 살펴보자.

『장자』는 한 사람의 손으로 쓰인 것이 아니며 여러 세대에 걸쳐 다수에 의해서 쓰였다. 『장자』 연구의 권위자인 유소감은 『장자』 안에도 여러 학파가 있다고 보았는데, 외잡편 가운데 「천도(天道)」·「천지(天地)」·「천운(天運)」·「천하(天下)」·「재유(在宥)」·「각의(刻意)」·「선성(繕性)」과 같은 편들의 문장은 장자 후학 가운데 황로파의 저작이라고 주장하였다. 그 이유는 도가의 입장에서 유가·묵가·법가·명가의 사상을 흡수하였기 때문이라고 보았다.[25]

앞에서 살펴본 것처럼 많은 학자들은 맹자가 직하학궁에 있는 동안에 '직하황로학'의 영향을 받았다고 주장하였다. 가령 손개태(孫開泰)는 『맹자』와 『관자』 사이에는 어떤 유사성이 있음을 지적하며, 『맹자』가 직하황로학에서 많은 영향을 받았다고 보았다.[26] 진고응은 『주역』 「계사」와 황로학의 대표적인 저작인 『황제사경』은 비록 성격이 다르기는 하지만, 「계사」가 『황제사경』에서 많은 영향을 받았음을 강조하였다.[27] 호가총도 유가의 문헌으로 알려진 『주역』 「계사」가 『황제사경』이나 『관자』의 도가 황로학과 상통함을 내세워 황로학에서 커다란 영향을 받았다고 주장하였다.[28]

일찍이 순자는 직하학궁에서 두 차례나 영수(領袖) 자리에 오를 만큼 중요한 위치에 있었다. 학계에서는 그의 사상 역시 '직하황로학'과 밀접한 관련이 있다고 주장하였다. 이를테면 여명광은 순자가 황로학에서 '무위지치(無爲之治)', '법술지학(法術之學)', '정분(定分)' 등의 영향

25　劉笑敢,「莊子后學中的黃老派」,『哲學研究』第6期, 1985.
26　孫開泰,「稷下黃老學對孟子思想的影響」,『道家文化研究』第6輯, 上海古籍出版社.
27　陳鼓應,「帛書〈繫辭〉和帛書〈黃帝四經〉」,『道家文化研究』第3輯, 上海古籍出版社.
28　胡家聰,「〈易傳·繫辭〉思想與道家黃老之學相通」,『道家文化研究』第1輯, 上海古籍出版社.

을 받았다고 보았다.29 호가총은 순자의 '천인지분(天人之分)'과 '허일이정(虛一而靜)' 사상은 직하학을 통해 받아들인 도가의 영향에 따른 것이라고 주장하였다.30

그 외에도 많은 문헌이 '직하황로학'과 밀접한 관련이 있다고 보았다. 이학근은 마왕퇴 한묘에서 발굴된 백서『이윤』「구주」는 전국시대 중기 혹은 이보다 약간 늦은 시기에 쓰인 것으로서, 전국시대의 황로학에서 영향을 받은 것이라고 주장하였다.31 여명광은『이윤』「구주」가 전국시대 중기를 전후로 한 문헌으로서『황제사경』과 함께 전국시대와 진한시대 사이의 황로사조(黃老思潮)의 대표적인 저작이라고 하였다.32 장만수(莊萬壽)는 유가의 대표적인 저작인『대학』과『중용』조차 진한시대의 황로사상과 밀접한 관련이 있다고 보았다.33

오광은『여씨춘추』와『회남자』를 황로도가의 저작으로 보았는데, 그 근거로 1) 잡가(雜家)의 잡(雜)은 황로도가의 특징이며, 2)『여씨춘추』와『회남자』는 모두 도를 최고의 철학 범주로 삼았으며, 3)『여씨춘추』와『회남자』는 모두 '무위이무불위(無爲而無不爲)'란 철학적 명제에 기초하고 있음을 내세웠다.34 유위화와 묘윤전은 좀 더 구체적으로『여씨춘추』160편 가운데 3분의 1은 직하황로학과 관련된 저작이라고 보았다.

한대 초기에는 황로학이 번성하였지만, 무제는 유가만을 존중하고 다른 학파는 배척하였다. 특히 무제는 선대의 왕들과는 달리 황로학을 그다지 좋아하지 않았다. 따라서 한대 초기에 유행하던 황로학은 무제

29　余明光,「荀子思想與黃老之學」,『道家文化硏究』第6輯, 上海古籍出版社.
30　胡家聰,「論儒家荀况思想與道家哲學的關係」,『道家文化硏究』第6輯, 上海古籍出版社.
31　李學勤,『馬王堆漢墓帛書〈伊尹·九主〉』,『文物』第11期, 文物出版社, 1974.
32　余明光,「〈伊尹·九主〉與黃老之學」,『道家文化硏究』第3輯, 上海古籍出版社.
33　莊萬壽,「〈大學〉·〈中庸〉與黃老思想」,『道家文化硏究』第1輯, 上海古籍出版社.
34　吳光,「論黃老學派的形成與發展」,『抗州大學學報』, 哲社版, 1984.

때 동중서를 필두로 한 유가로 대체되었다. 이처럼 유가가 득세하면서 황로학은 몰락하게 되었는데, 그렇다면 춘추시대 말기의 노자를 시발점으로 줄기차게 이어져 내려온 황로학은 이제 여기서 그만 막을 내려야만 했는가? 많은 황로학 연구자들은 유가가 득세하면서 표면적으로는 황로학이 몰락하였지만, 황로학의 정신이 몰락한 것은 아니며, 단지 유가의 사상 속에 흡수되었을 뿐이라고 주장하였다. 이를테면 동중서 역시 황로학에서 영향을 받았다고 주장하고 있다. 이와 관련하여 진려계(陳麗桂)는 동중서의 '천도관(天道觀)', '치도(治道)', '형덕(刑德)', '양존음비(陽尊陰卑)'와 같은 사상들이 황로학에서 영향을 받았다고 하였다.35

이와 같이 중국 학계에서는 서로 경쟁이라도 하듯이 유가·도가·법가를 막론하고 수많은 문헌들을 황로학의 저작 혹은 황로학의 영향을 받은 저작이라고 보았다. 그런데 필자로서는 이러한 주장에 대해서 당혹감을 느끼지 않을 수 없다. 중국학자들의 주장대로라면 전국중기에서부터 한초까지의 사상적 주류는 황로학이었으며, 당시 제자백가들은 황로학이라는 거대한 사상체계의 지배하게 놓여있었다. 이것은 참으로 엄청난 주장이 아닐 수 없다. 그런데 이러한 엄청난 주장을 하려면 누가 봐도 인정하지 않을 수 없는 명백한 증거들이 있어야 함에도 중국학자들이 내놓은 증거들은 증거라고도 할 수 없는 억측들뿐이다.

무엇보다 중국학자들의 주장대로 선진시대에 황로학이 그처럼 주도적인 학문이었다고 한다면, 선진시대의 많은 문헌에서 황로학에 대한 언급이 있어야 마땅하다. 그럼에도 불구하고 그 어떠한 선진문헌에서도 '황로학'이란 말은 고사하고 '황로'란 말조차 전혀 찾아볼 수 없다. 잡가적 형태의 『관자』나 『여씨춘추』에도 황로학이란 말이 일체 없다. 중국학자들의 주장처럼 전국시대에 '직하황로학'이 그처럼 성행하였다면 최소한 직하황로학의 대표적인 저작인 『관자』에는 한번이라도 언급

---

35 陳麗桂, 「董仲舒的黃老思想」, 『道家文化硏究』 第6輯, 上海古籍出版社.

되어야 하는 것이 아닌가?

또한 중국학자들은 황로학을 도가와 법가가 결합된 도법가적인 것으로 보았는데, 만일 그러하다면 한대의 황로학의 성격 또한 도가와 법가가 결합된 형태여야 한다. 그러나 우리는 한초의 황로학에서 법가적인 요소를 거의 찾아볼 수 없으며, 찾아볼 수 없는 것은 당연한 일이다. 왜냐하면 한초의 황로학은 법가에 기반한 통일 진제국의 가혹한 통치에 대한 반대급부로 나온 것이기 때문이다. 그렇다면 중국학자들이 주장하는 것처럼 황로학을 도법가적인 것으로 볼만한 단서를 한대에서는 전혀 찾아볼 수 없다. 중국학자들이 황로학을 도가와 법가가 결합한 도법가적인 성격으로 규정하고 있는데, 도가와 법가는 뒤섞일 수가 없다. 왜냐하면 이미 살펴보았듯이 도가와 법가는 흡사 물과 기름처럼 서로 공존할 수 없는 이질적인 사상이기 때문이다.

물론 도가와 법가를 같은 계통으로 보려는 경향은 이미 오랜 전부터 있어왔다. 무엇보다 『신자』·『시자』·『윤문자』·『황제사경』·『한비자』와 같은 문헌들이 도가의 사상을 적극 수용하였다. 또한 역대의 『노자』 주석서는 수백 종에 달하지만, 최초의 주석서가 한비에 의해서 쓰였다. 한비는 비단 주석서를 썼을 뿐만 아니라 실제로 『노자』로부터 많은 영향을 받았다. '무위'의 통치술이 바로 그것이다. 또한 『사기』의 「노자·한비열전」이라는 편명에서도 볼 수 있듯이 사마천은 노자와 한비를 유사한 계열로 보았다.

그러나 여기서 우리가 유념해야 할 것이 있다. 그것은 법가에서 도가의 사상을 수용했다고 해서, 도가와 법가의 성격이 변질되는 것은 아니라는 사실이다. 법가는 여전히 법가이고 도가는 여전히 도가이다. 더욱이 도가와 법가는 다를 뿐만 아니라 서로 상반된 사상이다. 무엇보다 목적이 다르다. 법가는 군신간의 엄격한 분(分)을 중요시하였으며, 모든 사람에게 똑같이 적용되는 보편적인(획일적인?) 법을 강조했으며, 인성을 부정적인 것으로 봄으로써 백성에 대한 엄격한 통치를 강조했다. 반면에 도가는 군신뿐만 아니라 상하의 차별을 비판했으며, 만물이 서로 소통함으로써 하나가 되어야 함을 강조했으며, 인성을 선하다고 봄으로써 백성들의 자율성을 강조한 동시에 군주의 강한 지배력에서 벗어나고자 했다. 이처럼 목적이 분명히 다르다는 점에서, 법가에서 『노자』의 문장을 언급했다고 해서 같아질 수 있는 것은 아니다.

또한 앞서 살펴보았듯이 법가에서만 도가의 사상을 적극 수용한 것이 아니며, 유가·음양가·명가·종횡가에서도 도가의 사상을 적극 수용하였다. 곽점의 출토문헌은 유가와 도가가 결합된 문헌인데, 그렇다면 전국시대에는 도법가적인 '황로학(黃老學)' 외에도 유도가적인 '공로학(孔老學)'이란 것도 있어야 하지 않을까? 그러나 '공로학(孔老學)'이란 말은 선진시대의 그 어느 문헌에서도 찾아볼 수 없으며, 찾아볼 수 없는 것은 당연하다. 이와 마찬가지로 선진시대에 '황로학'이란 것은 존재하지 않았다.

더욱이 황로학이 도법가라는 근거 역시 그 어디에도 없다. 중국학자들이 '황로학'을 도법가로 보는 가장 큰 이유 중의 하나가 황로학에서의 황제(黃帝)를 법가의 인물로 보았기 때문이다. 황로학에서의 황제가 정말로 법가의 인물로 상정된 것이라고 한다면, 황로학을 도법가로 볼 수 있는 여지는 분명히 있다. 그러나 그 어느 고대 문헌에서도, 심지어 황로학에 대해 가장 많이 언급했던 『사기』에서조차 황제가 법가의 인물이라고 단정할만한 근거는 단 한 곳도 없다. 그렇다면 중국학자들은 무엇에 근거해 황제를 법가의 인물로 본 것인가? 필자가 보기에 근거는 없으며 단지 자신들의 주장을 짜 맞추기 위해 만들어낸 억측일 따름이다.

우리가 주목해야 할 점은 선진시대에서 한대까지 '황제'상은 하나의 고정된 모습으로 있는 것이 아니라 다양한 모습으로 있다는 사실이다. 가령 『관자』에서는 다음과 같이 말했다.

"황제가 천하를 다스림에 백성을 이끌지도 않았는데도 저절로 찾아왔고, 떠밀지도 않았는데 저절로 갔고, 부리지 않았는데도 저절로 이루어졌고, 금지하지 않았는데도 (마땅히 머물러야 할 곳에) 머물렀다. 따라서 황제가 다스림에서 법만을 설치하였을 뿐 법을 변화시키지 않았으며, 백성으로 하여금 그 법을 편안히 여기도록 하였다."[36]

이처럼 『관자』에서는 황제가 백성을 애써 다스리지 않더라도 백성 스스로가 저절로 질서를 유지하였으며, 법은 단지 형식적으로만 설치하였을 뿐 강압적이지 않았기에 백성들은 이 법에서 편안함을 느꼈다고 했다. 『관자』에서 언급한 황제는 도가적인 인물로서 그 어떠한 법가적인 요소를 찾아볼 수 없다. 당시 직하황로학이 주도적인 세력을 형성하였다고 한다면, 어째서 직하학의 대표적인 저작인 『관자』에서는 황제를 법가적인 인물이 아닌 도가적인 인물로 묘사하고 있는 것인가?

전국말기에서 한대까지의 '황제'상은 실로 다양하므로 황제를 법가의 인물이라고 단정할 수 없다. 이를테면 황제는 전쟁의 창시자로 묘사되기도 하였고, 문명의 창시자로 묘사되기도 하였고, 양생술의 대표적인 인물로 묘사되기도 하였고, 무위의 정치를 행한 인물로 묘사되기도 하였고, 의술의 명인으로 묘사되기도 하였고, 음양가로 묘사되기도 하였다. 이처럼 시대마다 황제상이 다르다고 한다면, 우리는 황제에 대한 한초의 문헌을 통해서 황제의 성격을 찾을 수밖에 없다.

그렇다면 한대 초기에 황제는 어떠한 인물로 묘사되고 있는가? 한대의 기록에 따르면, 학계의 주장처럼 황제를 법가적인 인물이라고 보기는 어려우며 오히려 양생술과 관련된 인물로 보아야 한다. 그 이유는 다음과 같다.

---

36 『管子』, 「任法」, "黃帝之治天下也, 其民不引而來, 不推而往, 不使而成, 不禁而止. 故黃帝之治也, 置法而不變, 使民安其法者也."

첫째, 『사기』에서 황제에 대한 기록이 가장 많은 곳이 「봉선서(封禪書)」이다. 학자들의 주장처럼 황제가 정말로 법가적인 인물이라면, 「봉선서」에 나오는 인물 역시 법가적인 인물이 되어야 마땅하다. 그런데 「봉선서」에서의 황제는 법가적인 인물이 아닌 신선과 관련된 인물이다. 예를 들어 보자.

"380년 만에 황제께서는 선인이 되어 등천하셨다."[37]

"황제께서는 전쟁하면서도 신선의 도를 배웠다."[38]

"부엌 신에게 제사를 지내면 기이한 물건을 얻을 수가 있습니다. 기이한 물건을 얻으면 단사(丹沙)를 이용하여 황금을 제조할 수가 있으며, 황금을 제조하여 이것으로써 음식을 담는 그릇으로 삼는다면 장수할 수 있게 됩니다. 장수하게 되면 바다 가운데 있는 봉래의 선인을 볼 수가 있는데, 그를 보고서 천지에 제사지낸다면 죽지 않을 수가 있습니다. 황제도 이와 같이 하였습니다."[39]

이상의 문장들에서 볼 수 있듯이 『사기』에서는 황제를 신선과 관련지어 말하고 있다. 이것은 곧 한대의 황제가 양생술과 밀접한 관련이 있음을 의미한다.

둘째, 황제는 많은 학파에서 차용하였으므로 학파에 따라 황제의 성격이 다를 뿐 아니라 시대마다 각기 다르다. 그런데 『한서』「예문지」는 한대의 문헌이라는 점에서 한대의 '황제'관을 비교적 정확히 반영하고 있다. 만일 학계의 견해처럼 황제가 법가적인 인물이라면 '황제서'는 대거 법가류에 포진되어 있어야 마땅하다. 그런데 『한서』「예문

---

37 『史記』,「封禪書」, "三百八十年, 黃帝僊登于天."
38 같은 책, "黃帝且戰且學僊."
39 같은 책, "祠竈則致物, 致物而丹沙可化爲黃金, 黃金成以爲飮食器則益壽, 益壽而海中蓬萊仙者可見, 見之以封禪則不死, 黃帝是也."

지」에 의거하면 〈법가〉에는 '황제서'가 전혀 없다. 이것은 당연한 결과일 것이다. 왜냐하면 법가는 "옛것은 옛것에 따르고 현재는 현재의 것에 따른다."는 역사관을 가지고 있었으므로 옛것에서 권위를 찾는 것을 못마땅하게 여겼기 때문이다. 반면에 〈도가〉에는 『황제사경』·『황제군신(黃帝君臣)』·『황제명(皇弟銘)』·『잡황제(雜黃帝)』가 있으며, 〈방기략(方技略)〉에는 『황제내경』·『황제외경(黃帝外經)』이 있으며, 〈신선(神僊)〉에는 『황제잡자보인(黃帝雜子步引)』·『황제기백안마(黃帝岐伯按摩)』·『황제잡자지균(黃帝雜子芝菌)』·『황제잡자십구가방(黃帝雜子十九家方)』이 있다. 이와 같이 『한서』「예문지」에는 도가류·방중술·신선술에 황제서가 대거 들어 있다. 이를 통하여 우리는 한대의 황제가 도가나 양생술과 더욱 밀접한 인물임을 알 수가 있다.

이상의 것에 따를 때 한대의 황제는 법가적 인물이 아니라 도가나 양생술의 인물이며, 이 점에서 황로학은 도법가가 아니라 단지 도가와 양생술만을 의미한다고 볼 수 있다. 선진시대의 문헌에서 황제에 대한 언급이 『장자』에 가장 많이 나온다. 『장자』에서 언급하고 있는 황제에 대하여 살펴보자.

1) "황제가 천하를 다스릴 때에는 백성의 마음을 한결같도록 하였다. 백성 중에서 제 부모가 죽었을 때 곡읍(哭泣)을 하지 않는 자가 있어도 백성은 비난하지 않았다."[40]
2) "황제가 지(知)를 잊게 된 까닭은 천지라는 커다란 화로에 의해 단련되었기 때문이다."[41]
3) "옛날에는 용성씨(容成氏)·대정씨(大庭氏)·백황씨(伯皇氏)·중앙씨(中央氏)·속육씨(粟陸氏)·여축씨(驪畜氏)·헌원씨(軒轅氏)·혁

---

40 『莊子』,「天運」, "黃帝之治天下, 使民心一. 民有其親死不哭而民不非也."
41 『莊子』,「大宗師」, "黃帝之亡其知, 皆在鑪捶之間耳."

서씨(赫胥氏)・존로씨(尊盧氏)・축융씨(祝融氏)・복희씨(伏犧氏)・신농씨와 같은 제왕이 있었는데, 이때에 직면하여 백성은 끈으로 매듭지어 사용하였고, 음식을 달게 여겼고, 옷을 좋게 여겼고, 풍속을 즐겼고, 이웃 나라가 서로 쳐다보고 닭이나 개의 소리를 서로 들을 뿐 늙어 죽을 때까지 서로 왕래하지 않았다."[42]

4) "광성자는 남쪽으로 머리를 향해 누워 있었다. 황제는 아래로 부는 바람(=위풍)을 따라 무릎걸음으로 나아가 두 번 머리를 조아려 절하고서 물었다. '선생님께서는 지극한 도의 경지에 이르셨다고 들었습니다. 감히 묻건대, 어떻게 몸을 다스려야(治身) 장수할 수 있겠습니까?'"[43]

5) "옛날 황제 때 비로소 인의(仁義)로써 사람의 마음을 구속하기 시작하였소."[44]

6) "그런데 황제는 덕을 완전히 실현할 수가 없어서, 치우와 탁록의 들에서 싸워 백 리 사방을 피로 물들였다."[45]

이상과 같이 『장자』에서는 황제에 대한 평가가 다양하다. 이를테면 1), 2), 3)에서는 도가적 인물로 묘사되어 있고, 4)에서는 양생술을 중시하는 도교적 인물로 묘사되어 있고, 5)에서는 유가적 인물로 묘사되어 있고, 6)에서는 병가의 인물로 묘사되어 있다. 이처럼 황제가 다양한 인물로 묘사되고 있다는 점에서 우리는 황제의 성격을 단지 법가로만 규정할 수 없다.

---

42 『莊子』,「胠篋」, "昔者容成氏, 大庭氏, 伯皇氏, 中央氏, 栗陸氏, 驪畜氏, 軒轅氏, 赫胥氏, 尊盧氏, 祝融氏, 伏犧氏, 神農氏, 當是時也, 民結繩而用之, 甘其食, 美其服, 樂其俗, 安其居, 鄰國相望, 雞狗之音相聞, 民至老死而不相往來."
43 『莊子』,「在宥」, "廣成子南首而臥. 黃帝順下風, 膝行而進, 再拜稽首而問曰, '聞吾子達於至道. 敢問, 治身奈何而可以長久？'"
44 같은 책, "昔者黃帝始以仁義攖人之心."
45 『莊子』,「盜跖」, "然而黃帝不能致德, 與蚩尤戰於涿鹿之野, 流血百里."

중국학자들은 제나라 직하학의 성격을 황로학으로 규정함으로써, 제나라 직하학을 '직하황로학'이라고 칭하였는데, 그 근거로써 황로학 연구자들은 다음과 같은 논리를 펴고 있다. 제나라 직하학궁이 설립된 목적은 춘추말기의 전상(田常)이 신하의 신분으로 간공(簡公)을 죽이고 왕위를 찬탈하면서 전씨 정권이 생겨났는데, 전씨 정권은 자신의 정권에 대한 정당성을 확보하기 위해 직하학궁을 세워 학자들을 모았으며, 또한 전씨(田氏)는 황제의 자손이고 강씨(姜氏)는 염제의 자손이었으므로 정권의 정당성을 위해 황제 전설을 끌어들인 것이라고 한다.

그러나 이러한 주장은 사실조차 왜곡한 억측에 지나지 않는다. 미리 결론부터 말한다면 황제와 염제의 전설은 학자들의 주장처럼 전상과 강씨인 간공이 관련된 전설이 아니라, 오히려 진문공(晉文公)과 제환공(齊桓公)이 관련된 전설이다. 그 이유에 대하여 살펴보자.

『국어』에 황제와 염제에 대한 기록이 있다. 즉 "옛날 소전씨는 유교씨에게 장가들어 황제와 염제를 낳았다. 황제는 희수(姬水)로써 이루었고, 염제는 강수(姜水)로써 이루었다. 패권을 이룸에 덕이 달랐기 때문에 황제는 희씨(姬氏)가 되었고, 염제는 강씨(姜氏)가 되었다. 두 제(帝)가 군대를 사용해 서로 대적하였는데 그 이유는 서로 덕을 달리했기 때문이다."46라고 하였다. 『국어』에서는 분명히 황제의 대표적인 자손이 희씨(姬氏)이고 염제의 대표적인 자손이 강씨(姜氏)라고 말하였다. 그러므로 황제와 염제의 전설은 강씨와 전씨의 전설이 아니라 강씨와 희씨의 전설이다.

그렇다면 여기서 강씨와 희씨는 구체적으로 누구를 말하는가? 여기서의 황제는 진문공을 가리킨다. 이에 대한 유력한 증거로『좌전』에서도 "복언(卜偃)으로 하여금 점치게 하였다. 복언이 '길합니다. 황제가

---

46 『國語』,「晉」(四), "昔少典娶于有蟜氏, 生黃帝·炎帝. 黃帝以姬水成, 炎帝以姜水成, 成而異德, 故黃帝爲姬, 炎帝爲姜. 二帝用師以相濟也, 異德之故也."

판천에서 싸움을 할 조짐을 만난 것입니다'고 말하자, 진문공이 '나는 감당할 수 없다'고 하였다."47라고 말하였다. 판천은 황제와 염제가 싸운 곳이라는 점에서 판천에서 싸움할 조짐이라는 것은 황제와 염제의 싸움을 말한다. 그렇다면 여기서의 황제 역시 진문공을 빗대어 말하고 있다.

이상과 같이 『국어』와 『좌전』에서의 황제는 모두 진문공을 가리켜 말하고 있다. 실제로 황제의 대표적인 성씨는 희씨인데 진문공 역시 희씨이다. 이 모든 정황들을 통해서 볼 때 황제의 전설은 제나라 전씨 정권과는 무관하며 오히려 진문공과 관련하여 생겨난 것임을 알 수가 있다.

그렇다면 여기서의 염제는 누구를 일컫는가? 『국어』에서 "황제는 희수로써 이루었고, 염제는 강수로써 이루었다. 패권을 이룸에 덕이 달랐기 때문에 황제는 희씨가 되었고, 염제는 강씨가 되었다."라고 한 것에서 볼 수 있듯이, 황제의 대표적인 후손은 희씨이고 염제의 대표적인 후손은 강씨이다. 희씨의 조상은 문왕과 무왕으로서 주나라를 세운 장본인이며, 강씨의 조상은 강태공(姜太公)으로서 주나라를 세우는데 혁혁한 공을 이룬 일등 공신이다. 이 두 성씨는 군신 관계에 있었지만 때로는 경쟁자 관계에 있었다. 이러한 경쟁자 관계는 춘추시대에 더욱 극심하였다. 춘추시대에 천하 패권을 처음 장악한 패자는 강씨 성의 제환공이다. 그 다음에 천하 패권을 차지한 패자는 희씨 성의 진문공이다. 따라서 황제와 염제의 싸움에 대한 신화는 천하의 패자였던 진문공과 제환공을 빗대어 말한 것이다. 이로써 보건데, 황제와 염제의 신화는 강씨를 무너뜨린 전씨가 자신들의 정권을 정당화하기 위해 만든 이야기라는 주장은 사실무근임을 알 수가 있다.

---

47 『春秋左氏傳』, 「僖公25年」, "使卜偃卜之. 曰, '吉. 遇黃帝戰于阪泉之兆.' 公曰, '吾不堪也.'"

사실상 전씨와 황제는 전혀 무관하다. 『국어』에서 "무릇 황제의 자손은 25종(宗)으로, 성을 얻은 자는 열네 명으로 12성을 이루었다. 희(姬)·유(酉)·기(祁)·기(己)·등(滕)·잠(箴)·임(任)·순(荀)·희(僖)·길(姞)·현(儇)·의(依)가 이것이다."48라고 하였다. 여기서 볼 수 있듯 전씨가 12성씨 중에 포함되어 있지 않다는 점에서 황제의 후손이 아님을 알 수가 있다.

전씨의 선조에 대한 기록이 『사기』에 있다. 『사기』에서 "진완(陳完)이 죽자 경중(敬仲)이라는 시호가 붙여졌다. 경중은 치맹이(穉孟夷)를 낳았다. 경중이 제나라로 도망치면서, 성을 진씨(陳氏)에서 전씨(田氏)로 바꾸었다."49라고 하였듯이, 전씨는 본래 진씨였다. 또한 제나라 대부인 의중(懿仲)이 자신의 여식을 진완에게 주기 위해 점을 쳤는데, 점괘에서 "유규씨(有嬀氏=舜)의 후예로서 강씨 땅에서 길러질 것이다."50라고 하였다. 이에 의거할 때 진씨는 유규씨의 후예이다. 『사기』에서 그 내력에 대해 다음과 같이 말하고 있다.

> "진(陳)나라 호공(胡公) 만(滿)은 우(虞)나라 순임금의 후예이다. 예전에 순임금이 평민으로 있을 때 요임금이 두 딸을 그에게 시집보내어 규예(嬀汭)에서 살게 하였기 때문에, 그 후손들은 이를 성씨로 삼아 규씨 성이 되었다. (…) 주나라 무왕이 은나라 주왕과 싸워 이긴 이후에 순의 후손을 다시 찾아 진(陳) 땅에 봉하여 순임금의 제사를 받들게 하였는데, 그가 바로 호공이다."51

---

48 『國語』,「晉」(四), "凡黃帝之子, 二十五宗, 其得姓者十四人, 爲十二姓. 姬酉祁己滕箴任荀僖姞儇依是也."
49 『史記』,「田敬仲完世家」, "完卒, 諡爲敬仲. 仲生穉孟夷. 敬仲之如齊, 以陳字爲田氏."
50 같은 책, "有嬀之後, 將育于姜."
51 『史記』,「陳杞世家」, "陳胡公滿者, 虞帝舜之後也. 昔舜爲庶人時, 堯妻之二女, 居于嬀汭. 其後因爲氏姓, 姓嬀. (…) 至于周武王克殷紂, 乃復求舜後, 得嬀滿, 封之於陳, 以奉帝舜祀, 是爲胡公."

『사기』에 따르면, 전씨는 본래 진씨였으며, 진씨는 순임금의 후예였다. 당시 순임금의 후예들은 뿔뿔이 흩어져 있었는데, 주나라 무왕이 순임금의 덕을 기리기 위해서 그 후손들을 모아 진후(陳候)로 봉해주었다. 진(陳)나라가 춘추 말기에 초나라에 의해 멸망하자 그 후손들은 제나라에 옮겨갔다. 그 이후 후손들은 세력을 확장해 나아갔으며, 급기야 강씨의 정권을 찬탈하기에 이르렀다.

이상과 같이 전씨는 본래 진씨로서 순임금의 후예이다. 또한 황제의 후손은 희씨이며, 염제의 후손은 강씨이다. 그러므로 황제의 신화와 제나라 전씨 정권은 서로 무관하며, 황제의 전설은 전적으로 진문공과 관련된 것이다. 이로써 보건데, 전씨 정권의 정당성을 위해 황제를 차용했다는 학자들의 주장은 그야말로 전혀 근거 없는 억측일 따름이다.

이상에서와 같이 황제를 법가로 단정할만한 특별한 근거는 없으며, 오히려 황제를 도가적인 인물로 보는 것이 더욱 타당하다. 그렇다면 어째서 '노학'이라고 하지 않고 굳이 '황로학'이란 표현을 사용하였는가? 그 이유는 당시 사람들은 오래된 것에서 정통성을 찾는 습관이 있었기 때문이다. 이를테면 『한비자』에서도 "정나라 사람이 서로 나이를 다투었다. 한 사람이 '나는 요와 같은 나이다'라고 하였다. 다른 한 사람이 '나는 황제(黃帝)의 형과 같은 나이다'고 하였다. 이러한 다툼이 해결되지 않았는데, 이후에 더욱 나이를 붙인 자가 이겼다."52라고 하였다. 『회남자』에서도 "옛날 사람은 흔히 옛것을 존중하면서 지금의 것을 천시하였다. 도를 행하는 자는 반드시 신농(神農)과 황제(黃帝)에 의탁한 이후에야 사람들을 설득시킬 수가 있었다."53고 하였다.

이와 같이 당시에는 학문의 정통성을 위해 고대의 인물로 거슬러

---

52 『韓非子』,「外儲說左上」,〈右經〉, "鄭人有相與爭年者. 一人曰, 吾與堯同年. 其一人曰, 我與黃帝之兄同年. 訟此而不決, 以後息者爲勝耳."
53 『淮南子』,「脩務訓」, "世俗之人, 多尊古而賤今. 故爲道者, 必託之於神農黃帝, 而後能入說."

올라갔다. 그렇다면 황로학에서의 황제 역시 한대에 황제가 중요한 신화적 인물이었으므로 도가에서 노자와 함께 겸칭한 것에 불과하다.

이상에서와 같이 황로학은 한대에 일시적으로 유행했던 사상으로서 선진시대와 무관하다. 또한 황로학은 단지 도가를 지칭하는 것일 따름이며 법가와 무관하다.

그런데 여기서 풀어야 할 문제가 있다. 그것은 사마천이 어째서 황로학의 기원을 선진시대에 두었는가 하는 것이다. 황로학에 관련된 학자들의 터무니없는 주장들이 생겨나게 한 근원지는 바로 『사기』의 기록에 있으므로, 이 문제를 해결할 필요가 있다. 이 문제에 대해서는 뒤에서 살펴보기로 하겠다.

2. 한초의 황로(黃老)사상

황로학은 어째서 한초에 성행할 수 있었는가? 이에 대한 논의에 앞서 우리는 먼저 한초의 시대적인 배경을 이해할 필요가 있다. 왜냐하면 황로학은 시대적 상황 속에서 나온 것이기 때문이다.

진나라는 상앙과 한비의 법가사상을 통치 이념으로 삼았다. 상앙이나 한비는 모두 부국강병과 법을 중시하였다는 공통점을 가지고 있지만, 부국강병을 도모하는 방법에 있어서는 이 둘 사이에 다소 차이점이 있었다. 한비는 부국강병을 도모하기 위해서는 왕권을 강화해야 하며, 왕권을 강화하기 위해서는 신하를 잘 통제해야 한다고 보았다. 따라서 그의 사상은 신하의 권력을 통제하는 데 중점을 두었다. 이에 반해 상앙은 백성이 약해지면 나라가 강해지고, 백성이 강해지면 나라가 약해진다고 보았으므로, 부국강병을 도모하기 위해서는 백성을 잘 통제해야 한다고 보았다. 그는 백성을 약화시키기 위한 여러 가지 방안을 고안해 냈다. 이에 대해 『사기』에서 "백성으로 하여금 열 집이나 다섯 집을 단위로 하여 서로 감독하게 했으며, 죄를 연좌케 하였다. 간사한 자를 고발하지 않는 경우에는 허리를 베었고, 간사한 자를 고발한 자는 적의 머리를 베어 온 자와 똑같은 상을 주었으며, 간사한 자를 숨긴 자는 적에게 항복한 자와 똑같은 벌을 주었다."54고 하였다. 상앙은 이처

---

54 『史記』,「商君列傳」, "令民爲什伍, 而相牧司, 連坐. 不告姦者腰斬, 告姦者與斬敵首同

럼 엄격한 감시제·고발제·연좌제를 통하여 백성을 감시하고 통제해야 한다고 주장하였다.

공교롭게도 상앙과 이사는 모두 반대 세력의 모함으로 죽임을 당하였지만, 이들의 사상은 진나라의 체제를 이루는 데 있어서 중요한 토대가 되었다. 특히 상앙의 이론은 백성에 대한 감시와 통제의 이론을 제공했으며, 한비의 이론은 왕의 절대적인 권력을 형성하는데 기여했으며, 이사(李斯)는 상앙과 한비의 이론을 실행에 옮겼다. 따라서 진시황은 왕의 절대 권력을 지향한 동시에 감시제·고발제·연좌제를 통하여 백성을 엄격히 통제하였다.

또한 이사가 강력한 전제국가를 이루려면 분서갱유(焚書坑儒)를 결행해야 한다는 의견을 내놓자 이 견해를 수용하였다. 이사가 "없애지 말아야할 것은 의약·복서(卜筮)·농사에 관한 책입니다."55라고 하였듯이, 의약·복서·농사에 관한 소수의 책만을 그대로 남겨 놓고, 당시의 제자백가서를 모두 불태워 없애려 하였다.

상앙·한비·이사는 오직 엄격한 법을 통해서만 백성을 통제할 수 있다고 보았지만, 사람을 진정으로 설복시키는 힘은 자발성에 있는 것이지 무력에 있는 것이 아니다. 무력에 의한 강압은 결코 오래갈 수 없는 법이다. 진시황이 엄격한 형벌을 시행하였고 사상적 탄압을 하였기 때문에 그가 죽자마자 백성과 지식인들 모두가 일제히 일어나 진나라 체제를 비판하였다. 『사기』에서도 "당시 유생들은 시서(詩書)를 불사르고 문학사(文學士)를 살육하고 모욕한 것에 대하여 증오하였으며 백성은 진나라 법률에 대하여 원망하였다. 이윽고 천하가 모두 그를 배반하였다."56고 하였다.

賞, 匿姦者與降敵同罰."
55 『史記』,「秦始皇本紀」, "所不去者, 醫藥卜筮種樹之書."
56 『史記』,「封禪書」, "諸儒生疾秦焚書誅僇文學, 百姓怨其法. 天下畔之."

한나라는 진나라의 가혹한 법치에 짓눌렸던 사람들이 자유를 열망하는 가운데 탄생하였으므로 진나라의 가혹한 법에 대해 비판적일 수밖에 없었다. 한나라 초기의 정치가이며 문학가인 육가(陸賈)는 당시 진나라가 채택한 법가의 폐단에 대해 다음과 같이 지적하였다.

"일이 더욱 번거로울수록 천하는 더욱 혼란스러웠으며, 법률이 더욱 많아질수록 간사함이 더욱 성행하였으며, 병마가 더욱 늘어날수록 적인(敵人)은 더욱 많아졌다. 진(秦)나라는 다스려지기를 원하지 않은 것이 아님에도 불구하고 실정(失政)을 한 이유는 난폭한 대중들에 대해서 형벌을 사용한 것이 너무 극심했기 때문이다."[57]

법가의 인물들에 대한 평가에 있어서도 부정적이었다. 가의(賈誼)는 "상앙이 예의를 어기고 윤리를 저버리면서 다른 나라에 쳐들어가 빼앗는 데에만 마음을 썼으므로, 그의 정책이 시행된 지 2년이 되자 진나라 풍속이 나날이 나빠졌다."[58]라고 하였다. 서한 말기의 유자인 양웅(揚雄)은 "신불해와 한비의 술(術)은 아주 불인(不仁)한 것이다."[59]라고 하였다. 왕충(王充) 또한 『논형』의 「비한(非韓)」에서 한비를 신랄히 비판하였다.

한나라는 진나라의 엄격한 법에 대한 비판 가운데 흥기하였으므로 진나라가 행한 가혹한 통치를 또다시 부활시킬 수는 없었으며, 오히려 당시의 시대적 상황에서는 엄격한 형벌보다는 자율권을 백성에게 허용해야만 했다. 따라서 한나라가 표면적으로 내세웠던 것은 법의 엄격함을 통한 규제가 아니라 법의 관대함을 통한 자율이었다.

---

57 陸賈. 『新語』, 「無爲」, "事逾煩天下逾亂, 法逾滋而姦逾熾, 兵馬益設而敵人逾多. 秦非不欲爲治, 然失之者, 乃擧措暴衆, 而用刑太極故也."
58 『新書』, 「時變」, "商君違禮義, 棄倫理, 幷心於進取, 行之二歲, 秦俗日敗."
59 『法言』, 「問道」, "申韓之術, 不仁之至矣."

이처럼 한초는 법가사상에 대해서 극단적으로 배척하는 분위기였다. 사마천 역시 "한나라가 흥하자 (고조는) 가혹함을 버리고 관대함을 실행하였고, 깎아내기보다는 소박함을 행하였다. 이에 법망은 배를 삼킬만한 큰 고기조차 빠져나갈 만큼 느슨해졌다. 그렇게 하니 관리의 치적은 오히려 잘 다스려져 간사함에 이르지 않고 백성들은 안정되어졌다."[60]라고 하였다. 『한서』「식화지」에서도 "고조는 이에 법을 간소화하고 금지사항을 줄였으며, 전지(田地)의 조세를 줄이고 15분의 1의 세금을 매겼으며, 관리의 녹봉을 계산하고 관청에서 사용하는 것을 따져본 뒤에 백성들에게 (필요한 만큼만) 세를 매겼다.[61]라고 하였다.

한대 초기의 정치적인 이상을 잘 실현한 인물이 바로 고조(高祖 : 기원전 206~195)와 혜제(惠帝 : 기원전 195~188) 2대에 걸쳐 재상을 지낸 소하(蕭何)였다. 그는 비록 법체계를 세우기는 하였지만, 진나라의 엄격한 법을 폐지하고 백성의 처지를 고려하여 법을 관대하게 시행하였다. 사마천 역시 "(소하는) 백성이 진나라의 법을 증오하였으므로 새로운 조류를 따라 다시 새롭게 하였다."[62]라고 하였다.

혜제 때 소하의 뒤를 이어 조참이 재상이 되었다. 조참은 황로학의 신봉자였으므로 본격적으로 황로사상을 시행에 옮겼다. 무엇보다 그는 청정무위로 나라를 다스림으로써 진나라의 엄격한 법에 시달린 백성에게 휴식을 제공해 주었다. 『사기』에서도 "조참이 한나라 재상(相國)이 되자 청정(淸靜)을 극진히 말하여 도가에 합치되었다. 백성은 진나라의 가혹한 통치에서 벗어난 직후였기 때문에, 조참은 그들을 무위로써 휴식케 하였다. 그러므로 천하 사람들은 모두 그의 공덕을 칭송하였

---

60 『史記』,「酷吏列傳」, "漢興, 破觚而爲圜, 斲雕而爲朴, 網漏於吞舟之魚. 而吏治烝烝, 不至於姦, 黎民艾安."
61 『漢書』,「食貨之」, "上於是約法省禁, 輕田租, 十五而稅一, 量吏祿, 度官用, 以賦於民."
62 『史記』,「蕭相國世家」, "因民之疾秦法, 順流與之更始."

다."63라고 하였다.

　소하는 법가에 가까운 인물이었고 조참은 황로학 신봉자였으므로 서로 간에 사상적인 차이가 있었지만, 둘 모두 진제국의 엄격한 법률에 대해 비판적이었다. 이를테면 소하는 진제국의 엄격한 법률을 느슨하게 하고자 했으며, 조참은 엄격한 법률 자체를 비판하였다. 어떤 의미에서 양자의 사상적 차이는 시대적 차이에서 비롯된 것이다. 한나라 건립기에는 사회적 질서를 확립하는 것이 급선무였으므로 법체계를 세우는 것이 필요했다. 그렇지만 진나라의 가혹한 법체계를 그대로 고수할 수는 없었다. 따라서 유연하고 관대한 법체계를 만드는 것이 시급했으며, 이 역할을 담당했던 인물이 바로 소하였다. 그 다음에 법체계가 일단락 완성되고 나자 진나라의 폭정에 억눌린 백성에게 휴식처를 제공해줄 필요가 있었으며, 이 역할을 담당한 인물이 바로 조참이었다. 이처럼 두 사람은 시대적 필요에 적합한 정책을 시행함으로써 한나라를 안정시키는 데 크게 기여하였다. 따라서 두 사람 모두 당시의 백성들로부터 많은 칭송을 받았다. 이 점에 대하여 『사기』에서도 "백성은 모두 다음과 같이 노래하였다. '소하가 법을 제정하니 바르기가 일자(一字)를 그은 것 같았네. 조참이 이것을 이어받아 지켜서 잃지 않았고 이에 청정무위를 실으니, 백성은 이로써 하나같이 편안하였네."64라고 하였다. 『한서』에서도 "한나라가 흥성하는 초기에는 진나라의 폐단에 반대하며 백성과 함께 휴식하였으며, 일은 간단하고 쉬웠으며, 법망은 느슨했으며, 재상인 소하와 조참은 관대함과 두터움, 청정(淸靜)으로써 천하를 따르게 하였다."65라고 하였다.

63　『史記』,「蕭相國世家」, "參爲漢相國, 淸靜極言合道. 然百姓離秦之酷後, 參與休息無爲. 故天下俱稱其美矣."
64　『史記』,「蕭相國世家」, "百姓歌之曰, 蕭何爲法, 顜若畫一. 曹參代之, 守而勿失, 載其淸淨, 民以寧一."
65　『漢書』,「循吏傳」, "漢興之初, 反秦之敝, 與民休息, 凡事簡易, 禁罔疏闊, 而相國蕭曹以寬厚淸靜爲天下帥."

황로학은 문제(文帝 : 기원전 180~157) 때 절정에 이르렀다. 문제는 그 누구보다 황로학을 좋아했다. 이를테면 『사기』에서는 "문제 때에는 다소나마 유생이 등용되었으나, 문제는 본래 형명(刑名)의 학설을 좋아하였다."66)라고 하였다. 문제는 황로학을 좋아하였으므로 일의 엄격함과 번거로움을 싫어하였다. 따라서 『사기』에서 "문제가 즉위할 때, 담당관이 의론하여 예의(儀禮)를 제정하고자 하였다. 문제는 도가의 학문을 좋아하였으므로, 예를 번거롭게 하고 겉모습만 꾸미는 것은 다스림에 무익하다고 여겨 '몸소 실천해 교화시키는 것이 어떠냐?'고 물을 뿐이었다. 따라서 그것을 그만두게 하였다."67)고 하였다. 문제의 관대한 정치 덕분에 백성은 편안한 안식처를 얻게 되어 평온함을 되찾았다. 사마천은 문제의 이러한 정치에 대하여 "문제 때에 천하가 새로워지고 전란(戰亂)이 없어지자 백성은 자신의 직업을 즐거워하였으며, 하고자 하는 바를 좇으나 혼란스럽지 않을 수 있었다. 마침내 백성은 안정을 되찾았다. 나이 육칠십 세의 노인이 도시에 가보지 않았고, 노닐고 즐기는 것이 마치 어린아이와 같았다."68)라고 평가하였다.

문제(文帝)는 황로학을 좋아했지만 유가에 대해서도 어느 정도 관대함을 베풀었다. 그런데 경제(景帝 : 기원전 157~141)는 유가를 그다지 좋아하지 않았다. 특히 경제의 모친이었던 두태후는 황로학의 신봉자로서 유자를 철저히 탄압하였다. 이와 관련하여 『사기』에서 "경제 시대에 와서는 유가를 등용하지 않았고 두태후 역시 황로학의 술을 좋아하였으므로, 여러 박사들은 형식적인 관직만을 갖추고 물음을 기다릴 뿐 승진한 사람은 없었다."69)고 하였다.

66　『史記』,「儒林列傳」, "孝文時頗徵用, 然孝文帝本好刑名之言."
67　『史記』,「禮書」, "孝文卽位, 有司議欲定儀禮. 孝文好道家之學, 以爲繁禮飾貌, 無益於治, 躬化謂何耳. 故罷去之."
68　『史記』,「律書」, "文帝時, 會天下新去湯火, 人民樂業, 因其欲然, 能不擾亂. 故百姓遂安. 自年六七十翁亦未嘗至市井, 游敖嬉戱如小兒狀."
69　『史記』,「儒林列傳」, "及至孝景, 不任儒者, 而竇太后又好黃老之術, 故諸博士具官待

무제(武帝 : 기원전 141~87)는 선왕과는 달리 유가를 신봉하여 유자를 관리로 등용하려고 하였다. 유학이 중국만이 아니라 동아시아 전 지역에서 오랫동안 지대한 영향력을 행사할 수 있는 초석을 마련한 인물이 바로 무제이다. 그렇다면 무제는 어째서 유가를 신봉했는가?

유가 정치의 가장 큰 핵심을 꼽으라면 '덕치(德治)'를 들 수 있다. 그런데 무제가 유가를 표방한 이유는 백성에게 인자한 덕을 베풀고자 해서가 아니라 통일 정책을 위한 수단으로 이용하기 위해서였다. 따라서 그는 유가의 본지(本旨)에 대해서는 그다지 관심을 두지 않았다. 『한서』에서도 "급암이 무제에게 '폐하는 마음속으로는 욕심이 많으면서 겉으로는 인의를 베푸는 척하니, 어찌 요순(堯舜)의 정치를 본받을 수 있겠습니까?'라고 대답해 말했다."[70]고 하였다. 여기서도 볼 수 있듯이 무제가 유가를 표방하고 나선 까닭은 유가의 인의에 심취해서가 아니며 단지 권력을 강화하기 위한 도구로 이용하기 위해서였다.

아사노 유이치는 무제의 정치 형태를 아홉 가지 특징으로 분류하였다. 1) 강경한 변방 정벌 정책, 2) 대규모 지방 순수(巡狩)의 거행(擧行), 3) 성대한 제사의 실행, 4) 제사 준비와 신선술과 관련된 대규모 조영사업(造營事業), 5) 국가재정의 궁핍, 6) 민간의 자유 활동에 대한 규제와 개입, 7) 부역(賦役)의 강화, 8) 민간 경제활동의 쇠퇴, 9) 가혹한 관리(酷吏)의 등용이다.[71] 이에 의거할 때, 무제가 비록 겉으로는 유가를 내세웠지만 덕치를 표방한 인물이기보다는 법치를 표방한 진시황과 유사한 인물임을 알 수가 있다. 실제로 무제의 정책은 진시황의 정책과 많은 면에서 일치한다. 이를테면 그는 진시황과 같이 강력한 중앙집권을 이루고자 하였으며, 자율보다는 타율과 엄격함을 지향하였다.

問, 未有進者."
70 『漢書』,「張馮汲鄭傳」, "黯對曰, 陛下內多欲而外施仁義, 柰何欲效唐虞之治乎!"
71 淺野裕一, 『黃老道の成立と展開』, 東京 : 創文社, 1992, 679~686쪽.

무제는 중앙집권을 도모하고자 하였는데, 당시 자신의 목적을 실현하는 데 가장 걸림돌이 되었던 자들이 황로학을 신봉하던 두태후와 제후들이었다. 무제는 조관(趙綰)이나 왕장(王臧)과 같은 유자들을 공경(公卿)으로 삼으려고 하였으나 두태후의 반대로 그 뜻이 좌절되고 말았다.

이처럼 두태후는 유가를 싫어하고 황로학을 신봉한 반면에, 무제는 이와 반대로 황로학을 그다지 좋아하지 않고 유학을 좋아하였다. 둘 사이의 이념과 정책이 서로 전혀 달랐다는 점에서, 우리는 둘 사이에 보이지 않는 갈등이 있었음을 충분히 예상할 수 있다. 실제로 두태후가 실권을 장악하고 있었으므로 무제가 기용한 조관과 왕장을 죽음으로 몰아넣었던 것이다. 그러나 강압적인 것은 오래가지 못한다. 이전에 황로학은 진나라의 폭정에 억눌린 백성에게 휴식처를 제공해 준다는 대의명분이 있었으며 실제로 황로학이 당시의 상황에서 나름대로 필요했다. 그러나 이제 시대는 변하여 거대한 한나라를 통치할 수 있는 체계의 확립이 절실했으며, 무제는 바로 이러한 시대적 필요성을 절감하고 있었다. 더욱이 두태후의 황로학에 대한 남다른 애착이 오히려 무제에게 황로학에 대하여 더 큰 반감을 갖게 하였다. 따라서 두태후가 죽자 황로학은 빠르게 몰락하였는데, 어떤 의미에서 이것은 필연적인 결과였다고 볼 수 있다.

이처럼 무제는 황로학을 싫어하였지만 그렇다고 해서 곧바로 법가로 선회할 수도 없었다. 물론 왕권을 강화시키는 데 있어서 법가만한 것이 없다. 개인적인 성향으로 볼 때 무제는 법가에 더욱 적합한 인물이었다. 그런데 진제국이 비록 법가를 표방함으로써 왕권 강화를 도모할 수 있었지만 그 결과는 백일몽처럼 허망하게 사라져 버리고 말았다. 한나라는 진제국의 가혹함에 대한 반동으로 탄생하였으므로 그 한계를 잘 알고 있었다. 한때 경제는 법가가 가장 손쉽게 강력한 왕권을 구축할 수 있는 사상이라고 생각하고 법가적 인물인 조조(鼂錯)를 등용하려고 하자 제후들의 반대로 그 뜻이 좌절되고 말았다. 이와는 달리 유가는 황로학과 법가의 특성을 절충한 온건한 사상이었다. 유가야말로 법가처럼 급진적이지 않으면서도 법가 못지않게 왕권강화에 필요한 이론적 토대를 제공해 줄 수 있었다. 따라서 비록 무제는 법가적 사고를 가지고 있었지만 유가를 표방하였다.

무제가 유자인 동중서가 제시한 유가정책을 적극 수용하면서 황로학은 쇠퇴의 길을 나아갔다. 이로써 무제 때에 황로학이 쇠퇴하였지만 다른 한편으로 황로학은 새로운 변신을 하였다. 황로학에는 두 가지 사상이 포함되어 있다. 도가적인 청정무위와 도교적인 양생술이 바로 그것이다. 무제 이전의 황로학은 대부분 정치적인 청정무위였는데, 두태후가 죽자마자 급속도로 몰락의 길을 걸었다. 반면에 무제 때에는 도교적인 양생술로서의 황로학이 청정무위의 황로학을 대신하여 새롭게 번영하였다. 그 이유에 대하여 살펴보자.

많은 학자들은 무제가 황로학을 거부하고 유가만 신봉하였다고 알고 있으나, 그는 유가의 신봉자일 뿐만 아니라 양생술의 신봉자이기도 했다. 「봉선서(封禪書)」와 「효무본기(孝武本紀)」에 양생술에 대한 자세한 내용이 나온다. 「효무본기」는 말 그대로 무제의 치적을 기록한 글이며, 「봉선서」는 무제 때 제사를 거행한 내용을 기록한 글이다. 이 두 편에 양생술에 대하여 가장 상세히 기록되어 있다는 점에서 무제 때에 양생술이 번창했음을 알 수가 있다. 황로학의 대표적 인물인 이소군(李小君)은 방사(方士)로서 무제 때의 인물이다. 무제 자신도 황제가 신선이 되었다는 말을 듣고서, "아아! 내가 만약 황제처럼 될 수만 있다면 처자식 버리기를 짚신짝 버리듯 할 것이다."[72]라고 한탄하였다. 그가 얼마나 불로장생과 신선술에 심취되어 있는지를 잘 대변해 준 말이다.

양생술은 진제국 때부터 이미 성행하였다. 이사는 사상통일을 위해

---

72 『史記』, 「孝武本紀」, "嗟乎. 吾誠得如黃帝, 吾視去妻子如脫躧耳."

당시의 제자백가서를 모두 불태우려고 했지만, 의약·복서·농사에 관한 책은 그대로 놔두었다. 이 책들이 살아남을 수 있었던 까닭은 이 문헌들이 실생활에 필요할 뿐 아니라, 정치적인 쟁점을 배제하고 개인적인 삶을 위주로 하였으므로 정치적인 위험 요소가 없었기 때문이다. 여기서 주목할 점은 이사가 그대로 두어야 한다고 한 책 가운데 하나인 의약서는 양생술과 밀접한 관련이 있다는 사실이다. 그 일례로 마왕퇴 한묘에서 출토된 백서인 『양생방』·『합음양』·『십문』 등에는 다양한 의약 관련 방중술이 기록되어 있다. 더욱이 양생술은 불로장생과 깊이 관련되어 있는데, 진시황 자신이 불로장생을 신봉하였다. 이러한 배경 하에서 진제국 때부터 법가와 함께 양생술도 성행하였다.

한나라는 진나라의 폭정에 항거함으로써 생겨난 나라이다. 한나라는 진제국에 대해 몹시 분노하고 경멸했는데, 분노와 경멸은 진제국이 표방한 법가로까지 이어졌다. 양생술은 정치적인 문제가 아닌 단순히 개인적인 문제를 다룬 것이기 때문에 진제국 때에 살아남을 수 있었는데, 공교롭게도 똑같은 이유로 한대에도 살아남을 수 있었다

그런데 한대 초기에는 조참·개공·급암 등의 인물을 통해서 볼 수 있듯이 양생술보다는 무위정치가 더욱 성행하였다. 그 이유는 한대 초기에는 혼란에 빠진 국가 체제를 확립하는 것이 급선무였으므로 개인의 문제를 돌볼 여력이 없었기 때문이다. 당시의 왕들도 정치적 안정을 도모하는 것을 시급한 당면 과제로 여겼으므로 양생술로서의 황로학에는 그다지 관심을 두지 않았다. 그러나 정치술로서의 황로학은 무제를 기점으로 점차 쇠퇴의 길로 나아갔다. 왜냐하면 황로학에서의 '무위정치'는 한대 초기의 상황에서는 가장 필요한 정치 형태였으므로 일시적으로나마 성행할 수가 있었지만 거대한 제국을 지속적으로 다스리기에는 역부족이었기 때문이다. 한나라가 차츰 안정되자 거대한 제국을 다스릴 수 있는 통일이론이 필요했다. 법가이론이야말로 통일이론으로는 가장 적합한 이론이지만 이미 진제국의 실패를 경험하였기 때문에 또

다시 회귀할 수는 없었다. 무제 때에 가장 적당한 대안으로 떠오른 것이 바로 유가였다. 유가야말로 상당한 포용력이 있어서 다른 학파의 사상을 유연하게 받아들일 수 있었으며, 사상적으로도 상하의 분(分)을 중요시하면서도 법가와 같이 지나치게 엄격하지 않았기 때문이다. 따라서 무제 이후 유가가 통치 이념이 되었다.

　유가가 득세하면서 황로학은 정치적 주도권을 빼앗기고 차츰 재야로 밀려나게 되었다. 그러나 진시황이 정치적으로는 왕권 강화를 도모하면서도 개인적으로는 신선술이나 불로장생과 같은 양생술을 신봉하였듯이, 무제 또한 유가를 통하여 강력한 왕권을 구축하려는 동시에 개인적으로는 양생술을 신봉하였다.

　진시황과 한무제가 강력한 통일 정책을 시행하면서도 양생술을 신봉한 이유는 무엇인가? 진시황과 무제는 야망이 커서 천하를 완전히 자신의 수중에 넣기 바랐으며, 마침내 목적을 이루었다. 이것은 더 이상 실현시켜야 할 정치적 목표가 사라졌음을 의미한다. 천하를 장악함으로써 당면 과제가 없어지게 되자, 그들은 불로장생함으로써 자신의 권좌를 영원히 향유하고 싶은 개인적인 유혹에 빠져들었다. 그 결과 진나라 때 양생술이 성행하였듯이, 똑같은 이유로 무제 때에도 양생술이 성행하였다. 이로써 황로학은 중대한 전환기를 맞이하게 되었다. 즉 정치적 특색을 가진 황로학이 무제를 기점으로 양생술의 특색을 가진 황로학으로 바뀌게 되었다.

　이 점에서 본다면 무제 이후에 쇠퇴한 것은 황로학 그 자체가 아니라 정치적인 황로학이었다. 무제는 오히려 신선술과 양생술을 신봉하였으며, 이후에 신선술과 양생술이 발전할 수 있는 발판을 마련하였다. 후한 때에 신선술과 양생술이 발전하는데, 그 대표적인 문헌으로 『하상공장구(河上公章句)』를 들 수 있다. 이와 관련해 왕가는 "『하상공장구』는 치국과 치신의 도를 모두 논술하고는 있지만, 그 주안점은 치신과 양생이므로 동한 때의 황로학의 특징을 가지고 있다"[73]고 하였다. 『하상공장구』 외에 후한에서 위진 사이의 시기에 속해 있는 노자 주석서로는 엄준의 『도덕지귀(道德指歸)』와 장릉(張陵)의 『상이주(想爾注)』가 있다. 이들 문헌은 모두 양생술을 특징으로 하고 있다.

중국학자들은 한대의 황로학을 도법가적인 것으로 보았다. 더욱이 '겉은 도가지만 그 속은 법가이다'라고 주장하는 학자들이 많았다. 그러나 앞서 살펴보았듯이, 우리는 한대의 황로학에서 그 어떠한 법가적인 요소도 찾아볼 수 없다.

진제국은 앞서 언급했듯이 상앙과 한비의 법가를 표방하였다. 즉 진나라는 상앙의 이론을 통해 백성에 대한 엄격한 감시와 통제를 시행하였으며, 한비의 이론을 통해 왕이 모든 일을 독점하였다. 한나라는 이러한 법가를 기반으로 한 진제국에 대한 항거로써 나온 것이므로, 상앙과 한비의 이론을 비판한 동시에 법망을 느슨하게 하여 백성이 엄격한 통제와 감시에서 벗어나도록 하였다. 실제로 한대 초기에는 황로학에 기반을 둔 무위정치가 행해짐으로써 백성의 삶은 더욱 평화롭고 한가로웠다. 이러한 당시 한대 초기의 사회적 모습에 대해 육가는 다음과 같이 말했다.

"그러므로 군자가 정치를 행함에 있어서 조용히 있어 일을 행함이 없고, 적막해서 소리가 없고, 관청에는 관리가 없는 듯하고, 촌락에는 백성이 없는 듯하고, 마을에는 거리에서의 소송이 없고, 노인과 어린이가 가정에서 근심이 없고, 가까운 사람들은 논쟁함이 없고, 멀리 있는 사람들은 듣는 것이 없고, 역참에 밤에 달리는 관졸이 없고, 향(鄕)에서는 밤에 징집을 소집함이 없고, 개는 밤에 짖지 않고, 까마귀는 밤에 울지 않고, 노인들은 마루에서 휴식하고, 젊은이들은 들에서 밭을 갈고, 조정에 있는 자들은 임금에게 충성을 다하고, 집에 있는 자들은 부

---

73 王卡, 『老子道德經河上公章句』, 道教典籍選刊, 1984, 11쪽.

모에게 효도한다.(…)"74

그런데 황로학에서의 무위는 한비의 무위와 전혀 다르다. 한비는 비록 무위를 말하였으나, 이 무위는 '하지 않음'이 아니라 '하지 않는 척'이라는 뜻이다. 그리고 이 무위를 통해 지향하고자 한 것은 '다스리지 않음이 없음(無不治)'이다. '다스리지 않음이 없음'이란 모든 크고 작은 권력을 군주가 장악하여, 작은 하나라도 군주에 의거하지 않음이 없게 함이다. 이러한 한비의 사상을 받아들인 진시황에 대하여, 『사기』에서는 "천하의 일 중에 크고 작음을 막론하고 왕이 모든 것을 결정하였다."75라고 하였다. 그런데 한초의 황로학에서 말하는 무위는 간편한 법만을 유지할 뿐 백성들에게 일일이 관여하지 않는다. 여기에서 무위는 단지 '하지 않는 척'의 뜻이 아니라, 정말로 '인위적으로 하지 않음'의 뜻이다. 왕충은 당시 황로사상을 충실히 따랐던 관료들에 대해 다음과 같이 평가하였다.

"조참(曹參)이 한나라 재상이 된 뒤 술과 음악에만 빠져 정치를 돌보지 않았다. 그의 자식이 간언하자 곤장 2백 대의 태형에 처했다. 그럼에도 당시의 천하에는 혼란스러운 이변이 없었다. 무제 때, 회양(淮陽) 지방에서 가짜 화폐 주조 사건이 일어났지만 관리가 이를 금지할 수 없었다. 급암(汲黯)이 태수로 부임했지만 동전 주조 틀을 부수지도 않고, 한 사람도 형벌하지 않고, 베개를 높이 한 채 편안히 누워 잤다. 조참은 재상이 되었으나 재상 노릇을 하지 않았고, 급암은 태수가 되었

---

74 陸賈, 『新語』, 「至德」, "是以君子之爲治也, 塊然若無事, 寂然若無聲, 官府若無吏, 亭落若無民, 閭里不訟於巷, 老幼不愁於庭, 近者無所議, 遠者無所聽, 郵驛無夜行之吏, 鄕閭無夜名之征, 犬不夜吠, 鳥不夜鳴, 老者息於堂, 丁壯者耕耘於田, 在朝者忠於君, 在家者孝於親.(…)"
75 『史記』, 「秦始皇本紀」, "天下之事, 無小大皆決於上."

으나 그 지방에 사람이 없는 것 같았다. 그럼에도 한나라 조정에는 아무 일도 일어나지 않았고 회양 지방은 형벌을 폐지했으니, 이는 조참의 덕이 훌륭했고 급암의 위엄이 대단했기 때문이다."76

이와 같이 당시 황로사상에서는 위정자가 아무 것도 하지 않은 채 전적으로 백성의 자율에 맡기는 것을 최상으로 보았다. 이것은 백성들의 행동 일체를 감시하고 통제하려는 법가사상과 상반된 것이다. 우리는 한대에서는 법가적인 요소의 황로학을 전혀 찾아볼 수 없으며, 오히려 법가와 상반된 의미로서의 황로학만을 찾아볼 수 있을 따름이다. 이것은 곧 황로학이 도가와 법가의 겸칭이라는 중국 학계의 주장이 잘못된 주장임을 여실히 보여주는 사례이다.

---

76 『論衡』,「自然」, "曹參爲漢相, 縱酒歌樂, 不聽政治. 其子諫之, 笞之二百. 當時天下無擾亂之變. 淮陽鑄僞錢, 吏不能禁. 汲黯爲太守, 不壞一鑪, 不刑一人, 高枕安臥, 而淮陽政淸. 夫曹參爲相, 若不爲相, 汲黯爲太守, 若郡無人. 然而漢朝無事, 淮陽刑錯者, 參德優而黯威重也."

3. 사마천의 황로학에 대한 이해

앞서 살펴보았듯이 황로학은 한초에 일시적으로 유행한 사상으로서, 초기에는 무위의 정치를 위주로 하였다가 무제 때에는 양생술로 바뀌었다. 그렇다면 중국학자들의 주장과는 달리 황로학은 선진시대에는 존재하지 않았다. 한나라는 법가를 기반으로 한 진제국에 대한 항거를 통해 나왔다는 점에서, '속은 법가이지만 겉은 도가'인 그러한 성격의 황로학이 나올 수가 없다. 실제로 한초에는 법망을 느슨히 하고 백성들에게 일일이 간섭하려 하지 않았다.

그렇다면 사마천은 어째서 황로학이 선진시대부터 있어왔으며, 법가가 황로학으로부터 영향을 받았다고 주장하였는가? 중국학자들이 황로학에 대한 근거를 전적으로 『사기』에 의존하고 있으므로, 우리는 사마천이 언급한 황로학의 의미에 대하여 좀 더 상세히 분석해 볼 필요가 있다.

사마천은 분명히 법가와 도가 사이에 모종의 연관성이 있다고 보았다. 그 단적인 예로 사마천은 자신의 부친인 사마담에 대하여 "황자(黃子 : 黃生)로부터 도가의 이론을 배웠다."[77]고 하였다. 사마천의 진술에 따르면 황생과 그로부터 배운 사마담은 도가에 속한다. 그렇다면 황생은 정말로 도가의 인물인가? 황생에 대해서『사기』에 나오는데 간략히

---

[77] 『史記』,「太史公自序」, "習道論於黃子."

소개하면 다음과 같다.

맹자 계통의 유가에서는 유덕한 신하가 부도덕한 왕의 자리를 찬탈할 수도 있다는 '역성혁명(易姓革命)'을 긍정하였다. 한 예로 『맹자』에서 "제선왕(齊宣王)이 '신하가 임금을 시해하는 것이 옳은 일입니까?'라고 묻자, 맹자는 '인을 해치는 것을 적(賊)이라고 하고 의를 해치는 것을 잔(殘)이라고 합니다. 잔적(殘賊)의 사람을 평범한 사내라고 합니다. 평범한 사내인 주(紂)를 죽였다는 말은 들은 적이 있지만 임금을 시해했다는 말은 들은 적이 없습니다.'78라고 대답하였다."라고 하였다. 한대 초기의 유자인 원고생(轅固生)은 유자답게 맹자의 관점을 따라 탕왕과 무왕의 '역성혁명(易姓革命)'이 정당하다고 보았다. 이에 대해 황생은 "관은 비록 낡았더라도 반드시 머리에 쓰는 것이고, 신발은 비록 새것이라도 반드시 발에 끼우는 것이다. 그 이유는 상하의 분별이 있기 때문이다. 걸왕(桀王)과 주왕(紂王)이 비록 도를 잃었을지라도 여전히 군주일 따름이며, 탕왕과 무왕이 비록 성인일지라도 여전히 신하일 따름이다."79라고 하였다.

황생의 주장은 법가의 노선에 입각한 것이다. 왜냐하면 법가는 군신 간의 철저한 분(分)을 중요시하였으므로 신하가 왕의 직위를 찬탈하는 '역성혁명'을 철저히 반대하고 있기 때문이다. 황생이 이처럼 법가의 노선을 좇아 엄격한 상하의 분을 중요시하였음에도 불구하고, 사마천은 "사마담이 황생으로부터 도가의 이론을 배웠다."고 말하였다. 이를 통해서 볼 때 사마천이 도가와 법가를 유사 계열로 여겼음이 분명하다. 이러한 점에서 본다면 사마천이 '노자열전'과 '한비열전'을 하나의 편명으로 묶어 「노자·한비열전」이라고 이름 붙인 것도 단순한 우연이 아

---

78 『孟子』,「梁惠王」(下), "曰臣弑其君可乎. 曰賊仁者謂之賊, 賊義者謂之殘, 殘賊之人謂之一夫. 聞誅一夫紂矣, 未聞弑君也."
79 『史記』,「儒林列傳」, "冠雖敝, 必加於首, 履雖新, 必關於足. 何者, 上下之分也. 今桀紂雖失道, 然君上也, 湯武雖聖, 臣下也."

니었다.

그렇다면 사마천은 정말로 법가와 도가를 같은 계통으로 본 것인가? 사마천의 관점을 살피기에 앞서 사마천의 아버지 사마담(司馬談)의 '육가요지(六家要旨)'를 먼저 살펴볼 필요가 있다.

사마담(司馬談)은 '육가요지(六家要旨)'에서 유가·묵가·명가·법가·도가·음양가, 육가(六家)에 대한 요점을 언급하였다. 사마담은 법가의 이론에 대하여 "법가는 친함과 소원함을 구별하지 않고 귀함과 비천함을 구분하지 않은 채 하나같이 법에 따라 단죄하려고 하였기 때문에 일시적인 계략으로 사용할 수는 있어도 장기간 사용할 수는 없다. 따라서 '엄격하기만 할 뿐 은혜가 적다'고 하였다. 그러나 군주를 높이고 신하를 낮추며, 직분을 분명히 구분하여 서로 넘어설 수 없게 만든 점에서는 비록 백가(百家)라고 할지라도 고칠 수 없다."[80]고 하였다. 도가의 이론에 대해서는 "도가의 요체는 무위(無爲)이지만 아울러 무불위(無不爲)를 말하였다. 그 실질적으로는 행하기 쉬우나 말에 있어서는 이해하기 어렵다. 도가의 학술은 허무를 근본으로 삼고, 순응함[因循]을 쓰임으로 삼았다."[81]고 하였다.

이 진술에서 사마담은 법가에 대한 요점을 비교적 잘 정의하고 있으며, 도가에 대한 설명에 있어서도 그다지 문제 삼을만한 곳이 없다. 이것은 그가 도가와 법가의 특징을 어느 정도 식별하고 있었음을 의미한다. 사마담이 도가와 법가의 차이점을 식별하고 있었다면 사마천 역시 양자의 차이점을 식별하였을 것이라고 보아도 무방하다. 그렇다면 사마천은 어째서 사마담이 황생에게서 도가의 이론을 배웠다고 말하였는가?

---

80 『史記』,「太史公自序」, "法家不別親疏, 不殊貴賤, 一斷於法, 則親親尊尊之恩絶矣. 可以行一時之計, 而不可長用也, 故曰嚴而少恩. 若尊主卑臣, 明分職不得相越, 雖百家弗能改也."
81 같은 책, "道家無爲, 又曰無不爲, 其實易行, 其辭難知. 其術以虛無爲本, 以因循爲用."

사마담은 도가에 대하여 논의를 전개하며, "뭇 신하들이 이르게 되면 제각기 직분을 밝히게 한다. 실제가 소리에 적합함을 '바름[端]'이라고 하며, 실제가 소리에 적합하지 않음을 '헛됨'이라 한다. 헛된 말을 듣지 않는다면 간사한 신하가 생기지 않을 것이며, 어짊과 못남이 저절로 나누어지게 될 것이며, 흑백이 곧 드러나게 될 것이다."[82]라고 하였다.

이처럼 사마담은 도가가 철저히 '상하의 분(分)'과 '시비(是非)'를 중요시하였다고 보았는데, 이것은 우리가 알고 있는 도가가 아니다. 왜냐하면 도가야말로 제자백가 중에서 가장 철저하게 상하의 분과 시비를 비판하고 있기 때문이다. 사실상 본 문장은 도가의 이론이 아니라 법가의 이론이다. 그럼에도 불구하고 사마담은 도가가 상하의 분과 시비를 중시하였다고 주장하고 있다. 이로써 사마천이 어째서 철저한 상하의 분을 중요시한 황생을 도가라고 말하였는지에 대한 이유가 밝혀졌다. 그렇다. 사마담과 사마천은 도가와 법가를 혼동했던 것이다.

그렇다면 사마담과 사마천은 어째서 잘못 이해하였는가? 그 이유를 알기 위해서는 전국시대로 다시 거슬러 올라갈 필요가 있다. 앞에서 이미 살펴보았듯이 신도·신불해·한비·윤문·시자·팽몽 등은 법가에 속하면서도 공통적으로 노자로부터 영향을 받았다. 그런데 법가가 노자에 관심을 가진 이유는 노자가 보편적이며 객관적인 성격의 도(道)와 규정성을 갖는 명(名)을 논의하였기 때문이다. 법가에서는 보편적이고 객관적인 도를 법와 결합시키고자 하였으며, 규정성의 명(名)을 엄격한 분(分)과 결합시키고자 하였다. 그러므로 사마천은 법가와 노자를 결부시켜 논의하였다. 가령 사마천은 "장자는 『도덕경』의 뜻을 풀이하여 자유분방하게 논의하였는데, 그 요점은 자연에 귀착되었다. 신불해는 부지런히 명과 실에 적용시켰다. 한비는 먹줄을 당기듯 일의 실정에

---

82 같은 책, "群臣至, 使各自明也. 其實中其聲者謂之端, 實不中其聲者謂之窾. 窾言不聽, 乃不生, 賢不肖自分, 白黑乃形."

적절하게 하고 시비를 밝히었으나, 지나치게 각박하고 은혜가 적었다. 모두 『도덕경』의 뜻에 기초하고 있으니, 노자의 사상은 심원하다."[83]라고 하였다.

한대의 황로학은 위정자가 무위를 행함으로써 사회적 질서를 이룬다는 정치사상이다. 여기서 위정자는 간략한 법에 의거해 소극적으로 행동할 따름이다. 이러한 정치를 주장한 최초의 인물이 노자였으며, 한비와 같은 법가에서도 이러한 노자사상으로부터 영향을 받았다. 사마천은 바로 이 점에 의거해 법가가 노자로부터 영향을 받았다고 주장한 것이다. 그러나 사마천이 잘못 이해한 부분이 있다. 그것은 노자가 주장한 무위와 한비가 주장한 무위는 그 목적이 다르다는 사실이다. 노자가 무위를 주장한 목적이 위정자가 백성의 자율에 맡김으로써 소극적으로 정치에 임하기 위함이었다고 한다면, 한비가 무위를 주장한 목적은 장막에 숨어 신하들의 일거수일투족을 감시함으로써 권력을 장악하기 위함이었다.

노자가 도를 일(一)이라고 말한 이유는 획일적인 보편을 추구하기 위해서가 아니라 통(通)을 통해서 서로 다름을 하나로 아우르기 위함이다. 그렇기에 노자나 장자는 획일적인 틀을 비판하였던 것이다. 노자가 규정성의 명(名)을 강조한 이유는 규정성을 긍정하기 위해서가 아니라 오히려 규정성을 부정하기 위해서였다. 그러므로 노자는 도를 무명(無名)이라고 말한 것이다. 노자가 규정성을 비판한 이유는 규정성에 갇히게 되면 한정되어져 작은 틀 안에 갇히게 된다고 보았기 때문이다. 또한 그 속에는 상하와 시비의 분을 비판하려는 의도가 들어있다. 왜냐하면 노자가 꿈꾸는 사회는 위정자의 권력이 배제된 채 백성들이 자율적으로 살아가는 사회였기 때문이다. 이러한 노자의 사상에는 아나키스

---

83 『史記』,「老子韓非列傳」, "莊子散道德, 放論, 要亦歸之自然. 申子卑卑, 施之於名實. 韓子引繩墨, 切事情, 明是非, 其極慘礉少恩. 皆原於道德之意, 而老子深遠矣."

트적인 성향이 포함되어 있다.

　　법가는 법의 공정성과 객관성을 강조하였다는 점에서 사회적 기여를 하였지만, 문제는 법가가 왕 일인의 권력을 지나치게 중시하였다는 데 있다. 군왕 한 사람의 이익을 위해서라면 모든 백성의 권익은 얼마든지 무시해버릴 수 있고, 신하들은 오직 군주의 이익을 위해 희생하고 봉사해야 한다. 그렇다면 인민은 가축이고, 신하는 충견일 따름이다. 법가의 문제점은 진시황에 의해 여실히 드러났다. 그러므로 사마천도 진시황 때에 대하여 "법령은 정치의 도구이지 맑음과 혼탁함을 다스리는 근본은 아니다. 옛날(진제국) 천하의 법망은 치밀하였지만, 간교함과 거짓이 오히려 극도에까지 이르렀다."[84]라고 하였다.

　　우리는 유가가 어째서 덕을 중요시하였는지에 대해 생각해볼 필요가 있다. 법가는 유가에 대해서, 옛것만을 고집하는 현실성 없는 주장이라고 비난했다. 실제로 맹자는 군주의 덕을 지나치게 강조함으로써 당시의 군주들에게 외면당했다. 그런데 주나라는 주왕(紂王)의 폭정에 대한 항거로써 생겨난 나라이다. 당시에는 군주가 되는 것은 천명에 의한 것이라고 보았다. 천명은 천심을 반영한다. 주왕의 폭정은 민심을 이반하게 했으며, 또한 민심이 이반됨으로써 하늘이 주왕을 저버렸다. 그러므로 주공이 군석(君奭)에게 "하늘은 믿을 수가 없습니다. 나의 도는 오직 나라를 편안하게 하신 왕의 덕을 연장시켜, 문왕이 받으신 명을 하늘이 저버리지 않도록 하는 데 있습니다."[85]라고 하였던 것이다. 덕을 잃으면 주나라 역시 하늘로부터 언제든지 저버림을 당할 수도 있음을 경계한 말이다. 주공의 이념을 이어받은 유가도 법을 주장하기에 앞서 덕이 선행되어야 한다고 보았던 것이다. 맹자는 "(천자의 자리는)

84　『史記』, 「酷吏列傳」, "法令者治之具, 而非制治淸濁之源也. 昔天下之網嘗密矣, 然姦僞萌起, 其極也."
85　『書經』, 「君奭」, "天不可信. 我道惟寧王德延, 天不庸釋于文王受命."

하늘이 주셨고 백성이 줬다."⁸⁶라고 하였다. 맹자는 하늘이 천자의 자격을 부여했다고 보았지만, 이와 동시에 하늘은 민심을 반영한다고 보았던 것이다.

그렇다. 법가에는 치술만 있고 치도는 없는데, 정작 중요한 것은 바로 치도이다. 치술은 치도를 위한 수단일 따름이다. 『문자』에서도 "법이 생겨난 이유는 의를 보충하기 위해서이다. 그럼에도 법을 중시하고 의를 버린다면, 이것은 관과 신발을 귀하게 여긴 나머지 머리와 발을 잊는 것과 같다."라고 하였다.⁸⁷

이와 같이 법가가 꿈꾸는 사회는 노자가 꿈꾸는 사회와 다를 뿐만 아니라 상반된다. 즉 노자가 꿈꾸는 사회는 위정자의 간섭 없이도 백성들이 자유롭게 살아가는 사회였다고 한다면, 법가가 꿈꾸는 사회는 백성들이 군주의 명령에 의해 일사천리로 움직이는 동물농장의 사회였다. 법가의 꿈은 진시황에 의해 어느 정도 실현되었다. 진제국은 엄격한 상하의 분을 만들고 엄격한 시비를 나누어 악에 대해 가혹한 처벌을 내렸고, 백성을 가축처럼 시키는 대로 하는지 안하는지를 철저히 감시했다. 이러한 점에서 본다면 진제국에 대한 항거는 단순히 진시황 일인에 대한 항거가 아니라 법가에 대한 항거이기도 하였다. 한나라는 이러한 항거로부터 생겨났으므로 법가와 가장 반대되는 사상인 도가를 표방할 수밖에 없었다. 왜냐하면 진나라의 엄격한 법망에 혹사당한 백성들에게 법망을 느슨하게 만들어 휴식하게 할 휴식처가 필요했으며, 이러한 휴식처의 역할을 가장 잘 실현할 수 있는 사상이 바로 도가였다. 이로써 한초에는 이념적으로나마 도가의 꿈이 어느 정도 실현되었다. 조참(曺參)은 황로학의 이념을 가잘 잘 실천한 인물이었다. 『사기』에서 "조참은 교서(膠西)에 개공이라는 사람이 황로학설에 능통하다는 것을

---

86 『孟子』,「萬章」(上), "天與之, 人與之."
87 『文子』,「上義」, "法之生也, 以輔義. 重法棄義, 是貴其冠履而忘其首足也."

들고 사람을 시켜 후한 폐물을 선사하며 만나 뵙기를 청하였다. 개공은 '다스리는 방법은 청정을 귀하게 여기고 백성들이 스스로 안정되게 하는 것입니다.'라고 말하였다.(…) 조참은 다스리는 강령으로 황로학술을 채택했다. 제나라 승상이 된지 9년 만에 백성들은 편안해졌고, 백성들은 현명한 승상이라고 크게 칭찬하였다."[88]라고 하였다. 실제로 조참은 관리들의 사사로운 잘못을 덮어주었고, 정사에는 크게 관여하지 않았다. 이러한 황로학의 정신은 신하를 엄격히 통제하여 모든 것을 장악하고자 했던 법가의 정신과 상반된 것이라고 할 수 있다.

이처럼 도가와 법가는 반대적인 사상임에도 불구하고 애석하게도 사마담은 법가가 받아들인 노자사상이 노자의 본질적인 사상이라고 잘못 이해하였다. 그러므로 그는 도가가 철저히 '상하의 분(分)'과 '시비(是非)'를 중요시하였다고 말한 것이다. 사마천 역시 사마담의 관점을 따라, 신도·신불해·한비가 노자로부터 형명(形名)과 법술(法術)의 학을 배웠다고 주장하기에 이른 것이다.

그런데 사마천이 전적으로 잘못 오해하여 도가와 법가를 같은 계통으로 보았던 것은 아니다. 사마천 정도의 훌륭한 학자라고 한다면, 법가와 도가의 차이점을 분명히 식별하고 있었을 것이다. 더욱이 사마천 스스로도 당시 한초의 황로학의 특징을 '느슨한 법망', '아무 것도 하지 않는 무위', '휴식'이라고 언급하였다. 그럼에도 불구하고 사마천은 어째서 굳이 법가와 노자를 연관시키려고 하였는가?

어떤 것에 대한 평가에는 반드시 자신의 생각이 들어가 있다. 사마담이 '육가요지(六家要旨)'에서 제자백가를 평가하는 데 있어서도 자신의 주관적 시각이 들어가 있다. 그렇다면 사마담은 어떠한 평가 기준으로 제자백가를 평가하였는가?

---

88 『史記』,「曹相國世家」, "聞膠西有蓋公, 善治黃老言, 使人厚幣請之. 既見蓋公, 蓋公爲言治道貴淸靜而民自定. (…) 其治要用黃老術. 故相齊九年, 齊國安集, 大稱賢相."

사마담은 앞서 언급한 것처럼 법가에 대하여 "법가는 친함과 소원함을 구별하지 않고, 귀함과 비천함을 구분하지 않은 채, 하나같이 법에 따라서 단죄하려고 하였기 때문에 일시적인 계략으로 사용할 수는 있어도 장기간 사용할 수는 없다. 따라서 '엄격하기만 할 뿐 은혜가 적다.'"라고 하였다. 이와 동시에 "군주를 높이고 신하를 낮추며, 직분을 분명히 구분하여 서로 넘어설 수 없게 만든 점에서는 비록 백가(百家)라고 할지라도 고칠 수는 없다."라고 하였다.

첫 번째에 대해서는 부정적으로 평가하였고, 두 번째에 대해서는 긍정적으로 평가하였다. 첫 번째에 대해서 부정적으로 평가한 이유는 법가가 법의 지나친 엄격함을 강조한 나머지 귀천과 친소를 구별하지 않았기 때문이다. 법은 보편성과 객관성을 가지고 있어서 귀천을 막론하고 모든 사람에게 똑같이 적용된다. 사마담은 법의 지나친 보편성이 상하의 분을 무너트릴 수도 있다고 보았으므로 이를 비판하였다. 두 번째에 대해서 긍정적으로 본 이유는 군신과 직분을 엄격히 구별하였기 때문이다.

사마담은 유가에 대해서 "유자들은 그렇지 않았다. 그들에게 임금은 천하의 법도이므로 임금이 제창하여야 신하가 화답하고, 군주가 앞서야 신하가 뒤따른다고 생각했다. 이와 같이 되면 임금은 수고로워지고 신하는 안일해진다."[89]라고 하였다. 사마담은 유가에 대한 평가에 있어서는 상당히 비판적이다. 법가는 그나마 군신 간의 철저한 분을 중시했다는 긍정적인 측면이 있지만, 유가는 왕을 수고롭게만 할 뿐으로 신하들은 오히려 나태해진다고 보았다. 이 평가를 통해서 볼 때, 사마담은 왕이 지나치게 수고스럽고 신하들이 나태한 것을 싫어하였다.

사마담이 도가에 대해서 "(도가는) 그 술(術)에 있어서 음양가의 대

---

[89] 『史記』, 「太史公自序」, "儒者則不然. 以爲人主天下之儀表也, 主倡而臣和, 主先而臣隨. 如此則主勞而臣逸."

순(大順)에 의거하고, 유가와 묵가의 장점을 취하고, 명가와 법가의 요점을 간직하고, 때와 더불어 변천하고, 사물에 응해 변화하고, 풍속을 세워 일을 시행하니 마땅하지 않은 것이 없다. 그러므로 간략한 것을 잡으면서도 운용하기가 쉽고, 일은 적지만 공은 많다."[90]고 하였다. 그는 도가에 대해서 가장 긍정적으로 평가하였다. 도가를 긍정한 이유는 간략하면서도 운용하기가 쉽고, 일은 적지만 공이 많기 때문이라고 보았다.

학자들은 하나같이 객관성을 강조하지만 우리의 눈은 언제나 자신의 관심사로 향하기 마련이며, 또한 자신의 관심사 속에서 세상을 해석하기 마련이다. 이러한 점에서 본다면, 관점이란 자신이 지향하려는 세상에 대한 관심사의 표현일 따름이다. 사마담의 유가·도가·법가에 대한 평가도 자신의 주관적인 관점에 입각한 것이다. 그는 1) 상하의 엄격한 분을 지향하고자 했으며, 2) 지나친 엄격함이나 번거로움보다는 간략함과 관대함을 좋아했다.

그런데 사마담의 이러한 평가는 다분히 모순적이다. 왜냐하면 엄격한 상하의 분을 지향하기 위해서는 간략함이나 관대함보다 오히려 엄격함이나 번잡함을 강조하는 쪽으로 나아가는 것이 더욱 자연스럽기 때문이다. 그렇다면 사마담은 어째서 이러한 유별난 관점을 가지고 있었는가?

사마담은 법가인 황생에게서 배웠다는 점에서 사마담 역시 법가에 가까운 인물이다. 그럼에도 사마천은 황생에게서 도가의 이론을 배웠다고 말한 이유는 한초에는 그 누구도 자신이 법가임을 표면적으로 내세울 수가 없었기 때문이다. 당시 진제국의 폭정은 단지 진시황 일인의 폭정이 아니라 법가의 폭정이었다. 그러므로 법가들은 숨을 곳이 필요

90　같은 책, "其爲術也, 因陰陽之大順, 采儒墨之善, 撮名法之要, 與時遷移, 應物變化, 立俗施事, 無所不宜. 指約而易操, 事少而功多."

했는데, 숨기에 가장 적합한 곳이 바로 도가였다. 무엇보다 전국시대 법가들이 노자를 높이 추종하였으므로 도가가 숨기에 가장 적당한 곳으로 보였을 것이다. 물론 사마담은 골수 법가는 아니었다. 진제국은 법가를 표면으로 내세우며 지나친 엄격함과 행동거리를 하나하나 감시함으로써 백성들의 삶이 피폐했었다. 사마담 역시 이러한 법가의 문제점을 잘 알고 있었다. 사마담이 보기에 도가야말로 자신의 이상을 잘 실현시켜줄 수 있는 사상이라고 보았다. 즉 노자의 사상이야말로 법가처럼 엄격하거나 유가처럼 번잡스럽지 않으면서도 상하의 분을 통한 질서를 도모한다고 보았다. 이를테면 사마담이 "도가의 요체는 무위이지만 아울러 무불위(無不爲)를 말하였다"라고 한 것은 백성을 엄격하게 다스리지 않더라도 저절로 상하의 질서가 이루어짐을 의미한다. 그는 도가의 장점이 무위를 행하면서도 질서를 잘 도모하게 한다는 데에 있다고 보았다. 더 나아가 도가는 무위의 통치술과 명(名)을 통해 엄격한 상하의 분을 중요시하였다고 보았다. 물론 이것은 도가 본래의 성격이 아니라 사마담의 관점이 투영된 왜곡된 형태의 도가이다.

이처럼 사마담은 도가가 상하와 비시의 분을 강조했고, 간략하면서도 엄격하지 않다고 보았다. 당시 황로학의 성격은 후자에 보다 가까움에도 불구하고, 정작 사마담은 후자보다 전자에 더욱 관심을 가졌다. 왜냐하면 사마담은 법가에 가까운 인물이었기 때문이다. 법가의 가장 큰 본령은 상하의 엄격한 분과 이를 통한 계급질서를 지향하는 데 있었으며, 사마담은 이러한 관점에 의거해 도가를 이해하려고 했던 것이다.

그렇다면 사마담과 사마천의 관점은 완전히 같은 것인가? 사마천은 기본적으로 아버지 사마담의 논리를 충실히 따랐으므로, 그 역시 도가가 번잡하지 않으면서도 상하의 엄격한 분(分)을 지향하였다고 보았다. 이처럼 사마담과 사마천의 관점은 기본적으로 같지만, 양자 사이에는 차이점이 있다.

앞서 언급한 것처럼 사마담은 도가의 이론에 대하여 "(도가는) 그

술에서 음양가의 대순(大順)에 의거하고, 유가와 묵가의 장점을 취하고, 명가와 법가의 요점을 간직하였다."라고 하였다. 사마담은 도가가 잡가적인 형태를 띠고 있다고 보았다. 그 이유는 그가 논의한 도가는 노자나 장자를 대표하는 선진시대의 도가가 아니라 한대 초기에 유행했던 도가였기 때문이다. 그는 당시의 도가를 여러 학파의 장점을 흡수한 잡가적 형태의 사상으로 이해했던 것이다. 실제로 한초의 도가 저작인 『문자』・『회남자』・『열자』에는 다양한 사상들이 뒤섞여 있다. 반면에 사마천이 말한 도가는 도가가 아닌 노자를 종조로 한 도가였다. 그러므로 사마천은 신도・신불해・한비가 모두 황로에 근본하고 있다고 주장했던 것이다.

이상의 내용에 따를 때, 황로학은 중국 학계의 주장처럼 서로 이질적인 황제학과 노자학이 결합한 도법가를 일컫는 것이 아니며, 단지 도가만을 일컫는 것이었다. 사마담과 사마천 두 부자가 제시한 도가는 '무위의 통치술'과 '상하의 엄격한 분'을 주요 골자로 하고 있다. 그러나 도가가 엄격한 상하의 분(分)을 주장했다는 주장은 노자의 사상과 무관하며, 단지 사마담과 사마천의 왜곡된 관점을 반영한 것에 불과하다. 더욱이 사마담과 사마천이 바라본 황로학에는 한비와 같은 법가사상이 투영되어 있다. 그런데 사마담과 사마천은 황로학을 자신들의 관점이 투영된 것이라고 보지 않고 도가 본래의 모습이라고 보았다. 더 나아가 이러한 관점을 통해 한초의 황로학을 도법가적인 것으로 규정하고자 했다. 물론 이것은 도가의 논리도 아니며 한초의 황로학의 성격을 제대로 반영한 것도 아닌, 사마담과 사마천의 관점이 투영된 관점일 따름이다.

문제는 오늘날 중국학자들은 이러한 사마담과 사마천의 관점을 더욱 왜곡시켜, 도법가로서의 황로학이 전국시대에서 한초에 이르기까지 주류의 사상이었다고까지 주장하고 있다. 그들은 잘못된 이해 속에서 더욱 잘못된 주장을 펼쳤던 것이다.

도가와 법가가 엄연히 다름에도 불구하고 중국학자들은 어째서 굳이 하나로 결합시키려고 하였는가? 여기에는 '유법투쟁사(儒法鬪爭史)'의 관점이 들어가 있다.

마르크스는 사상사를 관념론과 유물론의 투쟁사로 보았듯이, 중국학자들 또한 중국의 역사를 관념론과 유물론의 투쟁사로 보았다. 임계유 주편의 『중국철학사』에서도 "철학사는 유물론과 관념론, 변증법과 형이상학의 투쟁사로서, 이것은 인류의 인식발전사이다."[91]라고 하였다. 관념론과 유물론의 투쟁사에서 가장 대표적인 예가 바로 '유법투쟁사'이다. 유법투쟁사는 문화대혁명을 옹호하기 일환으로 생겨난 '비림비공운동(批林批孔運動)'[92]을 시발점으로 생겨난 것이다. 유법투쟁사에 따르면, 공자를 필두로 하는 유가는 관념론을 대표하며, 한비를 필두로 하는 법가는 유물론을 대표하는데, 중국역사는 궁극적으로 유가와 법가의 투쟁사였다는 것이다. 물론 중국학자들은 유물론의 입장을 견지하였으므로, 유물론계통과 법가계통을 높이 인정한 반면에 관념론계통과 유가계통에 대해서는 비판적이었다.

유법투쟁사의 관점에서 본다면 한대는 처리 곤란한 골칫거리였다. 왜냐하면 한대는 법가를 기반으로 한 진제국의 안티로 나왔으므로 법가사상이 배제되었기 때문이다. 이러한 상황에서는 유가와 도가의 대립관계에 대해서는 찾아볼 수 있지만 유가와 법가의 대립관계에 대해서는 찾아볼 수 없는 것은 당연한 일이다. 이 시기는 '유법투쟁사'의 입장에서 본다면 공백기에 해당한다. 그런데 황로학 연구자들에 따르면 황로학은 궁극적으로 법가에 포섭된다. 그렇다면 한대에서 황로학과 유가의 투쟁은 곧 '유법투쟁'의 연장선상에 있다고 할 수 있다. 탕신(湯新)도 "한대 초기의 법가 노선은 도가사상의 형식을 거쳐 진행되었다.

---

91 任繼愈 主編, 『中國哲學史』, 人民出版社, 1996(5판), 3쪽.
92 '비림비공운동'이란 보수반동주로 낙인찍은 임표(林彪)와 복고주의를 주장한 공자를 싸잡아 비판한 운동이다.

유법투쟁은 이 당시에 유도투쟁의 형식으로 표현되었다. 이처럼 특별한 형식의 '유법투쟁'은 『사기』·『한서』 안에 이미 많이 기록되어 있다."[93]고 하였다. 이와 같이 중국학자들은 한대의 도가와 유가의 대립을 '유법투쟁사'의 연장선상에서 보고자 하였던 것이다. 물론 이것은 사실이 아니며, 단지 정치적 이념을 꿰맞추기 위해 사실을 왜곡시킨 것일 따름이다.

---

93 湯新,「法家對黃老之學的吸收和改造」,『文物』第8期, 文物出版社, 1975, 22쪽.

제10장

한초의 도가사상

1. 『문자(文子)』

(1) 『문자』라는 책

『한서』「예문지」〈도가〉류에 '『文子』九篇'이 있으며, 반고는 "노자의 제자이다. 공자와 더불어 동시대 사람으로서, 주나라 평왕(平王)이 질문하였다고 한다. 아마도 의탁한 것 같다."[1]라고 하였다. 이에 따른다면 문자는 노자의 제자이다. 『한비자』에서 문자와 관련된 다음과 같은 문장이 있다.

"제나라 왕이 문자(文子)에게 물었다. '나라를 다스리려면 어떻게 해야 합니까?' 대답하였다. '상벌은 도를 행함에 있어서 이로운 기물[利器]입니다. 군주가 그것을 굳게 지닌 채 남에게 보여서는 안 됩니다.'"[2]

이와 유사한 문장으로 『노자』에서 "고기는 연못에서 벗어날 수가 없는 것이니, 나라의 이로운 그릇은 남에게 보여서는 안 된다."[3]라고 하였다.

---

1 『漢書』,「藝文志」,〈道家〉類, 自註, "老子弟子. 孔子竝時, 而稱周平王. 似依託者也."
2 『韓非子』,「內儲說」(上), "齊王問於文子曰. 治國何如. 對曰. 夫賞罰之爲道, 利器也. 君固握之, 不可以示人."
3 『老子』, 36장, "魚不可脫於淵, 邦之利器, 不可以示人."

이상의 내용에 따른다면 문자는 춘추시대의 인물로서 노자의 제자이다. 「도덕」편에 문자가 노자에게 가르침을 청하는 내용이 나오고, 또한 평왕이 문자에게 묻는 내용이 나온다. 「예문지」에서 반고가 문자를 노자의 제자로 보고, 주나라 평왕(平王)이 물었다고 한 것은 『문자』 「도덕(道德)」편에 의거한 것으로 보인다. 그러나 『문자』는 다양한 사상들이 뒤섞여 있는 잡가적인 형태의 문장이다. 그렇기에 반고도 후인이 문자의 이름을 의탁한 것이라고 말한 것이다. 유종원도 「변문자(辯文子)」에서 『문자』를 잡박하고 내용의 일관성이 없다는 점을 근거로 들어 위서(僞書)라고 단정지었으며, 그 이후 많은 학자들에 의해 위서로 취급받아왔다.

특이한 점은 『회남자』에 『문자』와 중복되는 문장들이 많이 들어가 있다는 사실이다. 이것은 곧 『회남자』와 『문자』 사이에 깊은 연관성이 있음을 뜻한다. 전통적으로 『문자』가 『회남자』에서 인용한 것으로 알려져 왔다.

그런데 1973년 하북성(河北省) 정현(定縣) 팔각낭(八角廊) 40호 한묘(漢墓)에서 『문자』의 잔간(殘簡)이 발견됨으로써 『문자』가 새롭게 부각되었다. 여기에는 오늘날 전해지고 있는 『문자』에 없는 문장도 있다. 1995년에 하북성 문물연구소(文物研究所) 정주한간정리소조(定州漢簡整理小組)가 『문물(文物)』에서 "『문자』 죽간(竹簡)은 277매(枚), 총 2,790자에 이른다."4고 발표하였다. 또한 정리소조(整理小組)는 출토된 『문자』 중에서 87매, 대략 1,000여 글자가 현재 판본의 『문자』 가운데 「도덕(道德)」편에 상응한다고 말하였다.5

이에 따른다면, 『문자』는 이미 한나라 때부터 있었다. 그렇다면

---

4   河北省文物研究所定州漢簡整理小組, 「定州西漢中山懷王墓竹簡《文子》的整理和意義」, 『文物』, 1995年, 第12期, 39쪽.
5   河北省文物研究所定州漢簡整理小組, 「定州西漢中山懷王墓竹簡《文子》釋文」, 『文物』, 1995年, 第12期, 27~34쪽.

『회남자』와 『문자』 중에서 어느 것이 더욱 오래되었는가? 내용을 살펴보면, 『문자』가 『회남자』보다 더욱 오래되었음을 알 수 있다. 왕리기(王利器) 또한 "『회남자』는 『문자』의 소의(疏義)이다."[6]라고 말한 동시에, 한초의 황로학자들이 기록한 책이라고 주장했다.[7] 필자로서는 주목할 만한 평가라고 본다. 이정생(李定生)은 다음과 같이 말하였다.

> "반고의 말을 오해하여 『문자』를 위서라고 생각했으며, 또한 『회남자』와 『문자』 중에 많은 말들이 서로 같아서, 『문자』가 『회남자』를 베꼈다고 생각했다. 우리가 생각하기에는 『문자』는 『회남자』보다 앞선 선진시대의 고서로서 『회남자』가 『문자』를 베꼈으며, 『회남자』 이전에 이미 어떤 사람이 『문자』 혹은 『문자』의 말을 인용한 것이다."[8]

필자의 견해로는 왕리기의 주장처럼 『문자』는 『회남자』 이전의 문헌으로서, 한초의 황로학자들의 문헌이라고 본다. 전국시대의 문헌과 한초의 문헌 사이에는 차이점이 있다. 전국시대의 저서 『신자』·『윤문자(尹文子)』·『시자(尸子)』·『할관자』·『황제사경』 등은 도가로부터 영향을 받았지만, 법가와 형명(刑名)의 성향이 강했다. 반면에 한초는 법가에 대한 강한 비판의식으로부터 나왔으므로, 한초의 문헌은 반(反)법가적인 성향의 문헌일 수밖에 없다. 『문자』와 『회남자』 역시 반(反)법가적인 성향의 문헌이라는 점에서 한초 황로학의 저작이라고 본다. 장대년 역시 "이 사상은 (사마담이 한초의 도가에 대해 언급했던) '유가와 묵가의 장점을 취하고, 명가와 법가의 요점을 간직하고, 때와 더불어 변천하고, 사물에 응해 변화하고, 풍속을 세워 일을 시행하니 마땅

---

6 王利器 撰, 『文子疏義』, 中華書局, 2000, 3쪽.
7 같은 책, 6쪽.
8 李定生, 「〈文子〉非僞書考」, 『道家文化研究』 第4輯, 上海古籍出版社, 466쪽.

하지 않은 것이 없다'의 면모를 확실히 드러내고 있다. 그러므로『문자』는 한초의 중요한 저작 중의 하나이다."9라고 하였다.

그런데 통행본『문자』와 죽간본『문자』사이에는 다소 차이점이 있다. 무엇보다 통행본『문자』는 죽간본『문자』를 해석하는 부분이 많았다. 이것은 곧 죽간본『문자』가 통행본『문자』보다 더욱 고본(古本)에 속하는 것으로서, 시간이 갈수록 내용이 더욱 첨가되었음을 의미한다. 『문자』의 원형은 전국시대 말기로까지 거슬러 올라간다고 볼 수 있다.

『문자』는 모두 '노자왈(老子曰)'로 시작한다. 그중에는『노자』의 문장을 인용한 것이 많지만 현존하는 판본에는 없는 문장도 있으며, 노자의 말이라고 하면서『장자』의 문장을 인용한 경우도 많다. 가령 "형체는 마른 나무 같고, 마음은 식은 재처럼 하라."10라고 하였는데,『장자』에서도 "형체는 마른 나무나 뼈와 같고, 마음은 식은 재와 같다."11라고 하였다. 또한『문자』에서 "기계에 사로잡히는 마음이 가슴 속에 간직하고 있으면 순수한 것이 불순하게 된다."12라고 하였는데,『장자』에서도 "기계에 사로잡히는 마음이 가슴 속에 보존되면 순수함이 갖추어지지 않게 된다."13라고 하였다.

시대가 후대로 갈수록 문헌들은 다양한 사상들이 뒤섞이게 되므로 잡가적인 형태를 띨 수밖에 없다.『문자』에도 여러 사상들이 뒤섞여 있다. 정원명(丁原明)은 "『노자』를 인용한 곳은 대략 106곳으로 가장 많고,『장자』가 그 다음으로서 대략 96곳이고,『관자』가 대략 45곳이고,『순자』가 28곳이고,『황제백서』가 24곳이고,『한비자』가 23곳이고,『맹자』가 17곳이고,『여씨춘추』가 16곳이고,『묵자』가 10곳이고,『역전』

9　張岱年,「試談〈文子〉的年代與思想」,『道家文化研究』第五輯, 上海古籍出版社, 140쪽.
10　『文子』,「道原」, "形若枯木, 心若死灰."
11　『莊子』,「知北遊」, "形若槁骸, 心若死灰."
12　『文子』,「道原」, "機械之心藏於中, 卽純之不粹."
13　『莊子』,「天地」, "機心存於胸中, 則純白不備."

이 5곳이고, 『상군서』가 3곳이고, 『할관자』가 3곳이다."14라고 하였다. 이와 같이 『문자』에서는 선진시대의 많은 문헌들을 인용하고 있다.

전국말기에는 법가적인 문헌이 많았다. 전국말기의 『시자』・『윤문자』・『한비자』・『황제사경』・『할관자』 등이 그 대표적인 예이다. 이것은 시대가 점차 법가로 향해가고 있음을 뜻한다. 급기야 법가는 진제국의 통일과 함께 국가의 통치 이데올로기가 되었다. 반면에 한대는 이러한 진나라의 가혹한 통치 이데올로기에 대한 저항의식으로부터 나왔으므로 당연히 법가에 대한 강한 비판의식이 들어가 있다. 이러한 비판의식으로부터 나온 사상이 앞서 언급한 황로학이다. 황로학은 도가를 중심으로 한 사상으로서 법가에 대한 강한 비판이 들어가 있다. 이에 입각한다면 한초의 황로학 문헌인 『문자』 역시 순수 도가적인 관점을 견지하면서 법가에 대해서는 비판적이어야 한다. 실제로 『문자』에서는 무위의 정치를 강조하였으며, 법과 형벌에 의한 가혹한 통치에 대해 비판하고 있다.

정원명(丁原明)은 『문자』는 진한(秦漢)시기의 황로학의 발전 초기의 저작이며, 『회남자』는 서한(西漢)시기의 황로학이 융성하는 시기의 저작이라고 보았다.15 필자도 『문자』는 황로학 초기의 저작이고, 『회남자』는 황로학 완숙기의 저작이라고 본다. 『문자』에 모두 '노자왈'로 되어 있는 이유는 황로학에서 노자를 추종하였으므로, 그의 권위를 빌린 것이다.

14　丁原明, 『黃老學論綱』, 山東大學出版社, 2000. 215~216쪽.
15　丁原明, 「〈文子〉與〈淮南子〉思想之異同」, 『中國哲學史』, 1995年, 第1期.

(2) 『문자』의 사상적 특징

『문자』의 사상적 특징은 다음과 같다.

첫째, 도가에서 도를 최고의 범주로 삼았듯이 『문자』 역시 도를 최고의 범주로 삼았다. 도에 대해 "도는 무로써 체로 삼으니, 그것을 보려고 해도 볼 수 없고, 그것을 들으려고 해도 들을 수 없으니, 그것을 '유명(幽冥)'이라고 한다. 유명(幽冥)이므로 도를 논의하면 도가 아니다."[16]라고 하였다. 이것은 노자의 "도를 보려고 하여도 볼 수 없는지라, 일컬어 '이(夷)'라고 한다. 듣고자 하나 들리지 않는지라, 일컬어 '희(希)'라고 한다. 붙잡으려 하나 잡히지 않는지라, 일컬어 '미(微)'라고 한다."[17]와 유사하다. 또한 『문자』에서의 "도를 논의하면 도가 아니다."라는 말은 『노자』의 "도를 말하게 되면 상도(常道)가 아니다."[18]와 유사하다. 이와 같이 『문자』에서의 '도' 개념은 노자의 '도' 개념에 기반을 두고 있다.

둘째, 도가에서와 같이 『문자』에서도 대립물의 상호 전환을 강조하였다. 가령 "노자가 말했다. '천도는 극에 도달하면 되돌아오고 가득 차면 덜어지니, 해와 달이 이와 같다.'"[19]라고 하였다.

셋째, 무위를 강조하였다. 한초의 주된 담론은 정치에 있어서 무위에 있었다. 『문자』에서는 무위에 대해 "청허는 하늘의 밝음이고, 무위는 다스림의 항상된 도리이다."[20]라고 하였다. 한대의 자연관에서는 천도와 인도를 하나로 결부시켰다. 『문자』에서는 자연계의 속성은 청허(淸虛)하여, 치에 있어서는 무위를 행한다고 말하였다.

---

16 『文子』,「上德」, "道以無有爲體, 視之不見其形, 聽之不聞其聲, 謂之幽冥. 幽冥者, 所以論道而非道也."
17 『老子』, 14장, "視之不見, 名曰夷. 聽之不聞, 名曰希. 搏之不得, 名曰微."
18 『老子』, 1장, "道, 可道, 非常道也."
19 『文子』,「九守」, "老子曰, 天道極卽反, 盈卽損, 日月是也."
20 『文子』,「自然」, "淸虛者, 天之明也, 無爲者, 治之常也."

또한 『문자』에서는 무위의 치에 대해 "무치(無治)란 자연적인 것을 바꾸지 않음이다. 무불치(無不治)란 사물들이 서로 그러함에 기인한 것이다."21라고 하였다. 도가에서의 무위는 백성들이 자연본성대로 살도록 놔둠이다. 『문자』에서도 무치(無治)를 '자연본성에 따름'이라고 보았다. 이것은 당시 한초의 이념과도 부합한다.

『문자』에서 말하는 무위 역시 단순히 '아무 것도 하지 않음'의 의미가 아니라 '자연변화에 따르며 자신을 내세우지 않음'을 의미한다. 가령 "무위라고 하는 것은 끌어당겨도 오지 않고, 밀쳐내도 가지 않고, 급박해도 반응이 없고, 감응이 있으면서도 움직이지 않고, 견고하게 응체되어 흐르지 않고, 똘똘 말아져 있어 펴지지 않는 것을 말하는 것이 아니다. 무위라고 하는 것은 개인의 사사로운 뜻으로 공적인 일에 개입하지 않고, 개인적인 욕망으로 인해 바른 도리가 왜곡되지 않고, 이치에 따라 공을 이루고, 자연스러운 형세를 밀고 나아가고, 기교를 허용하지 않고, 일이 이루어져도 스스로 자랑하지 않고, 공을 이루어도 명예를 소유하지 않음을 말한다."22라고 하였다.

넷째, 인간의 본성을 선하게 보았다. 법가에서는 인간의 본성을 악하다고 보았던 반면에, 도가에서는 인간의 본성을 선하다고 보았다. 그 이유는 이미 살펴보았듯이, 법가는 타율을 지향하고 도가는 자율을 지향하기 때문이다. 『문자』에서도 인간의 본성을 선하게 보았다.

"인간의 본성을 헤아려보면, 삿되고 오염된 것이 없다. 그런데 오랫동안 사물과 접촉하다보면 본성이 바뀌게 되고, 본성이 바뀌게 되어 근본을 망각하게 되면 그 바뀐 것을 마치 자신의 본성인 것처럼 여기게

---

21 『文子』, 「道原」, "無治者, 不易自然也. 無不治者, 因物之相然也."
22 『文子』, 「自然」, "所謂無爲者, 非謂其引之不來, 推之不去, 迫而不應, 感而不動, 堅滯而不流, 捲握而不散. 謂其私志不入公道, 嗜欲不挂正術, 循理而擧事, 因資而立功, 推自然之勢, 曲故不得容, 事成而身不伐, 功立而名不有."

된다. 물의 본성은 맑고자 하나 모래와 자갈이 흐리게 하며, 사람의 본성은 평온하고자 하나 욕망이 해친다."23

불교에서는 인간의 본성은 청정(淸靜)한 것임에도 불구하고 악으로 빠져드는 이유는 외물에 의한 욕망 때문이라고 보았는데, 『문자』의 주장에도 이와 유사한 측면이 있다. 즉 『문자』에서도 인간의 본성을 맑고 깨끗한 것임에도 불구하고 탁하게 되는 이유는 외부에 의해 생겨나는 욕망 때문이라고 보았다.

다섯째, 『문자』에서는 시대가 후대로 내려갈수록 쇠퇴한다고 보았다. 이러한 역사관은 도가의 대표적인 역사관이다. 가령 『장자』에서 "신농씨의 시대에는 누워 있으면 편안히 여기고, 일어서 있으면 만족해 하였으며, 백성은 그 어머니를 알지만 그 아버지를 알지 못하였으며, 사슴과 함께 거처하였으며, 스스로 경작하여 먹고 스스로 베를 짜서 옷을 해 입었고 서로 해치는 마음이 없었다. 이것이야말로 지극한 덕의 융성함이다."24라고 하였다. 『장자』에서는 고대사회는 무위를 행하면서 백성이 편안했는데, 후대로 내려갈수록 더욱 타락하였다고 보았다. 『노자』 역시 "그러므로 도(道)를 잃은 뒤에 덕(德)이 생겨났고, 덕(德)을 잃은 뒤에 인(仁)이 생겨났고, 인(仁)을 잃은 뒤에 의(義)가 생겨났고, 의(義)를 잃은 뒤에 예(禮)가 생겨났다."25라고 하였다. 『문자』에서도 시대가 후대로 갈수록 더욱 쇠퇴한다고 보았다. 가령 "옛날 삼황(三皇) 시대에는 법령이 없이도 백성들이 좇았고, 오제(五帝) 시대에는 법령은 있었으나 형벌이 없었고, 하나라 시대에는 말한 것을 저버리지 않

---

23 같은 책, "原人之性無邪穢. 久湛于物卽易, 易而忘其本, 卽合於其若性. 水之性欲淸, 沙石穢之, 人之性欲平, 嗜慾害之."
24 『莊子』, 「盜跖」, "神農之世, 臥則居居, 起則于于, 民知其母, 不知其父, 與麋鹿共處, 耕而食, 織而衣, 無有相害之心. 此至德之隆也."
25 『老子』, 38장, "故失道而後德, 失德而後仁, 失仁而後義, 失義而後禮."

았고, 은나라 시대에는 맹세를 하였고, 주나라 시대에는 맹약을 하였다. 이후 말세에는 더러움을 참아냈고 모욕을 가볍게 여겼으며, 탐하여 얻으려고 하면서도 부끄러움이 적었다."26라고 하였다.

여섯째, 도가에서는 백성의 자율을 중요시하였으므로 형벌을 비판하였는데, 『문자』에서도 형(刑)에 대해 비판적이었다. 가령 "법을 각박하게 하고 형벌을 엄중하게 하는 것은 제왕의 일이 아니다."27라고 하였다. 또한 "물이 탁하면 물고기가 물 밖으로 입을 뻐끔거리고, 정치가 가혹하면 백성들은 난(亂)을 일으킨다."28라고 하였다.

일곱째, 한대에는 우주 기화론이 활발히 논의되었듯이 『문자』에서도 우주 기화론에 대해 논의하고 있다.

> "천기(天氣)가 내려오고 지기(地氣)가 올라와 음양이 서로 통하게 되면 만물이 가지런해진다. 이때에는 군자가 사용되어지고 소인은 소멸되니, 천지의 도이다. 천기가 내려오지 않고 지기가 올라가지 않으면 통하지 않게 되어 만물이 번창하지 않게 되고, 소인이 세를 얻고, 군자가 소멸되고, 오곡(五穀)이 자라지 않고, 도덕(道德)이 안에 장(藏)하게 된다."29

『문자』에서는 천기와 지기가 통하지 않으면 도덕이 안에 장(藏)하게 된다고 하였는데, 이 문장을 이해하기 위해서는 당시의 자연관을 이해할 필요가 있다. 본 문장과 유사한 취지의 문장으로 『황제내경』에

---

26 『文子』, 「上義」, "昔者三皇無制令而民從, 五帝有制令而無刑罰, 夏后氏不負言, 殷人誓, 周人盟. 末世之衰也, 忍垢而輕辱, 貪得而寡羞."
27 『文子』, 「道原」, "夫法刻刑誅者, 非帝王之業也."
28 『文子』, 「精誠」, "夫水濁者魚噞, 政苛者民亂."
29 『文子』, 「上德」, "天氣下, 地氣上, 陰陽交通, 萬物齊同. 君子用事, 小仁消亡, 天地之道也. 天氣不下, 地氣不上, 陰陽不通, 萬物不昌. 小仁得勢, 君子消亡, 五穀不植, 道德內藏."

"천기(天氣)는 청정하고 광명한 것인데, 장덕(藏德)이 그침이 없으므로 내려오지 않는다."[30]라고 하였다.

춘·하·추·동은 생(生)·장(長)·수(收)·장(藏)에 해당한다. 『황제내경』에서는 양이 생장(生長)의 덕을 갖고 있음에도 불구하고 극음(極陰)에 해당하는 장(藏)이 생장의 덕을 갈무리면 천기가 내려오지 않는다고 한 것이다. 『문자』에서도 천기와 지기가 원활이 소통하지 않으면 극음(極陰)에 해당하는 장(藏)이 생장의 덕을 갈무리고 있다고 말하고 있다.

양인 봄과 여름은 만물을 생장(生長)하게 하고, 가을과 겨울은 만물을 쇠살(衰殺)하게 한다. 양은 만물을 생장시키므로 덕(德)에 해당하고, 음은 만물을 쇠살하므로 형(刑)에 해당한다. 치도에 있어서는 마땅히 양의 덕을 사용해야 하며 음의 형을 사용해서는 안 된다. 그러므로 『문자』에서는 "양(陽)이 음(陰)을 멸하면 만물이 비옥해지고, 음이 양을 멸하면 만물이 쇠하게 된다. 그러므로 왕공(王公)이 양의 도를 받들면 만물은 번창하게 되고, 음의 도를 받들게 되면 천하는 망하게 된다."[31]라고 하였다. 또한 "성인이 양에 의지하면 천하가 화합되고 음에 의지하면 천하가 물에 빠져 잠기고 만다."[32]라고 하였다.

일반적으로 유가에서는 양을 중요시하였고 도가에서는 음을 중요시하였다. 그런데 『문자』에서는 음보다 양을 더욱 중요시했다. 그 이유는 당시의 자연관에서는 양에 해당하는 봄과 여름은 만물을 생장(生長)하게 하고 음에 해당하는 가을과 겨울은 만물을 쇠살(衰殺)하는 것이므로, 양은 덕(德)을 상징하고 음은 형(刑)을 상징한다고 보았기 때문이다. 이러한 사유는 동중서에서도 그대로 나타나고 있다.

---

30 『黃帝內經』,「四氣調神大論篇:第二」,"天氣, 清淨光明者也, 藏德不止, 故不下也."
31 『文子』,「上德」,"陽滅陰, 萬物肥, 陰滅陽, 萬物衰. 故王公尚陽道則萬物昌, 尚陰道則天下亡."
32 같은 책, "聖人俍(=依)陽, 天下和同, 俍陰(=依), 天下溺沉."

여덟째, '천인감응'설을 주장하였다. 가령 "하늘과 사람은 서로 통하는 데가 있으므로, 나라가 망하려고 하면 천문이 변화하고, 세상이 어지러워지면 불길한 무지개가 나타난다. 만물은 서로 연결되어 있고 정기가 서로 영향을 미치므로, 신명의 일은 기교로도 행할 수 없고 강한 힘으로도 이룰 수 없다."[33]라고 하였다. '천인감응'설은 동중서의 독특한 이론이 아니며, 한초 기화우주론의 일반적인 특징이라고 할 수 있다.

아홉째, 『문자』에서는 생사관과 함께 정신과 육체의 구분을 논의하고 있다. 가령 "정신은 하늘에 근본을 두고 육신은 땅에 근본을 둔다. 이처럼 (죽으면) 정신은 그 본래의 문으로 돌아가고 육신은 본래의 뿌리로 돌아가니, 나는 어떻게 존재할 수 있는 것인가?"[34]라고 하였다. 이처럼 『문자』에서는 정신은 하늘로 돌아가고 육체는 땅으로 돌아간다고 보았다.

『문자』에서는 삶과 죽음의 문제에 대해 논의하였다. 이러한 삶과 죽음의 문제는 『장자』에서 이미 중요하게 논의되었다. 또한 앞서 살펴본 『범물류형』에서도 장자의 사유를 이어받아 이러한 삶과 죽음의 문제에 대해 논의하였다. 그런데 전국시대 후기에는 삶과 죽음의 문제보다 정치적인 문제가 주류를 이루었으므로, 다양한 논의가 이루어지지 않았다. 그런데 한대에 오면서 이러한 생사관의 문제에 대해 좀 더 본격적으로 논의하였다.

『문자』에서는 더 나아가 만물의 생성과 생성케 하는 주체에 대해 논의하고 있다. 즉 "변하는 사물은 무형으로 돌아가지만, 변하지 않는 것은 천지와 함께 생겨난다. 그러므로 생겨나는 것을 생겨나게 하는 것

---

33 『文子』,「精誠」, 天之與人, 有以相通, 故國之沮亡也, 天文變, 世俗亂, 虹蜺見. 萬物有以相連, 精氣有以相薄, 故神明之事, 不可以智巧為也, 不可以强力致也,
34 『文子』,「九守」, "精神本乎天, 骨骸根于地, 精神入其門, 骨骸反其根, 我尚何存".

은 생겨나지 않고, 생겨나는 것은 생겨난다. 변화하게 하는 변화는 변화하지 않지만, 변화되는 것은 변화한다."35라고 하였다. 이와 유사한 사유가 『장자』에도 있다. 즉 『장자』에서 "생명을 죽이는 자는 죽지 않고, 생명을 생겨나게 하는 자는 생겨나지 않는다."36라고 하였다. 이처럼 『장자』에서 만물을 생겨나게 하는 주체는 죽지 않고, 생겨나는 것은 죽는다고 하였다. 그런데 『문자』에서는 더 나아가 변화하게 하는 것은 생겨나지도 죽지도 않으며, 변화되는 것은 생겨나고 죽게 된다고 말하고 있다. 서양에서의 실체는 영원불변하며, 생성의 세계는 생겨났다 죽는다고 보았다. 이러한 이원론적 사유에 의해 이원론적 세계관이 형성되었는데, 『문자』에서도 이러한 사유가 나타나고 있다. 주목할 점은 이러한 이원론적 사유가 『회남자』와 『열자』에서도 보인다는 점이다. 이것은 당시 한대에는 생자(生者)와 불생자(不生者)에 대한 논의가 활발했음을 의미한다.

열째, 형(形)·기(氣)·신(神)에 대해 논의하였다. 가령 "형(形)은 생명의 집이고, 기(氣)는 생명의 근원이며, 신(神)은 생명의 주재자이다."37라고 하였다. 형은 육체를 뜻하고, 기는 생명을 구성하는 입자를 뜻하고, 신은 사고하는 작용인 정신을 뜻한다.

그런데 『문자』에서 "정미한 기는 사람이 되고, 조야한 기는 벌레가 된다."38라고 하였다. 사람과 벌레의 차이는 단지 기의 청탁에 있을 따름이라고 본 것이다. 주희는 사람과 동물의 차이는 리(理)에 있으며, 현명한 사람과 어리석은 사람의 차이는 기의 청탁(淸濁)에 있다고 보았다. 그런데 『문자』에서는 사람과 동물의 차이가 리에 있는 것이 아니라

---

35 같은 책, "化者復歸于無形也, 不化者與天地俱生也. 故生生者未嘗生, 其所生者卽生. 化化者未嘗化, 其所化者卽化."
36 『莊子』, 「大宗師」, "殺生者不死, 生生者不生."
37 『文子』, 「九守」, "夫形, 者生之舍也, 氣者, 生之元也, 神者, 生之制也."
38 같은 책, "精氣爲人, 粗氣爲蟲."

단지 기의 청탁에 있을 따름이라고 보았다. 이러한 차이는 주희가 리와 기라고 하는 이원론에 바탕을 둔 반면에, 『문자』에서는 기 일원론에 바탕을 두었기 때문이다. 물론 『문자』가 전통적 사유에 더욱 가까우며, 주희의 사유는 불교의 이원론으로부터 영향을 받은 것이다.

이상과 같이 『문자』는 도가사상을 기반으로 하고 있다. 그러나 전국말기 이후의 대부분의 문헌이 그러하듯이 『문자』도 다른 학파로부터 영향을 받았다. 가령 『문자』에서 다음과 같이 말하였다.

> "옛날 왕을 세우려는 목적은 자신의 욕망을 봉양하기 위해서가 아니며, 성인이 직위에 오르는 것은 자신의 몸을 안락하게 하기 위해서가 아니다. 천하 백성들이 강함이 약함을 능멸하고, 많은 무리가 소수에게 폭행하고, 사기꾼이 어리석은 자를 속이고, 용감한 자가 비겁한 자를 침범하고, 또한 지(智)를 갖고 있음에도 서로 가르치려 하지 않고, 재물을 쌓았음에도 서로 나누어주지 않으므로, 천자를 세워 그들을 가지런히 하여 하나로 하고자 한 것이다."[39]

『문자』에서는 천자를 세우려는 목적이 백성들을 가지런히 하여 하나로 동화시키는 데 있다고 보았다. 이것은 장자의 '만물제동(萬物齊同)'과 유사해 보인다는 점에서 도가의 사유에 기반을 두었다고 할 수 있지만, 그 논의의 과정에 있어서는 오히려 순자의 주장을 취하고 있다. 순자는 다음과 같이 말했다.

> "옛날 성인은 사람의 본성이 악해서 (그대로 놔두면) 편벽(偏僻)되고 험악해져 바르지 못하게 되며, 어지러워져 다스려지지 못하게 된다고

---

[39] 『文子』, 「自然」, "古之立帝王者, 非以奉養其欲也, 聖人踐位者, 非以逸樂其身也. 爲天下之民, 强陵弱, 衆暴寡, 詐者欺愚, 勇者侵怯, 友爲其懷智不以相敎, 積財不以相分, 故立天子齊一之."

생각하였다. 따라서 그들(백성)을 위해 군주의 세력을 확립하여 그들 위에 군림하였으며, 예의를 밝혀서 그들을 교화시켰고, 법률을 만들어 그들을 안정시켰고, 형벌을 무겁게 하여 그들을 금지했고, 천하로 하여금 모두 다스림[治]에서 나오게 하여 선에 합치하도록 했다. (…) 지금 시험 삼아 군주의 권력을 제거하고 예의의 교화를 없애고 법률에 의한 안정화를 행하지 않고 형벌에 의한 금지를 철폐한 가운데 가만히 앉아서 세상 사람들의 관계 맺는 방식을 살펴보자. 이와 같다면 강자는 약자를 해쳐서 약탈을 자행하고, 다수는 소수에게 난폭함을 가하여 그들을 분열시켜서, 순식간에 세상이 어지러워져 서로 망하게 될 것이다."[40]

이처럼 순자는 자연 상태로 놔두면 서로 간에 분쟁이 생겨나게 되므로 반드시 왕을 세워 다스리게 하여야 한다고 주장하고 있다. 홉스도 인간이란 이기적 존재로서 자연 상태로 놔두면 서로가 우위를 점하고자 경쟁하게 되어 결국 '만인에 대한 만인의 투쟁 상태'가 되므로 군주가 필요하다고 주장했다. 이처럼 순자와 홉스는 고대에 군주를 세운 목적이 자연 상태에서는 서로 투쟁할 수밖에 없으므로 이것을 중재할 수 있는 권력이 필요했기 때문이라고 보았다. 『문자』 역시 이와 유사한 취지로 언급하였던 것이다.

그런데 이것은 도가사상과 상충된다. 노자는 인간의 본성은 선하므로 군주의 권력이 없이도 자발적으로 질서를 이룬다고 보았다. 크로포트킨도 자연계 안의 생명체들은 투쟁하고 있는 것이 아니라 오히려 서로 간에 협동함으로써 조화를 이루고 있다고 주장하였다. 크로포트킨

---

[40] 『荀子』, 「性惡」, "古者聖人以人之性惡, 以爲偏險而不正, 悖亂而不治. 故, 爲之立君上之勢以臨之, 明禮義以化之, 起法正以治之, 重刑罰而禁之, 使天下皆出於治, 合於善也. (…) 今當試去君上之勢, 無禮義之化, 去法正之治, 無刑罰之禁, 倚而觀天下人民之相與也. 若是則, 夫彊者害弱而奪之, 衆者暴寡而譁之, 天下之悖亂而相亡, 不待頃矣."

은 이러한 자연관에 입각해 아나키스트 정치사상을 주장하였다. 노자 역시 아나키스트적인 일면이 있다. 이러한 점에서 본다면 『문자』는 순수 도가의 입장을 피력한 것은 아니다.

또한 『문자』에서는 시대가 변하면 법도 변해야 한다고 주장하였다. 가령 "고정된 법규를 좇아서는 안 되며, 옛날의 도구를 따라서는 안 된다."41라고 하였다. 앞서 살펴보았듯이, 시대가 변하면 법도 변해야 한다는 주장은 상앙이나 한비의 주장이다.

실제로 『문자』에는 법가적인 요소가 있다. 가령 다음과 같이 말하였다.

"법이라는 것은 천하의 표준이며, 군주의 준칙이다. 법을 공포하는 것은 법을 지키지 않는 사람에게 법에 따라 처리하기 위함이다. 그러므로 법이 제정된 이후에는 법을 지키는 사람에게는 상을 주고 법을 지키지 않는 사람에게는 벌을 준다. 상을 줄 때에는 비록 존귀한 사람이라고 할지라도 상을 가볍게 하지 않고, 벌을 줄 때는 비천한 사람도 형벌을 무겁게 하지 않는다. 법을 어기면 비록 현명한 사람이라도 반드시 죽이고, 법을 지키는 자는 비록 무능한 사람이라고 해도 죄를 주지 않는다. 이렇게 함으로써 공공의 도를 시행되고 사리사욕은 막히게 된다."42

이러한 주장은 법가적인 주장이다. 전국말기에 다수의 사상가들이 법을 중요시하였듯이 『문자』에서도 법에 대해 어느 정도 중요시했다. 물론 『문자』에서 언급한 법은 법가에서의 형벌을 의미하는 것은 아니

---

41 『文子』, 「上禮」, "常故不可循, 器械不可因. 故先王之法度, 有變易者也."
42 『文子』, 「上義」, "夫法者. 天下之準繩也, 人主之度量也. 縣法者, 法不法也. 法定之後, 中繩者賞, 缺繩者誅. 雖尊貴者不輕其賞, 卑賤者不重其刑. 犯法者, 雖賢必誅, 中度者, 雖不肖無罪. 是故公道行而私欲塞也."

다. 앞에서 언급했듯이 『문자』에서는 이러한 가혹한 형벌에 대해 비판하였다. 『문자』가 수용하려고 했던 것은 법의 정신이다.

법가에는 많은 문제점이 있으며 이 문제점은 진제국에서 여실히 드러났지만, 부인할 수 없는 장점이 있다. 그것은 바로 법의 공정성과 객관성이다. 중국은 전통적으로 법이 공정하지 않았다. 가령 형벌은 백성에 대해서는 지나치게 가혹했던 반면에 귀족에게는 미치지 못하였다. 또한 군주 마음대로 형벌과 포상을 결정하였다. 이처럼 법이 신분에 따라 다르고 군주의 마음에 따라 달라진다면 더 이상 법으로서 온전한 역할을 할 수 없음은 당연한 일이다. 법가에서는 법의 공정성과 객관성을 주장하였으며 이것은 분명히 법가의 장점이다. 『문자』에서도 이러한 법의 장점을 수용한 것이다.

『문자』에서는 유가의 대표적인 덕목에 대해서도 폭넓게 수용하였다. 가령 "다스림의 근본은 인의(仁義)이며, 그 말단은 법도(法度)이다."[43]라고 하였듯이, 인의를 치(治)의 근본으로 보았다. 또한 "그러므로 덕을 닦으면 아랫사람들이 따르고, 인을 닦으면 아랫사람들이 다투지 않고, 의를 닦으면 아랫사람들이 고르게 바르게 되고, 예를 닦으면 아랫사람들이 존중하고 공경하게 된다. 이 네 가지가 이미 닦였으면 국가는 안정된다."[44]라고 하였다.

포용의 사유는 도가의 가장 큰 장점이다. 왜냐하면 도가에서 추구하는 대(大)는 서로 다른 것들조차 널리 포용하는 마음이기 때문이다. 『문자』에서도 이처럼 다른 학파들의 장점을 수용하고자 했다. 그러므로 "성인이 종사함에 있어서는 길을 달리하지만 귀착점에 있어서는 동일하다."[45]고 하였다.

---

43 같은 책, "治之本, 仁義也, 其末, 法度也."
44 『文子』,「道德」," 故修其德則下從令, 修其仁則下不爭, 修其義則下平正, 修其禮則下尊敬. 四者旣, 國家安寧."
45 『文子』,「精誠」, "聖人之從事也, 所由異路而同歸."

사마담(司馬談)은 "도가는 유가와 묵가의 장점을 채택하였으며, 명가와 법가의 요지를 섭렵했다."⁴⁶고 말했다. 앞서 언급했듯이 이것은 당시 도가사상의 특징을 반영한 언사이다. 그가 말한 도가는 바로 이러한 『문자』와 같은 도가였을 것이라고 본다. 이처럼 황로학은 다른 학파에 대해 폐쇄적이기보다는 널리 수용하고자 했으며, 이것이 황로사상의 특징이다.

그런데 여기서 우리가 유념해야 할 점이 있다. 그것은 전국시대와 한초의 양상은 전혀 다르다는 사실이다. 무엇보다 전국시대에는 법가에서 도가의 사상을 수용하였던 것이고, 한초에는 도가에서 법가의 사상을 수용하였다는 사실이다.

---

46 『史記』, 「太史公自序」, "采儒墨之善, 撮名法之要."

2. 『회남자(淮南子)』

　『회남자』는 전한(前漢) 때의 회남왕(淮南王) 유안(劉安)의 주도하에 그의 빈객들이 공동으로 저술한 집단 저작이다. 『한서』 「예문지」에 『회남자』는 『여씨춘추』와 함께 〈잡가〉류로 분류되어 있다. 실제로 『회남자』는 『여씨춘추』와 함께 대표적인 잡가의 문헌으로 손꼽힌다. 내용면에 있어서도 『회남자』에는 『여씨춘추』에서와 같이 정치·천문·역법·지리·양생 등 다양한 사상이 들어가 있다. 그러나 『회남자』는 여러 학파의 학설들을 단순히 아무렇게나 나열해놓은 책이 아니며, 기본적으로 도가의 저서이다. 고유(高誘) 역시 『회남자』 서(序)에서 "이 책의 성격은 『노자』에 가까우니, 담백함과 무위를 중심 내용으로 삼았으며, 비움을 실천하고 고요함을 지켰으며, 참된 도에 대해 논의하였다."47라고 하였다. 한초의 황로학이 도가를 본령으로 하면서 다른 학파의 장점을 수용하였듯이, 『회남자』 역시 도가를 본령으로 하면서 다른 학파의 장점을 수용하고 있다. 『회남자』의 사상적 특징에 대해 살펴보자.

　첫째, 유기체적인 사유를 기반으로 하고 있다. 동양의 세계관은 기본적으로 유기체적 세계관인데, 특히 도가에서 이를 더욱 강조해왔다. 가령 도가에서는 만물이 하나의 도로부터 나왔으므로 만물들은 서로

---

47 "其旨近老子, 淡泊無為, 蹈虛守靜, 出入經道."

유기적인 관계를 맺고 있다고 보았다. 그런데 이러한 유기체적인 세계관은 진·한시대로 넘어가면서 더욱 확산되었다.

『회남자』 역시 유기체적인 사유를 강조하였다. 가령 "하늘이 덮어주고, 땅이 실어주고, 육합(六合)이 감싸주고, 음양이 숨을 내쉬고, 비와 이슬이 적셔주고, 도와 덕이 도와주는 것, 이 모두가 하나의 부모로부터 생겨나 하나의 기운으로 모여든 것이다. 그러므로 홰나무·느릅나무·귤나무·유자나무는 합쳐져 형제가 되고, 유묘(有苗: 남쪽의 오랑캐)와 삼위(三危: 서쪽의 오랑캐)가 통하여 한 집안이 된다."48라고 하였다. 만물은 하나의 뿌리에서 나왔으므로 서로 간에 유기적인 관계를 맺고 있다고 본 것이다.

그런데 이러한 유기체적인 사유는 '대우주 – 소우주'의 관념을 낳았다. 가령 『회남자』에서 다음과 같이 말하였다.

"그러므로 머리가 둥근 까닭은 하늘을 본떴기 때문이며, 발이 네모인 까닭은 땅을 본떴기 때문이다. 하늘에는 사시(四時)·오행(五行)·구해(九解:팔방과 중앙)·366일이 있으며, 인간에게는 또한 사지(四支)·오장(五臟)·아홉 개의 구멍·366마디가 있다."49

『황제내경』에서도 '대우주 – 소우주'라고 하는 한대의 세계관을 반영하고 있다. 가령 "예로부터 천에 통한 자는 생의 근본을 음양에 둔다. 천지 사이와 육합(六合:上下와 四方) 안에서의 기(氣)가 구주(九州)에 충만하니, 구규(九竅)·오장(五臟)·열 두 마디[12節]가 모두 천기에 통해 있다."50라고 하였다. 이러한 사유는 한대의 사유를 반영한 것인데, 그

---

48 『淮南子』,「俶眞訓」, "夫天之所覆, 地之所載, 六合所包, 陰陽所呴, 雨露所濡, 道德所扶, 此皆生一父母而閱一和也. 是故槐楡與橘柚, 合而爲兄弟, 有苗與三危, 通爲一家."
49 『淮南子』,「精神訓」, "頭之圓也象天. 足之方也象地. 天有四時, 五行, 九解, 三百六十六日, 人亦有四支, 五臟, 九竅, 三百六十六節."

근원은 도가적 사유에 연원한 것이다.

둘째 만물들 간의 감응을 중요시하였다. 동중서는 천인감응을 주장하였는데, 이러한 감응은 한대 사상의 특징이라고도 할 수 있다. 『회남자』에서는 신체의 각 부분들은 천지의 형상을 본 뜬 것이라고 보았다. 그런데 이러한 유기체적 세계에서는 감응이 무엇보다 중요하다. 왜냐하면 각각의 만물들이 유기적인 관계를 맺기 위해서는 감응이 필요하기 때문이다. 그러므로 『회남자』에서도 "만물은 같은 종류끼리 서로 감동(感動)하고, 근본과 말단이 서로 상응한다."51라고 하였다. 또한 『회남자』에서는 비록 멀리 있는 사물이라도 같은 기운끼리는 서로 통한다고 보았다. 가령 "호랑이가 표호하면 동풍(東風)이 불고, 용이 올라가면 상서로운 구름이 모여들고, 기린이 싸우면 일식·월식이 나타나고, 고래가 죽으면 혜성이 나타나고, 누에가 실을 토해내면 상(商)음을 내는 줄이 끊어지고, 객성(客星)이 떨어지면 큰 바다가 넘실거린다."52라고 하였다. 또한 『회남자』에서는 만물이 감응하므로 어떤 사물의 현상이 나타나기 전에 미리 이에 상응하는 징조가 나타난다고 보았다. 가령 "그러므로 하늘에게 바람이 불려고 할 때는 초목이 아직 움직이기도 전에 새가 먼저 날아가고, 비가 오려고 할 때는 먹구름이 모여들기도 전에 물고기들이 먼저 수면위에서 뻐끔거린다. 이것은 음양의 기가 서로 감응하기 때문이다."53라고 하였다.

셋째, 『회남자』에서는 도를 최고의 철학 범주로 삼았다. 도에 대하여, "도는 하늘을 덮고 땅을 실으며, 사방에 펼쳐져 있고 팔극(八極)에

---

50 『皇帝內經·素問』,「生氣通天論」, "夫自古通天者, 生之本, 本於陰陽. 天地之間, 六合之內, 其氣九州, 九竅五臟十二節, 皆通乎天氣."
51 『淮南子』,「天文訓」, "物類相動, 本標相應."
52 같은 책, "虎嘯而谷風至, 龍擧而景雲屬, 麒麟鬪而日月食, 鯨魚死而慧星出, 蠶珥絲而商弦絶, 賁星墜而勃海決."
53 『淮南子』,「泰族訓」, "故天之且風, 草木未動, 而鳥已翔矣, 其且雨也, 陰曀未集, 而魚已噞矣. 以陰陽之氣相動也."

열려 있으며, 높아서 깊이를 측정할 수 없으며, 천지를 감싸고 있으면서 무형으로 주어져 있다."54라고 하였다. 『회남자』에서의 도는 노자의 도와 대동소이하다. 또한 "최상의 도는 만물을 생겨나게 하면서도 자신의 소유물로 여기지 않으며, 만물의 형상을 이루고 변화시키지만 주재하지 않는다."55라고 하였다. 이것은 노자의 "도가 만물을 생겨나게 하면서도 자신의 소유물로 여기지 않으며, 공을 베풀면서도 이에 의존하지 않으며, 잘 자라나도록 도우면서도 주재하지 않는다."56고 한 것과 일치한다.

넷째, 『회남자』에서는 생사에 대해서 논의하였다.

"천하는 아득하니 누가 그것을 알겠는가? 대자연이 나를 낳았으니 억지로 삶을 그만둠을 구하려 하지 않으며, 나를 죽이려고 하더라도 억지로 삶을 그치려 하지 않는다. 삶을 원하지만 힘쓰지 않으며, 죽음을 싫어하지만 거절하지 않는다. 나를 천하게 여겨도 미워하지 않으며, 귀하게 여겨도 기뻐하지 않는다. 하늘에서 부여받은 것을 따르며, 편안히 여기며 급하게 삶을 구하지 않는다. 내가 살아 있을 때는 일곱 척의 형체가 있을 따름이며, 내가 죽더라도 하나의 관 크기의 흙만을 차지할 따름이다. 내가 살아서는 유형(有形)의 류에 비견되지만, 이것은 오히려 내가 죽어서 무형 가운데 빠져든 것과 같은 것이다. 그렇다면 내가 살았다고 해서 사물이 더 많아지는 것도 아니며, 내가 죽었다고 해서 땅이 더욱 두터워지는 것이 아니니, 내 어찌 그 사이에서 기쁨과 미움, 이로움과 해로움 따위를 알겠는가?"57

---

54 같은 책, 「原道訓」, "夫道者, 覆天載地, 廓四方, 柝八極, 高不可際, 深不可測, 包裹天地, 稟授無形."
55 같은 책, 「原道訓」, "夫太上之道, 生萬物而不有, 成化像而弗宰."
56 『老子』, 10장, "生而不有, 爲而不恃, 長而不宰."
57 『淮南子』, 「精神訓」, "天下茫茫, 孰知之哉. 其生我也, 不彊求已, 其殺我也, 不彊求止. 欲生而不事, 憎死而不辭. 賤之而弗憎, 貴之而弗喜. 隨其天資, 而安之不極. 吾生也, 有七

장자는 "옛날의 진인은 삶을 기뻐하지 않으며, 죽음을 미워할 줄 모른다. 태어남을 기뻐하지 않고, 죽음을 거역하지 않는다. 무심히 자연을 따라서 가고, 무심히 자연을 따라서 올 따름이다."[58]라고 하였다. 『회남자』에서도 생사에 대해 집착해서는 안 되며, 단지 자연의 변화에 따라야 할 것을 강조했다.

다섯째, 『회남자』에서는 염담무욕(恬憺無欲)을 강조했다. 왕충은 "염담무욕(恬憺無欲)하여 벼슬하는 데 뜻을 두지 않고 진실로 몸을 온전히 보존하여 양생만 하려고 한다면 현명하다고 할 수 있겠는가? 그러하다고 본다면 이는 노담의 무리이다."[59]고 하였다. 염담무욕은 한초 황로학의 대표적인 개념이다. 『회남자』에는 마음을 비우고 무위에 처한다는 의미의 '허무염투(虛無恬愉)'[60] '염투허무(恬愉虛靜)'[61]와 같은 말들이 나온다.

『회남자』에서는 무욕을 중요시하였다. 무엇보다 『회남자』에서는 사람의 천성은 본래 고요한데, 외부 사물에 이끌려 욕심이 발동하게 됨으로써 본성을 상실하게 된다고 보았다. 이와 관련하여 "물의 성질은 맑은데 흙이 이를 흐리게 하고, 사람의 본성은 고요한데 욕망이 이를 어지럽힌다."[62]라고 하였다. 또한 "사람이 태어나면서 고요한 것은 자연의 본성이다. 외부 사물에 반응한 후에 움직이는 것은 본성을 해치는 것이다. 지각작용이 사물과 접촉하면 좋아함과 싫어함이 생겨나며, 좋아함과 싫어함이 형성되면 지각작용이 외부에 의해 이끌리게 되며, 자

尺之形, 吾死也, 有一棺之土. 吾生之比於有形之類, 猶吾死之淪於無形之中也. 然則吾生也, 物不以益衆, 吾死也, 土不以加厚, 吾又安知所喜憎利害其間者乎."
58 『莊子』,「大宗師」, "古之眞人, 不知說生, 不知惡死. 其出不訢, 其入不距. 翛然而往, 翛然而來而已矣."
59 『論衡』,「定賢」, "(以)恬憺無欲, 志不在於仕, 苟欲全身養性爲賢乎. 是則老聃之徒也."
60 『淮南子』,「原道訓」
61 『淮南子』,「精神訓」
62 『淮南子』,「俶眞訓」, "水之性眞淸, 而土汩之, 人性安靜, 而嗜欲亂之."

신의 본래 모습을 회복하지 못하면 천리(天理)가 사라지게 된다."63라고 하였다.

『회남자』의 주장은 주자학에서의 '존천리멸인욕(存天理滅人欲: 천리를 보존하고 인욕을 없앤다)'과 유사한 주장이다. 사실상 천리와 인욕의 구분은 유가에서 나온 것이 아니라 천(天)과 인(仁), 자연과 욕망을 구분한 도가에서 나온 것이다. 이러한 점에서 본다면 주자학의 사유 속에는 도가의 영향이 있었다.

여섯째, 『회남자』에서는 무위를 강조했다. 가령 『회남자』에서는 노자가 말한 "행하지 않지만 행하지 않음이 없다(無爲而無不爲)"에 대해 "무위(無爲)라는 것은 사물의 본성에 앞서 행하지 않는다는 뜻이고, 무불위(無不爲)란 사물의 본성대로 행함을 따른다는 뜻이다. 무치(無治)란 자연의 본성을 바꾸지 않는다는 뜻이고, 무불치(無不治)란 사물들 간에 저절로 그러한 이치를 따른다는 뜻이다."64라고 풀이하였다. 이와 같이 『회남자』에서는 무위란 인위적으로 애써 행하지 않음이고, 무불위란 사물의 본성을 있는 그대로 따름이라고 보았다.

법가 역시 도가의 영향을 받아 위정자의 무위를 중요시하였지만, 이미 살펴보았듯이 둘 사이의 의미는 전혀 다르다. 그 단적인 차이점은 법가의 무위가 위정자의 권력을 옹호하기 위한 무위라고 한다면, 도가의 무위는 백성들의 자치로서의 무위이다. 『회남자』는 근본적으로 도가의 입장에 서 있으므로 백성들의 자치로서의 무위를 주장하였다. 가령 노자는 무위정치에 대해 단적으로 "가장 훌륭한 정치는 백성들이 군주가 있음만을 알뿐인 정치이다."65라고 하였는데, 『회남자』에서도 궁

---

63 『淮南子』, 「原道訓」, "人生而靜, 天之性也. 感而後動, 性之害也. 知與物接, 而好憎生焉, 好憎成形, 而知誘於外, 不能反己, 而天理滅矣."
64 『淮南子』, 「原道訓」, "所謂無爲者, 不先物爲也, 所謂無不爲者, 因物之所爲也. 所謂無治者, 不易自然也, 所謂無不治者, 因物之相然也."
65 『老子』, 17장, "太上, 下知有之."

극적으로 무위정치를 최상의 정치로 보았다.

"임금의 치술은 무위의 일에 처하며, 말없는 가르침을 행하며, 청정(淸淨)해서 움직이지 않으며, 법도를 일관되게 하여 요동치지 않으며, 자연적으로 행하여 신하에게 맡기고, 성공을 따지되 수고롭지 않다."[66]

이러한 이상은 한초의 황로학의 이상과도 그대로 부합한다. 한나라는 진나라의 가혹한 법치에 짓눌렸던 사람들이 자유를 열망하는 가운데서 탄생하였기 때문에 어떠한 형태로든 진나라가 행한 가혹한 통치를 또다시 부활시킬 수는 없었다. 따라서 한나라가 표면적으로 내세웠던 것은 법의 엄격함을 통한 규제가 아니라 법의 관대함을 통한 자율이었다. 『회남자』 역시 이러한 한초의 정치적 상황을 반영하고 있다. 즉 『회남자』에서도 도가의 이상적인 무위정치를 좇아 법과 형벌을 관대하게 함으로써 백성의 자율성에 맡겨야 한다고 보았던 것이다.

그런데 앞에서 살펴보았듯이 『문자』에서 말하는 무위는 단순히 '아무 것도 하지 않음'의 의미가 아니라 '자연변화에 따르며 자신을 내세우지 않음'을 의미한다. 『회남자』에서도 '아무 것도 하지 않는' 그러한 소극적인 무위에 대해서는 경계하였다. 가령 "무위라는 것은 정체되어 아무런 행위도 하지 않는 것을 말하는 것이 아니라 그 어떠한 행위도 자기로부터 나오지 않음을 말하는 것이다."[67]라고 하였다. 또한 다음과 같이 말한다.

"혹자는 말한다. '무위란 고요히 아무런 소리도 내지 않고 조용히 아무

---

66 『淮南子』「主術訓」, "人主之術, 處無爲之事, 而行不言之敎, 淸靜而不動, 一度而不搖, 因循而任下, 責成而不勞."
67 『淮南子』,「主術訓」, "無爲者, 非謂其凝滯而不動也, 以言其莫從己出也."

런 움직임도 없으며, 끌어당겨도 오지 않고 밀치어도 가지 않는다. 이와 같아야 비로소 도를 얻은 모습이다.' 그러나 나는 그렇게 생각하지 않는다. 시험 삼아 물어보자. 신농(神農)·요(堯)·순(舜)·우(禹)·탕(湯)은 성인이 아닌가? 논의하는 자는 그들이 성인이라는 것을 부정하지는 못할 것이다. 그런데 이 다섯 성인들을 보건데, 그들이 무위하지 않았다는 것은 분명한 사실이다."[68]

더 나아가 다음과 같이 말하였다.

"땅의 세(勢)를 보면 물은 동쪽으로 흐르는데, 반드시 사람의 노력이 더해진 후에야 고인 물이 계곡으로 흐를 수 있다. 곡식은 봄에 저절로 싹이 트지만 반드시 사람들이 공을 들여야만 오곡이 성장할 수 있다. 물이 흐르는 데로 맡기고 곡식이 스스로 자라나기만을 기다린다면 곤과 우의 공이 세워지지 않고 후직의 지혜도 사용할 필요가 없다."[69]

오늘날 사람들은 도가의 무위를 '아무 것도 하지 않음'으로 이해하는 경향이 있는데, 당시에도 그렇게 이해하는 사람이 적지 않았을 것이다. 이에 대해 『회남자』에서는 소극적인 무위를 비판하고 적극적인 무위를 강조하였다.

일곱째, 형벌을 비판하였다. 『회남자』에서는 신농씨(神農氏)가 통치하던 고대사회의 모습에 대해서 다음과 같이 말하였다.

---

[68] 『淮南子』, 「脩務訓」, "或曰. 無爲者寂然無聲, 漠然不動, 引之不來, 推之不往. 如此者乃得道之像. 吾以爲不然. 嘗試問之矣. 若夫神農堯舜禹湯, 可謂聖人乎. 有論者必不能廢. 以五聖觀之, 則莫得無爲明矣."
[69] 같은 책, "夫地勢, 水東流, 人必事焉, 然後水潦得谷行. 禾稼春生, 人必加功焉. 故五穀得遂長, 聽其自流, 待其自生, 則鯀禹之功不立 而后稷之智不用."

"천지의 자원에 의거해 백성들과 화동(和同)하였다. 그러므로 위엄이 있지만 살(殺)하지 않았으며, 형벌을 두었지만 사용하지 않았으며, 법은 간소화하여 번거롭지 않았다. 그러므로 그 교화가 신(神)과 같았다."70

그런데 법가 계열인 『상군서(商君書)』에서는 다음과 같이 말하였다.

"신농씨의 시대에는 사내가 경작하여 먹었고, 아녀자는 베를 짜서 옷을 해 입었고, 형벌은 사용하지 않더라도 다스려졌고, 군대가 일어나지 않았더라도 왕 노릇을 할 수가 있었다. 신농씨가 죽자 강함이 약함을 이기고 다수가 소수에게 폭력을 행사하였다. 따라서 황제가 군신 상하의 의로움과 부자 형제의 예와 부부와 남녀를 짝 맺게 하였고, 안으로는 형벌의 도구를 사용하였고, 밖으로는 갑옷과 병기를 사용하였다. 이로 말미암아 시대가 변하게 되었다. 이것으로 보건대 신농씨가 황제보다 고명(高明)하지 못하였음에도 불구하고 그 명성이 높았던 까닭은 시대에 적합했기 때문이다. 따라서 전쟁으로 전쟁을 그치게 할 수만 있다면 비록 전쟁을 하더라도 괜찮고, 살인으로써 살인을 제거할 수만 있다면 비록 죽이더라도 괜찮고, 형벌로써 형벌을 제거할 수만 있다면 비록 형벌이 무겁더라도 괜찮다."71

『상군서』에서 말한 신농씨의 시대는 도가의 이상 정치를 말한 것이

---

70 『淮南子』「主術訓」, "因天地之資, 而與之和同. 是故威厲而不殺, 刑錯而不用, 法省而不煩, 故其化如神."
71 商鞅, 『商君書』, 「畫策」, "神農之世, 男耕而食, 婦織而衣, 刑政不用而治, 甲兵不起而王. 神農旣沒, 以彊勝弱, 以衆暴寡. 故黃帝作爲君臣上下之義, 父子兄弟之禮, 夫婦妃匹之合, 內行刀鋸, 外用甲兵. 故時變也. 由此觀之, 神農非高於黃帝也, 然其名尊者, 以適於時也. 故以戰去戰, 雖戰可也, 以殺去殺, 雖殺可也, 以刑去刑, 雖重刑可也."

며, 황제의 시대는 법가의 이상 정치를 말한 것이다. 그런데 여기서 우리는 중요한 차이점을 발견할 수 있다. 그것은 같은 신농씨에 대한 『상군서』와 『회남자』의 평가가 정반대라는 사실이다. 『회남자』에서 말한 신농씨 시대의 모습과 『상군서』에서 말한 신농씨 시대의 모습은 거의 유사하지만 『회남자』에서는 이러한 신농씨의 정치를 가장 이상적인 정치로 보았던 반면에, 『상군서』에서는 엄격한 형벌을 결행한 황제를 신농씨보다 더욱 위대한 인물로 보았다. 물론 이러한 차이는 형벌에 대한 도가와 법가의 차이를 반영한 것이다.

『회남자』에서는 노장의 관점을 따라 형벌을 비판하였다. 가령 "엄격한 법과 가혹하게 벌주는 것은 패왕의 업이 아니며, 채찍을 자주 사용하는 것은 원대한 술수를 이룰 수 있는 것이 아니다."[72]라고 하였다. 또한 "형벌로도 풍속을 변화시키기에 부족하고 살육으로도 간사함을 금지하기에 부족하다. 오직 '신묘한 감화(神化)'만이 귀할 따름이니, 정기를 지극히 하여야 신묘해진다."[73]고 하였다. 여기서의 '신묘한 감화(神化)'란 '자연적인 감화됨'을 뜻한다. 『회남자』에서는 엄격한 형벌이 아닌 자연적인 감화를 통해 다스려야 한다고 본 것이다. 『회남자』에서는 정치의 단계에 대해서 다음과 같이 말하였다.

> "그러므로 최상은 신묘한 감화이며, 그 다음은 잘못을 행하지 않도록 하는 것이며, 그 다음은 현명한 자에게 상을 주고 포악한 자에게 벌을 주는 것이다."[74]

『회남자』에서는 최상의 단계로 도가의 신화(神化)를 꼽았고, 그 다

---

72 『淮南子』, 「原道訓」, "夫峭法刻誅者, 非霸王之業也, 箠策繁用者, 非致遠之術也."
73 『淮南子』「主術訓」, "刑罰不足以移風, 殺戮不足以禁姦. 唯神化爲貴, 至精爲神."
74 같은 책, "故太上神化, 其次使不得爲非, 其次賞賢而罰暴."

음으로 유가의 교화(敎化)를 꼽았고, 마지막으로 법가의 신상필벌을 꼽았다. 이처럼 『회남자』에서는 도가의 정치형태를 최상의 것으로 보았으며, 법가의 정치형태를 최하의 것으로 보았다. 『회남자』에서는 법가를 비판하였기 때문에, 법가에 속한 인물들에 대한 평가가 좋지 않았다.

"지금 신불해·한비·상앙이 정치하는 데 있어서 뿌리를 뽑아버리고 근본을 버림으로써 그 유래하는 것을 파고들지 않았다. 어떻게 이러했는가? 오형(五刑)을 휘둘러 가혹하고 엄격했으며, 도덕의 근본을 어기고 송곳과 칼끝에서 다투었고, 백성을 참살하여 태반을 없애면서도 흔쾌히 언제나 스스로 다스린다고 하였다. 이것은 오히려 땔나무를 껴안고 불 속으로 들어가는 것이며, 물길을 파고서 물이 그치기를 바라는 것이다."[75]

인간의 본성은 선하다. 그러므로 정치에 있어서도 이러한 선한 점을 고려해야 한다. 그런데 법가의 인물들은 이러한 본성을 전혀 고려하지 않은 채 오직 엄한 형벌로써 다스리려고 하였다. 『회남자』에서는 이것은 근본에 어긋나는 것으로서 단지 수많은 사람들을 학살하는 것일 따름이라고 보았다.

여덟째, 『회남자』에서는 의병(義兵)을 강조하였다. 노자는 전쟁을 반대했지만 부득이한 경우에는 전쟁할 수밖에 없다고 보았다. 전쟁은 피할 수 없는 현실임을 받아들인 것이다. 『회남자』에서도 전쟁이 불가피하다고 말하고 있다. 가령 "전쟁의 유래는 오래되었다. 황제(黃帝)는 일찍이 염제(炎帝)와 전쟁하였고, 전욱(顓頊)은 일찍이 공공(共工)과 전쟁하였다. 그러므로 황제는 탁록(涿鹿)의 들판에서 전쟁하였고, 요(堯)

---

[75] 『淮南子』, 「精神訓」, "今若夫申韓商鞅之爲治也, 挬拔其根, 蕪棄其本, 而不窮究其所由生. 何以至此也. 鑿五刑爲刻削, 乃背道德之本, 而爭於錐刀之末, 斬艾百姓, 殫盡太半, 而忻忻然常自以爲治. 是猶抱薪而救火, 鑿竇而止水."

는 단수(丹水) 가에서 전쟁하였고, 순(舜)는 유묘(有苗)족을 정벌하였고, 계(啓)는 유효(有扈)를 공격하였다. 오제(五帝) 시대부터 전쟁을 없앨 수 없었는데, 하물며 쇠퇴한 세상에 있어서는 어떻겠는가!"76라고 하였다.

　이처럼 『회남자』에서는 오제 때에도 전쟁이 끊이지 않았는데, 덕이 쇠퇴한 오늘날에는 전쟁이 없을 수 없다고 본 것이다. 그런데 『회남자』에서는 오제가 전쟁을 일으킨 이유는 영토를 탐하고 재물을 탐해서가 아니라, 악을 제거하기 위함이라고 보았다. 가령 "옛날에 전쟁을 일으킨 이유는 넓은 토지를 이롭다고 여기고 금과 옥을 노략질하고 싶어서가 아니었다. 망한 나라를 보존해주고 끊긴 후손을 이어주며, 세상의 어지러움을 평정해서 만백성의 해로움을 제거해주기 위해서였다."77라고 하였다. 더 나아가 "전쟁의 목적은 폭동을 막고 난을 토벌하려는 데 있다."78라고 하였다.

　전쟁의 목적은 사회질서를 위해 악을 제거하기 위함이라는 주장은 앞서 살펴보았듯이 병가의 기본적인 주장이었다. 『위료자』에서 "전쟁의 목적은 혼란을 일으킨 자를 벌주고 의롭지 못한 자를 막는 데 있다."79라고 하였다. 『순자』에서도 "원래 전쟁이라는 것은 난폭한 것을 막고 해로운 것을 제거하는 데 있는 것이지 쟁탈하는 데 있는 것이 아니다."80라고 하였다. 병가에서는 늘 상 전쟁의 목적은 사회질서를 위해 악을 제거하기 위함에 있다고 주장했지만, 이것은 전쟁을 포장하기 위한 대의명분일 경우가 많았다.

　도가에서는 전쟁의 현실을 받아들였지만, 최상의 것은 전쟁하지 않

76　『淮南子』,「兵略訓」, "兵之所由來者遠矣, 黃帝嘗與炎帝戰矣, 顓頊嘗與共工爭矣. 故黃帝戰於涿鹿之野, 堯戰於丹水之浦, 舜伐有苗, 啓攻有扈. 自五帝而弗能偃也, 又況衰世乎."
77　같은 책, "古之用兵者, 非利土壤之廣, 而貪金玉之略. 將以存亡繼絕, 平天下之亂, 而除萬民之害也."
78　같은 책, "夫兵者所以禁暴討亂也."
79　『尉繚子』,「武議」, "故兵者所以誅亂禁不義也."
80　『荀子』,「議兵」, "彼兵者, 所以禁暴除害也, 非爭奪也."

더라도 사회질서를 유지하는 데 있다고 보았다. 『회남자』에서도 "겉으로 드러난 것은 전쟁의 극치이지만, 드러나지 않은 것은 극치 중의 극치이다. 그러므로 진정한 전쟁은 비롯되는 것 없이 귀신과 통함에 있다. 이와 같이 된다면 다섯 가지 무기를 날카롭게 갈지 않더라도 천하 그 누구도 감당할 수 없게 되며, 북을 창고에서 꺼내지 않았는데도 제후들이 두려워하지 않음이 없어 제자리에 얌전히 처하게 된다."[81]라고 하였다. 군주가 덕을 갖추면 수많은 사람들을 얻게 되어 그 누구도 그와 대적할 수 없게 된다. 또한 그 누구도 대적할 수 없게 되면 전쟁하지 않더라도 난을 일으키거나 외부의 침략이 없을 것이다. 『회남자』에서는 이것이야말로 '전쟁 없는 전쟁'이라고 보았다.

아홉째, 『회남자』에서는 양생을 중요시하였다. 무엇보다 『관자』에서 형(形)·기(氣)·신(神)을 중요시했는데, 『회남자』에서도 중요시하였다. 『회남자』에서는 형(形)·기(氣)·신(神)에 대해 다음과 같이 말하고 있다.

"형은 생명의 집이오, 기는 생명이 충실이다. 신은 생명을 제어한다. 하나라도 그 위치를 잃으면 셋이 모두 손상된다. 그러므로 성인은 각각 그 자리에 처해서 직분을 지키도록 함으로써 서로 간섭하지 못하게 한다. 그러므로 형은 편안히 거처할 곳이 아닌 곳에 처하면, 병들고, 기는 충족되어도 합당한데 쓰이지 않으면 누설되고, 신은 마땅한 것이 아닌데도 행하면 우매해진다. 이 세 가지는 불가불 신중히 지켜야 한다."[82]

---

81 『淮南子』, 「兵略訓」, "刑, 兵之極也, 至於無刑, 可謂極之[極]矣. 是故大兵無創, 與鬼神通. 五兵不厲, 天下莫之敢當. 建鼓不出庫, 諸侯莫不慴悷沮膽其處."
82 『淮南子』, 「精神訓」, "夫形者生之舍也, 氣者生之充也. 神者生之制也. 一失位, 則三者傷矣, 是故聖人使人各處其位守其職, 而不得相干也. 故夫形者非其所安, 而處之則廢, 氣不當其所充而用之則泄, 神非其所宜而行之則昧. 此三者不可不愼守也."

『회남자』에 따르면 형은 생명이 거처하는 몸체이며, 기는 생명을 이루는 에너지이며, 신은 생명을 주재하는 기능을 한다. 『회남자』에서는 이 세 가지가 잘 조화를 이루어야 건강해질 수 있다고 보았다.

신(神)에 대하여 『주역』에서 '신은 일정한 장소가 없다'[83], "음양의 무한한 변화를 헤아릴 수 없음을 '신'이라고 한다."[84]고 했다. 『회남자』에서는 신명(神明)에 대해 "무한히 변화하여 항상 됨이 없으며, 하나의 근원을 얻어 일정한 장소(方所)가 없는 것을 좇아 응하니, 이것을 신명이라고 부른다."[85]라고 하였다. 이상에서 볼 때, 신명은 '천지의 무궁한 작용'을 뜻한다.

심에 대해서 『회남자』에서는 "그러므로 마음은 형체의 주인이며, 신은 마음의 보배이다."[86], "마음은 오장(五臟)의 주인이다."[87], "그러므로 담장(膽臟)은 구름이 되고, 폐장(肺腸)은 기(氣)가 되고, 간장(肝腸)은 바람이 되고, 신장(腎臟)은 비가 되고, 비장(脾臟)는 우레가 되어 천지와 더불어 서로 참여하며, 심장(心腸)이 이것을 주관한다."[88]고 하였다. 서양에서는 뇌가 몸을 주관한다고 보았던 반면에 동양에서는 전통적으로 심(心)이 몸을 주관한다고 보았다. 또한 심이 모든 것을 주관하듯이, 심이 거주하는 기관인 심장은 중앙의 자리인 토(土)의 자리로서 오장을 관장한다고 보았다.

그런데 『회남자』에서는 마음 자체가 생각하는 것이 아니라, 심이 거주하는 신(神)에 의해 생각한다고 보았다. 그러므로 그는 신이 충만해야 명지(明知)를 얻을 수 있다고 보았다. 그런데 『회남자』에서는 담

---

83 『周易』, 「繫辭傳」(上), '神无方'.
84 같은 책, "陰陽不測之謂神."
85 『淮南子』, 「兵略訓」, "變化無常, 得一之源, 以從應無方, 是謂神明."
86 『淮南子』, 「精神訓」, "故心者形之主也, 而神者心之寶也."
87 『淮南子』, 「原道訓」, "夫心者, 五臟之主也."
88 『淮南子』, 「精神訓」, "故膽爲雲, 肺爲氣, 肝爲風, 腎爲雨, 脾爲雷, 以與天地相參也. 而心爲之主."

담함 속에서 신이 저절로 얻어지는 것이므로 외물에 빠져서는 안 된다고 보았다. 따라서 "그러므로 신(神)을 위주로 하는 자는 형체가 (신을) 쫓게 되어 이롭고, 형체로써 제어하는 사람은 신(神)이 (형체를) 쫓게 되어 해롭게 된다."[89]라고 하였다.

플라톤은 인간의 육신은 사멸하지만 정신은 영원불변하다고 하는 이원론적 사유를 가지고 있었다. 『회남자』에서도 육체에 해당하는 형(形)은 사멸하지만, 신(神)은 불사(不死)하다고 보았다. 가령 "그러므로 형(形)은 마멸되어도 신(神)은 변화되지 않는다. 변화되지 않는 것으로써 변화에 응하므로 천번만번 바뀌어도 극한이 없다. '변화하는 것(化者)'은 무형으로 돌아가지만, '변하지 않는 것(不化者)'은 천지와 함께 생존한다."[90]라고 하였다.

중국 고대 사상은 일원론에 기반하였는데, 『회남자』에도 형은 죽지만, 신은 죽지 않는다고 보았다. 이것은 다소 중국의 전통과 이질적인 요소이다. 이러한 이원론적 사유는 『문자』나 『열자』에서도 분명히 드러난다. 이것은 곧 한대 초기에 이원론적 사유가 있었음을 의미한다.

---

89 『淮南子』,「原道訓」, "故以神爲主者, 形從而利, 以形爲制者, 神從而害."
90 『淮南子』,「精神訓」, "故形有摩, 而神未嘗化者. 以不化應化, 千變萬紾, 而未始有極. 化者復歸於無形也, 不化者與天地俱生也."

3. 『열자(列子)』

『열자』라는 책은 예로부터 『노자』·『장자』와 더불어 도가삼서(道家三書)로 알려져 왔다. 『한서』「예문지」'도가'편에 '열자(列子) 8편'이라고 기재되어 있다. 반고는 "이름은 어구(禦寇)이며, 장자보다 선배로서 장자가 그를 언급하였다."[91]라고 하였다. 열자의 성(姓)은 열(列)이고, 이름은 어구(禦寇)로서, 기원전 400년경의 정(鄭)나라 사람이라고 한다. 이에 따른다면 열자는 장자보다 앞선 인물이다. 그러므로 엄영봉이나 전목은 『열자』가 『장자』보다 앞선 인물로 보았다. 그러나 『열자』에는 다양한 사상과 문장들이 섞여 있다는 점에서, 『열자』는 열자라는 이름에 가탁한 『장자』 이후의 책으로 보아야 한다. 일찍이 당나라 유종원(柳宗元)의 「변열자(辨列子)」에서 이 책의 진위에 대해 의심을 품었으며, 마서륜(馬敍倫)은 『열자위서고(列子僞書考)』에서는 20개의 증거를 통해 지금 전해지고 있는 책은 위서라고 주장하였다. 많은 학자들도 이 책을 위서로 보았다.

당나라 도선(道宣)이 편찬한 『광홍명집』에서 열자(列子)를 서방(西方:인도)의 성인(聖人)으로 보았다. 또한 『광홍명집』에서 공자가 열자를 평가하기를, "내가 듣기에 서방에 성인이 있는데, 다스리지 않아도 어지럽지 않았고, 말하지 않아도 저절로 신의가 있었고, 교화하지 않아

91　『漢書』,「藝文志」, "名禦寇, 先莊子, 莊子稱之."

도 저절로 행하였으니, 참으로 넓어서 사람들이 이름붙일 수가 없었다."92고 하였다.

물론 이 기록은 위작이다. 『광홍명집』에서와 같이 열자를 불교와 연관시키려는 경우들이 많았다. 실제로 『열자』에는 '윤회'를 언급한 문장들이 있다. 그러므로 『열자』주를 저술한 위진시대의 현학자 장담(張湛)은 열자가 불교로부터 지대한 영향을 받았다고 보았다. 불교가 중국에 본격적으로 받아들인 시기는 후한에서부터라는 점에서 일반적으로 『열자』라는 저서를 위진시대의 위작(僞作)으로 보고 있다. 풍우란도 『중국철학사』에서 열자를 위진남북조 시대로 편입시킨 동시에, "『열자』라는 책은 위진시대 사람의 작품으로, 그 안에는 순수한 유물론, 기계론 및 쾌락주의가 담겨있다."93라고 하였다.

그러나 내용면에 있어서 위진시대의 작품으로 보기는 어렵다. 현학은 '청담(淸談)' '허(虛)' '유(遊)'를 주요 담론으로 삼은 반면에, 『열자』에서는 우주생성론과 귀생(貴生)을 논의하고 있기 때문이다. 그러므로 『열자』는 위진시대의 저작이 아니라고 본다.

진고응은 "총체적으로 『열자』는 결코 위서가 아니다. 이 책은 기본적으로 선진시대의 작품으로서, 다만 그 가운데 극소수의 단락이 후인에 의해 삽입되었을 가능성이 있다."94라고 하였다. 이처럼 진고응은 『열자』를 선진시대의 저작으로 보았는데, 필자로서는 선진시대의 저작으로 보기는 어렵다고 본다. 그 이유는 『장자』의 영향을 많이 받고 있기 때문이다. 『장자』의 외잡편은 전국말기에 쓰인 것이라는 점에서 『열자』는 그 이후의 것으로 보아야 한다.

92　道宣 撰, 『廣弘明集』, 「歸正篇」, "丘聞, 西方有聖子焉, 不治而不亂, 不言而自信, 不化而自行, 蕩蕩乎人無能名焉."
93　馮友蘭, 『中國哲學史』(下冊), 三聯書店有限公司, 1992. 107쪽.
94　陳鼓應, 「論〈老子〉晩出說在考證方法上常見的謬誤」, 418쪽. (『道家文化硏究』第4輯, 上海古籍出版社.)

필자의 견해로는 『열자』·『문자』·『회남자』는 한초 황로학 계열의 문헌이라고 본다. 앞서 살펴보았듯이 전국말기에는 법가계열이 표면적으로 득세하였으며, 진시황이 통일을 이루면서 법가가 국가 이념이 되었다. 한대는 법가의 엄격한 통치를 비판하면서 나온 것이다. 그러므로 한초는 법가와 반대적인 도가사상을 표방하였으며, 사마천은 이것을 '황로학'이라고 지칭하였던 것이다. 황로학은 법가에 대한 안티로 나온 사상이므로 법가의 엄격한 형벌을 비판한 동시에 도가의 견해를 피력하고 있다. 『열자』·『문자』·『회남자』 역시 엄격한 비판하고, 속박 없는 자유를 논의하고 있다. 바로 여기서 우리는 전국말기 도가를 수용한 법가와 『열자』·『문자』·『회남자』의 차이를 엿볼 수 있으며, 더 나아가 한초 도가의 특징에 대해서도 엿볼 수 있다.

『장자』가 다수에 의해 쓰였듯이, 『열자』 역시 다수에 의해 쓰였다고 본다. 『열자』는 기본적으로 노자와 장자의 사유를 계승하고 있다. 특히 『장자』와 중복되는 문장들이 많다는 점에서 장자학파와 『열자』의 저자들 사이에는 모종의 연관성이 있다고 본다.

그러나 『열자』는 한대의 문헌이라는 점에서 『문자』나 『회남자』에서와 같이 한대사상의 특징을 반영하고 있다. 이제 『열자』 사상의 특징에 대해 살펴보자.

첫째, 『문자』나 『회남자』에서와 같이 적극적인 무위를 강조하였다.

"알면서도 실정을 잊을 수 있고, 능력을 갖추고 있으면서도 행하지 않을 수 있는 것, 이것이야말로 진정한 앎이며 진전한 능력이다. 알지 못함에서 드러난 것을 어찌 실정이라고 할 수 있으며, 능력 없는 데서 드러난 것을 어찌 행위라고 할 수 있겠는가? 모여 있는 흙더미, 쌓여 있는 먼지들은 비록 무위이지만, 그 안에는 어떠한 도리도 없다.[95]

도가에서는 무지(無知)와 무위(無爲)를 주장하고 있는데, 이것은 단순히 '앎이 없음' '행위가 없음'의 의미가 아니다. 『열자』에서는 단순한 무지와 무위는 아무런 생각도 없고 아무런 행위도 없는 흙더미나 먼지들과 같은 것에 불과하다고 보았다. 반면에 진정한 무지와 무위는 앎이 있으나 앎에 집착하지 않음이고 능력이 있으나 행하지 않음이라고 주장하였다.

『열자』의 이러한 주장은 한대 초기의 황로학의 이상을 잘 대변해주고 있다. 한대 초기의 황로학은 무지와 무위를 골자로 하였는데, 이것은 단순히 위정자들이 백성들에 대해 아무 것도 모르는 무지의 정치가 아니라 모든 것을 꿰뚫어보면서도 묵묵히 이들을 감싸고 포용하는 정치를 말하며, 아무 것도 하지 않는 정치를 의미하는 것이 아니라 능력이 있으면서도 하지 않는 정치를 의미한다.

『열자』에 공자와 안연 사이의 대화 장면이 나온다. 공자는 안연에게 다음과 같이 말하였다.

"나는 비로소 『시경』・『서경』・예제(禮制)・악률(樂律)이 천하의 혼란을 막는 데 도움이 될 수 없음을 알았으나, 그것을 개혁하는 방법에 대해서는 알지 못했다. 이것은 자연을 즐기고 명을 아는 자가 갖는 우환이다. 그러다가 나는 깨닫게 되었다. 자연을 즐기고 명을 안다는 것은 옛 사람들이 흔히 말하는 자연을 즐기고 명을 아는 것이 아니라는 사실을. 즐거움도 없고 아는 것도 없음이야말로 진정한 즐거움이고 진정한 앎이다. 이와 같이 된다면 즐겁지 않은 것이 없고, 알지 못하는 것이 없고, 근심하지 않는 것이 없고, 행하지 않는 것이 없다. 『시경』・『서경』・예제(禮制)・악률(樂律)에서 어찌 버릴 것이 있겠으며,

---

95 『列子』,「仲尼」, "知而忘情, 能而不爲, 眞知眞能也. 發無知, 何能情. 發不能, 何能爲. 聚瑰也, 積塵也, 雖無爲而非理也."

개혁한들 무슨 의미가 있겠는가?[96]

『열자』에서는 최고의 경지는 즐거움도 없고 아는 것도 없는 경지라고 말하고 있다. 그러나 이것은 정말로 즐거움도 없고 아는 것도 없음을 의미하는 것이 아니라, 즐거움을 갖되 즐거움에 집착하지 않고 알되 아는 것에 집착하지 않음이다. 집착하지 않기 때문에 무불위(無不爲)를 실현할 수 있는 것이다. 무불위란 모든 것을 통달함이다. 모든 것을 통달하는 입장에서 보면 그 어떠한 것이든 나름의 이치를 가지고 있다. 유가의 전범(典範)인 『시경』·『서경』·예제(禮制)·악률(樂律) 역시 그 나름의 이치를 가지고 있다. 그러므로 『열자』에서는 이것으로 세상의 혼란을 막는 데 크게 도움이 되지 않는다고 할지라도 특별히 버릴 이유가 없으며, 특별히 개혁할 이유도 없다고 말하였다. 이와 같이 『열자』에서는 다른 학파들의 사상에 대해서도 포용적인 태도를 보이고 있다.

이러한 포용의 태도 역시 한초 황로학의 이상을 잘 대변해주고 있다. 황로학은 도가를 중심으로 하였지만, 다른 학파에 대해서도 포용적인 입장을 취하였다. 앞서 살펴본 『문자』에서도 유가와 법가의 장점을 수용하고자 했다. 『열자』에서도 이러한 포용적인 입장을 취하였다. 그러므로 사마담 역시 도가의 이론에 대하여 "(도가는) 그 술에서 음양가의 대순(大順)에 의거하고, 유가와 묵가의 장점을 취하고, 명가와 법가의 요점을 간직하였다."라고 하였던 것이다.

둘째, 『열자』에서는 귀생(貴生)을 강조하였다. 「양주」편의 내용을 간략히 살펴보면 다음과 같다.

---

[96] 같은 책, "吾始知詩書禮樂無救於治亂, 而未知所以革之之方. 此樂天知命者之所憂. 雖然, 吾得之矣. 夫樂而知者, 非古人之謂所樂知也. 無樂無知, 是眞樂眞知. 故無所不樂, 無所不知, 無所不憂, 無所不爲. 詩書禮樂, 何棄之有, 革之何爲."

맹자 당시에는 묵가와 더불어 양주의 사상이 세를 얻고 있었다. 묵가가 겸애를 주장한 반면에 양주는 위아(爲我)를 주장했다. 맹자는 이러한 양주사상에 대해서, "양주는 위아의 입장을 취하였으니, 한 오라기 털을 뽑아서 천하를 이롭게 한다고 할지라도 행하지 않았다."[97]고 하였다. 이에 따른다면 양주는 극단적인 이기주의를 표방하였다. 그런데 『열자』에서는 "사람마다 자기의 털 한 오라기를 훼손하지 않고 사람마다 천하를 이롭게 하겠다고 나서지 않는다면, 천하는 저절로 다스려질 것이다."[98]라고 하여, 양주의 '위아주의'에 대한 참뜻을 해명하고 있다.

양주의 위아주의는 궁극적으로 귀생(貴生)에 기반을 두고 있다. 귀생과 관련하여 『열자』에서는 다음과 같이 말하고 있다.

"십 년 만에 죽어도 죽음이요, 백년 만에 죽어도 죽음이다. 어진 이와 성인도 죽고. 흉악한 자와 어리석은 자도 죽는다. 살아서는 요임금도 순임금도 되지만, 죽어서는 부패해 뼈만 남는다. 부패해 뼈남 남는 것은 모두 같은 것인데, 누가 그 다른 점을 알겠는가? 현재의 삶을 즐겨야지, 죽은 뒤를 걱정할 겨를이 어디 있겠는가?"[99]

이와 같이 『열자』에서는 죽은 뒤의 일을 걱정할 필요가 없으며, 현재 주어진 삶이 중요하다고 보았다. 이러한 『열자』에서의 귀생(貴生)은 불로장생을 지향한 도교에 지대한 영향을 미쳤다.

셋째, 『열자』에서는 정신과 육체의 문제를 논의하였다. 본래 동양에서는 전통적으로 일원론에 기반을 두고 있으므로 정신과 육체를 구분하지 않았다. 그런데 『열자』에서는 정신과 육체를 구분하고 있다.

---

97 『孟子』, 「盡心章」(上), "楊子取爲我, 拔一毛而利天下, 不爲也."
98 『列子』, 「楊朱」, "人人不損一毛, 人人不利天下, 天下治矣."
99 같은 책, "十年亦死, 百年亦死. 仁聖亦死凶愚亦死. 生則堯舜, 死則腐骨. 生則桀紂, 死則腐骨. 腐骨一矣, 孰知其異. 且趣當生, 奚遑死後."

가령 "정신이란 하늘의 몫이오, 육체는 땅의 몫이다. 하늘에 속하는 것은 맑고 흩어지는 성질이 있으며, 땅에 속하는 것은 탁하고 모여드는 성질이 있다. 정신이 형체에서 떠나가 각각 참됨으로 돌아가는 것을 '귀신'이라고 부른다. 귀신이란 '돌아감(歸)'이니, 참된 집으로 돌아감을 말한다."100라고 하였다.

이처럼 『열자』에서는 정신과 육체를 구분한 동시에, 죽으면 정신은 하늘로 올라가 참된 곳으로 향한다고 주장하였다. 이러한 사유는 분명히 불교의 영향에 기인한 듯이 보인다.

중국은 전통적으로 현실을 중요시하였으므로, 죽음의 문제에 대한 논의들이 거의 없었다. 그런데 『열자』에서는 죽음의 문제를 많이 논의하고 있다. 무엇보다 『열자』에는 독특한 생사관을 피력하고 있다.

> "죽음과 삶은 한 번 갔다가 한 번 돌아오는 것이다. 여기서 죽은 자가 저기서 사는 것인지 어찌 알겠는가? 그러므로 나는 생사가 서로 같지 않음을 알고 있다. 분주하게 삶을 구하는 것이 미혹된 것인지 어찌 알겠는가? 또한 내가 지금 죽는 것이 이전에 살았던 것보다 낫지 않은지 어찌 알겠는가?101

『열자』에서는 사후세계가 있을 수도 있다는 가능성을 열어놓았다. 일찍이 자로가 죽음에 대하여 감히 묻자, 공자는 "삶도 모르는 데 어찌 죽음 따위를 알겠는가?"102라고 대답하였다. 공자는 이처럼 죽음의 문제에 대해서 무관심했다. 그런데 비단 공자만이 죽음의 문제에 관심을

---

100 『列子』,「天瑞」, "精神者, 天之分, 骨骸者,地之分. 屬天淸而散, 屬地濁而聚. 精神離形, 各歸其眞, 故謂之鬼. 鬼, 歸也, 歸其眞宅."
101 같은 책, "死之與生, 一往一反. 故死於是者, 安知不生於彼. 故吾知其不相若矣, 吾又安知營營而求生非惑乎. 亦又安知吾今之死, 不愈昔之生乎."
102 『論語』,「先進」, "未知生, 焉知死."

갖지 않은 게 아니라, 선진시대 대다수 학자들이 죽음의 문제에 관심을 두지 않았다. 반면에 『열자』에서는 사후 세계의 가능성을 열어놓았다.

또한 『열자』에서는 "삶을 지니고 있는 기운이나, 형체를 지니고 있는 모습은 모두가 환(幻)이다."[103]라고 하였다. 중국에서는 변화하는 이 세계를 실제의 세계로 보았던 반면에 『열자』에서는 이 세계를 환영일 따름이라고 보았다.

전통적으로 변화하는 세계를 있는 그대로 보았으며, 삶은 이 변화를 따라야 한다고 보았다. 그런데 열자는 생사를 구분하였을 뿐만 아니라, 이 세계는 한갓 환영의 세계일 따름으로서 저 피안의 세계가 오히려 더욱 좋은 세계일 수 있음을 암시하고 있다. 기독교나 불교는 피안의 세계에 대한 절대적 믿음을 기반으로 하고 있다. 열자는 비록 피안의 세계에 대한 절대적 믿음을 갖고 있었던 것은 아니지만, 피안의 세계가 있을 뿐만 아니라 저 피안의 세계야말로 참된 세계일 수 있다는 암시를 던진 것만으로도 동양의 전통적 사유에서 본다면 아주 특별한 사유에 해당한다. 많은 학자들이 이 점에 근거해 『열자』라는 저서가 불교의 영향을 받았다고 보았던 것이다.

그렇다면 『열자』의 생사관은 정말로 특별한 것인가? 앞서 살펴보았듯이 『장자』에서도 다양한 죽음의 문제를 논의하였다. 더욱이 사후 세계에 대한 논의도 있다. 가령 『장자』에서 장자가 두개골을 향해 비판하자, 두개골이 장자의 꿈에 나타나 "죽음의 세계에는 위로 군주가 없고 아래로 신하가 없으며, 또한 사철의 변화도 없네. 편안하게 천지와 함께 수명을 같이 하네. 남면(南面)하는 왕의 즐거움인들 이에 미치지 못하네."[104]라고 비판하였다. 선진시대의 대다수 사람들은 현재의 삶을

---

103 『列子』, 「周穆王」, "有生之氣, 有形之狀, 盡幻也."
104 『莊子』「至樂」, "死, 無君於上, 無臣於下, 亦無四時之事, 從然以天地爲春秋, 雖南面王樂, 不能過也."

중요시하였던 반면에, 『장자』에서는 죽음의 문제에 대해 다양한 논의가 있었다.

무엇보다 『장자』에서는 만물의 주재자에 대한 사유가 있었다. 가령 "하늘의 퉁소 소리[天籟]'는 오만가지의 소리로 불어 다르지만, 자기 자신으로부터 기인하는 것이다. 모두가 스스로 자신의 소리를 취하는데, 사나운 소리를 내게 하는 자(怒者)는 과연 누구일까?"[105]라고 하였다. 그렇다면 만물을 주재하는 주재자는 과연 누구를 지칭하는가? 장자는 "참다운 주재자[眞宰]가 있는 듯하지만, 다만 그 조짐을 볼 수 없다."[106]고 하였듯이, 주재자가 있을 수도 있다는 가능성만을 말하였을 뿐 주재자를 단정해서 말하지는 않았다. 그런데 『열자』에서는 다음과 같이 말했다.

> "생겨나는 것과 생겨나지 않는 것이 있으며, 변화하는 것과 변화하지 않는 것이 있다. 생겨나지 않는 것은 생겨나는 것을 생겨나게 할 수 있으며, 변하지 않는 것은 변하는 것을 변화시킬 수 있다. 생겨나는 것은 생겨나지 않을 수 없고, 변화하는 것은 변하지 않을 수 없으므로, 언제나 항상 생겨나고 항상 변화한다. 항상 생겨나고 항상 변화하는 것은 생겨나지 않는 때가 없고, 변화하지 않을 때가 없다. 음양이 그러하고, 사시(四時)가 그러하다. 생겨나지 않는 것은 홀로 있는 것이며, 변화하지 않는 것은 갔다가 되돌아서 그 끝을 끝마칠 수가 없으니, 홀로 있는 [疑獨] 그 도는 다함이 없다."[107]

---

[105] 『莊子』, 「齊物論」, "夫天籟者, 吹萬不同, 而使其自己也. 咸其自取, 怒者其誰邪!"
[106] 같은 책, "若有眞宰, 而特不得其眹."
[107] 『列子』, 「天瑞」, "有生不生, 有化不化. 不生者能生生, 不化者能化化. 生者不能不生, 化者不能不化, 故常生常化. 常生常化者, 無時不生, 無時不化. 陰陽爾, 四時爾. 不生者疑獨, 不化者往復. 其際不可終, 疑獨其道不可窮."

열자는 생겨나게 하는 것과 생겨난 것을 구분한 동시에, 전자는 변하지 않으며 후자는 변화한다고 보았다. 더욱이 변하지 않는 것은 홀로 있다고 보았다. 『열자』에서의 이 문장은 근원을 물었던 서양에서의 존재론적 물음과 유사한 형태를 띠고 있다. 더욱이 『열자』에서는 단지 근원을 물은 것이 아니라, 생겨나는 것과 생겨나지 않는 것, 변화하는 것과 변화하지 않는 것을 상정하였다. 문장 그대로 해석하면, 생겨나는 것과 변화는 곧 '생성'을 가리키고, 생겨나지 않는 것과 변하지 않는 것은 곧 '존재'를 가리킨다고 볼 수 있다. 존재는 영향을 줄 뿐 영향을 받지 않으므로 고립적인 성격을 띠고 있는데, 『열자』에서도 이러한 존재론적 성격을 '홀로 있음(疑獨=凝獨)'이라고 하였다. 이처럼 『열자』에서는 존재론적 사유를 엿볼 수 있다. 그렇다면 『열자』에서는 존재론적 사유를 갖고 있는 것인가?

동양은 기본적으로 생성론에 기반을 두고 있듯이 『열자』도 생성론에 기반하고 있다. 왜냐하면 『열자』에서는 음양이나 사시(四時)의 변화를 강조하고 있기 때문이다. 또한 도(존재)의 불변도 단순히 동일성의 불변을 의미하는 것이 아니라 변화의 순환을 의미한다. 그러므로 『열자』에는 비록 이원론적 사유가 엿보이지만, 여전히 생성론적 관점을 고수하고 있다.

또한 『열자』에서 말하는 불생자(不生者)와 불화자(不化者)는 아리스토텔레스가 말한 '부동의 원동자'와는 다르며, 『장자』에서 말하는 '도추(道樞:지도리)'와 유사한 의미를 갖는다. 『장자』에서 도추에 대해 "지도리이기 때문에 원의 중심에 있으면서 무한한 변전(變轉)에 대처할 수 있다. '옳다'도 하나의 무한한 변화이며, '그르다'도 하나의 무한한 변화이다."[108]라고 하였다. 서양에서의 존재의 목적은 다양한 변화들을 불변의 원리에 통일시키려는 데 있었다. 문제는 이러한 통일에 의해 다양

---

108 『莊子』,「齊物論」, "樞始得其環中, 以應無窮. 是亦一無窮, 非亦一無窮也."

성과 변화는 말살되고 만다는 데 있다. 그런데 『장자』에서 말하는 도추, 즉 지도리는 변화를 지배하는 불변의 원리가 아니며, 이와 반대로 무한한 다양성과 변화를 생산해낸다. 『열자』에서 말하는 불생자(不生者)와 불화자(不化者) 역시 『장자』에서의 도추와 같이 무한한 변화를 생산해낸다고 보았던 것이다.

그런데 『열자』에는 분명히 동양적 사유와는 다른 존재론적 사유가 들어있음은 분명한 사실이다. 가령 이 세계를 환(幻)으로 본 것, 저 피안의 세계를 상정한 것, 생자(生者)와 불생자(不生者)를 나눈 것은 이원론적 전통에서 나온 것으로서 중국의 전통에서는 찾아볼 수 없는 부분이다.

특이한 점은 『문자』와 『회남자』에서도 정신과 육체, 생자(生者)와 불생자(不生者)를 나누고 있다는 사실이다. 이로써 보건데, 한초에 이미 이원론적 사유가 있었음이 분명하다. 사마담은 "정신은 크게 사용하면 고갈되고 육체는 지나치게 혹사하면 피폐해진다. 육체와 정신이 지나치게 활동하면서도 천지와 더불어 장구하기를 바란다는 것은 일찍이 들어본 적이 없다."[109]라고 하였다. 이처럼 사마담도 정신과 육체의 이원론을 강조하였다.

그렇다면 이러한 이원론적 사유는 어떻게 생겨난 것인가? 두 가지 가능성이 있다. 자생적으로 생겨났을 가능성과 인도사상의 영향에 의해 생겨났을 가능성이 그것이다.

자생적으로 생겨났을 가능성에 대해 먼저 논의해보자. 앞서 언급한 것처럼, 『장자』에서도 사후의 세계와 함께 사후의 즐거움에 대해 논의하였다. 또한 『장자』에도 만물의 주재자에 대한 사유가 있었다. 그런데 『장자』에서의 사후에 대한 논의는 일종의 우언의 형식을 빌려서 생사의 문제를 논의한 것인 반면에, 『열자』에서는 이 세계는 거짓이며 저

---

[109] 『史記』, 「太史公自序」, "夫神大用則竭, 形大勞則敝. 形神騷動, 欲與天地長久, 非所聞也."

피안의 세계가 진짜일 수 있다고 말하였다는 점에서 다소 차이점이 있다. 또한 주재자에 대해서도 『장자』에서는 주재자가 있을 수 있는 가능성을 말하였을 뿐 특별히 주재자를 단정해서 말하지는 않았다. 반면에 『열자』에서는 단정적으로 말하고 있다.

이처럼 『열자』는 『장자』의 사유에 바탕을 두고 있지만 더욱 더 이원론적 사유에 가까이 다가섰다. 그 이유는 『장자』의 사유가 더욱 심화되어 자생적으로 이원론적 사유로 나아갔기 때문이라고 볼 수 있지만, 우리는 또 하나의 가능성을 상정해볼 수 있다. 그것은 바로 인도사상의 영향에 의한 것이라는 점이다. 일반적으로 불교가 유입된 시기를 후한 이후로 보고 있으나, 실제로는 그 이전부터 불교의 영향이 있었다. 그 일례로 동양의 표준 별자리인 이십팔수(二十八宿)를 들 수 있다. 이십팔수는 바빌론에서 처음 만들어진 뒤 인도로, 인도에서 중국으로 넘어간 것으로 보인다. 그렇다면 『여씨춘추』「유시람(有始覽)」에 이십팔수라는 명칭이 있다는 점에서 선진시대에 이미 인도사상이 유입되었다고 볼 수 있다.

넷째, 『열자』에서는 명(名)과 실(實)에 대해 논의하였다.

유가와 법가 모두 명(名)을 중요시하였다. 특히 명(名)에는 명분(名分)과 원칙이라는 의미를 갖고 있는데, 전자의 경우에는 유가에서 중요시하였고, 후자의 경우에는 법가에서 중요시하였다. 그런데 『열자』에서는 양주가 명분을 중요시하는 맹자에게 다음과 같이 말하였다.

"전씨(田氏)들은 제나라 제상이 되며, 임금이 지나치면 자기는 겸손해지고 임금이 거둬들이면 자기는 베풀어서 백성들은 모두 그들에게 귀의하였다. 이로 인해 제나라를 차지하게 되었고, 자손들은 그것을 누리어 지금에까지 끊이지 않고 있다. 만약 실제적인 명(名)을 행하면 가난해지고, 거짓된 명을 행하면 부유해진다. 그러므로 '실(實)에는 명(名)이 없고, 명에는 실이 없다. 명은 거짓일 따름이다.'라고 했다."[110]

전상(田常)은 신하의 신분으로 민심을 등에 업고 간공(簡公)을 죽이고 왕위를 찬탈했다. 그리고 그의 자손인 선왕은 직하학궁을 지어서 많은 학자들의 마음을 얻었다. 신하가 왕위를 찬탈하기 위해서는 "포악한 왕에게서 백성을 구제한다"와 같은 명분이 필요하다. 그러나 『열자』에서는 이것이 단지 권력 찬탈을 위한 명분일 따름이라고 본 것이다.

또한 『열자』에서는 "백이(伯夷)는 욕망이 없었던 것이 아니라, 청렴을 지나치게 뽐내다가 굶어 죽기에 이른 것이다. 전개(展季)는 감정이 없었던 것이 아니라, 정절을 뽐내다가 종사가 없어지게 되었던 것이다. 청렴과 정절이 착한 사람을 그르치게 하는 것이 이와 같다."111라고 하였다. 이것은 유가의 사유와 다른 지점이다. 유가의 입장에서 본다면 백이와 전개는 절개가 굳은 충신이다. 그러나 『열자』에서는 이들은 허명(虛名)에 사로잡힌 자들에 불과하다고 보았다.

『열자』의 주장은 『장자』의 주장과 유사하다. 『장자』에서도 "백이(伯夷)는 명예를 위하여 수양산 아래서 죽었고, 도척(盜跖)은 이욕(利慾) 때문에 동릉산 위에서 죽었다. 이 두 사람은 죽은 곳이 같지 않지만 자신의 생명을 해치고 본성을 상하게 했다는 점에서는 매한가지이다."112라고 하였다.

법가에서는 명(名)을 중요시한 반면에, 노장은 실(實)을 중요시하였다. 『열자』에서도 노장에서와 같이 명보다 실을 더욱 중요시하였다. 가령 "실질적인 것은 이름이 없고, 이름은 실질적인 것이 없다. 이름은 거짓일 따름이다."113, "실질적인 것은 본래 이름이 부여해주는 것이

---

110 『列子』,「楊朱」, "田氏之相齊也, 君盈則己降, 君斂則己施, 民皆歸之. 因有齊國. 子孫享之, 至今不絶. 若實名貧, 僞名富. 曰, 實無名, 名無實. 名者, 僞而已矣."
111 같은 책, "伯夷非亡欲, 矜淸之郵, 以放餓死. 展季非亡情, 矜貞之郵, 以放寡宗. 淸貞之誤善之若此."
112 『莊子』,「駢拇」, "伯夷死名於首陽之下. 盜跖死利於東陵之上. 二人者, 所死不同, 其於殘生傷性均也."
113 『列子』,「楊朱」, "實無名, 名無實. 名者, 僞而已矣."

아니다."[114]라고 하였다. 『열자』는 기본적으로 장자의 명실론을 충실히 따르고 있다.

---

114 같은 책, "實者, 固非名之所與也."

4. 가의(賈誼)와 동중서(董仲舒)

가의(賈誼)는 서한(西漢)의 정치가인 동시에 사상가이자 문학가였다. 18세에 이미 수재라는 평판이 자자했고, 22세 때에 박사관(博士官)에 임명되었다가 다시 태중대부(太中大夫)에 발탁되었다. 그는 당시 전한의 제도와 역법을 개정할 것을 문제에게 진언하였지만 주발 등의 수구파 대신(大臣)의 반대에 부딪쳐 25세 때에 장사왕의 태부로 전출되고 말았다. 그 후 1년 남짓하여 중앙에 소환되었다. 그 후 문제(文帝)의 막내아들인 양회왕의 태부가 되어 국사에 관하여 의견을 올렸지만 받아들여지지 않았다. 양회왕이 낙마로 인해 죽자, 죽음을 슬퍼한 나머지 병들어 이듬해 33세로 죽었다.

가의의 저작으로 『신서(新書)』가 있다. 『한서』 「예문지」〈유가〉류에 '가의(賈誼) 58편'이라고 기재되어 있다. 이 책은 아마도 오늘날 전해지고 있는 『신서』일 것이라고 본다. 『신서』에서 다음과 같이 말하였다.

"진(秦)나라가 도리를 잃게 되자, 천하는 크게 어지러워졌다. 다수가 소수를 덮어 누르고, 똑똑한 자가 어리석은 자를 속이고, 용감한 자가 겁내는 자를 겁박하고, 힘센 자가 약한 자를 업신여기고, 공격해 빼앗은 자를 현명하다고 여기고, 높은 사람이 잘 훔치는 것을 좋다고 여기고, 제후들이 아첨하여 서로를 치켜세우고, 흉계를 꾸며 서로 기만하는 자를 똑똑하다고 하니, 천하의 어지러움이 최고조에 달했다. 이에 큰 현인(유방)이 일어나 천하에 위세를 떨쳤고, 덕망으로 천하를 따르게 하니 이전 진나라의 천하가 지금은 바뀌어 한나라의 천하가 되었다."115

진나라가 멸망한 이유와 한나라가 흥기한 이유에 대해 설명한 글이다. 가의뿐만 아니라 한나라의 대다수 학자들이 진나라의 폭정과 유방의 덕망에서 한나라의 정당성을 찾고자 했으므로 학자들은 진나라의 폭정과 함께 진나라의 가혹한 법에 대해서도 비판하였다. 가의 역시 "상앙이 예의를 어기고 윤리를 저버리면서 (다른 나라)를 쳐들어가 빼앗는 데에만 마음을 썼으므로, 그의 정책이 시행된지 2년이 되자 진나라 풍속이 나날이 나빠졌다."116라고 하였다. 가의는 이처럼 진시황이 국책으로 삼았던 상앙의 법을 비판하였다.

그런데 앞에서 살펴보았듯이, 진시황의 폭정과 가혹한 법가사상을 비판하며 나온 새로운 대안이 바로 황로학(黃老學)이었다. 이처럼 한초에는 도가가 대세였으므로, 가의는 비록 유자였지만 이러한 시대 속에서 도가사상에 대해서 긍정적이었다.

『신서』에서 "노담(老聃)이 말했다. '아직 있지 않은 데서 생기고, 아직 어지러워지지 않은 데서 다스린다.'"117라고 하였다. 이 문장은 『노자』 64장의 문장을 따온 것이다. 또한 "도는 무형(無形)이므로 화평하면서도 신묘하다"118라고 하였다. 이 문장은 도가의 사상을 반영한 것이다. 또한 가의는 도에 대해서 다음과 같이 말하였다.

---

115 『新書』, 「時變」, "秦國失理, 天下大敗. 衆揜寡, 知欺愚, 勇劫懼, 壯淩衰, 攻擊奪者爲賢, 貴人善突盜者爲忻, 諸侯設詒而相飭, 設輞而相紹者爲知, 天下亂至矣. 是以大賢起之, 威振海內, 德從天下, 曩之爲秦者, 今轉而爲漢矣."
116 같은 책, "商君違禮義, 棄倫理, 幷心於進取, 行之二歲, 秦俗日敗."
117 『新書』, 「審微」, "老聃曰. 爲之於未有, 治之於未亂."
118 『新書』, 「道德說」, "道者無形, 平和而神."

"물었다. '도라는 이름은 자주 듣는데, 도의 실제는 알지 못하겠습니다. 도라는 것이 무엇인지 청하여 묻고자 합니다.' 대답했다. '도는 좇아서 사물에 접하는 것이다. 그 근본을 〈허(虛)〉라고 하며 그 말단을 〈술(術)〉이라고 한다. 허라는 것은 정미한 것을 말한 것으로, 평범하고 소박하여 덧붙이는 것이 없음이다. 술이라는 것은 (허를) 좇아서 물을 제어하는 것이니 동정의 이치이다. 이 모두가 도이다.' 물었다. '허가 사물에 접한다는 것은 무엇을 의미합니까?' 대답했다. '거울은 잠시 동안만 머무르므로 집착도 없고 간직하는 것도 없으며, 아름다운 것이든 추한 것이든 오더라도 각각 모두 마땅함을 얻는다. 저울은 비어 있어서 사사로움이 없으며, 안정되고 조용히 있지만, 무겁고 가벼운 것이 모두 매달려도 각각 모두 마땅함을 얻는다. 현명한 임금은 남면하며 바르게 앉아있지만 청허(淸虛)하고 조용히 있지만, 각기의 이름이 저절로 규정되니 이것은 마치 거울이 응하고 저울이 재는 것과 같다. 틈이 있으면 화합시키고, 실마리가 있으면 따르고, 만물을 끝까지 미루어 각각의 상황에 알맞게 베푸니, 이것이 허가 사물을 대하는 방식이다."[119]

『장자』에서도 '비어있는 상태로 사물을 맞이함(虛而待物)'[120]을 주장하였다. 이와 관련하여 「장자」에서 "지인(至人)의 마음의 작용은 거울과 같다. 사물을 보냄도 맞이함도 없으며, 외물(外物)에 응하면서도 간직하지 않는다."[121]고 했다. 마음은 비어 있기에 거울과 같이 자신을

---

[119] 『新書』, 「道術」, "曰. 數聞道之名矣, 而未知其實也. 請問道者何謂也. 對曰. 道者, 所從接物也. 其本者謂之虛, 其末者謂之術. 虛者, 言其精微也, 平素而無設施也. 術也者, 所從制物也, 動靜之數也. 凡此皆道也. 曰. 請問虛之接物, 何如. 對曰. 鏡儀而居, 無執不臧, 美惡畢至, 各得其當. 衡虛無私, 平靜而處, 輕重畢懸, 各得其所. 明主者, 南面而正, 清虛而靜, 令名自宣, 命物自定, 如鑑之應, 如衡之稱, 有疊和之, 有端隨之, 物鞠其極, 而以當施之. 此虛之接物也."
[120] 『莊子』, 「人間世」
[121] 『莊子』, 「應帝王」, "至人之用心若鏡. 不將不迎. 應而不臧."

주장함도 자신을 고집함도 없으며, 단지 사물을 있는 그대로 받아들인다는 의미이다. 가의 역시 장자에서와 같이 심의 무위를 주장하였다.

이와 같이 가의는 심의 무위를 강조하였지만, 이것은 아무 것도 하지 않음이 아니라 변화하는 상황에 적절히 응함이다. 법가에서는 컴퍼스나 곱자와 같은 자를 중요시하였는데, 그 이유는 이것을 통해 사물을 규정할 수 있기 때문이다. 그런데 도가에서는 이러한 척도는 각각의 개별들을 하나의 틀로 재단하는 것이라고 보았으므로 이를 비판하였다. 가의 또한 인식에 있어서 거울이나 저울과 같아야 한다고 말하였다. 전통적으로 권(權:저울추)은 변화를 의미했다. 왜냐하면 저울추에 의해 사물이 달라지는 것이 아니라 사물에 따라 저울추의 이동이 달라지기 때문이다. 가의는 최상의 도는 거울처럼 무심히 사물을 받아들이지만 저울과 같이 각각의 사물의 마땅함으로 얻을 수 있다고 보았다. 물론 가의의 이러한 사상은 도가의 영향에 기인한 것이다.

또한 가의는 다음과 같이 말하였다.

"사물이 이끌려 시작되는 것을 〈도〉라고 하며, 얻어서 생겨난 것을 〈덕〉이라고 한다. 덕의 있음은 도로써 근본으로 삼은 것이므로, '도는 덕의 근본이다.'라고 하였다. 덕은 만물을 생겨나게 하고 또한 만물을 길러내니, 만물은 안정되고 이롭다. 만물을 안정되고 이롭게 하는 것을 '인(仁)의 행위'이다. 인의 행위는 덕에서 나왔으므로 '인은 덕의 표출이다.'라고 하였다. 덕은 이치를 생겨나게 하니, 이치가 세워지면 마땅함이 있게 되니 그것을 '의(義)'라고 한다. 의는 이치이므로 '의는 덕의 이치이다.'라고 하였다."[122]

---

[122] 『新書』,「道德說」, "物所道始謂之道, 所得以生謂之德. 德之有也, 以道爲本, 故曰道者德之本也. 德生物, 又養物, 則物安定矣. 安利物者, 仁行也. 仁行出於德, 故曰仁者德之出也. 德生理, 理立則有宜適之謂義. 義者, 理也, 故曰義者德之理也."

노장은 도가 모든 만물의 근원이며 덕은 만물이 도를 얻어 생겨난 것이라고 보았다. 가의 역시 이와 같이 주장한 것이다. 가의는 더 나아가 유가의 대표적인 윤리규범인 인의(仁義)는 덕과 다른 것이 아니라 덕의 한 측면일 따름이라고 보았다. 이로써 그는 도가의 덕과 유가의 인의를 결합시키고자 하였다.

전한의 또 다른 유자로 동중서(董仲舒)가 있다. 동중서는 무제(武帝)가 즉위하여 크게 인재를 구하므로 현량대책(賢良對策)을 올려 인정을 받았다. 또한 그는 전한의 새로운 문교정책(文教政策)에 참여했으며, 오경박사(五經博士)를 두게 하였다. 국가 문교의 중심을 유가(儒家)로 삼은 데에는 그의 영향이 크다.

학자들은 동중서 역시 황로학에서 영향을 받았다고 보았다. 이와 관련해 진려계(陳麗桂)는 동중서의 '천도관(天道觀)' '치도(治道)' '형덕(刑德)' '양존음비(陽尊陰卑)'와 같은 사상은 황로학에서 영향을 받은 것이라고 주장하였다.[123] 그러나 서로 다른 사상들이 뒤섞여 있는 이유는 황로학이 갖는 특별한 경향 때문이 아니라 전국시대 말기 이후의 일반적 경향 때문이다. 즉 전국시대 후기로 가면서 학파들 간의 다양한 논쟁 가운데 서로 간에 지대한 영향을 주고받았기 때문에 잡가적인 형태를 띠게 된 것이다.

『문자』와 『회남자』에서는 같은 기운끼리 서로 감응한다고 보았는데, 동중서 역시 '동기감응'설을 주장하였다. 특히 하늘은 군주의 치덕에 직접 반응한다고 보았다. 가령 "왕이 바르면 원기가 온화하고 순조롭게 되어 바람과 비가 때에 맞고, 경성(景星)이 나타나고 황룡이 내려온다. 왕이 바르지 못하면 위로 하늘에서 변괴가 일어나고, 해로운 기운이 동시에 나타난다."[124]라고 하였다.

---

123 陳麗桂,「董仲舒的黃老思想」,『道家文化研究』第6輯, 上海古籍出版社.
124 董仲舒,『春秋繁露』,「王道」, "王正, 則元氣和順, 風雨時, 景星見, 黃龍下. 王不正, 則

『춘추번로』에서는 음(陰)과 양(陽), 형(刑)과 덕(德)에 대해 중점적으로 논의하였다. 음과 양은 천도에 속하는 문제이고, 형과 덕은 인도에 속하는 문제이다. 동양에서는 전통적으로 인도의 문제를 설명하기 위해 천도를 끌어들였듯이, 동중서 또한 천도에 속하는 음양과 인도에 속하는 형덕의 문제를 결부시켰다.

『황제사경』에서도 형과 덕을 음양의 특성과 결부시켜 설명하고 있다. 가령 "봄과 여름은 덕(德)이 되고, 가을과 겨울은 형(刑)이 된다. 덕을 먼저하고 형을 뒤로하여 생(生)을 기른다."[125]고 하였다. 또한 "형은 어둡고 덕은 밝으며, 형은 음이고 덕은 양이며, 형은 은미하고 덕은 드러난다."[126]고 하였다. 그런데 앞서 살펴보았듯이 『관자』에서도 음양과 형덕을 결부시켜 논의하였다. 이처럼 전국말기에 음양과 형덕을 결부시키는 움직임이 있었으며, 동중서는 이러한 사상에서 영향을 받은 것이다.

그러나 『황제사경』과 동중서의 관점은 다르다. 무엇보다 『황제사경』이 법가의 입장에 있고, 동중서는 유가의 입장에 있다. 앞서 살펴보았듯이 법가는 형벌을 더욱 중요시하였고, 유가는 덕을 더욱 중요시하였다. 『황제사경』은 법가의 문헌이므로 형과 덕의 조화를 강조했지만 기본적으로 형벌을 더욱 중요시하였다. 가령 "형벌로써 바르게 하려는 자는 죄가 있으면 반드시 처단하여 용서하지 않는다."[127]라고 하였듯이, 원칙적으로 엄격한 형벌을 중요시하였다. 반면에 동중서는 형보다 덕을 더욱 중요시하였다.

上變天, 賊氣幷見."
125 『黃帝四經』, 「十大經」,〈觀〉, "春夏爲德, 秋冬爲刑. 先德後刑以養生."
126 『黃帝四經』, 「十大經」,〈姓爭〉, "刑晦而德明, 刑陰而德陽, 刑微而德彰."
127 『黃帝四經』, 「經法」,〈君正〉, "以刑正者, 罪殺不赦也."

"이것은 모두가 하늘이 양을 가까이하고 음을 멀리하며, 덕을 크게 여기고 형을 적게 여기는 것이다."[128]

"양이 음보다 더욱 왕성한 것과 같이, 덕을 형보다 더욱 두텁게 해야 한다."[129]

"하늘이 양을 맡고 음을 맡지 않으며, 덕을 좋아하고 형을 좋아하지 않음이 이와 같다. 이처럼 양은 나올 때 앞서고 음은 나올 때 뒤서는 것이니, 이로써 덕을 존귀하게 여기고 형은 비천하게 여기는 마음을 엿볼 수 있다."[130]

일반적으로 유가에서는 음보다 양을 더욱 중요시하였다. 가령 『주역』에서 '천존지비(天尊地卑)'[131]라고 하였다. 그런데 『주역』의 전체적 내용은 양을 중시하고 음을 천시하기보다는 음양이 상보적인 관계에 있다고 보았다. 그런데 동중서는 양을 중요시하고 음을 폄하하였다. 그 단적인 예로 『춘추번로』에서 "양은 귀한 것이고 음은 천한 것이다."[132]라고 하였다. 그런데 동중서는 양을 덕(德)으로 음을 형(刑)으로 보았다. 이처럼 동중서는 '양존음비(陽尊陰卑)'의 관점에 의거하고 있으므로 이 '양존음비'의 사상은 더 나아가 '덕존형비(德尊刑卑)'로 확대되었다.

『춘추번로』에는 도가적인 문장들이 많이 보인다. 가령 "임금이 된 자는 무위의 자리에 앉아 말없는 가르침을 행하며, 조용하게 있어서 소리가 없고 고요히 있어서 드러남이 없다."[133]라고 하였다. "임금이 된 자는 무위의 자리에 앉아 말없는 가르침을 행한다."는 『노자』의 "이런

---

128 같은 책, "此皆天之近陽而遠陰, 大德而小刑也."
129 董仲舒, 『春秋繁露』, 「陰陽義」, "使德之厚於刑也, 如陽之多於陰也.
130 『春秋繁露』, 「天道無二」, "天之任陽不任陰, 好德不好刑, 如是. 故陽出而前, 陰出而後, 尊德而卑刑之心見矣."
131 『周易』, 「繫辭」(上)
132 『春秋繁露』, 「陽尊陰卑」, "貴陽而賤陰也."
133 『春秋繁露』, 「保位權」, "爲人君者, 居無爲之位, 行不言之教, 寂而無聲, 靜而無形."

까닭에 성인은 무위의 일에 처하고, 말없는 가르침을 행한다."134의 문장을 따온 것이다. 또한 "조용하게 있어서 소리가 없고 고요히 있어서 드러남이 없다." 역시 노자의 사상으로부터 나온 것이다.

또한 동중서는 "임금이 된 자는 그 요체가 신묘함을 귀하게 여기는 데 있다. 신묘한 것은 볼 수도 들을 수도 없다. 그러므로 보더라도 그 형태를 볼 수 없으며, 들더라도 그 소리를 들을 수 없다."135라고 하였다. 동중서는 이처럼 치술로써의 무형에 대해 강조했다.

> "그러므로 임금이 된 자는 무위(無爲)로써 도로 삼고 무사(無私)로써 보배로 삼아 무위의 자리에 앉아 구비된 관원들 위에 타면, 발은 스스로 움직이지 않더라도 인도하는 사람이 이끌어 나아가게 되고, 입으로 스스로 말하지 않더라도 인도자가 내가 할 말을 도울 것이며, 마음은 스스로 생각하지 않더라도 신하들이 맡은 일을 다 할 것이다. 이처럼 그가 하는 것은 보지 못하였으나 공이 이루어지니, 이것은 임금이 하늘의 운행을 본받았기 때문이다."136

이것은 한비의 무위의 치술을 말한 것이다. 한비는 노자의 무위를 차용하여, 군주는 무위하여야 한다고 보았다. 또한 군주가 무위하면 신하들이 자신의 맡은 일들을 행하게 되고, 신하들이 자신의 맡은 일들을 행하면 나라가 잘 다스려진다고 보았다. 동중서 역시 한비와 유사한 주장을 하였다.

한비가 무위를 통해 무불치(無不治)를 지향하였듯이 동중서 역시 무

---

134 『老子』, 2장, "是以聖人處無爲之事, 行不言之敎."
135 『春秋繁露』, 「立元神」, "爲人君者, 其要貴神. 神者, 不可得而視也, 不可得而聽也. 是故視而不見其形, 聽而不聞其聲."
136 『春秋繁露』, 「離合根」, "故爲人主者, 以無爲爲道, 以不私爲寶, 立無爲之位, 而乘備具之官, 足不自動, 而相者導進, 口不自言, 而擯者贊辭, 心不自慮, 而群臣效當, 故莫見其爲之, 而功成矣, 此人主所以法天之行也."

위를 통해 적극적인 유위를 주장하였다. 그러므로 "그러므로 임금이 된 자는 마음을 비우고 고요히 있으면서 그 메아리를 고요히 듣고, 그 그림자를 밝게 보아서 상벌을 행하는 준칙으로 삼는다."137라고 하였다.

이상에서와 같이 가의와 동중서는 비록 유가이기는 하였지만 도가의 사상을 적극 수용하였다. 가의와 동중서뿐만 아니라 서한(西漢)시대의 유자들은 대부분 노장에 대해 그다지 배타적이지 않았다. 한초의 유자인 육가(陸賈) 역시 "도에는 무위보다 큰 것이 없다."138라고 하였다. 그는 비록 유자였지만, 도가의 무위정치를 높이 인정하였다.

서한 말기의 양웅은 노자에 대해 "노자가 말한 도와 덕에 대해서는 내가 취할 것이 있다. 인과 의를 내몰고 예와 학을 전멸시키려 한 점에서는 내가 취할 것이 없다."139라고 말함으로써 도가에 장점과 단점이 모두 있음을 시인하였다. 또한 장자에 대해서도 "혹자가 '장자의 어떠한 부분에서 취할 점이 있습니까?'라고 묻자 양웅이 '욕심을 적게 함이다.'라고 대답했다."140라고 하였다.

왕충 역시 황로학에 대해 긍정적으로 평가하였다. 무엇보다 황로에 대해 높이 인정하였다.

> "상앙(商鞅)은 진나라 법을 바꾸어 특별한 공을 세우기 위해 조량(趙良)의 의견을 무시함으로써 결국 사지를 거열(車裂)의 형벌에 처해졌다. 덕이 박한 데다가 욕심이 많아, 군신 간에 서로 미워하고 원망했던 것이다. 도가의 덕은 두터워 아랫사람은 윗사람에게 합당했고, 윗사람은 아랫사람을 편안하게 하여, 순박해서 자연 그대로 행하였다. 하늘이 어찌 훈계할 필요가 있겠는가? 그러므로 '정치가 잘 이루어져 군신

---

137 『春秋繁露』,「保位權」, "故爲君虛心靜處, 聰聽其響, 明視其影, 以行賞罰之象."
138 陸賈, 『新語』,「無爲」, "夫道莫大於無爲."
139 『法言』,「問道」, "老子之言道德, 吾有取焉耳. 及搥提仁義, 絶滅禮學, 吾無取焉耳."
140 같은 책, 或曰, 莊周有取乎. 曰, 少欲.

서로가 치(治)를 잊고, 물고기는 서로 간에 물을 잊고, 짐승은 서로 숲을 잊고, 사람은 서로 세상을 잊으므로 〈자연[天]〉이라고 했다.'"141

흥미로운 점은 왕충이 진나라의 법가와 한초의 도가를 대비시켜 논의하였다는 사실이다. 이를 통해서 볼 수 있듯이, 법가와 황로사상은 전혀 다른 사상이다.

한초는 진나라의 엄격한 법치에 대한 안티로 나온 것이다. 그러므로 도가의 느슨한 무위의 정치가 시급했다. 도가가 황로학이라는 이름으로 한초에 급부상한 이유 역시 이러한 시대적인 요청에 부응한 것이다. 그러므로 법가의 노선에 있는 사마담과 사마천이 도가를 가장 높이 인정했고, 유자들 역시 도가에 대해 그다지 배타적이지 않았을 뿐만 아니라 적극 수용하였다.

그런데 한초에 도가가 갑작스럽게 급부상한 것은 아니었다. 전국말기에 이미 도가는 급부상하면서, 유가·법가·명가·종횡가·음양가 등에 지대한 영향을 미쳤다. 한초의 황로학은 이러한 시대적 변천과정에서 결실로써 나타난 것이다.

---

141 같은 책, "商鞅變秦法, 欲爲殊異之功, 不聽趙良之議, 以取車裂之患. 德薄多欲, 君臣相憎怨也. 道家德厚, 下當其上, 上安其下, 純蒙無爲. 何復譴告? 故曰. 政之適也, 君臣相忘於治, 魚相忘於水, 獸相忘於林, 人相忘於世, 故曰天也."

결론

주나라는 예제를 바탕으로 세워진 나라이다. 특히 주공(周公)이 예제를 정비하였는데, 주나라 예제의 정신은 주공의 아들인 백금이 세운 노나라에 가장 잘 드러나 있다. 공자의 사상은 이러한 주나라 예제를 계승하고자 하는 의지 가운데서 나온 것이다. 그런데 춘추시대에는 유가 외에도 병가와 은일의 사상이 있었다. 병가와 은일의 사상은 혼란한 사회 속에서 이기기 위한 전략, 혹은 살아남기 위한 전략으로써 나왔다. 동양사상의 특징인 생성론은 바로 이러한 병가와 은일의 사상으로부터 나온 것이다.

전국시대 중기 이전까지만 해도 사상은 그다지 다양하지 않았다. 유가·병가·은일의 사상과 유가에 대한 비판의식으로부터 나온 묵가 사상이 고작이었다. 뒤늦게 양주가 묵가의 겸애를 비판하면서 대열에 참여하였을 따름이다. 그런데 전국시대 중기 이후에는 사상이 획기적으로 발전하였다. 이러한 발전에는 당시의 시대적인 상황이 크게 작용하였다.

전국시대 중기 이후 열국들은 치열한 전쟁의 소용돌이 속에 있었으므로 군주들은 살아남기 위해 혹은 천하통일의 야욕을 성취하기 위해 부국강병에 주력하다. 당시에는 '존현(尊賢)'을 중요시하는 분위기였으므로 군주들은 부국강병의 일환으로 인재등용에 힘썼다. 무엇보다 주목할 점은 신분의 고하를 막론하고 유능한 인재라면 경상(卿相)이라는 높은 지위에까지 오를 수 있었다는 사실이다. 그러므로 당시 학자들은 저마다 자신들의 특장을 적극적으로 내세웠으며, 이로써 다양한 사상들이 생겨날 수 있었다. 또한 당시의 주목할 만한 사건은 직하학궁의 설립이었다. 제나라에서는 직하학궁을 세워 많은 학자들을 초빙하여 활발한 사상토론을 하게 하였으며, 이로써 치열한 논쟁과 함께 다양한 사상들이 생겨나게 되었다.

『주역』에서 "천하는 귀착점이 같지만, 길을 달리한다."고 하였듯이, 당시의 학자들은 치(治)라는 목적에 있어서는 같았지만 방법에 있어서는 달리하였다. 가령 공맹은 '인의'를 통해 질서를 바로잡고자 했으며, 묵자는 '겸애'를 통해 질서를 바로잡고자 했으며, 법가와 명가는 법(法)과 명(名)을 통해 질서를 바로잡고자 했으며, 도가는 무위(無爲)를 통해 질서를 바로잡고자 했다. 이러한 다양한 논의들을 통해 유가·도가·법가·묵가·음양가·명가·병가·종횡가·농가·잡가와 같은 다양한 학파들이 부각되었다.

그런데 전국시대 중기 이후 사상사에 있어서 특히 주목할 만한 사건이 있었다. 그것은 바로 도가의 급부상이었다. 명분과 중화주의 의식이 강했던 공자와 맹자는 남방의 문화를 오랑캐의 문화라고 여기며 천시하였다. 그런데 명분보다는 실익을 중요시한 제나라에서는 남방의 도가사상을 적극 수용하였다. 제나라 직하학자들이 도가사상을 적극 수용했던 것이 그 대표적인 예이다. 직하학에서 도가를 적극 수용한 것을 계기로 하여 다양한 학파에서 도가사상을 수용하기 시작했다. 그 이후 법가가 도가사상을 가장 적극적으로 수용하였다. 가령 신도(愼到)·신불해(申不害)·윤문자(尹文)·팽몽(彭蒙)·한비·『할관자(鶡冠子)』·『황제사경(黃帝四經)』은 법가에 속했는데, 이들은 공통적으로 도가사상을 적극 수용하였다.

법가에서 도가사상을 적극 수용한 이유는 다음과 같다. 첫째, 도가에서는 도를 강조했는데, 도는 일(一)이며 사사로움이 없다는 점에서 보편성·객관성을 갖고 있다. 법가에서는 이러한 도의 보편성·객관성을 법의 보편성·객관성과 결합시키고자 하였다. 둘째, 도가에서는 단순한 명분으로서의 명(名)이 아닌 개념과 규정으로서의 명(名)을 중요시하였는데, 법가에서는 이러한 개념과 규정으로서의 명 개념을 수용하여 법가가 지향하고자 한 분(分)과 결합시켜 군주의 권력을 더욱 공고히 하고자 했다.

전국시대 중기 이후에 세를 형성하고 있었던 법가들이 도가사상을 적극 수용하면서 도가는 더욱 급부상하였다. 전국시대 후반에 이르면 유가에서도 도가의 사상을 적극적으로 수용하기 시작했다.『주역』·『중용』·곽점 출토문헌이 그 대표적인 예이다. 순자는 유가의 본령을 지키기 위해 도가를 단호히 비판하였지만, 그의 사상 근간에는 도가사상이 깊이 자리 잡고 있다.

이처럼 유가가 도가를 적극 수용한 결정적인 계기는 도가의 천도관에 있었다. 공맹은 인륜질서를 중요시하였으므로 천도에 대한 논의들이 별로 없었다. 반면에 노자와 장자는 천도를 중요시하였다. 당시 제나라에서 도가의 천도관을 널리 수용함으로써, 천도와 인도에 대한 논의가 유행하였다. 유가 역시 이러한 시대적 분위기를 무시할 수 없었으므로 도가의 천도관을 적극 수용하지 않을 수 없었다. 그런데 인문질서에만 관심을 두었던 유가는 도가의 천도관을 수용함으로써 비약적으로 발전하였다.『주역』·『중용』·곽점 출토문헌에서 다양한 형태의 천도와 인도에 대한 논의가 있었는데, 이러한 다양한 논의는 도가의 천도관을 수용함으로써 나올 수 있었다.

또한 도가에서는 인간의 자연스러운 감정을 중요시하였는데, 유가에서도 이러한 감정에 대한 이론들을 널리 수용하였다. 유가에서는 도덕주의에 집착하였으므로 감정에 대한 논의가 거의 없었다. 이것은 결과적으로 형식주의에 빠져듦으로써 발전을 저해하였다. 그런데 유가에서는 도가로부터 인간의 자연스러운 감정에 대한 이론들을 적극적으로 수용함으로써 감정에 대한 활발한 논의를 하였다. 곽점의 출토문헌과 『순자』에 감정과 관련된 내용들이 많이 나오는 이유도 바로 이러한 도가의 영향에 기인한 것이다.

이처럼 도가는 제자백가에 널리 확산됨으로써 학파의 경계가 크게 무너지면서 다양한 논의들이 생겨났으며, 이러한 다양한 논의들을 통해 창의적인 논의들이 생겨났다. 전국시대 초기에서 중기까지는 사상의 뿌리를 형성하는 과정이었다고 한다면, 전국시대 중기에서 말기는 사상의 뿌리가 싹트고 자라나는 시기였다. 우리가 전국시대 중기 이후의 사상에 주목해야 하는 이유도 바로 여기에 있다. 주목할 점은 이러한 사상사적 발전에 있어서 도가가 중심적인 역할을 해왔다는 사실이다.

그런데 도가가 중요한 역할을 하였지만, 전국말기로 갈수록 법가가 더욱 지배적인 위치를 점유해갔다. 그 이유는 법가가 부국강병을 도모하는 데 있어서 가장 현실적인 사상이기 때문이다. 당시에 유가·묵가·음양가·종횡가·명가도 있었지만, 국가의 견고한 체계를 세우는 데 있어서 법가를 따라올 만한 것이 없었다. 더욱이 법가는 당시 주도적인 학문이었던 도가를 폭넓게 수용함으로써 자신들의 입지를 더욱 넓혀나갔다. 진시황이 법가를 표방한 것도 단순히 그의 개인적인 성향 때문이 아니라 법가가 당시에 대세였기 때문이다.

진시황이 통일을 이루면서 오랜 전쟁의 시대가 마침내 종말을 고했지만, 애석하게도 그는 폭정을 행하였으며 법가는 이러한 폭정의 도구로 이용되었다. 진시황의 통일은 결과적으로 혼란을 진압하고 새로운 질서를 만들어간 것이 아니라 또 다른 폭력을 불러일으켰을 따름이다. 한나라는 이러한 폭정에 항거하여 세워진 나라이다. 한나라는 진나라의 폭정을 비판하였을 뿐만 아니라 폭정의 도구였던 법가에 대해서도 당연히 비판하였다. 이로써 한초에는 도가사상을 널리 수용하였다. 그리고 이것은 대세에 입각한 자연스러운 결과이기도 하다. 왜냐하면 도가는 법가와 가장 대립하는 사상이었기 때문이다.

문제는 도가와 법가가 서로 대립적인 사상임에도 불구하고, 오늘날 중국학자들은 한초에 유행한 황로학을 '도법가'로 이해하였다는 데 있다. 실제로 사마천은 신불해·신도·한비자의 형명(形名)과 법술(法術)의 학이 황로학 혹은 노자로부터 출발하고 있다고 보았다. 오늘날 중국학자들은 이것에 근거해, 황로학(黃老學)은 도가와 법가가 결합된 '도법가'의 성격을 가지고 있으며, 그 기원은 전국시대로까지 거슬러 올라간다고 주장하였다. 또한 중국학자들은 전국시대의 황로학의 대표적인 예로 '직하황로학'이 있었다고 말하고 있다. 그러나 도가와 법가는 물과 기름처럼 서로 결합될 수 없는 사상이며, 황로학은 한초에 일시적으로 유행한 사상일 따름이다.

한초에는 도가를 단순히 사상적으로만 언급한 것이 아니라 정책적으로 활용되었다. 즉 한초에는 황로학을 받아들여 법을 느슨하게 하였고, 백성들에게 일일이 간섭하려고 하지 않았다. 이로써 촘촘한 법망을 만들어 백성들의 행동거지 하나하나 감시하고 엄격하게 처단하려고 했던 진제국의 정책에 반대되는 정책을 펼쳤다.

『문자』·『열자』·『회남자』와 같은 저작들은 바로 이러한 한초의 시대적 배경 하에서 나온 저작들이다. 전국말기의 『시자』·『황제사경』·『신자』·『한비자』와 같은 법가의 저작과 『문자』·『열자』·『회남자』와 같은 도가의 저작은 성격에 있어서 본질적으로 다르다. 법가에서는 형(刑)·명(名)·분(分)을 중요시하였다. 이러한 것을 중요시한 궁극적인 목적은 군주의 권력과 통치력을 강화시키기 위함에 있다. 반면에 도가에서는 형(刑)·명(名)·분(分)을 철저히 비판하는 동시에 군주의 권력과 폭정을 비판하였다. 한초의 황로학 저서인 『문자』·『열자』·『회남자』에서는 비록 다양한 학파들의 사상을 수용하였지만, 기본적으로 도가에 근본하고 있다.

참고문헌

【ㄱ】

(漢)賈宜, 閻振益·鍾夏校注 校注, 『新書校注』, 中華書局, 2000.
姜國柱, 『〈周易〉與兵家』, 國防大學出版社, 1997.
_____, 「〈孫子兵法〉所受老子思想的影響」, 『道家文化研究』第5輯, 上海古籍出版.
姜廣輝, 「試論漢初黃老思想」, 『中國哲學史研究集刊』第2輯, 上海人民出版社, 1984.
_____, 「郭店楚簡與〈子思子〉」, 『中國哲學』第20輯, 遼寧敎育出版社, 1999.
强昱, 「〈太一生水〉與古代的太一觀」, 『道家文化研究』第17輯, 上海古籍出版社.
康立, 「〈十大經〉的思想和時代」, 『歷史研究』第3期, 1975.
(淸)郭慶藩 撰, 王孝魚 點校, 『莊子集釋』(全4冊), 中華書局.
郭德維, 『楚系墓葬研究』, 湖北敎育出版社, 1995.
郭末若, 「稷下黃老學派的批判」, 『十批判書』(『郭末若全集』第2卷, 人民出版社, 1984).
郭店楚簡硏究會 編, 『楚地出土資料と中國古代文化』, 東京 : 汲古書院, 2002.
『郭店楚墓竹簡』, 文物出版社, 1998.
郭齊勇, 「郭店儒家簡與孟子心性論」, 『武漢大學學報』第5期, 哲學社會科學版, 1999.
郭沂, 「試談楚簡〈太一生水〉及其與簡本〈老子〉的關係」, 『中國哲學史』第4期, 哲學研究雜誌社, 1998.
(戰國)屈原, 王逸 註, 朱子 集註, 『楚辭』(『漢文大系』第22卷, 東京 : 富山房, 昭和59).
高明, 『帛書老子校注』, 中華書局, 1996.
『古史辨』(四冊), 上海古籍出版社, 1982.
高流水·林恒森, 『愼子·尹文子·公孫龍子全譯』, 貴州人民出版社, 1996.
高正, 「帛書'十四經'正名」, 『道家文化研究』第3輯, 上海古籍出版社.

高亨,「十大經初論」,『歷史研究』第1期, 1975.
_____·池曦朝,「試談馬王堆漢墓中的帛書〈老子〉」,『文物』第11期, 文物出版社, 1974.
鄺芷人,『陰陽五行及其體系』, 文律出版社, 1992.
谷中信,『齊地の思想文化の展開と古代史上の形成』, 汲古書院, 2008.
邱文山 等,『齊文化與先秦地域文化』, 齊魯書社, 2003.
裘錫圭,「馬王堆帛書〈老子〉乙本卷前古佚書幷非〈黃帝四經〉」,『道家與文化』 第3輯, 上海古籍出版社.
김경수,『출토문헌을 통해서 본 중국 고대 사상』, 심산, 2008.
_____,「老子譯註」, 문사철, 2009.
_____,『노자 생명사상의 현대적 담론』, 문사철, 2010.
김근 옮김,『여씨춘추』, 글항아리, 2012.
김필수 외,『관자』, 소나무, 2015.

【ㄴ】

羅新慧,「從郭店竹簡看孔孟之間的儒學變遷」,『中國哲學史』第2期, 哲學研究雜誌社, 2000.
勞思光,『中國哲學史』, 三民書局, 1990.
樓宇烈 譯,『王弼集校釋』, 華正書局, 1992.
니스벳, 최인철 옮김,『생각의 지도』, 김영사, 2004.

【ㄷ】

唐蘭,「座談長沙馬王堆漢墓帛書」,『文物』第9期, 文物出版社, 1974.
_____,「〈黃帝四經〉初探」,『文物』第10期, 文物出版社, 1974.
_____,「馬王堆出土〈老子〉乙本卷前古佚書的研究」,『考古學報』第1期, 1975.
(漢)董仲舒, 賴炎元 註譯,『春秋繁露』, 商務印書館(臺灣), 1992.
鄧建鵬,「〈唐虞之道〉的民本思想」,『武漢大學學報』第5期, 哲學社會科學版, 1999.

【ㅁ】

馬承源 主編,『上海博物館藏戰國楚竹書』(七), 上海古籍出版社, 2001.
『馬王堆漢墓帛書』, 文物出版社, 1980.

『馬王堆漢墓文物』, 湖南出版社, 1992.
牟鍾鑒,「〈呂氏春秋〉道家說之論證」,『道家文化研究』第10輯, 上海古籍出版社.
木村英一,『老子の新研究』, 東京 : 創文社, 1986.
蒙文通(遺稿),「略論黃老學」,『道家文化研究』第14輯, 上海古籍出版.
『墨子閒詁』(『漢文大系』第14卷, 東京 : 富山房, 昭和59).

【ㅂ】

(漢)班固 撰, 顏師古 注,『漢書』, 中華書局.
龐樸,「帛書〈五行〉篇與思孟五行說」,『中國哲學的詮釋與發展』, 北京大學出版社,
   1999.
房立中,『姜太公全書』, 學苑出版社, 1996.
白奚,「〈管子〉心氣論對孟子思想影響」,『道家文化研究』第6輯, 上海古籍出版社.
____,「論田駢·慎到學術之同異」,『道家文化研究』第8輯, 上海古籍出版社.
____, 이임찬 옮김,『직하학연구』, 소나무, 2013,
傅傑注 譯,『三略讀本』, 三民書局, 民國86.

【ㅅ】

徐文助,「孫子」,『中國歷代思想家』, 商務印書館(臺灣), 1999.
徐復觀,『中國人性論史』(先秦篇), 商務印書館(臺灣), 1975.
『書傳』, 保景文化社.
石川三佐男,「太一信仰の考古學的檢討から見に〈楚辭〉の篇名問題」,
   『楚地出土資料と中國古代文化』, 東京 : 汲古書院, 2002.
『說文解字段注』, 成都古籍書店, 1990.
葉蓓卿 編,『〈新子學〉論集』, 學苑出版社, 2014.
(宋)葉適,「學習記言」,『宋元學案』, 河洛圖書出版社, 1964.
(春秋)孫武, (三國)曹操 等注,『十一家注孫子校理』, 中華書局, 1999.
成百曉,『論語』, 傳統文化研究所.
____,『孟子』, 傳統文化研究所.
____,『大學·中庸』, 傳統文化研究所.
蕭兵·叶舒憲 共著,『老子的文化解讀』, 湖北人民出版社, 1991.
孫開泰,「稷下黃老學對孟子思想的影響」,『道家文化研究』第6輯,
   上海古籍出版社.
____,「鄒衍與道家的關係」,『道家文化研究』第8輯, 上海古籍出版社.

松崎つね子,『睡虎地秦簡』, 東京 : 明德出版社, 2000.
『睡虎地秦墓』, 文物出版社, 2001.
신진식,「죽간본 〈文子〉와 통행본 〈문자〉의 비교 연구」,『도교문화연구』,
　　　제32집, 동과서, 2010, 4.

【ㅇ】

안동림 역주,『莊子』, 현암사.
梁啓超,「論老子書作於戰國之末」,『古史辨』(四冊), 上海古籍出版社, 1982.
楊儒賓,「郭店出土儒家竹簡與思孟學派」,『郭店楚簡國際學術研討會』, 武漢大學,
　　　1999.
余明光,「黃老思想初探」,『湘潭大學學報』, 社科版, 1985.
_____,『黃帝四經與黃老思想』, 黑龍江人民出版社, 1989.
_____,『黃帝四經與今注今譯』, 丘麓書社, 1993.
吳光,『黃老之學通論』, 浙江人民出版社, 1985.
(戰國)吳起,「吳子直解」,『七書』(『漢文大系』第13卷, 東京 : 富山房, 昭和59).
吳銳,「〈太一生水〉與南方的柔教」,『簡帛研究2001』, 廣西師範大學出版社, 2001.
于豪亮,「帛書〈周易〉」,『文物』第3期, 文物出版社, 1984.
鄔錫非,『六韜讀本』, 三民書局, 1996.
王卡,『老子道德經河上公章句』, 道教典籍選刊, 1984.
___,「兩漢之際的儒學與老莊學」,『道家文化硏究』第8輯, 上海古籍出版社.
王利器 校注,『鹽鐵論校注』, 中華書局, 1992.
_____ 撰,『文子疏義』, 中華書局, 2000.
王博,「論〈黃帝四經〉産生的地域」,『道家文化硏究』第3輯, 上海古籍出版社.
王邦雄,『老子的哲學』, 東大圖書公司, 1991.
王葆玹,「論論郭店楚簡各篇的撰作時代及其背景」,『中國哲學』第20輯,
　　　遼寧教育出版社, 1999.
_____,「試論郭店楚簡的抄寫時間與莊子的撰作時代」,『哲學硏究』第4期, 1999.
王雲路 注譯,『司馬法』, 三民書局, 1996.
王中江,「郭店楚簡〈老子〉略說」,『中國哲學』第20輯, 遼寧教育出版社, 1999.
王眞,『道德經論兵要義述』,『道藏』(13冊), 文物出版社.
王弼,『道德眞經注』,『道藏』, 文物出版社.
王淮,『老子探義』, 商務印書館(臺灣), 1995.
嚴靈峰,『老子達解』, 藝文印書館, 1975.
吳仁傑 註譯,『孫子讀本』, 三民書局.
廖名春,「〈莊子 · 盜跖〉篇探原」,『中國哲學』第19輯, 岳麓社, 1998.

_____, 「荊門郭店楚簡與先秦儒學」, 『中國哲學』第20輯, 遼寧敎育出版社, 1999.
龍晦, 「馬王堆出土〈老子〉乙本前古佚書探源」, 『考古學報』第2期, 1975.
원용준, 「上博楚簡〈凡物流形〉의 사상적 특징과 그 死生論 고찰」,
    『동양철학연구』제85집.魏啓鵬, 「思孟五行說的再思考」,
    『四川大學學報』第4期, 哲學社會科學版, 1988.
_____, 「黃帝四經探源」, 『中國哲學』第4輯, 三聯出版社, 1980.
_____, 「范蠡及其天道觀」, 『道家文化硏究』第6輯, 上海古籍出版社.
劉光義, 『司馬遷與老莊思想』, 商務印書館(臺灣), 1992.
劉彬徽, 「關於郭店楚簡年代及相關問題的討論」, 『簡帛研究2001』,
    廣西師範大學出版社, 2001.
劉建國, 『先秦僞書辨正』, 陝西人民出版社, 2004.
劉笑敢, 「莊子后學中的黃老派」, 『哲學硏究』第6期, 1985.
_____, 『莊子哲學及其演變』, 中國社會科學出版社, 1993.
_____, 「〈老子〉早期說之新說」, 『道家文化硏究』第4輯, 上海古籍出版社.
劉蔚華, 苗潤田, 『稷下學史』, 中國廣播電視出版社, 1992.
劉宗漢, 「有關荊門郭店一號楚墓的兩個問題」, 『中國哲學』第20輯,
    遼寧敎育出版社, 1999.
李東述 編, 『春秋左氏傳』, 保景文化社.
李剛興, 「道家思想同申不害和韓非之關係」, 『中國人民大學書報資料中心』, 1990.
이석명 옮김, 『문자』, 홍익출판사, 2002.
李生龍, 『道家及其對文學的影響』, 岳麓書社, 1998.
李守奎·李軼 校注, 『尸子』, 黑龍江人民出版社, 2003.
이승률, 「상박초간『범물류형』의 기초 연구」, 『인문논총』, 제73권, 제2호.
李零, 『〈孫子〉古本硏究』, 北京大學出版社, 2000.
李定性, 「〈文子〉非僞書考」, 『道家文化硏究』第5輯, 上海古籍出版社.
_____, 「論韓非〈解老〉和〈喩老〉」, 『道家文化硏究』第10輯, 上海古籍出版社.
李存山, 『中國氣論探源與發微』, 中國社會科學出版社, 1990.
_____, 「從郭店竹簡看早期道儒關係」, 『道家文化硏究』第17輯, 上海古籍出版社.
易中天 注譯, 『國語讀本』, 三民書局, 民國84.
李滌生, 『荀子集釋』, 學生書局(臺灣), 民國68.
李澤厚, 「郭店竹簡初讀印象記要」, 『中國哲學』第21輯, 遼寧敎育出版社, 2000.
李學勤, 「〈鶡冠子〉與兩種帛書」, 『道家文化硏究』第1輯, 上海古籍出版社.
_____, 「馬王堆帛書與〈鶡冠子〉」, 『江漢考古』第2期, 1983.
_____, 「荊門郭店楚墓中的〈子思子〉」, 『中國哲學』第20輯, 遼寧敎育出版社,
    1999.
任繼愈, 『老子新譯』, 中華書局, 1987.

【ㅈ】

張吉良, 「從老聃〈老子〉到太史儋〈道德經〉」, 『江西社會科學』第2期,
　　　江西社會科學編輯部, 1999.
張政烺, 「座談長沙馬王堆漢墓帛書」, 『文物』第9期, 文物出版社, 1974.
莊萬壽, 「〈大學〉·〈中庸〉與黃老思想」, 『道家文化研究』第1輯, 上海古籍出版社.
張秉楠, 『稷下鉤沈』, 上海古籍出版社, 1991.
「長沙馬王堆二號·三號漢墓發掘簡報」, 『文物』第7期, 文物出版社, 1974.
張守中 撰集, 『包山楚簡文字編』, 文物出版社, 1996.
張成秋, 『先秦道家思想研究』, 中華書局, 1971.
張舜微, 『周秦道論發微』, 中華書局, 1982.
張雙隸 外, 『呂氏春秋譯註』, 北京大學出版社, 2000.
張立文, 「帛書周傳的時代與人文精神」, 『國際易學研究』第1輯, 華夏出版社,
　　　1995.
「座談長沙馬王堆漢墓帛書」, 『文物』第9期, 文物出版社, 1974.
儲道立·王寧洲, 『孫子的用兵藝術』, 濟南出版社, 1996.
『戰國策』(『漢文大系』第19卷, 東京 : 富山房, 昭和59).
錢穆, 「關於老子成書年代之一種考察」, 『古史辨』(四冊), 上海古籍出版社, 1982.
____, 『先秦諸子繫年』, 河北教育出版社, 2002,
程武, 「漢初黃老思想和法家路線」, 『文物』第10期, 文物出版社, 1974.
정범진 外 옮김, 『사기』, 까치, 1999.
丁成泉 注譯, 『公孫龍子』, 三民書局,
鄭圓鈴, 『〈史記〉黃老思想研究』, 學海出版社, 2008.
丁原明, 『黃老學論綱』, 山東大學出版社, 2000.
____, 「〈文子〉與〈淮南子〉思想之異同」, 『中國哲學史』, 1995年, 第1期.
程元敏, 「〈禮記·中庸·坊記·緇衣〉非出於〈子思子〉」, 『張以仁先生七秩壽慶論文
　　　集』, 學生書局, 1999.
(宋)程顥·程頤, 『二程集』, 漢京文化事集有限公司.
(宋)朱喜 撰, 『四書章句集注』, 中華書局, 1995.
趙嘉朱 主編, 『孫子研究文獻備要』, 新華出版社, 1992.
鍾肇鵬, 「黃老帛書的哲學思想」, 『文物』第2期, 文物出版社, 1978.
(淸)朱彬 撰, 『禮記訓纂』, 中華書局, 1996.
朱越利, 「試析'棄儒從道'」, 『道家文化研究』第10輯, 上海古籍出版社.
N. J. Girardot, 『Myth And Meaning In Early Taoism』, University Of
　　　California Press, 1983.
池田知久, 「郭店竹簡〈五行〉硏究」, 『中國哲學』第21輯, 遼寧敎育出版, 2000.
陳鼓應, 「關于〈黃帝四經〉四篇成書年代等問題的研究」,

　　　　　『馬王堆漢墓硏究文集 - 1992年馬王堆漢墓國際學術討論會論文選』,
　　　　　湖南出版社, 1994.
　　＿＿＿,『黃帝四經今註今譯』, 商務印書館(臺灣), 1995.
　　＿＿＿,「〈周易·繫辭〉所受老子思想的影響」,『哲學研究』第1期, 1989.
　　＿＿＿,「馬王堆出土帛書〈繫辭〉爲現存最早的道家傳本」,『哲學研究』第2期,
　　　　　1993.
　　＿＿＿,「道家在先秦哲學思想的主幹地位」,『道家文化研究』第10輯,
　　　　　上海古籍出版社.
陳寄猷,「韓非與老子」,『道家文化研究』第6輯, 上海古籍出版社.
　　＿＿＿ 校注,『韓非子集釋』, 上海人民出版社.
陳麗桂,『秦漢時期的黃老思想』, 文津出版社, 1997.
　　＿＿＿,「董仲舒的黃老思想」,『道家文化研究』第6輯, 上海古籍出版社.
陳來,「郭店楚簡之〈性自命出〉篇初探」,『孔子研究』第3期, 1998.
　　＿,「帛書易傳與先秦儒家易學之分派」,『孔子研究』第4期, 1998.
陳柱,『老學八篇』, 鳴宇出版社, 1969.
秦樺林,「從楚簡〈凡物流形〉看〈彖傳〉的成書年代」,『周易研究』2009, 5期,

【ㅊ】

淺野裕一,「帛書〈五行篇〉の思想史的位置」,『島根大學教育學部紀要』第19卷,
　　　　　1990.
　　＿＿＿＿,『黃老道の成立と展開』, 東京:創文社, 1992.
　　＿＿＿＿,「郭店楚簡〈窮達以時〉の〈天人之分〉について」,『東洋學』,
　　　　　中國文史哲研究會.
詹劍峰,『老子其人其書及其道論』, 湖北人民出版社, 1982.
焦竑,『老子翼』(『漢文大系』第9卷, 東京:富山房, 昭和59).
崔仁義,「荊門楚墓出土的竹簡〈老子〉初探」,『荊門社會科學』第5期, 1997.

【ㅋ】

칸트, 백종현,『실천이성비판』, 아카넷, 2003.

【ㅌ】

湯新,「法家對黃老之學的吸收和改造」,『文物』第8期, 文物出版社, 1975.

【ㅍ】

貝遠辰 注譯, 『商君書』, 三民書局, 1996.
彭林, 「郭店楚簡與〈禮記〉的年代」, 『中國哲學』第21輯, 遼寧敎育出版社, 2000.
彭浩, 「郭店一號墓的年代與楚簡〈老子〉的結構」, 『道家文化硏究』第17輯,
　　　　上海古籍出版社.
馮友蘭, 『中國哲學史』(上冊), 三聯書店有限公司, 1992.

【ㅎ】

韓東育, 「〈郭店楚墓竹簡·太一生水〉與〈老子〉的幾个問題」, 『社會科學』第2期,
　　　　1999.
韓中民(曉菡), 「長沙馬王堆漢墓帛書槪述」, 『文物』第9期, 文物出版社, 1974.
黃釗, 「關於〈黃老帛書〉之我見」, 『管子學刊』第4期, 1989.
黃人二, 「郭店竹簡〈窮達以時〉考釋」, 『古文字古典文獻』, 楚文化硏究會籌備處,
　　　　1999.
黃懷信撰, 『鶡冠子彙校集註』, 中華書局, 2004.
河北省文物硏究所定州漢墓竹簡整理小組, 「定州西漢中山懷王墓竹簡〈六韜〉的整
　　　　理及其意義」, 『文物』第5期, 文物出版社, 2001.
_____, 「定州西漢中山懷王墓竹簡〈六韜〉釋文及校注」, 『文物』第5期, 文物出版
　　　　社, 2001.
_____, 河北省文物硏究所定州漢簡整理小組, 「定州西漢中山懷王墓竹簡《文子》
　　　　的整理和意義」, 『文
物』, 1995年, 第12期.
(唐)韓愈, 周段成 注譯, 『昌黎先生文集』, 三民書局.
向世陵, 「郭店竹簡'性''情'說」, 『孔子硏究』第1期, 1999.
向井哲夫, 「郭店楚簡〈老子〉について」, 『唯物論と現代』
　　　　第23號(關西唯物論硏究會 編), 京都 : 文理閣, 1999.
許富宏, 『鬼谷子硏究』, 上海古籍出版社, 2008, 1
許抗生, 「初讀〈太一生水〉」, 『道家文化硏究』第17輯, 上海古籍出版社.
邢文, 「論郭店〈老子〉與今本〈老子〉不屬一系」, 『中國哲學』第20輯,
　　　　遼寧敎育出版社, 1999.
____, 「〈鶡冠子〉與帛書〈要〉」, 『道家文化硏究』第6輯, 上海古籍出版社.
____, 『帛書周易硏究』, 人民出版社, 1998.
____, 楚簡〈五行〉試論」, 『文物』第10期, 文物出版社, 1988.
____ 編譯, 『郭店老子與太一生水』, 學苑出版社, 2001.

湖北省荊沙鐵路考古對包山楚地整理小組,「荊門市包山楚墓發掘簡報」,『文物』
　　　第5期, 文物出版社, 1988.
胡家聰,「從〈管子〉看田氏齊國崇奉黃帝」,『中國史研究』第4期, 1990.
＿＿＿,「論儒家荀況思想與道家哲學的關係」,『道家文化研究』第6輯,
　　　上海古籍出版社.
＿＿＿,「道家學說及其對先秦儒學的影響」,『道家文化研究』第10輯,
　　　上海古籍出版社.
＿＿＿,『稷下爭鳴與黃老新學』, 中國社會科學出版社, 1998.
胡適,『中國古代哲學史』, 商務印書官(臺灣), 1986.
湖南省博物館中國科學院考古研究所,「長沙馬王堆二號·三號漢墓發掘簡報」,
　　　『文物』第7期, 文物出版社, 1974.
湖北省荊門市博物館,「荊門郭店一號楚墓」,『文物』第7期, 文物出版社, 1997.
黃暉撰,『論衡校釋』, 中華書局, 1996.
侯外廬 主編,『中國思想史綱』, 中國青年出版社, 1980.
＿＿＿＿＿,『中國思想通史』, 人民出版社, 1992.

찾아보기

ㄱ

- 가의(賈誼)   82
- 강광휘   205, 344, 345, 352
- 강립   344, 345, 352, 353, 465
- 강수   475, 476
- 강씨   475, 476, 477, 478
- 강태공   131, 135, 136, 476
- 개공   461, 489
- 거협   232, 238
- 걸   26, 61, 295, 320, 321, 389, 495
- 검수   345, 353
- 겸애   235, 348
- 겸양   233, 291
- 경법   341, 342, 346
- 경제   485, 487
- 계산심   302, 360, 370
- 고일서   15, 204, 339, 342, 343, 345
- 고자   235, 238, 239, 244
- 고정   340
- 고형   341
- 공사   268
- 공손니자   205, 232
- 공손룡   163
- 공자   32, 73, 74, 108, 134, 203, 205, 206, 227, 229, 231, 234, 251, 252, 255, 257, 258, 268, 271, 272, 273, 293, 304, 338, 451
- 공자가어   72
- 곽기   205
- 곽말약   146, 466
- 곽점   15, 202, 204, 223, 230, 231, 232, 235, 236, 291
- 권윤   223
- 관자   147, 167, 169, 284, 344, 350, 466, 470
- 구석규   342, 343
- 국어   475, 476
- 궁달이시   15, 202, 205, 233, 290
- 권(權)   176, 346
- 권모술수   356
- 구주(九主)   467
- 규정   226, 287, 292, 338, 346, 348, 349, 369, 371, 465, 474
- 규제   292, 338, 353, 369, 482, 486, 533
- 급암   460, 486, 489
- 기(氣)   51, 52, 168

ㄴ

- 나신혜　231
- 노(魯)　132, 134, 139, 204, 234, 253, 257, 268, 269, 274, 284
- 노담　72, 223, 531
- 노목공　253, 269
- 노목공문자사　15, 202, 205, 269
- 노자　14, 75, 77, 314, 315, 336, 338, 349, 357, 358, 359, 360, 371, 372, 460, 462, 468, 469, 505
- 노장　371

ㄷ

- 당란　340, 342, 346, 347, 465
- 당우지도　15, 202, 205, 291
- 대정씨　473
- 대학　467
- 덕(德)　108, 176, 233, 271, 276, 311, 371, 402, 450, 474, 478, 486, 517
- 도(道)　77, 236, 242, 276, 336, 348, 371
- 도가(道家)　226, 227, 240, 241, 246, 276, 284, 358, 465, 485, 496, 497, 501, 502, 504, 526
- 도가적 유가　233, 291
- 도덕지성　243, 244, 298
- 도법가　196, 197, 352, 463, 473, 491, 505
- 도원　342
- 도척　81, 230
- 동중서　468, 488
- 두태후　460, 485, 487, 488

ㅁ

- 마왕퇴　14, 202, 204, 346, 408, 467, 489
- 맹자　73, 114, 141, 146, 148, 161, 196, 203, 217, 234, 237, 243, 245, 251, 255, 256, 258, 261, 264, 266, 291, 297, 304, 367, 371, 372, 466, 495
- 명(名)　98, 225, 317, 336
- 명(命)　242, 275
- 명가　163, 196, 345, 463, 464, 466, 503, 505, 546
- 몽문통　168
- 묘주　203, 206
- 무(武)　36
- 무불위　334, 496, 504
- 무위　276, 334, 357, 358, 359, 360, 469, 492, 496, 504
- 묵가　196, 235, 256, 345, 464, 503
- 묵자　348
- 문(文)　134, 243, 271
- 문자　15, 350
- 문제　485

ㅂ

- 방기(坊記)　204, 254
- 방박　204
- 백금　130
- 백서　14, 168, 202, 204, 339, 340
- 백해　168
- 법(法)　330
- 법가　329, 345, 350, 353, 354, 480, 487, 491, 495, 502, 503
- 법술　81, 328, 462
- 봉래　472

- 분(分)　227, 295, 353, 354, 490, 495, 497, 501, 505
- 분서갱유　481
- 비선비악설　370

ㅅ

- 사단　372
- 사마담　464, 495, 496, 497, 502, 503
- 사마천　37, 141, 253, 262, 263, 264, 266, 304, 329, 346, 461, 462, 469, 483, 485, 495, 496, 497, 504
- 사맹　230, 232, 256
- 사맹학파　230, 231
- 사숙　251, 255, 258
- 사시　223, 228, 229, 283, 348
- 삼탁　147
- 상군서　535
- 상앙　351, 480, 481, 491
- 서복관　168, 254
- 서체　223
- 선　206, 287
- 선(善)　369
- 섭적　35, 72
- 성(性)　206
- 성(聖)　233
- 성선설　291, 294, 305
- 성악설　286, 291, 369
- 성자명출　15, 202, 205, 206, 221, 233, 236, 242, 244, 246, 290
- 성정(性情)　205, 287, 291, 298
- 성지문지　15, 202, 205, 242
- 소전체　273
- 손개태　146, 466
- 손무　36
- 손빈　35, 37
- 손빈병법　14, 33, 35, 37
- 손자병법　14, 33, 37, 50, 52
- 송자　151
- 순명책실　317
- 순우곤　140, 159, 196
- 순자　161, 196, 244, 252, 256, 257, 263, 265, 266, 291, 297, 300, 305, 329, 369, 466
- 술(術)　330, 460, 502
- 시세　265
- 신농　478, 535
- 신도　140, 159, 168, 196, 346, 505
- 신명　223, 349
- 신상필벌　314, 332
- 실정　236, 245, 304
- 십대경　341, 342, 343, 345, 352

ㅇ

- 아사노 유이치　206, 486
- 악　206, 287, 369
- 악신공　461, 462
- 악하공　461
- 안기생　461
- 안사고　151, 254
- 야기　168
- 약(弱)　76, 224, 314
- 양생술　471, 472, 473, 474, 488, 489, 490, 491
- 양주　235, 256
- 양행　348
- 어총　15, 202, 206, 232, 233, 238, 244, 245, 246
- 여명광　168, 346, 463, 466
- 여씨춘추　72, 82, 228, 269, 435, 467
- 역성혁명　495

- 염제　475, 476, 478
- 예(禮)　108
- 예기　72, 73, 98, 204, 206, 228, 229, 231, 254, 278, 285, 337
- 예열　163, 196
- 예제　130, 196, 234, 257, 284
- 오광　344, 464, 467
- 오기　36, 75, 76
- 오행　15, 204, 205, 233, 252, 261, 263
- 요명춘　82, 205, 206
- 요순　263, 268, 272, 291, 358, 486
- 우민정치　314, 361
- 우언　73
- 원고생　495
- 위계붕　467
- 위료자　14, 33
- 유가　196, 203, 231, 233, 234, 241, 245, 251, 253, 257, 258, 260, 262, 292, 295, 303, 304, 359, 369, 371, 372, 464, 467, 485, 488, 490, 495
- 유로　469
- 유림열전　253, 257
- 유방　82
- 유소감　81, 465, 466
- 유위　246, 276, 293, 300, 359, 360
- 유위화(劉蕙華)와 묘윤전(苗潤田)　197, 435, 463, 467
- 유책　339
- 유파(儒派)　252, 256
- 육가요지　464, 496, 526
- 육덕　15, 202, 205
- 육도　14, 33
- 육예　233
- 윤문　151, 168
- 윤문자　350
- 은작산　14, 33, 34, 37

- 음양　223, 228, 229, 283, 348, 349, 540
- 음양가　196, 264, 342, 345, 351, 464, 471, 502, 505, 546
- 의(義)　133, 236
- 이사　273, 274, 292, 328, 329, 481, 488, 489
- 이소군　488
- 이존산　168
- 이택후　231
- 이학근　204, 223, 341, 408, 467
- 인(仁)　236, 260
- 인내의외　238
- 인도　108, 293, 296, 300
- 인성　291, 292, 295, 297, 305, 370
- 인의　73, 81, 136, 230, 235, 262, 263, 266, 304, 370, 450, 474, 486
- 인의예지　372

ㅈ

- 자사　204, 205, 229, 230, 232, 252, 253, 256, 261, 266, 270, 271, 272, 273, 275
- 자사자　204, 254, 255
- 자연　299, 359, 360
- 자연지성　244, 245, 298
- 자율　358, 486
- 장순휘　168
- 장자　81, 221, 228, 298, 348, 349
- 장자 학파　81
- 전목　36
- 전병　140, 159, 161, 168, 196, 286, 462
- 전상　139, 475
- 점서　339

- 접여　140, 159
- 접자　140, 161, 196, 462
- 정(情)　237, 246, 304
- 정원민　206
- 정장자　465
- 제(齊)　26, 36, 135, 136, 139, 140, 147, 161, 196, 234, 239, 257, 266, 269, 303, 304, 460, 461, 475, 477
- 제도(祭禱)　262, 403
- 제환공　475, 476
- 존덕의　15, 202, 205, 229, 236
- 존현　131
- 종조봉　341
- 좌전　35, 475
- 주공　131, 132, 134, 203, 257, 272
- 주역　229, 285, 340, 466, 540
- 주자　251, 272
- 죽간　202, 203, 231, 232, 237, 339
- 중니제자열전　253
- 중용　75, 76, 204, 242, 251, 253, 254, 266, 267, 273, 274, 276, 467
- 증자　251, 255
- 직문　139
- 직하　139, 140, 151, 163, 197
- 직하 선생　140, 436
- 직하학　141, 167, 196, 463, 467, 475
- 직하학궁　135, 139, 141, 151, 197, 466
- 직하황로학　147, 197, 435, 464, 467
- 진고응　169, 237, 284, 346, 466
- 진래　205, 231
- 진려계　468, 560
- 진문공　77, 329, 475, 476, 478

- 진시황　257, 271, 273, 274, 329, 481, 486, 489, 490, 492
- 진씨　477, 478
- 진채지간　451
- 질(質)　243, 290

ㅊ

- 천　222, 275, 276, 293, 296, 298
- 천도　296, 299
- 천도관　241
- 천명　81
- 천시　267, 268
- 천인상응　266
- 천인지분　233, 290, 298, 467
- 천인합일　299
- 첩자　465
- 청정무위　353, 483, 484, 488
- 초간　204, 231, 235, 236, 291
- 초묘　15, 202, 204, 231
- 추기　264
- 추석　140, 196, 264
- 추연　140, 159, 196, 262, 263, 264, 267
- 출토문헌　15, 82, 202, 203, 204, 230, 231, 232, 233, 235, 238, 244, 245, 250, 291, 346
- 충신지도　15, 202, 205
- 치우　474
- 치의　15, 202, 204, 205, 206, 231, 254
- 친친　131
- 칠이배　202
- 침약　204, 206, 254
- 칭　341, 343

ㅌ

- 탕 263, 495
- 탕신 465
- 태일 222, 228, 229, 283
- 태일생수 15, 202, 203, 206, 223, 225, 227, 228, 229, 233

ㅍ

- 판천 475
- 표기 204, 254
- 풍우란 167

ㅎ

- 하상공 74
- 하상장인 461
- 한묘 14, 34, 82, 202, 204, 467, 489, 511
- 한비 28, 257, 258, 272, 274, 301, 310, 314, 329, 330, 338, 351, 357, 360, 462, 469, 480, 481, 491, 492, 502, 504, 505
- 한유 292, 461
- 한중민 204
- 할관자 19, 344, 348, 350, 411, 465, 571
- 합려 36, 37
- 해로 469
- 허일이정 297, 298, 467
- 헌원 473
- 형(刑) 275, 311, 350
- 형덕 275, 350, 464, 468, 560
- 형명(刑名) 485
- 형명(形名) 316, 317, 328, 350, 353, 354, 462
- 형명참동 314, 317, 332
- 형문 223
- 형문(荊門) 14, 202, 231
- 호가총 140, 168, 169, 463, 466
- 호연지기 168
- 호적 72
- 혼돈 228
- 화성기위 369
- 환연 140, 159, 161, 196, 462
- 황교 344
- 황로 151, 316, 328, 341, 346, 461, 462, 463, 505
- 황로 사상 463, 467, 483
- 황로백서 341, 344
- 황로파 81, 465
- 황로학 197, 284, 341, 346, 353, 461, 462, 464, 465, 466, 468, 469, 471, 473, 485, 487, 488, 490, 492, 493, 505
- 황생 494, 495, 496, 497
- 황제(黃帝) 263, 341, 342, 343, 344, 460, 462, 463, 472, 473, 475, 476, 478
- 황제사경 228, 340, 341, 342, 343, 344, 346, 347, 348, 349, 351, 353, 354, 465, 466, 467, 473
- 회남자 435, 467, 478, 540
- 희수(姬水) 475, 476
- 희씨 329, 475, 476, 478